입문자를 위한
PADS
기초 부터
쉽게 배우기

PCB 설계, 기술 및 교육 문의
E-mail　　　sosarun@naver.com
네이버 카페　　https://cafe.naver.com/sosarun
홈페이지　　　www.PCBDN.com

저자 이병엽·노환승

엔플북스

Prologue

현대사회에서 우리에게 친숙한 전자제품 그 안에 가장 핵심은 PCB입니다.

PCB는 인체 구조로 말하자면 뇌 그리고 장기와 혈관을 구성하는 것과 같다고 생각하면 됩니다. 그렇게 PCB는 전자제품의 핵심이고 우리 일상에서 항상 함께하고 있습니다.

PCB는 간단한 설계부터 DDR 메모리, 시스템 보드급의 Impedance, RF 설계 등 레벨도 천차만별입니다. 특히 EMC를 고려한 설계라던가 양산 단가를 낮출 수 있는 DFM(Design For Manufacturing) 설계 기술 등은 다양한 경험과 기술 문서를 통해서 축적할 수 있으며, 이러한 기술들이 제품의 경쟁력을 가질 수 있게 합니다.

하드웨어 개발자가 회로를 완벽하게 설계해도 PCB 설계자가 개발자 의도를 파악하고 이해하며, 설계 기술을 바탕으로 제대로 설계해야 완벽한 제품을 만들 수 있습니다. 그만큼 회로 개발자의 능력만큼이나 PCB 설계자의 능력이 중요합니다. 하지만 사회에서는 아직도 이런 중요성보다는 회로 개발자에게 비중을 크게 잡고 PCB 설계를 가볍게 보는 경우가 많습니다. 최상의 제품과 경쟁력 있는 제품을 만들기 위해서는 회로와 PCB가 각각의 위치에서 최상의 조건을 만들어야 가능합니다. 경험과 실력은 단시간에 만들어지는 것이 아니고 시간과 노력에 의해서 만들어집니다.

설계하는 제품군에 따라 차이가 있겠지만 PCB는 산업의 발전에 따라 중요한 역할을 하고 있고, 이러한 경험과 설계 능력이 더 좋은 제품을 만들 수 있고, 경쟁력있는 제품을 만들 수 있습니다.

이 책에서는 PADS라는 프로그램을 활용해서 초보자들이 쉽게 따라하면서 기초를 학습하고 능력을 자신의 것으로 만들 수 있도록 집필하였습니다. 또한 프로그램에 많은 기능들이 있지만 필자의 설계 경험을 바탕으로 현업에서 자주 사용하는 꼭 필요한 기능 위주로 다양한 응용도 함께 설명하였습니다. 이 책을 통해서 기초 설계 능력을 키울 수 있을 것입니다.

PCB의 기초가 되었다면 앞으로 함께 출간될 PCB 실무 서적에서 EMC, DFM, PI(Power Integrity), DDR 메모리 설계, Impedance 등의 실무에서 사용되는 설계 기술 및 노하우를 담은 도서를 출간해 현업에 있는 분들에게 자신의 능력을 키우고 업그레이드할 수 있도록 하겠습니다. 실무자이게 많은 도움이 되리라 봅니다.

이 책이 PCB와 PADS 프로그램을 배우는 분들에게 기본 지침서가 되고 도움이 되기를 바라며, PCB를 공부하고 진행하는데 있어서 어렵거나 도움이 필요한 부분이 있으면 언제든 연락주시면 도움을 드리도록 하겠습니다. 이메일 sosarun@naver.com로 언제든 문의해 주시면 됩니다.

저자 올림

Contents

1부 PADS의 기초

1장. PCB에 대한 Process 2
1. 설계를 위한 data 정보 check 3
2. Library 제작 7
3. Foot print 정보 입력 8
4. ASCII file(Netlist) 생성 9
5. Import 10
6. Board Outline 설정 및 기타 금지구역 설정 11
7. Power Block 및 DRC(Design Rule Check) setting 12
8. Layout 14
9. Routing 15
10. Copper and 전원 작업 16
11. DRC(Design Rule Check) 17
12. 마무리 작업 18
13. CAM 검토 19
14. 생산 data 추출 및 Gerber data 전달 19

2장. PADS에서 자주 사용하는 명령어 20
3장. 자주 사용하는 PADS의 기능들 23
4장. CAM 설정 방법 129
1. 단면 보드 129
2. 양면 보드 147
3. 멀티 보드(4Layer 이상) 173
4. Build-up PCB 202

5장. PCB 기본 설정 방법 209
1. 단면 PCB 설계 시 Setting 방법 및 주의사항 209
2. 양면 PCB 설계 시 Setting 방법 및 주의사항 213
3. MLB(4층 이상 보드) 설정 방법 215
4. Build-up PCB 설정 방법 216

2부 PCB 설계 기초

1장. Intro 220
2장. 설계 준비 221
3장. 실습 Library 226
4장. 회로 매칭 311
5장. Board outline 336
6장. Layout 347
7장. Routing 370
8장. 마무리 386
9장. CAM 401

1부

입문자를 위한 PADS 기초부터 쉽게 배우기

PADS의 기초

- 1장. PCB에 대한 Process
- 2장. PADS에서 자주 사용하는 명령어
- 3장. 자주 사용하는 PADS의 기능들
- 4장. CAM 설정 방법
- 5장. PCB 기본 설정 방법

PCB 설계에 대한 Process

PCB를 Design하기 위해서는 다음과 같은 절차에 의해서 설계가 되고 PCB 제작 의뢰를 할 수 있습니다.

1. 설계를 위한 data 정보 check
2. Library 제작
3. Foot print 정보 입력
4. ASCII file(Netlist) 생성
5. Import
6. Board outline 설정 및 기타 금지구역 설정
7. Power Block check 및 DRC(Design Rule Check) setting
8. Layout
9. Routing
10. Copper and 전원 작업
11. DRC(Design Rule Check) check
12. 마무리 작업
13. CAM 검토
14. 생산 data 추출 및 Gerber data 전달

1. 설계를 위한 data 정보 check

회로도

설계를 하기 위해서는 기본적으로 설계에 필요한 정보들이 있어야 합니다. 가장 기본이 되는 것은 아래와 같습니다.

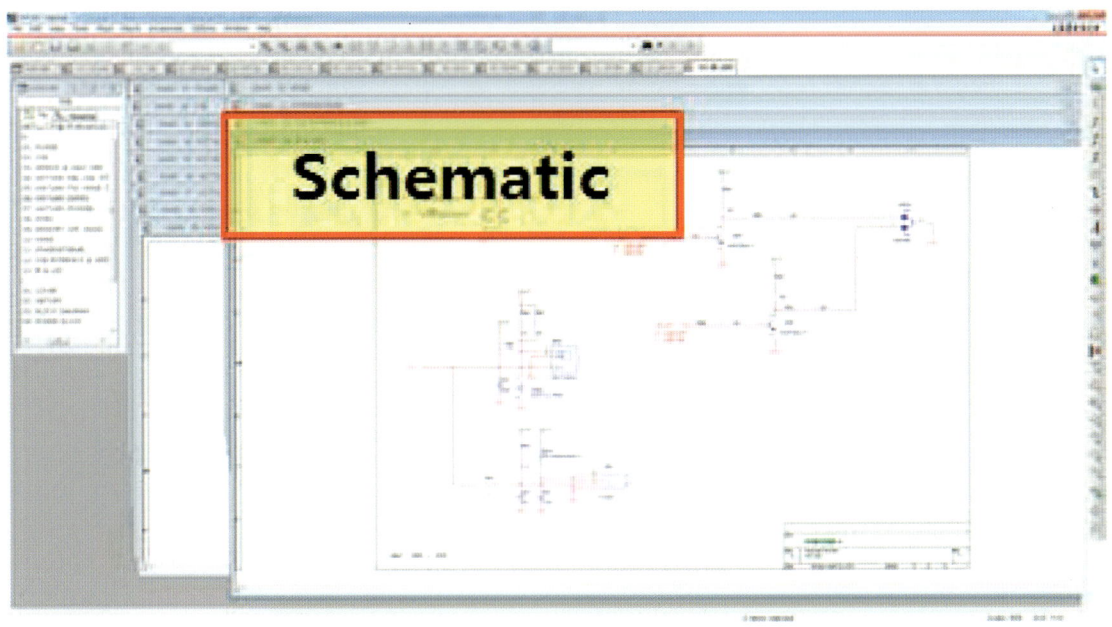

기본적으로 회로를 기초로 작업하기에 준비가 안되어 있다면 시작할 수 없습니다.

DRC 또한 check를 해서 Single Net이나 중복되는 부품 등 error가 있는지 체크가 필요하고 error가 없어야 PCB로 넘겨서 작업이 가능합니다.

제1부 PADS의 기초

data-sheet

설계에 필요한 부품에 대한 정보를 가지고 있어야 합니다.

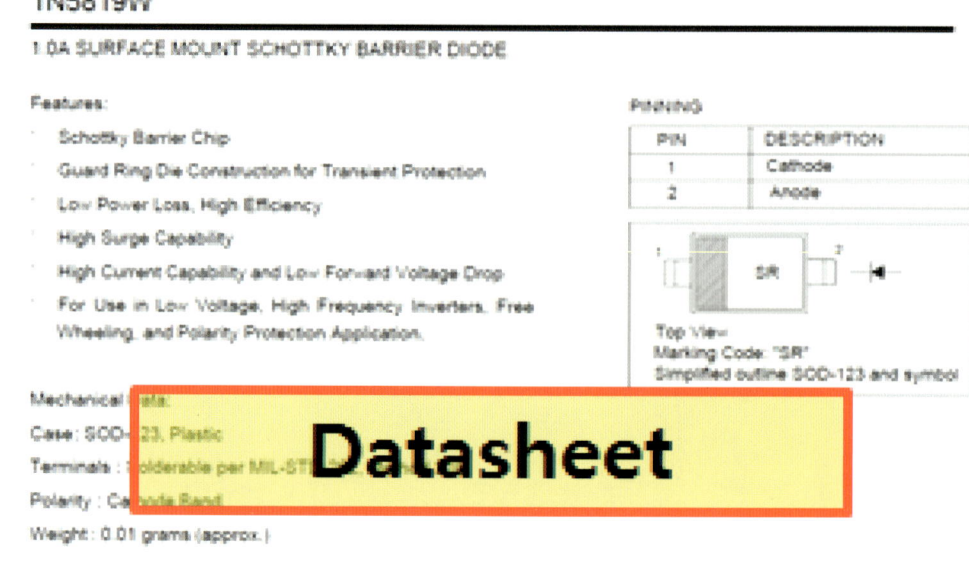

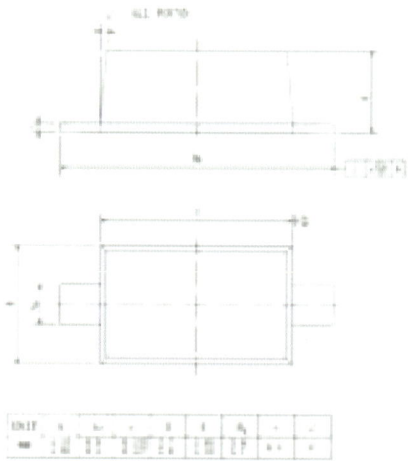

회로를 전달받았다면 신규 부품 등 없는 부품에 대해서는 data-sheet를 전달받아서 Library를 만들어야 합니다. 또 data-sheet를 보면 여러 패키지로 되어 있는 경우가 있습니다. 이럴 경우 어떤 패키지를 사용할 것인지 확인하는 것이 좋습니다. 그 외에도 data-sheet를 통해서 제시되는 Design guide 등을 참고하여 작업을 할 수 있습니다.

기구 도면

회로적인 준비가 끝났다면 설계의 기초가 될 도면이 있어야 합니다.

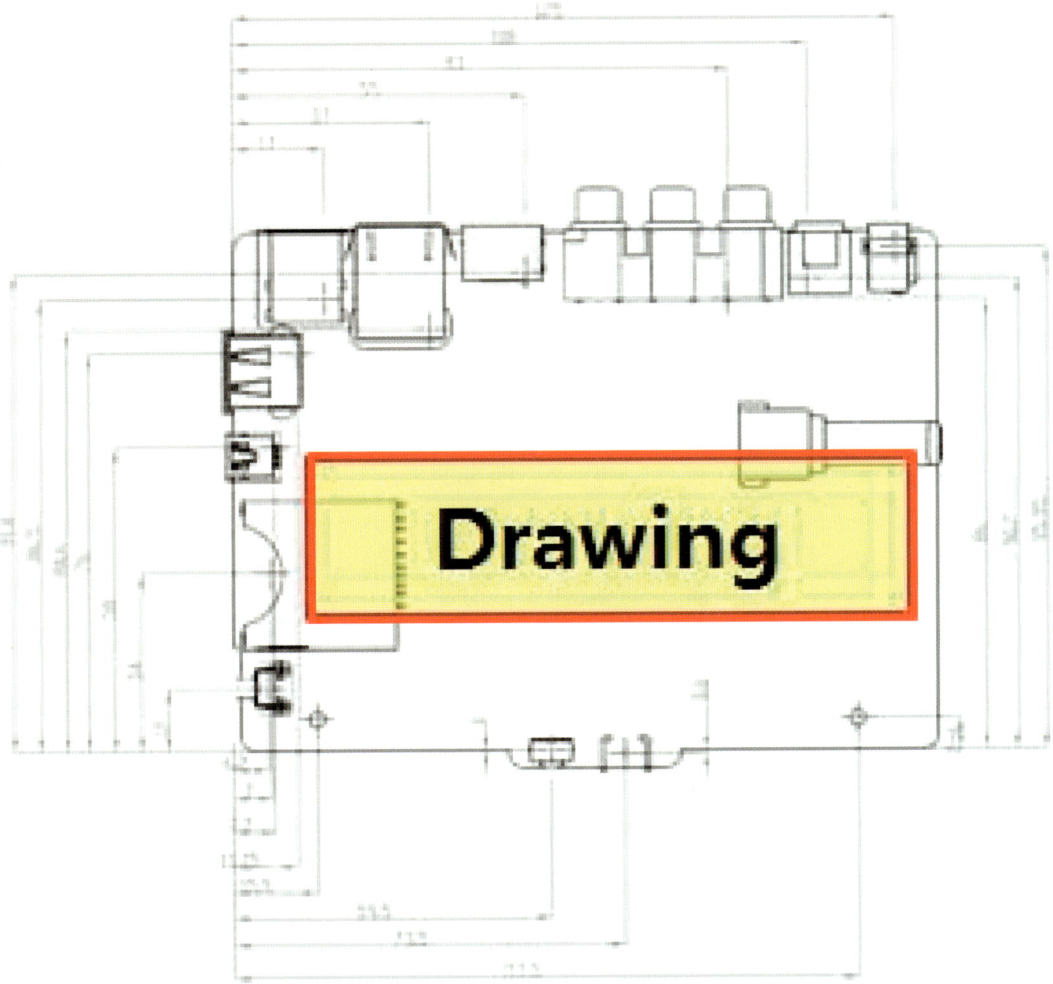

설계를 함에 있어서 회로뿐만 아니라 기구적인 제약 등을 알고 설계를 해야 제품으로서 가치가 있습니다. 만약 기구를 무시하고 한다면 설계자는 기구적인 측면에 대해 고려하지 않고 할 수 있어서 기구 조립 및 외부 케이블 등과 연결 시 간섭 등의 문제가 발생할 수 있습니다. 그러므로 가능하다면 도면을 먼저 받아서 설계를 진행하는 것이 좋습니다.

제1부 PADS의 기초

Power Block 도면

마지막으로 설계를 효율적으로 하기 위해서는 아래와 같은 Power 블록도가 필요합니다.

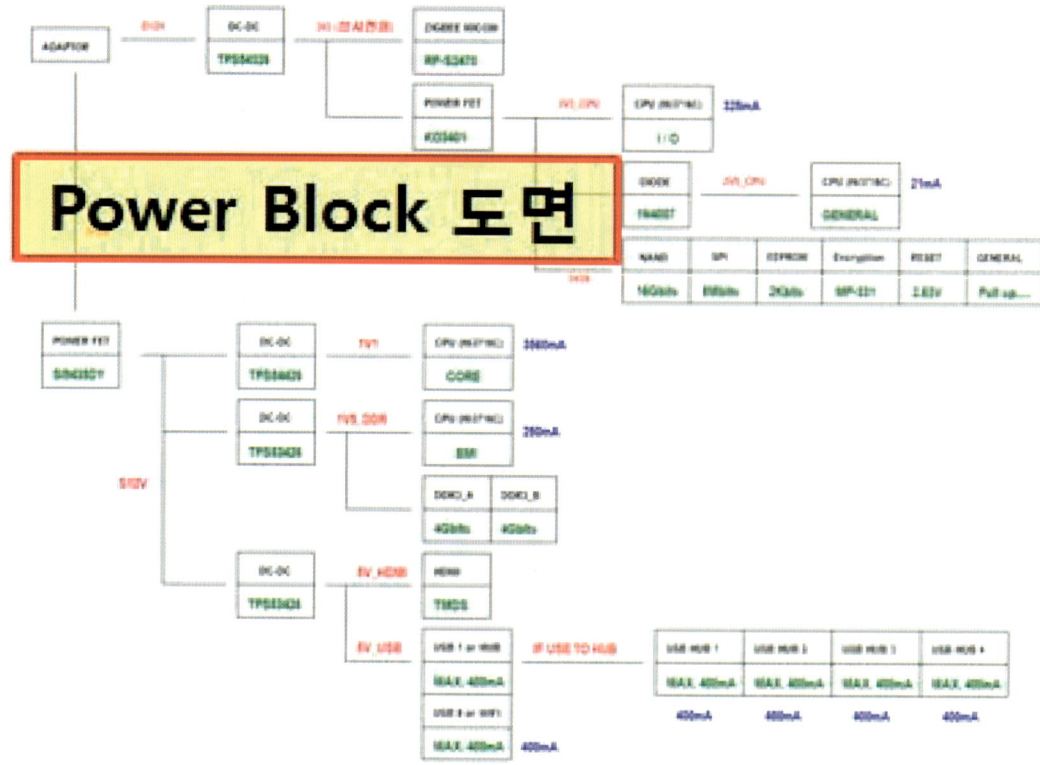

설계하기 위한 제품의 최대 허용전류 등을 위와 같은 도면을 참고해서 작업을 한다면 전원을 보다 효율적으로 설계할 수 있습니다. 물론 전원 부분에 대해서는 가능한 한 pattern을 두껍게 해주면 좋겠지만 보드의 밀집도 등으로 공간적인 제약이 있어서 그렇게 하지 못한다면 위 도면을 기초로 설계하면 됩니다.

2 : Library 제작

설계를 하기 위해서는 PCB Library가 있어야 합니다.

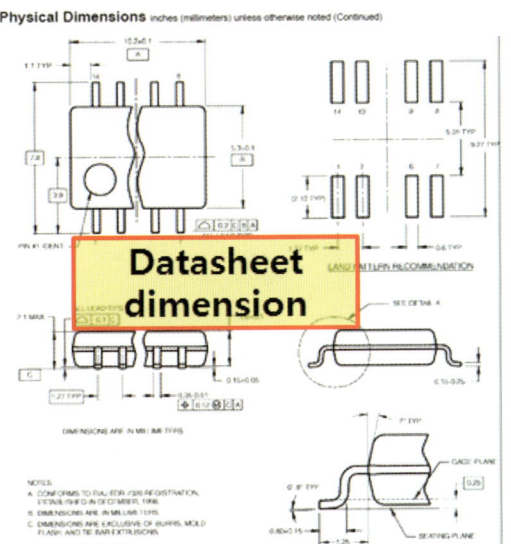

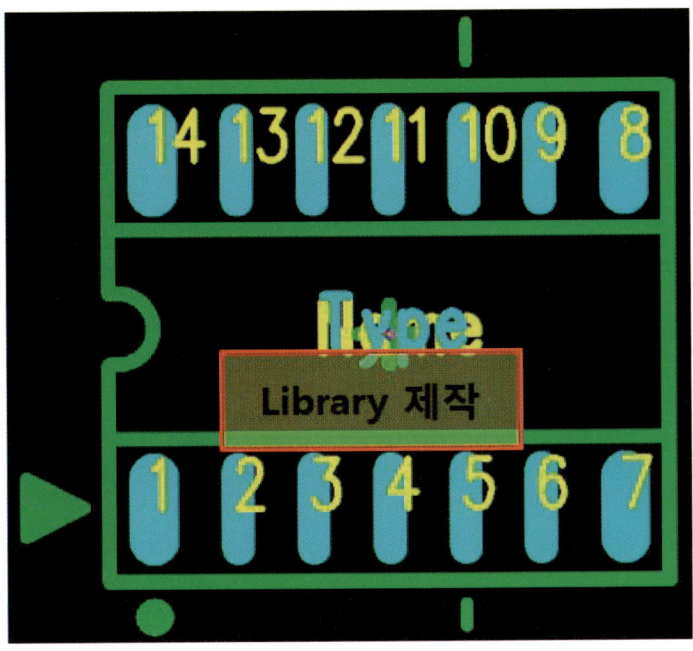

제1부 PADS의 기초

위와 같이 없는 부품들은 data-sheet를 통해서 새로운 부품을 만들거나 기존 부품이 있다면 회로에 등록해서 사용할 수 있습니다. 또 PADS에서는 File/Library 경로를 통해서 New로 새로운 부품을 만들거나 기존 부품을 불러서 수정하여 만들 수 있습니다.

3: Foot print 정보 입력

일반적으로 Or-CAD를 통해서 PADS로 설계하는 분들이 많습니다. 이럴 경우 아래와 같이 진행을 합니다.

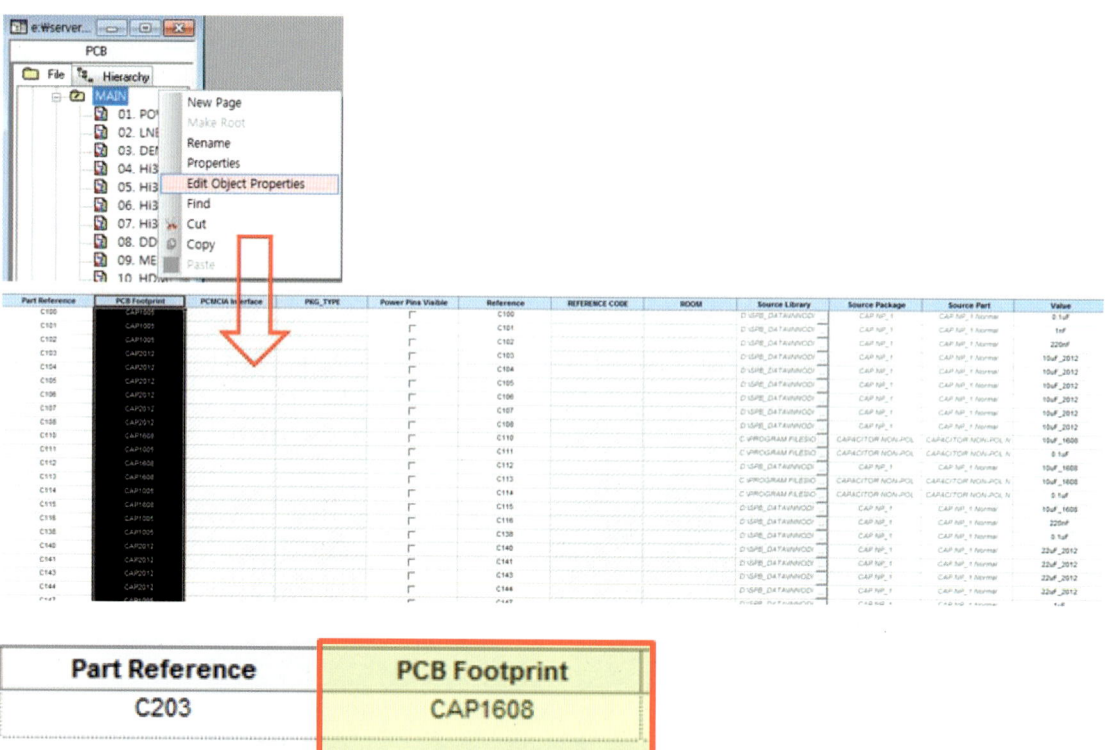

서로 다른 툴이기에 Or-CAD에서 PADS의 부품 정보를 알려주어야 하기에 위 PCB Footprint 내 해당 회로의 부품과 연계시킬 PCB 부품 이름을 빠짐없이 넣어주어야 합니다. 만약 부품 정보를 넣지 않았거나 잘못된 정보를 넣게 된다면 PCB Layout에 올릴 때 해당 부품이 없어서 error 또는 설계적인 문제가 생길 수 있습니다.

4. ASCII file(Netlist) 생성

Footprint 정보를 모두 입력하였다면 아래와 같은 절차로 ASC 파일을 생성해 줍니다.

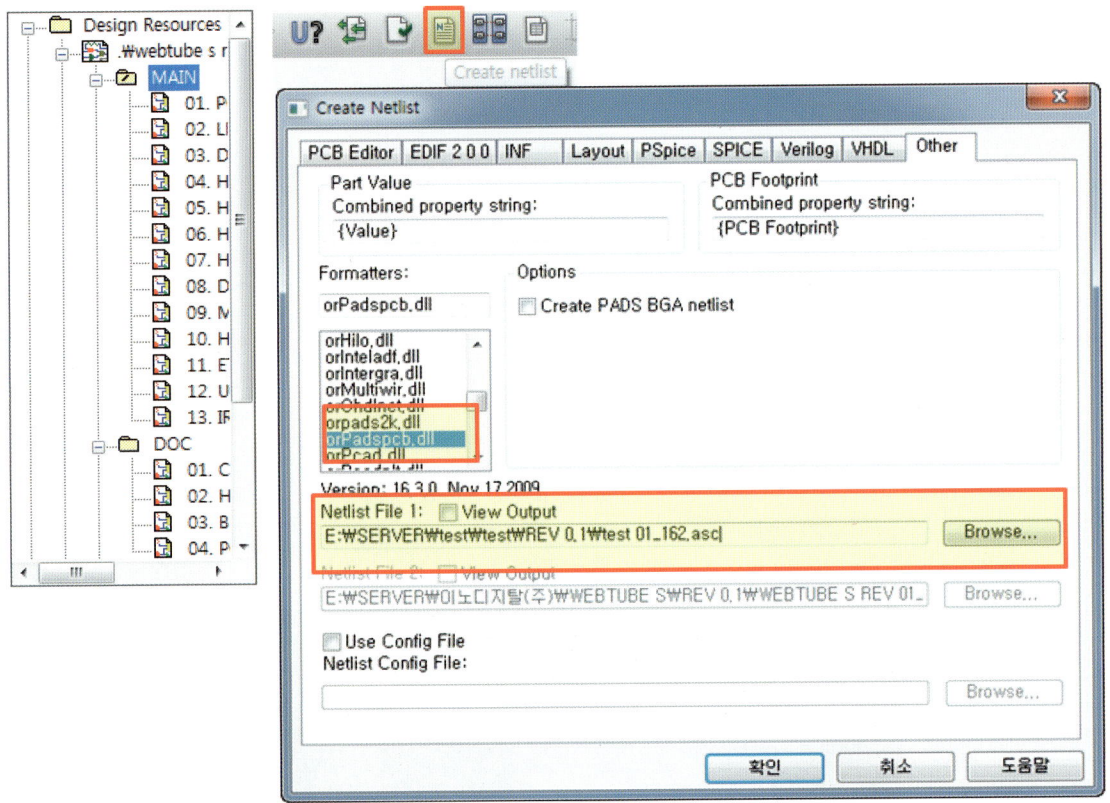

위 그림과 같이 ASC 파일을 생성해 줍니다.

서로 다른 툴이기에 ASC 파일을 통해 회로에 대한 정보를 PADS에서 불러들일 수 있게 합니다.

※ 회로에서 DRC check 시 error가 있을 경우 Netlist를 형성할 수 없습니다.

제1부 PADS의 기초

5 Import

ASC 파일을 만들었다면 다음과 같은 과정으로 PCB Layout에 불러들일 수 있습니다.

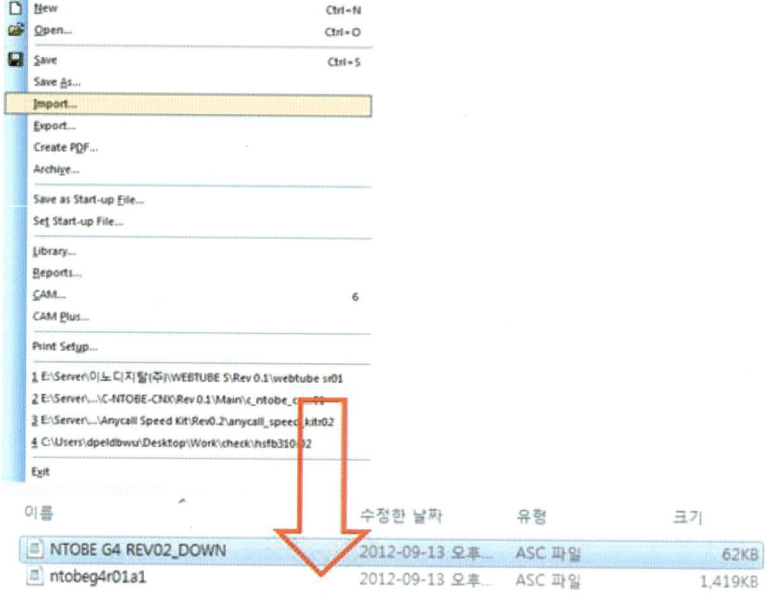

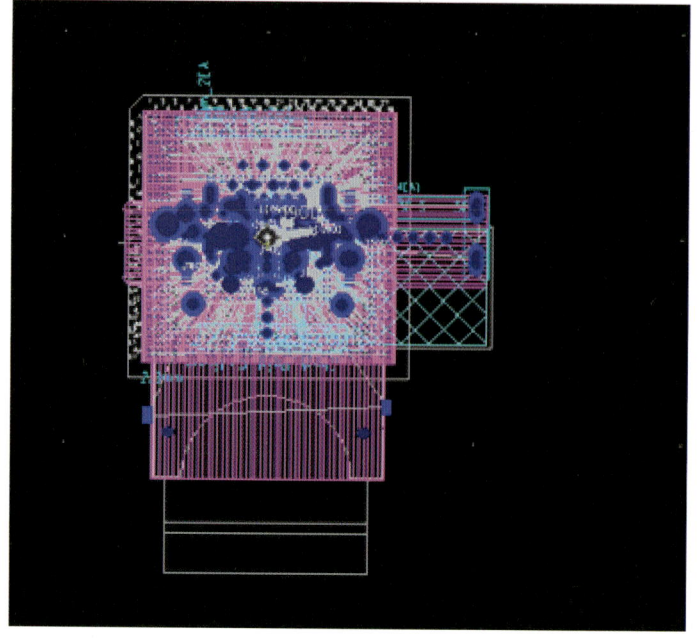

File/Import...를 통해서 불러들일 ASC 파일을 선택해서 열게 되면 그림과 같이 부품들이 Origin을 기준으로 불러오게 되고 불러오는 과정에 문제가 있다면 Report 통해서 알려주게 됩니다.

6: Board Outline 설정 및 기타 금지구역 설정

설계하기 위해서는 기구적인 부분도 감안해서 설계를 해야 합니다.

Board Outline and Cut Out

기구 도면을 보고 Board에 대한 정보를 그려줍니다. 해당 메뉴를 통해서 외곽 Size와 Router 영역을 그려줄 수 있습니다.

Keep out

부품이나 Pattern, Copper 또는 높이 등 설계적인 제한을 표시해주는 영역을 나타냅니다.

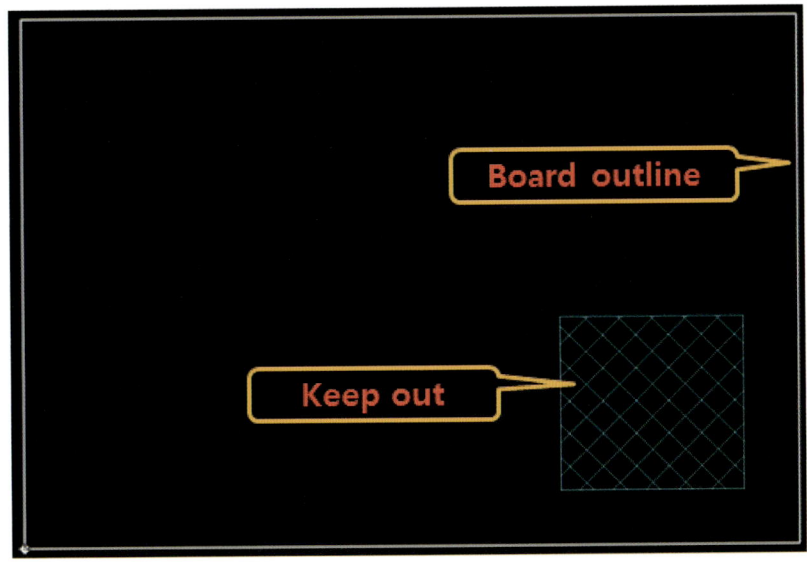

제1부 PADS의 기초

앞 그림과 같이 Board outline, Keep out 등 여러 Line을 그려줄 때에는 Tool bar에서 위 메뉴를 선택한 후에 오른쪽 마우스를 통해서 원하는 모양을 그리거나 수정할 수 있습니다.

7: Power Block 및 DRC(Design Rule Check) setting

전원 및 중요 신호에 대해서 color를 지정하거나 Net를 숨길 수 있습니다.

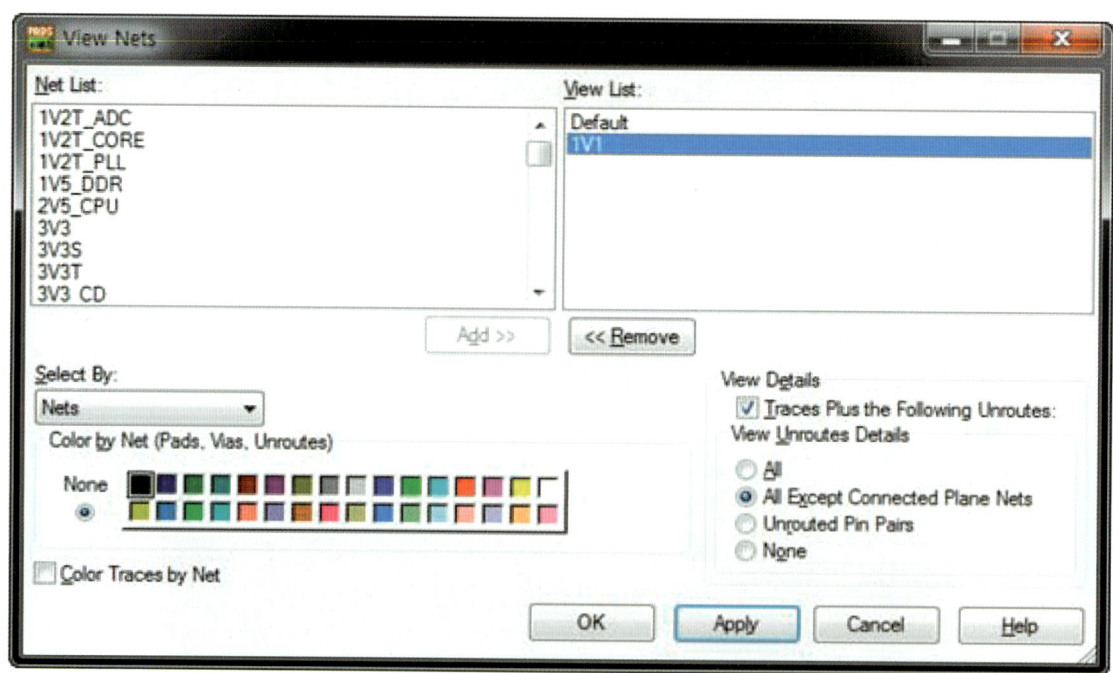

명령어 "Ctrl+Alt+N"을 사용하여 위 그림과 같은 팝업을 열 수 있습니다.

설계 시 시각적인 효과로 알아보기 편하게 하기 위해서 View/Nets...를 통해서도 위 그림과 같은 팝업을 열 수 있습니다.

View List로 옮겨서 각 전원에 대한 color를 지정하거나 Net 정보를 highlight시킬 수 있습니다.

Design Rule Check를 통해서 중요 신호 및 전원에 대한 설정을 할 수 있습니다.

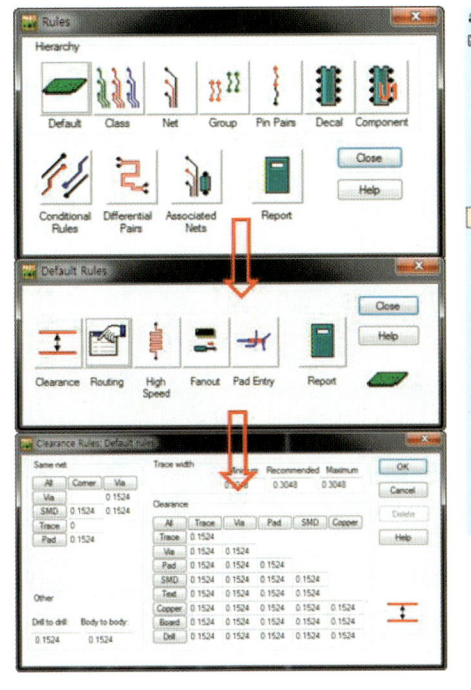
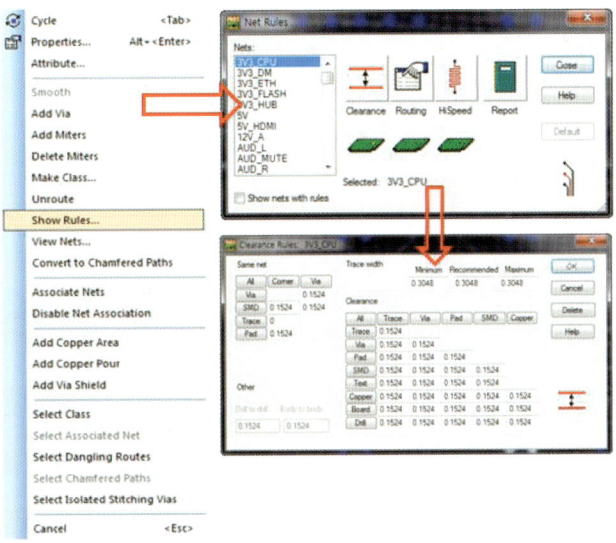

왼쪽 그림과 같이 Setup/Design Rules...를 통해서 위 그림과 같은 팝업을 띄운 후에 필요한 설계 룰을 설정할 수 있습니다.

또는 오른쪽 그림과 같이 해당 Net를 선택한 후에 오른쪽 마우스를 클릭한 후에 Show Rules...를 선택하여 그림과 같이 Design rule을 설정해 줄 수 있습니다.

위 설정은 전원이나 Impedance 등 Critical한 신호에 대해서 설정을 해주게 되면 설계 후에 DRC를 통해서 error 등을 check 할 수 있습니다.

제1부 PADS의 기초

8. Layout

설계에서 가장 중요한 과정 중 하나로 배치가 잘못되면 설계 후 다시 배치를 수정해야 하거나 설계적인 제약이 생길 수도 있습니다.

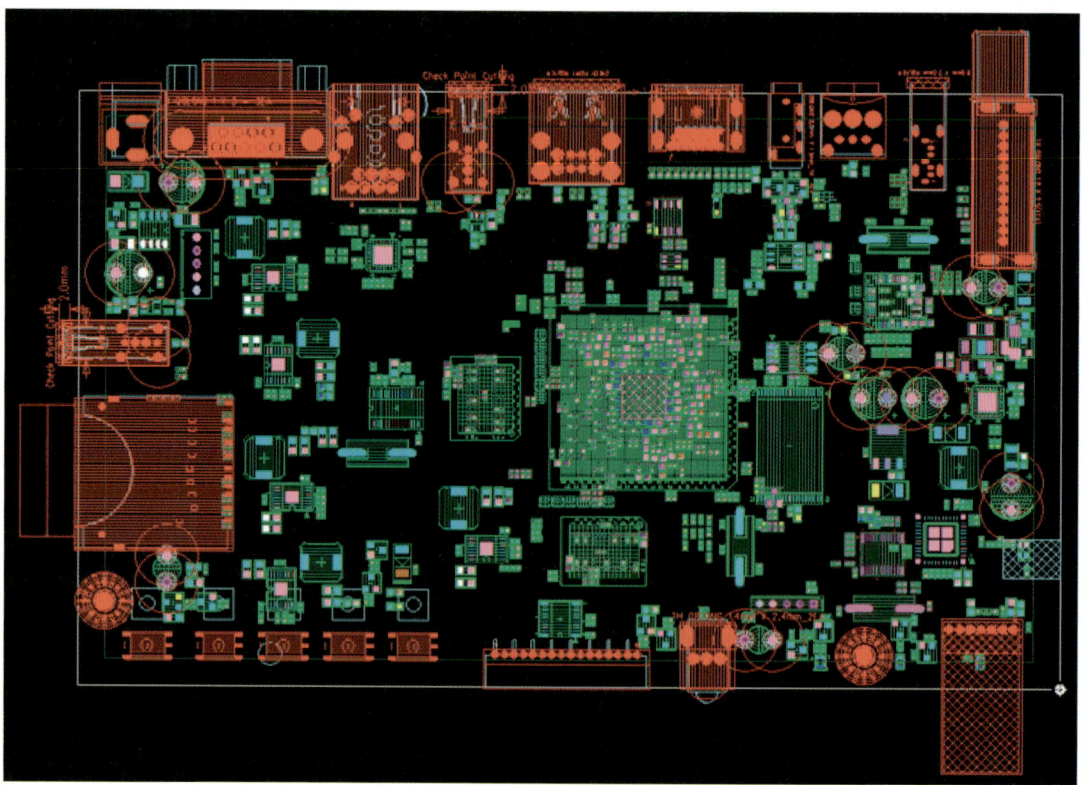

일반적으로 복잡하지 않은 Board는 한 번에 배치하여 작업을 하고, 복잡한(밀집도 있는) Board에 대해서는 배치와 배선을 같이 병행해서 하는 경우도 있습니다.

위 그림에서 붉은색으로 highlight된 것과 같이 기구적으로 규정되어 있는 부품을 먼저 배치한 후에 고정시킨 후 그 외의 회로 부품을 배치해서 설계하는 것이 좋습니다.

9 Routing

배치가 완료되면 배선(Routing) 작업을 하게 됩니다.

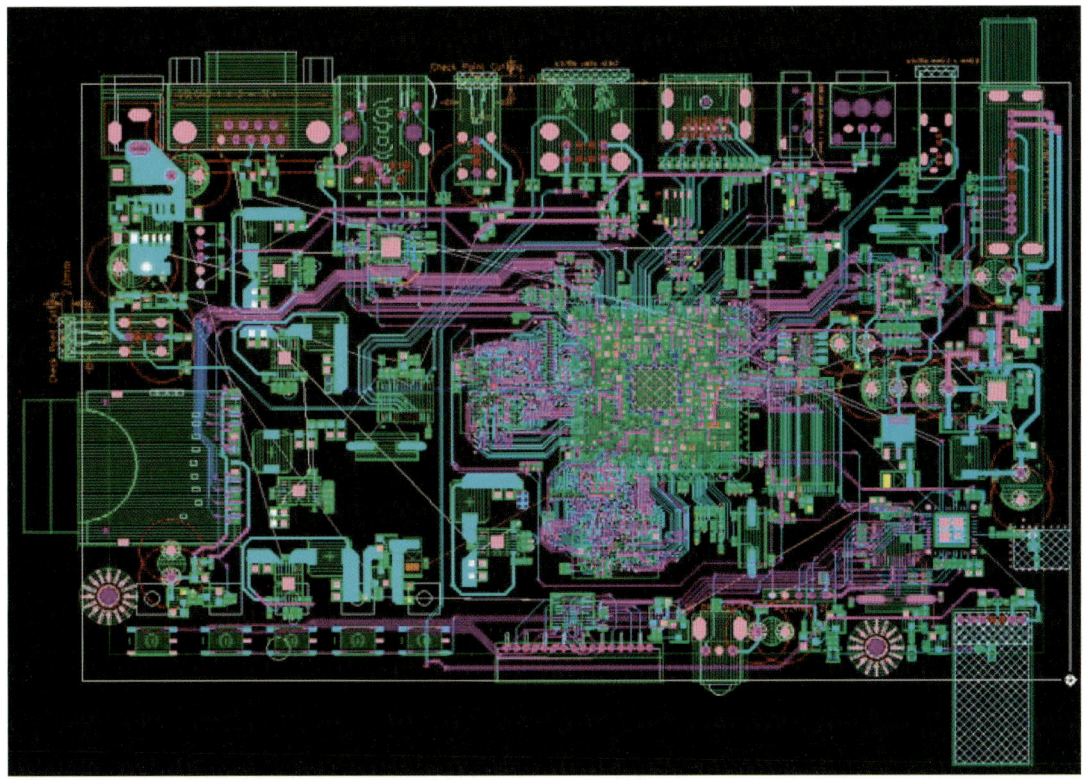

위 그림과 같이 배치가 완료되면 Routing을 할 수 있습니다.

기본적으로 배선을 할 때는 서로 직교가 되게 설계하는 것이 좋습니다.

해당 부분에 대해서는 뒤에서 자세히 설명하도록 하겠습니다.

제1부 PADS의 기초

10 Copper and 전원 작업

4Layer의 경우 아래와 같이 각층을 활용하게 됩니다.

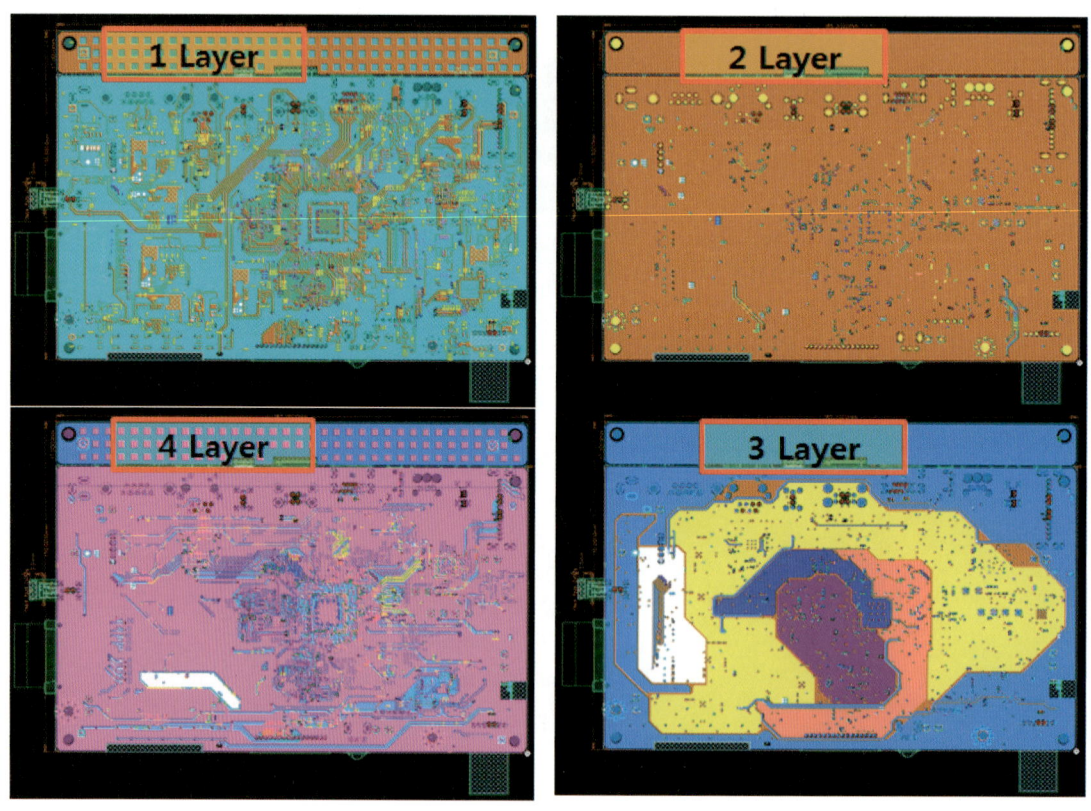

위 그림과 같이 기본적으로 외층(1, 4)의 경우에는 주로 배선을, 2Layer의 경우 Ground, 3Layer의 경우 VCC를 사용하게 됩니다. 배선 상황에 따라 내층(2, 3)을 활용할 수도 있습니다.

11. DRC(Design Rule Check)

기본적인 Design이 완료되면 DRC check를 통해서 설계적인 문제가 없는지 check를 해야 합니다.

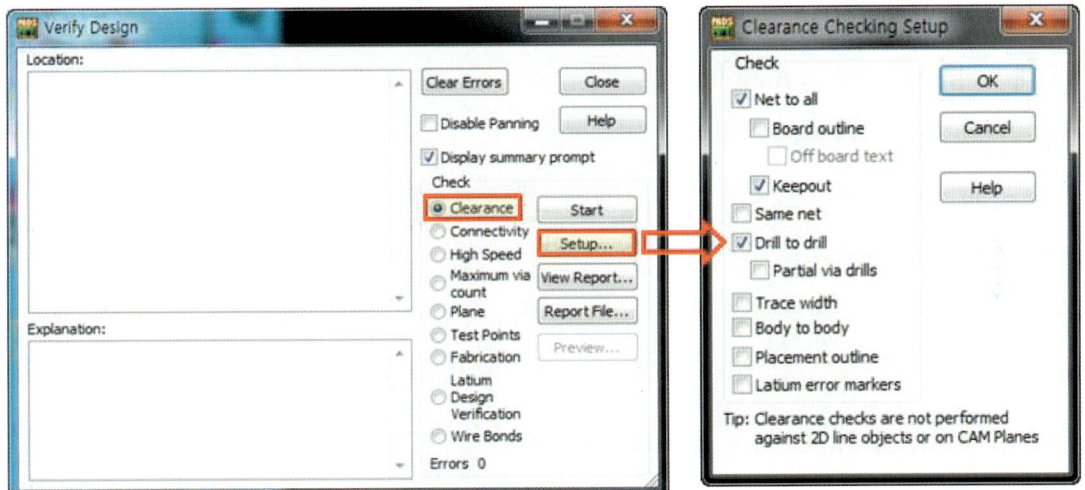

초기 설정한 값에 대해서 설계를 문제없이 했는지 check를 하는 메뉴로 Tools/Verify Design... 에서 해당 팝업을 열 수 있으며, 일반적으로 Clearance, Connectivity 등을 check하게 되고, 기타 rule setting으로 인해 다른 메뉴를 check 할 수도 있습니다.

제1부 PADS의 기초

12. 마무리 작업

Via 보강 작업

외부 Noise나 Pattern의 안테나 현상을 막기 위해서 Ground Via로 보강 작업을 진행합니다. Via 보강은 EMC적인 측면에서도 꼭 필요한 작업입니다.

부품 silk 정리 작업

각 부품의 Reference name 등을 파악될 수 있게 정리를 해줍니다. PCB 제작 후 부품 위치 등 확인하기 위한 작업입니다.

회로와 matching 작업

작업 완료된 보드와 회로도 간에 틀린 부분이 없는지 check를 해야 작업 중 생길지 모르는 오류를 파악할 수 있습니다.

기구 도면과 matching 작업

기구 도면에 표시된 부품 및 사이즈, 금지구역에 대해 보드상에서 제대로 구현이 되어 있는지 check를 해야 합니다.

※ DRC check는 작업이 마무리 단계로 가면 수시로 해주는 것이 좋으며, 조금의 변동사항이 있을 때마다 check를 해주는 것이 좋습니다.

13. CAM 검토

모든 작업 완료가 되면 PCB 제작을 하기 위해서 CAM 검토를 해야 합니다.

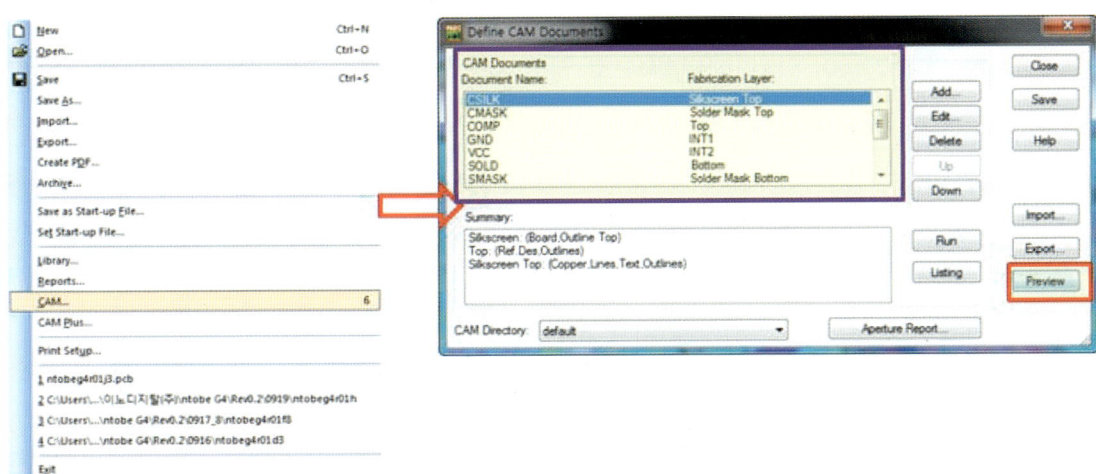

그림과 같이 File/CAM을 통해서 CAM 설정을 하고 해당 파일을 CAM350 등 CAM 프로그램을 통해서 설계적인 문제가 없는지 검토를 하게 됩니다.

검토하는 이유는 실제 PCB 제조업체에서 film을 만드는 화면을 보는 것과 비슷한 조건에서 보기에 세부적인 검토가 가능합니다.

14. 생산 data 추출 및 Gerber data 전달

CAM 검토 후 문제가 없을 때 최종 data와 좌표 data 외 기타 생산 data를 전달함으로 설계를 마무리합니다.

PADS에서 자주 사용하는 명령어

PADS에서는 여러 기능이 있지만 일반적으로 많이 사용하는 명령어 및 기능에 대해서 알아보겠습니다.

일반적으로는 어떠한 기능을 사용하는 중 오른쪽 마우스를 선택하면 현 상태에서 사용할 수 있는 모든 기능이 다 나오게 됩니다. 하지만 기능을 일일이 찾지 않고 명령어를 사용한다면 보다 빠르게 작업을 할 수 있지 않을까 싶습니다.

추가로 버전에 따라 명령어는 일부 차이가 있을 수 있습니다.

명령어	기 능
F2	Pad를 선택한 후 F2나 double click을 하면 배선 작업을 할 수 있습니다.
F4	Top/Bottom 층을 바꿔서 보여주는 명령어로 배선 중 사용하면 Via를 사용하여 층을 바꿔주는 역할을 합니다.
L	특정 Layer를 보기 위해 선택하는 명령어로 L*를 하면 *에 해당하는 층을 볼 수 있습니다. ex) L2 → Layer2를 보여줍니다.
W	Pattern이나 Line의 width를 변경할 수 있는 명령어입니다. W*를 하면 *에 해당하는 값으로 변경이 됩니다. ex) W1 → Pattern이나 Line의 두께를 1로 변경하여 작업을 할 수 있습니다.
S	해당 위치로 이동할 때 사용하는 명령어입니다. ex) S xy → S 1 2를 하면 커서 또는 선택된 것의 origin을 1, 2로 이동시킵니다.

명령어	기 능
SS	해당 부품을 선택해주는 명령어입니다. ex) SS R1 → R1이라는 부품을 선택할 때 쓰는 것으로 Move 상태에서 사용을 하면 해당 부품을 불러올 수 있습니다.
G	커서를 움직일 수 있는 Grid를 조정할 수 있는 명령어입니다. ex) G*로 쓰고 G0.1 Grid를 0.1로 바꾸어 줍니다.
GD	Display Grid로 G와 같이 사용되며, 도트의 간격을 조정할 수 있습니다.
N	원하는 Net 정보를 보여주거나 highlight된 Net를 해제시킵니다. ex) N 1234 → 1234라는 Net를 highlight시켜 줍니다. N만 입력할 때에는 highlight된 Net를 해제시켜 줍니다.
Z	원하는 Layer만을 볼 수 있습니다. ex) Z1 → Layer1만을 보여줍니다.
PO	Copper Pour를 on/off시켜주는 명령어입니다.
Insert	화면을 이동할 때 사용하는 명령어입니다.
Delete	선택된 부품을 삭제할 때 사용(부품은 ECO Toolbar 실행 후 가능)하는 명령어입니다.
Tab	여러 부품, text 등이 섞여 있을 때 순차적으로 rotation이 되어서 선택하고자 하는 것을 선택할 수 있게 합니다.
Home	전체 화면을 보여줍니다.
F5	선택한 Net나 Pad를 기준으로 인접한 Net를 highlight되게 합니다.
F6	선택한 Net나 Pad의 전체 Net를 highlight되게 합니다.
Backspace	Pattern이나 Line 작업 중 한 단계 이전 작업으로 돌아가게 하는 명령어입니다.
page Up	화면을 확대시키는 명령어입니다.
page down	화면을 축소시키는 명령어입니다.

제1부 PADS의 기초

명령어	기 능
Ctrl+E	PCB 상에 있는 부품, Silk, Test, Copper, 2D Line 등으로 이동할 때 사용하는 명령어입니다.
Ctrl+R	부품 등이 회전할 때 사용하는 명령어입니다. 여러 부품 등을 함께 회전시킬 때에는 오른쪽 마우스를 통해서 Rotate Group 90을 통해서 회전시킬 수 있습니다.
Ctrl+Q	선택한 부품이나 Pattern, Pad, Line 등의 정보를 보여주는 명령어입니다.
Ctrl+C / Ctrl+V	선택한 것을 복사/붙이기를 실행시킬 수 있습니다.
Ctrl+W	오른쪽 마우스는 축소, 왼쪽 마우스는 확대, 가운데 마우스는 Insert와 동일 기능을 실행합니다.
Ctrl+H	선택한 부분을 highlight시켜 줍니다.
Ctrl+Alt+G/D	Option 팝업을 띄울 수 있는 명령어로 여러 가지 설정을 할 수 있습니다.
Ctrl+Alt+C	Display color로 설계에 필요한 color 등을 설정해 줄 수 있습니다.
Ctrl+Alt+N	View Net으로 Net에 대한 설정을 할 수 있는 명령어입니다.
Shift+S	선택한 Pattern에 대해서 Stretch 기능을 실행할 수 있습니다.

자주 사용하는 PADS의 기능들

[File]

```
New                        Ctrl+N
Open...                    Ctrl+O
Save                       Ctrl+S
Save As...
Import...           A
Export...           B
Create PDF...       C
Archive...
Save as Start-up File...  D
Set Start-up File...
Library...          E
Reports...          F
CAM...              G
CAM Plus...
Print Setup...      H
1                                    I
2
3
4
Exit
```

제1부 PADS의 기초

A. Import

```
ASCII Files (*.asc)
DXF Files (*.dxf)
ECO Files (*.eco)
OLE Files (*.ole)
Collaboration Files (*.clb,*.cle)
IDF Files (*.emn)
Protel 99SE design databases (*.ddb)
Protel 99SE design files (*.pcb)
Protel DXP / Altium Designer design files (*.pcbdoc)
P-CAD design files (*.pcb)
CADSTAR PCB design files (*.pcb)
CADSTAR PCB archives (*.cpa)
OrCAD Board files (*.max)
Allegro Board files (*.brd)
Xpedition PCB files (*.pcb)
PADS Maker Layout files (*.pcb)
```

그림과 같이 Import를 선택하면 다양한 PCB 프로그램이나 Auto-CAD 등 기타 CAD 프로그램이나 변환된 DXF, ASCII 파일을 불러들일 수 있는 메뉴입니다.

B. Export

```
ASCII Files (*.asc)
DXF Files (*.dxf)
IDF Files (*.emn,*.emp)
OLE Files (*.ole)
HYP Files (*.hyp)
ODB++ (*.tgz)
IPC356 Files (*.ipc)
Collaboration Files (*.cle)
CCE Files (*.cce)
CAM350 Files (*.cam)
SPECCTRA Files (*.dsn)
```

PADS에서 작업한 파일에서 버전을 낮춰서 ASC 파일로 변환시키거나 기구 관련 CAD인 DXF 그 외에 다른 CAD Tools에서 열 수 있도록 변환시켜줄 수 있는 메뉴입니다.

C. Create PDF...

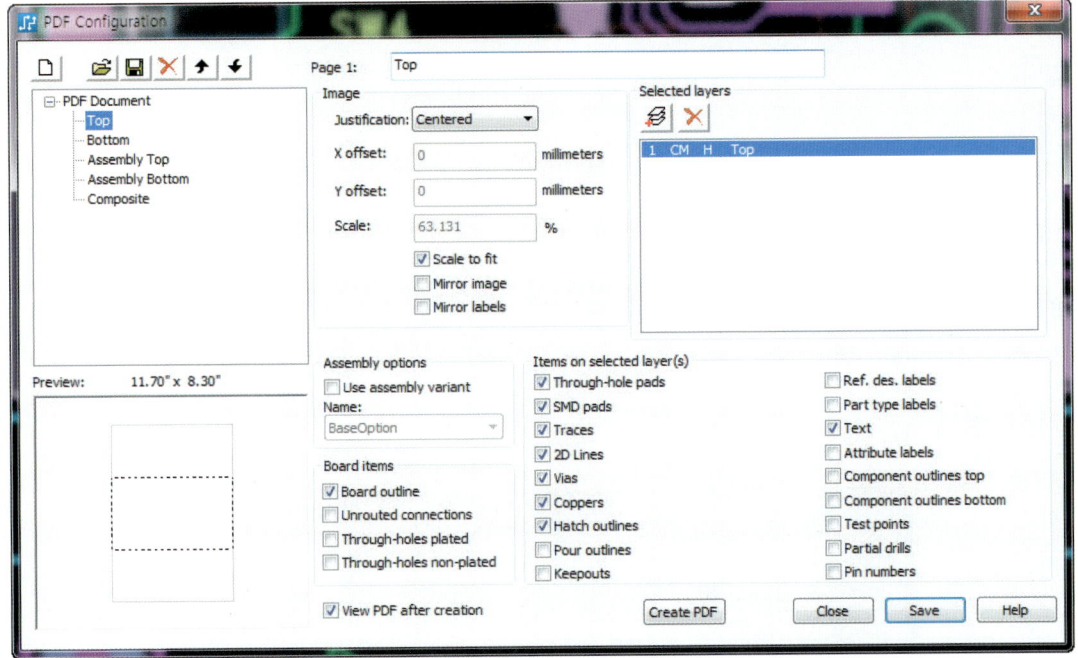

실행 시 위 그림과 같은 팝업창이 뜹니다.

문서에 필요한 정보들을 체크한 후에 Create PDF를 실행합니다.

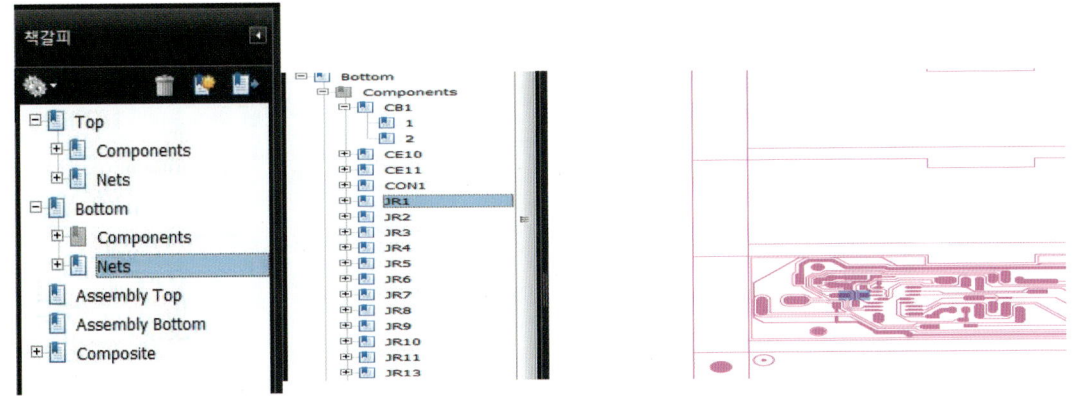

위 왼쪽 그림과 같이 책갈피에 보면 문서로 확인할 수 있는 정보들이 뜨고, 오른쪽 그림과 같이 부품 정보에서 부품을 선택하게 되면 설계한 도면상에 해당 부품의 위치 또는 Net 정보에서는

제1부 PADS의 기초

해당 Net에 연결된 부품의 Pin 번호 위치 등을 표시해 줍니다. 이러한 정보는 설계 파일이 없어도 PDF 문서를 통해서 부품 위치나 해당 Net에 연결된 부품 정보 등을 알 수 있습니다.

결론적으로 작업된 파일을 PDF로 출력하기 위한 메뉴이며, CAM에서도 설정하여 출력을 할 수 있습니다.

D. Save as Start-up File

기본 설정을 저장할 수 있는 곳으로 초기 창에서 unit 등 기타 설정한 것을 위 메뉴를 통해서 저장을 하고 새 창을 열 때 저장된 파일을 불러들여서 기본 설정 없이 작업을 할 수 있습니다.

E. Library…

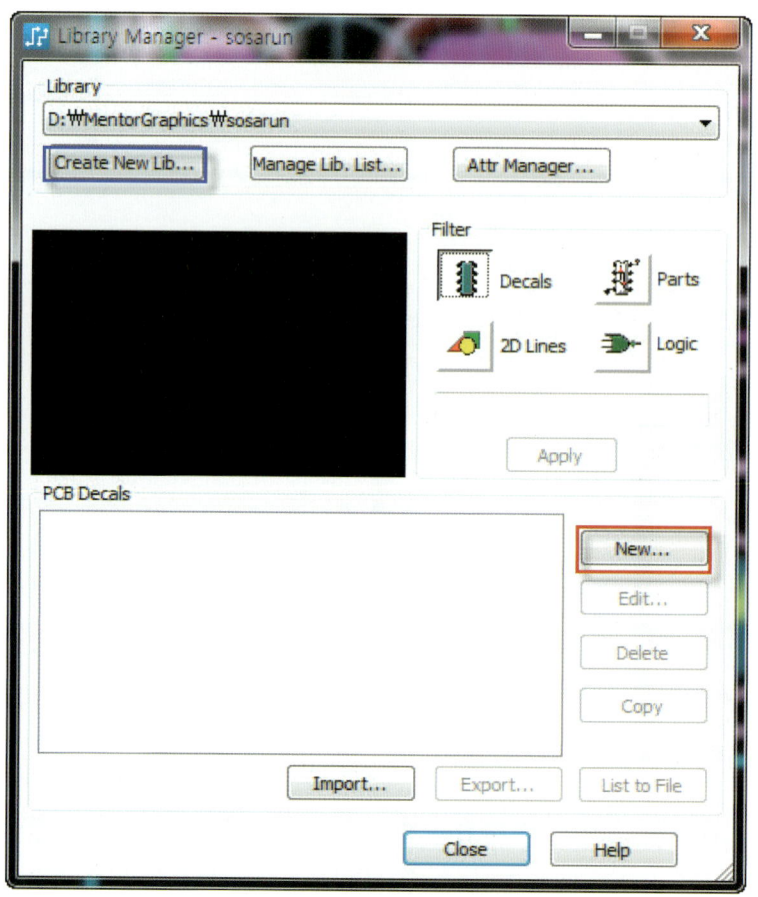

PCB에 사용되는 부품을 만들어 주고 저장하는 곳입니다.

그림과 같이 팝업창이 뜨고 파란 박스에서 사용자가 만들고 싶은 이름으로 Library 파일을 만들 수 있으며, 빨강 박스 부분의 New를 선택해서 또는 기존에 부품을 선택해서 수정 또는 변형된 부품을 만들어줄 수 있는 곳입니다.

F. Reports...

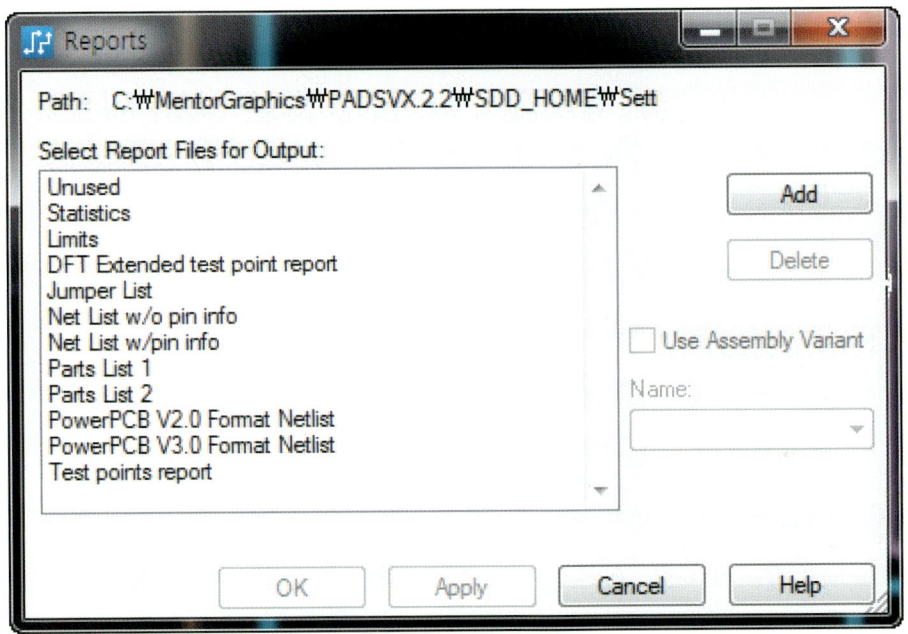

설계하는 PCB 내에 모든 정보를 확인할 수 있는 곳으로 설계한 시간, Pin 수, 부품수 등을 확인 할 수 있습니다.

G. CAM...

PCB 설계를 끝낸 후에 PCB 제작 업체에 CAM data를 보내기 위해서 필요한 작업을 하는 곳으로 제작에 필요한 Layer별 설정을 해주는 곳으로 설정된 것을 기초로 검토할 수 있으며, 문제가 없을 때 출력하여 업체에 전달하면 됩니다.

해당 내용은 본 책에서 CAM에 대한 별도의 설명이 있으니 참고하면 됩니다.

제1부 PADS의 기초

H. Print Setup...

프리트를 할 수 있는 곳입니다.

[Edit]

최근 작업한 파일 리스트를 나타내는 곳입니다.

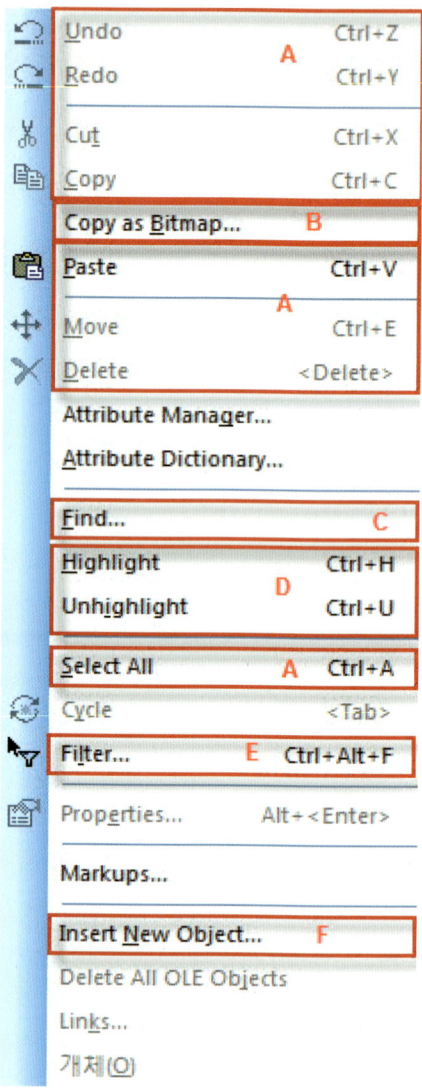

A. 일반적으로 컴퓨터에서 많이 사용하는 기능입니다.
B. 설계한 부분 중 일부를 캡쳐할 수 있습니다.
C. Decal, Net 등 정보를 볼 수 있는 기능입니다.
D. 선택한 Net나 부품 등을 Highlight 해주거나 Unhighlight 해주는 기능입니다.
E. 설계 중에 Layer, Via, 부품 등 필요한 부분을 설정함으로 효율적으로 설계할 수 있도록 하는 기능입니다.
F. 이미지 등을 불러올 수 있는 기능입니다.
   PCB 프로그램에 첨부하는 기능으로 실제로는 용량 문제 등으로 많이 사용하지는 않습니다.

B. Copy as Bitmap...

해당 메뉴를 선택한 후에 프로그램 상에서 Copy할 영역을 선택한 후에 그림판에서 Ctrl+V를 누르면 선택한 영역이 나타나서 해당 부분을 캡쳐해서 활용할 수 있습니다.

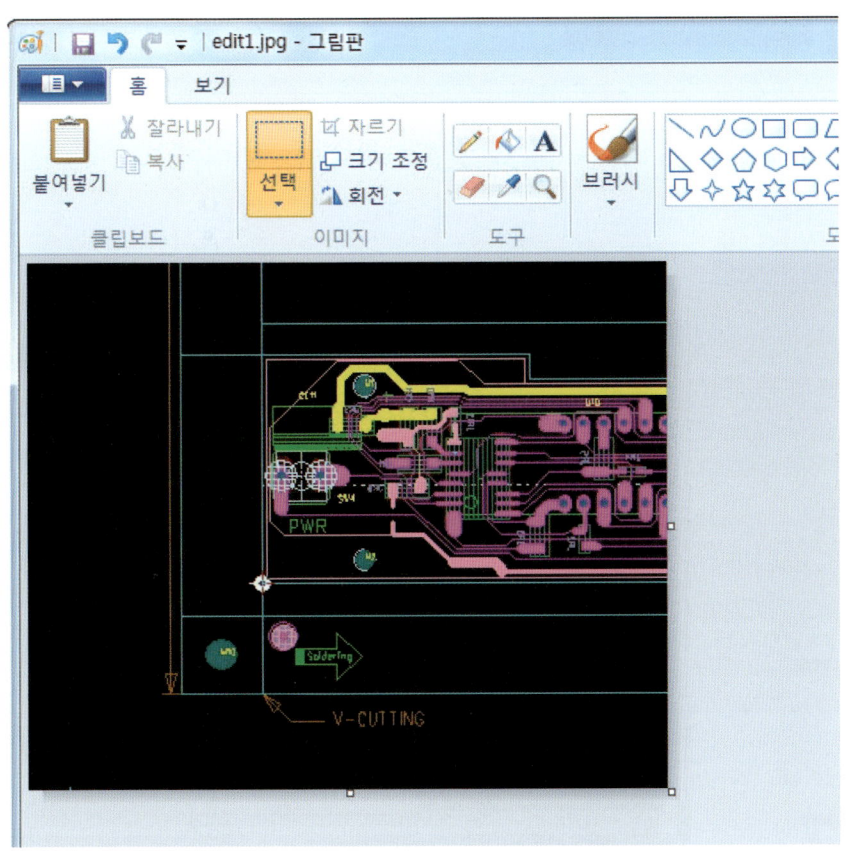

제1부 PADS의 기초

C. Find...

설계한 파일에서 다양한 정보를 찾고자 할 때 사용하는 메뉴입니다.

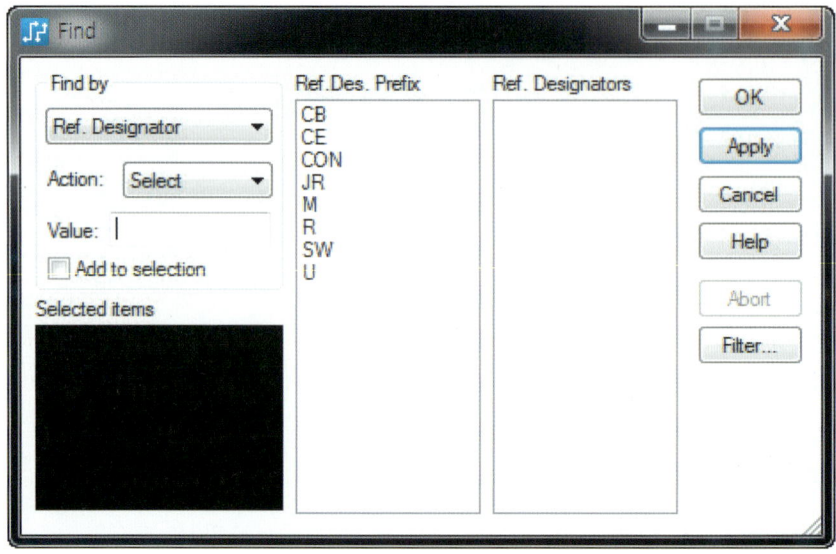

위와 같은 팝업이 뜨고 Find by에서 아래와 같은 목록 중 선택하여 찾고자 하는 정보를 찾을 수 있습니다.

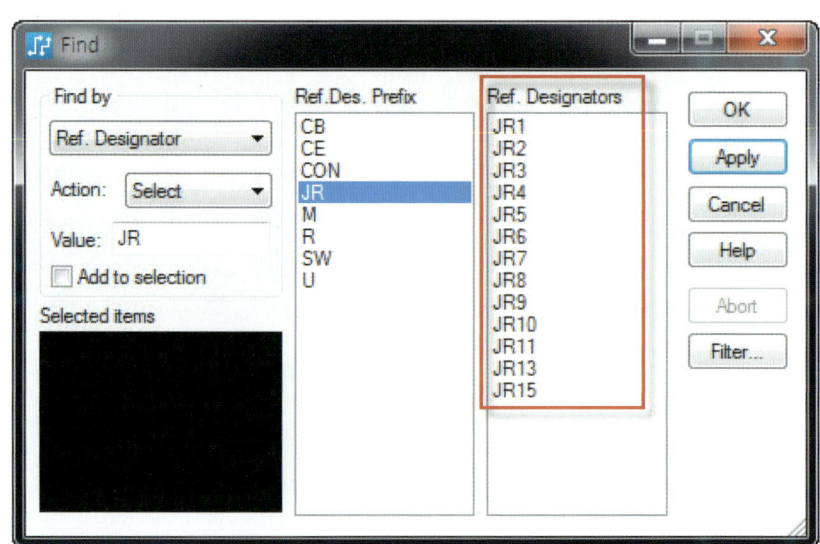

위 그림의 왼쪽과 같이 찾고자 하는 정보를 선택할 수 있으며, 오른쪽 그림과 같이 정보를 찾아 볼 수 있습니다.

오른쪽 그림의 Ref.Designators에서 원하는 정보를 선택할 수 있습니다.

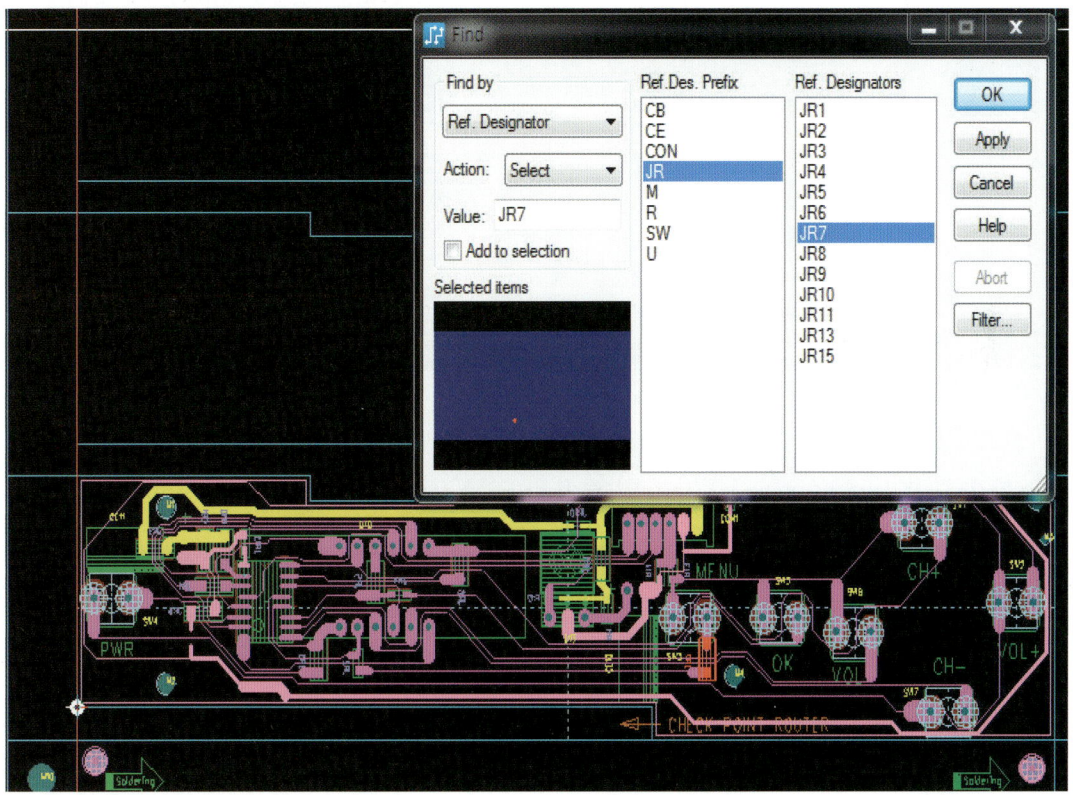

위와 같이 원하는 부품을 선택하면 왼쪽 하단에 현재 보이는 화면 기준에서의 위치를 알려주고 PCB 상에서도 선택한 부분에 대한 정보를 highlight해서 보여주게 됩니다.

D. Highlight/Unhighlight

선택한 Net나 부품 등을 Highlight해 주거나 Unhighlight해 주는 기능입니다.

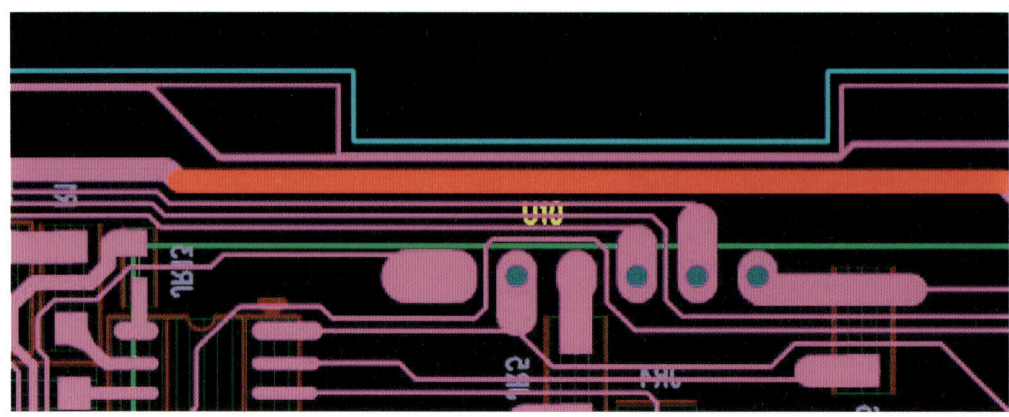

위와 같이 특정 부품이나 Net의 일부 또는 전체를 선택한 후에 Highlight 메뉴 또는 명령어 Ctrl+H를 통해서 Highlight를 시킬 수 있습니다.

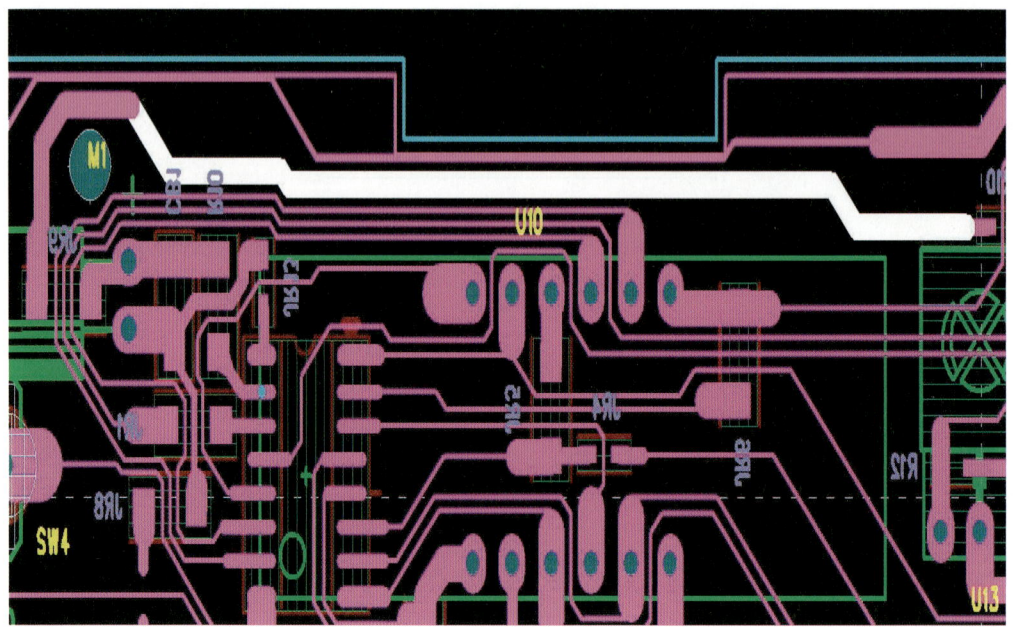

Highlight 기능이 실행될 경우 위와 같이 설정해 놓은 color로 보이게 됩니다.

> **Tip**
>
> 특정 구간 Net을 원할 경우 Net를 선택한 후에 키보드 F5를, 전체 Net를 원할 경우 F6를 누르면 됩니다.

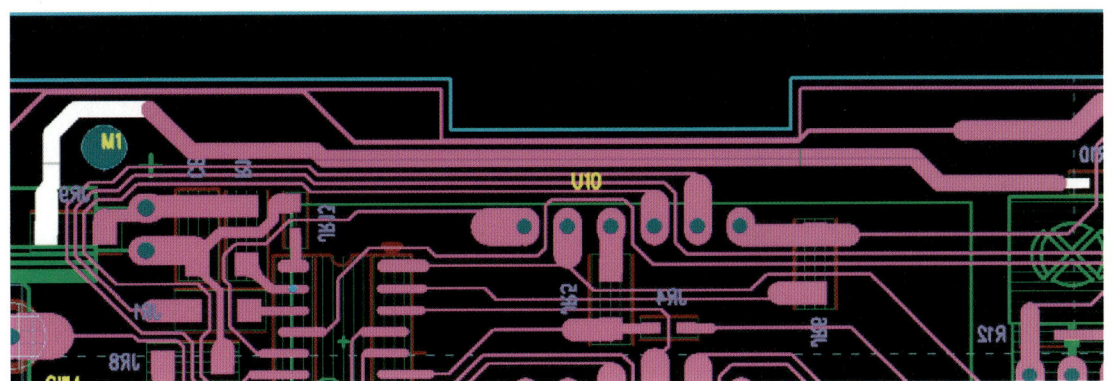

반대로 Highlight된 부품이나 Net의 특정 구간을 선택한 후에 Unhighlight시키면 위와 같이 특정 구간에 대해서 highlight 기능을 제거시킵니다. 명령어 Ctrl+U를 사용할 수도 있습니다.

> **Tip**
>
> 전체적인 Net에 대해서 모든 highlight된 부분을 unhighlight시키려면 명령어 N를 누른 후 Enter 키를 누르면 모든 Net의 Highlight를 제거시킵니다.

E. Filter...

설계 시 많이 사용하는 메뉴 중 하나로 Layer, Via, 부품 등 필요한 부분을 설정함으로써 효율적으로 설계할 수 있도록 하는 기능입니다.

제1부 PADS의 기초

[Selection Filter]

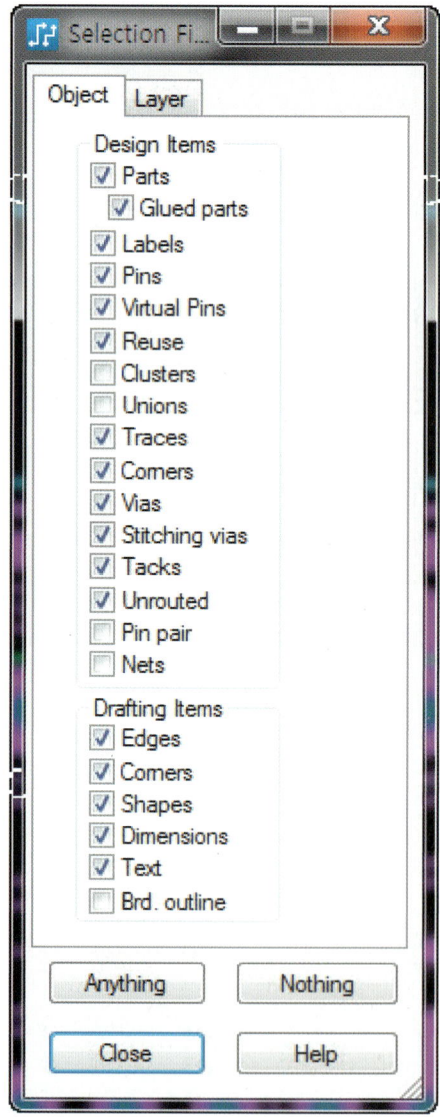

Selection Filter에는 위와 같은 많은 메뉴가 있습니다. 자주 사용되는 각 메뉴에 대해서 살펴보 겠습니다.

먼저, 하단 메뉴에서의 Anything은 기본적인 메뉴를 체크해주는 기능이고, Nothing은 모든 체크 를 해제하는 기능입니다.

① Part/Glued parts

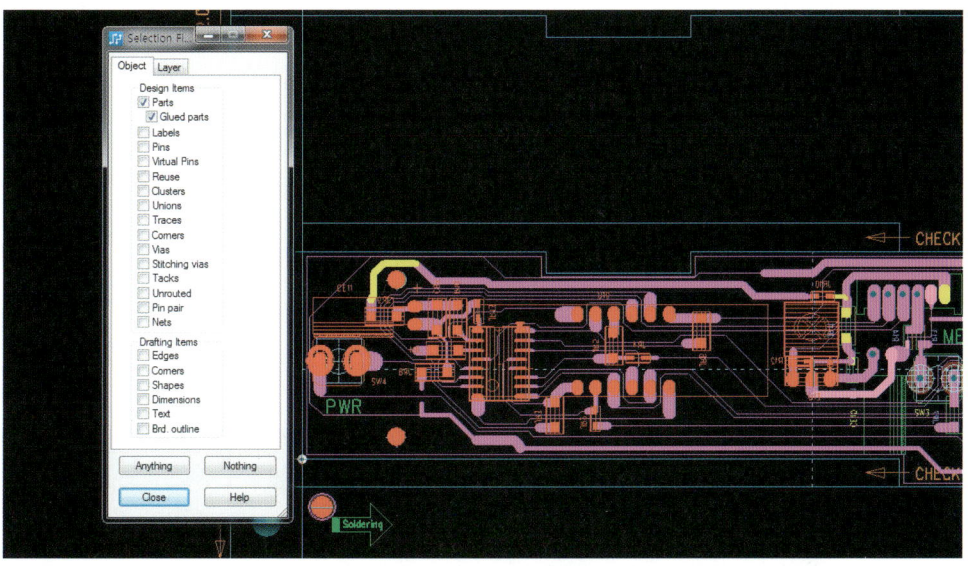

위 그림과 같이 Part를 체크할 경우 설계 시 부품을 선택할 수 있는 기능입니다. 체크가 되어 있지 않다면 선택되지 않습니다.

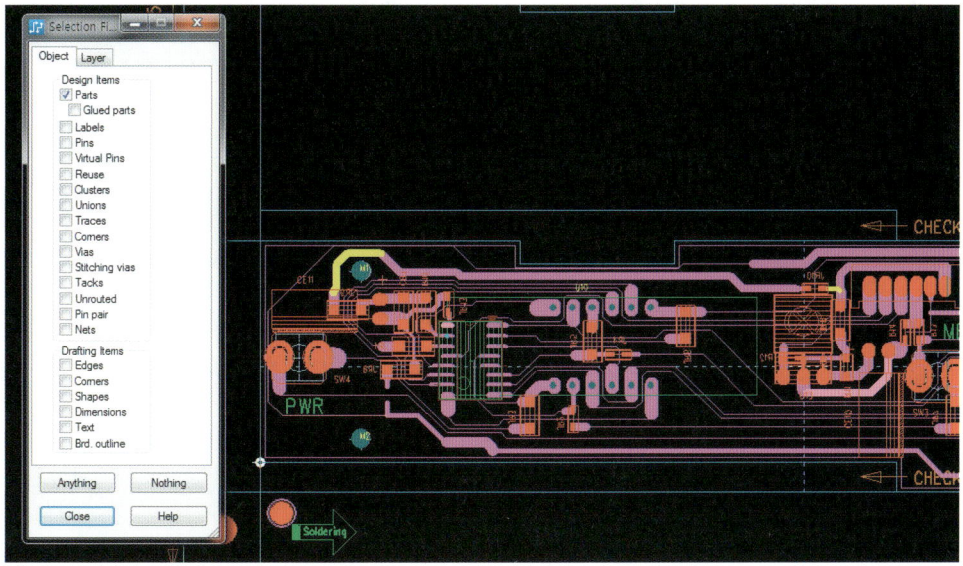

제1부 PADS의 기초

Glued는 특정한 무엇인가를 고정시키는 기능을 말합니다.

Glued parts를 체크하면 Glued된 부품도 선택할 수 있습니다.

체크를 해제한다면 Glued 부품은 선택되지 않습니다.

보통 설계 시 고정 부품에 대해서 이동을 막기 위해 Glued를 걸어두게 되고, 체크를 해제할 경우 해당 부품은 체크 전까지는 선택되지 않습니다.

② Labels

부품과 연관되는 것을 말합니다.

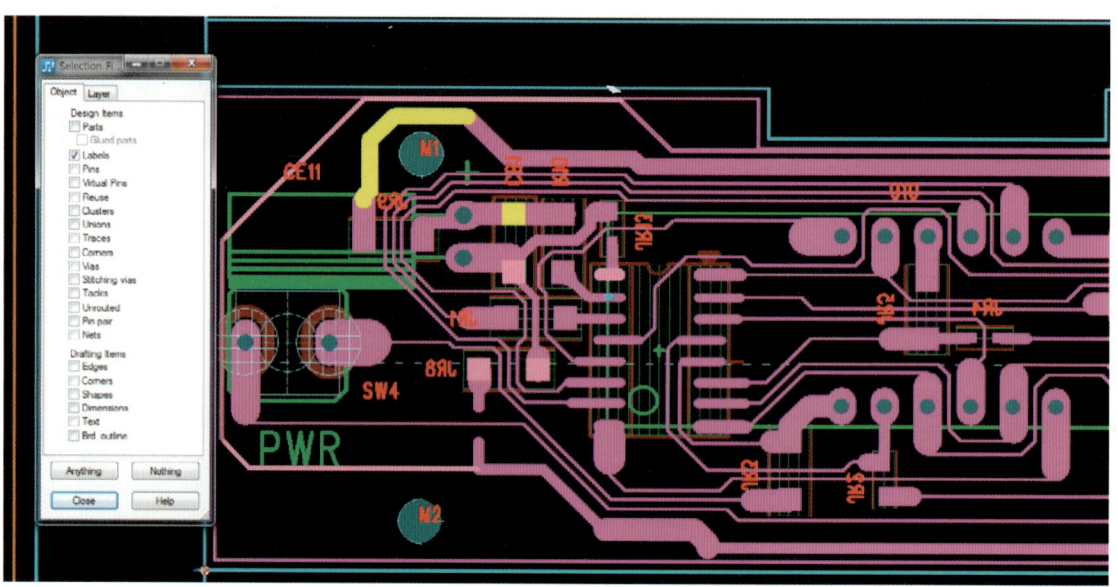

일반적으로 위 그림과 같이 부품에 대한 정보가 있는 부품이 해당됩니다. 해당 부분은 모든 설계가 끝난 이후에 실크 정리 등을 할 때에 모든 체크를 해제하고 Label만 선택한 후 사용하게 됩니다.

③ Pins

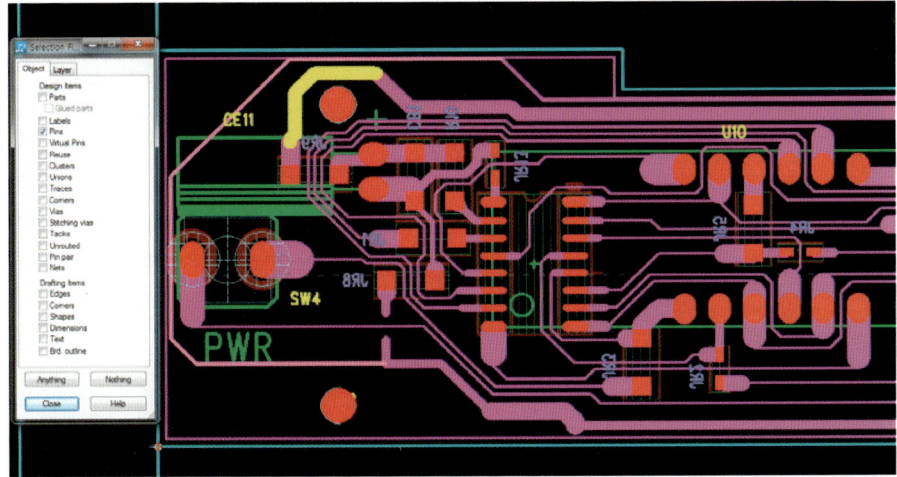

위 그림과 같이 해당 부분을 체크하면 부품의 모든 Pin들을 선택할 수 있고, Pin의 정보 등도 확인할 수 있습니다.

④ Reuse

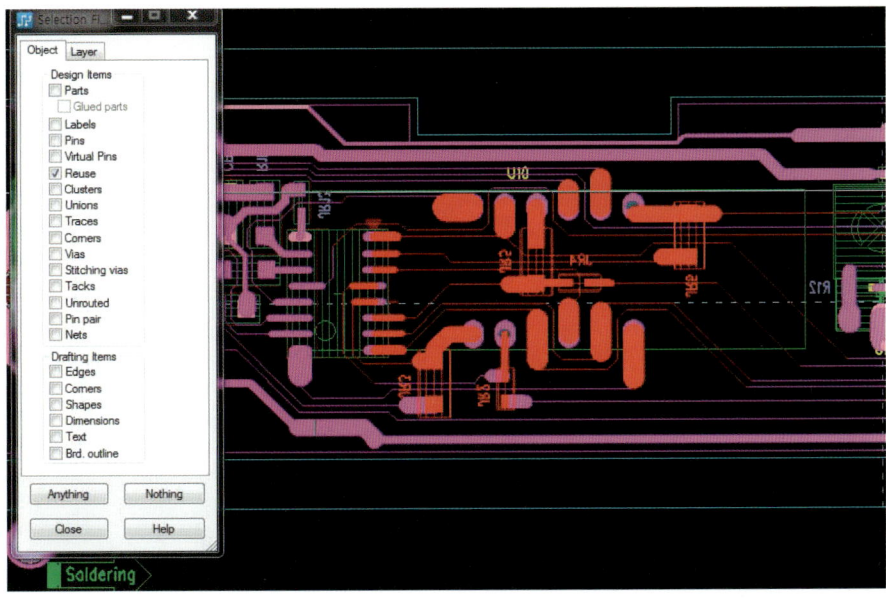

제1부 PADS의 기초

앞 그림과 같이 해당 부분을 체크하면 Make Reuse 기능을 활용하여 설정되거나, Add Reuse 기능으로 불러온 부분을 선택할 수 있습니다. 해당 Reuse 기능을 자주 사용한다면 해당 부분을 통해서 각각의 선택을 하고 Reuse 기능 등을 설정할 수 있습니다. Reuse 기능으로 묶여 있을 경우 부품 이동이나 Pattern의 수정 등이 제한됩니다.

⑤ Unions

Reuse와 비슷하다고 보면 됩니다. Unions으로 설정된 부분에 대해서 선택하고 해제할 수 있는 기능입니다.

> **Tip**
>
> Reuse와 Unions를 해제할 때에는 위 filter 기능 또는 해당 부분 중 일부를 선택한 후 오른쪽 마우스를 클릭한 후 select reuse 또는 unions를 선택하면 관련 Reuse나 Unions가 선택되고 이후 오른쪽 마우스를 선택한 후 Break Reuse나 Unions를 통해 선택한 부분에 대해서 해제할 수 있습니다.

⑥ Traces

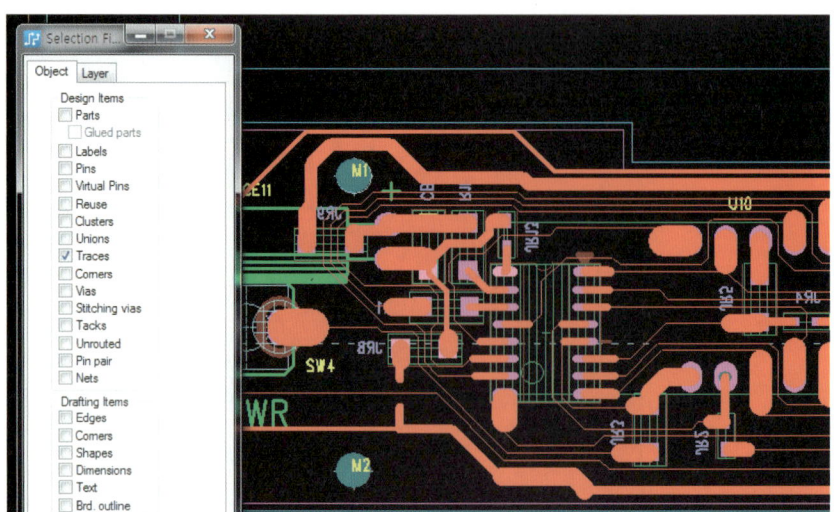

위 그림과 같이 해당 부분을 선택하면 일반적인 Pattern(배선)의 연결되어 있는 부분을 선택할 수 있습니다. 그 외 다른 부분은 선택되지 않습니다.

⑦ Vias

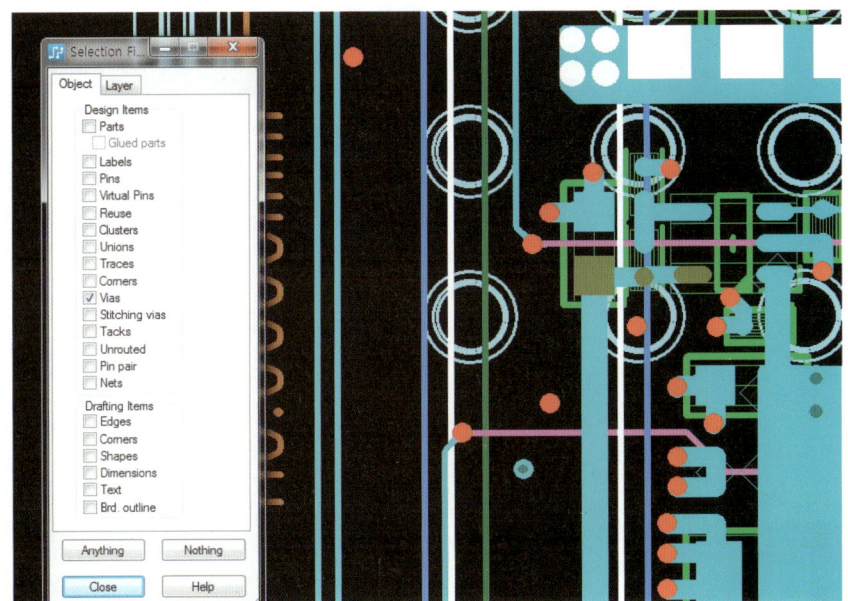

앞 그림과 같이 Vias를 선택할 경우 설계된 Via의 작업한 부분들을 선택할 수 있고 이동도 할 수 있습니다.

다만, 위 그림에서와 같이 일부 선택이 안 된 부분들은 다음에 설명할 부분으로, Stitching Vias 는 선택되지 않습니다.

⑧ Stitching Vias

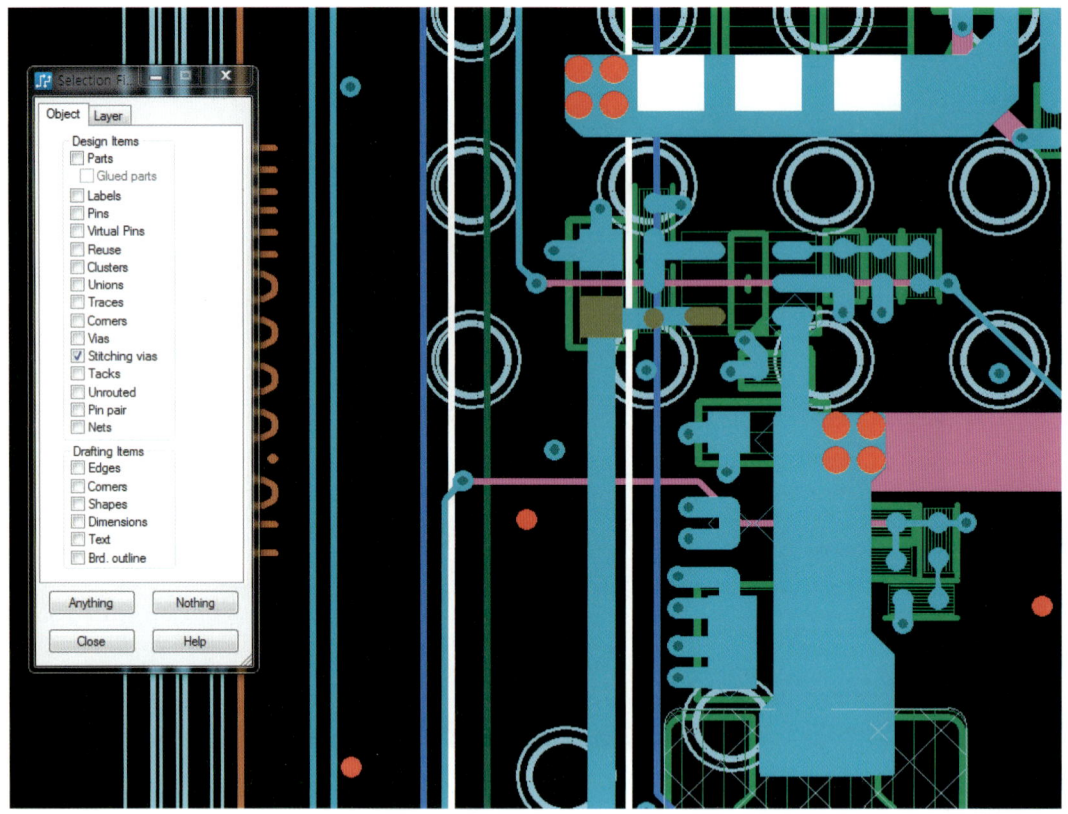

앞서 설명한 Via와 반대로, 해당 부분을 선택하면 Stitching Via로 설정된 Via에 대해서만 선택할 수 있습니다. 관련해서 모든 Via를 선택할 경우에는 Via와 Stitching Via를 모두 체크해 두면 모든 Via를 선택할 수 있습니다.

 **Stitching Vias란?**

Stitching Vias는 설계 작업을 다 하고 Via 보강을 위해서 임의로 배치할 수도 있지만 프로그램 상에서 자동으로 설정할 수도 있습니다.
Stitching Vias는 그러한 부분에서 설정된 옵션에 맞게 자동으로 배치가 된 Via를 말합니다.

⑨ Pin pair

위 그림과 같이 Pin pair를 선택하면 인접 Net에 대해서 볼 수 있습니다.

Pin pair는 단축키 F5와 같은 기능으로, 선택한 부분에서 가장 인접한 Pin 간 부분을 확인할 수 있는 부분입니다.

예를 들어서 앞의 그림은 가장 왼쪽 Pin을 선택한 그림이지만 highlight된 부분에서 오른쪽을 선택하게 된다면 highlight되지 않은 오른쪽 부분도 같이 붉은색으로 highlight되게 됩니다. 다시 말해서 선택한 Pin의 가장 인접 라인을 보여주는 것이라고 보면 됩니다.

제1부 PADS의 기초

⑩ Nets

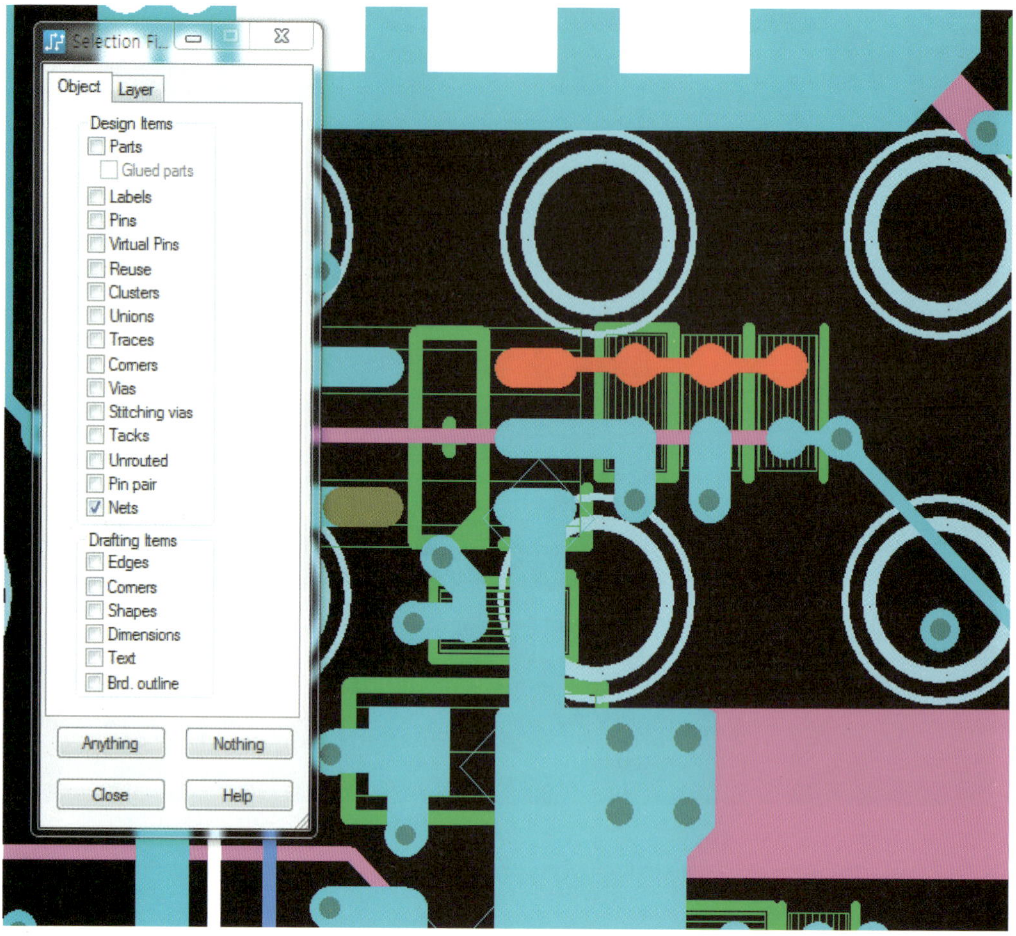

위 그림과 같이 해당 부분을 체크하면 그림과 같이 연결된 모든 Net 정보를 볼 수 있습니다.

단축키 F6과 같은 기능으로 앞에 설명했던 Pin pair와 다르게 전체 Net를 보여주는 기능입니다.

⑪ Edges

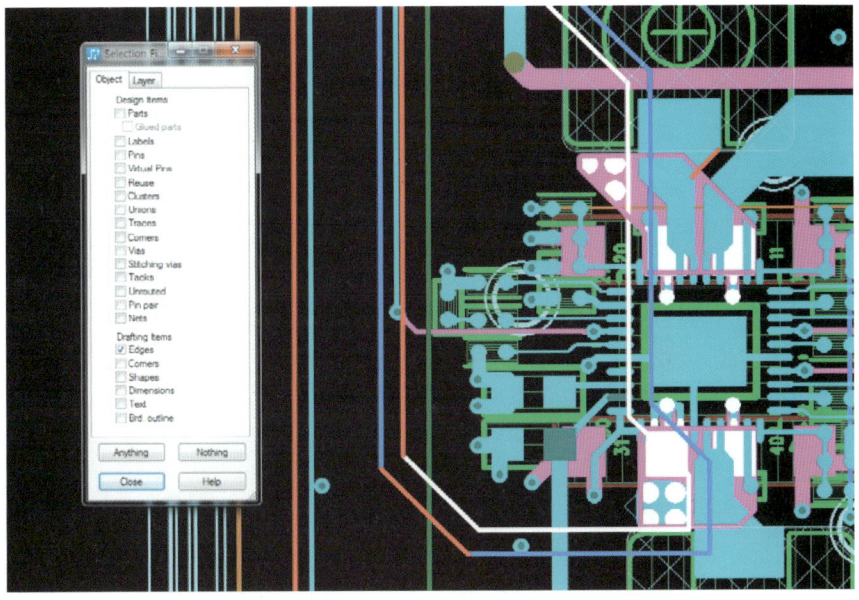

해당 부분을 체크할 경우 위 그림과 같이 2D Line이나 Copper, Copper pour 등의 한 면을 선택할 수 있습니다. 하나씩 다수를 선택할 수도 있고, 드래그를 통해 복수를 선택할 수도 있습니다.

⑫ Corners

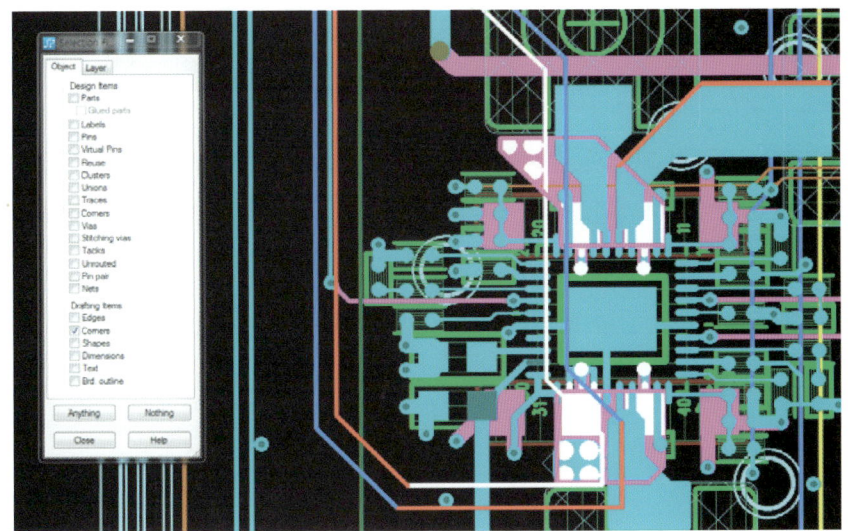

제1부 PADS의 기초

해당 부분을 체크할 경우 앞의 그림과 같이 2D Line이나 Copper, Copper pour 등의 Corner 부분을 선택할 수 있습니다. 그림과 같이 하나씩 다수를 선택할 수도 있고, 드래그를 통해 복수의 선택을 할 수 있습니다.

⑬ **Shapes**

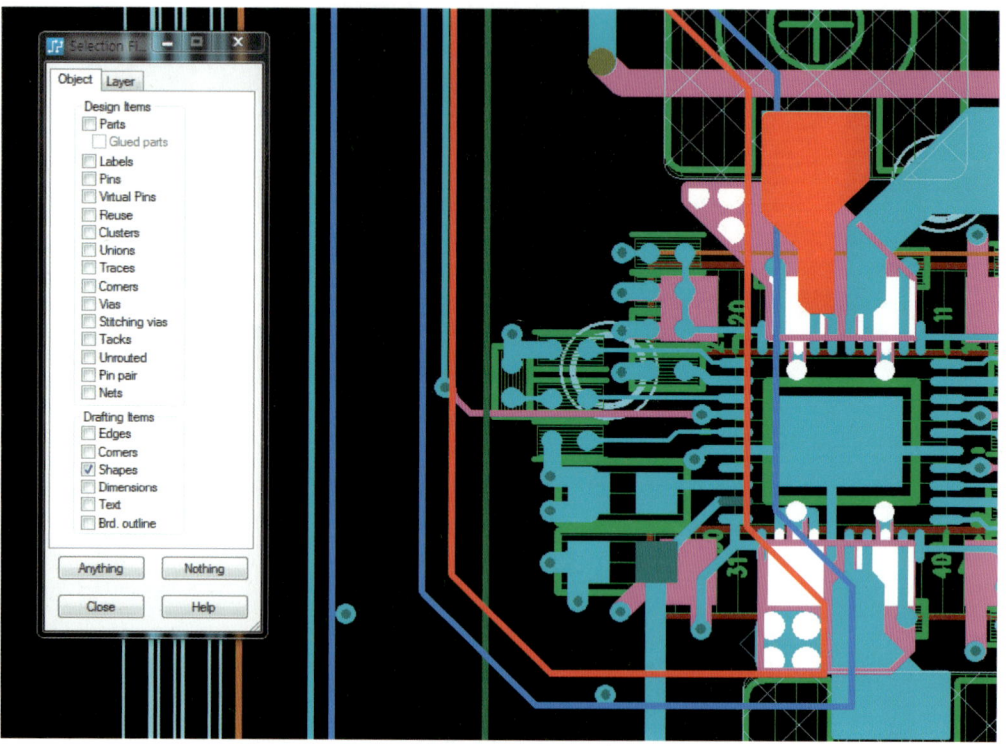

해당 부분을 체크할 경우 위 그림과 같이 2D Line이나 Copper, Copper pour 등의 모든 면을 선택할 수 있습니다. 하나씩 다수를 선택할 수도 있고, 드래그를 통해 복수의 선택을 할 수도 있습니다.

설계 시 Copper에 대한 설정 등을 할 경우 Shapes를 활용해서 선택한 후 설정해주기도 합니다.

⑭ Text

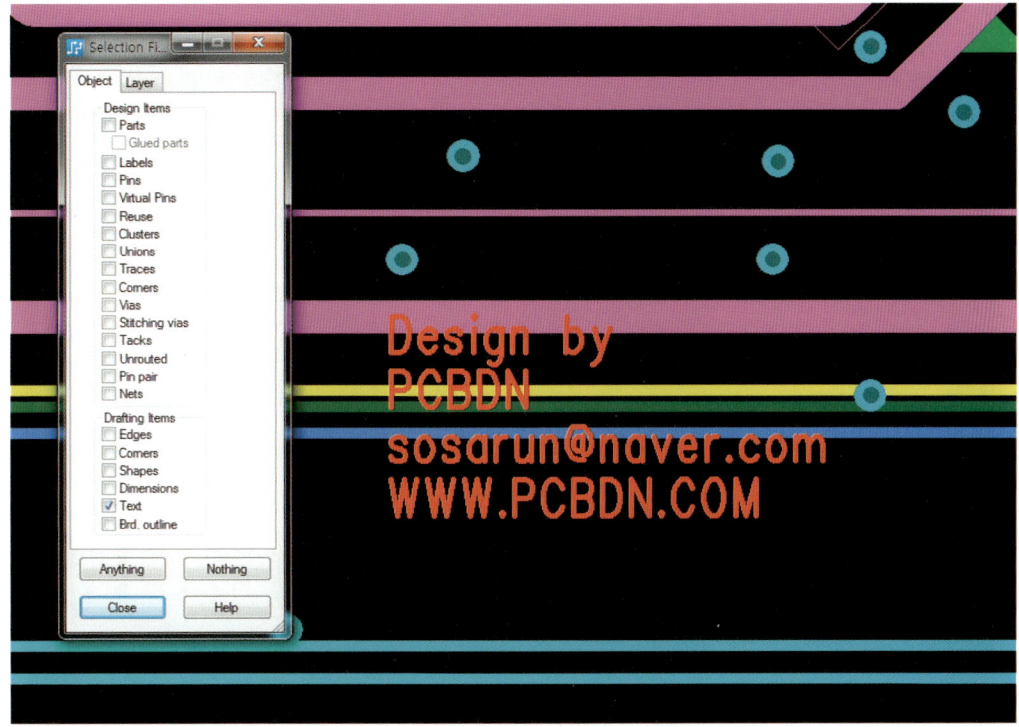

해당 부분을 체크할 경우 위 그림과 같이 보드 내에 기록된 Text 등을 선택할 수 있으며, 선택한 것에 대해 수정도 가능합니다.

⑮ Brd. outline

Board 외곽을 2D Line이 아닌 Board outline으로 그려진 경우 해당 부분의 체크를 통해 해당 라인을 선택할 수 있습니다.

위 부분이 체크되었을 경우 2D Line 등은 선택되지 않으며, 체크가 안 된 상태에서는 Board outline은 선택되지 않습니다.

제1부 PADS의 기초

[Layer]

Selection Filter의 기본 탭에서 오른쪽에 Layer는 각 Layer에 대해 체크할 수 있는 부분입니다.

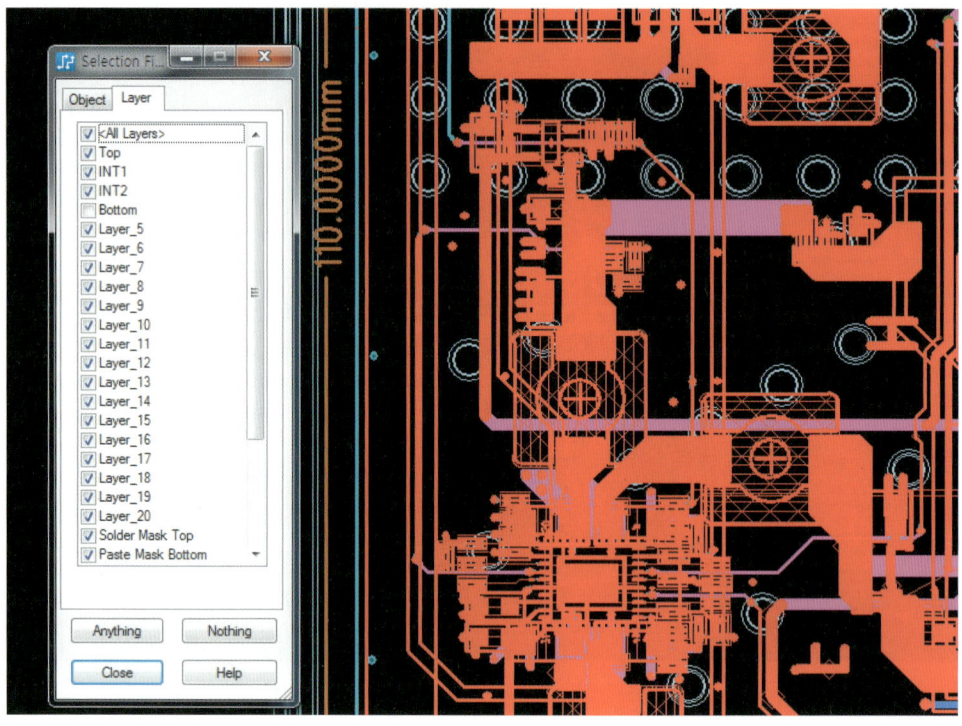

위 그림과 같이 Layer에서는 각 Layer마다 선택할 수 있는 기능을 on/off시킬 수 있습니다.

그림과 같이 Bottom의 체크가 해제되어 있다면 그림에서와 같이 Bottom면에 있는 Pattern이나 Copper 등 해당 Layer에 해당하는 부분은 선택되지 않습니다.

실제 설계 시 확인하기 위해 안 쓰는 Layer로 그려진 부분이나 표시한 부분이 작업 시 수정되지 않도록 위 Layer 탭을 활용해서 체크를 해제하면 체크 전까지 선택이 안 되어 변경되지 않습니다.

[View]

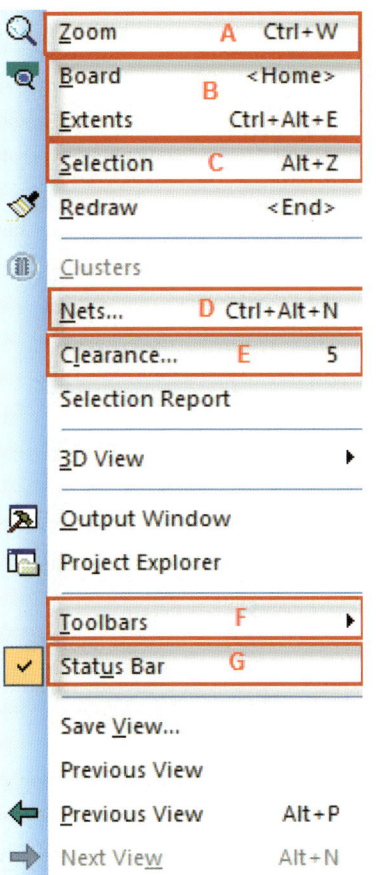

A. 마우스의 좌우 버튼으로 Zoom in/out하는 기능
B. 보드의 전체 화면을 보여주는 기능
C. 선택한 부분을 중심으로 보여주는 기능
D. Net에 대한 설정해 줄 수 있는 기능
E. 선택한 부분에 대해서 Clearance를 확인하는 기능
F. Toolbars에 대해 설정해 줄 수 있는 기능
G. 미니 창을 띄어서 정보를 볼 수 있게 하는 기능

A. Zoom : 명령어 Ctrl+W로 마우스의 좌우 버튼으로 Zoom in/out을 할 수 있습니다.
B. Board/Extents : 어느 화면에 있든지 해당 메뉴 또는 단축키 Ctrl+Alt+E 또는 Home 키를 통해서 설계한 화면의 전체 화면을 볼 수 있습니다.
C. Selection : 선택한 부분을 중심으로 보여주게 됩니다.
F. Toolbars : 해당 메뉴를 선택하면 다음 그림과 같은 메뉴가 나옵니다.

제1부 PADS의 기초

메뉴들은 기본 메뉴에 있는 것과 동일하며, 선택한 아이콘의 서브 메뉴가 열리게 됩니다. 하단에 Customize에서는 단축키 등 명령어 등을 자신에게 맞게 설정하여 사용할 수 있는 메뉴입니다.

E. Clearance...

해당 메뉴를 선택하게 되면 위 그림과 같이 팝업창이 뜨게 되고 원하는 부분을 선택하게 되면 해당 Clearance를 보여주게 됩니다.

해당 메뉴에서 Pattern 간, 부품 간, Pad 간 거리 등을 측정할 수 있습니다.

G. Status Bar

해당 메뉴를 선택할 경우 설계 프로그램의 오른쪽 하단에 위 그림과 같은 정보가 보이게 됩니다.

기본적으로 설정된 Line width값 grid, 커서가 위치해 있는 좌표, 설계에 필요한 Unit 단위가 있습니다. 해당 메뉴는 오픈한 후에 하는 것이 설계 시 많은 도움이 됩니다.

D. Net...

해당 메뉴 또는 명령어 Ctrl+Alt+N을 선택할 경우 Net에 대한 설정을 할 수 있습니다.

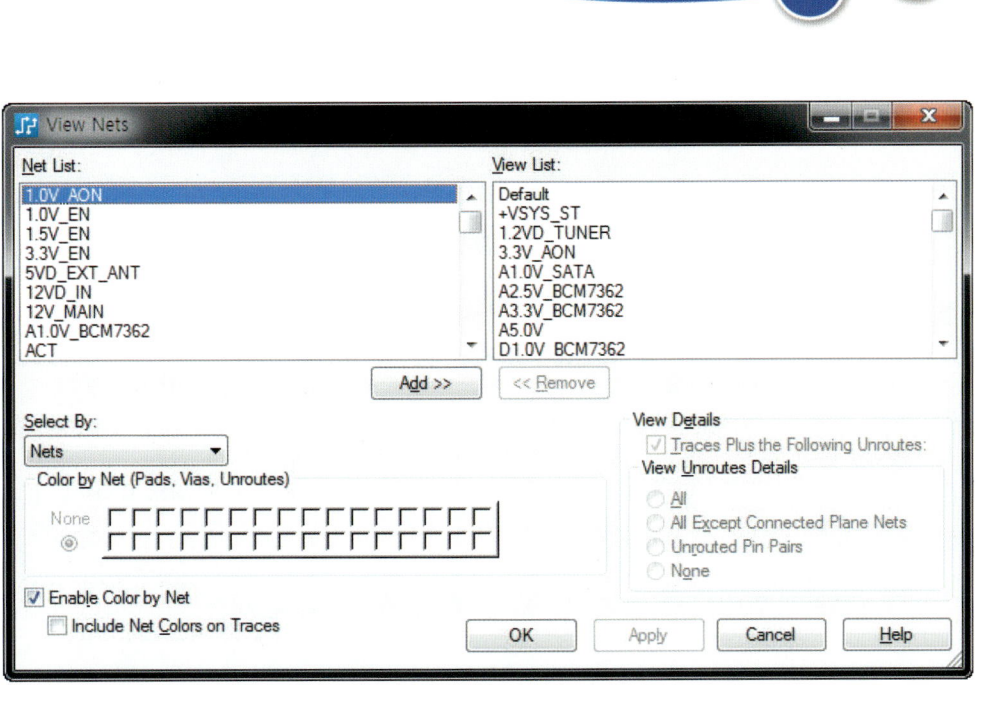

위 그림과 같이 팝업창이 뜨고 왼쪽에 Netlist에서 설계자가 원하는 Net 정보들을 Add를 통해서 View List로 옮겨서 color 및 Net의 보이는 부분 등을 설정할 수 있습니다.

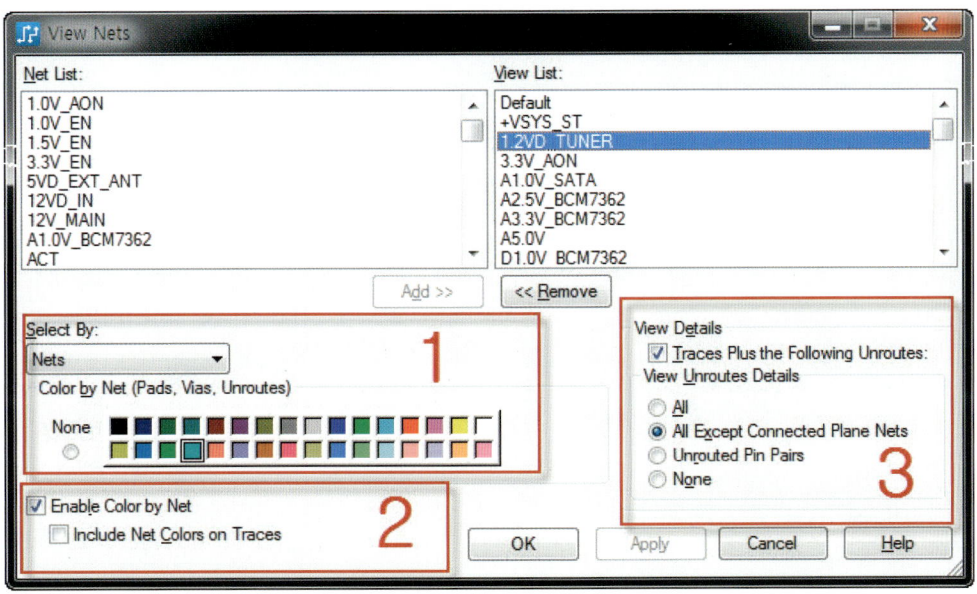

그림과 같이 View List로 옮기게 되면 하단에 1, 2, 3번과 같이 메뉴들이 활성화됩니다.

1번의 경우 View List에서 선택한 Net에 대한 Color를 지정할 수 있습니다.

제1부 PADS의 기초

실제 그라운드나 파워 등의 전원이나 중요한 신호에 대해서는 Color 설정을 함으로써 인식을 하면서 작업을 합니다.

Color는 Pad에 한해서 적용이 됩니다.

2번의 경우 **Enable Color by Net**이 체크되어 있을 경우 1번에 설정된 Color를 보여주게 됩니다. 해제할 경우 1번에 설정된 Color를 모두 적용하지 않습니다.

Include Net Colors on Traces를 체크하면 1번에 적용된 color가 Pattern에도 적용되게 됩니다.

3번의 경우에는 쉽게 기본 연결된 Net의 Connection을 어떻게 보일 것인지를 나타냅니다. 맨 하단에 None의 경우에는 Connection이 보이지 않습니다. 이 부분은 그라운드나 4층 이상 보드에서 내층 Plane을 설정할 부분에 대해서 보통 적용을 합니다.

[Setup]

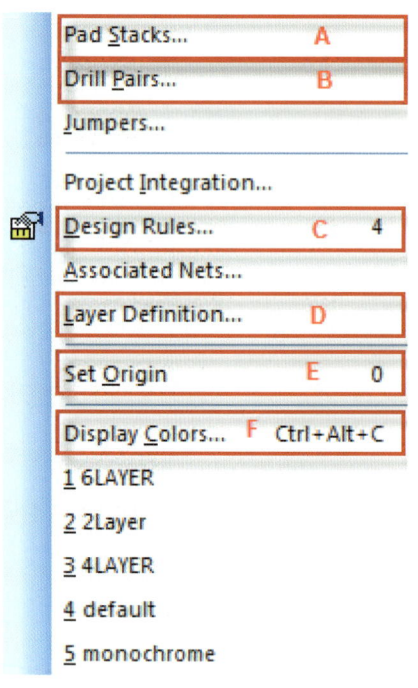

A. Decal 및 Via pad에 대한 설정 기능
B. Build-up PCB 설계 Via 설정 기능
C. 설계에 필요한 Rule을 설정하는 기능
D. 적층에 대한 Layer를 설정하는 기능
E. 선택한 위치를 기준점으로 설정하는 기능
F. 설계에 필요한 Color를 설정하는 기능

A. Pad Stacks...

Decal 및 Via pad에 대해 설정하는 기능입니다.

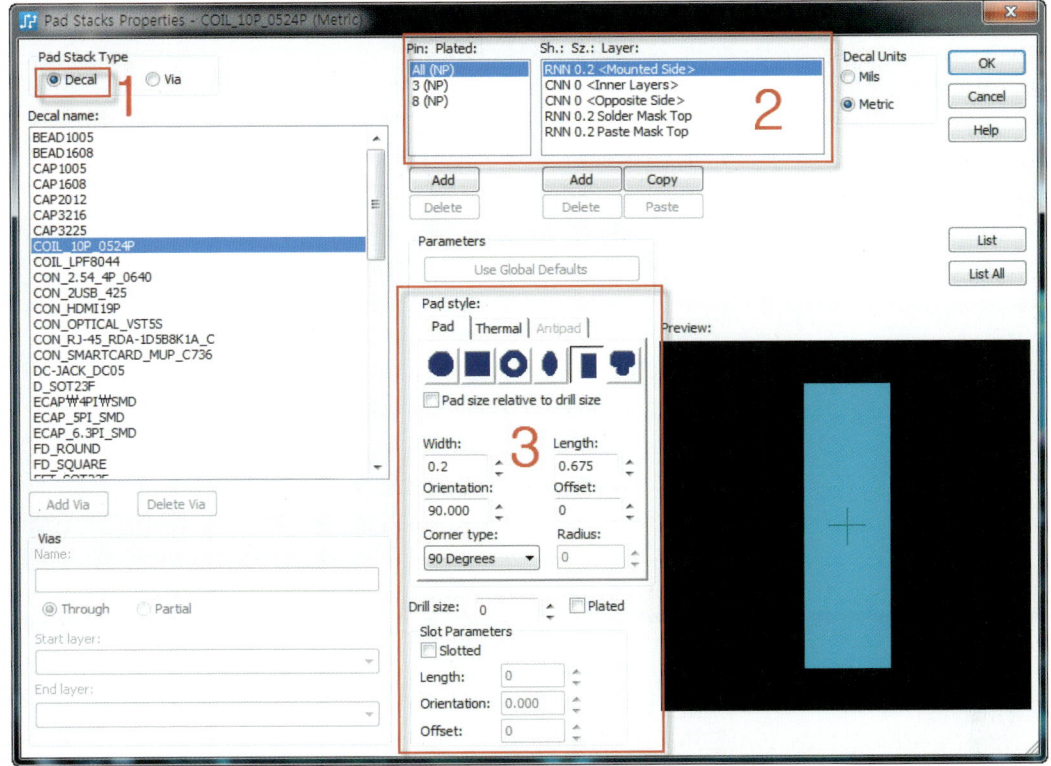

위 그림에서 1번 항목 쪽에 Decal과 Via를 설정할 수 있습니다.

먼저 Decal의 경우에는 그림에서 보이는 것과 같이 현재 프로그램 상에 올라와 있는 모든 부품의 정보가 있고 이 부분을 활용해서 부품의 Pad 정보 등을 수정할 수 있습니다.

수정할 부품을 선택한 후에 2번의 그림처럼 각 핀에 대한 Pad 정보를 확인할 수 있고, 3번을 통해 각 Pad에 대한 정보 등을 수정할 수 있습니다.

제1부 PADS의 기초

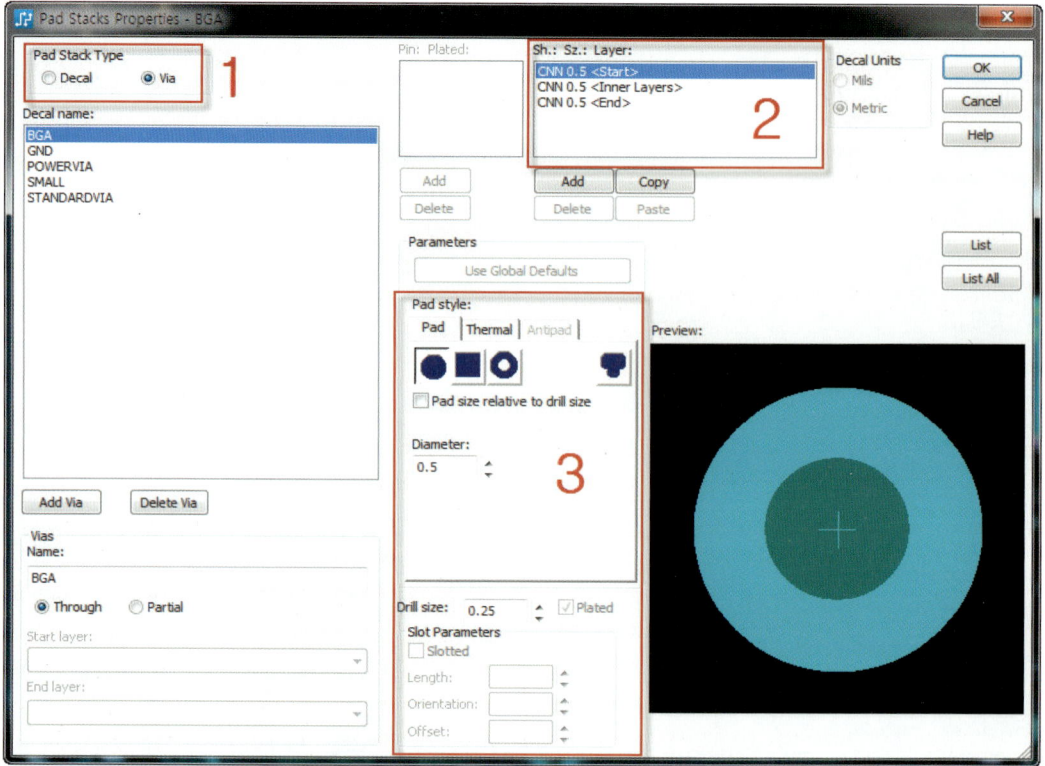

위 그림에서 1번 항목 쪽에서 Via를 선택하면 아래 리스트를 통해서 현재 설정된 Via 정보가 나오고 해당 부분을 통해서 Via를 추가로 만들어 줄 수 있습니다. Via를 추가하거나 삭제할 때는 리스트 하단에 있는 Add Via를 통해서 Via를 추가할 수 있고, Delete Via를 통해서 만들어 둔 Via를 삭제할 수도 있습니다.

Via를 추가하거나 수정할 때에는 Add Via 또는 수정할 Via를 리스트에서 선택한 후에 2번 항목의 정보를 3번을 통해서 정보를 수정할 수 있습니다.

기존 사용되어 있는 Via라면 바로 적용이 됩니다.

B. Drill Pairs...

Build-up PCB 설계 시 Via를 설정하는 곳으로 그림의 1번 항목에서 Add로 추가를 하거나, 기존의 것을 Delete로 삭제할 수 있습니다. 추가할 경우 1번의 Add를 통해서 추가하고, 2번 Starting Layer에서 Via의 시작 층을 정하고, 3번의 Ending Layer를 통해서 마지막 층을 설정하는 방식으로 Build-up Via를 설정합니다.

C. Design Rules...

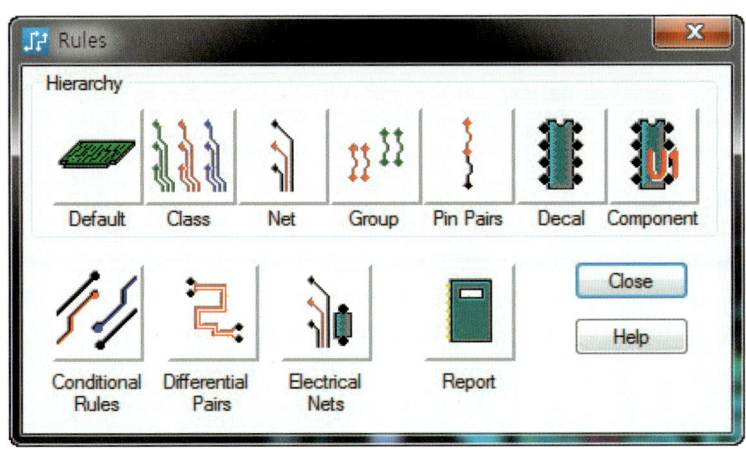

제1부 PADS의 기초

메뉴를 실행하면 그림과 같은 팝업창이 뜨는데 여러 가지 메뉴가 있지만 주로 사용하는 부분을 위주로 소개하겠습니다. 여기에서 설정되는 부분들은 Pads router 등과 연계해서 설계할 수 있는 부분들입니다. 특히 Differential Pairs 등은 설정 후 router로 넘겨서 설계하기도 합니다.

기본적인 Default를 선택하면 다음과 같은 창이 뜨게 됩니다.

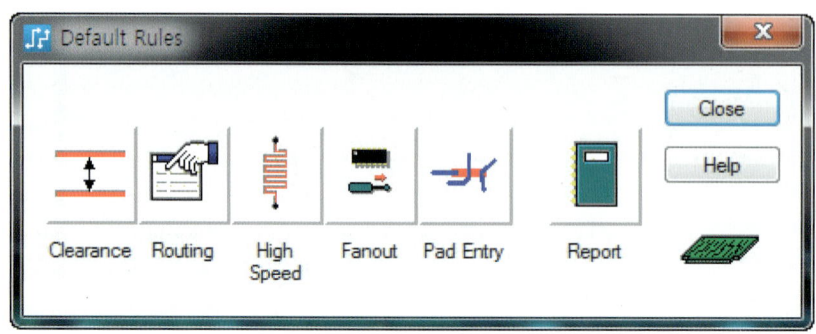

이곳 역시 다양한 설정이 있지만 기본적인 Clearance 부분에 대해서 이야기하겠습니다.

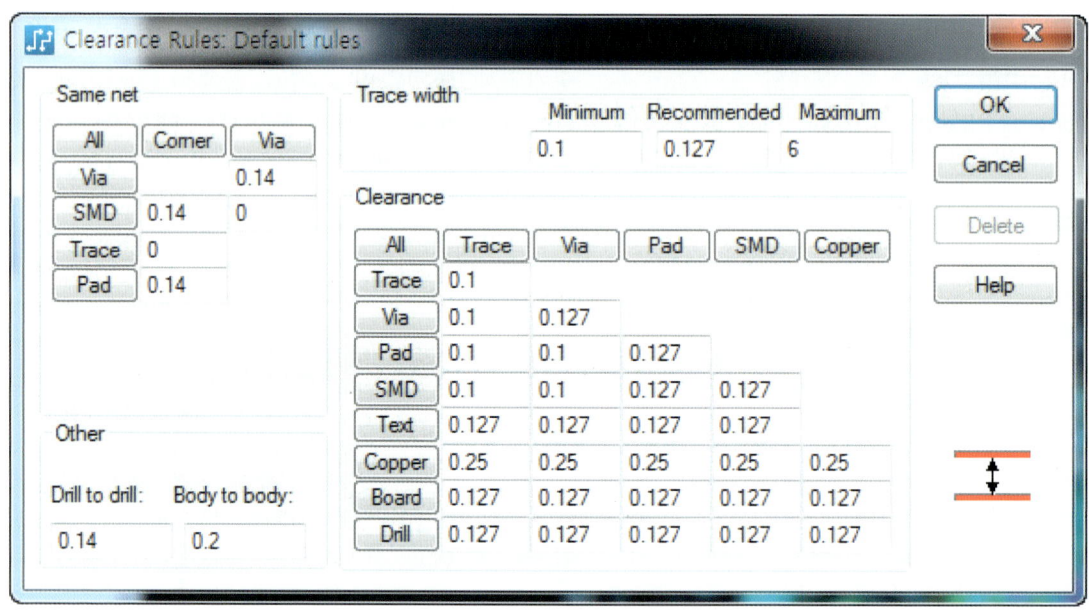

위 그림과 같이 기본적인 Default 값을 설정해주는 곳인데 각 신호에 대해서 설정도 가능하지만 그 설정은 뒤에 설명하도록 하고, 여기에서는 기본적인 설정을 해주는 것에 대해서 알아보겠습니다.

기본적인 설정은 설계하는 보드의 특징에 따라서 다릅니다. 또 제조업체의 DFM을 기초로 기준을 정하기도 합니다.

위 설정은 필자가 일반적인 양면 이상의 Digital 보드 설계 시 주로 설정하는 기준입니다.

단면의 경우에는 Pattern 등 Clearance가 최소 0.2~0.3mm 이상으로 설정해서 설계를 해줍니다.

Build-up PCB의 경우에는 Clearance가 위보다 더 작게도 설계가 가능하며, 내·외층 DFM 기준도 차이가 있습니다.

> **Tip DFM이란?**
>
> 'Design For Manufacturing'의 약어로, 뜻은 말 그대로 생산을 고려한 설계를 말합니다. 일반적으로 PCB 제조업체에서 각 업체마다 설비에 따른 DFM 기준이 있으니 참고하면 됩니다. DFM이 중요한 이유는 해당 부분을 고려하여 설계함으로써 생산비용 등을 줄일 수 있습니다.

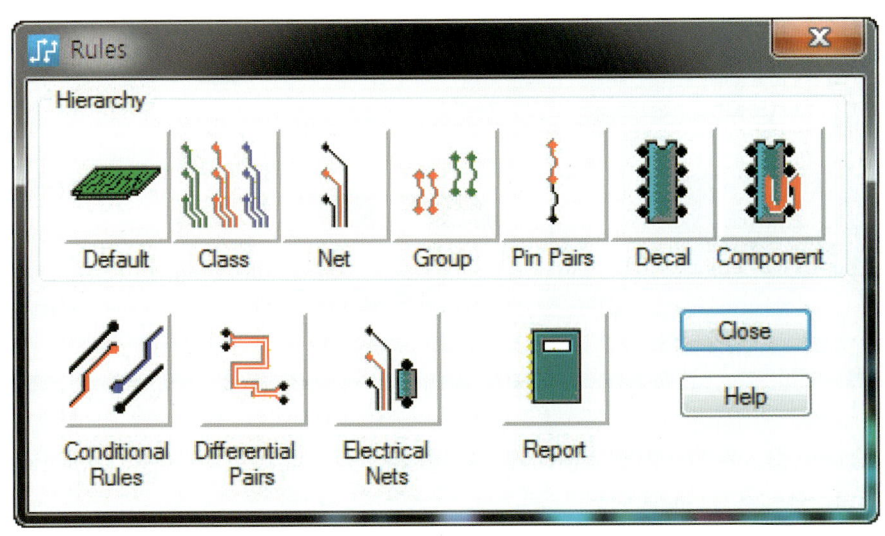

위 그림에서 Net를 선택하게 되면 아래 그림처럼 Nets 정보들이 나타나게 됩니다.

제1부 PADS의 기초

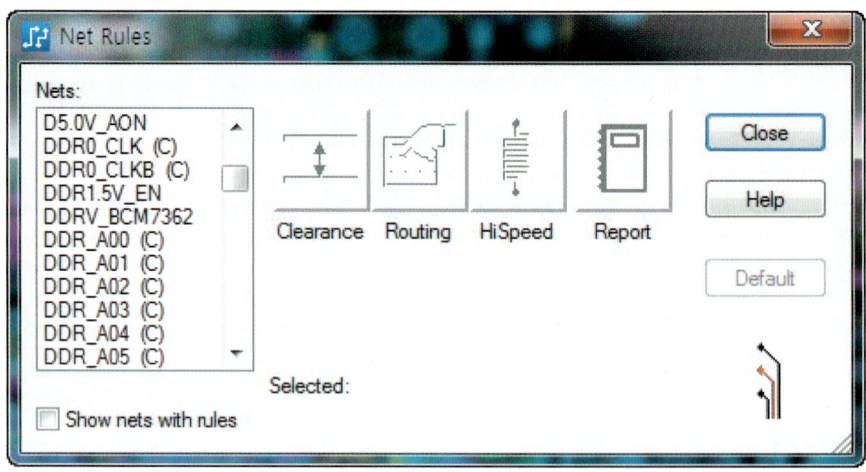

또 Nets의 정보 중에 아래 그림에서와 같이 (C)가 붙어 있는 부분은 특정 Nets에 대해서 설정한 부분을 나타냅니다. List 상단에 D5.0V_AON과 밑에 DDR과 관련해서 설정된 Net 뒤에 (C)가 붙은 것을 확인할 수 있습니다.

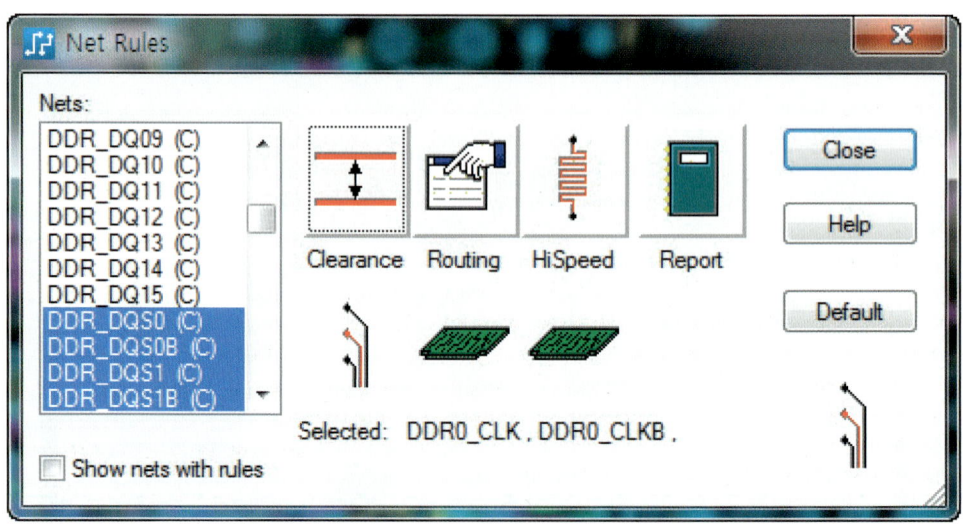

그림과 같이 Nets을 선택한 후에 다양하게 설정할 수 있는 데, 여기에서는 Clearance 설정에 대해서 이야기를 하도록 하겠습니다.

위 그림과 같이 선택한 후에 Clearance를 선택해 줍니다.

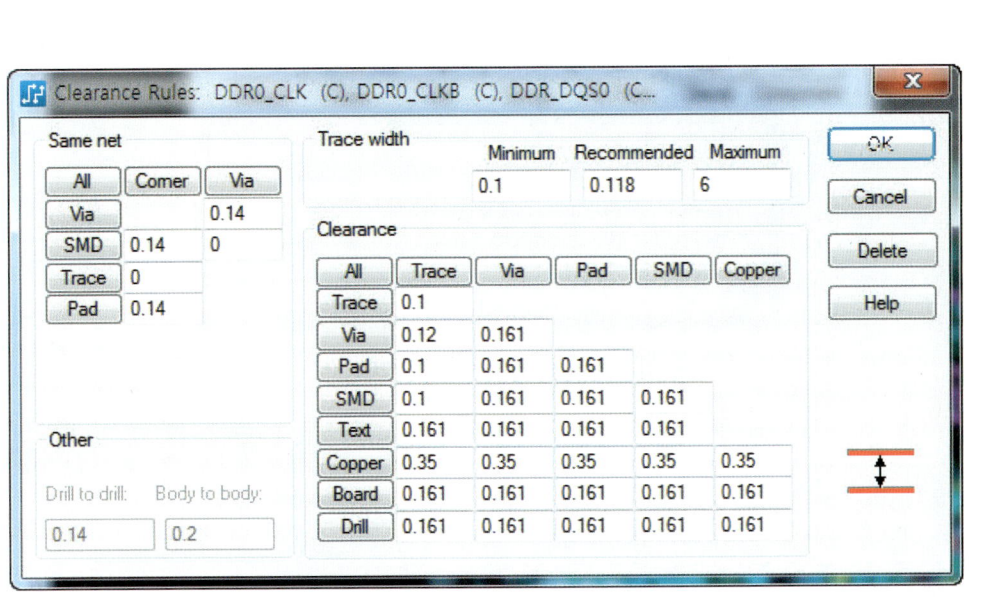

그림과 같이 해당 Nets에 대해서 Design rule을 설정할 수 있습니다. Design rule을 설정하면 작업 완료 후 DRC check 시 rule에 어긋난 부분은 error로 표시되게 됩니다.

D. Layer Definition...

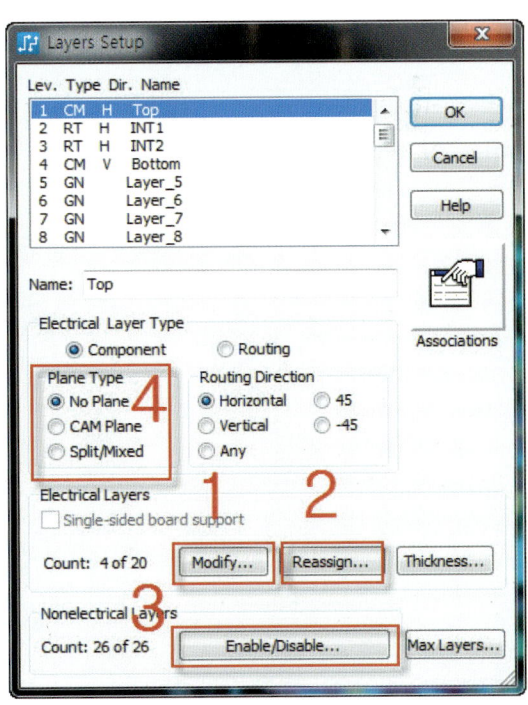

Layer를 설정하는 메뉴로 오른쪽 그림과 같이 1번의 Modify는 Layer를 늘리거나 줄일 수 있는 것입니다. 그림 중 4번처럼 Plane type도 설정할 수 있는데 split/mixed 기능을 사용하지 않는다면 No plane으로 설정하면 됩니다.

붉은색 메뉴 중 1번의 Modify를 선택한 후에 다음 그림과 같은 팝업창이 뜨면 현재 4 Layer에서 6을 기입하면 6층으로, 2를 기입하면 2층으로 설정할 수 있습니다.

단, 2층으로 줄이기 위해서는 2~3 Layer에 아무런 정보도 없어야 변경이 가능합니다.

제1부 PADS의 기초

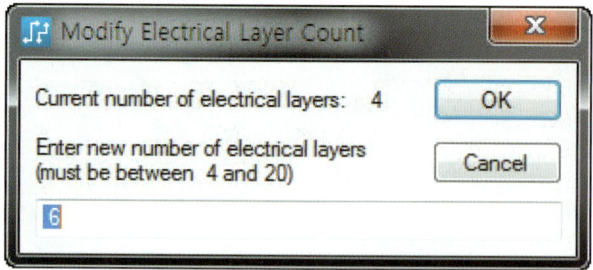

Reassign...을 선택한 경우

그림과 같이 팝업창이 뜨면 Layer를 바꾸고 싶은 Net를 선택한 후 하단에 **New Layer#.**에 이동할 Layer를 입력하면 위치가 변경되게 됩니다.

이러한 방법으로 다른 Layer 간 swap가 가능합니다.

예를 들어서
1, 2 Layer 간 swap를 하면

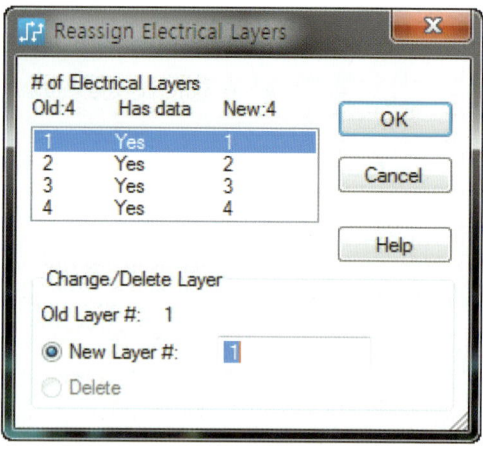

오른쪽 그림과 같이 1, 2 Layer가 변경된 것을 확인할 수 있습니다.

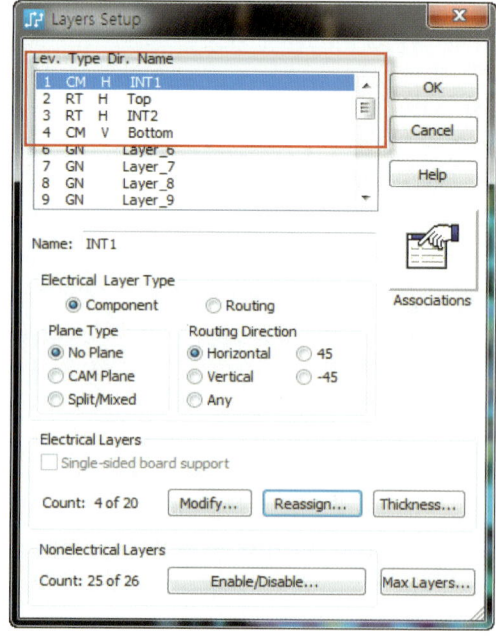

Enable/Disable...을 선택한 경우

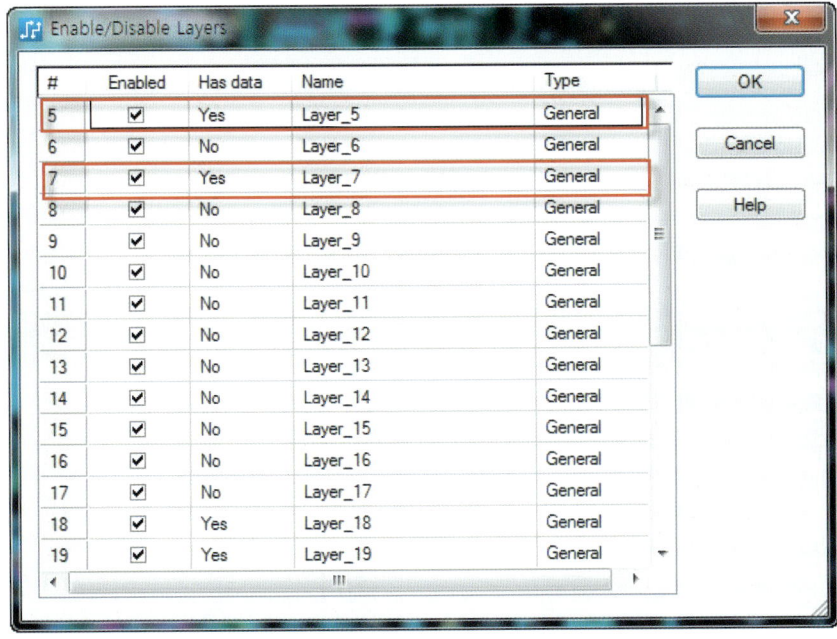

그림과 같은 팝업창이 뜨고 해당 창에서는 Layer를 활성화시킬 부분과 숨길 부분을 정하는 부분으로, 위 그림처럼 예를 들어서 Layer 5와 7를 비활성화시키면

옆의 그림과 같이 Layer 5와 7이 사라진 것을 볼 수 있습니다.

이처럼 활성화와 비활성화를 선택해주는 메뉴로 보면 됩니다.

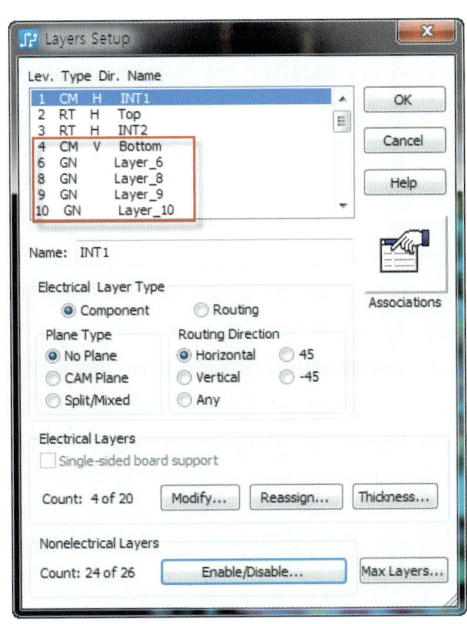

제1부 PADS의 기초

E. Set Origin

해당 메뉴를 선택한 후에 선택한 좌표가 기준점이 됩니다. 필요에 따라서 기준점을 이동하면서 작업을 하면 됩니다.

F. Display Colors...

Color를 설정할 수 있는 메뉴 명령어는 Ctrl+Alt+C입니다.

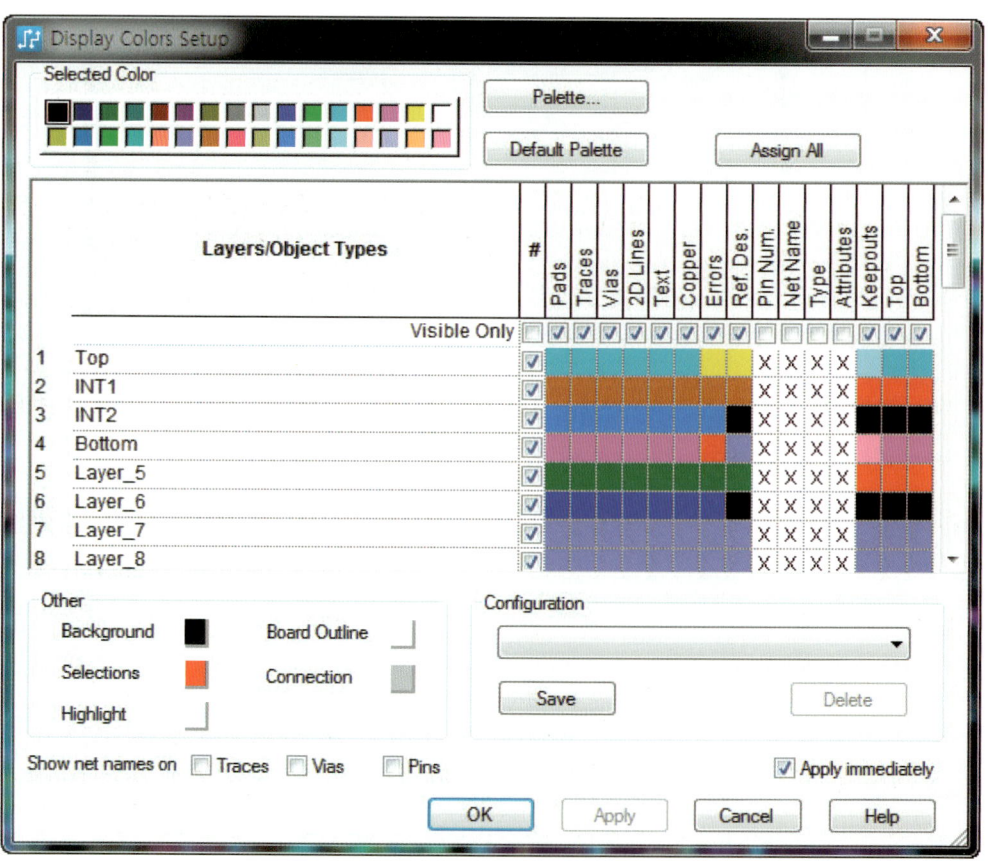

위 그림과 같이 팝업이 뜨면 각 Layer, Pads, Traces 및 Highlight 등에 color 설정을 할 수 있습니다. 필요에 따라서는 가로 및 세로의 일부분 라인을 비활성화 또는 활성화하는 것이 가능하며, 검은색을 선택하여 가릴 수도 있습니다. 설계 시에도 자신이 보기 편한 color로 설정하여 사용하면 됩니다.

[Tools]

A. 부품을 간단히 수정할 수 있는 기능 : Ver. 9.0 이후 Pin 번호 등이 수정되지 않고, Silk 및 Pad에 대한 수정만 가능합니다.
B. Router로 전환시키는 기능
C. Copper pour를 씌우는 기능
D. DRC(Error)를 Check하는 기능
E. 수정된 회로와 비교하거나 ECO 파일을 만들어 Update를 시켜줄 수 있습니다.
F. Scripts를 통해 data를 추출
G. 메뉴에 대한 설정 및 명령어 등을 수정할 수 있는 기능
H. 설계에 필요한 Option을 설정해주는 기능

제1부 PADS의 기초

A. PCB Decal Editor

부품을 만들거나 수정할 수 있는 메뉴입니다. 부품에 대한 선택 없이 메뉴를 선택한다면 아래와 같은 화면이 뜨게 됩니다.

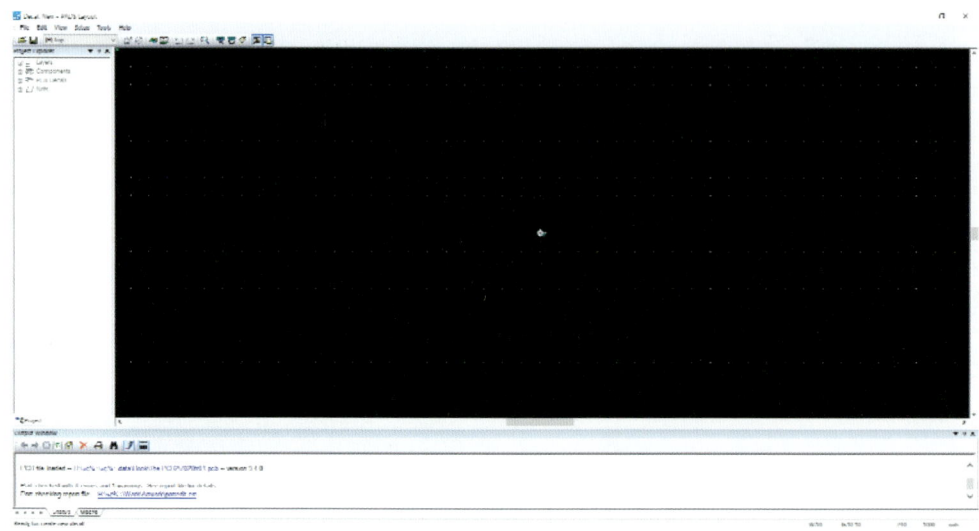

해당 창을 통해서 Library를 만들어 저장해 주거나, 기존의 부품을 불러서 수정해 줄 수 있습니다. 또한 File에서 Library를 선택하여 사용 중인 부품을 수정할 수도 있습니다.

다른 방법으로는 위 그림의 메뉴가 아닌 부품을 선택한 후에 오른쪽 마우스를 클릭한 후 Edit decal을 선택하여 부품을 수정하여 저장 또는 해당 설계 부분에만 적용할 수도 있습니다.

B. PADS Router...

설계 중 Router로 변환하여 작업 시 활용하는 메뉴입니다.

보통 Impedance나 길이를 매칭하는 작업을 할 때 활용하기도 합니다.

C. pour Manager...

설계를 마치고 Copper pour를 씌우는 기능입니다.

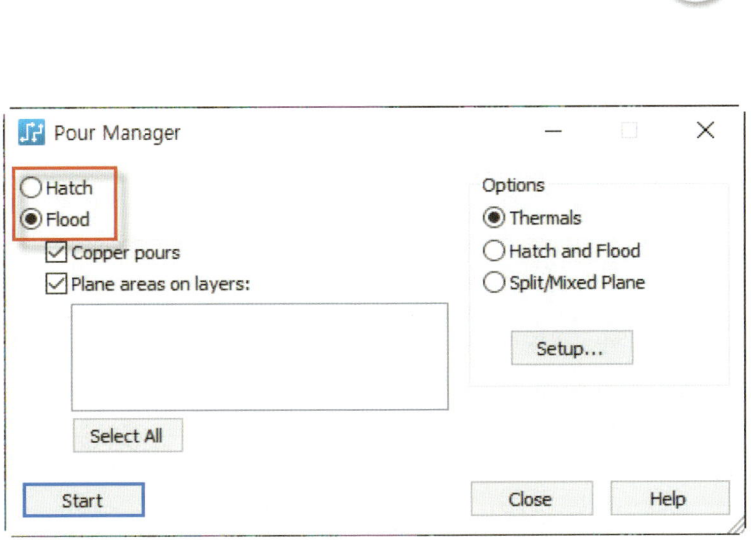

해당 메뉴를 선택하면 위 그림과 같은 팝업창이 뜨고 Hatch를 선택하면 기존에 씌운 Copper를 빠르게 그대로 덮어주게 됩니다. 다만, 설계가 수정된 경우 해당 부분을 고려하지 않으므로 수정 사항이 없을 때에만 사용해야 합니다.

Flood는 처음부터 새로 깔아주는 것으로 변경 사항이 있다면 Flood를 선택한 후에 하단에 Start를 통해서 깔아주게 됩니다.

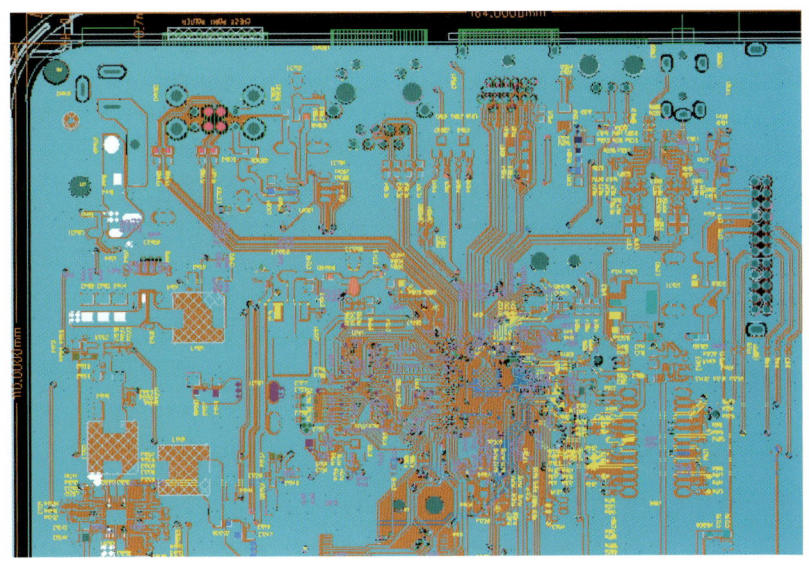

위 그림과 같이 pour Manager를 실행하면 Copper를 전체적으로 깔아줄 수 있습니다. Copper를

제1부 PADS의 기초

덮어주기 위해서는 Drafting Toolbar에서 Copper pour로 설정된 영역에 대해서 Copper를 씌우게 됩니다. 이 부분은 뒤에 Drafting Toolbar에서 설명을 다시 하도록 하겠습니다.

D. Verify Design...

DRC(Design Rule Check)를 통해서 설계할 때 setting한 부분을 기준으로 제대로 설계되었는지 error를 check하는 메뉴입니다.

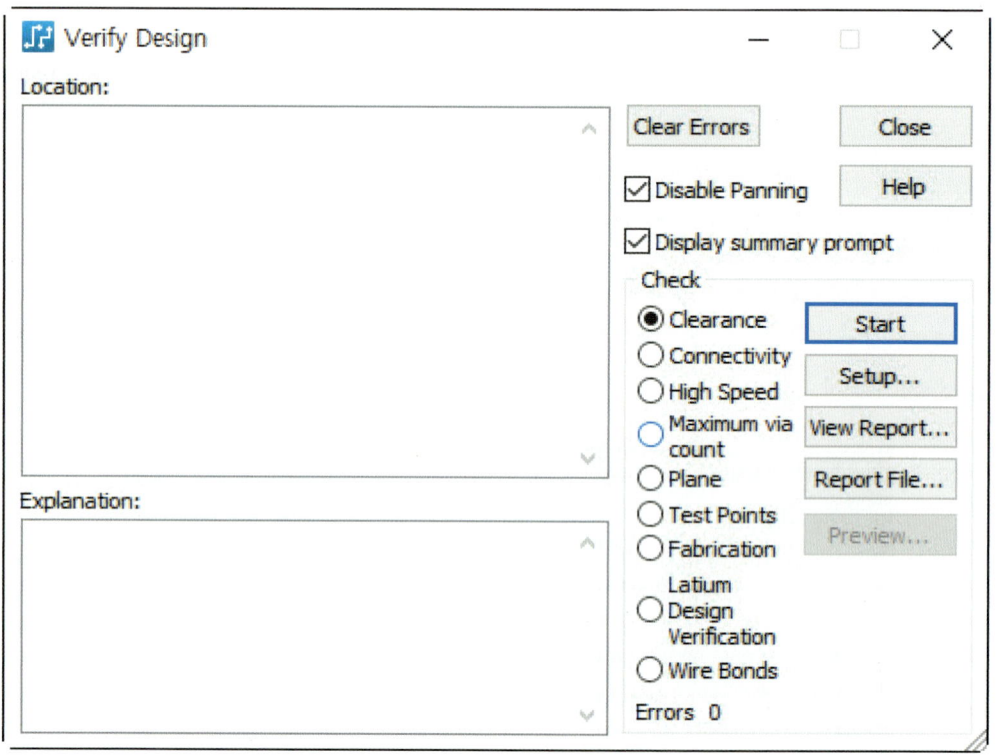

해당 메뉴를 선택하면 위 그림과 같이 팝업창이 뜨게 됩니다.

주로 Clearance와 Connectivity를 주로 체크하게 되는데, **Clearance**는 부품, Via, Pattern 등 설정된 rule을 기준으로 error를 확인하고, **Connectivity**는 설계상에 Net 연결이 모두 되어 있는지 등을 확인하게 됩니다. 그 외에 고속 신호 등을 설계하고 해당 rule을 설정할 경우에는 High speed 또한 check 할 수 있습니다.

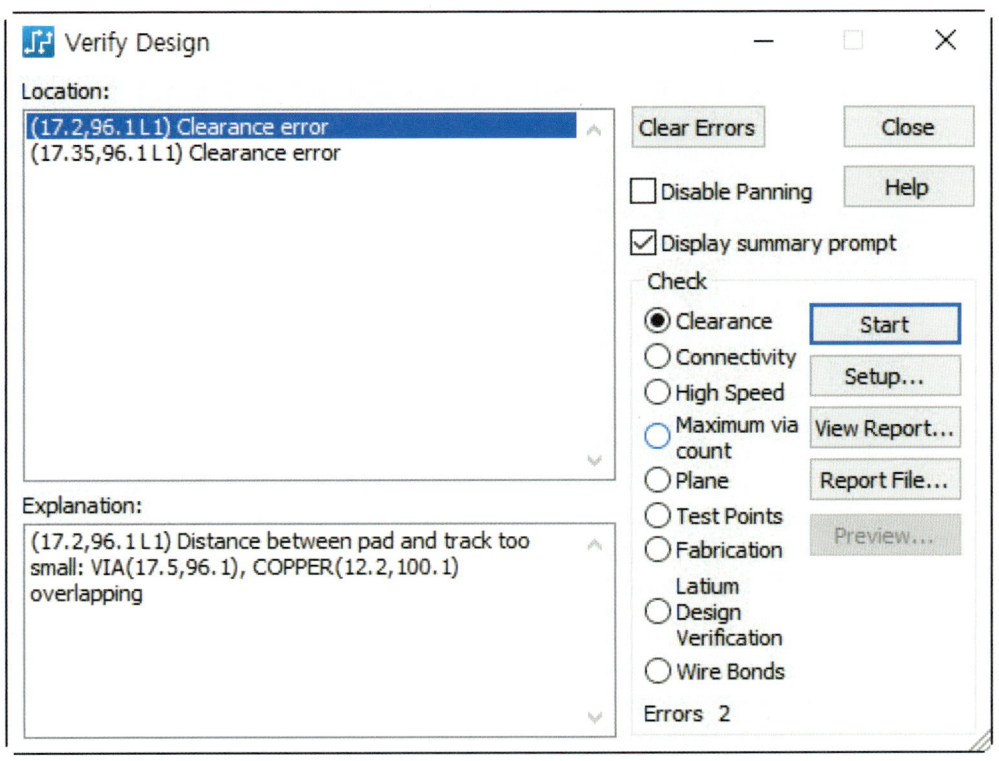

위 그림과 같이 check를 하면 error를 확인할 수 있습니다.

상단 부분에는 error에 대한 목록이 나오고, 하단 부분에는 error에 대한 설명이 있습니다.

오른쪽에 Clear Errors는 error list를 모두 지우는 것이고, 바로 아래 Disable Panning에 check box를 그림과 같이 해제하게 되면 선택한 error의 위치를 찾아가게 됩니다. 설계상 error를 쉽게 찾아 해결할 수 있습니다.

List 하단 부분에 Explanation에서는 선택한 error에 대한 정보를 주고 있습니다. 그림에서는 1층에 17.5, 96.1 위치에 Via가 12.2, 100.1의 Copper와 겹쳐 있다고 나오고 있습니다. 여기서 좌표는 기준이 되는 포인트를 나타내고 있습니다.

참고해서 해당 error를 해결하면 됩니다.

제1부 PADS의 기초

E. Compare/ECO Tools

해당 메뉴는 수정된 회로와 비교하거나 ECO 파일을 만들어 설계 중 변경 사항을 적용할 수 있는 메뉴입니다.

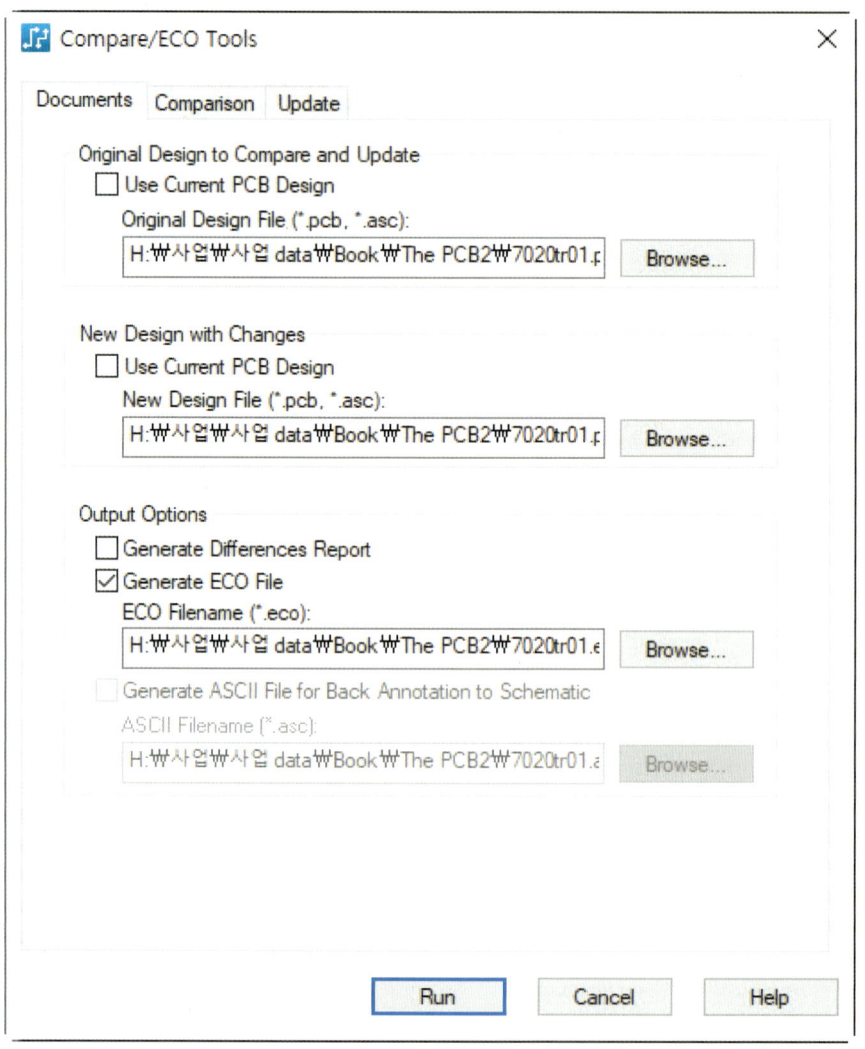

첫 번째 상단의 Original Design to Compare and Update에 기존에 data와 두 번째 New Design with Changes에 비교할 PCB를 선택한 후에 Run을 선택하면 세 번째 Output Options에서 ECO File을 해당 경로에 만들어 주게 됩니다.

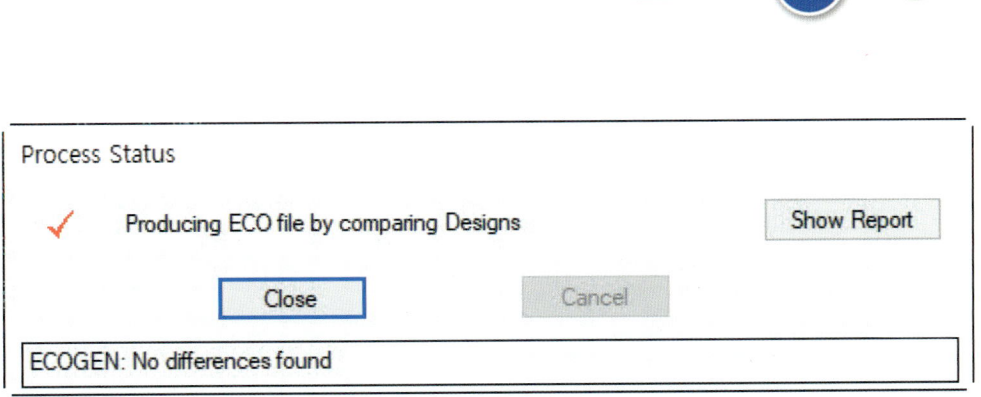

Run을 누르게 되면 위 그림처럼 팝업이 뜨고 비교한 data를 **Show Report**를 통해서 확인할 수 있습니다. 해당 Report에서는 부품 변경 여부, Net 변경 여부 등이 상세하게 정리되어 보여줍니다. 만약 위 팝업창과 다르게 error가 발생하면 현재 파일명을 변경한 후에 비교하면 위 그림과 같이 비교한 data를 확인할 수 있습니다.

위 과정으로 비교한 data인 ECO 파일은 PADS상의 File에서 Import를 통해 올릴 수 있으며, 수정된 내역은 바로 적용이 되어 설계를 진행할 수 있습니다. 또한 비교된 data를 기반으로 간단한 부분은 미리 수정 작업을 한 후에 올리면 큰 수정 없이 조금 더 빠르게 수정 작업을 진행할 수 있습니다.

F. Basic Scripts

Scripts를 통해서 data를 만들어 볼 수 있는 기능입니다.

해당 메뉴를 선택하면 위 그림과 같이 이어지고 첫 번째 **Basic Script Editor...**는 말 그대로 Scripts를 편집할 수 있는 메뉴이고, 하단에 **Basic Scripts...**는 각종 data를 열어볼 수 있습니다.

Basic Scripts...를 선택하면 다음 그림과 같은 팝업창이 뜨게 되고 해당 부분에서 필요한 data를 확인할 수 있습니다. 보통 설계 후에 좌표 데이터를 뽑을 때 17번 항목을 선택 후에 Run을 누르면 엑셀 파일로 data를 뽑아볼 수 있습니다.

제1부 PADS의 기초

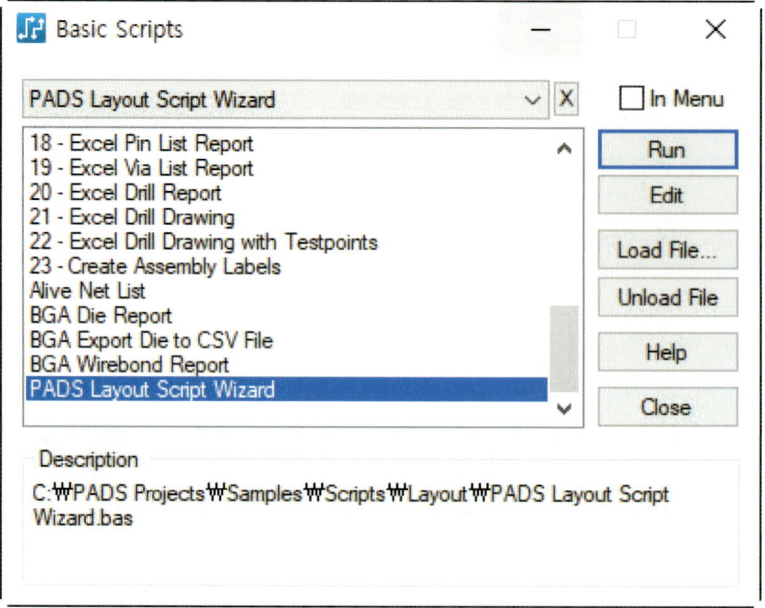

G. Customize...

메뉴에 대한 설정 및 명령어 등을 수정할 수 있는 메뉴입니다.

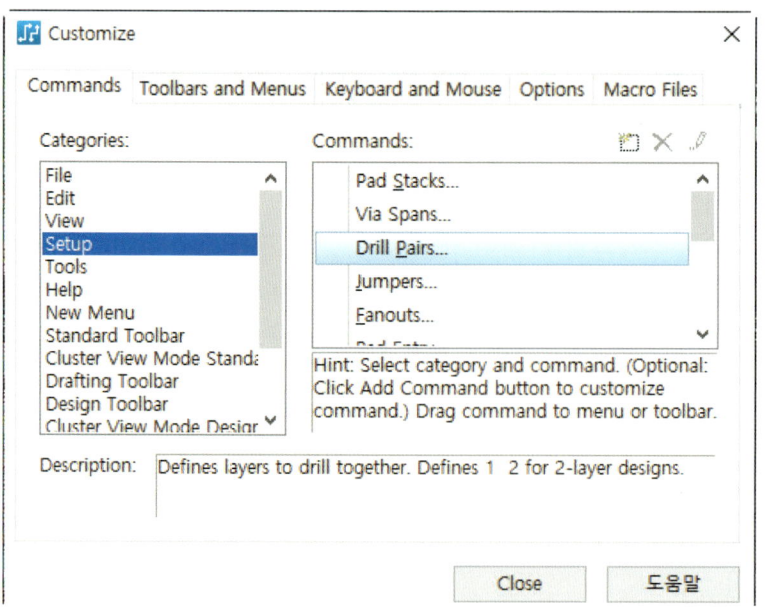

Customize를 선택하면 앞 그림과 같은 팝업이 뜨게 됩니다.

첫 번째 Commands에서는 용어에 대한 설명을 해주고 있습니다. Categories에서 원하는 메뉴를 선택할 수 있는데 그림과 같이 Setup을 선택하면 Commands에 관련된 내용이 나오게 됩니다. 그 내용 중 그림과 같이 Drill Pairs를 선택하면 하단에 Description에서 해당 내용에 대한 설명을 보여주게 됩니다.

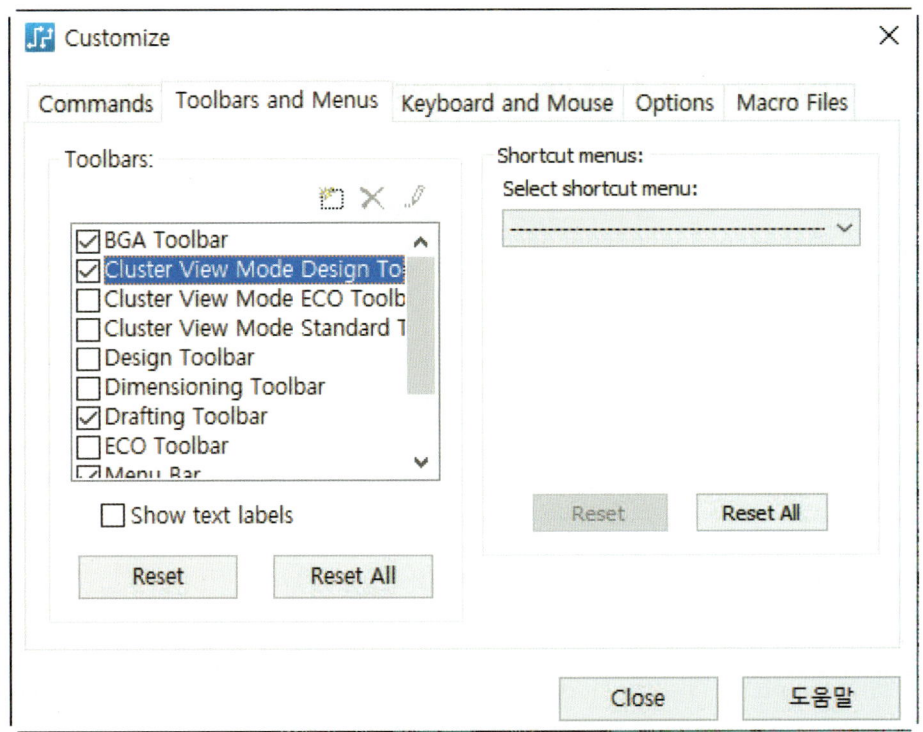

두 번째 탭인 **Toolbars and Menus**에서는 설계하는 프로그램인 PADS에서 보여주는 Toolbar를 열어주는 메뉴로 보면 됩니다. 그림과 같이 3개의 Toolbar를 선택하게 되면 아래 그림처럼 선택한 Toolbar가 오픈되며, 해당 부분을 활용하여 설계할 수 있습니다.

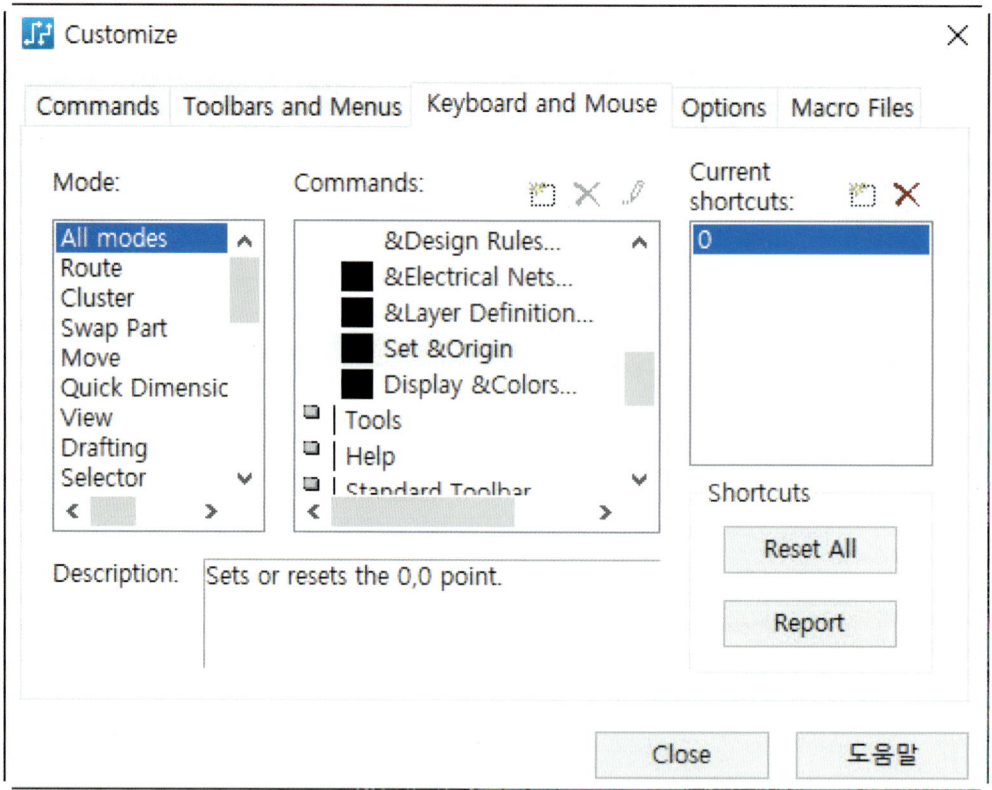

세 번째 탭인 Keyboard and Mouse는 쉽게 단축키 등을 설정할 수 있는 기능입니다. Mode에 여러 가지 메뉴가 있지만 단축키를 설정할 때 All modes로 해주면 두 번째 Commands에는 대분류, 중분류 등으로 구분이 됩니다. 이곳에서 원하는 메뉴를 찾아 설계자가 원하는 명령어를 활용할 수 있습니다.

위 그림과 같이 Set & Origin을 선택한 후에 오른쪽에 Current shortcuts에서 X 아이콘 왼쪽에 있는 박스 부분을 선택하여 정할 수 있습니다. 이미 정한 단축키 등을 삭제하고 싶을 때에는 X 아이콘을 통해서 삭제할 수 있습니다.

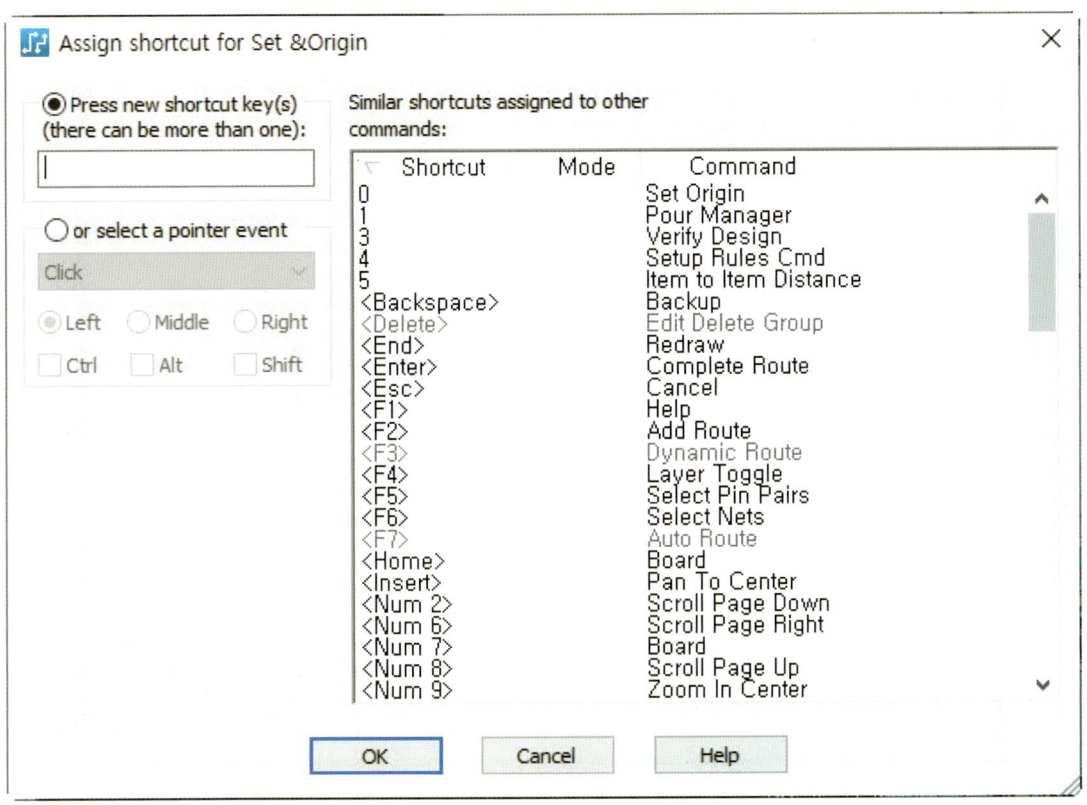

박스를 선택하여 명령어 등을 설정할 때는 먼저 박스 부분을 누르면 위 그림과 같이 팝업이 뜨게 됩니다.

왼쪽 상단에 있는 부분에서 원하는 단축키를 설정할 수 있고, 아래 하단 부분을 선택하게 되면 마우스 버튼이라든지 Ctrl, Alt, Shift 등을 선택하여 조합으로 만들 수 있습니다. 그렇게 설정된 메뉴는 오른쪽과 같이 보여지는데, 설계 시 자주 사용하는 메뉴에 대해서 설정하면 보다 빠르고 편하게 설계할 수 있습니다.

H. Options...

Options...는 다양한 설정을 할 수 있는 메뉴입니다. 처음 시작할 때 가장 많이 사용하고 활용하는 메뉴에 대해서 알아보도록 하겠습니다.

Options...에서 Global/General을 선택했을 때 메뉴의 기능은

제1부 PADS의 기초

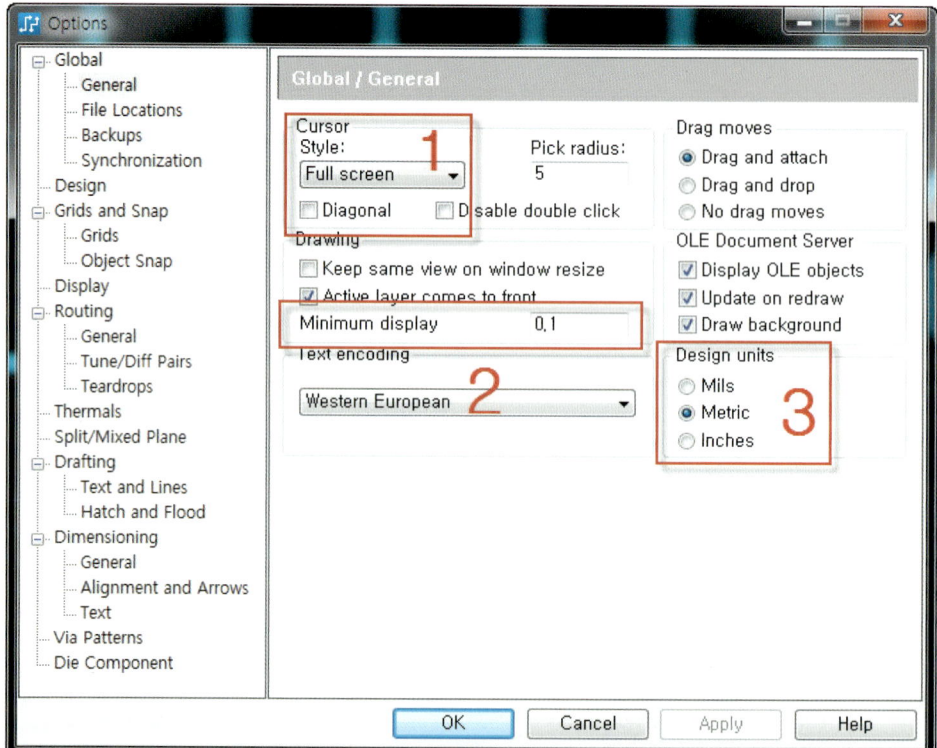

1. Cursor

스타일을 통해서 원하는 Cursor의 모양을 설정할 수 있습니다. Diagonal의 선택 유무에 따라서 Cursor 모양을 직각 내지 사선 모양으로 만들 수 있습니다.

2. Minimum display

PADS 화면상에서 보이는 최소한의 수치입니다.

위 그림처럼 0.1로 설정이 되었다면 0.1 미만은 실선으로 표시가 되고, 그 이상의 수치에 대해서는 크기에 따라 선의 정도를 확인할 수 있습니다.

3. Design units

설계 시 사용할 단위를 설정합니다. 일반적으로 국내에서는 mm 단위인 Metric을 사용합니다.

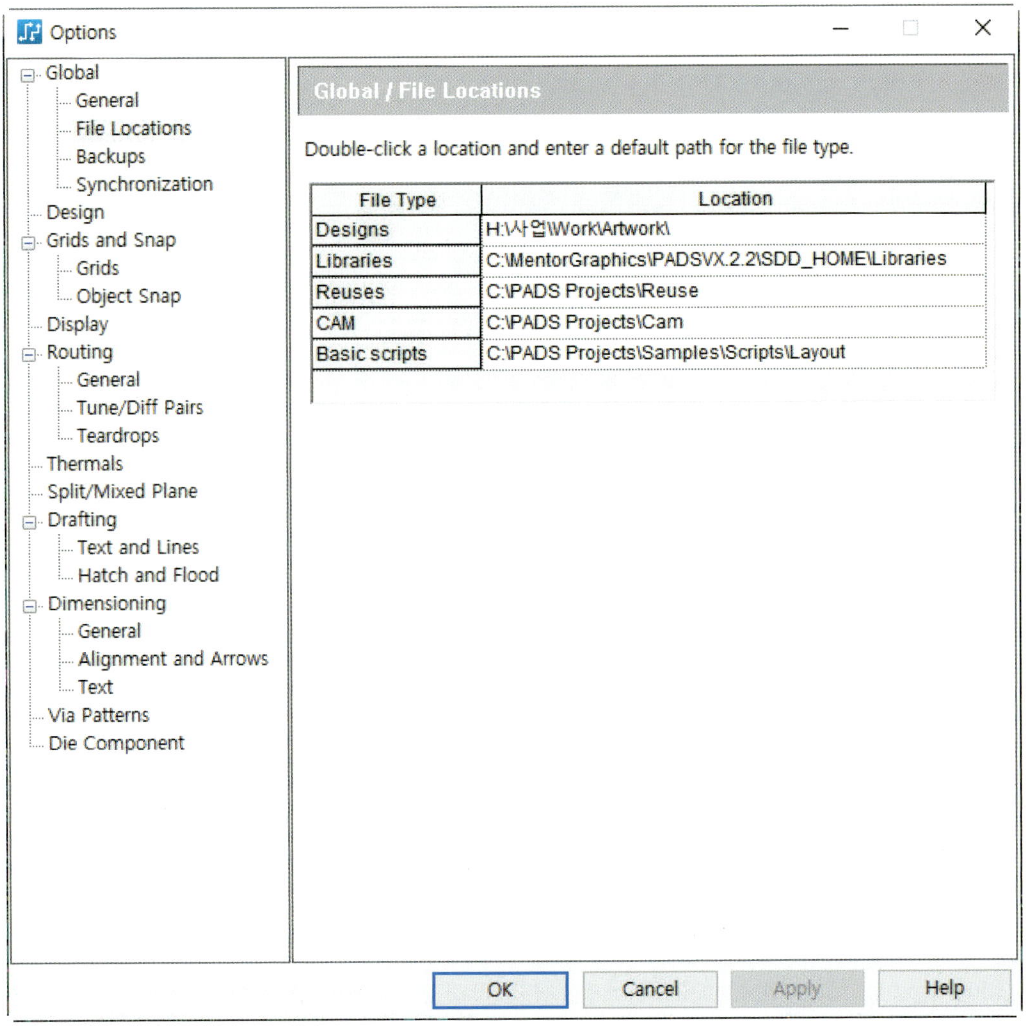

Options...의 **File Locations**에서는 위 그림과 같이 각 경로를 보여주는데, 내가 원하는 경로로 설정할 수 있습니다.

File Locations에서 각 File Type의 기능은

① Designs : 설계 후 기본 저장을 할 수 있는 위치입니다.

② Libraries : Library가 저장할 수 있거나 있는 위치입니다.

③ Reuse : 해당 기능을 사용 시 저장이 되는 위치입니다.

제1부 PADS의 기초

④ **CAM** : Gerber를 출력하여 저장할 수 있는 위치입니다.

⑤ **Basic scripts** : script가 저장되는 위치입니다.

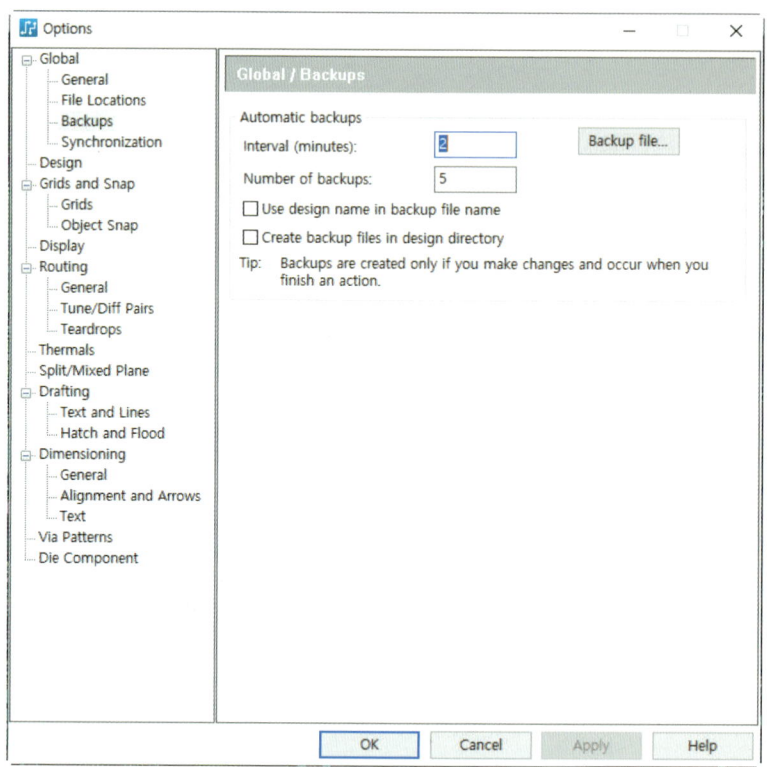

Interval에서는 설정하는 값에 따라서 특정 시간 간격으로 자동 저장을 해줍니다.

Number of backups를 통해서는 저장 개수를 설정합니다.

위 두 가지를 통해서 작업 중 오류 등으로 저장을 못한 경우 최근에 저장된 파일을 통해서 작업이 진행되었던 부분에 대한 error를 최소화하면서 새로 작업을 할 수 있습니다.

백업은 중요한 부분이니 시간은 줄이고 백업 개수는 적당한 선에서 늘려 사용하는 것이 좋습니다. 필자 입장에서 보통 3~5분 간격으로, 백업 파일은 10개 이내 정도면 좋을 것 같습니다.

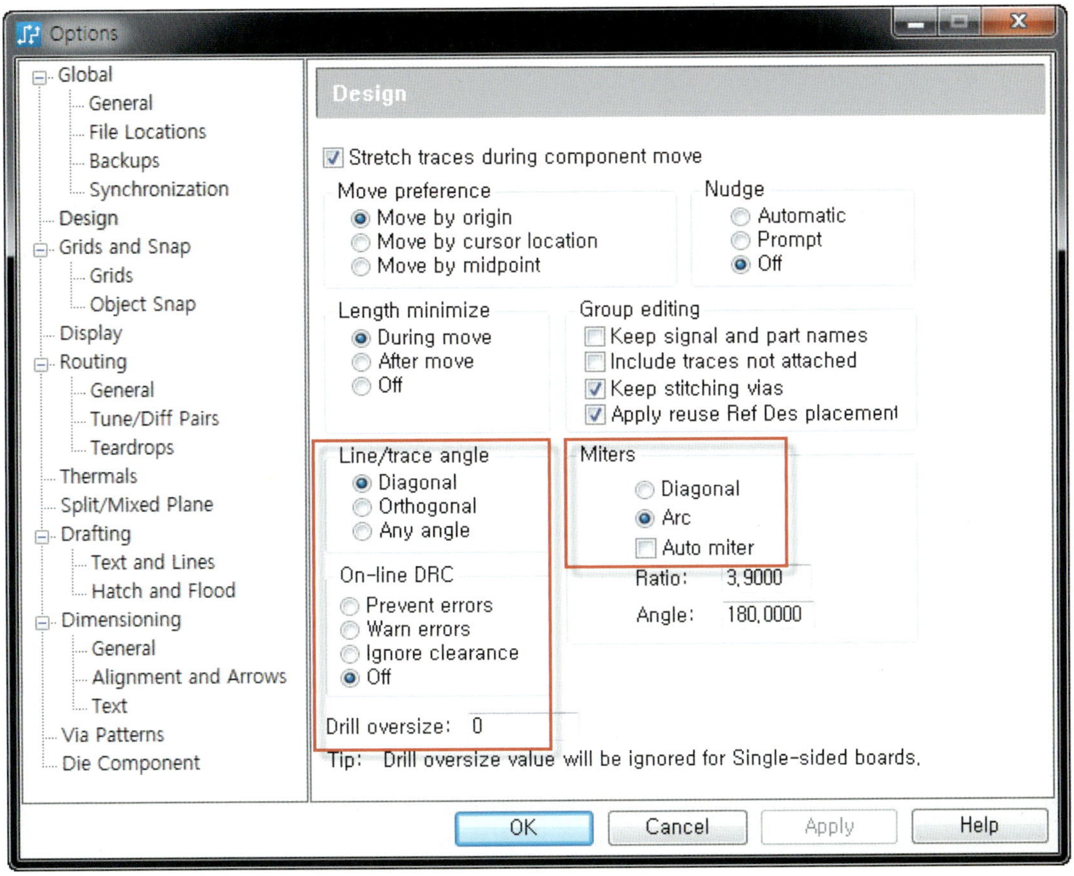

Design tab에서는 왼쪽 중앙에 있는 Line/trace angle에서 패턴이나 라인의 각도를 조정할 수 있습니다.

Diagonal 상태에서는 기본 45도 각도로 움직이게 됩니다.

Orthogonal은 90도 각도로 움직입니다.

Any angle은 각도 없이 편하게 패턴이나 라인을 움직일 수 있습니다.

On-line DRC에서 설정하게 되면 디자인 룰에 의거에서 실시간 체크를 해 줍니다. 하지만 이 설정을 한 경우 배선에 불편함이 있어서 특별한 경우가 아니면 개인적으로 잘 사용하지 않습니다.

Drill oversize는 말 그대로 실제보다 더 크게 보여주는 기능입니다. 필자의 경우에는 0으로 셋팅 후에 작업을 합니다.

제1부 PADS의 기초

Miters는 설계 중 Add miter 기능을 사용할 때 적용이 됩니다. 옵션에 따라서 45도(Diagonal), Arc, Auto로 적용이 가능합니다.

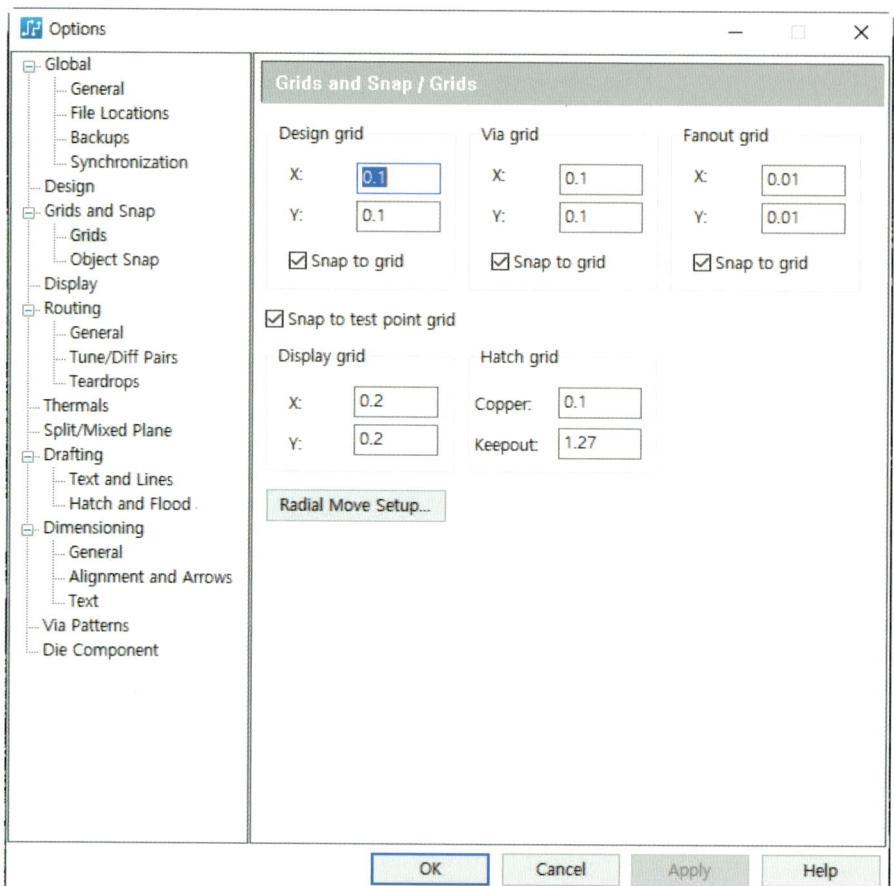

Grids에서는 여러 가지 Grid에 대한 정의를 보여주고 있습니다.

특히 Hatch grid에서는 설정값에 따라서 Copper가 다 덮어주거나 Mash 형태로 덮어지기도 합니다.

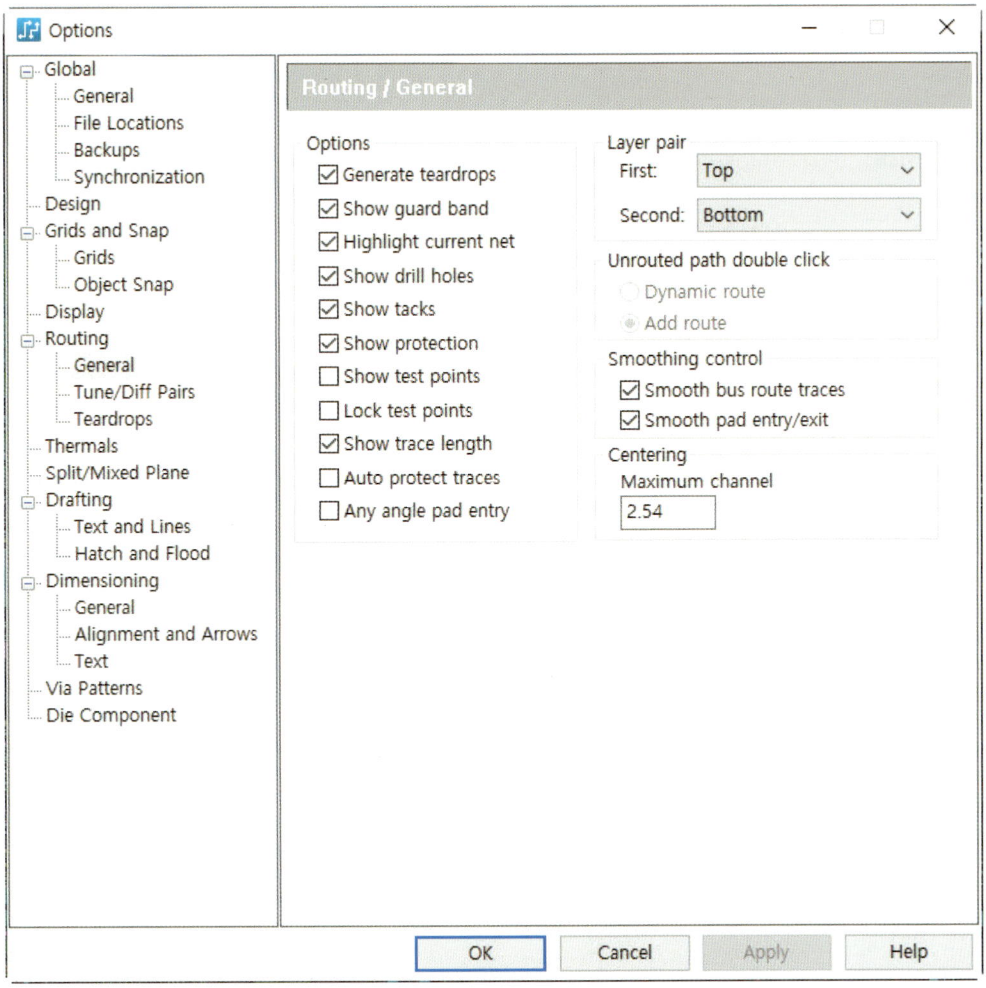

Routing/General의 Option에서는 protection에서 설정된 것을 표시해 주거나 Teardrops를 활성화시키는 것을 체크할 수 있습니다.

오른쪽에 Layer pair에서는 F4키를 클릭해서 층 변환 시 적용되는 것으로 양면에서는 차이가 없지만 다층인 경우는 설정에 따라서 Second Layer가 변경될 수도 있습니다. F4를 눌렀을 때 Top, Bottom면 전환이 제대로 안 된다면 여기서 수정을 하면 됩니다.

제1부 PADS의 기초

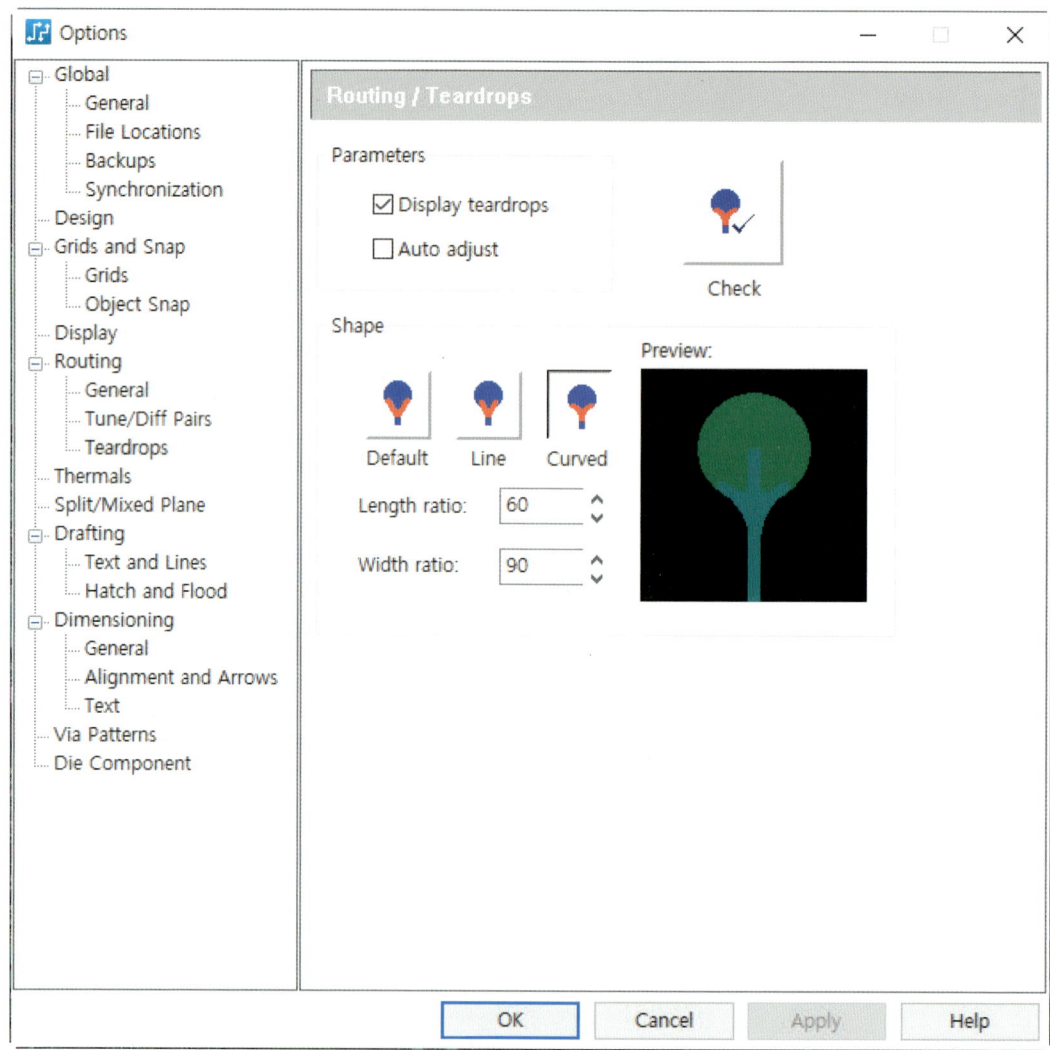

Teardrops에서는 위 그림과 같이 Teardrops 설정을 해주는 메뉴입니다. 이 부분을 모르시는 분들은 그대로 설계를 하기도 하지만 Teardrops를 해주는 것이 좋습니다. 이 부분은 설계적인 부분도 있지만 PCB 제조 과정에서 Drill 작업 시 편심 등으로 인한 단선 등의 불량을 방지하려는 의도도 있습니다.

설계는 설계자만 잘해서 되는 것이 아니라 제조도 문제없이 진행할 수 있도록 설계를 해야 하기 때문입니다.

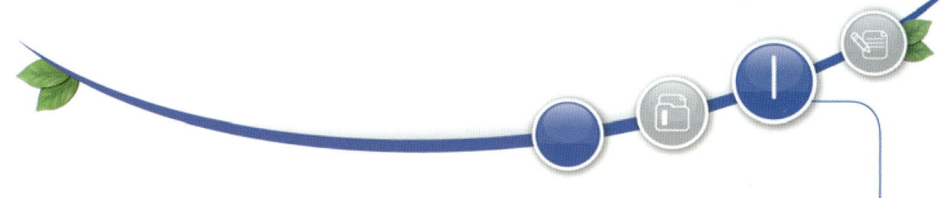

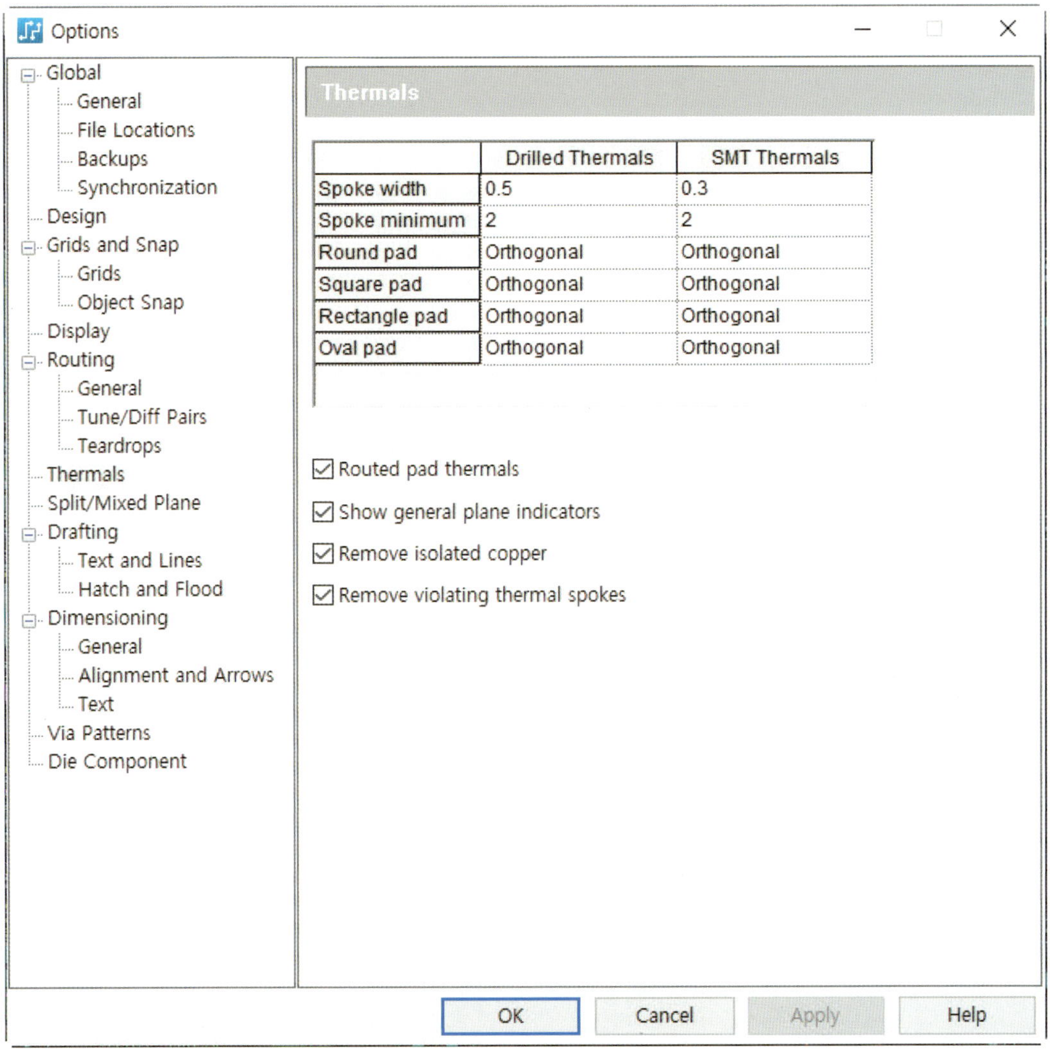
Options
Global
General
File Locations
Backups
Synchronization
Design
Grids and Snap
Grids
Object Snap
Display
Routing
General
Tune/Diff Pairs
Teardrops
Thermals
Split/Mixed Plane
Drafting
Text and Lines
Hatch and Flood
Dimensioning
General
Alignment and Arrows
Text
Via Patterns
Die Component
Thermals
Drilled Thermals
SMT Thermals
Spoke width 0.5 0.3
Spoke minimum 2 2
Round pad Orthogonal Orthogonal
Square pad Orthogonal Orthogonal
Rectangle pad Orthogonal Orthogonal
Oval pad Orthogonal Orthogonal
Routed pad thermals
Show general plane indicators
Remove isolated copper
Remove violating thermal spokes
OK
Cancel
Apply
Help

Thermals는 말 그대로 설계 시 그라운드나 전원 등 Copper를 덮어줄 때 Thermal을 어떻게 활용할 것인지를 정하는 메뉴입니다.

위 그림에서 보이는 것과 같이 Drill이 있는 부품 그리고 SMD 부품 등의 Thermal을 다양한 모양의 Pad를 각각 어떤 형태로 Thermal 형성을 시킬 것인지, 몇 개를 얼마의 두께로 할 것인지 등을 설정합니다.

그 외에도 하단에 Copper를 덮어줄 때 분리된 Copper는 지울 것인지 등도 체크해서 설정할 수 있습니다.

제1부 PADS의 기초

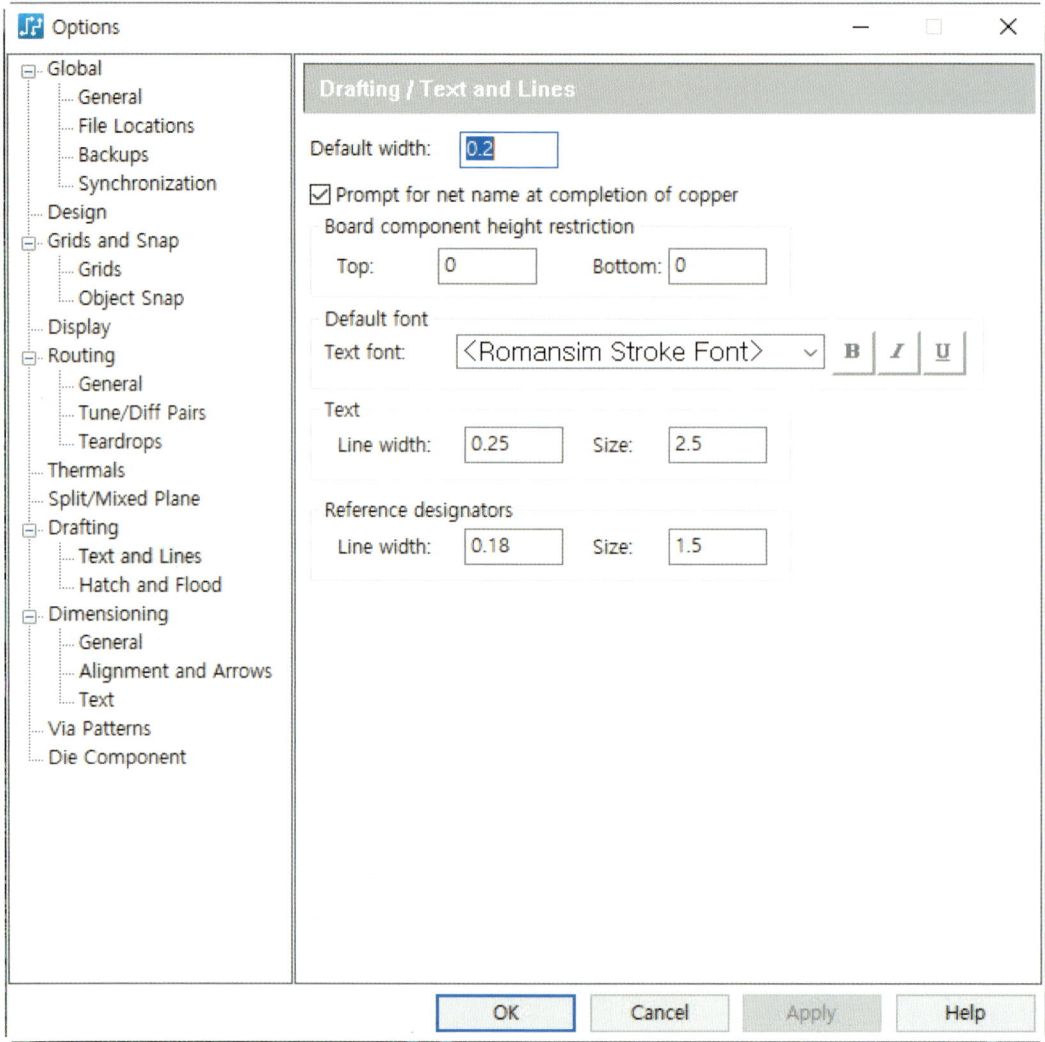

Test and Lines에서는 위 그림에서 보이는 것과 같이 기본적인 Pattern이나 Line에 대한 두께를 결정할 수 있고, 하단에 있는 것과 같이 Text와 부품에 대한 부품 번호(Ref. No)를 표시할 때의 크기 등을 결정할 수 있는 곳입니다.

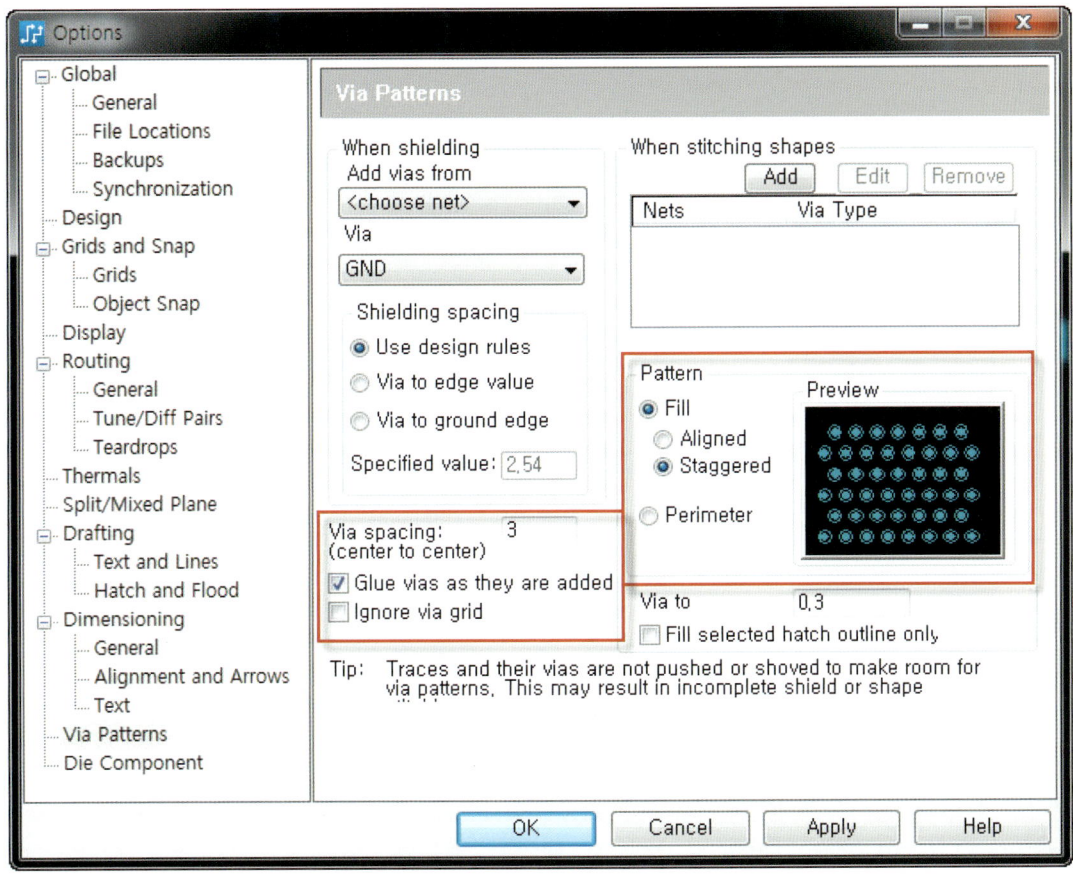

Via Patterns에서는 사용하는 Via type를 선택할 수 있지만 가장 많이 사용하는 기능은 붉은 박스로 표시한 stitching Via에 대한 설정입니다. 모든 설계를 마친 후에 Via 보강을 하게 되는데 하나하나 수동으로 해도 되지만 자동으로 설정된 값에 의해 넣기도 합니다. 쉽게 자동 Via를 보강하는 것이라 보면 됩니다.

체크되어 있는 **Glue Vias as they are added**를 통해서 생성된 Via에 Glue를 자동 설정할 수 있습니다.

오른쪽 Pattern을 통해서 Via의 생성 형태를 설정할 수도 있습니다.

기본적으로 Fill은 전체적인 것으로 Aligned, Staggered로 구분되고, Perimeter는 외곽에만 Via를 형성해주는 기능입니다.

제1부 PADS의 기초

각 기능 설정 후 미리 볼 수 있으며, 아래 그림을 참고하면 됩니다.

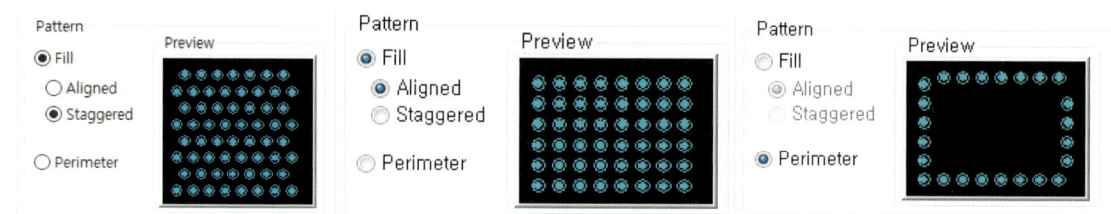

[Drafting Toolbar]

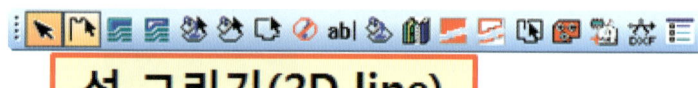

선 그리기(2D line)

그리고자 하는 Layer를 선택한 후 원하는 모양을 그릴 수 있습니다. Board outline으로 그릴 때는 all Layer를 선택한 후 그리며, 그 외의 것은 필요에 의해 그리게 되며, 배선이 되는 Layer로 그릴 때 전기적 속성을 가지게 되어 DRC에서는 error로 check되지 않지만 제작할 때 short가 발생할 수 있습니다.

기본적으로 PADS에서 모든 메뉴는 오른쪽 마우스 버튼을 선택하면 현 상황에서 활용할 수 있는 메뉴가 나옵니다.

Width는 Line의 두께를 결정하는데 사용하며, 명령어 W와 두께를 같이 입력하면 해당 두께로 라인을 그리게 됩니다.

Polygon은 자유롭게 모양을 만들 수 있으며, 시작과 끝 포인트만 연결하면 됩니다.

Circle과 Rectangle을 선택하면 원과 사각 모양을 그릴 수 있습니다.

82

Path는 연결 없이 Line만 그릴 때 사용합니다.

Orthogonal은 Line을 그릴 때 90도 단위로 꺾이게 되고, Diagonal은 45도 단위로 변하게 됩니다. Any Angle은 자유롭게 선을 그릴 수 있습니다.

2D Line에 대해서 좀 더 살펴보겠습니다.

먼저 앞장에 붉은 박스 부분에 대해서 알아보면

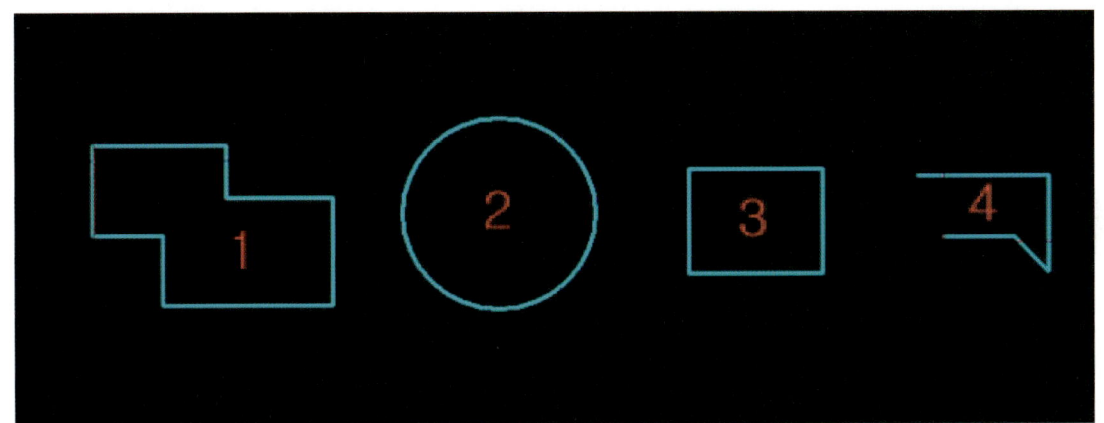

Polygon은 위 그림에 1번과 같이 자유롭게 그릴 수 있는 메뉴로 시작점과 끝점이 만나야 마무리가 됩니다.

Circle은 그림 2와 같이 원을 그리는 메뉴입니다. 타원이 아닌 정공을 그릴 수 있고, Rectangle은 그림 3과 같이 사각형을 그리는 메뉴로 정사각형이나 직사각형을 그릴 수 있습니다.

Path의 경우는 그림 4와 같이 원하는 모양을 그리는 것으로 Polygon과 비슷하지만 시작점과 끝점이 만나지 않아도 사용자가 원하는 모양으로 그릴 수 있으며, 다른 메뉴와 다르게 라인이 마무리되지 않아도 되는 기능으로 많이 사용합니다.

제1부 PADS의 기초

앞장에 파란 박스 부분에 대해서 알아보면

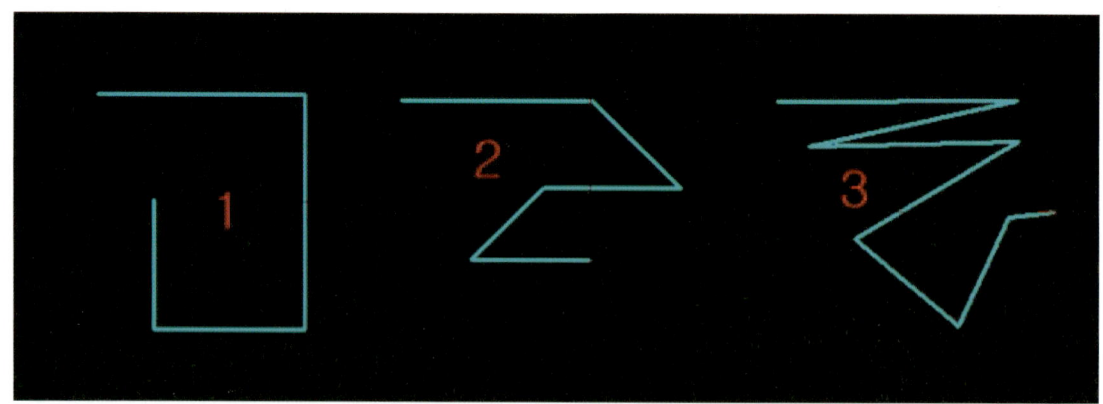

해당 메뉴는 위 그림과 같이 선의 움직임을 나타내는 메뉴로 Orthogonal은 그림 1과 같이 90도의 각도로 라인을 변화시킬 수 있습니다.

Diagonal은 그림 2와 같이 45도의 각도로 라인을 변화시킬 수 있는 것으로 일반적으로 많이 사용합니다.

Any angle은 그림 3과 같이 각도와 무관하게 자유롭게 원하는 각도로 라인을 변화시킬 수 있습니다.

2D Line에서 응용 기능을 추가해 설명드리겠습니다.

앞의 작업을 통해서 임의의 라인이 그려졌을 때 라인의 변화를 줘야 하는 경우가 있는데, 이럴 경우 아래 메뉴를 통해서 활용할 수 있습니다.

먼저 수정할 라인을 선택한 후 오른쪽 마우스를 클릭하면 아래와 같은 창이 뜨게 됩니다.

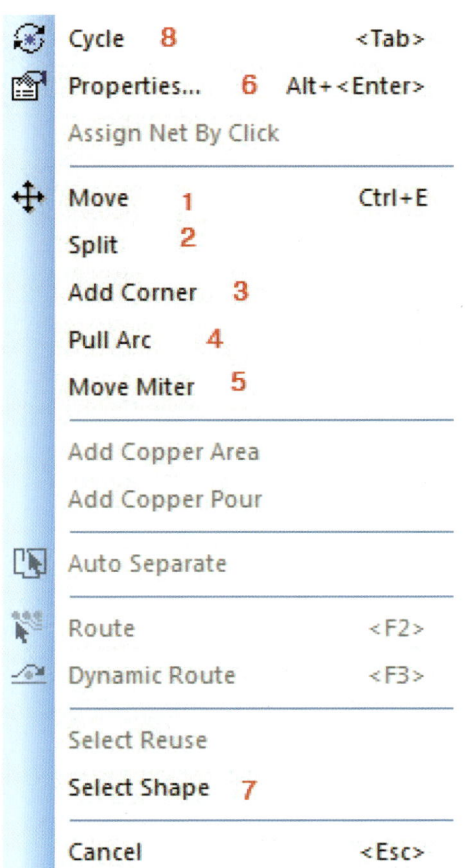

왼쪽 그림과 같이 박스가 그려져 있을 때 한쪽 라인을 잡고 해당 라인의 정보를 수정할 수 있습니다.

8. Cycle의 경우 선택한 라인에 겹쳐 있는 라인이나 부품 등이 있을 경우 단축키 Tab 메뉴 등을 활용해서 순차적으로 선택되며, 원하는 라인이나 부품 등을 해당 기능을 통해서 선택할 수 있습니다.

6. Properties…의 경우 선택한 라인에 대한 정보를 볼 수 있는 것으로 해당 부분에서 치수 조정 등으로 도형의 크기나 모양을 조정할 수 있으며, 라인의 길이 등도 수정할 수 있습니다.

7. Select Shape의 경우에는 선택한 라인과 연결된(동시에 그려진) 라인을 모두 선택하여 보여주는 기능입니다.

1. Move와 5. Move Miter는 라인을 이동하는 메뉴로 선택한 라인에 대해서 이동이 가능합니다.

먼저 Move는 다음과 같습니다.

오른쪽 그림 하단에 있는 붉은색 라인을 Move 기능을 활용해 아래 그림처럼 화살표 방향으로 이동을 시켜 A와 같이 자유롭게 모양을 만들 수 있습니다.

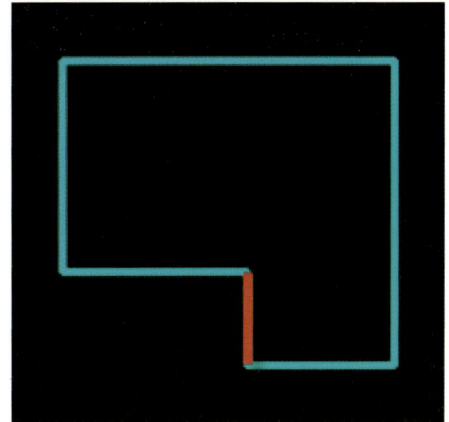

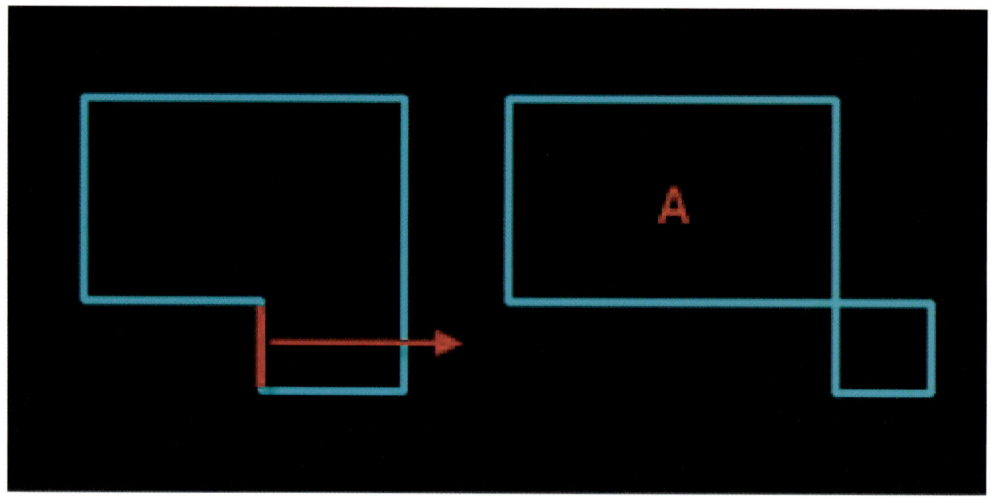

Move Miter의 경우 위 그림과 같이 붉은색 라인을 Move Miter를 활용하여 이동을 하면

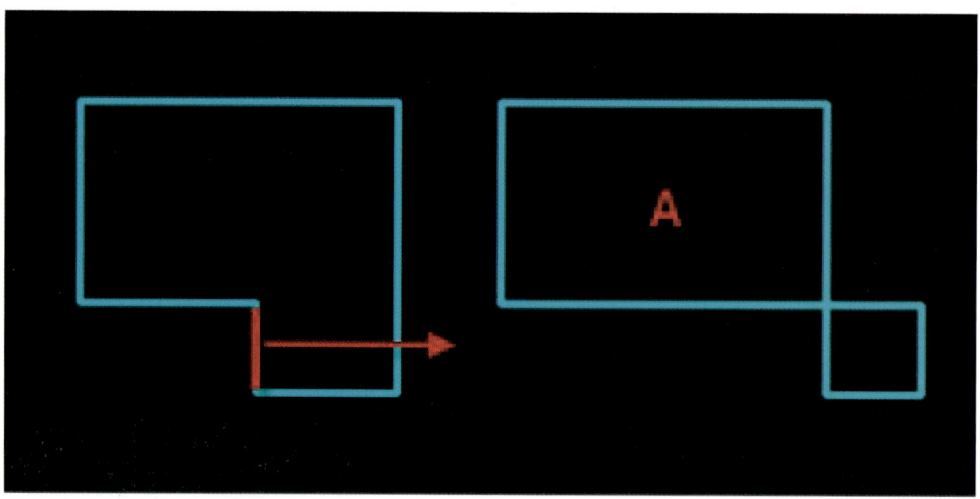

다음 그림과 같이 A의 붉은 박스 부분이 사라지고 B와 같이 나타나는 것을 확인할 수 있습니다. Move Miter의 경우에는 Move와 다르게 기존 라인을 넘어서 그려지지 않는 것을 확인할 수 있습니다.

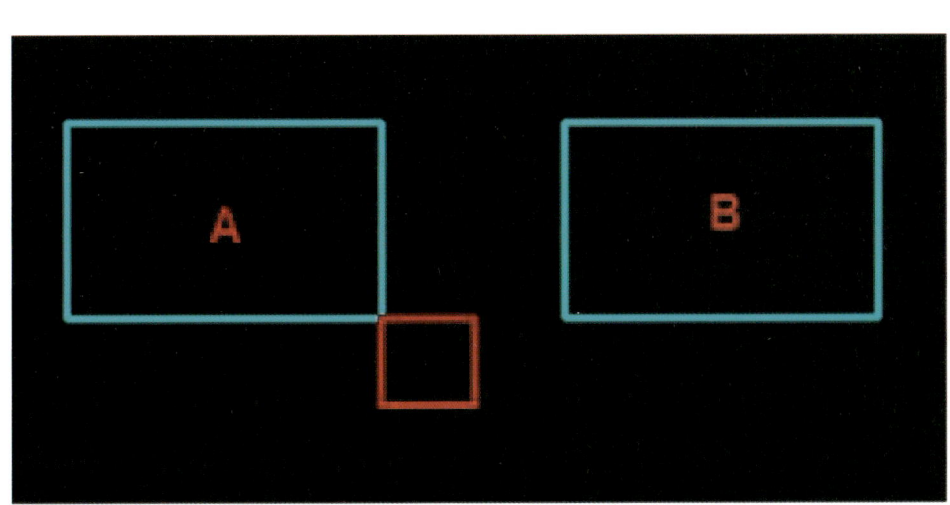

2. Split과 3. Add Corner는 라인의 각도나 모양을 바꿀 때 사용하는 기능입니다.

먼저 Split 기능은 선택한 포인트를 기준으로 선을 새롭게 연장하는 것입니다.(하나의 기준점이 되어 이동한다고 보면 됩니다.)

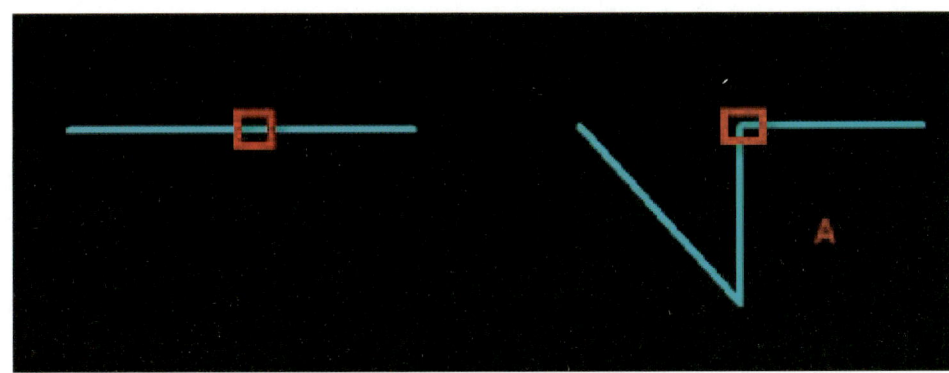

위 그림과 같이 왼쪽 그림에서 붉은 박스 부분을 선택한 후에 오른쪽 마우스를 클릭한 후 split 를 선택하여 아래로 내리면 오른쪽의 A 그림과 같이 나타납니다.

Add Corner의 경우에는 선택한 기준을 통해서 자유롭게 이동하면서 변화를 줄 수 있습니다. 다음 그림과 같이 왼쪽 그림에서 붉은 박스 부분을 선택한 후에 오른쪽 마우스를 클릭한 후 Add Corner를 선택하여 아래로 내리면 오른쪽의 B 그림과 같이 나타납니다.

제1부 PADS의 기초

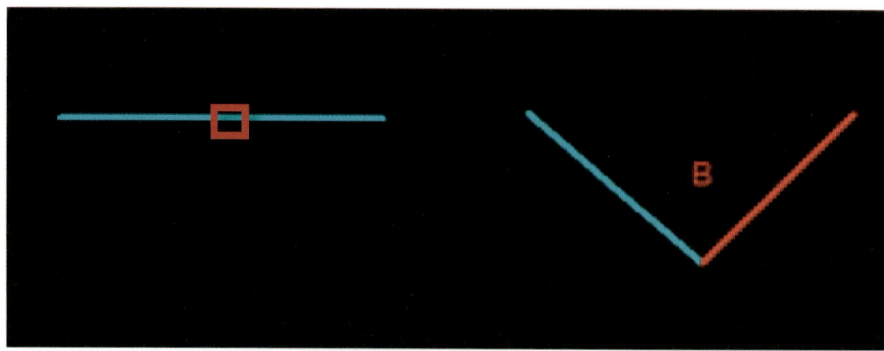

두 기능에 대한 차이를 요약하자면 쉽게 기준점을 지키면서 변화를 주는 것과 기준점이 이동되면서 변화를 주는 차이라고 보면 됩니다.

4. Pull Arc는 말 그대로 Arc(원형) 모양을 만드는 기능입니다.

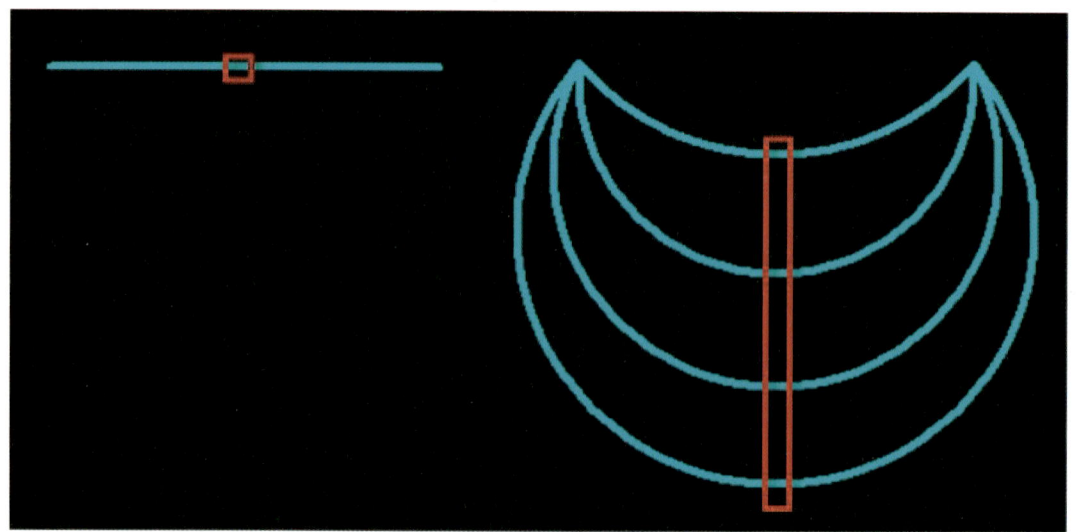

위 그림에서 보듯이 왼쪽 그림의 라인에서 붉은 박스 부분을 선택한 후 마우스 오른쪽 버튼을 클릭한 후 Pull Arc를 선택하면 오른쪽 그림과 같이 붉은 박스 부분을 기준으로 원형을 만드는 것을 볼 수 있습니다. 오른쪽 그림은 왼쪽 그림의 라인을 기준으로 Arc를 다양하게 이동시키며 4개의 원형을 만든 것을 볼 수 있습니다.

다각형 등 각이 있는 라인은 다음의 메뉴를 활용할 수 있습니다.

라인의 모서리를 선택하고 오른쪽 마우스를 클릭하면 그림과 같은 메뉴가 있는 것을 확인할 수 있습니다.

Move와 Pull Arc의 경우 앞서 설명한 부분과 동일하게 활용할 수 있으며, 코너를 선택하여 활용할 경우 Add Miter 기능을 활용할 수 있습니다.

해당 기능을 사용하기 위해서는 Options의 Design 탭에서 어떠한 모양으로 할 것인지를 선택해 주어야 합니다.

Options에서 Design 탭에 보면 아래 그림과 같은 메뉴가 있습니다.

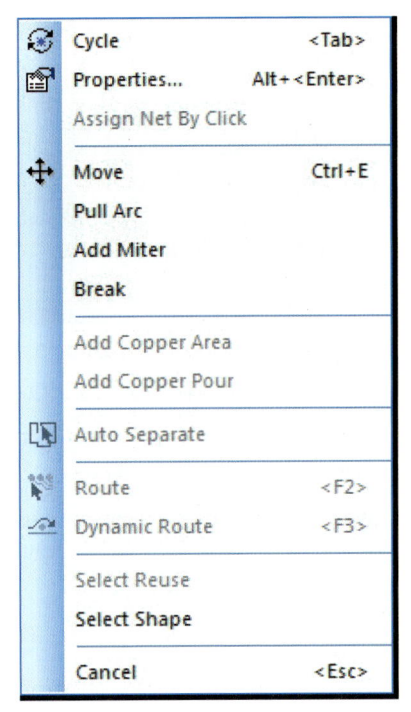

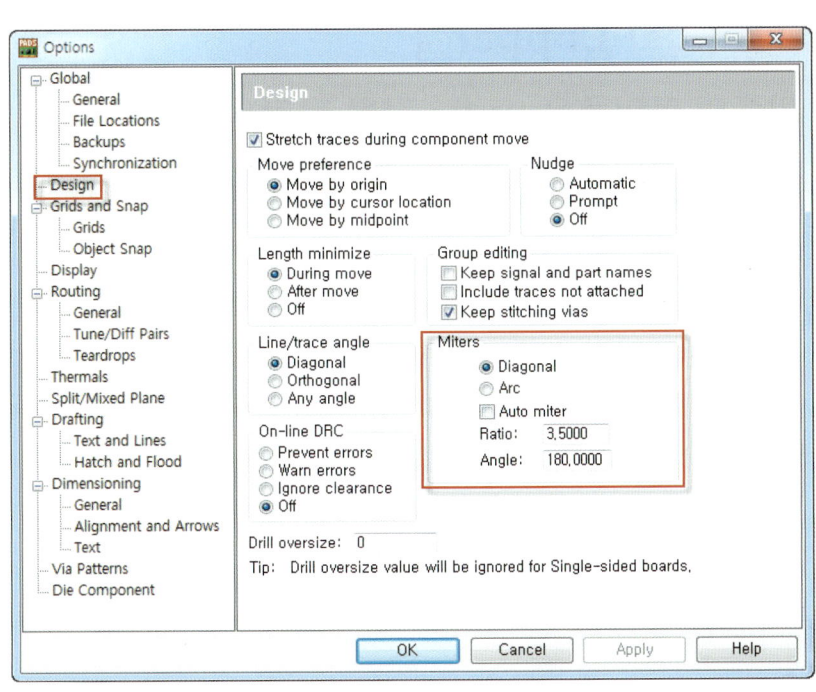

제1부 PADS의 기초

Design 탭에서 Miters는 모양을 선택할 수 있습니다.

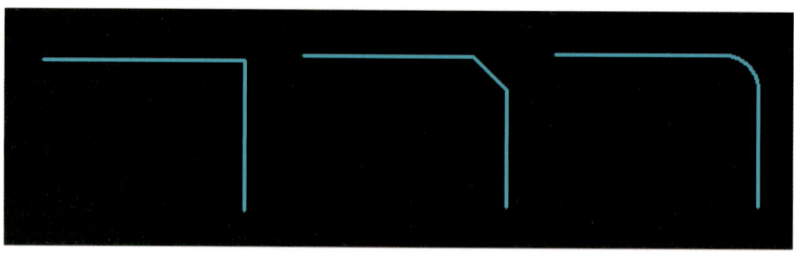

위 그림에서 왼쪽의 첫 번째 라인의 모서리를 선택하면 가운데와 오른쪽 그림과 같이 모서리의 모양을 만들 수 있습니다. Miters에서 Diagonal을 선택한 경우 가운데와 같은 모양을 그릴 수 있으며, 원하는 크기값을 주면 그림과 같이 135도의 각도로 각을 줄 수 있습니다.

Miters에서 Arc를 선택할 경우에는 모서리가 Arc 처리되는 것을 확인할 수 있으며, 이 역시 R (반지름)값을 주면 적용이 됩니다.

Manual Copper

왼쪽의 아이콘은 pad나 전원 보강 등의 목적으로 주로 사용하게 되며, 오른쪽의 아이콘은 보강 된 copper 에서 일부를 따낼 때 사용을 하게 된다.

위 메뉴에서의 기능은 기본적으로 2D 라인과 비슷하다고 보면 됩니다. 다만 차이가 있다면 2D 라인은 어떠한 표시나 선을 그리기 위한 용도라면, Manual Copper의 경우에는 해당 영역 전체를 선택한 Layer로 덮어주는 기능을 합니다. 그래서 Silk를 도포하는 용도나 Pattern이나 Pad의 보강을 하는 용도로 많이 사용하고 있습니다.

위 그림에서 붉은색으로 표시된 것과 같이 Pattern으로 표현할 수 없는 형태, Pattern이나 Pad를 보강하기 위해서 Manual Copper를 활용해서 그려주고 있습니다.

제1부 PADS의 기초

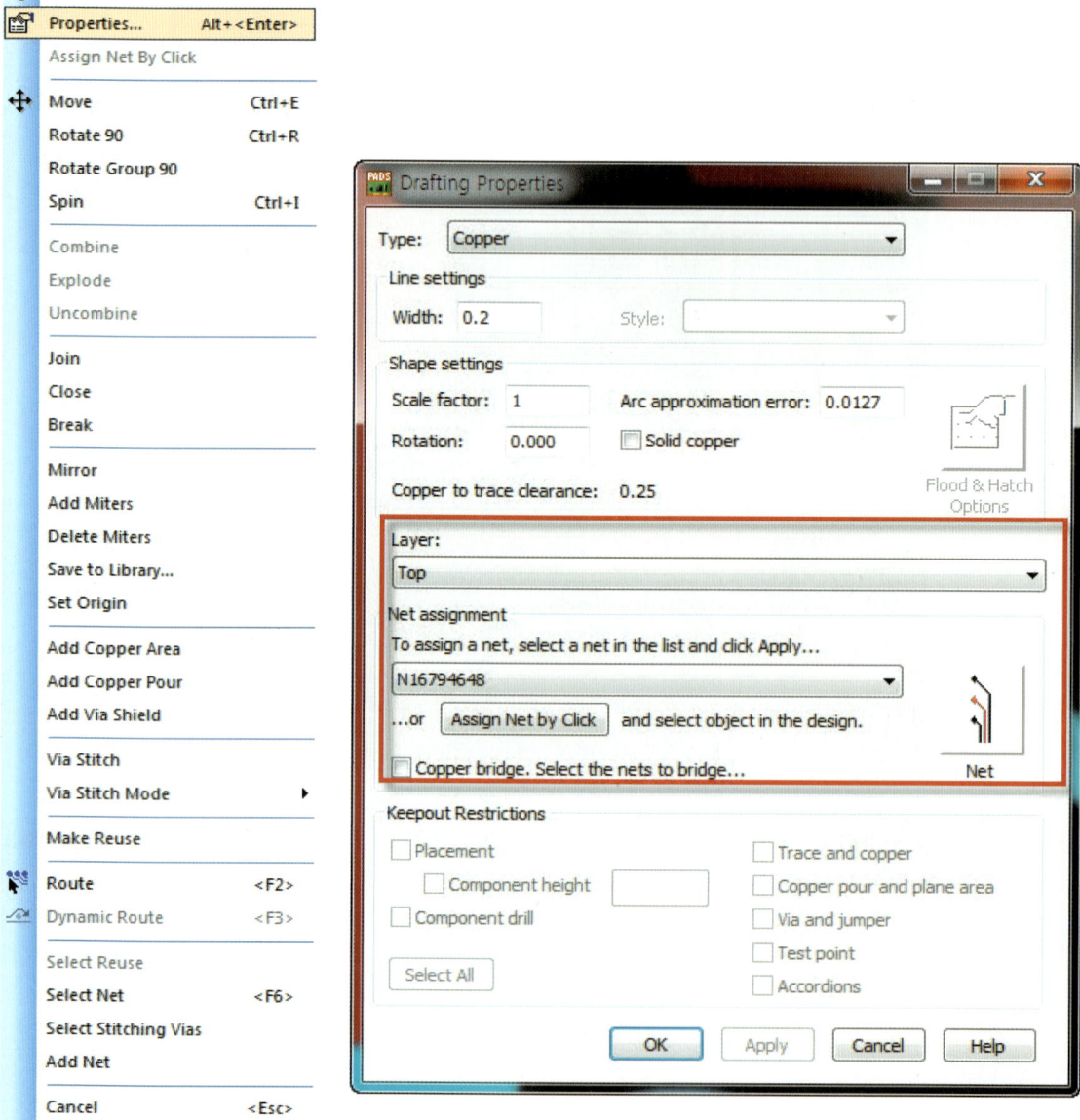

보강을 해준 후에 오른쪽 마우스를 클릭하면 왼쪽과 같은 메뉴가 나오게 되는데, Properties...를 선택하면 오른쪽 그림과 같은 창이 뜹니다.

여기에서 붉은 박스 영역에 있는 Layer 설정 및 Net assignment를 해줄 수 있습니다. Assign을 해주지 않을 경우 PCB 제작 시 전기적인 문제는 없을지 모르지만 설계 후 DRC(Design Rule Check) 검사 시 속성이 맞지 않아서 error가 발생할 수 있습니다.

위 아이콘은 Copper Cut out으로 말 그대로 Manual Copper로 그려진 모양 중 일부를 cut out시 켜주는 기능으로 주로 활용하고 있습니다.

실제 활용한 예로 살펴보면,

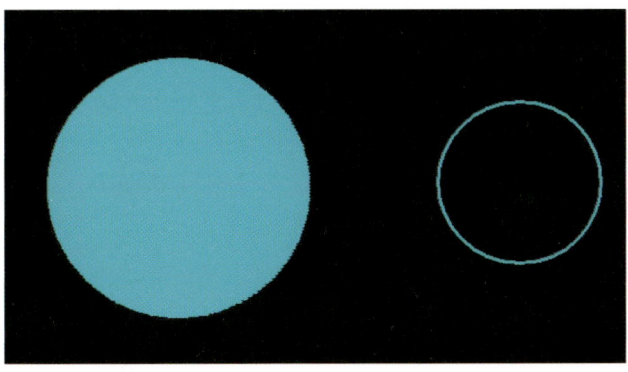

위 그림에서 왼쪽 그림은 Manual Copper로 circle을 그린 것이고, 오른쪽 그림은 Copper cut out으로 circle을 그려준 것입니다.

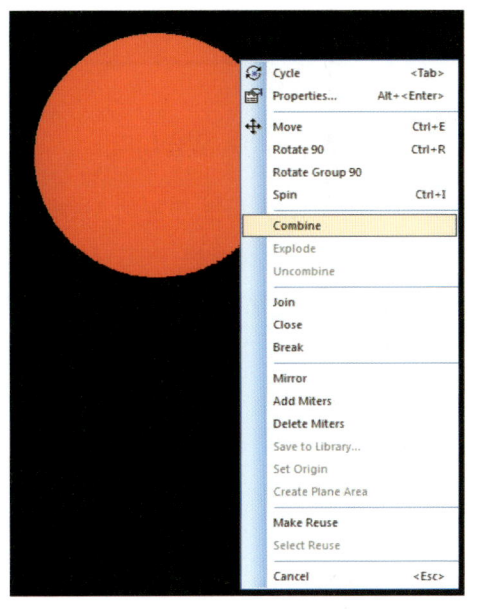

제1부 PADS의 기초

앞 그림의 왼쪽과 같이 먼저 두 개의 circle을 합쳐 놓습니다. 이후 두 가지를 모두 선택한 후 오른쪽 마우스를 클릭하고 Combine이라는 메뉴를 선택하면 오른쪽 그림과 같이 두 가지가 합쳐져서 cut out 크기만큼 삭제되어 도넛 모양으로 바뀌는 것을 확인할 수 있습니다.

이와 같은 방법으로 다양한 모양을 만들 수 있습니다.

>
>
> 앞 그림과 같이 Copper나 Line으로 그려진 선을 선택할 경우에는 오른쪽 마우스를 클릭하면 Select anything부터 시작해서 메뉴가 나옵니다. 그중에서 Select shapes를 선택한 후에 위 두 선을 선택하면 다른 부품이 아닌 해당 선만 선택해서 원하는 기능을 구현할 수 있습니다.

Auto Copper

왼쪽의 아이콘은 보드의 특정 영역에 대해 많이 사용하는 net에 대해서 사용하게 되며, 오른쪽의 아이콘은 copper에서 일부를 따낼 때 사용을 하게 된다.
위 아이콘은 주로 Ground나 Power plane 깔 때 많이 사용 한다.

Auto Copper 메뉴는 앞의 Manual Copper와 기능이 비슷하다고 할 수 있습니다.

다만 차이점은 Manual Copper의 경우는 사용자가 임의로 나타내고자 하는 부분에 대해서 그려주는 것으로, 주로 Pad 등을 보강할 때 많이 사용을 하지만, Auto Copper는 PCB 작업이 끝난 후에 전원(VCC, GND 등)에 대해서 동판을 전체적으로 깔아주기 위해 그려주는 기능입니다.

그리는 방법은 앞서 설명된 2D Line과 비슷합니다.

또 Manual Copper의 경우는 주로 보강용으로 사용되기에 그려진 부분에 대해서는 모두 동판을 깔아주지만, Copper Pour의 경우에는 설정된 Net에 대해서만 동판을 깔아주고 그 외의 Net에 대해서는 자동으로 설정된 Clearance만큼 이격을 시켜주게 됩니다.

Copper pour cut out의 경우에도 Copper cut out과 마찬가지로 Copper Pour의 일부분을 cut out시킬 때 사용합니다.

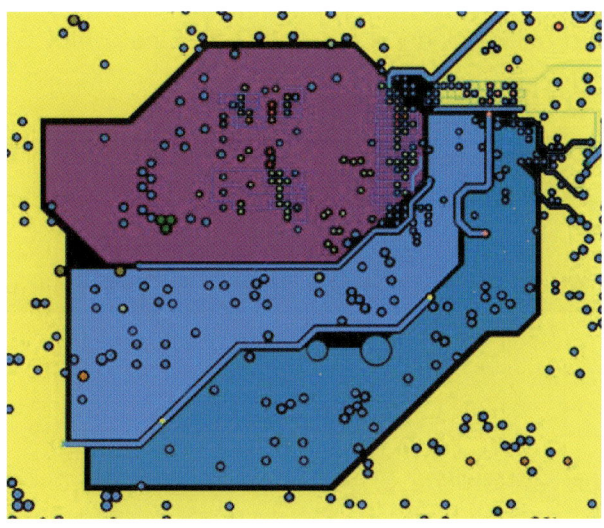

앞의 그림과 같이 보통 보드 전체로 Copper Pour를 해주게 되는데, 그 내부에 별도의 Copper Pour를 해주어야 할 경우 해당 부분에 대해서 pour cut out을 해준 후 해당 부분에서 별도의 Copper Pour를 그려주고 설정해 줄 수 있습니다.

[Board Outline…]

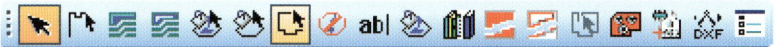

Board outline을 그려주거나 이미 그려진 보드 영역 내에서 따낼 부분을 그릴 때 사용합니다.

Board outline도 앞에 설명한 Copper와 비슷하다고 보면 됩니다. out line을 그리고 따낼 부분을 그리는 것인데, 차이는 다른 부분은 cut out이 별도로 있지만 Board outline은 한번 그린 이후에 그리는 것은 모두 cut out이라고 보면 됩니다. 결론적으로 Combine 등의 기능을 활용하지 않아도 됩니다. 다시 정리하면 기본적으로 Board의 외곽을 그릴 때 사용합니다.

제1부 PADS의 기초

Board 외곽을 그리는 방법은 2D Line과 같은 방법으로 그려주면 됩니다.

Board의 외곽은 위 Board outline and cut out 외에도 2D Line을 All Layer로 설정한 후에 그려주어도 무방합니다.

[Keep out(금지구역)]

 Tip

2D Line과 마찬가지로 오른쪽 마우스를 통해서 여러 모양을 만들고 수정할 수 있으며, 영역을 그린 후 팝업 창이 뜨면 해당 영역에 대해 금지시킬 부분을 지정하면 됩니다.

설계하다 보면 도면상에 금지구역 등 설정을 해야 하는 경우들이 있습니다. 이럴 경우 미리 설계하고 진행하는 것이 설계 시 오류를 미리 막을 수 있습니다. 이와 같이 Keep out은 금지구역을 설정하는 것으로 부품이나 Pattern, Via 등 다양하게 설정할 수 있으며, 해당 부분에 위배되는 부분이 있다면 DRC check 시 error가 발생하게 됩니다. Copper 등은 자동으로 keep out 영역을 피해서 깔아주게 됩니다.

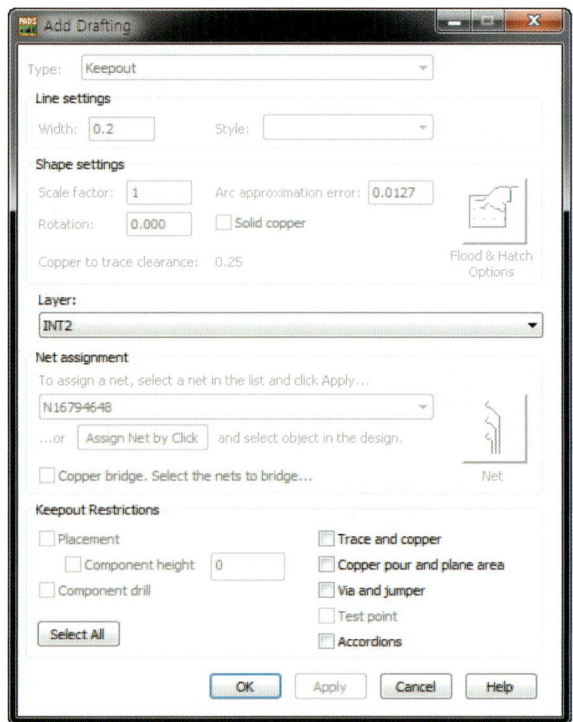

Keep out을 그려주게 되면 기본적으로 오른쪽 그림과 같은 창이 뜨게 되는데 해당 창을 통해서 금지구역을 설정할 Layer와 어떤 부분에 대한 금지구역을 설정할 것인지 등을 선택할 수 있습니다.

Line, Copper, Copper pour, Boad outline, Keep out 정리하기

Tip

1. 2D Line은 Board outline이라는 아이콘과 같이 보드 outline을 그려줄 수도 있고, 기타 표시하고 싶은 영역을 그려줄 수 있습니다.
2. 2D Line과 Copper를 그릴 때 오른쪽 마우스를 클릭하면 여러 모양을 그릴 수 있습니다.('polygon'은 직선에 한해서 자유롭게 모양을 그릴 수 있습니다.), ['circle', 'rectangle'은 원형이나 사각형을 그릴 수 있습니다], ['path'는 임의의 라인을 원하는 대로 그릴 수 있습니다. double click하면 종료됩니다.]
3. 수정할 때도 해당 라인을 잡고 오른쪽 마우스를 클릭하면 여러 메뉴를 사용할 수 있습니다. 그 중에서 split은 중간에 새로운 모양을 만들 때 사용하며, 모서리를 클릭하게 되면 pull arc를 통해서 arc를 주거나 add miter를 통해서 이미 설정된 값에 의해 사선 또는 arc 모양을 만들 수 있습니다.
4. Board outline과 Keep out을 그릴 때 오른쪽 마우스를 클릭하면 여러 모양을 그릴 수 있습니다.
5. 수정할 때도 해당 라인을 잡고 오른쪽 마우스를 클릭하면 여러 메뉴를 사용할 수 있습니다. 그 중에서 split은 중간에 새로운 모양을 만들 때 사용하며, 모서리를 클릭하게 되면 pull arc를 통해서 arc를 주거나 add miter를 통해서 이미 설정된 값에 의해 사선 또는 arc 모양을 만들 수 있습니다.(단, Board outline을 수정할 때는 오른쪽 마우스를 클릭한 후 Select Board Outline을 선택한 후 선택이 가능합니다. 그 외 사항에서는 Board outline은 선택이 되지 않습니다.

[Text 삽입]

Tip

아이콘을 클릭하면 팝업 창이 뜨는데 원하는 text를 입력한 후 글씨 사이즈와 Layer를 선택하면 됩니다.

제1부 PADS의 기초

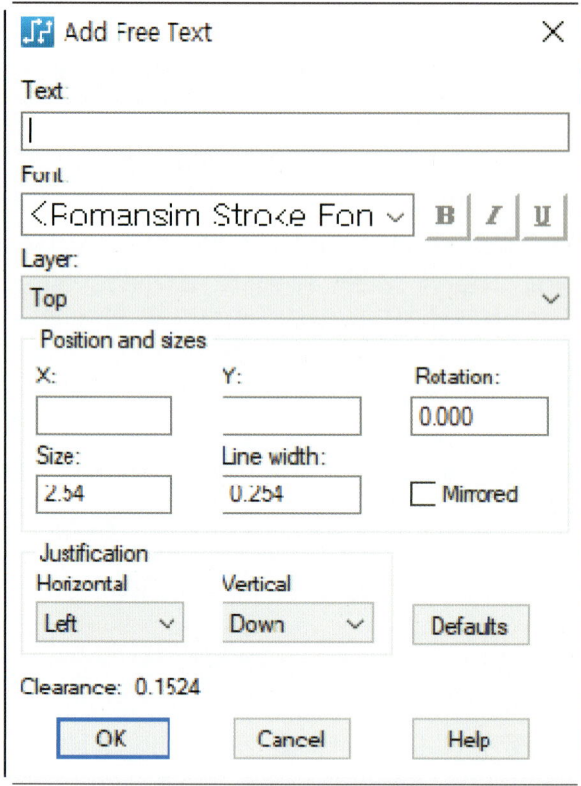

위 그림과 같은 팝업창이 뜨게 됩니다. Text에 원하시는 문구를 기록하고 Font에서 원하는 Font를 결정할 수 있습니다. 한글 문구를 넣을 경우 한글 Font를 결정하면 됩니다. 이후 size와 Line width에 원하시는 수치를 넣고 글씨가 Bottom면에 위치할 경우 Mirrored를 선택하면 됩니다.

[Flood]

> **Tip**
>
> Auto copper로 설치된 plane 중 선택한 부분에 대해서 Copper를 덮어주는 기능입니다.

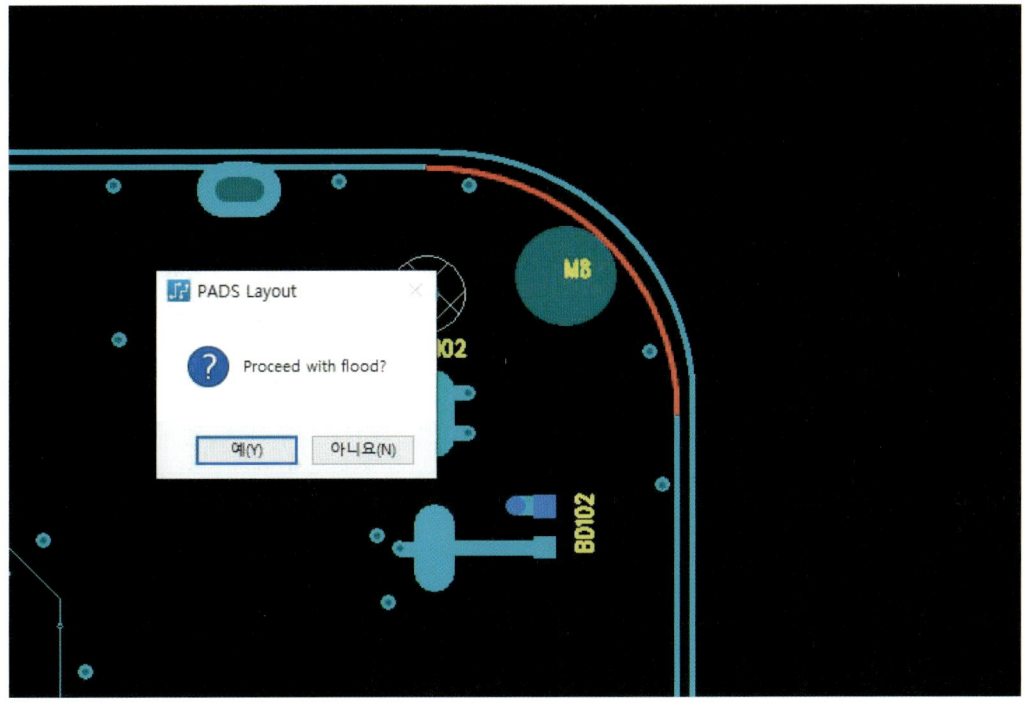

위 그림과 같이 Copper의 일부를 선택한 후에 해당 아이콘을 선택하거나 반대로 아이콘을 선택한 후에 Copper의 일부를 선택하게 되면 그림과 같이 Flood를 할 것인지 물은 후에 예(Y)를 체크하면 해당 부분에 대해서 Copper를 덮어주게 됩니다.

또는 그림과 같이 Copper를 선택한 후에 오른쪽 마우스를 누른 후 Flood 를 선택해주면 동일하게 Copper를 덮어주게 됩니다.

[From Library]

부품화시킨 로고를 불러들일 때 사용합니다.

부품화시킨 로고를 불러들일 때는 해당 메뉴를 선택할 경우 아래 그림과 같은 창이 뜨고 해당 창에서 원하는 로고를 불러들일 수 있습니다.

제1부 PADS의 기초

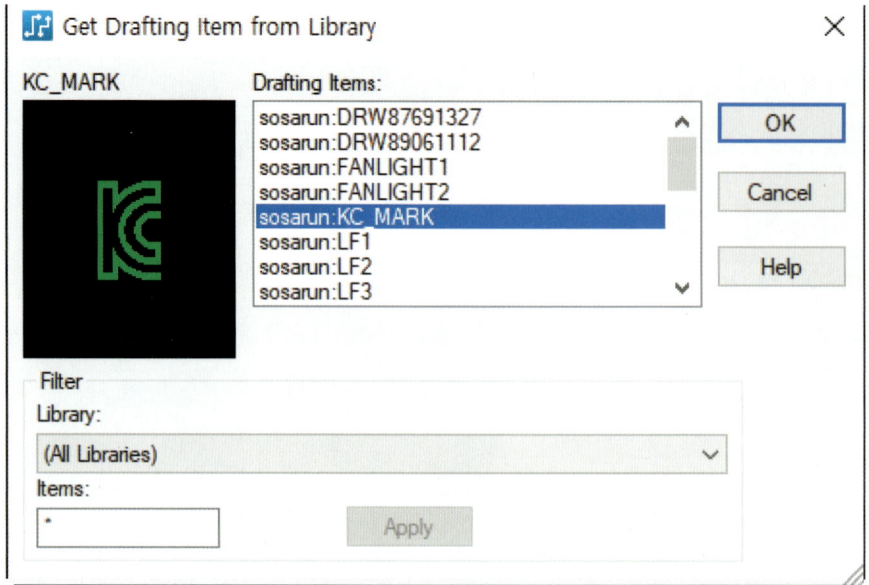

위 그림과 같이 팝업창이 뜨면 이미 만들어진 로고 등을 선택하여 불러올 수 있습니다. 회사의 로고나 위 그림처럼 KC 인증 마크 등을 만들어 두면 언제든 불러내어 사용할 수 있습니다.

[Split/Mixed Plan]

Split/Mixed Plan 기능을 사용할 때 사용되는 기능입니다.

PCB 작업 시 Copper pour로만 사용할 경우에는 사용하지 않는 기능입니다.

[Hatch]

Copper pour을 빠르게 다시 덮어주는 기능입니다.

앞에서 설명한 Flood와 비슷한 기능으로 Flood는 전체적으로 새로 깔아주는 기능이지만 Hatch는 기존에 깔려 있는 것을 다시 깔아주는 것으로, Pattern이나 부품 Via 등을 PCB 상에서 수정이 없을 때 깔아주는 것으로 조금이라도 수정이 있다면 Flood를 통해서 깔아주어야 합니다. 조금의 변화라도 있다면 Flood를 해주는 것이 좋습니다. 해당 메뉴 역시 **Tools/pour Manager...**에서 사용할 수 있습니다.

[Import DXF File]

DXF 파일을 불러들일 때 사용합니다.

DXF 파일을 불러들일 때 File/Import를 통해서 할 수도 있지만 해당 아이콘을 선택하면 팝업창이 뜨고 불러들일 DXF 파일을 찾아 선택하면 현재 설계 화면에 그대로 올릴 수 있습니다.

[Add New Label]

부품의 Label를 새로 불러들일 때 사용합니다.

해당 메뉴는 부품 번호 등 Label이 작업 중 실수 또는 Library 제작 중 실수로 누락된 경우 그 외에 추가적인 라벨을 만들 경우 사용하는 메뉴입니다.

특정 부품을 선택한 후에 아이콘을 선택하거나 아이콘을 선택한 후에 부품을 선택하면 아래와 같은 팝업창이 뜨게 됩니다.

제1부 PADS의 기초

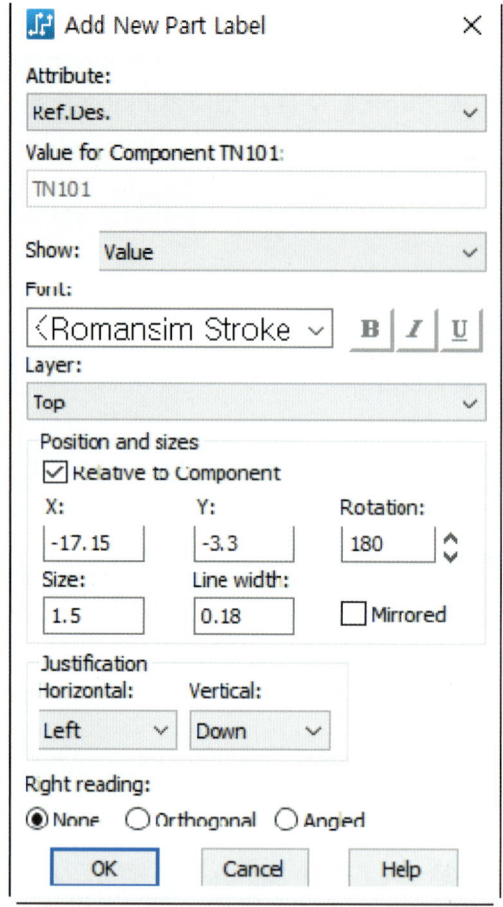

위 그림과 같이 Attribute에서 부품 번호인 Ref.Des.나 Part type 등을 선택할 수 있으며 Font를 결정하고 Layer와 size 및 Line width 등을 선택하고 Bottom면에 위치할 경우 Mirrored를 선택할 수 있습니다.

[Text and Lines Options]

앞서 Option에 대해 설명한 부분으로

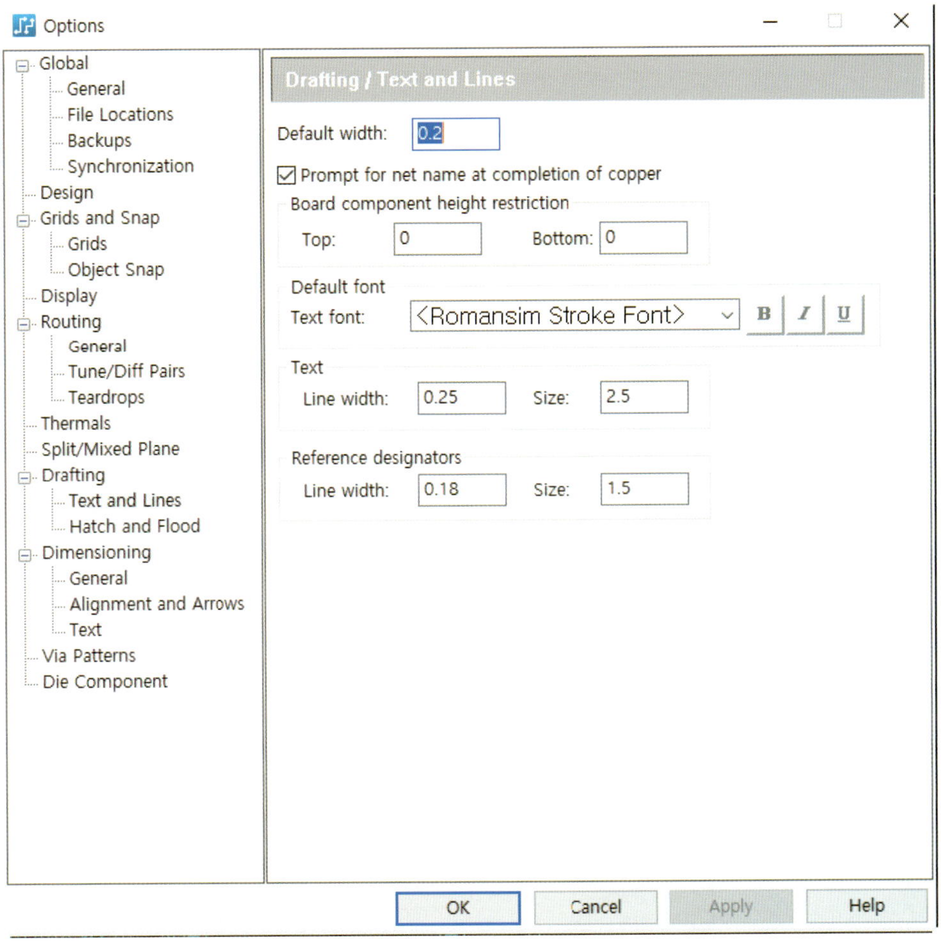

Test and Line에서는 위 그림처럼 기본적인 Pattern이나 Line에 대한 두께를 결정할 수 있고, 하단에 있는 것과 같이 Text와 부품 번호(Ref. No)가 표시될 때 크기 등을 결정할 수 있는 곳입니다.

[Design Toolbar]

부품 이동 시 사용합니다.

제1부 PADS의 기초

부품을 배치할 때 많이 쓰는 기능으로, 부품 선택 후 명령어로 Ctrl+E를 사용합니다.

[Radial Move]

Circle 형태의 원형 부품 배치 시 사용하는 기능입니다.

앞에서 설명한 Option 중 Grids의 하단에 보면 Radial Move Setup... 이 있는데, 이 메뉴를 선택하면 아래 팝업이 뜨게 됩니다.

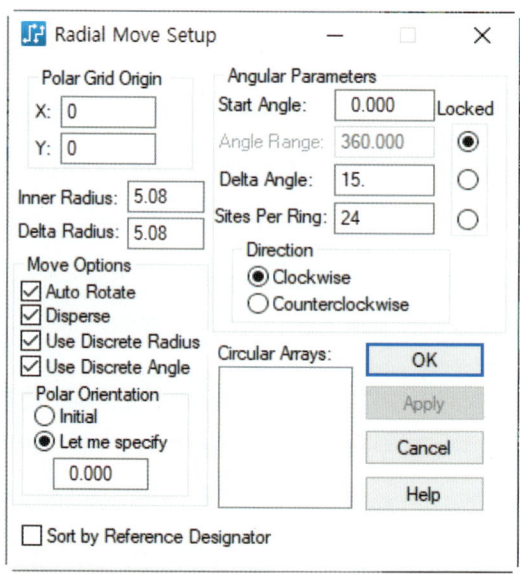

이 팝업에서 Polar Grid Origin과 Inner Radius, Delta Radius에서 간격을 정할 수 있고, Delta Angle에서 각도를 정할 수 있습니다.

Radial Move에 대해 자세히 알아보면

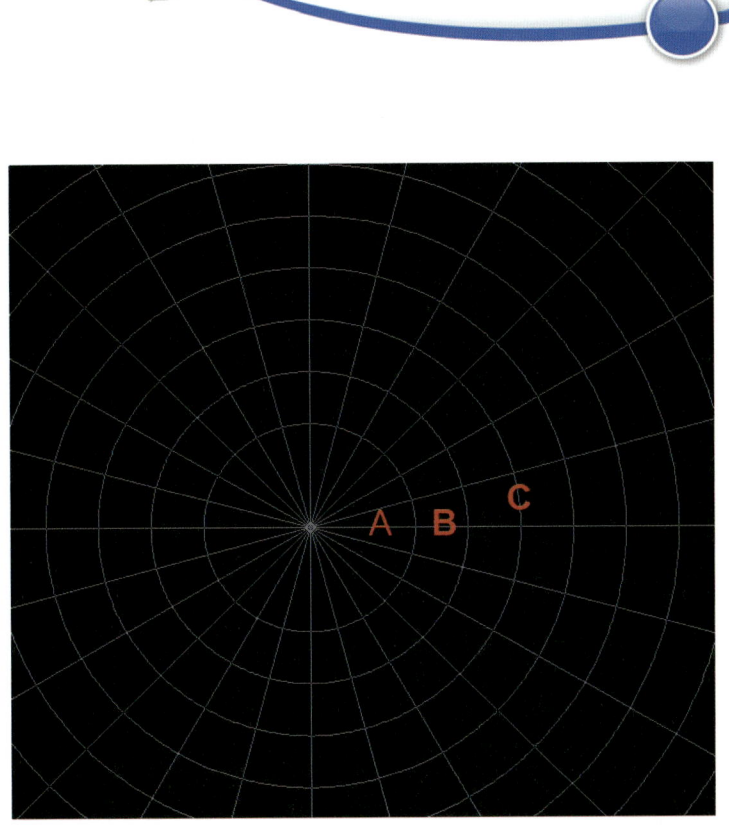

A는 Inner Radius에서 설정된 거리만큼 이격이 되고, B는 Delta Radius에서 설정된 거리만큼 일정 간격으로 이격을 해주게 됩니다. C는 그림처럼 설정된 각도와 같이 등 간격으로 보여지고 해당 위치에 배치할 수 있습니다.

보통 LED 등 동일 간격으로 배치할 경우 많이 사용하게 됩니다.

[부품 회전]

> **Tip**
>
> 부품을 배치할 때 많이 쓰는 기능으로, 부품 선택 후 명령어 Ctrl+R를 사용합니다.

제1부 PADS의 기초

[부품 번호 정리]

> **Tip**
> 마무리 작업을 할 때 많이 쓰는 기능으로, 부품 번호 선택 후 명령어 Ctrl+E를 사용합니다.

[배선 작업 시 사용]

> **Tip**
> 배선 작업 시 사용하는 기능으로, 단축키로 해당 Pattern 또는 Pad를 선택한 후 F2를 사용하거나, Pad 선택 후 Double click을 해서 배선 작업할 수 있습니다.

[Route 메뉴]

DRC 기능을 on할 때 생성되는 메뉴로, error가 발생하지 않도록 자동 배선 및 Bus 배선이 가능합니다.

다음 그림과 같이 Options의 Design 탭에서 On-line DRC/Prevent errors를 선택하면 위 메뉴가 활성화됩니다.

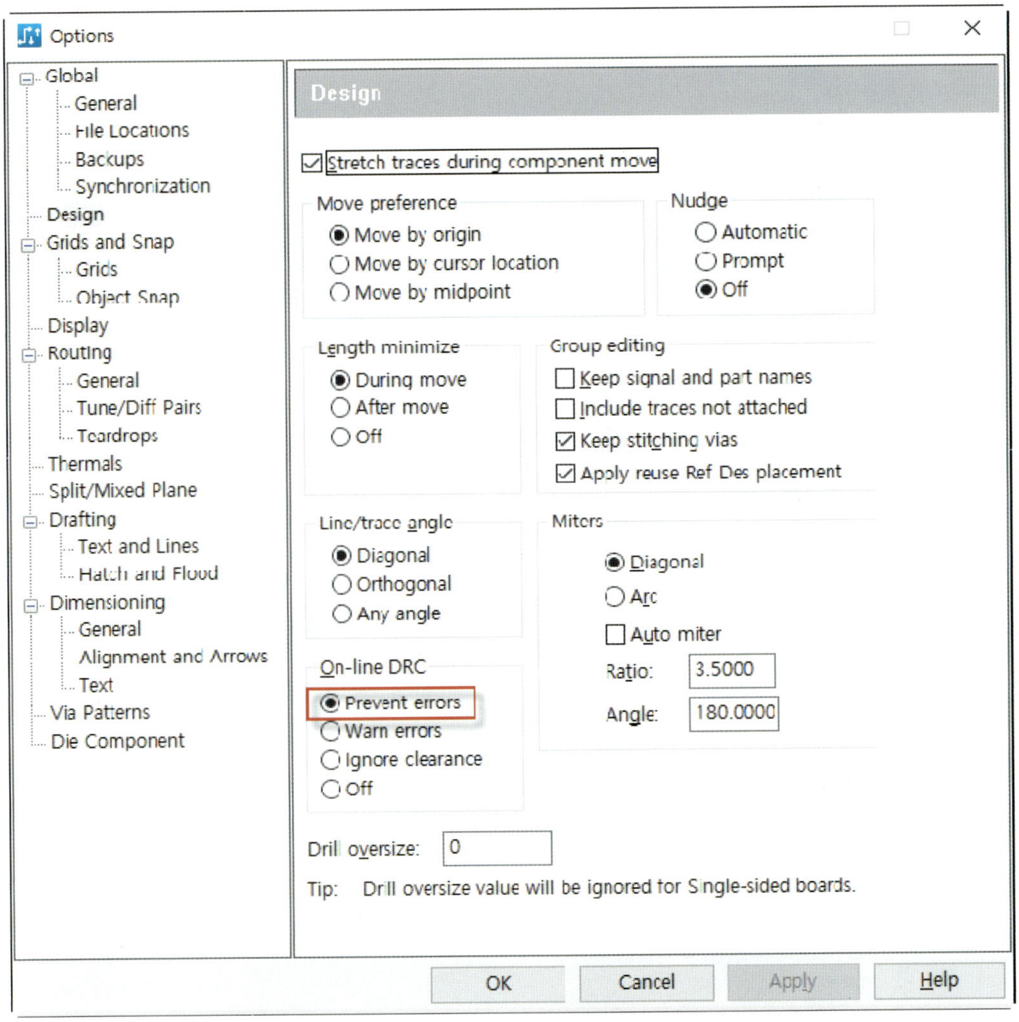

위와 같이 해당 메뉴가 활성화될 경우 설계 시 버스선 연결 등에 활용할 수 있습니다.

기본적으로 해당 메뉴가 활성화되면 다음 그림과 같이 error가 나지 않게 설계를 할 수 있습니다. error가 발생할 위험이 있을 경우 배선이 되지 않거나 주변을 자동으로 바꾸게 됩니다. 다음 첫 번째 그림에서 두 번째 그림은 Via를 형성했을 때 모습으로 주변 배선이 바뀐 것을 확인할 수 있습니다.

제1부 PADS의 기초

그래서 필자는 해당 기능은 잘 사용하지 않습니다.

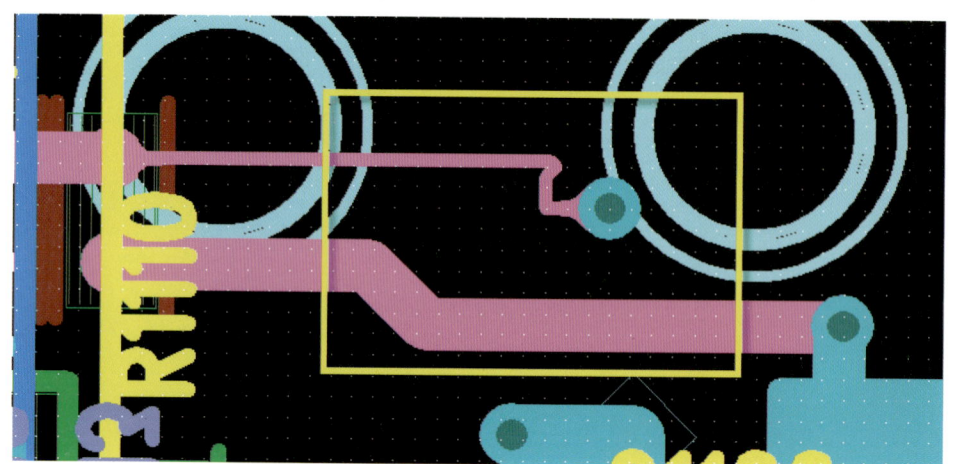

그 외 해당 메뉴에서 사용하는 메뉴는 Auto Route가 있지만 추천하지는 않습니다.

그 외에 아래 그림과 같은 Bus Route라는 아이콘이 있습니다.

해당 메뉴는 다수의 Net를 한번에 배선할 때 사용하면 유용합니다.

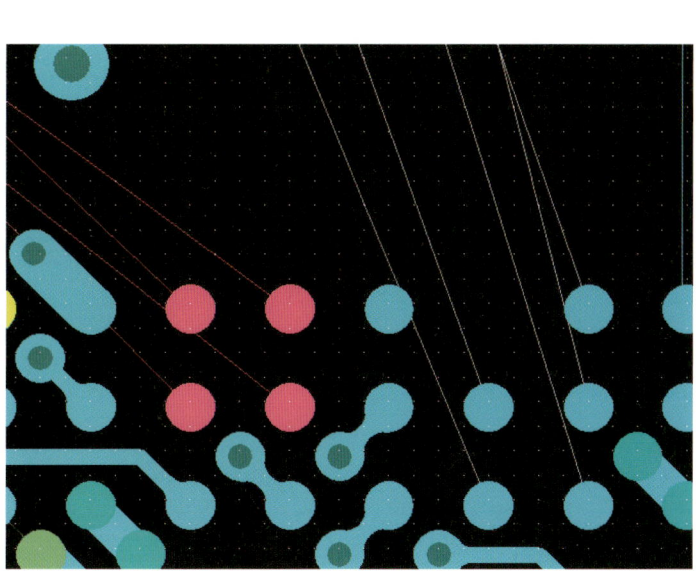

그림과 같이 pair로 된 Net의 경우에 Bus Router를 선택한 후에 아래 그림처럼 해당 Pad를 선택한 후 배선하면 아래 그림처럼 함께 배선됩니다.

작업하다보면 수정할 부분이 제법 있기에 이 부분 역시 필자는 사용을 잘 하지 않습니다.

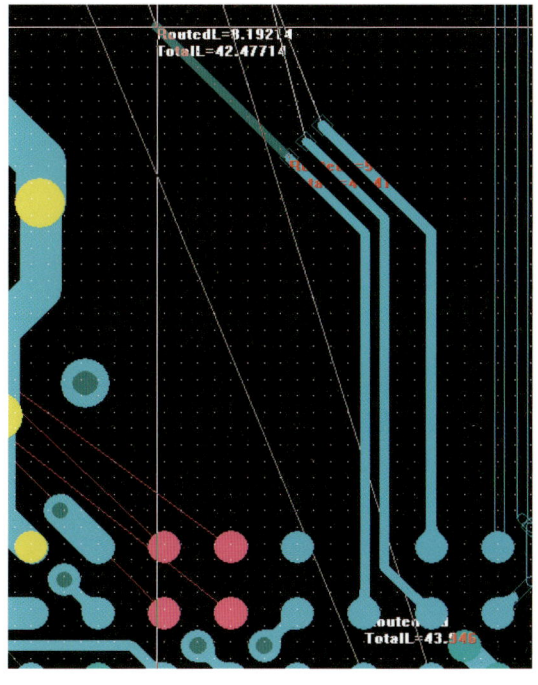

제1부 PADS의 기초

> **Tip**
>
> 1. PCB 상에 있는 모든 부품이나 Silk, Text 등은 이동할 때 Ctrl+E로, 회전할 때는 Ctrl+R을 사용합니다.
> 2. 여러 부품 또는 Package의 이동 시에도 동일하게 Ctrl+E를 사용합니다.
> 3. 여러 부품 또는 Package를 회전시킬 때는 선택 후 오른쪽 마우스를 클릭한 후 Rotate Group 90을 이용해 회전시킬 수 있습니다.
> 4. PCB 상에서 선택한 후 오른쪽 마우스를 클릭하면 현 상태에서 할 수 있는 모든 기능들이 나옵니다.
> 5. 배선 작업할 때는 부품 Pad에 위치를 하고 마우스를 double click하거나 F2키를 이용해 작업할 수 있으며, 층을 바꾸고자 할 경우에는 Top/Bottom면은 F4를, MLB에서 층을 바꾸고자 할 때는 키보드 L를 누른 후 가고자 하는 Layer를 선택하면 됩니다.(L*)
>   ex) L3 → Layer3으로 이동

[Dimensioning Toolbar]

수치를 나타낼 때 사용하는 메뉴입니다.

이번 메뉴에서는 자주 사용하는 부분만 언급하겠습니다.

메뉴를 선택한 후 오른쪽 마우스를 클릭하면 오른쪽과 같은 팝업이 나타나게 됩니다.

Snap to Corner 해당 부분은 선택한 부분의 코너를 선택하게 하는 메뉴입니다.

Snap to Any Point 보통 필자가 많이 사용하는 메뉴로 편하게 위치를 선택할 수 있습니다.

Snap to Center 해당 메뉴는 부품 등 센터를 선택해야 하는 경우 많이 사용하게 됩니다.

예를 들어서 부품 간 간격이나 부품 위치 등 좌표를 정할 때 그리고 각도 등을 측정할 때 사용하게 됩니다.

Use Centerline
Use Inner Edge
Use Outer Edge

위 메뉴는 필요에 따라 선택을 하면 됩니다. 메뉴 선택에 대한 차이점을 살펴보면 아래 그림과 같습니다.

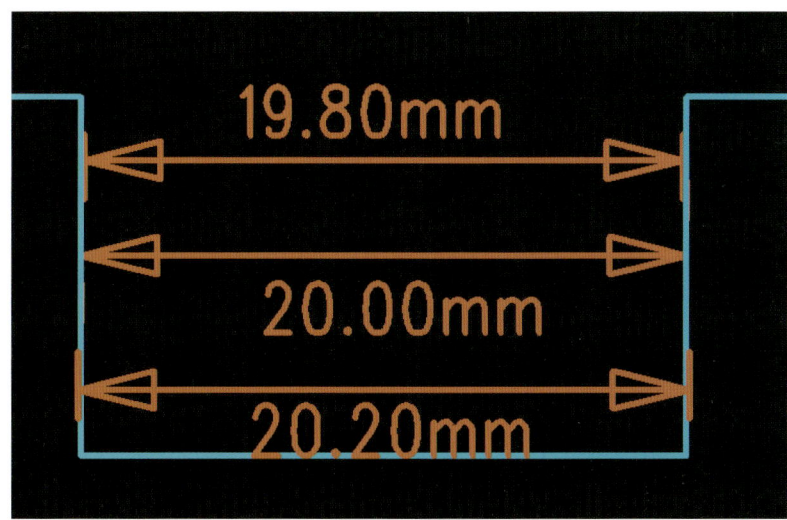

그림에서와 같이 상단부터 살펴보면 19.80mm는 **Use Inner Edge**를 선택한 것이고, 20.20mm는 **Use Center line**을 선택한 것, 20.20mm는 **Use Outer Edge**를 선택한 것으로 차이를 확인할 수 있습니다. 위 수치의 차이는 Line을 그릴 때 사용된 Width와 연관이 있습니다. 즉, 0.2mm 두께로 그린 라인이기에 위와 같은 차이가 발생하게 됩니다. 관련해서 필자의 경우에는 Use Center line을 사용합니다.

Horizontal

가로의 수치를 기록할 수 있는 메뉴로 아래 그림과 같이 선택한 포인트를 기준으로 수치를 기록하게 됩니다.

제1부 PADS의 기초

Vertical

세로의 수치를 기록할 수 있는 메뉴로 아래 그림과 같이 선택한 포인트를 기준으로 수치를 기록하게 됩니다.

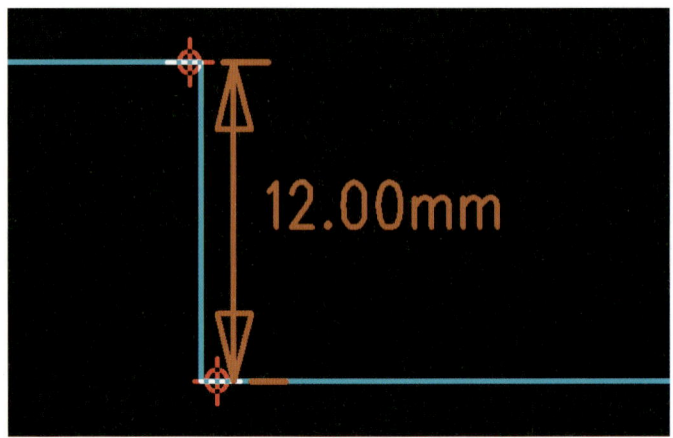

Arc

선택한 부분의 R값을 수치로 기록할 수 있는 메뉴로 아래 그림과 같이 선택한 포인트를 기준으로 수치를 기록하게 됩니다.

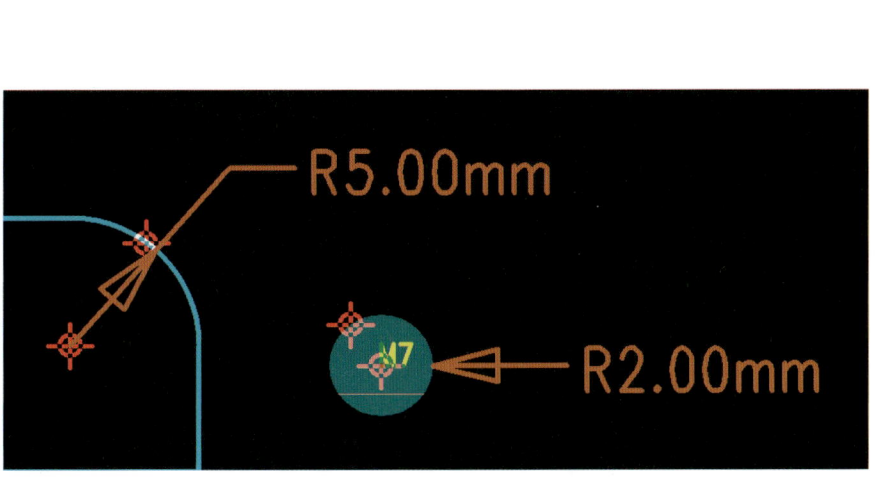

위 그림과 같이 외곽 라인에 Arc 부분의 R값을 측정하여 기록을 해 줄 수도 있고, 특정 부품 위 그림에서 기구홀 등의 반지름을 측정하는 용도로 사용하기도 합니다. 도면 등으로 활용할 때 위 그림과 같이 기구홀 및 보드의 외곽 정보 등을 기입하여 활용할 수 있습니다.

Leader

특정 부분에 대한 설명 등 표시를 해줄 때 사용하게 됩니다.

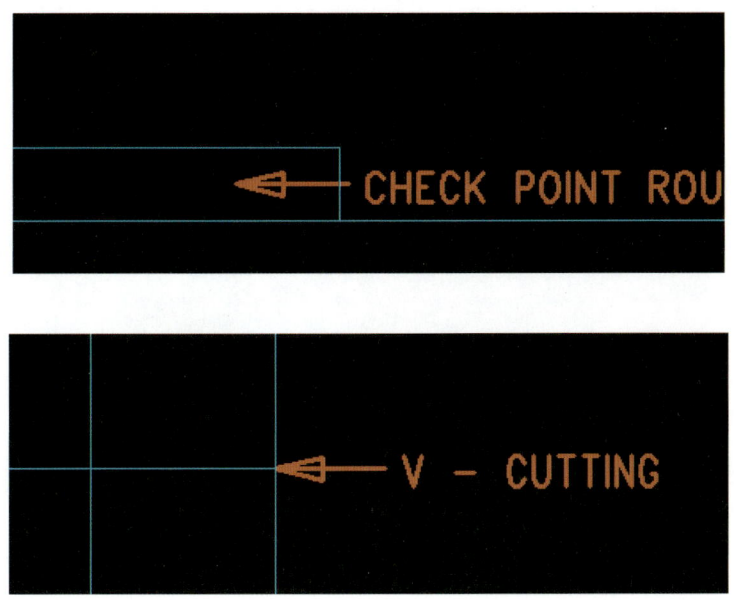

제1부 PADS의 기초

위 그림과 같이 PCB 제조에 필요한 정보를 업체에서 보게 하거나 또는 도면화 작업 시 필요한 정보 등을 기입할 때 사용할 수 있는 메뉴로 필자의 기준에서 많이 사용하는 기능 중 하나입니다.

[ECO Toolbar]

Net 연결 또는 연결 끊기 기능입니다.

붉은 박스에 있는 Add Connection을 통해서 부품의 Net를 임의로 연결할 수도 있고, 파란 박스에 Delete Connection으로 연결된 Net를 끊을 수도 있습니다.

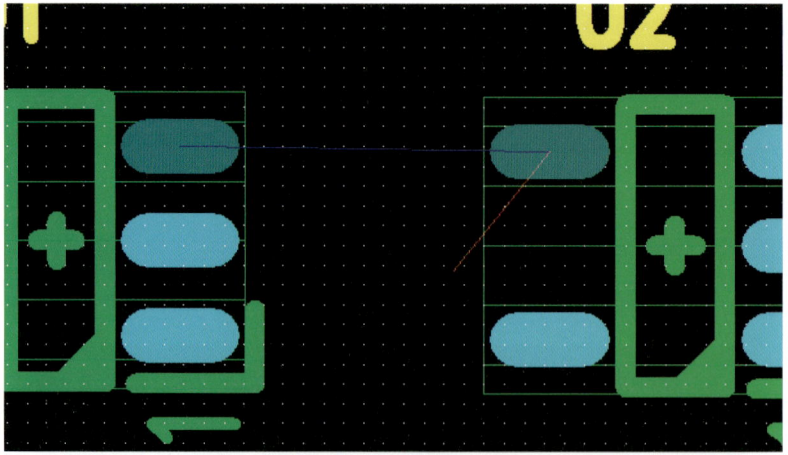

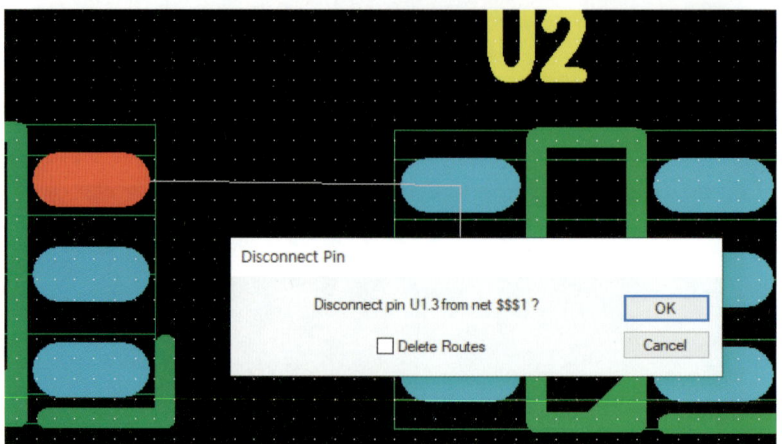

앞 그림과 같이 상단의 그림에서 Add Connection을 통해서 Net를 임의로 연결해줄 수 있으며, 하단의 그림과 같이 연결되어 있는 Net를 임의로 끊을 수도 있는데 끊은 경우 그림과 같이 팝업 창으로 확인을 하게 되고 OK를 선택할 경우 해당 Net의 연결이 끊어지게 됩니다.

[배선 작업 시 사용]

Design Toolbar에 Add Router와 같은 기능으로 Net 사이에 Pattern을 연결할 때 사용합니다.

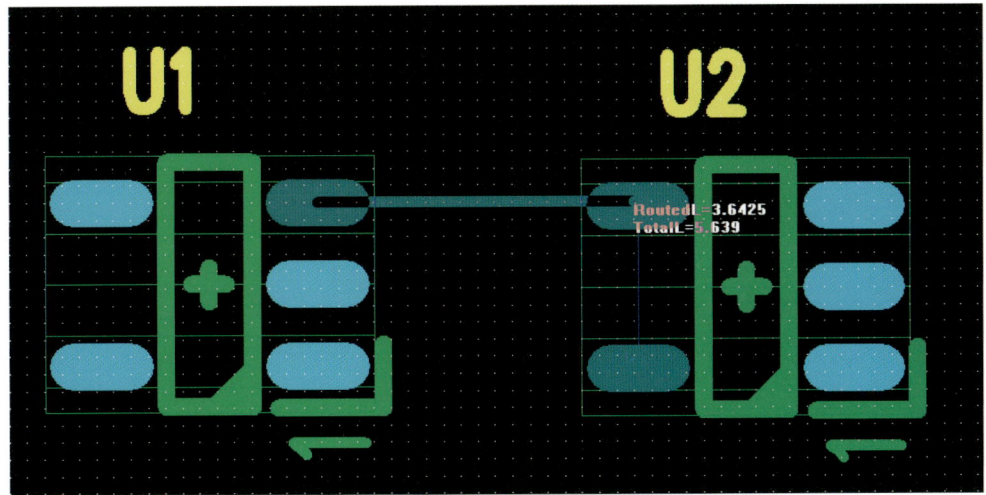

그림과 같이 Net가 연결된 Pin 간에 Pattern을 연결할 수 있으며, 연결 중 실수로 되돌아갈 경우에는 backspace키를 통해서 단계별로 돌아갈 수 있습니다. 연결 작업을 취소할 경우에는 Esc 키를 사용하면 됩니다.

배선 작업 시 사용하는 기능으로 단축키로 해당 Pattern 또는 Pad를 선택한 후에 F2를 사용하거나, Pad를 선택한 다음 double click한 후 배선 작업을 할 수 있습니다.

제1부 PADS의 기초

다음 Toolbar는 부품을 불러오거나 파란 박스를 통해서 삭제할 수 있습니다.

해당 아이콘을 선택하면 원하는 부품을 불러올 수 있습니다.

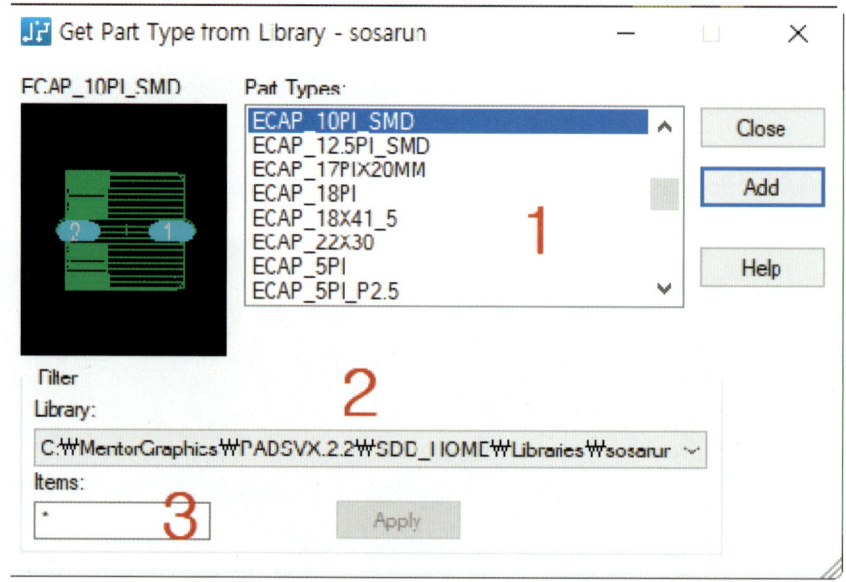

위 그림과 같이 2번에서 사용할 라이브러리 목록을 선택해 줍니다.

선택 후에 3번의 Item에서 찾는 부품의 이름을 입력하거나 포함된 이름 또는 *를 통해서 전체를 선택한 후에 1번 항목에서 찾는 부품을 선택하고 Add를 통해서 부품을 추가해 줄 수 있습니다.

 Delete Component를 통해서 부품을 삭제할 수 있습니다.

해당 메뉴는 키보드에 Del 키를 통해서 삭제할 수도 있으며, ECO 모드에서만 가능합니다.

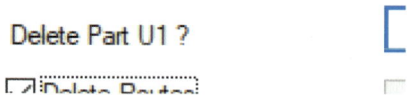

삭제 시 앞 그림과 같이 팝업창이 뜨고 OK를 선택할 경우 삭제하게 됩니다.

[ECO 기능들]

설계 중 Net 정보나 부품 번호, 부품 swap 등 진행할 때 사용되는 메뉴입니다.

Rename Net으로 해당 아이콘을 선택하면 아이콘 이름과 같이 Net 이름을 변경할 수 있습니다.

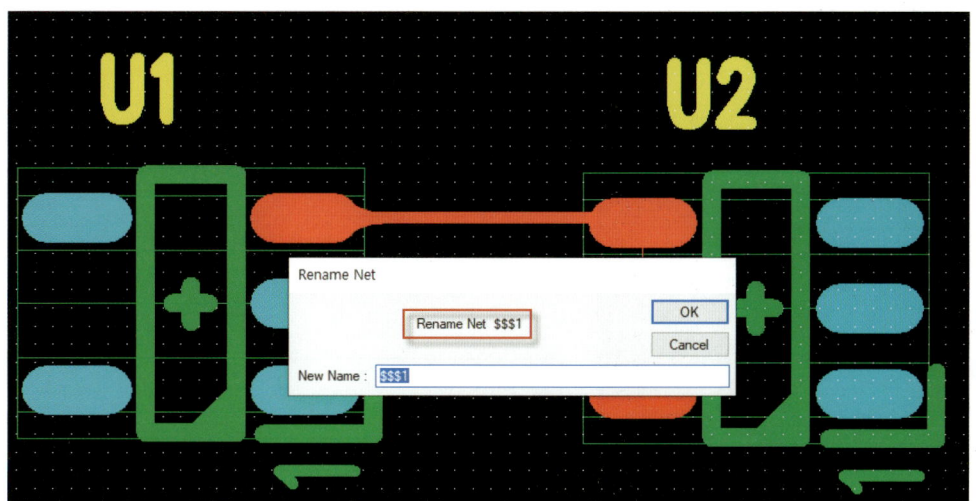

위 그림과 같이 해당 아이콘을 선택한 후에 변경하고자 하는 Net를 선택하면 팝업창이 뜨고 붉은 박스에 표시된 Net 정보가 기존의 정보이며, 아래 New Name에 원하시는 Net 정보를 입력하면 변경되게 됩니다.

Rename Component는 아이콘의 이미지와 같이 부품의 번호를 변경할 수 있는 메뉴입니다.

제1부 PADS의 기초

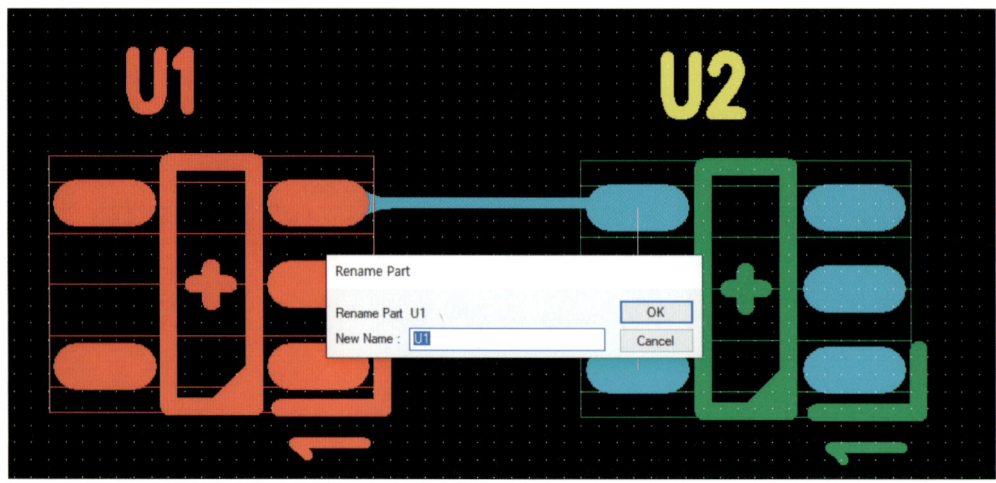

위 그림과 같이 아이콘을 선택한 후에 부품을 선택하면 팝업창이 뜨고 부품번호를 변경해주면 됩니다. 또는 아래 그림과 같이 수정할 부품을 먼저 선택한 후에 아이콘을 선택하면 아래와 같은 팝업창이 뜨고 원하는 부품 번호나 이름을 입력하면 됩니다.

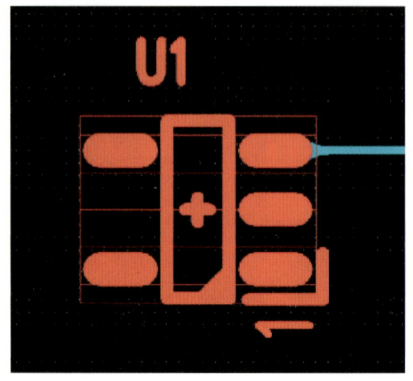 

 Change Component는 부품 변경을 할 때 사용하게 됩니다.

아이콘을 선택한 후에 바꾸고자 하는 부품을 선택하고(반대로 바꾸고자하는 부품을 먼저 선택한 후 아이콘을 클릭해도 됩니다.) 변경하고자 하는 부품을 선택하면 됩니다.

아래 그림과 같이 U1 부품을 U3과 같은 부품으로 변경하고자 할 경우 하단과 같이 팝업창으로 확인 메시지가 뜨고 Yes를 선택하면 변경됩니다.

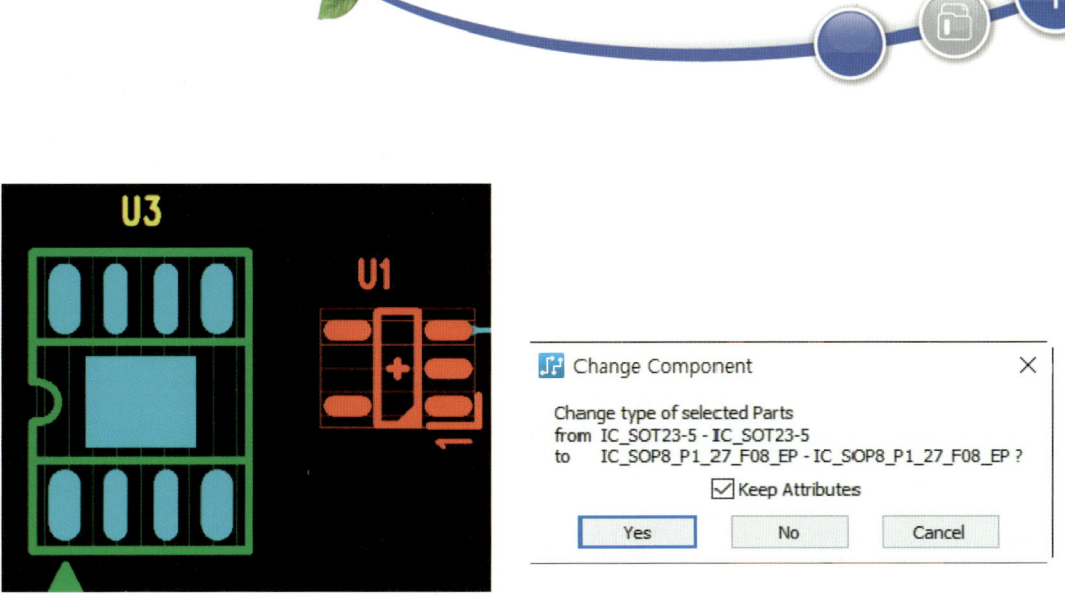

이후 Pin 정보가 상이한 경우 아래와 같이 확인 팝업창이 추가로 뜹니다. 문제가 없다면 OK를 선택하면 됩니다.

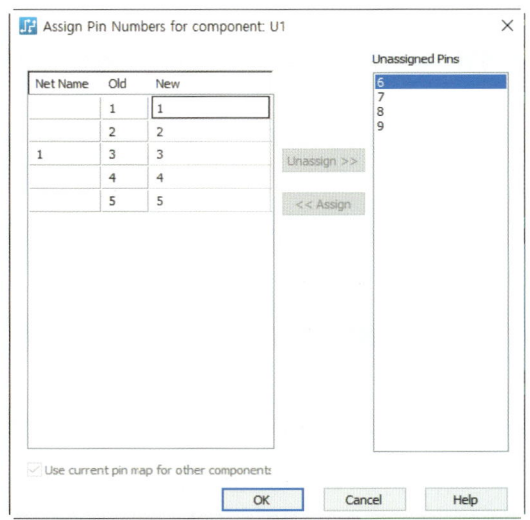

앞장에서 설명한 부분 중 만약 해당 핀 정보를 변경하고 싶다면 변경이 가능합니다.

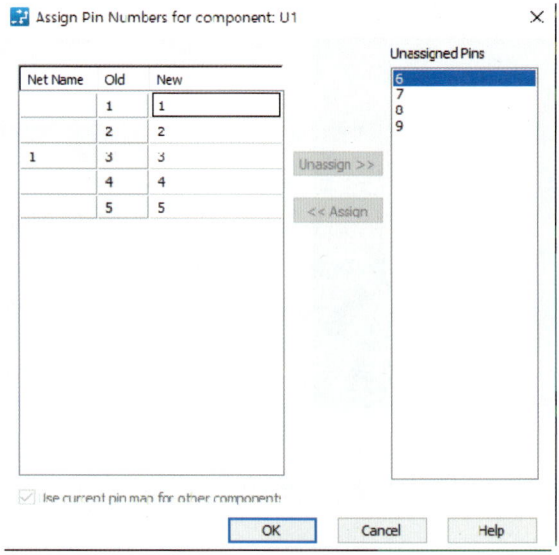

만약 기존 4번 Pin을 8번에 주고 싶다면 4번을 선택한 후에 Unassingned Pins에서 8번을 선택해 Assign을 해주면 됩니다.

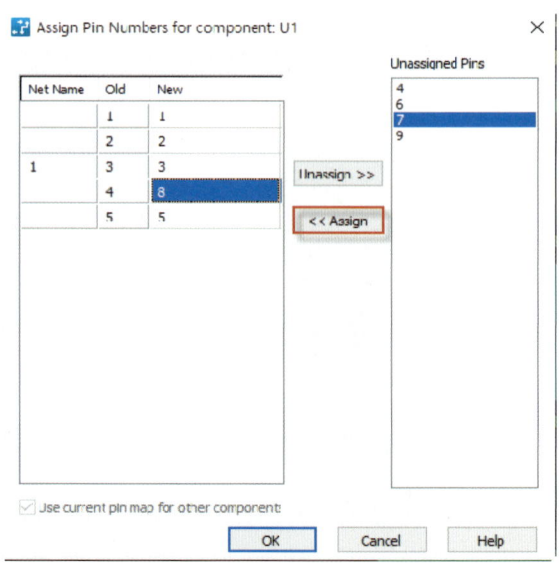

그림과 같이 변경된 것을 확인할 수 있고, OK를 선택해 변경을 적용할 수 있습니다.

[Pin swap]

부품의 Pin 간 swap를 할 때 사용합니다.

설계 중 GPIO나 어레이 저항 등 Pin swap이 가능하고 필요한 부분에 대해서 적용이 가능한 것으로 보통 메모리 설계 시 Data Pin swap나 버퍼 IC에 대한 swap 등에서 많이 사용합니다.

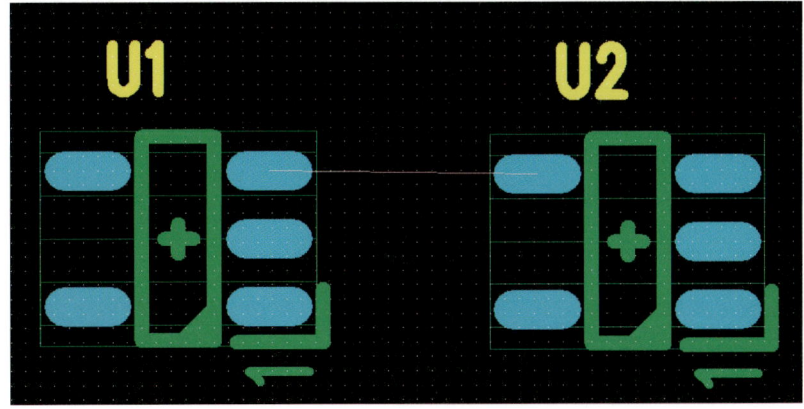

위 그림에서 U2번에 Net 연결을 바로 아래 핀으로 연결을 바꾸고자 할 경우

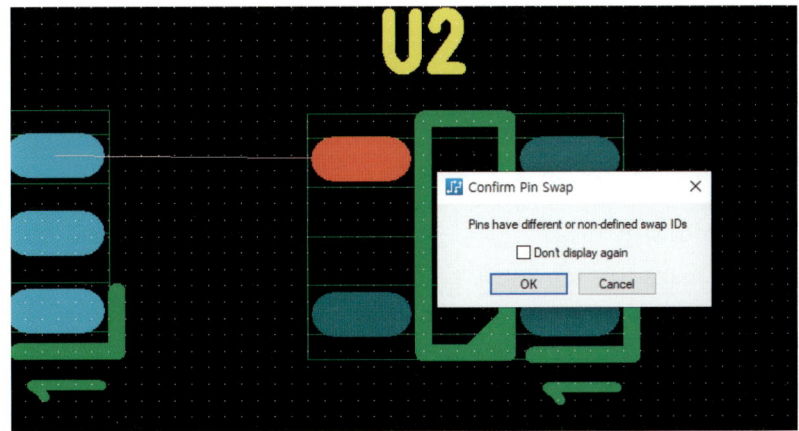

제1부 PADS의 기초

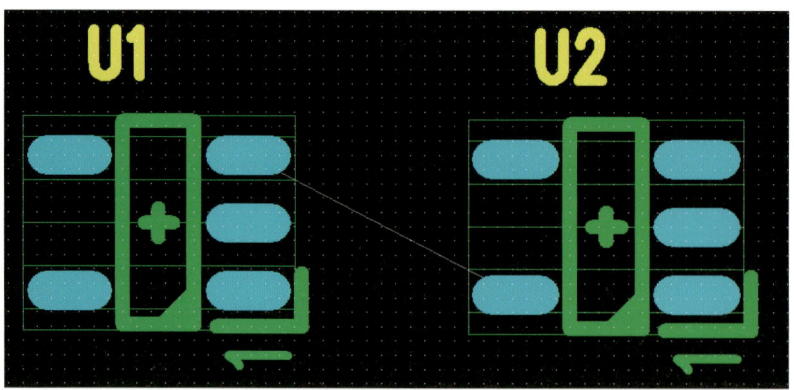

해당 아이콘을 선택, 기존 Pin을 선택한 후 다시 변경하고자 하는 Pin을 선택하면 위와 같은 팝업창이 뜨고 OK를 선택하면 위 그림과 같이 변경된 것을 확인할 수 있습니다.

해당 기능은 같은 부품 내에서만 가능합니다.

[Add Reuse]

Make Reuse는 설정된 블록을 불러올 때 사용합니다.

해당 기능은 Reuse 기능을 활용하고자 할 때 사용합니다.

보통 RF에서 반복되는 Channel 블록 등 반복되는 회로가 있다면 Reuse로 해당 부분 설계를 그대로 복사하게 되고 이를 불러서 설계에 적용할 수 있습니다.

먼저 해당 아이콘을 선택하면 다음과 같은 팝업창이 뜨고 열수 있는 파일들이 보이게 됩니다. 여기서 원하는 파일을 선택하여 열어주면 됩니다.

Reuse 기능은 Layer 등 보드 설계 기준이 동일해야 문제없이 불러올 수 있습니다.

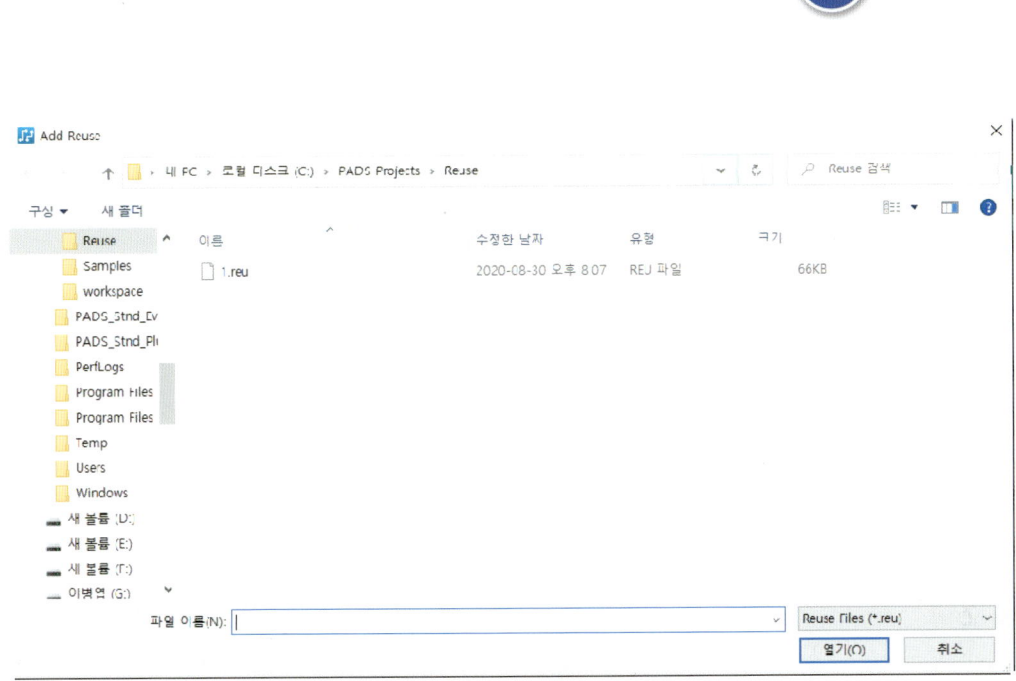

Reuse를 열게 되면 아래와 같은 팝업창이 뜨게 됩니다.

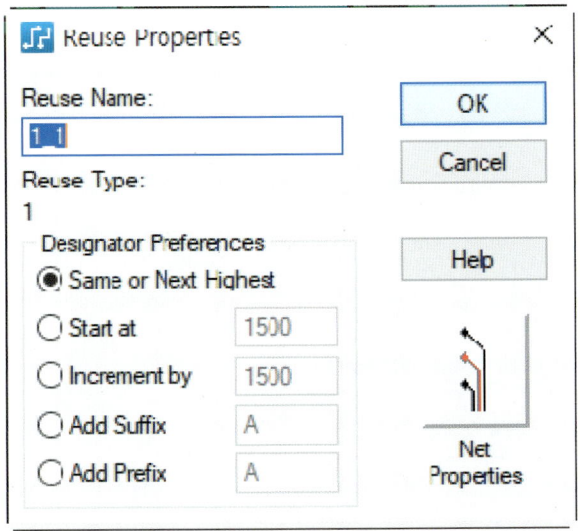

해당 메뉴에서 **Same or Next highest**를 선택한 경우에는 Reuse에 있는 부품 번호 등 모든 정보를 동일하게 불러오게 되는데 중복되는 부품 등이 있는 경우 아래와 같이 순차적으로 변경되게 됩니다.

제1부 PADS의 기초

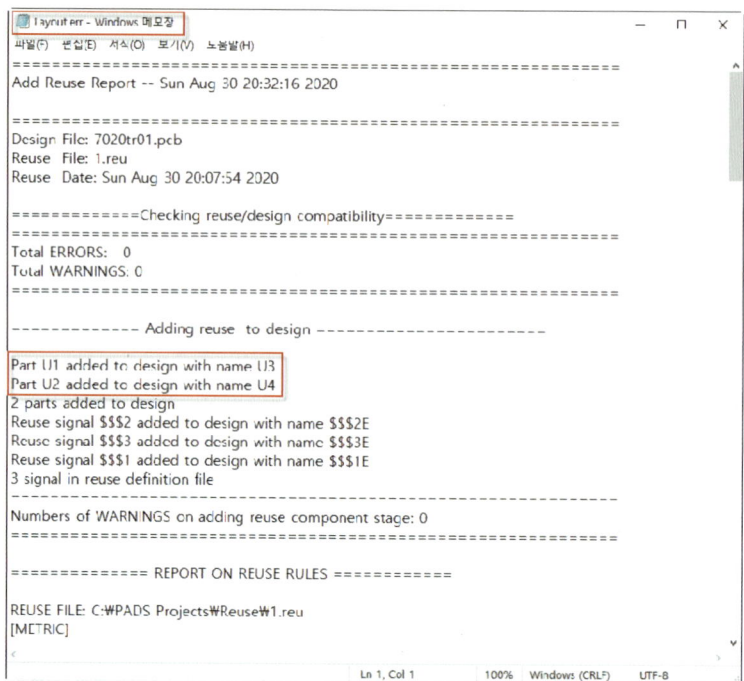

위 리스트에서는 "Adding reuse to design"에 있는 내용은 꼭 살펴보는 것이 좋습니다. 부품 번호 등 중요한 부분의 변경 내용을 모두 살펴볼 수 있기 때문입니다.

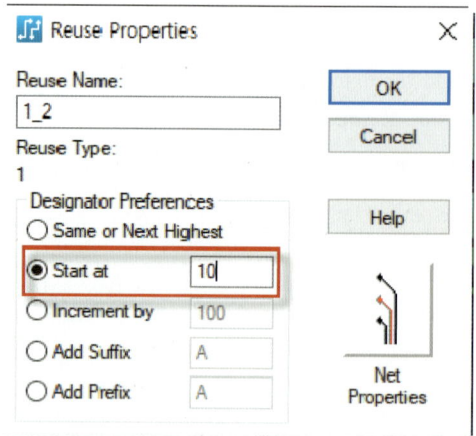

붉은 박스에 있는 부분은 시작 번호를 정하는 것으로 Start는 지정한 번호부터 부품을 올리게 됩니다.

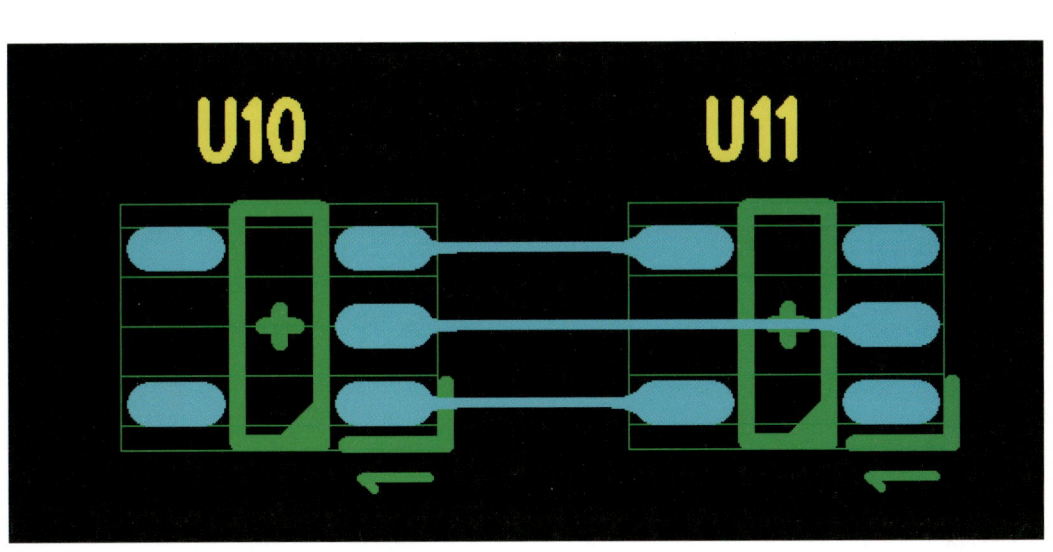

위 그림은 Start at을 10으로 설정한 후 올린 것으로, 보이는 것과 같이 10번부터 적용이 되어 설계된 파일을 불러오게 됩니다.

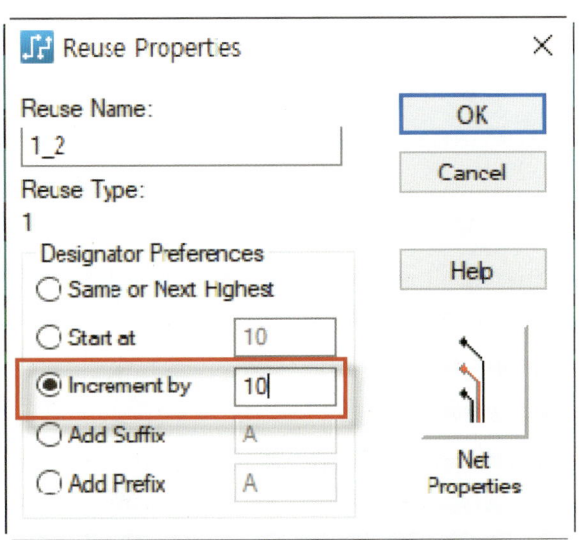

붉은 박스에 있는 Increment by를 선택한 후 번호를 10을 넣게 되면

제1부 PADS의 기초

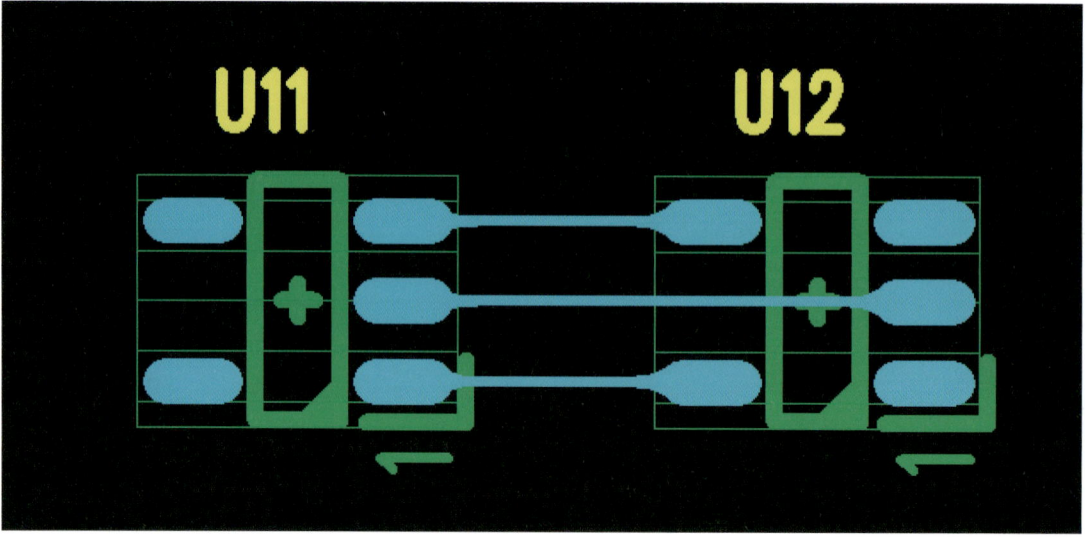

그림과 같이 U11부터 부품이 올라오게 됩니다.

Start at과 차이를 확인하면 됩니다.

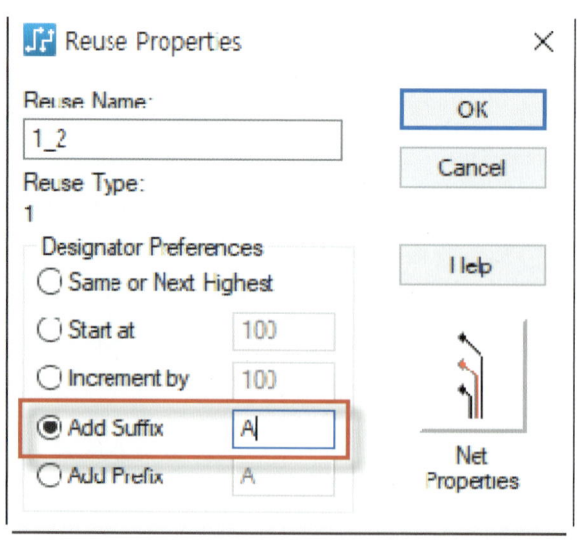

붉은 박스에 있는 **Add Suffix**를 선택하면 Same or Next Highest와 같은 조건에서 부품 등을 불러오는 것이라 보면 됩니다.

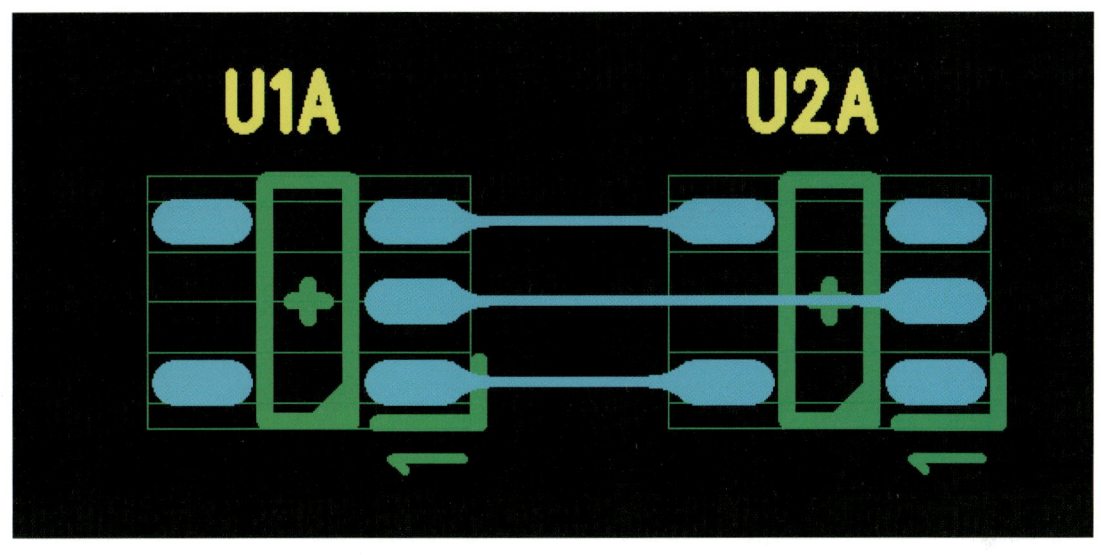

그림과 같이 기존과 동일하지만 부품 번호 뒤에 설정된 이니셜 A가 붙은 것을 확인할 수 있습니다.

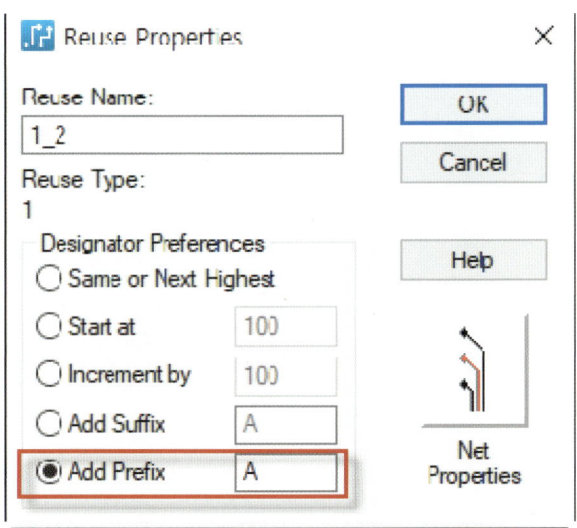

붉은 박스에 있는 Add Prefix를 선택하면 Same or Next Highest와 같은 조건에서 부품 등을 불러오는 것이라 보면 됩니다.

제1부 PADS의 기초

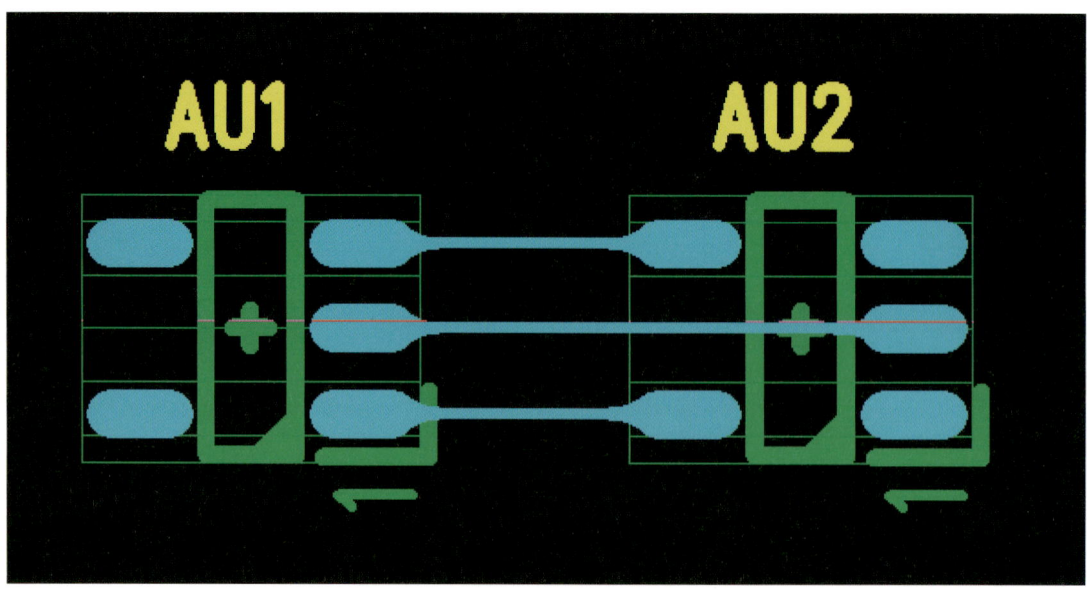

위 그림과 같이 기존과 동일하지만 Add Suffix와 반대로 부품 번호 앞에 설정된 이니셜 A가 붙은 것을 확인할 수 있습니다.

CAM 설정 방법

CAM 설정은 PCB 제작을 위한 필름을 만드는데 필요한 자료를 만드는 것입니다. 그래서 각 보드별로 특징에 따라 설정도 틀리고 적층 구조에 따라서도 차이가 있습니다.

이번 장에서는 각 적층 구조에 따른 CAM 설정 방법을 이야기하겠습니다.

아래 CAM 설정은 제가 사용하는 방법으로 각 업체나 개인에 따라 차이가 있을 수 있습니다.

기본적으로 CAM은 위에 언급한 것과 같이 제조업체에 필름을 만들기 위한 과정이고 필요한 자료입니다. 그래서 각 부분 배선이 된 부분, 특정 기호 마크를 위한 실크, 부품 패드의 solder mask나 paste mask 등에 필요한 정보, drill에 대한 정보 및 기타 생산에 필요한 정보들을 CAM에서 주고 그 CAM data를 가지고 생산업체는 작업하게 됩니다.

단면 및 멀티 층을 나누는 기준은 쉽게 말해서 회로가 있는 배선되는 부분이 몇 개가 있느냐에 따라서 구분된다고 생각하면 됩니다. 기본적으로 단면의 경우에는 회로(배선)가 한 면에만 존재하고, 양면은 두 곳, 기타 멀티 보드는 멀티 개가 존재하게 됩니다.

1. 단면 보드

PCB 설계에서 단면 보드라는 것은 한 면을 통해서만 배선이 형성되는 구조를 말합니다.

Dip type, SMD type 그리고 두 가지가 혼재되는 type이 있습니다.

어떤 구조가 되었던 기본적으로는 배면 bottom면에 배선이 이루어지는 구조입니다. Dip type의 경우에는 top면에 실장이 되고, SMD type의 부품은 한 면에 실장이기에 bottom면에 실장되게 됩니다.

이제 단면에 필요한 CAM data를 살펴보고자 합니다.

제1부 PADS의 기초

☞ 단면의 보드는 기본적으로 Dip type 부품이 있다고 가정을 한다면 Top면 부품의 위치나 정보를 알려주는 silk가 존재하게 됩니다. 그래서 silk에 대한 정보가 필요하겠죠?

☞ 회로 배선 등은 기본적으로 Bottom면에서 이루어지게 됩니다. 그래서 Bottom면에 회로에 대한 정보도 있어야 합니다.

☞ 회로와 더불어서 부품 Pad에 대한 정보도 있어야 합니다.

☞ 보통 PCB 제작을 하면 short 등을 막기 위해서 PSR ink를 도포하게 됩니다. 일반적인 PCB로 보면 녹색의 ink를 회로면 위에 도포를 해주는데 이 부분을 제거하는 영역들을 표시해주게 됩니다. 그래야 부품의 경우에 동박을 오픈시켜서 부품에 납을 올릴 수 있습니다.

☞ Top면과 마찬가지로 Bottom면에도 silk가 존재할 수 있기에 silk도 필요합니다.

☞ 기구적인 부분이라든지 Dip type의 부품이 있다면 PCB 상에 홀을 만드는 경우들이 있습니다. 이런 경우 PCB에서 Drill의 위치 정보를 주는 것이 필요합니다.

☞ 마지막으로 생산업체에 주는 정보도 있어야 합니다. PCB 사이즈에 대한 정보라든지 주의 사항, 제작에 필요한 정보 등을 넣어서 업체에서 알아볼 수 있도록 해줍니다.

위와 같이 환경에 따라 틀리겠지만 기본적으로 단면은 7개의 거버 파일이 생성하게 됩니다. 위에 내용 중 필요 없는 부분은 빠지게 됩니다.

이제 단면 PCB의 CAM 설정에 대해서 살펴보겠습니다.

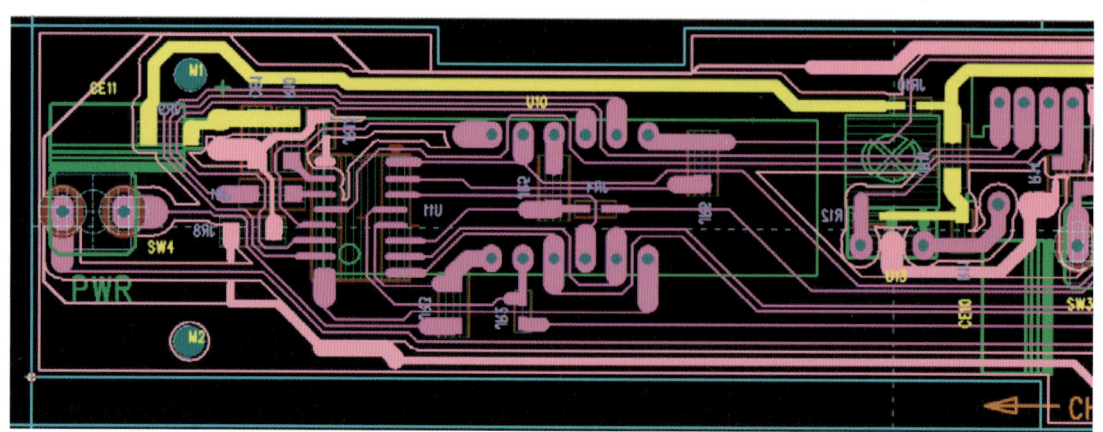

그림은 일반적인 단면 PCB의 그림입니다.

아래는 해당 PCB의 CAM 정보를 보여주고 있습니다.

앞장에서 언급한 것과 같이 Top, Bottom면 silk와 Bottom면의 회로, paste mask(SMD 부품을 생산하기 위한 자료), solder mask(PSR ink 제거 영역)가 있으며, Drill에 대한 정보와 생산 정보를 만드는 것을 확인할 수 있습니다.

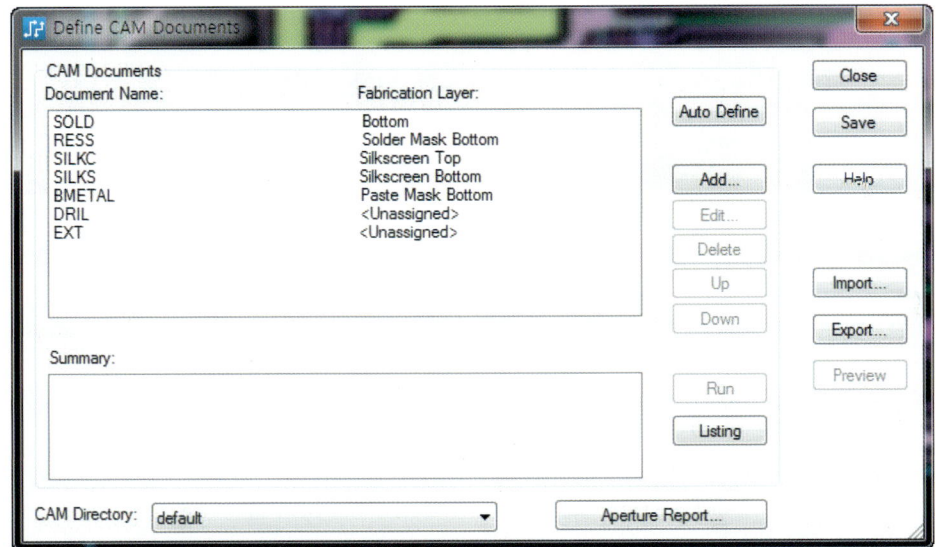

[Silk Screen Top]

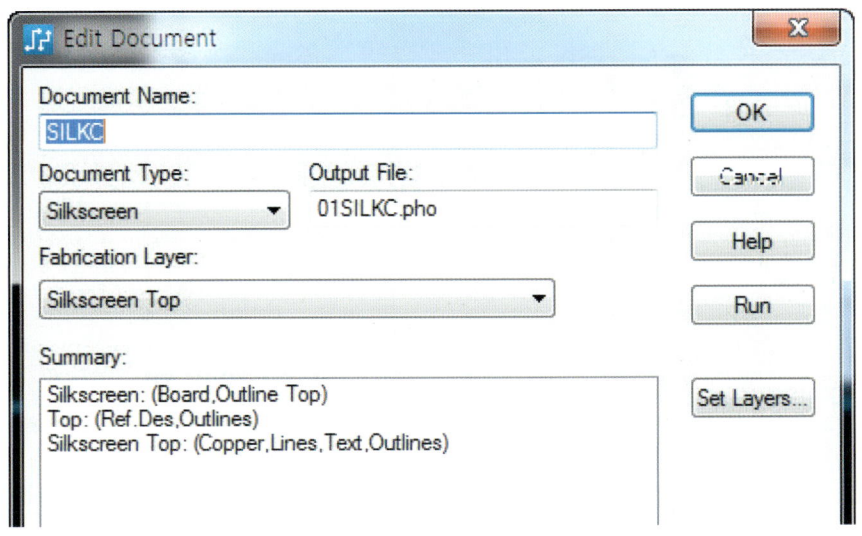

앞 그림과 같이 Document Name은 구분할 수 있는 이름을 넣어주면 됩니다.

Document Type에서 Silk screen을 설정하면 팝업창으로 Layer를 설정할 수 있습니다. 그곳에서 Top을 선택해 줍니다.

Output File은 자신이 관리할 수 있는 이름을 줍니다. 위와 같이 숫자를 넣은 이유는 CAM350 등 CAM 프로그램으로 검토할 때 지정한 번호순으로 올라옵니다.

Fabrication Layer에서는 원하는 Layer를 선택되거나 선택하면 됩니다.

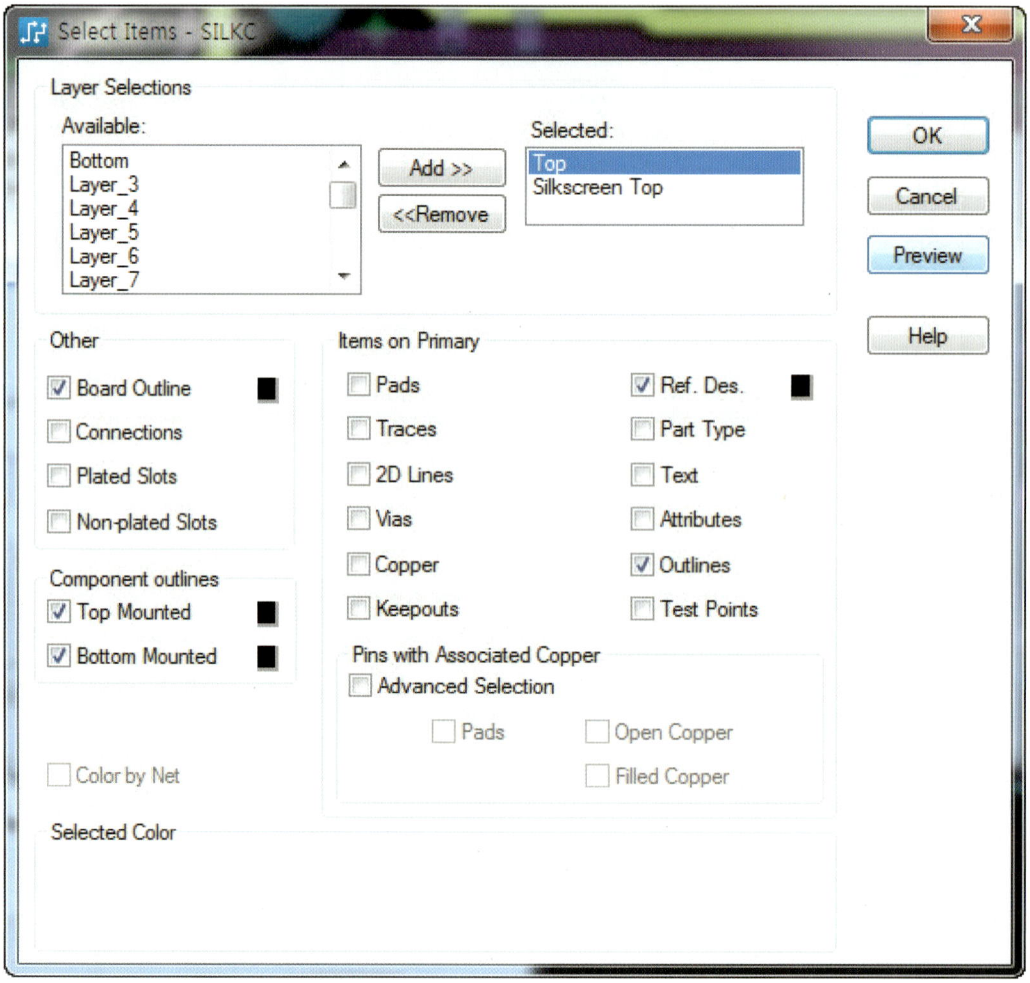

Silk Screen Top에서는 그림과 같이 Top과 Silkscreen Top의 두 개 Layer를 선택해 줍니다.

Other에서는 모든 CAM 파일에서 Board Outline을 설정해 줍니다.

Component outlines는 부품 내에 설정된 silk 등의 노출을 말하는 것으로 간혹 short 방지 silk를 넣는 경우도 있으니 Top, Bottom 모두 선택해 주는 것이 좋습니다.

Top Layer에서는 기본적으로 Top면에 표시할 부분을 선택해 주면 됩니다.

기본적으로 부품의 번호인 Ref.와 부품 외곽을 나타내는 outline을 설정해 줍니다.

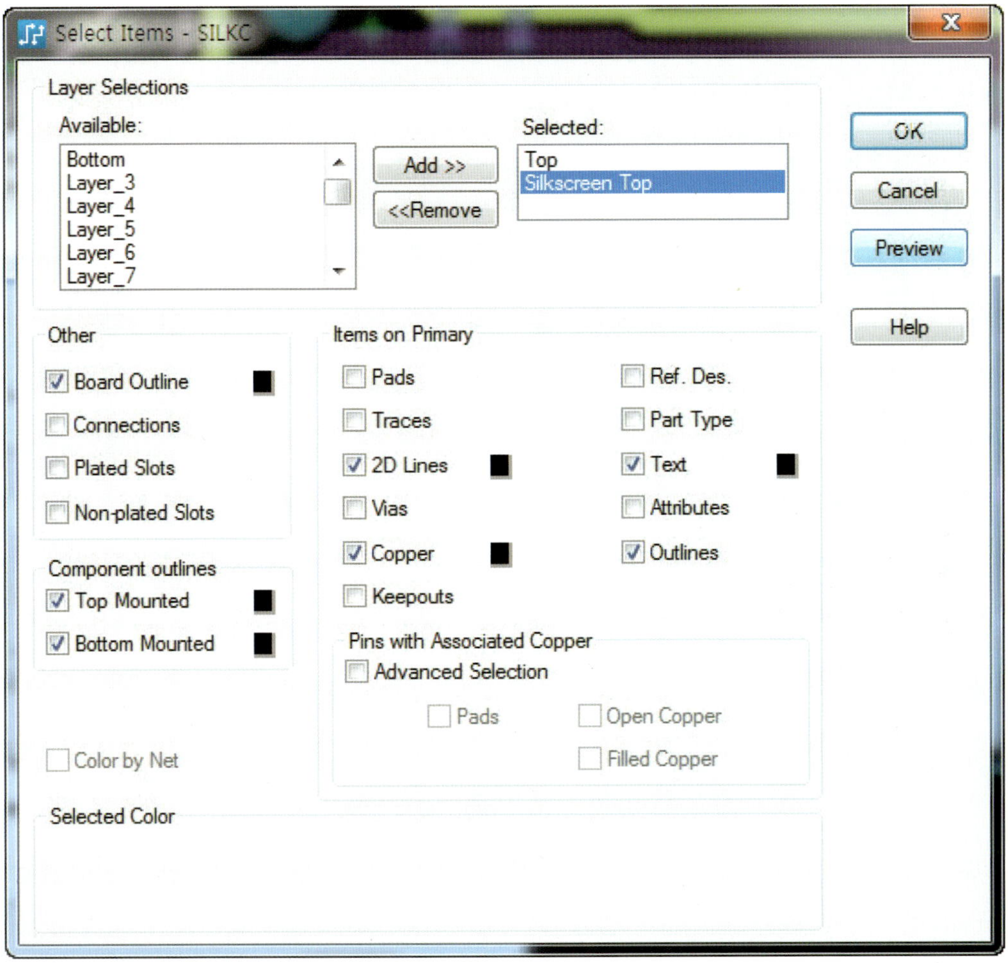

Silkscreen Top에서도 Top과 비슷합니다.

왼쪽의 경우는 동일하며, 오른쪽의 경우에는 조금 차이가 있습니다.

제1부 PADS의 기초

보통 설계한 모델의 모델명이라든지 생산에 필요한 바코드 마크 등 실크로 그려지는 부분들이 있습니다.

관련해서 특정 선을 그리거나 나타내는 2D Line과 바코드 등 PCB 상에 마킹이나 글을 쓸 수 있는 영역을 표시하는 Copper를 그리는 경우가 있기에 Copper로 체크해 줍니다. 그 외 모델명 등을 넣을 수 있는 Text를 선택해 줍니다.

Outline은 동일하게 체크해 줍니다.

[Solder Mask Bottom]

위 그림과 같이 Document Name은 구분할 수 있는 이름을 넣어줍니다.

Document Type에서 Solder Mask를 선택해 주면 팝업창이 뜹니다. 여기서 Bottom면을 선택합니다.

Fabrication Layer에서 Solder Mask Bottom면을 선택해 주고, Output File에서 거버 이름을 설정해 줍니다.

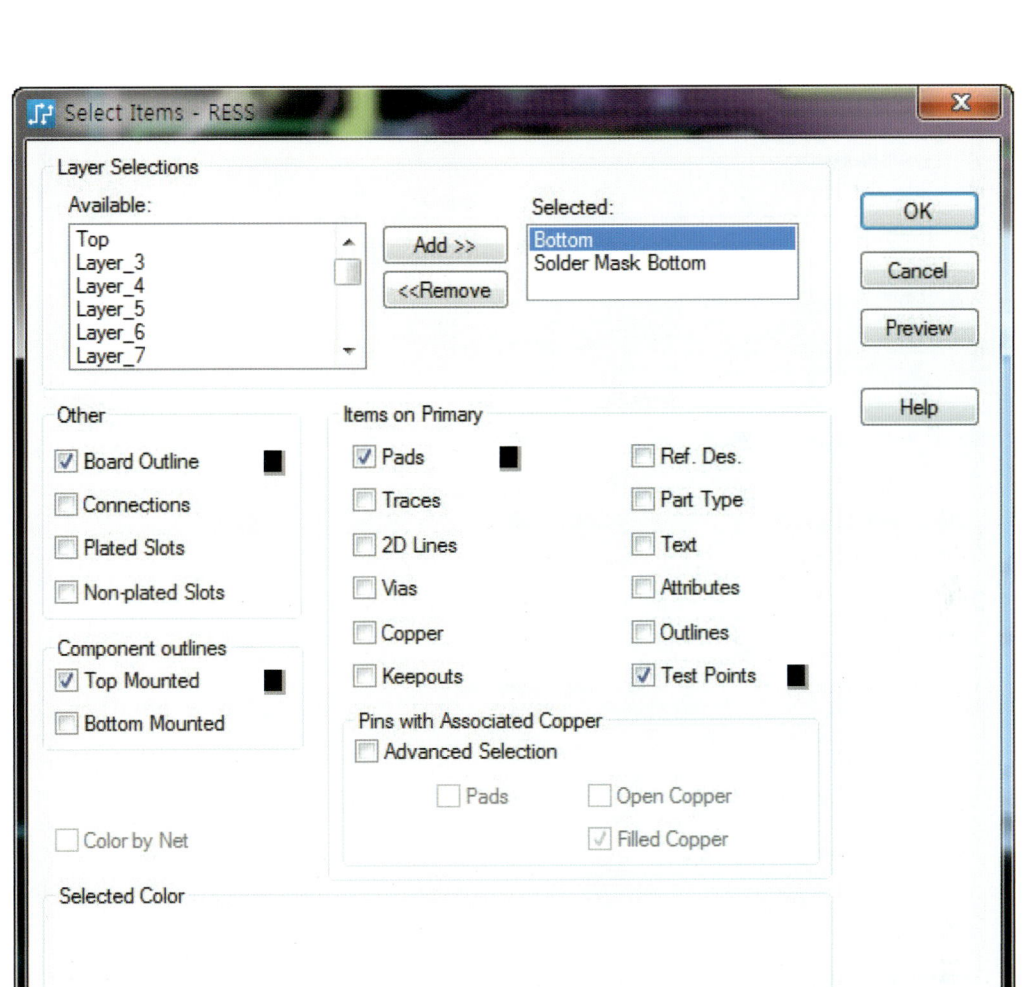

Solder Mask Bottom에서는 그림과 같이 Bottom과 Solder Mask Bottom 이렇게 두 개의 Layer를 선택해 줍니다.

Other에서는 모든 CAM 파일에서 Board Outline을 설정해 줍니다.

Bottom Layer에서는 기본적으로 Bottom면에 표시할 부분을 선택해 주면 됩니다.

Solder Mask이기에 Pad와 필요에 따라 들어가는 Test Points를 선택해 줍니다.

이 부분에서 2D Line이나 Copper 등을 설정할 수도 있지만 자칫하면 short를 발생시킬 수 있기에 주의가 필요하며, 일반적으로 Via를 오픈하면 동이 노출되기에 Via의 동을 숨기기 위해 체크를 안 하기도 합니다.

제1부 PADS의 기초

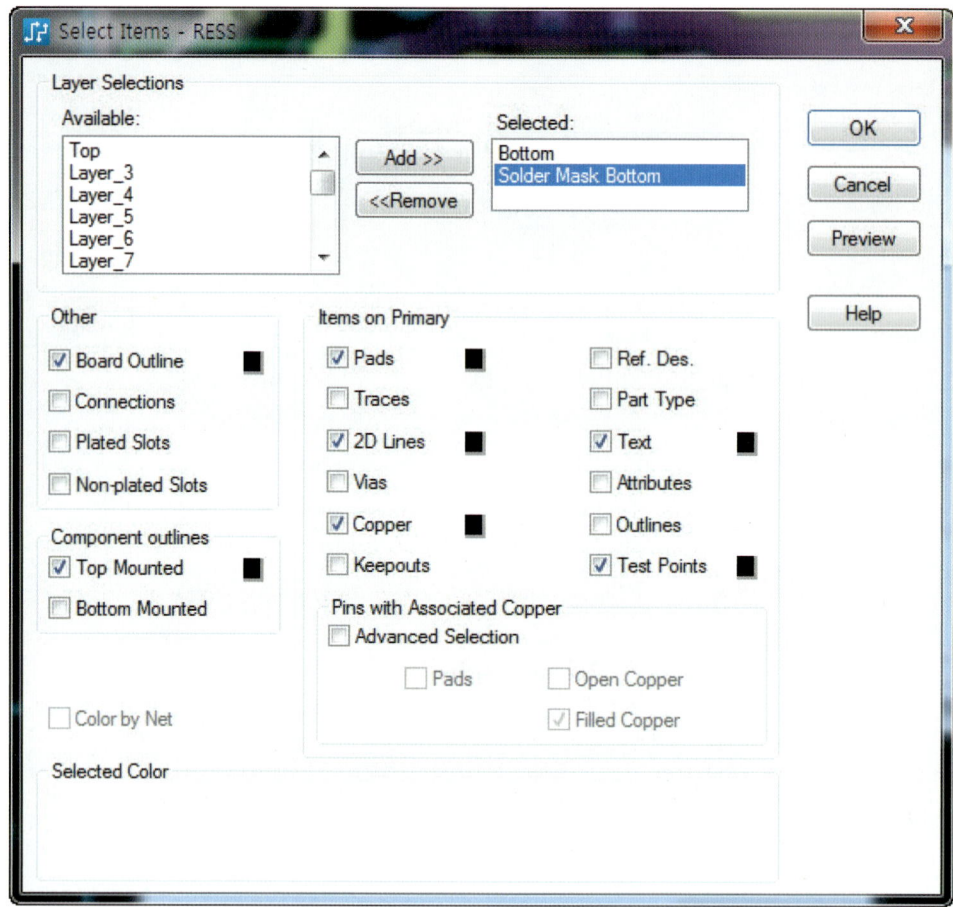

Solder Mask Bottom에서도 비슷합니다.

기본적으로 동이 노출되어야 하는 Pads와 Test Points를 체크해 줍니다. 그 외에 특정 부분을 노출시키고자 할 경우 2D Line으로 그려진 부분을 노출시킬 수 있도록 2D Line을 체크해 줄 수 있습니다.

특정 부분에서 Copper로 그려주고 해당 부분을 열어주고자 할 경우 Copper를 체크해 줍니다. 2D Line과 Copper는 보통 패턴 등에 납을 올려서 보강해 줄 필요가 있을 때 주로 사용됩니다. 그 외에 모델명에 silk가 아닌 동으로 열어주는 경우가 있습니다. 이럴 경우 silk를 Solder Mask 로 작성을 하고 CAM에서 그림과 같이 Text를 선택해 줍니다.

[SOLD(Bottom 회로)]

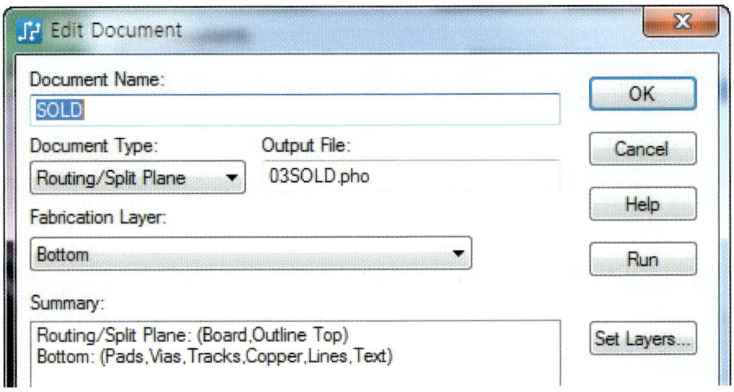

위 그림과 같이 Document Name은 구분할 수 있는 이름을 넣어주면 됩니다. 또 이 부분은 회로가 있는 부분으로 그림과 같이 Routing/Split Plane을 선택하면 팝업창이 뜹니다. 여기서 Bottom면을 선택해 줍니다.

Fabrication Layer에서 Bottom면을 선택해 주고, Output File에서 거버 이름을 설정해 줍니다.

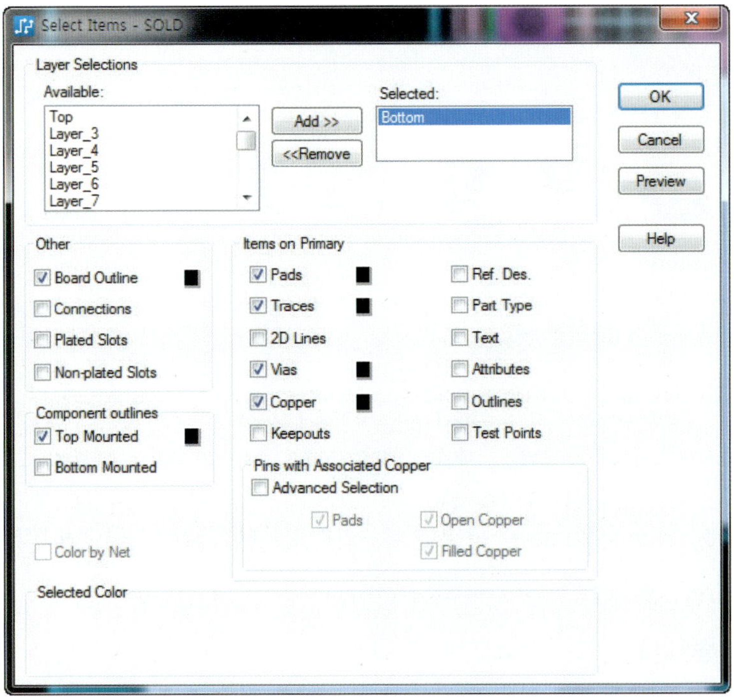

제1부 PADS의 기초

Bottom면은 회로가 형성되는 곳으로 기본적으로 회로와 연관이 있는 Pads, Traces, Copper, Vias 등을 열어줍니다. 2D Line과 Text는 필요에 따라서 오픈을 하지만 필자는 오픈을 안 하는 것을 추천합니다. 오픈하고 실수로 해당 Text나 2D Line이 있다면 회로로 인식이 되어 short가 발생할 수 있습니다.

[Silk Screen Bottom]

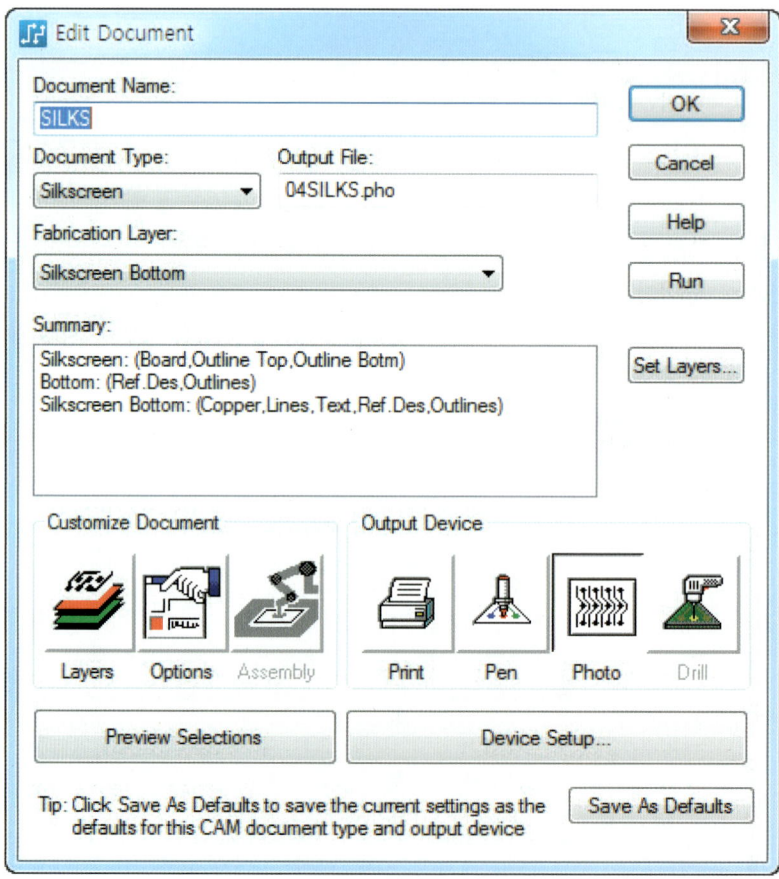

위 그림과 같이 Document Name은 구분할 수 있는 이름을 넣어주면 됩니다.

Document Type에서 Silkscreen을 설정하면 팝업창으로 Layer를 설정할 수 있습니다. 그곳에서 Bottom을 선택해 줍니다.

Fabrication Layer에서는 원하는 Layer를 찾거나 선택하면 됩니다.

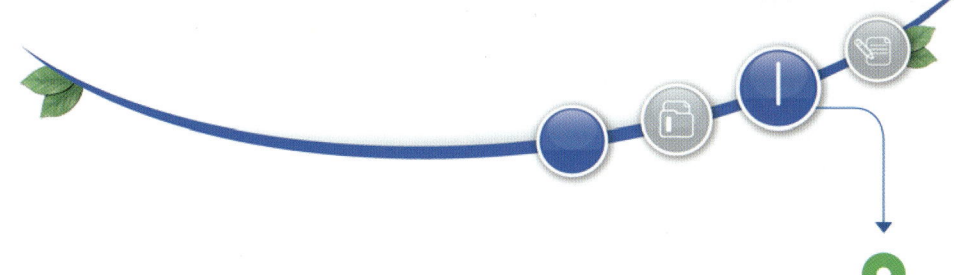

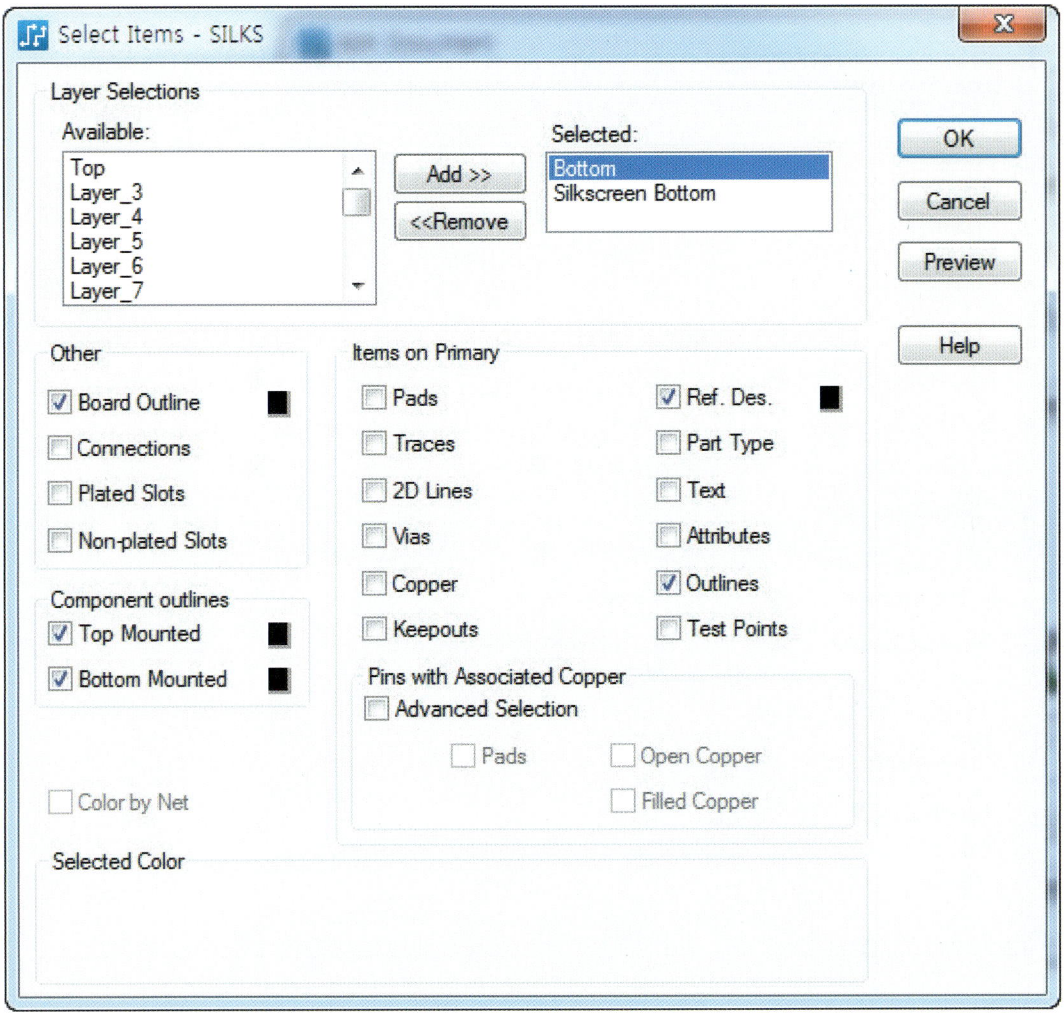

Silk Screen Bottom에서는 그림과 같이 Bottom과 Silkscreen Bottom 이렇게 두 개의 Layer를 선택해 줍니다.

Other에서는 모든 CAM 파일에서 Board Outline을 설정해 줍니다.

Component outlines는 부품 내에 설정된 silk 등 노출을 말하는 것으로 간혹 short 방지 실크를 넣는 경우도 있으니 Top, Bottom 모두 선택해 주는 것이 좋습니다.

Bottom Layer에서는 기본적으로 Bottom면에 표시할 부분을 선택해 주면 됩니다.

기본적으로 부품의 번호인 Ref.와 부품 외곽을 나타내는 Outline을 설정해 줍니다.

제1부 PADS의 기초

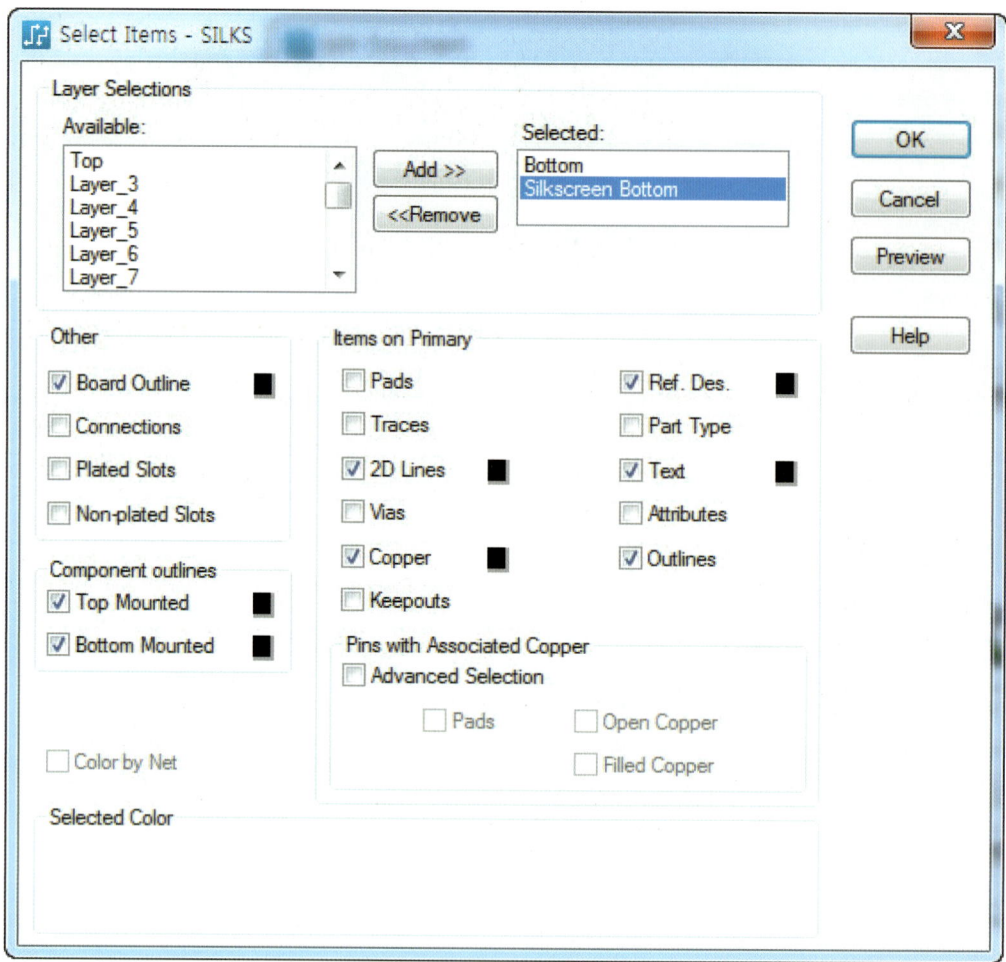

Silk Screen Bottom에서도 Bottom과 비슷합니다.

왼쪽의 경우는 동일하며, 오른쪽의 경우에는 조금 차이가 있습니다.

보통 설계한 모델의 모델명이라든지 생산에 필요한 바코드 마크 등 실크로 그려지는 부분들이 있습니다.

관련해서 특정 선을 그리거나 나타내는 2D Line과 바코드 등 PCB 상에 마킹이나 글을 쓸 수 있는 영역을 표시하는 Copper를 그리는 경우가 있기에 Copper로 체크해 줍니다.

그 외 모델명 등을 넣을 수 있는 Text를 선택해 줍니다.

Outline은 동일하게 체크해 줍니다.

[Paste Mask Bottom]

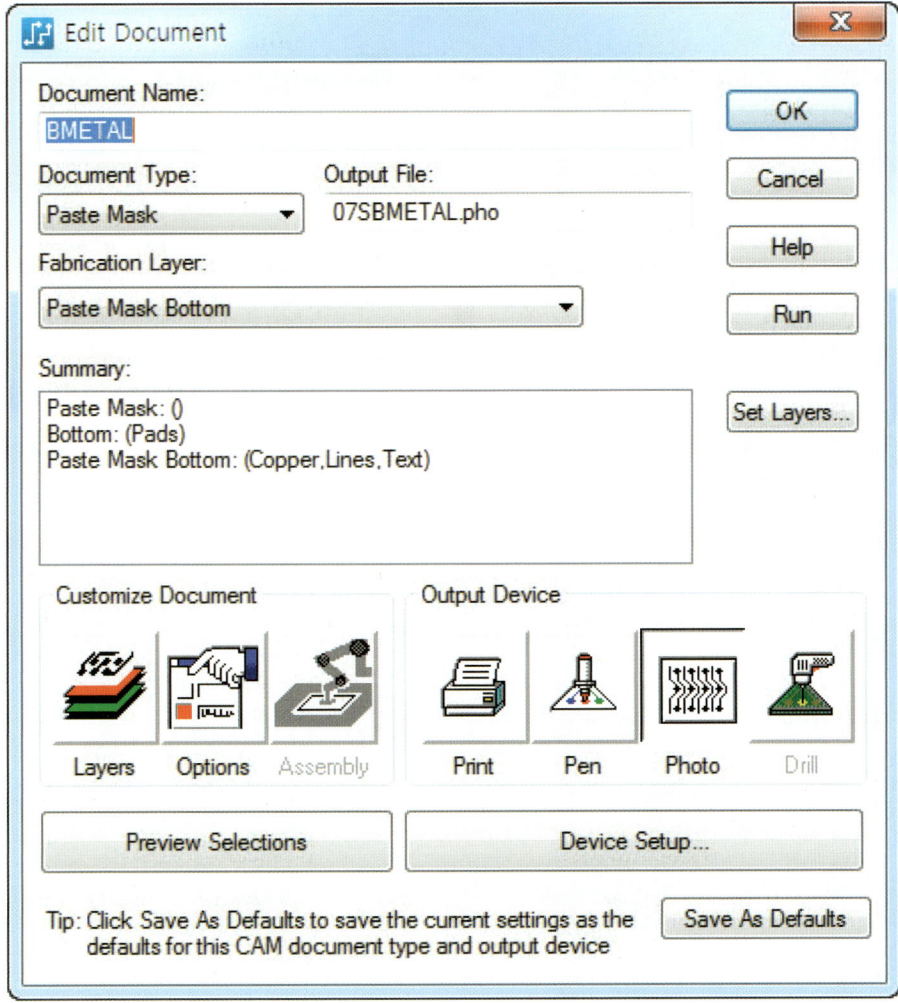

위 그림과 같이 Document Name은 구분할 수 있는 이름을 넣어주면 됩니다.

Document Type에서 Paste Mask를 선택해 주면 팝업창이 뜹니다.

Bottom면을 선택해 줍니다.

Fabrication Layer에서 Paste Mask Bottom면을 선택해 주고 Output File에서 거버 이름을 설정해 줍니다.

제1부 PADS의 기초

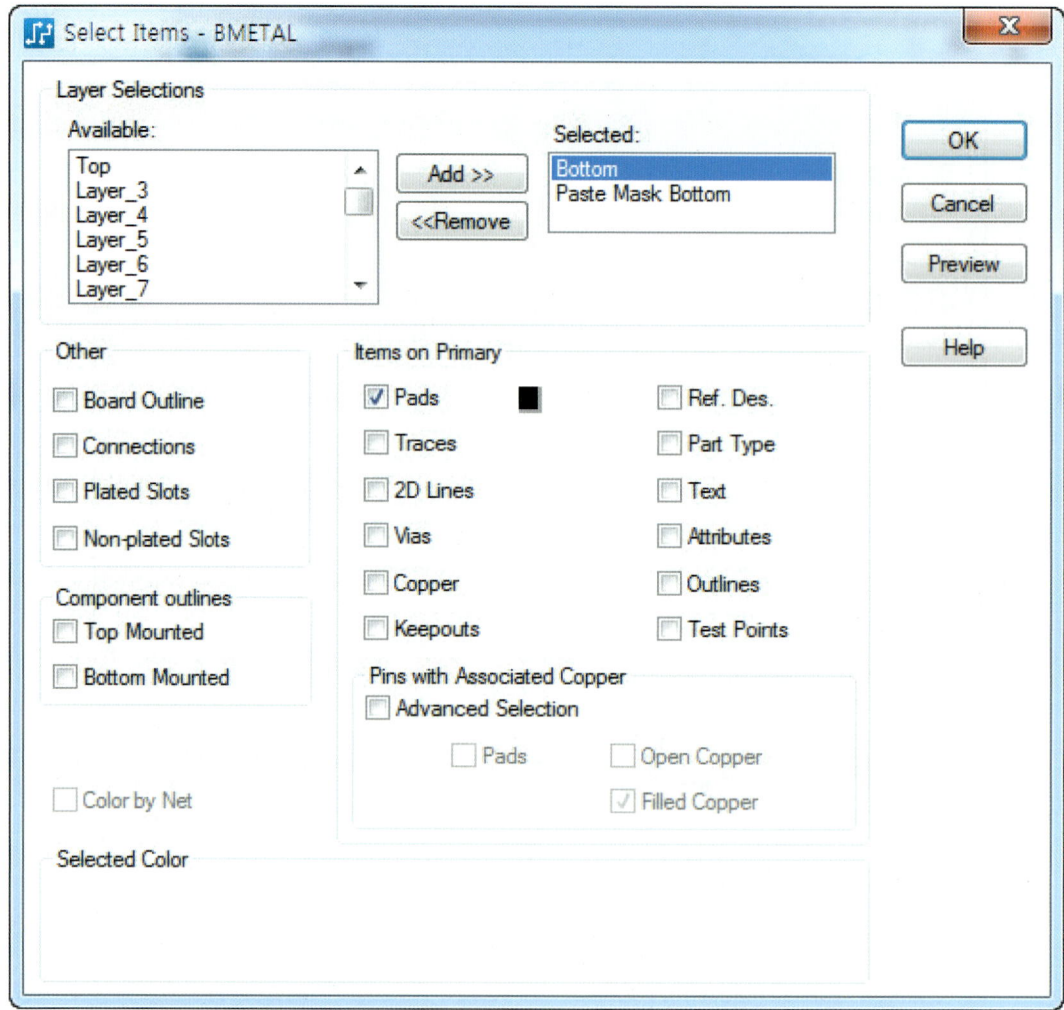

Paste Mask Bottom에서는 그림과 같이 Bottom과 Paste Mask Bottom 이렇게 두 개의 Layer를 선택해 줍니다.

Other에서는 모든 CAM 파일에서 Board Outline을 설정해 줍니다.

Bottom Layer에서는 기본적으로 Bottom면에 표시할 부분을 선택해 주면 됩니다. Paste Mask이기에 Pads만 선택하면 됩니다. Paste Mask는 기본적으로 SMD type 부품을 SMT 공정에서 필요한 Metal mask를 만들기 위해 필요한 자료라고 보면 됩니다. 관련해서 Pad만 설정해 주면 됩니다.

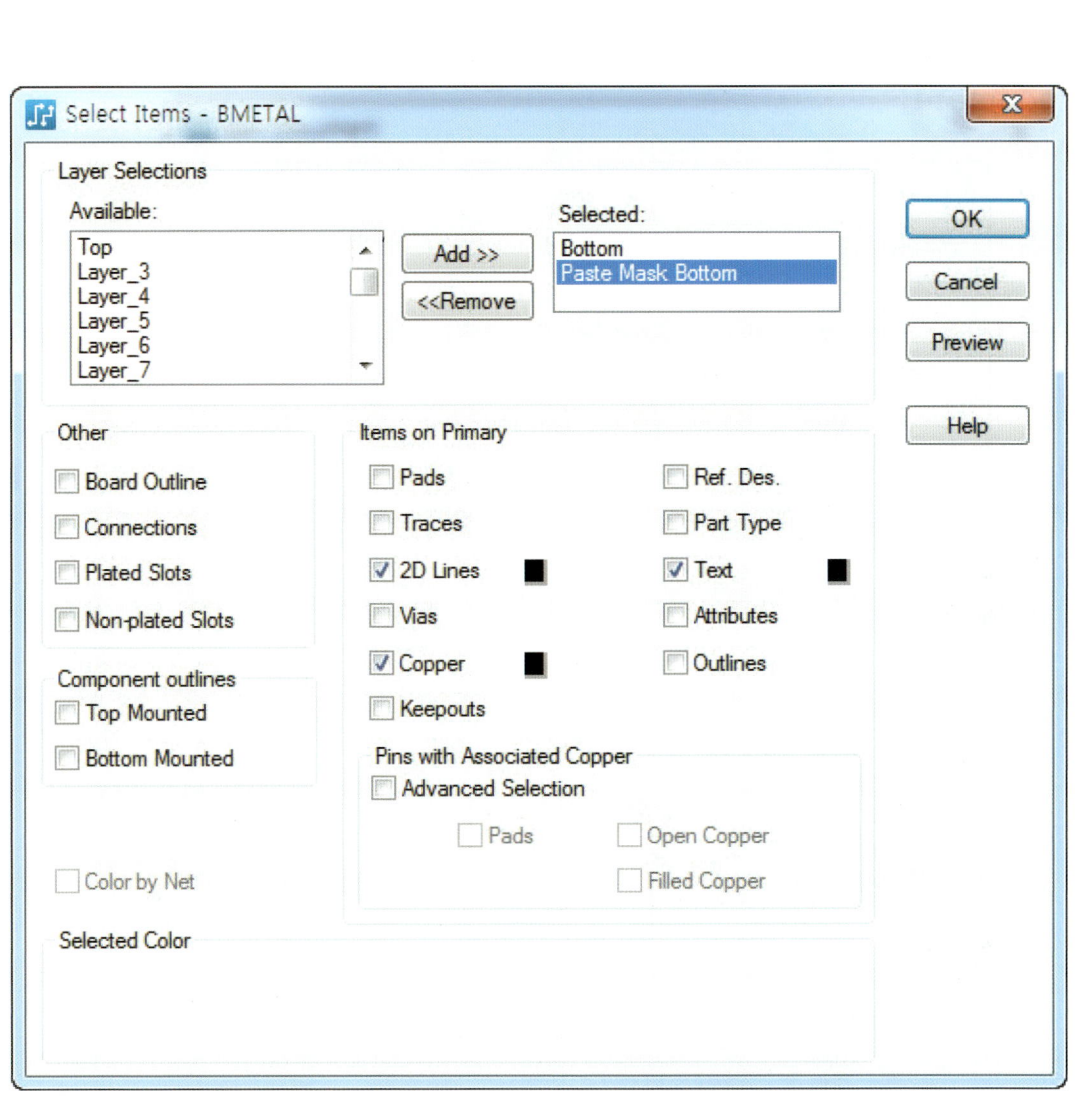

Paste Mask Bottom에서는 Metal mask 제작에 필요한 정보를 오픈하는 자료입니다. 관련해서 간혹 2D Line이나 Text 그 외 Copper에 solder 크림을 올리고자 한다면 오픈할 수 있습니다.

제1부 PADS의 기초

[Document]

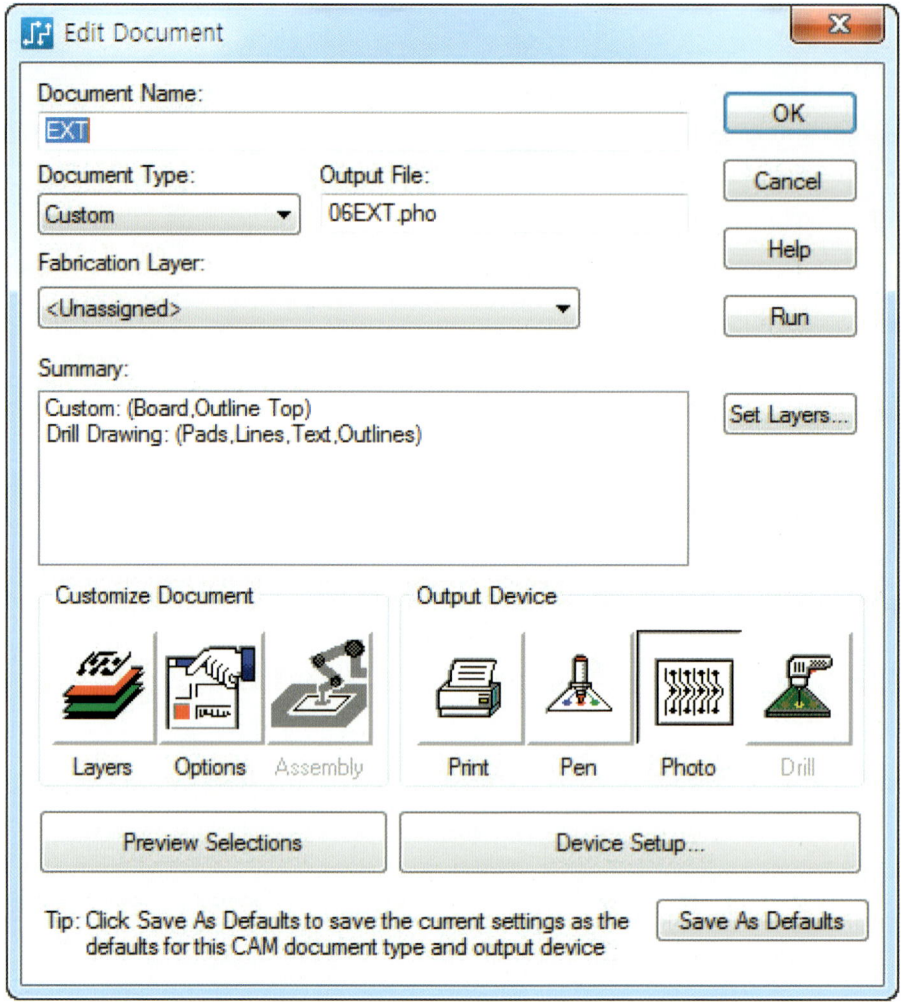

이 부분은 생산에 필요한 정보를 주는 곳입니다.

Document type에서 Custom을 선택하면 됩니다.

실제 필름 형성은 되지 않지만, 생산에 필요한 PCB 두께나 oz, PCB 크기 등 모든 정보를 기입하고 생산업체에서 볼 수 있도록 합니다.

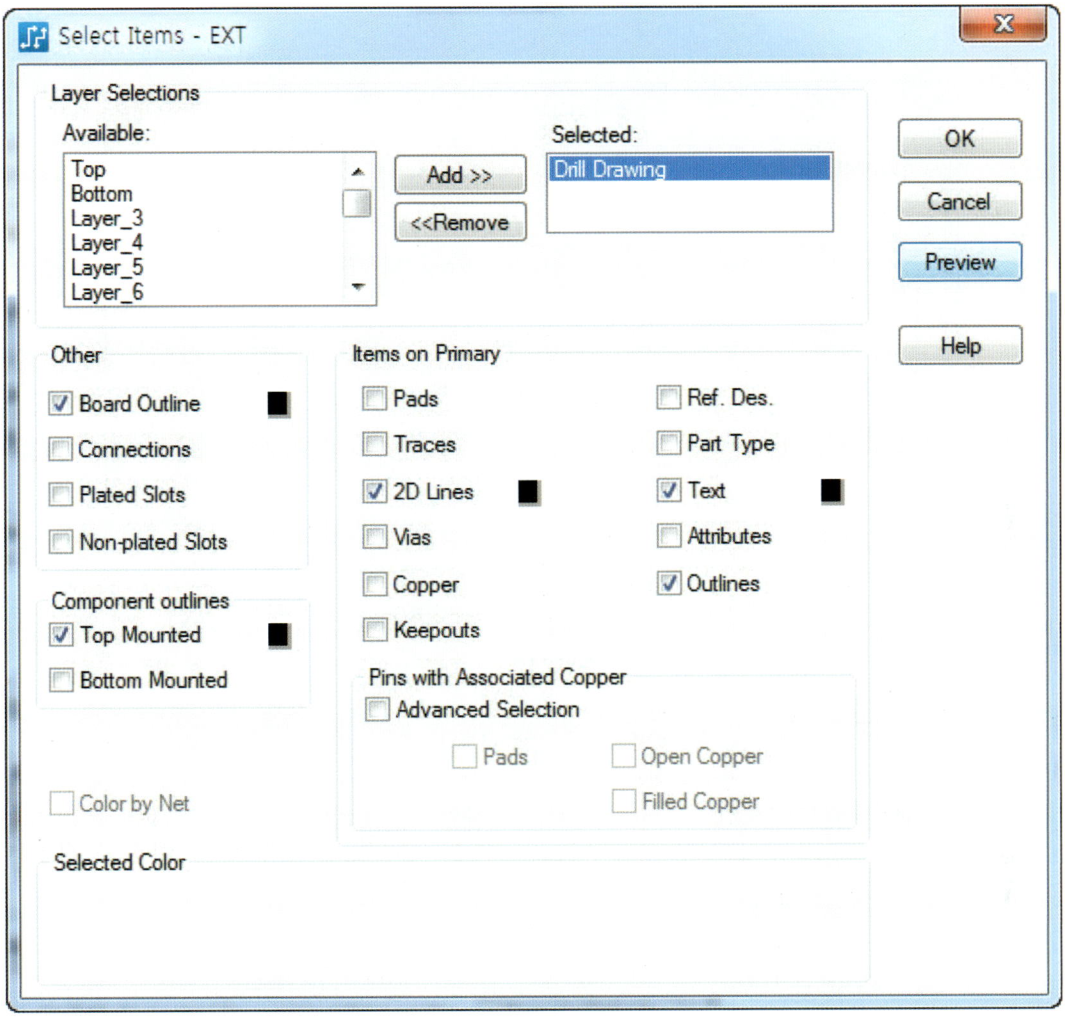

일반적으로 Drill Drawing Layer를 선택합니다.

PCB 관련 정보를 넣어주는 곳이기에 2D Line과 Text, Outline을 선택해서 설계자가 제조업체에게 주고자 하는 정보를 보여줄 수 있도록 합니다.

제1부 PADS의 기초

[Drill]

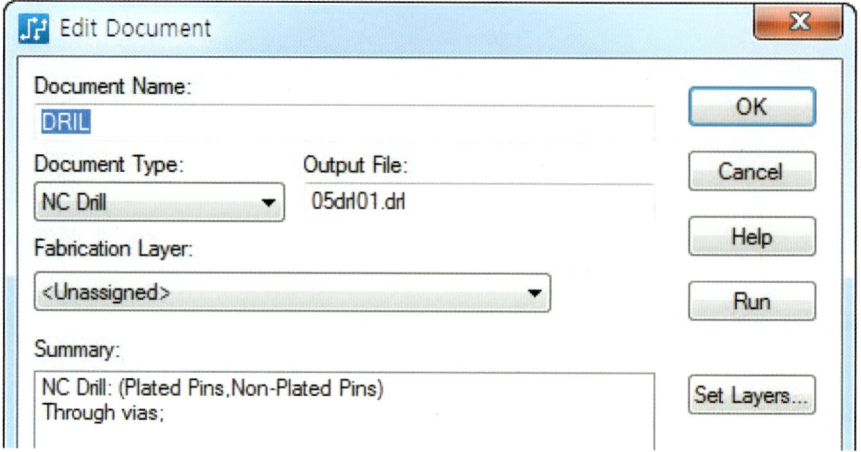

위 그림과 같이 Document Name은 구분할 수 있는 이름을 넣어주면 됩니다.

Document Type에서 NC Drill을 설정해 줍니다.

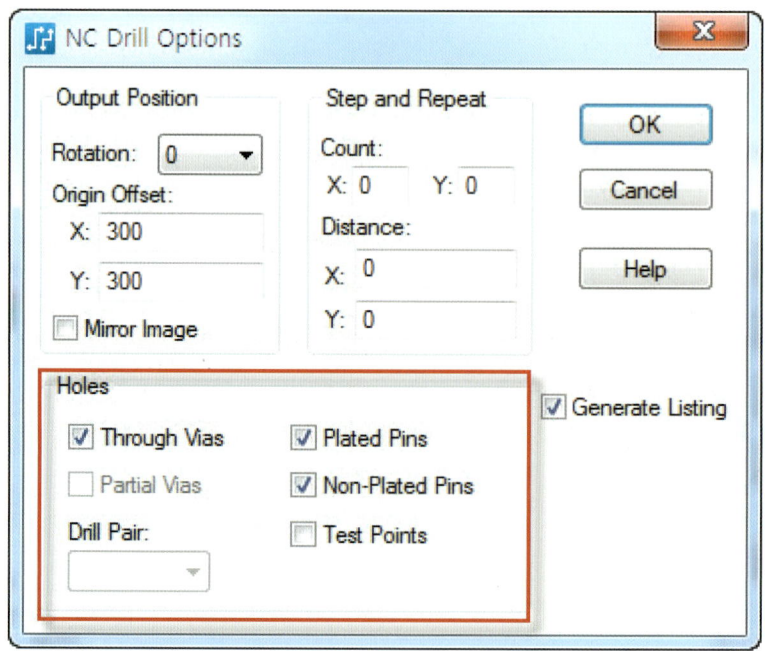

위 그림과 같이 Options에서 Drill에 대해서 설정해줄 수 있습니다.

붉은 박스 부분과 같이 Drill을 형성하는 것은 모두 선택해 줍니다.

Holes 부분에서는 기본적인 Through Vias를 선택해 줍니다.

그 외에 Plated Pins와 Non-Plated Pins도 홀이 생기는 부분이니 선택해 줍니다.

기본적으로 Plated는 홀 속 도금이 되는 Drill이고, Non-Plated는 도금되지 않는 Drill이라고 생각하면 됩니다.

그 외에 현재 사용하지 않아서 활성화는 안 되어 있지만, Partial Via는 Build-up PCB 제작 시 활용하게 됩니다. 일반적인 PCB에서는 사용하지 않습니다.

2 양면 보드

PCB 설계에서 양면 보드라는 것은 단면과 달리 Top과 Bottom의 두 면을 통해서만 배선이 형성되는 구조를 말합니다. 기본적인 설계는 단면과 같은 구조를 Top면에도 활용할 수 있는 것이라고 생각하면 됩니다.

양면에 필요한 CAM data를 살펴보고자 합니다. 기본적으로 단면과 동일한 구조에서 추가된다고 보면 됩니다.

☞ 양면의 보드는 기본적으로 Dip 또는 SMD type 부품이 있다고 가정을 한다면 Top/Bottom면 모두 부품이 존재할 수 있기에 부품의 위치나 정보를 알려주는 silk가 존재하게 됩니다. 그래서 silk에 대한 정보가 필요하겠죠?

☞ 회로 배선은 단면과 달리 기본적으로 Top/Bottom면 모두에서 이루어지게 됩니다. 그래서 Top면에 회로에 대한 정보도 있어야 합니다.

☞ 회로와 더불어 부품 Pad에 대한 정보도 Top/Bottom면 모두 있어야 합니다.

☞ 보통 PCB 제작을 하면 short 등을 막기 위해서 PSR ink를 도포하게 됩니다. 일반적인 PCB로 보면 녹색의 ink를 회로면 위에 도포를 해주게 되는데 이 부분을 제거하는 영역들을 표시해주게 됩니다. 그래야 부품의 경우 동박을 오픈시켜서 부품에 납을 올릴 수 있습니다.

☞ Top면과 마찬가지로 Bottom면에도 silk가 존재할 수 있기에 silk도 필요합니다.

제1부 PADS의 기초

☞ 기구적인 부분이라든지 Dip type의 부품이 있다면 PCB 상에 홀을 만드는 경우들이 있습니다. 이런 경우 PCB에서 Drill의 위치 정보를 주는 것이 필요합니다.

☞ 마지막으로 생산업체에 주는 정보도 있어야 합니다. PCB 사이즈에 대한 정보라든지 주의 사항, 제작에 필요한 정보 등을 넣어서 업체에서 알아볼 수 있도록 해줍니다.

위와 같이 환경에 따라 틀리겠지만 단면에서 추가되는 부분은 기본적으로 양면 배치냐 단면 배치냐에 따라서 틀리겠지만 양면 배치를 기준으로 단면 PCB 대비 3개(solder/paste mask top), Top routing 이렇게 추가되어 10개 거버 파일이 생성됩니다.

양면 PCB의 CAM 설정에 대해서 살펴보겠습니다.

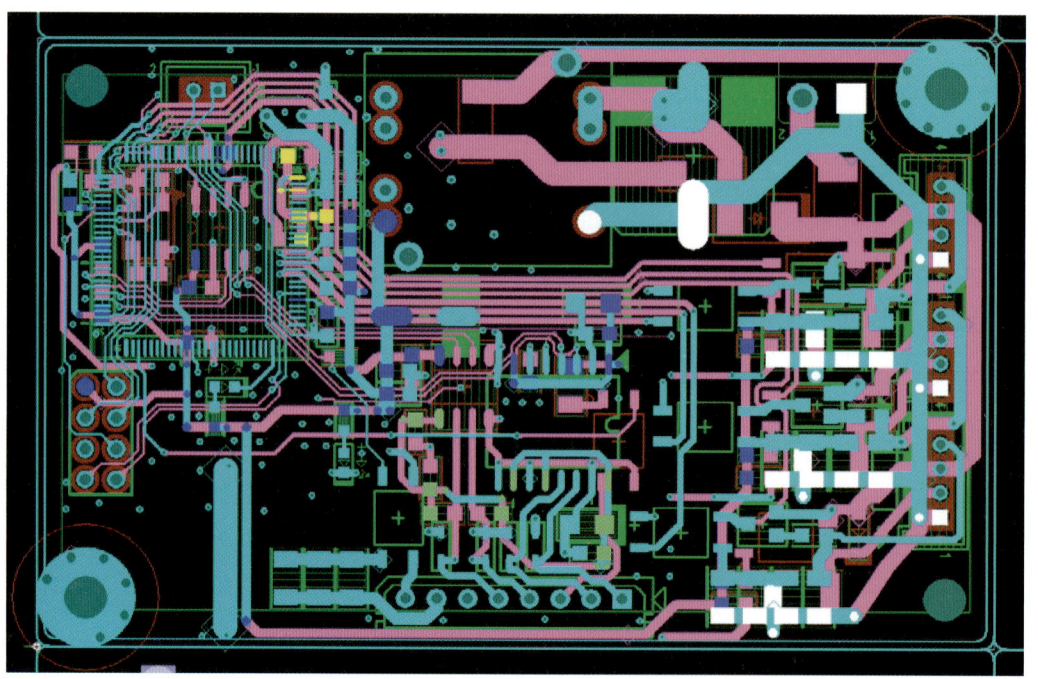

위는 일반적인 양면 PCB의 그림입니다.

아래는 해당 PCB의 CAM 정보를 보여주고 있습니다.

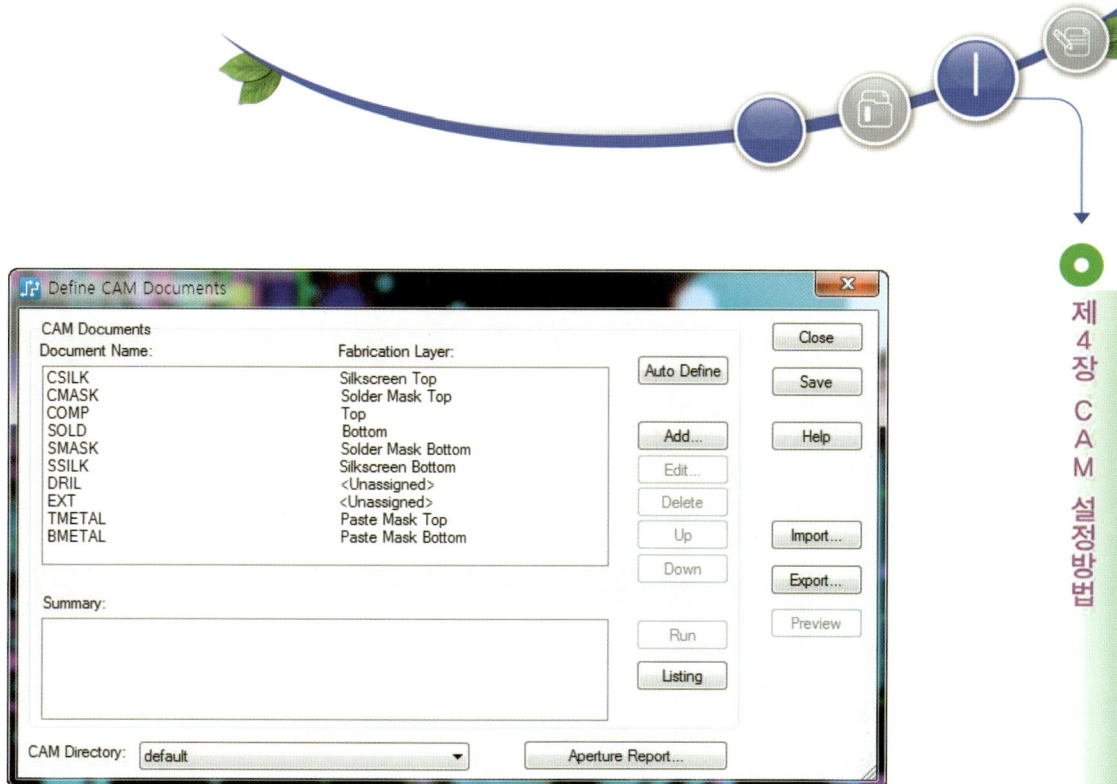

양면 PCB는 단면과 달리 양면 실장 보드를 기준으로 Top, Bottom면 silk와 회로, Paste Mask(SMD 부품을 생산하기 위한 자료), Solder Mask(PSR ink 제거 영역)가 있으며, Drill에 대한 정보와 생산 정보 이렇게 총 10개를 만드는 것을 확인할 수 있습니다.

[Silk Screen Top]

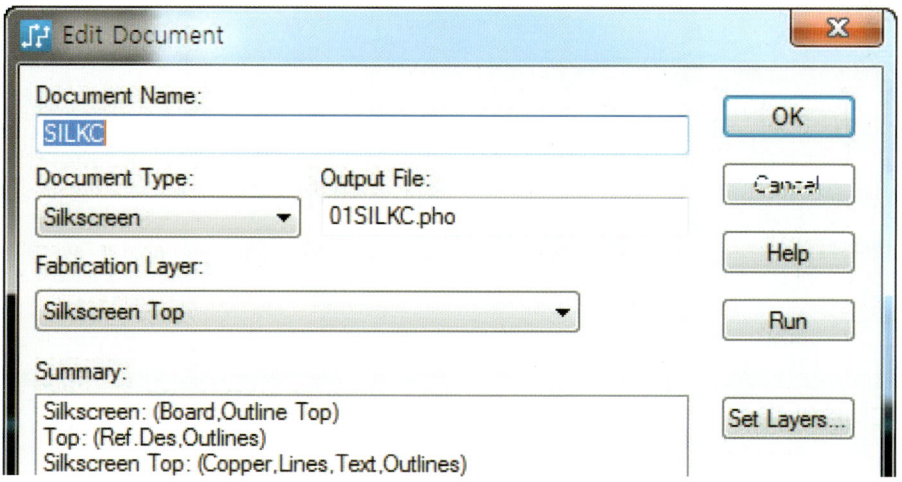

위 그림과 같이 Document Name은 구분할 수 있는 이름을 넣어주면 됩니다.

Document Type에서 Silkscreen을 설정하면 팝업창으로 Layer를 설정할 수 있습니다. 그곳에서 Top을 선택해 줍니다.

Output File은 자신이 관리할 수 있는 이름을 줍니다. 위와 같이 숫자를 넣은 이유는 CAM350 등 CAM 프로그램으로 검토할 때에 지정한 번호순으로 올라옵니다.

Fabrication Layer에서는 원하는 Layer가 선택되거나 선택하면 됩니다.

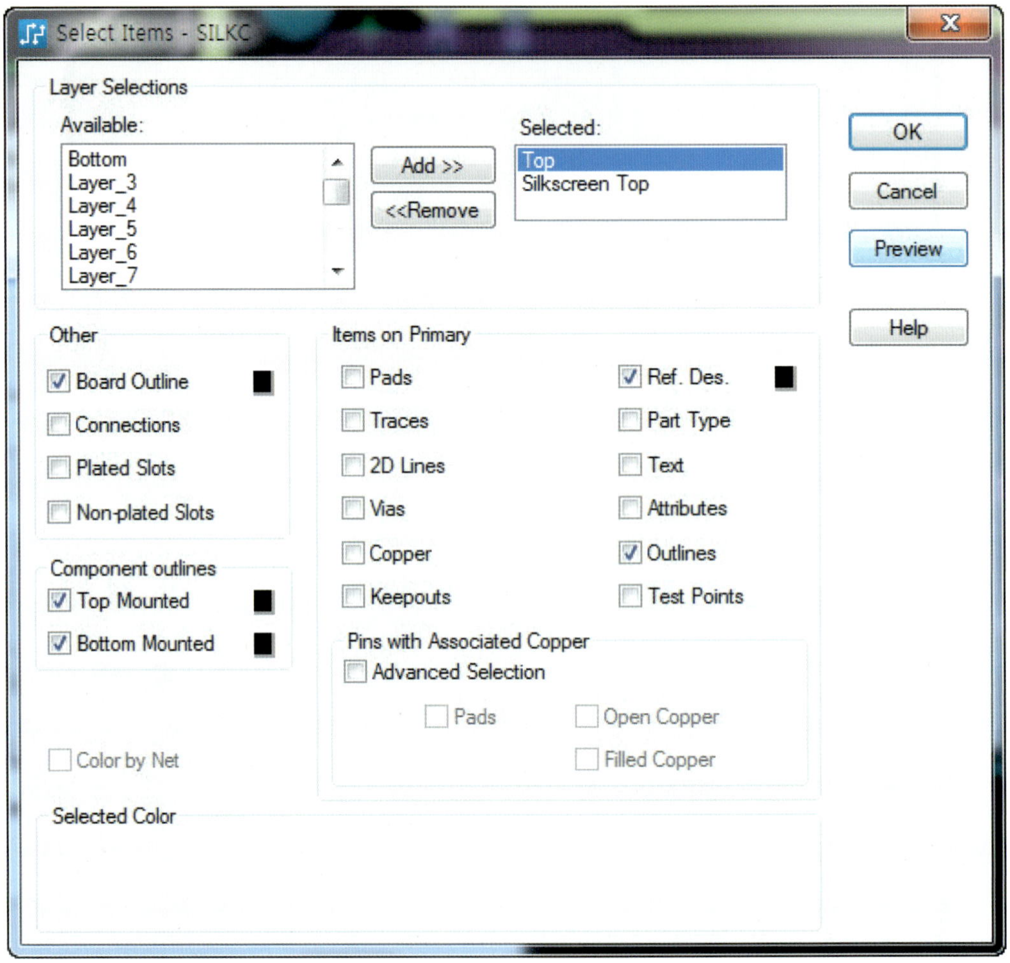

Silk Screen Top에서는 그림과 같이 Top과 Silkscreen Top 이렇게 두 개의 Layer를 선택해 줍니다.

Other에서는 모든 CAM 파일에서 Board Outline을 설정해 줍니다.

Component outline은 부품 내에 설정된 silk 등의 노출을 말하는 것으로 간혹 short 방지 실크를 넣는 경우도 있으니 Top, Bottom 모두 선택해 주는 것이 좋습니다.

Top Layer에서는 기본적으로 Top면에 표시할 부분을 선택해 주면 됩니다.

기본적으로 부품의 번호인 Ref.와 부품 외곽을 나타내는 outline을 설정해 줍니다.

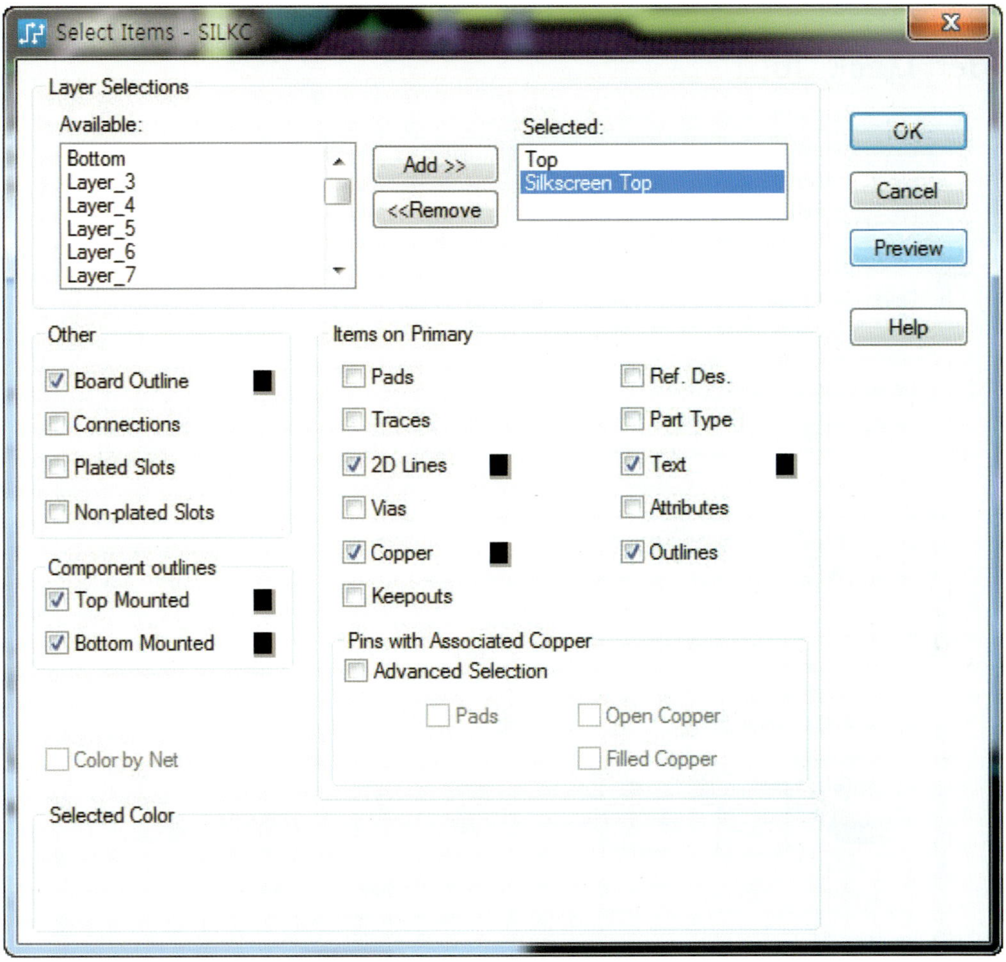

Silk Screen Top에서도 Top과 비슷합니다.

왼쪽의 경우는 동일하며, 오른쪽의 경우에는 조금 차이가 있습니다.

보통 설계한 모델의 모델명이라든지 생산에 필요한 바코드 마크 등 실크로 그려지는 부분들이 있습니다.

제1부 PADS의 기초

관련해서 특정 선을 그리거나 나타내는 2D Line과 바코드 등 PCB 상에 마킹이나 글을 쓸 수 있는 영역을 표시하는 Copper를 그리는 경우가 있기에 Copper로 체크해 줍니다.

그 외 모델명 등을 넣을 수 있는 Text를 선택해 줍니다.

Outline은 동일하게 체크해 줍니다.

[Solder Mask Top]

위 그림과 같이 Document Name은 구분할 수 있는 이름을 넣어주면 됩니다.

Document Type에서 Solder Mask를 선택해 주면 팝업창이 뜹니다. Top면을 선택해 줍니다.

Fabrication Layer에서 Solder Mask Top면을 선택해 주고 Output File에서 거버 이름을 설정해 줍니다.

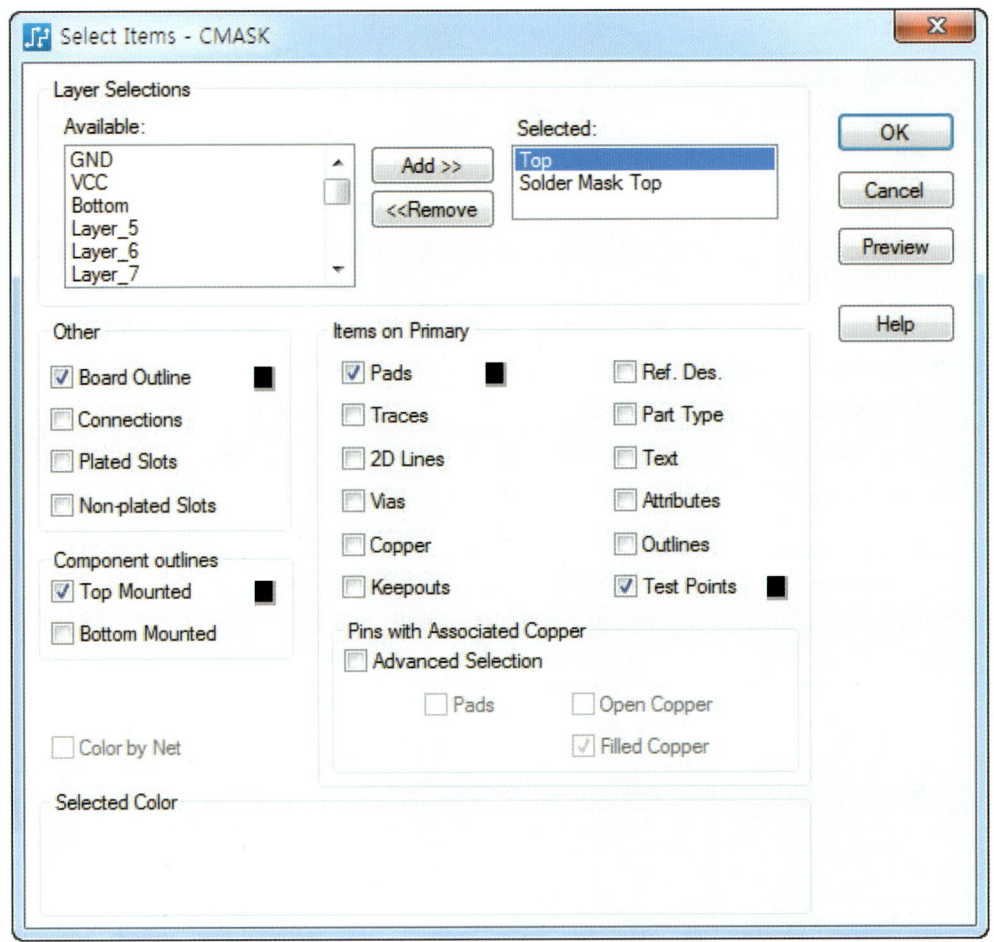

Solder Mask Top에서는 그림과 같이 Top과 Solder Mask Top 이렇게 두 개의 Layer를 선택해 줍니다.

Other에서는 모든 CAM 파일에서 Board Outline을 설정해 줍니다.

Top Layer에서는 기본적으로 Top면에 표시할 부분을 선택해 주면 됩니다.

Solder Mask이기에 Pad와 필요에 따라 들어가는 Test point를 선택해 줍니다.

이 부분에서 2D Line이나 Copper 등을 설정할 수도 있지만 자칫하면 short를 발생시킬 수 있는 부분이기에 주의가 필요하며, 일반적으로 Via를 오픈하면 동이 노출되기에 Via의 동을 숨기기 위해 체크를 안 하기도 합니다.

Solder Mask Top에서도 비슷합니다.

기본적으로 동이 노출되어야 하는 Pad와 Test point를 체크해 줍니다.

그 외에 특정 부분을 노출시키고자 할 경우 2D Line으로 그려진 부분을 노출시킬 수 있도록 2D Line을 체크해 줄 수 있습니다.

특정 부분에서 Copper로 그려주고 해당 부분을 열어주고자 할 경우 Copper를 체크해 줍니다.

2D Line과 Copper는 보통 패턴 등에 납을 올려서 보강할 필요가 있을 때 주로 사용됩니다.

그 외에 모델명에 silk가 아닌 동으로 열어주는 경우가 있습니다.

이럴 경우 silk를 Solder Mask로 작성을 하고 CAM에서 그림과 같이 Text를 선택해 줍니다.

[COMP(TOP 회로)]

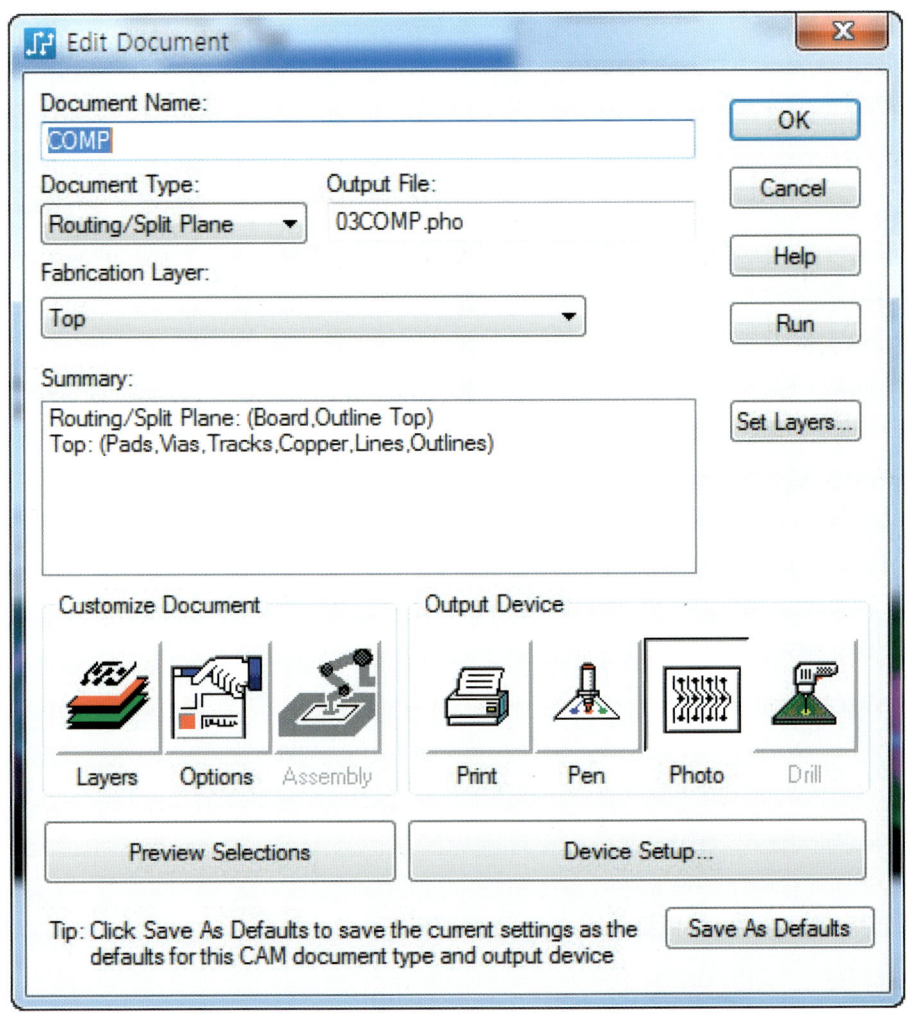

위 그림과 같이 Document Name은 구분할 수 있는 이름을 넣어주면 됩니다.

제1부 PADS의 기초

또 이 부분은 회로가 있는 부분으로 그림과 같이 Routing/Split Plane을 선택하면 팝업창이 뜹니다. 여기서 Top면을 선택해 줍니다.

Fabrication Layer에서 Top면을 선택해 주고, Output File에서 거버 이름을 설정해 줍니다.

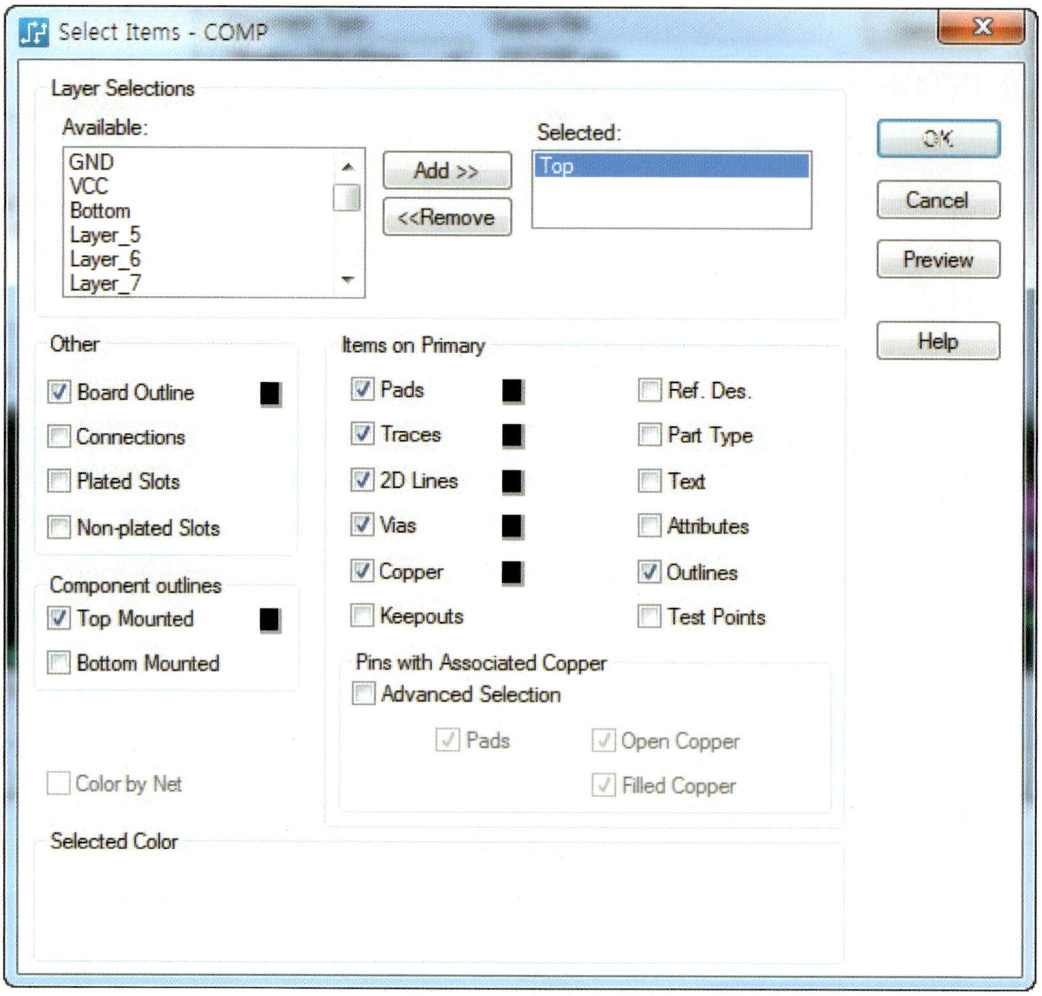

Top면은 회로가 형성되는 곳으로 기본적으로 회로와 연관이 있는 Pads, Traces, Copper, Vias 등을 열어줍니다.

2D Line과 Text는 필요에 따라서 오픈을 하지만 필자의 입장에서는 오픈 안 하는 것을 추천합니다. 오픈하고 실수로 해당 Text나 2D Line이 있다면 회로로 인식되어서 short가 발생할 수 있습니다.

[Solder Mask Bottom]

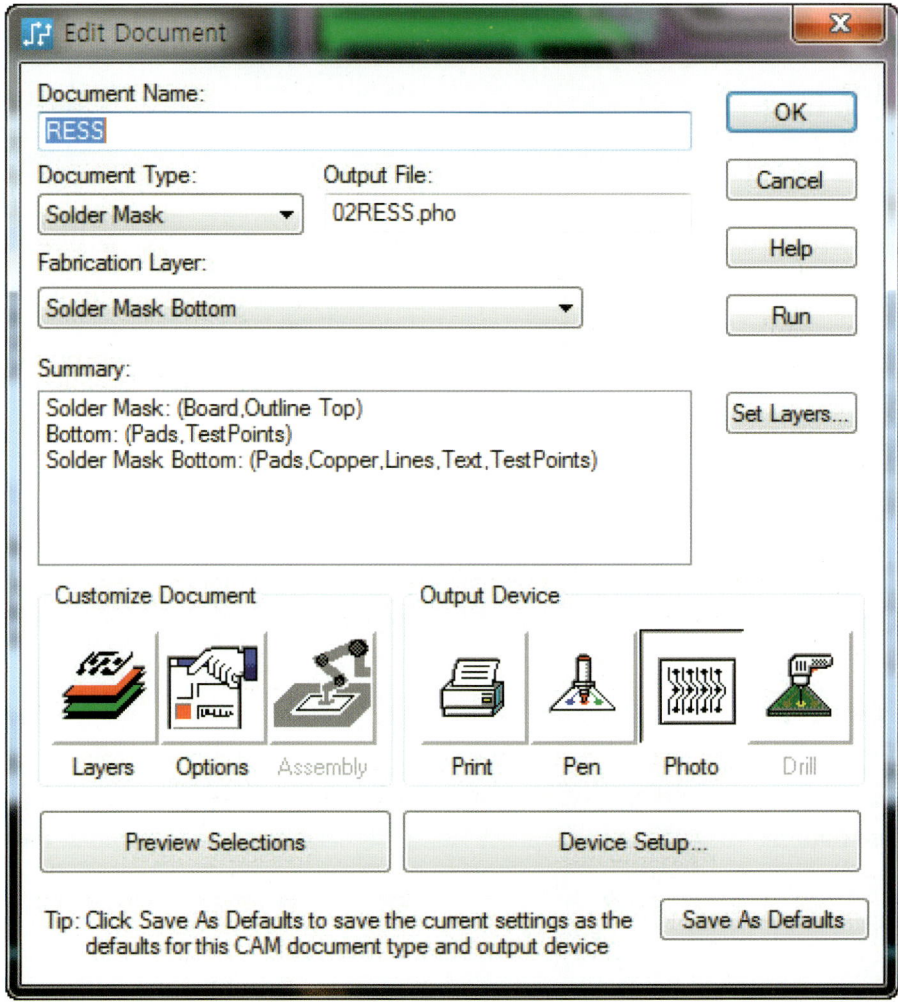

위 그림과 같이 Document Name은 구분할 수 있는 이름을 넣어주면 됩니다.

Document Type에서 Solder Mask를 선택해 주면 팝업창이 뜹니다. Bottom면을 선택해 줍니다.

Fabrication Layer에서 Solder Mask Bottom면을 선택해 주고, Output File에서 거버 이름을 설정해 줍니다.

제1부 PADS의 기초

Solder Mask Bottom에서는 그림과 같이 Bottom과 Solder Mask Bottom 이렇게 두 개의 Layer를 선택해 줍니다.

Other에서는 모든 CAM 파일에서 Board Outline을 설정해 줍니다.

Bottom Layer에서는 기본적으로 Bottom면에 표시할 부분을 선택해 주면 됩니다.

Solder Mask이기에 Pad와 필요에 따라 들어가는 Test point를 선택해 줍니다.

이 부분에서 2D Line이나 Copper 등을 설정할 수도 있지만 자칫하면 short를 발생시킬 수 있기에 주의가 필요하며, 일반적으로 Via를 오픈하면 동이 노출되므로 Via의 동을 숨기기 위해 체크를 안 하기도 합니다.

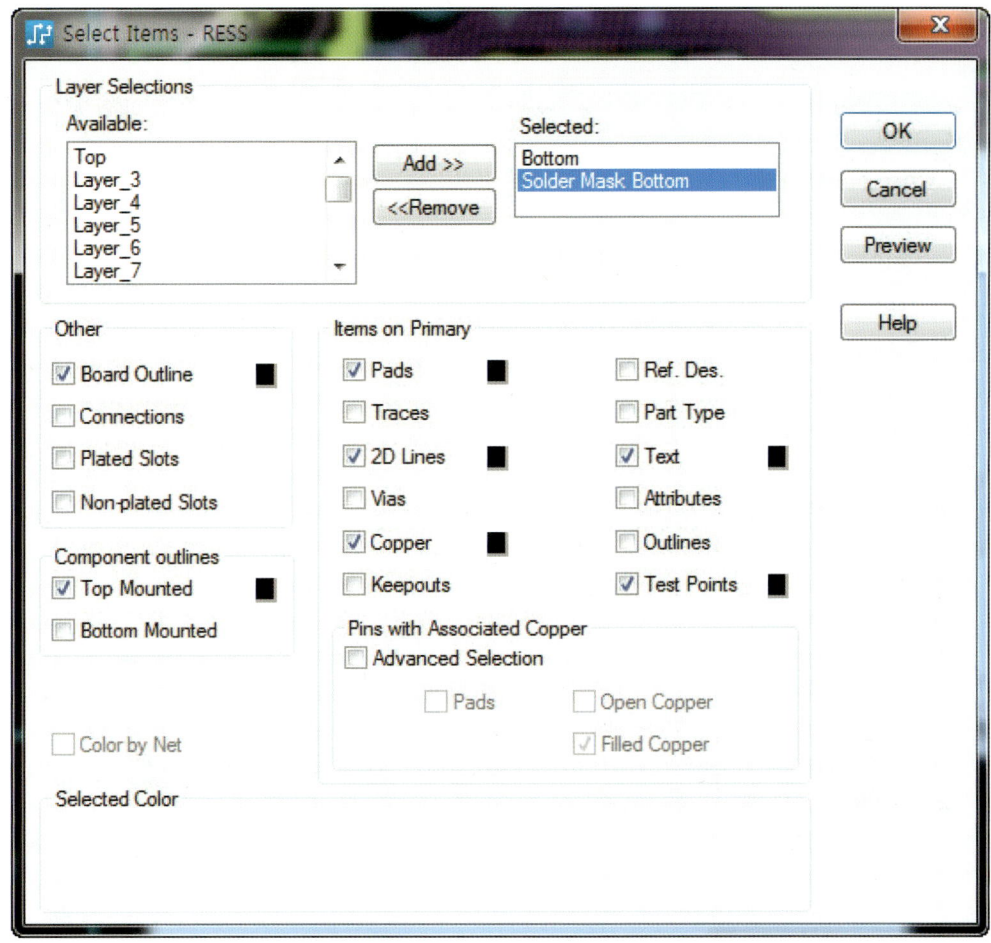

Solder Mask Bottom에서도 비슷합니다.

기본적으로 동이 노출되어야 하는 Pad와 Test point를 체크해 줍니다.

그 외에 특정 부분을 노출시키고자 할 경우 2D Line으로 그려진 부분을 노출시킬 수 있도록 2D Line을 체크해 줄 수 있습니다.

특정 부분에서 Copper로 그려주고 해당 부분을 열어주고자 할 경우 Copper를 체크해 줍니다.

2D Line과 Copper는 보통 패턴 등에 납을 올려서 보강해 줄 필요가 있을 때 주로 사용됩니다. 그 외에 모델명에 silk가 아닌 동으로 열어주는 경우가 있습니다.

이럴 경우 silk를 solder mask로 작성을 하고 CAM에서 그림과 같이 Text를 선택해 줍니다.

[SOLD(Bottom 회로)]

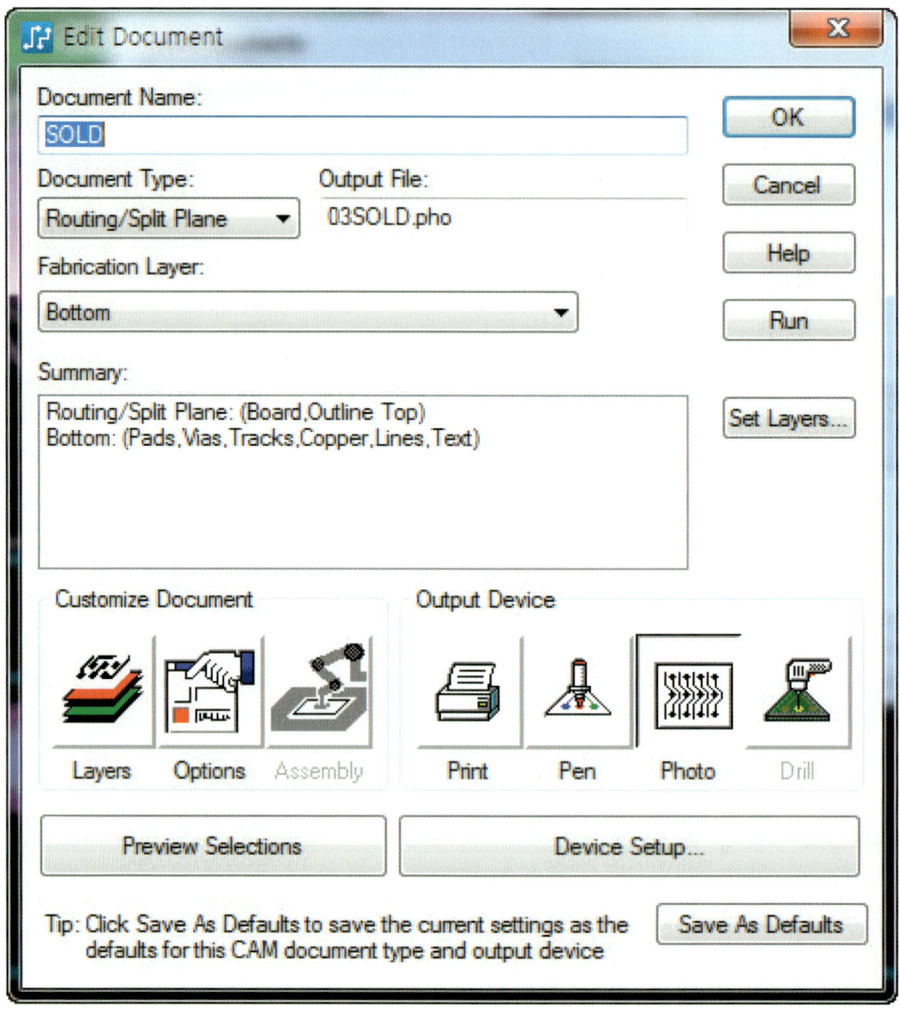

위 그림과 같이 Document Name은 구분할 수 있는 이름을 넣어주면 됩니다. 이 부분은 회로가 있는 부분으로 그림과 같이 Routing/Split Plane을 선택하면 팝업창이 뜹니다. 여기서 Bottom면을 선택해 줍니다.

Fabrication Layer에서 Bottom면을 선택해 주고, Output File에서 거버 이름을 설정해 줍니다.

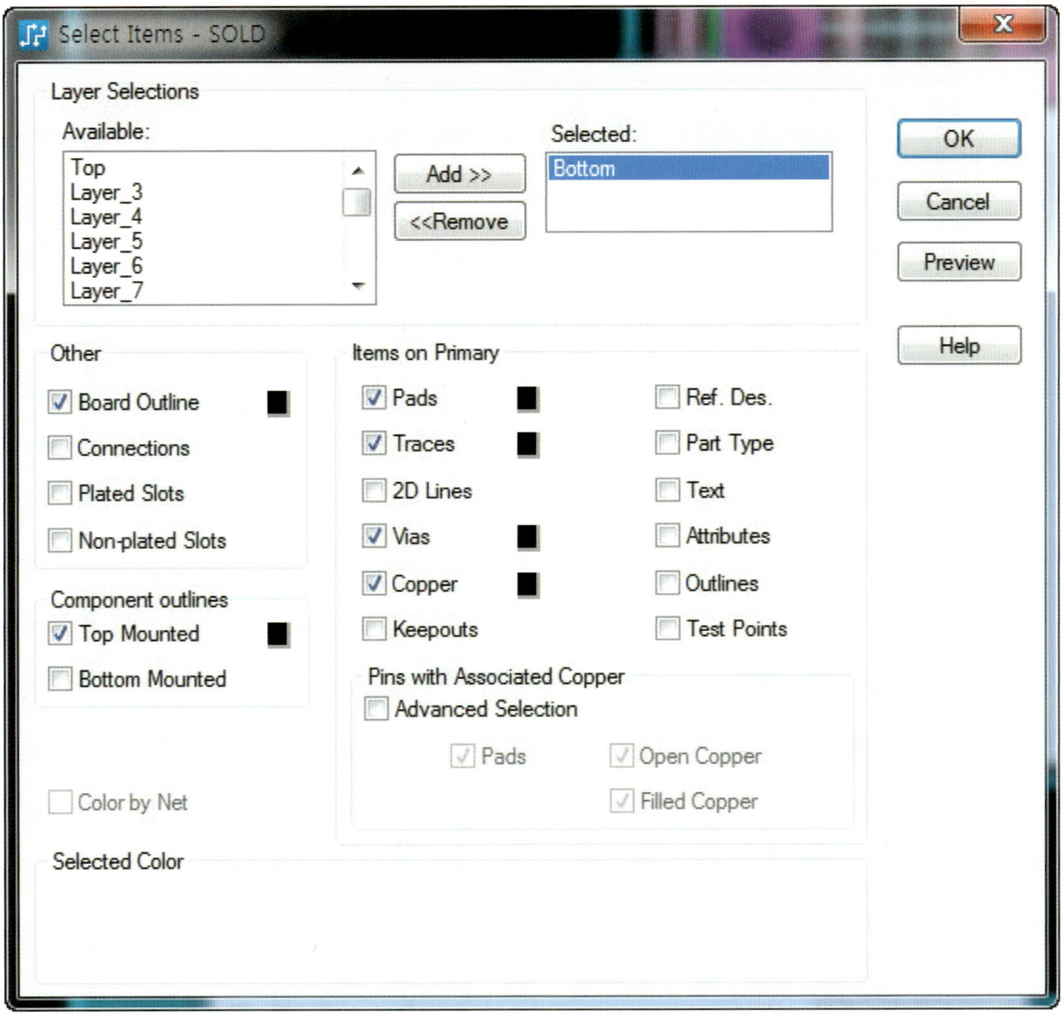

Bottom면은 회로가 형성되는 곳으로 기본적으로 회로와 연관이 있는 Pads, Traces, Copper, Vias 등을 열어줍니다.

2D Line과 Text는 필요에 따라 오픈을 하지만 필자의 경우에는 오픈 안 하는 것을 추천합니다. 오픈하고 실수로 해당 Text나 2D Line이 있다면 회로로 인식이 되어서 short가 발생할 수 있습니다.

제1부 PADS의 기초

[Silk Screen Bottom]

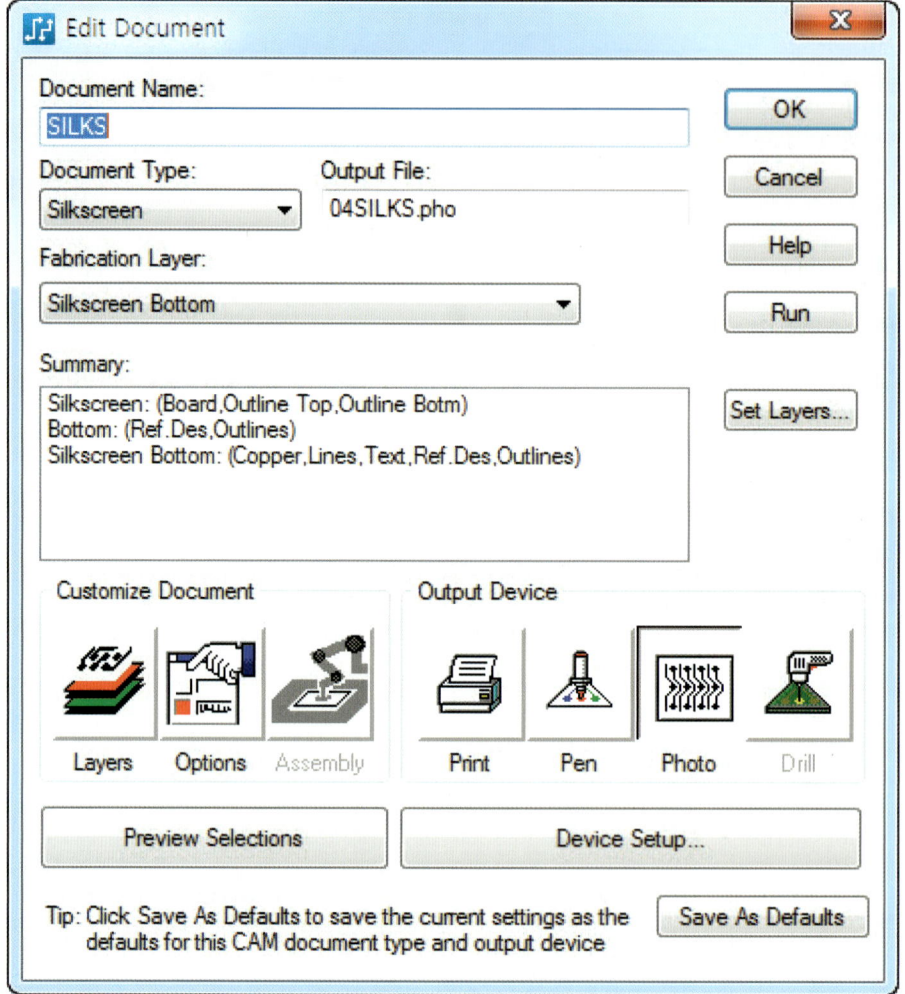

위 그림과 같이 Document Name은 구분할 수 있는 이름을 넣어주면 됩니다.

Document Type에서 Silk Screen을 설정하면 팝업창으로 Layer를 설정할 수 있습니다. 그곳에서 Bottom을 선택해 줍니다.

Fabrication Layer에서 원하는 Layer를 찾아 선택하면 됩니다.

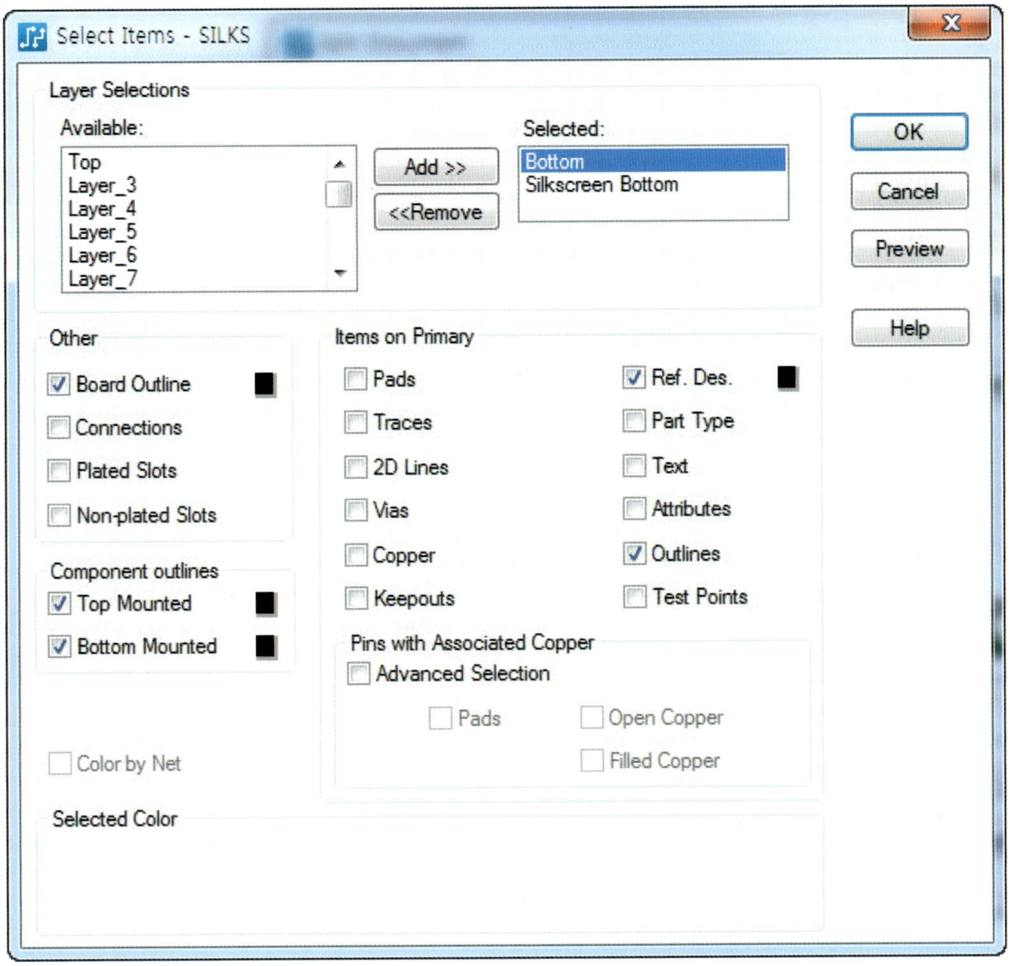

Silk Screen Bottom에서는 그림과 같이 Bottom과 Silkscreen Bottom, 이렇게 두 개의 Layer를 선택해 줍니다.

Other에서는 모든 CAM 파일에서 Board Outline을 설정해 줍니다.

Component outlines는 부품 내에 설정된 silk 등의 노출을 말하는 것으로 간혹 short 방지 실크를 넣는 경우도 있으니 Top, Bottom 모두 선택해 주는 것이 좋습니다.

Bottom Layer에서는 기본적으로 Bottom면에 표시할 부분을 선택해 주면 됩니다.

기본적으로 부품의 번호인 Ref.와 부품 외곽을 나타내는 outline을 설정해 줍니다.

제1부 PADS의 기초

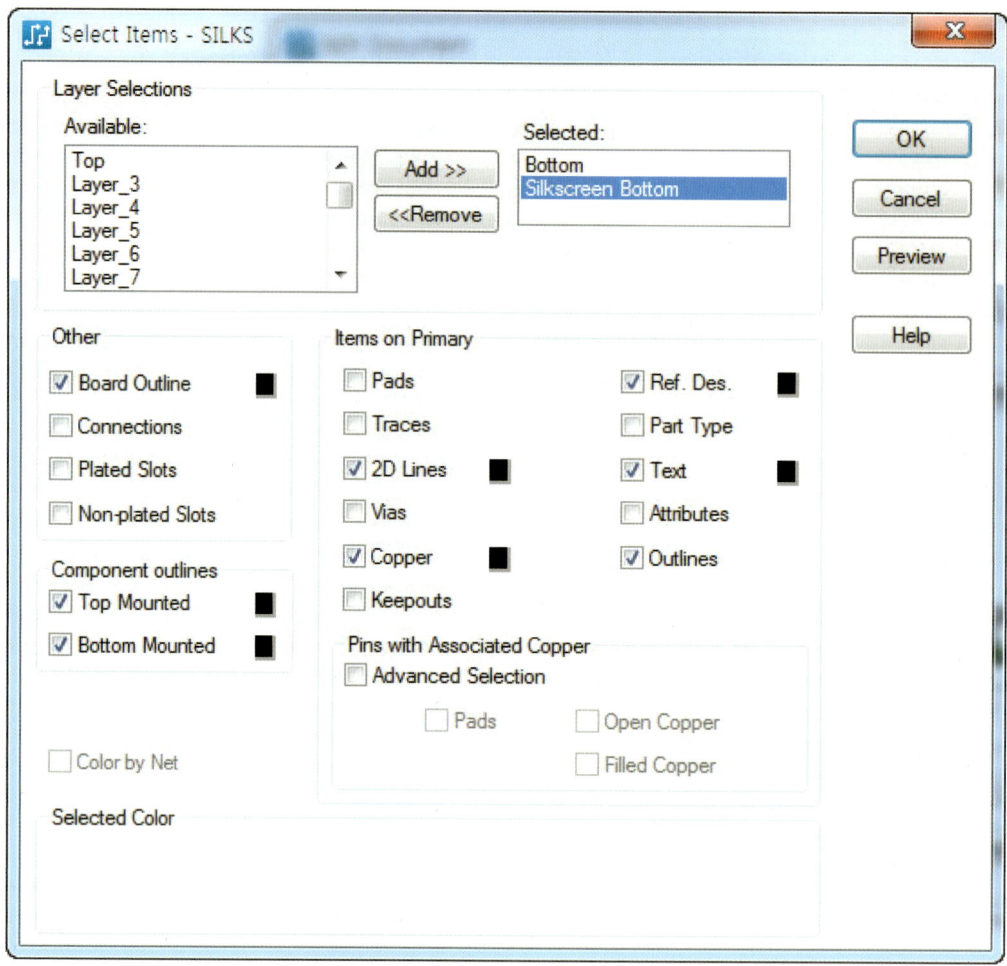

Silk Screen Bottom에서도 Bottom과 비슷합니다.

왼쪽의 경우는 동일하며, 오른쪽의 경우에는 조금 차이가 있습니다.

보통 설계한 모델의 모델명이라든지 생산에 필요한 바코드 마크 등 실크로 그려지는 부분들이 있습니다. 관련해서 특정 선을 그리거나 나타내는 2D Line과 바코드 등 PCB 상에 마킹이나 글을 쓸 수 있는 영역을 표시하는 Copper를 그리는 경우가 있기에 Copper로 체크해 줍니다.

그 외 모델명 등을 넣을 수 있는 Text를 선택해 줍니다.

Outline은 동일하게 체크해 줍니다.

[Paste Mask Top]

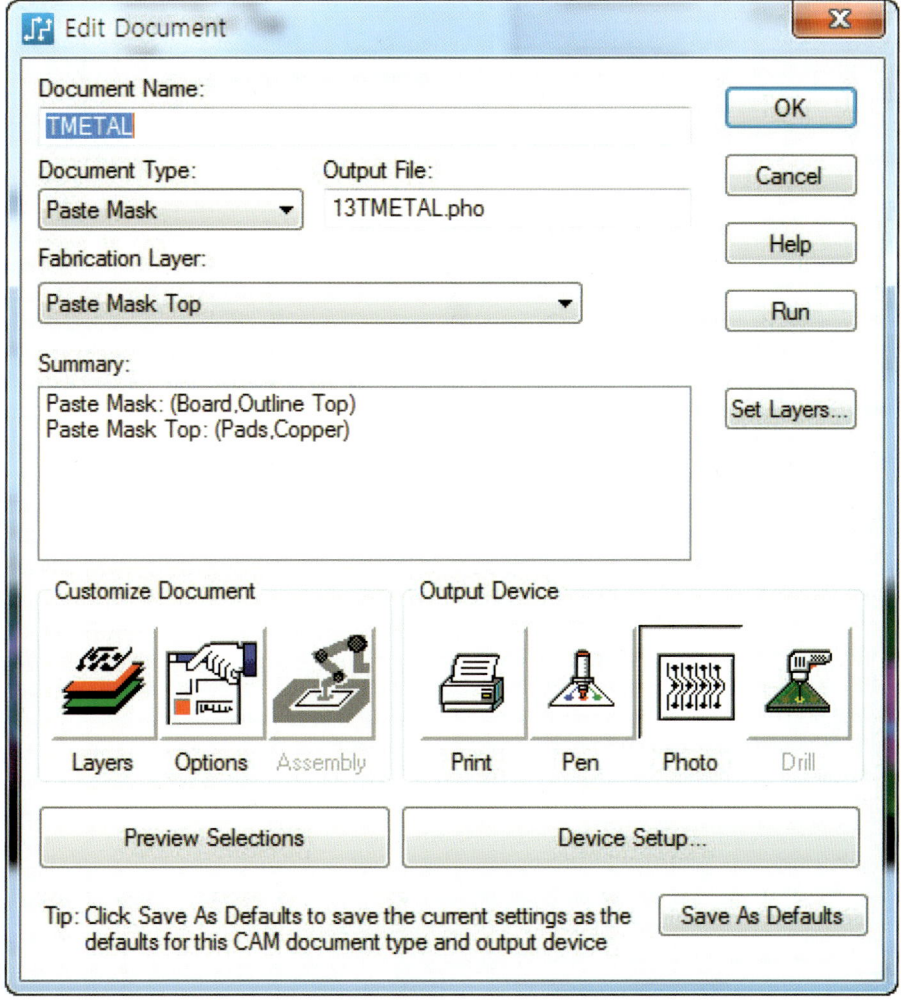

위 그림과 같이 Document Name은 구분할 수 있는 이름을 넣어주면 됩니다.

Document Type에서 Paste Mask를 선택해 주면 팝업창이 뜹니다. Top면을 선택해 줍니다.

Fabrication Layer에서 Paste Mask Top면을 선택해 주고, Output File에서 거버 이름을 설정해 줍니다.

제1부 PADS의 기초

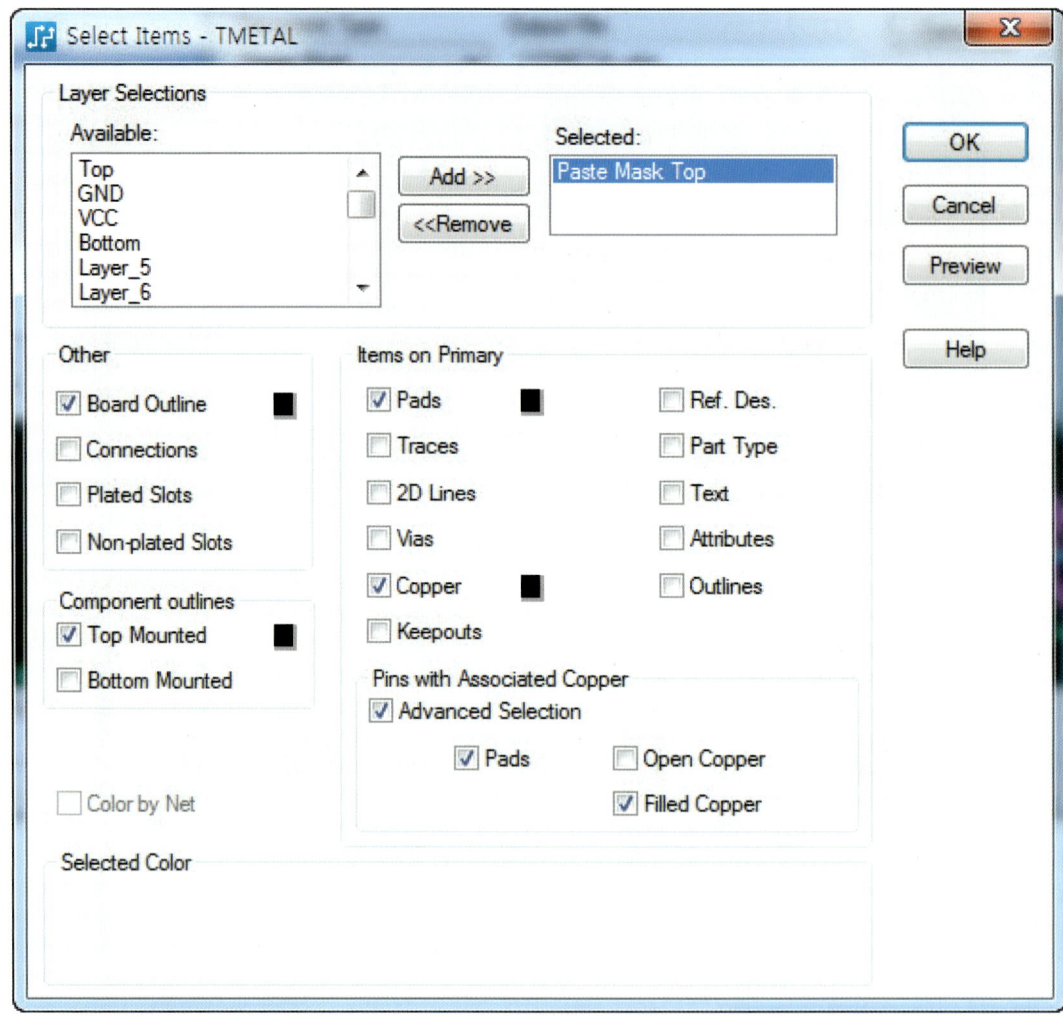

Paste Mask Top에서는 Metal Mask 제작에 필요한 정보를 오픈하는 자료입니다. 관련해서 간혹 2D Line이나 Text 그 외 Copper에 solder 크림을 올리고자 한다면 오픈할 수 있지만 실제로는 많이 사용하지는 않습니다.

앞서 단면 보드에서는 Bottom면을 넣어서 설정해 주기도 하지만, 위 그림과 같이 Paste Mask 설정을 해도 문제가 없습니다. 중요한 것은 생산에 필요한 Metal Mask를 만드는 자료로 SMD 부품의 Pad가 오픈되도록 설정해주면 됩니다.

[Paste Mask Bottom]

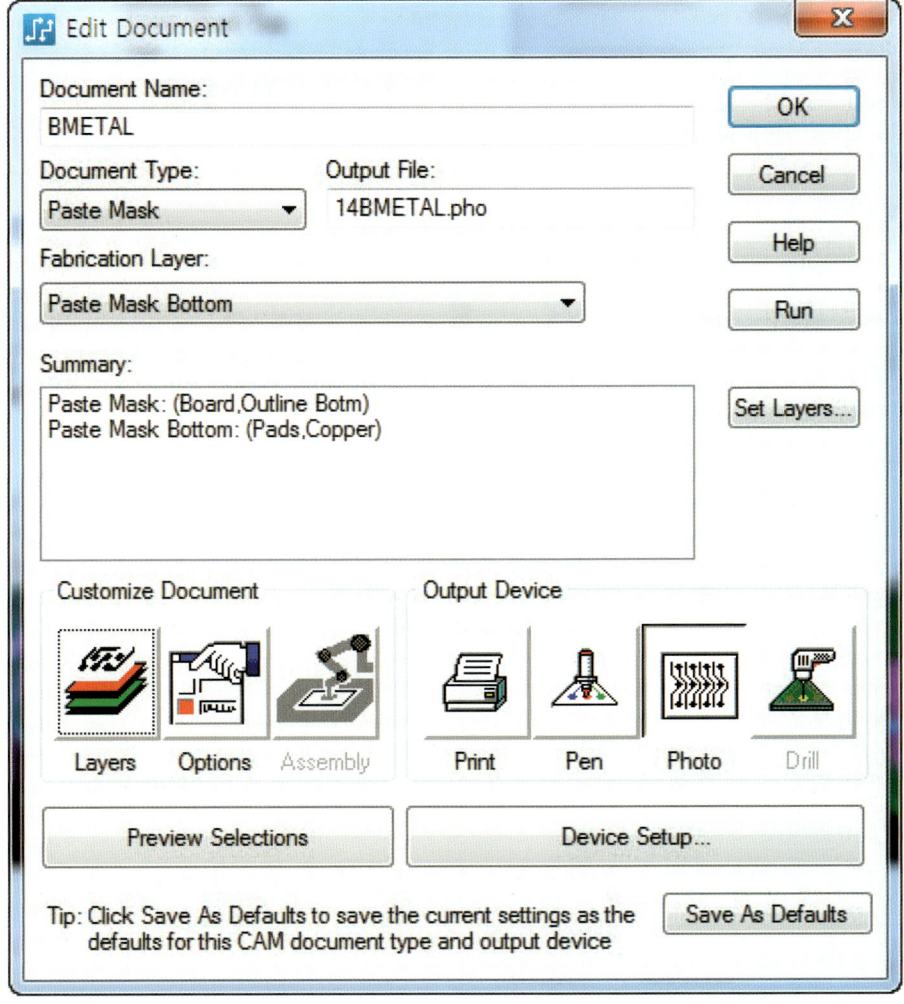

위 그림과 같이 Document Name은 구분할 수 있는 이름을 넣어주면 됩니다.

Document Type에서 Paste Mask를 선택해 주면 팝업창이 뜹니다. Bottom면을 선택해 줍니다.

Fabrication Layer에서 Paste Mask Bottom면을 선택해 주고, Output File에서 거버 이름을 설정해 줍니다.

제1부 PADS의 기초

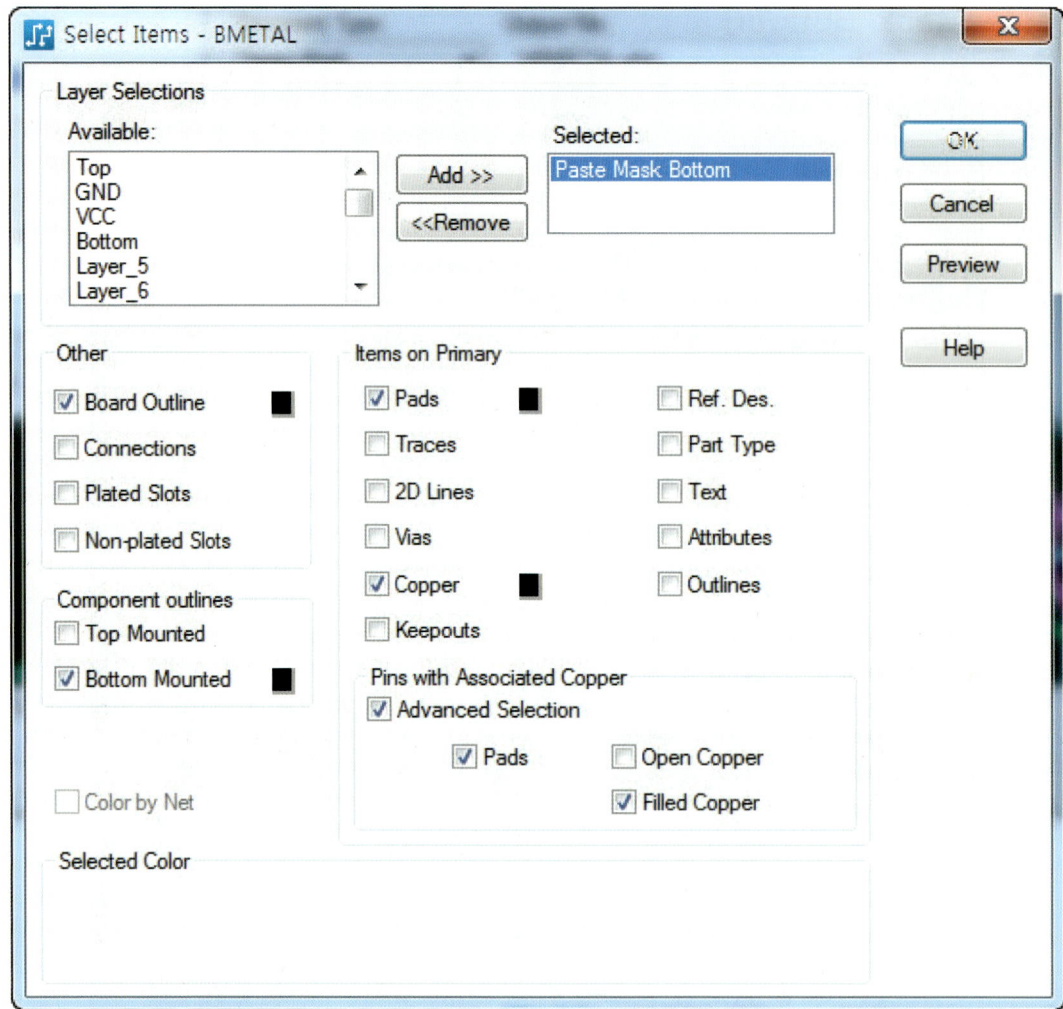

Paste Mask Bottom에서는 Metal mask 제작에 필요한 정보를 오픈하는 자료입니다.

앞서 단면 보드에서는 Bottom면을 넣어서 설정해 주기도 하였지만 위 그림과 같이 Paste Mask를 설정해도 문제가 없습니다. 중요한 것은 생산에 필요한 Metal Mask를 만드는 자료로 SMD 부품의 Pad가 오픈되도록 설정해주면 됩니다.

[Document]

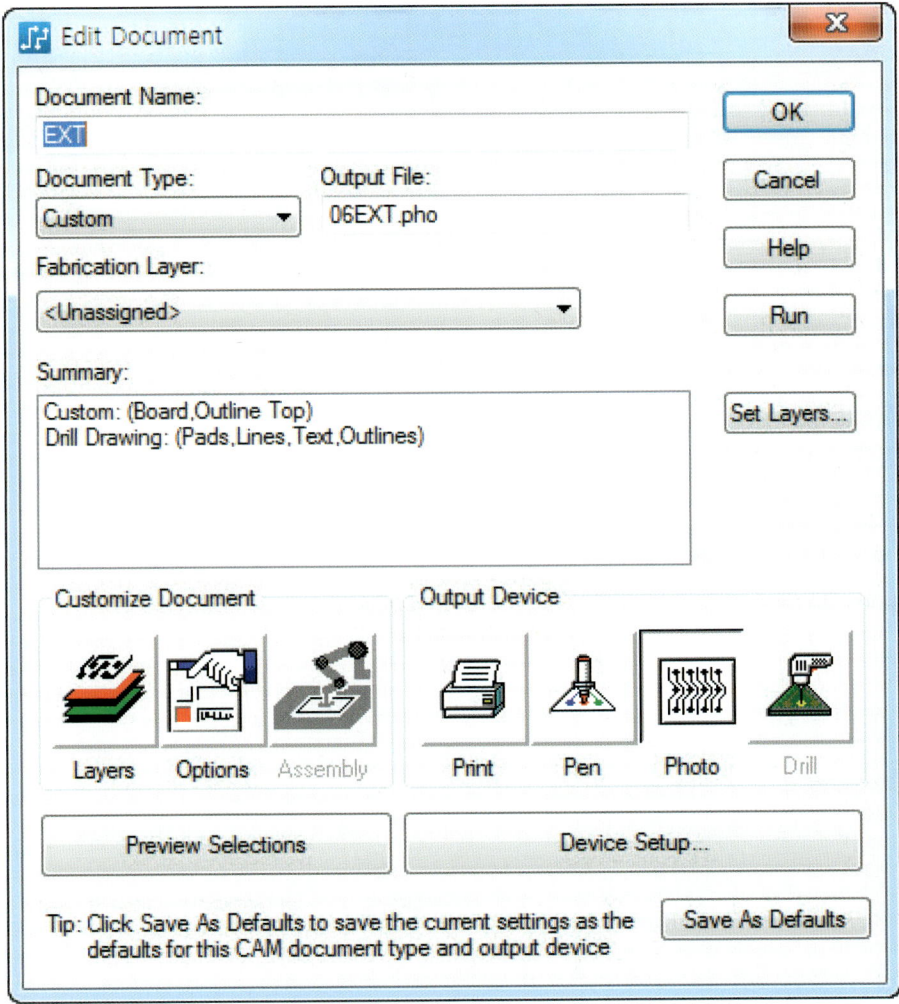

이 부분에서는 생산에 필요한 정보를 주는 곳입니다.

Document type에서 Custom을 선택하면 됩니다.

실제 필름 형성은 되지 않지만, 생산에 필요한 PCB 두께나 oz, PCB 크기 등 모든 정보를 기입하고 생산업체에서 볼 수 있도록 합니다.

제1부 PADS의 기초

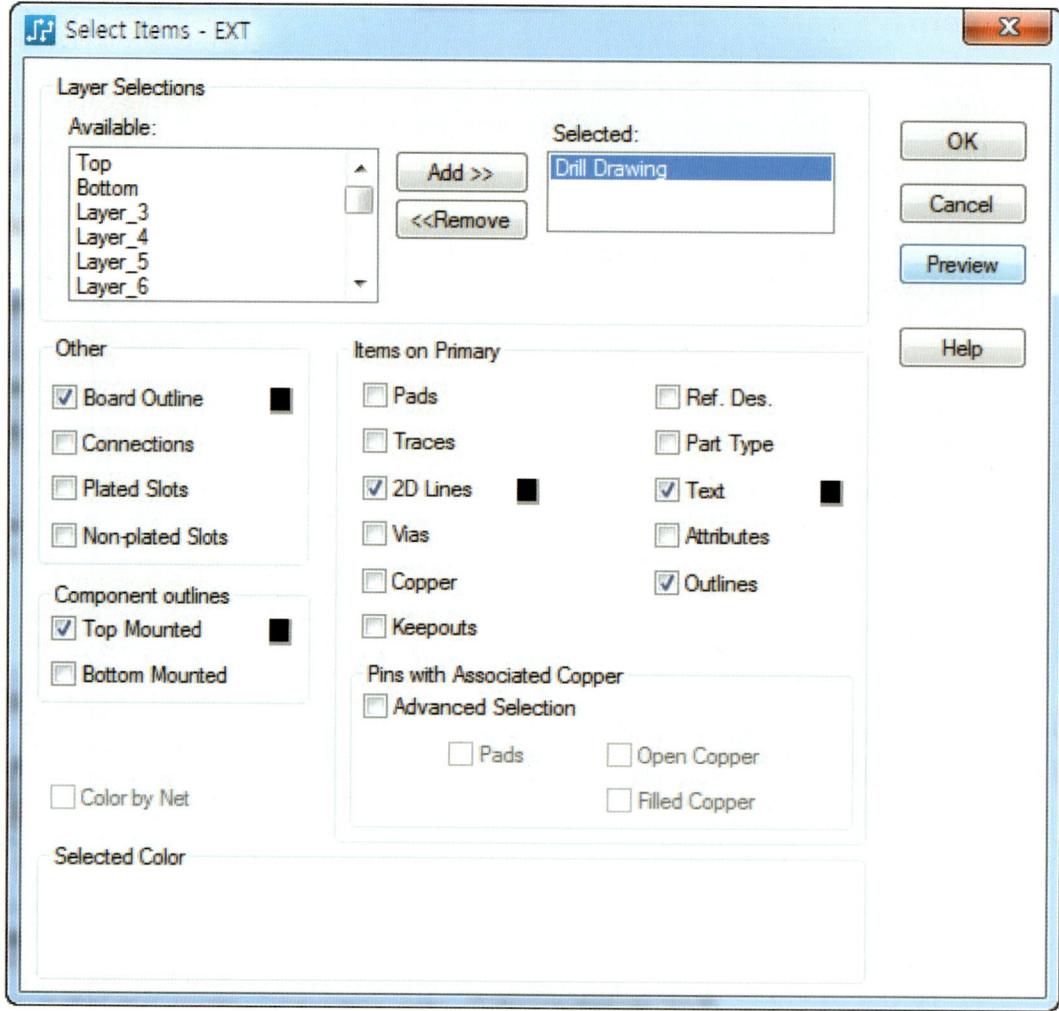

일반적으로 Drill Drawing Layer를 선택합니다.

PCB 관련 정보를 넣어주는 곳이기에 2D Line과 Text와 outline을 선택해서 설계자가 제조업체에게 주고자 하는 정보를 보여줄 수 있도록 합니다.

[Drill]

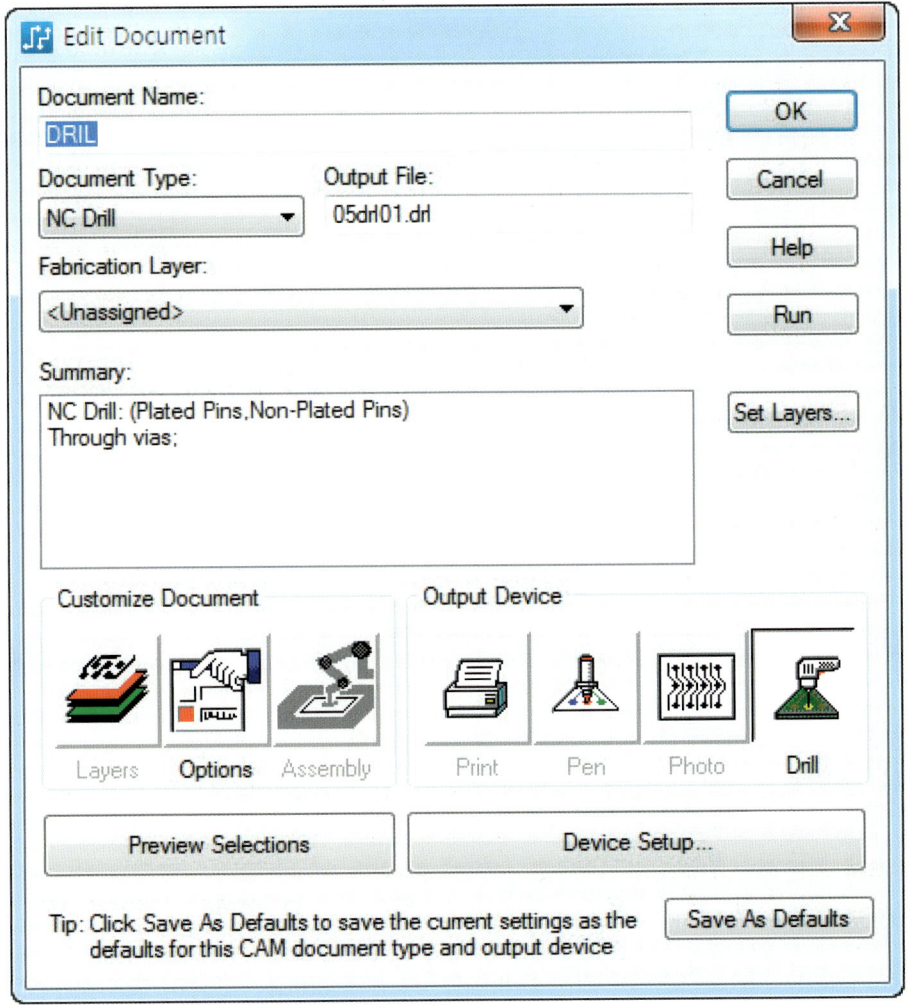

위 그림과 같이 Document Name은 구분할 수 있는 이름을 넣어주면 됩니다.

Document Type에서 NC Drill을 설정해 줍니다.

제1부 PADS의 기초

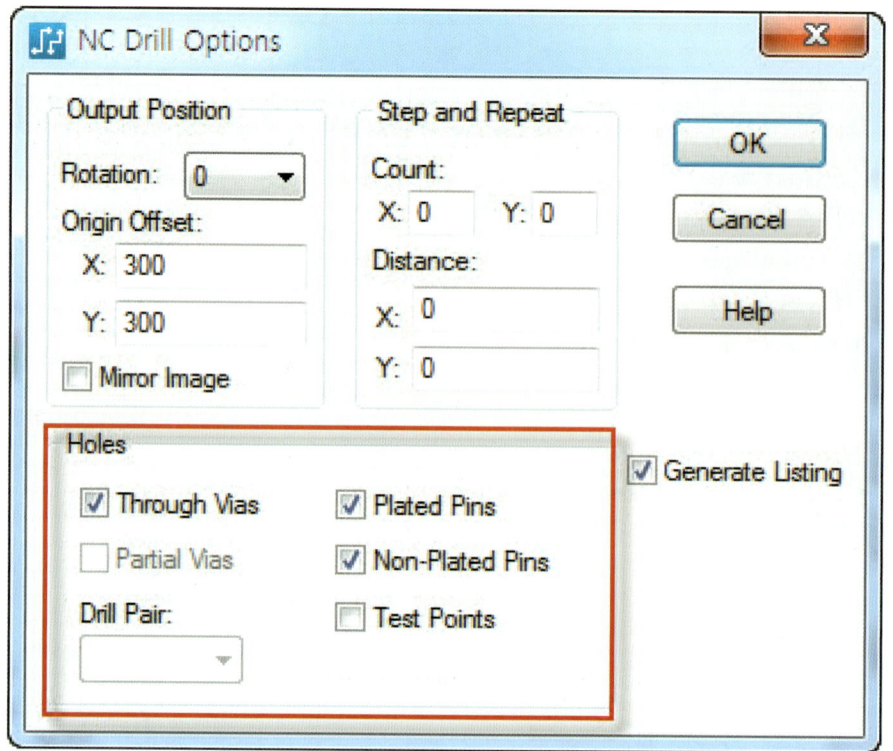

위 그림과 같이 Option에서 Drill에 대해서 설정해 줄 수 있습니다.

붉은 박스 부분과 같이 Drill을 형성하는 것은 모두 선택해 줍니다.

Hole 부분에서 기본적인 Through Vias를 선택해 줍니다. Plated와 Non-Plated도 홀이 생기는 부분이니 선택해 줍니다.

기본적으로 Plated는 홀 속 도금이 되는 Drill이고, Non-Plated는 도금이 되지 않는 Drill이라고 생각하면 됩니다.

그 외에 현재 사용하지 않아서 활성화는 안 되어 있지만, Partial Vias는 Build-up PCB 제작 시 활용하게 됩니다. 일반적인 PCB에서는 사용하지 않습니다.

3. 멀티 보드(4Layer 이상)

PCB 설계에서 멀티 보드는 양면과 구조는 같지만, 외층 외에도 내층에 회로를 형성하는 것을 말합니다. 보통 4층 이상을 말하며, 설계하는 제품이나 분야에 따라서 초고다층 PCB도 있습니다. 기본적인 설계는 단면과 같은 구조를 Top면에도 활용할 수 있는 것이라고 쉽게 생각하면 됩니다.

멀티 보드에 필요한 CAM data를 살펴보고자 합니다. 기본적으로 양면과 동일한 구조에서 추가된다고 보면 됩니다.

- 양면의 보드와 같은 구조로 Dip 또는 SMD type 부품이 있다고 가정을 한다면 Top/Bottom면 모두 부품이 존재할 수 있기에 부품의 위치나 정보를 알려주는 silk가 존재하게 됩니다.
- 회로 배선은 양면과 동일하게 Top/Bottom면과 층에 따라 들어가는 내층을 모두 해서 이루어지게 됩니다. 4층의 경우 내층 회로는 2개가 추가됩니다.
- 회로와 더불어서 부품 Pad에 대한 정보도 Top/Bottom면 모두 있어야 합니다.
- 보통 PCB 제작을 하면 short 등을 막기 위해서 PSR ink를 도포하게 됩니다. 일반적인 PCB로 보면 녹색의 ink를 회로면 위에 도포를 해주게 되는데 이 부분을 제거하는 영역들을 표시해 주게 됩니다. 그래야 부품의 경우에는 동박을 오픈시켜서 부품에 납을 올릴 수 있습니다.
- Top면과 마찬가지로 Bottom면에도 silk가 존재할 수 있기에 silk도 필요합니다.
- 기구적인 부분이라든지 Dip type의 부품이 있다면 PCB 상에 홀을 만드는 경우들이 있습니다. 이런 경우 PCB에서 Drill의 위치 정보를 주는 것이 필요합니다.
- 마지막으로 생산업체에 주는 정보도 있어야 합니다. PCB 사이즈에 대한 정보라든지 주의 사항, 제작에 필요한 정보 등을 넣어서 업체에서 알아볼 수 있도록 해줍니다.

위와 같이 환경에 따라 틀리겠지만 양면에서 추가되는 부분은 기본적으로 양면 배치나 단면 배치냐에 따라서 틀리겠지만 양면 배치를 기준으로 양면 PCB 대비 최소 2개의 내층 회로가 추가되어 12개 이상의 거버 파일이 생성되게 됩니다.

제1부 PADS의 기초

멀티 PCB의 CAM 설정에 대해서 살펴보겠습니다.

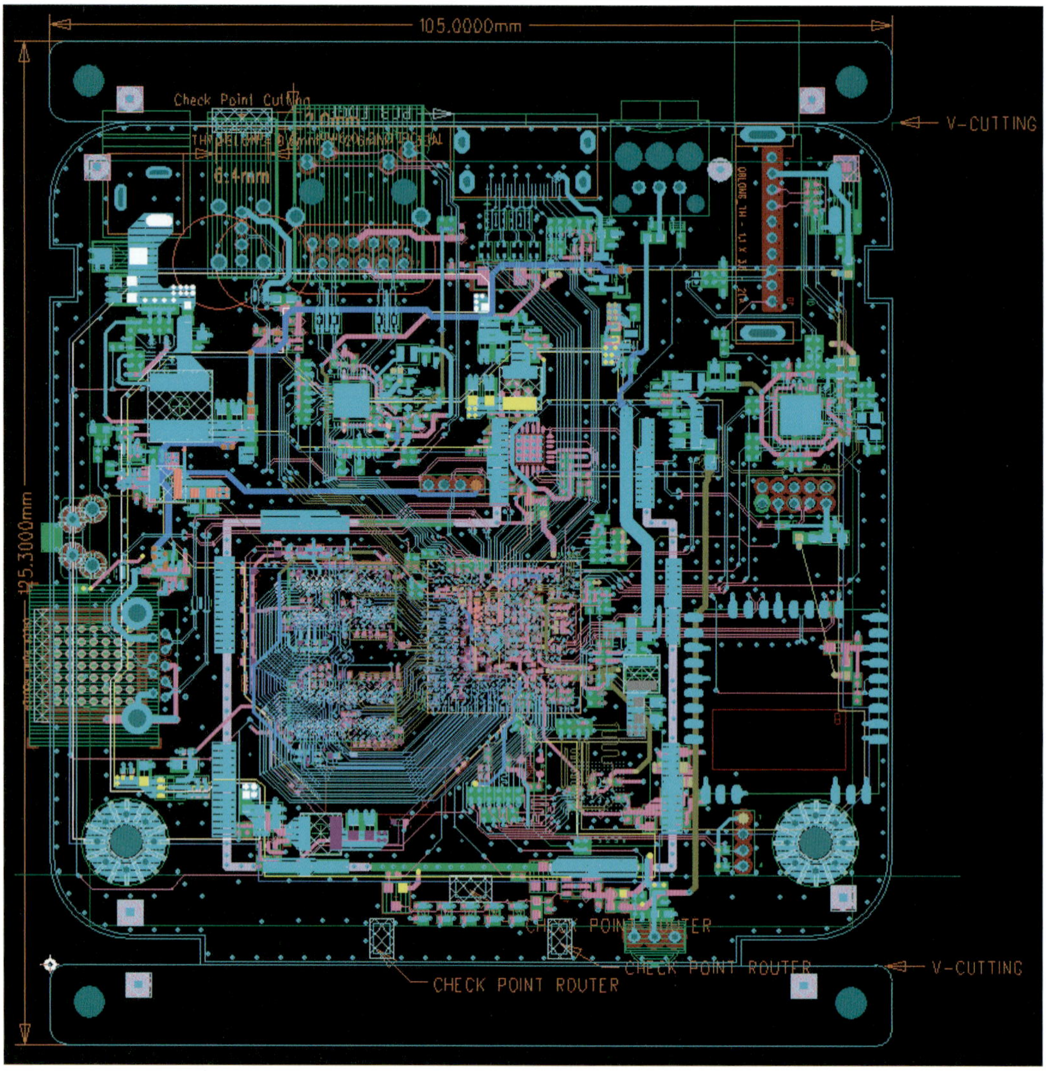

위 그림은 일반적인 멀티 보드인 4층 PCB 그림입니다.

아래 그림은 해당 PCB의 CAM 정보를 보여주고 있습니다.

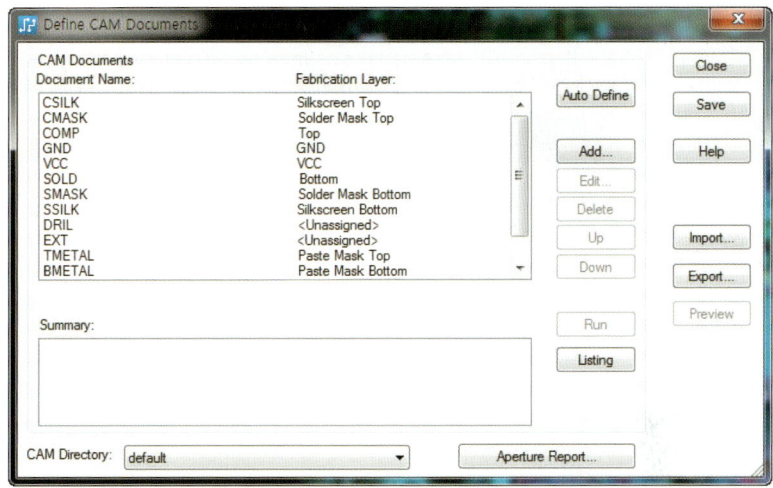

4층 PCB는 양면 CAM 파일에서 내층 회로인 GND와 VCC가 추가된 것을 확인할 수 있으며, 그렇게 총 12개를 만드는 것을 확인할 수 있습니다.

[Silk Screen Top]

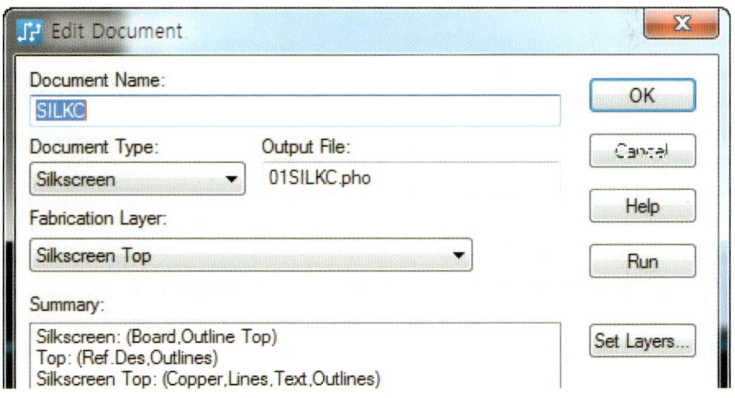

그림과 같이 Document Name은 구분할 수 있는 이름을 넣어주면 됩니다.

Document Type에서 Silk Screen을 설정하면 팝업창으로 Layer를 설정할 수 있습니다. 그곳에서 Top을 선택해 줍니다.

제1부 PADS의 기초

Output File은 자신이 관리할 수 있는 이름을 줍니다. 위와 같이 숫자를 넣은 이유는 CAM350 등 CAM 프로그램으로 검토할 때에 지정된 번호순으로 올라옵니다.

Fabrication Layer에서 원하는 Layer가 선택되거나 선택하면 됩니다.

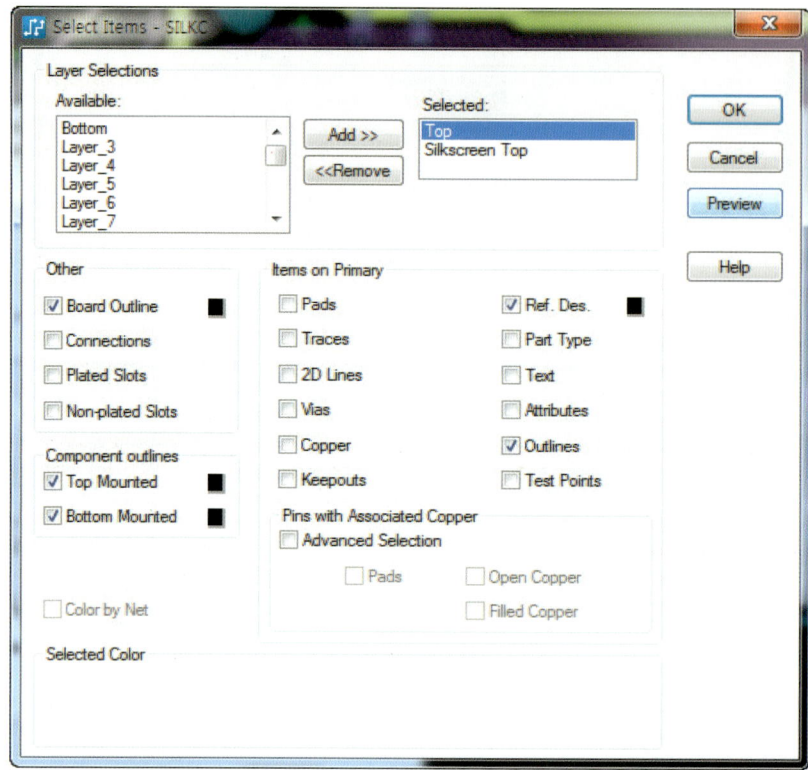

Silk Screen Top에서는 그림과 같이 Top과 Silkscreen Top, 이렇게 두 개의 Layer를 선택해 줍니다.

Other에서는 모든 CAM 파일에서 Board Outline을 설정해 줍니다.

Component outlines는 부품 내에 설정된 silk 등의 노출을 말하는 것으로 간혹 short 방지 실크를 넣는 경우도 있으니 Top, Bottom 모두 선택해 주는 것이 좋습니다.

Top Layer에서는 기본적으로 Top면에 표시할 부분을 선택해 주면 됩니다.

기본적으로 부품의 번호인 Ref.와 부품 외곽을 나타내는 outline을 설정해 줍니다.

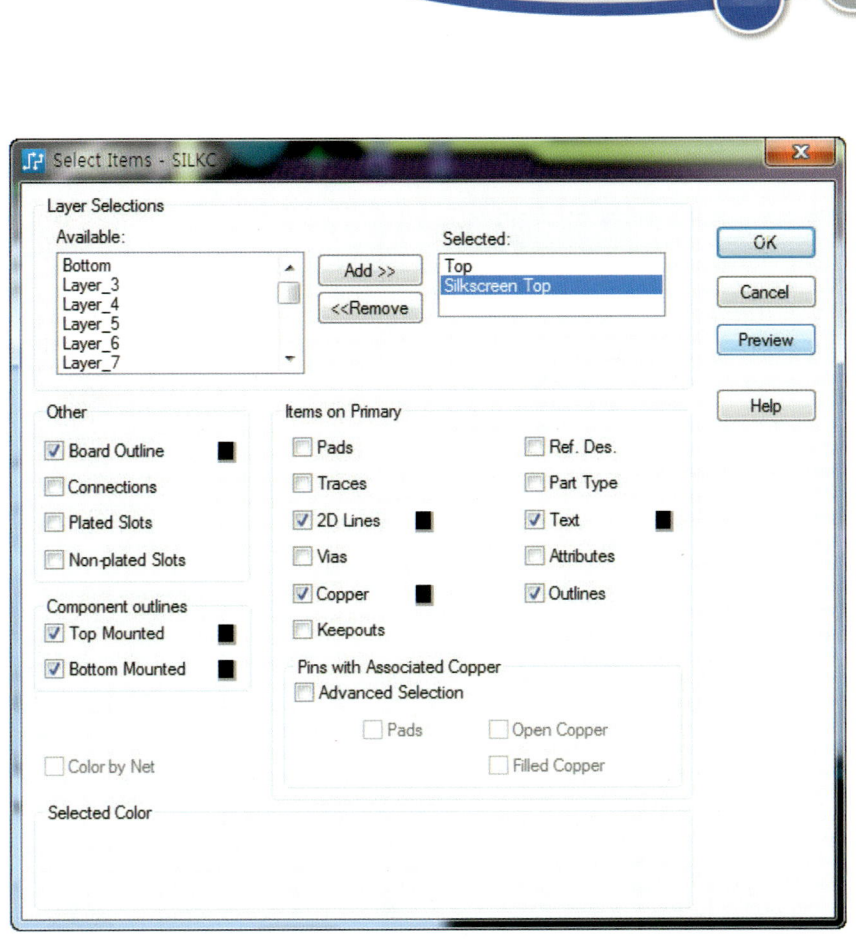

Silk Screen Top에서도 Top과 비슷합니다.

왼쪽의 경우는 동일하며, 오른쪽의 경우에는 조금 차이가 있습니다.

보통 설계한 모델의 모델명이라든지 생산에 필요한 바코드 마크 등 실크로 그려지는 부분들이 있습니다.

관련해서 특정 선을 그리거나 나타내는 2D Line과 바코드 등 PCB 상에 마킹이나 글을 쓸 수 있는 영역을 표시하는 Copper를 그리는 경우가 있기에 Copper로 체크해 줍니다.

그 외 모델명 등을 넣을 수 있는 Text를 선택해 줍니다.

Outline은 동일하게 체크해 줍니다.

제1부 PADS의 기초

[Solder Mask Top]

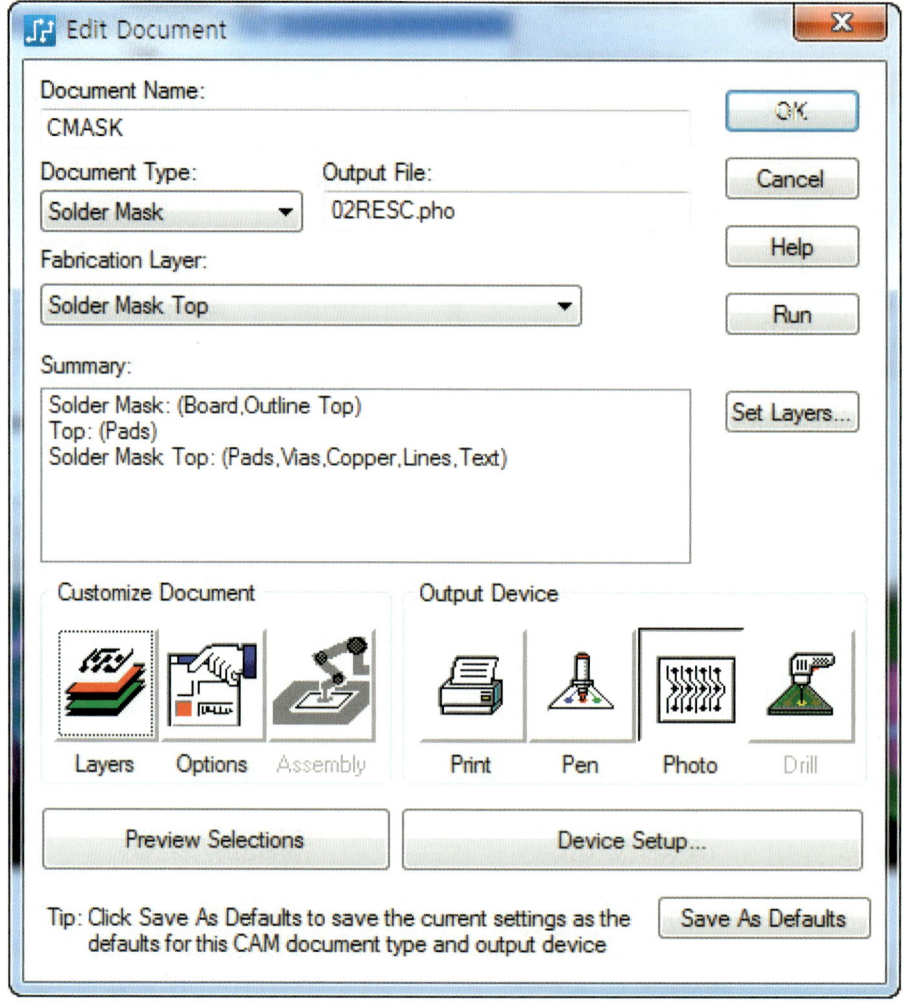

위 그림과 같이 Document Name은 구분할 수 있는 이름을 넣어주면 됩니다.

Document Type에서 Solder Mask를 선택해 주면 팝업창이 뜹니다. Top면을 선택해 줍니다.

Fabrication Layer에서 Solder Mask Top면을 선택해 주고, Output File에서 거버 이름을 설정해 줍니다.

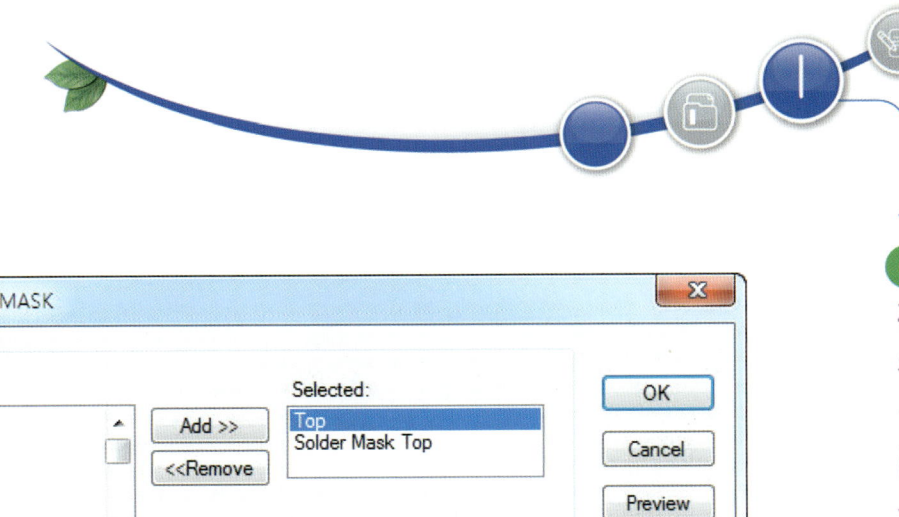

Solder Mask Top에서는 그림과 같이 Top과 Solder Mask Top, 이렇게 두 개의 Layer를 선택해 줍니다.

Other에서는 모든 CAM 파일에서 Board Outline을 설정해 줍니다.

Top Layer에서는 기본적으로 Top면에 표시할 부분을 선택해 주면 됩니다.

Solder Mask이기에 Pad와 필요에 따라 들어가는 Test point를 선택해 줍니다.

이 부분에서 2D Line이나 Copper 등을 설정할 수도 있지만 자칫하면 short를 발생시킬 수도 있기에 주의가 필요하며, 일반적으로 Via를 오픈하면 동이 노출되기에 Via의 동을 숨기기 위해 체크를 안 하기도 합니다.

제1부 PADS의 기초

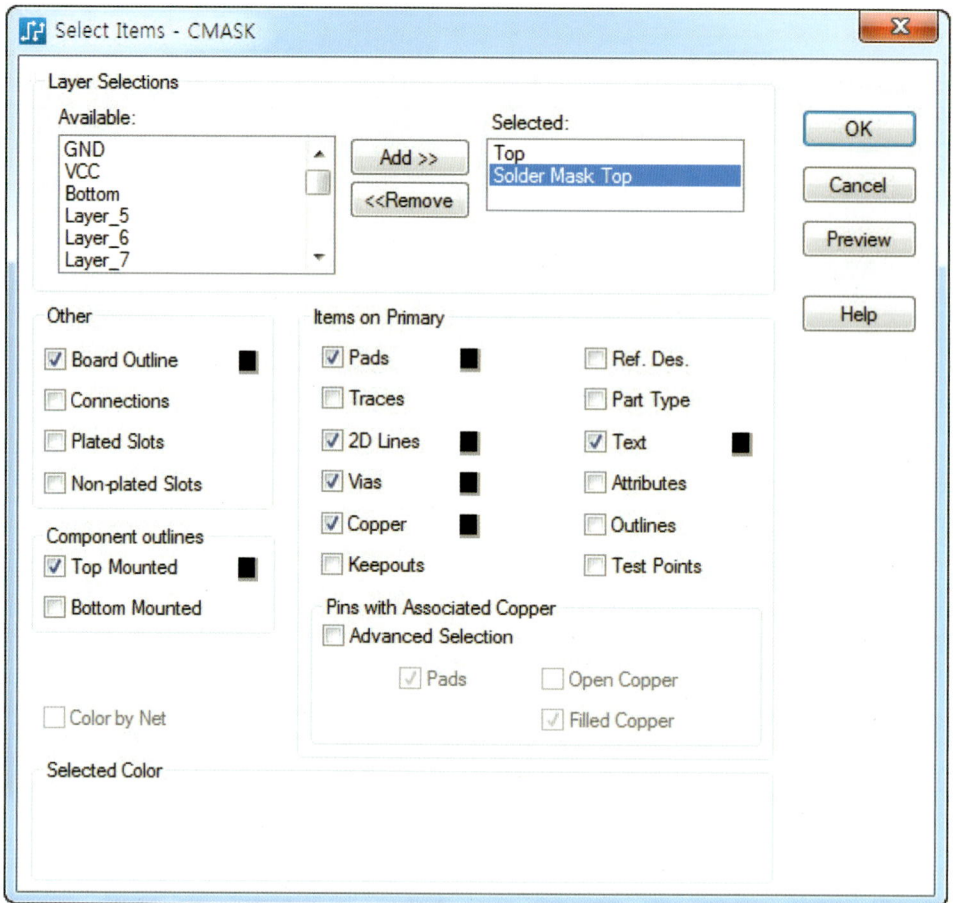

Solder Mask Top에서도 비슷합니다.

기본적으로 동이 노출되어야 하는 Pad와 Test point를 체크해 줍니다.

그 외에 특정 부분을 노출시키고자 할 경우 2D Line으로 그려진 부분을 노출시킬 수 있도록 2D Line을 체크해 줄 수 있습니다.

특정 부분에서 Copper로 그려주고 해당 부분을 열어주고자 할 경우 Copper를 체크해 줍니다. 2D Line과 Copper는 보통 패턴 등에 납을 올려서 보강해 줄 필요가 있을 때 주로 사용됩니다.

그 외에 모델명에 silk가 아닌 동으로 열어주는 경우가 있습니다.

이럴 경우 silk를 Solder Mask로 작성하고 CAM에서 그림과 같이 Text를 선택해 줍니다.

[COMP(TOP 회로)]

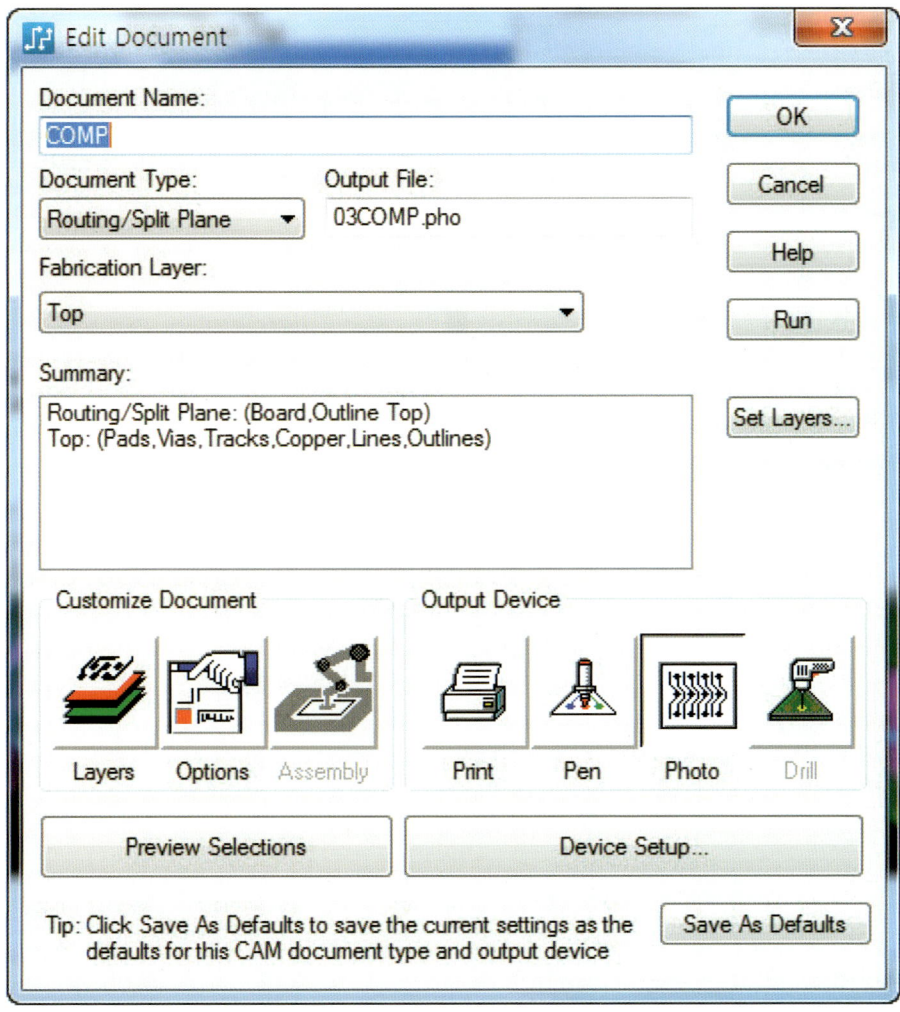

위 그림과 같이 Document Name은 구분할 수 있는 이름을 넣어주면 됩니다.

이 부분은 회로가 있는 부분으로 그림과 같이 Routing/Split Plane을 선택하면 팝업창이 뜹니다. 여기서 Top면을 선택해 줍니다.

Fabrication Layer에서 Top면을 선택해 주고, Output File에서 거버 이름을 설정해 줍니다.

제1부 PADS의 기초

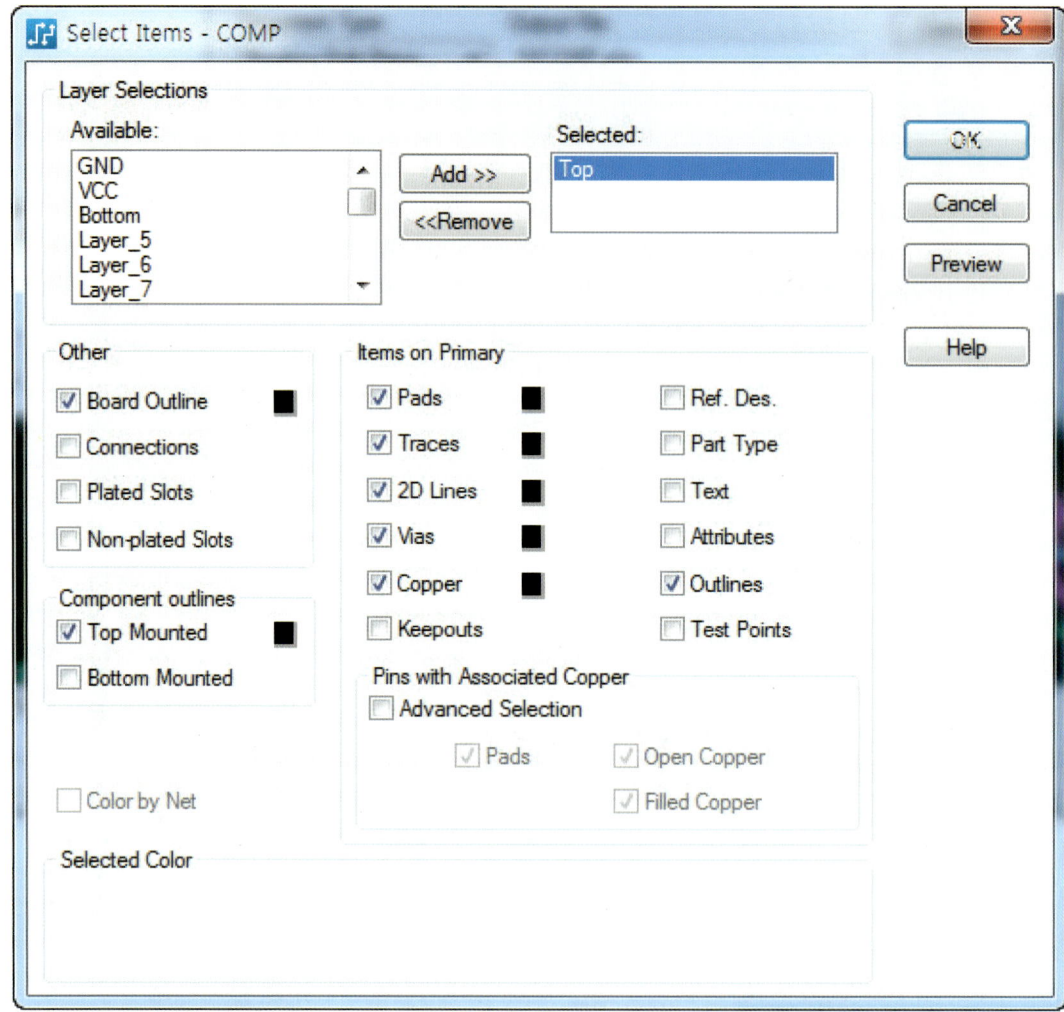

Top면은 회로가 형성되는 곳으로 기본적으로 회로와 연관이 있는 Pads, Traces, Copper, Vias 등을 열어줍니다.

2D Line과 Text는 필요에 따라서 오픈을 하지만 필자는 오픈을 안 하는 것을 추천합니다. 오픈하고 실수로 해당 Text나 2D Line이 있다면 회로로 인식이 되어서 short가 발생할 수 있기 때문입니다.

[GND(2Layer)]

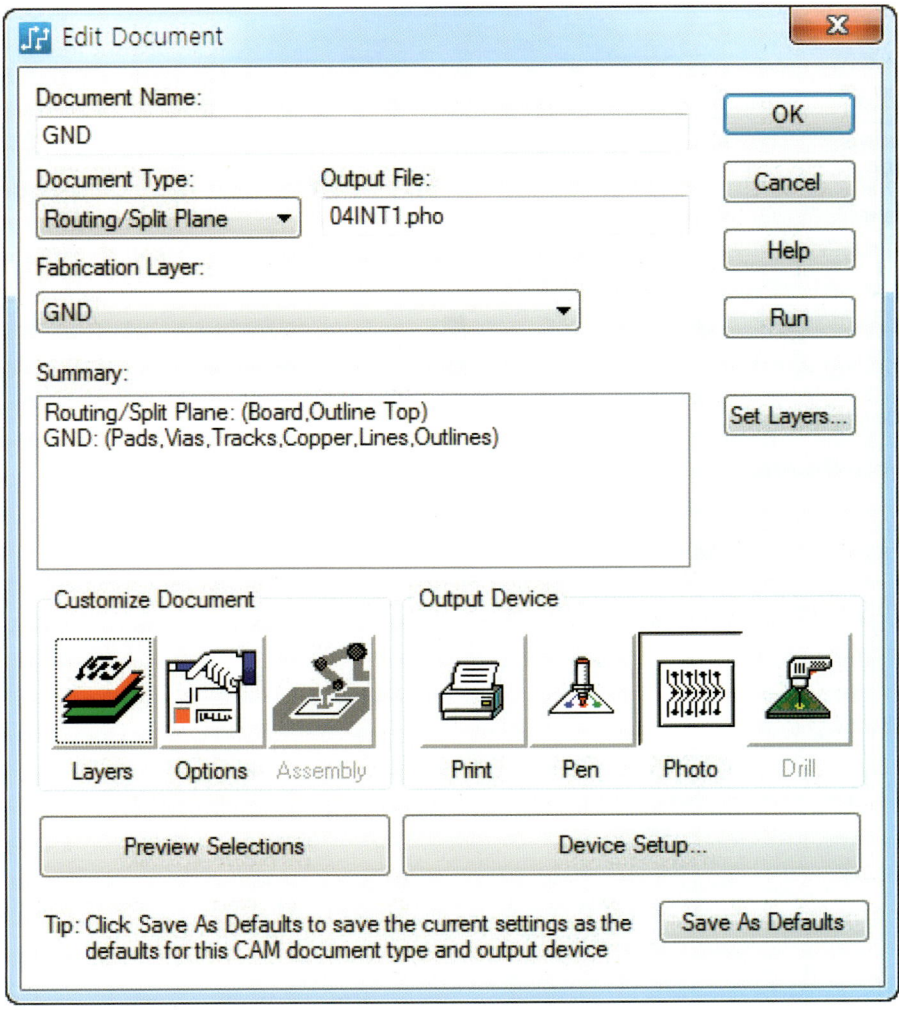

위 그림과 같이 Document Name은 구분할 수 있는 이름을 넣어주면 됩니다.

이 부분은 회로가 있는 부분으로 그림과 같이 Routing/Split Plane을 선택하면 팝업창이 뜹니다. 여기서 2Layer에 있는 면을 선택해 줍니다. 현재 위 그림에서는 GND로 되어 있으므로 GND를 선택해 주면 됩니다.

Fabrication Layer에서 GND면을 선택해 주고, Output File에서 거버 이름을 설정해 줍니다.

제1부 PADS의 기초

GND면은 회로가 형성되는 곳으로 기본적으로 회로와 연관이 있는 Pads, Traces, Copper, Vias 등을 열어줍니다.

2D Line과 Text는 내층이기에 사용하지 않습니다. 혹시라도 오픈하고 실수로 해당 Text나 2D Line이 있다면 회로로 인식이 되어서 short가 발생할 수 있습니다.

일반적으로 적층 구조에 따라서 활용이 틀리지만 4층 기준에서는 2Layer를 그라운드 층으로 사용하고 통 그라운드로 설정해 줍니다. 보드 밀집도나 회로 상황에 따라서 배선을 하지만 하나의 그라운드만 활용하는 것을 추천합니다.

[VCC(3Layer)]

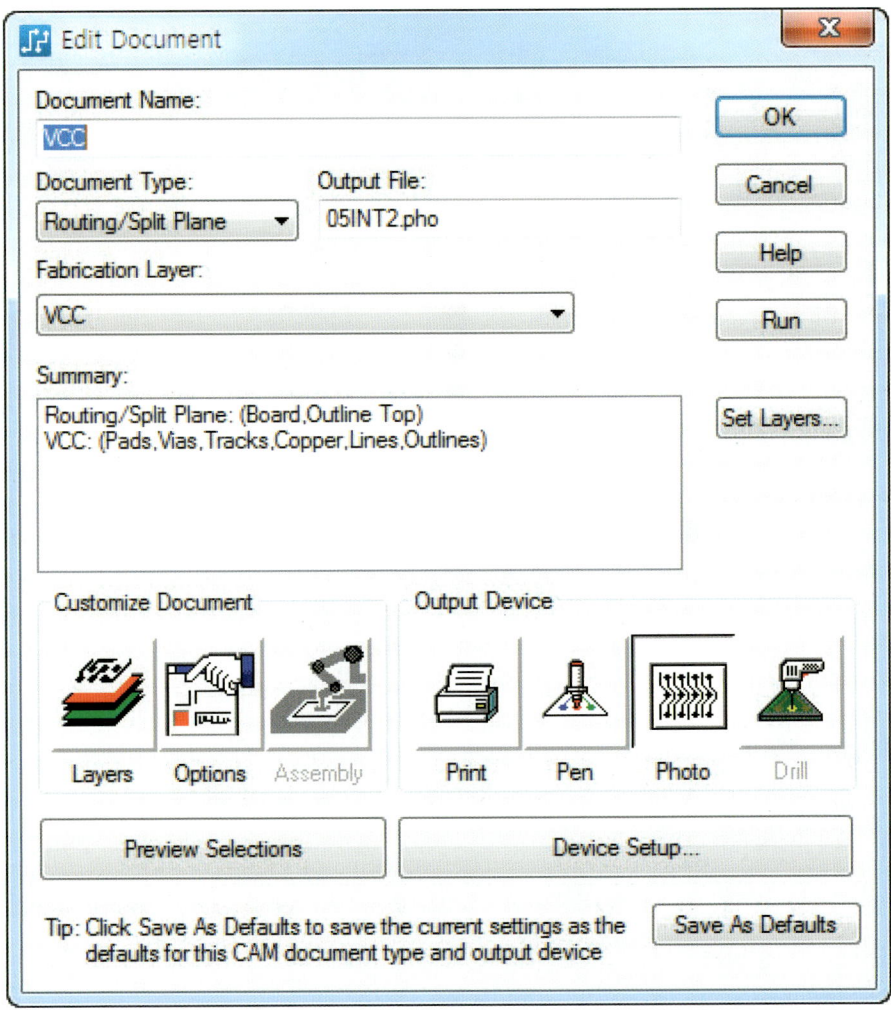

위 그림과 같이 Document Name은 구분할 수 있는 이름을 넣어주면 됩니다.

이 부분은 회로가 있는 부분으로 그림과 같이 Routing/Split Plane을 선택하면 팝업창이 뜹니다. 여기서 3Layer에 있는 면을 선택해 줍니다. 현재 위 그림에서는 VCC로 되어 있으므로 VCC를 선택해 주면 됩니다.

Fabrication Layer에서 VCC면을 선택해 주고, Output File에서 거버 이름을 설정해 줍니다.

제1부 PADS의 기초

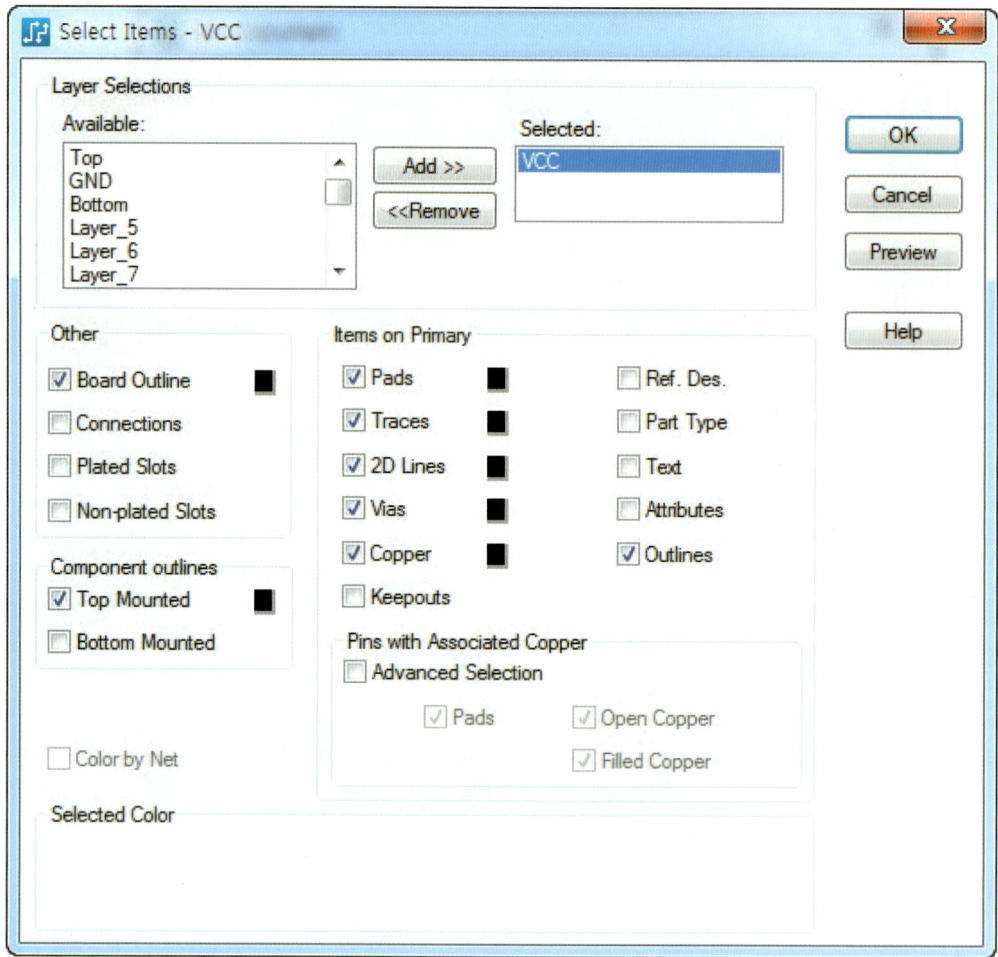

VCC면은 회로가 형성되는 곳으로 기본적으로 회로와 연관이 있는 Pads, Traces, Copper, Vias 등을 열어줍니다.

2D Line과 Text는 내층이기에 사용하지 않습니다. 혹시라도 오픈하고 실수로 해당 Text나 2D Line이 있다면 회로로 인식이 되어서 short가 발생할 수 있습니다.

일반적으로 적층 구조에 따라서 활용이 틀리지만 4층 기준에서는 3Layer는 전원 층으로 사용하고 통 그라운드로 설정해 줍니다. 보드 밀집도나 회로 상황에 따라서 배선하기도 하지만 외층 배선으로 해결할 수 없는 전류가 많이 흐르는 전원이나 전체적으로 사용되는 전원들로 다양하게 구성해주는 것을 추천합니다.

[SOLD(Bottom 회로)]

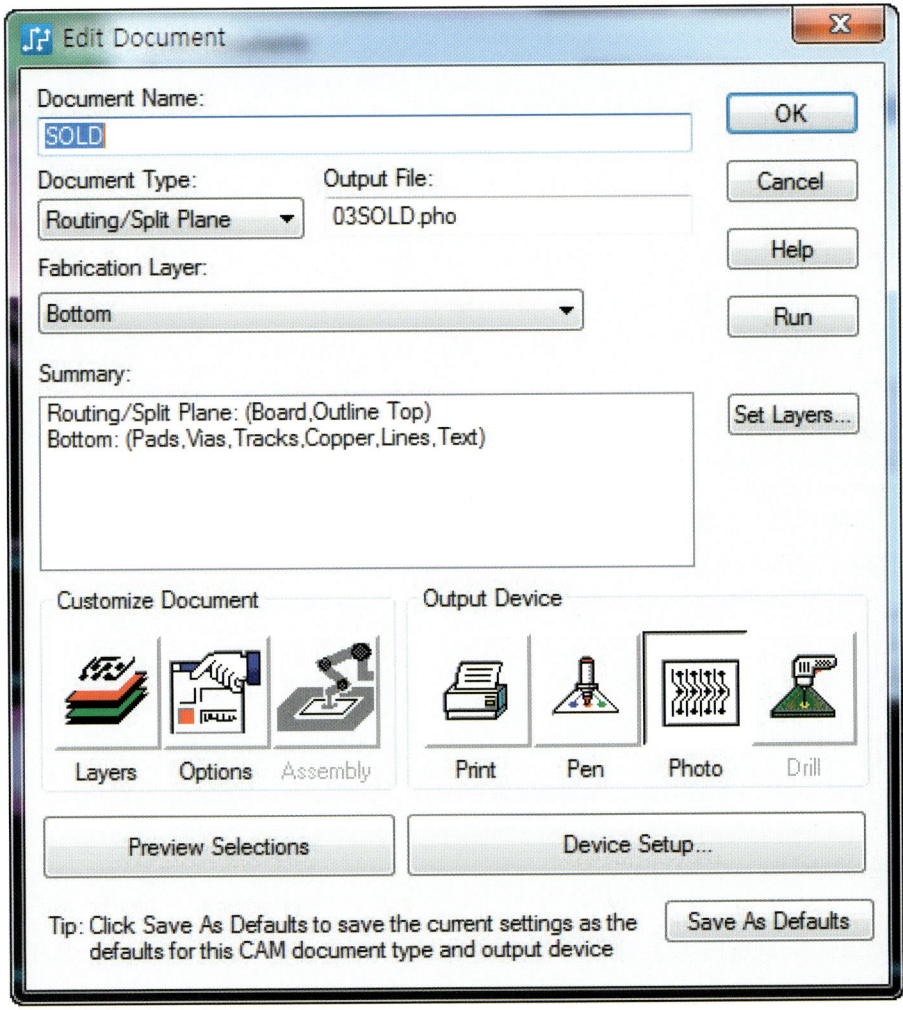

위 그림과 같이 Document Name은 구분할 수 있는 이름을 넣어주면 됩니다.

이 부분은 회로가 있는 부분으로 그림과 같이 Roting/Split Plane을 선택하면 팝업창이 뜹니다. 여기서 Bottom면을 선택해 줍니다.

Fabrication Layer에서 Bottom면을 선택해 주고, Output File에서 거버 이름을 설정해 줍니다.

제1부 PADS의 기초

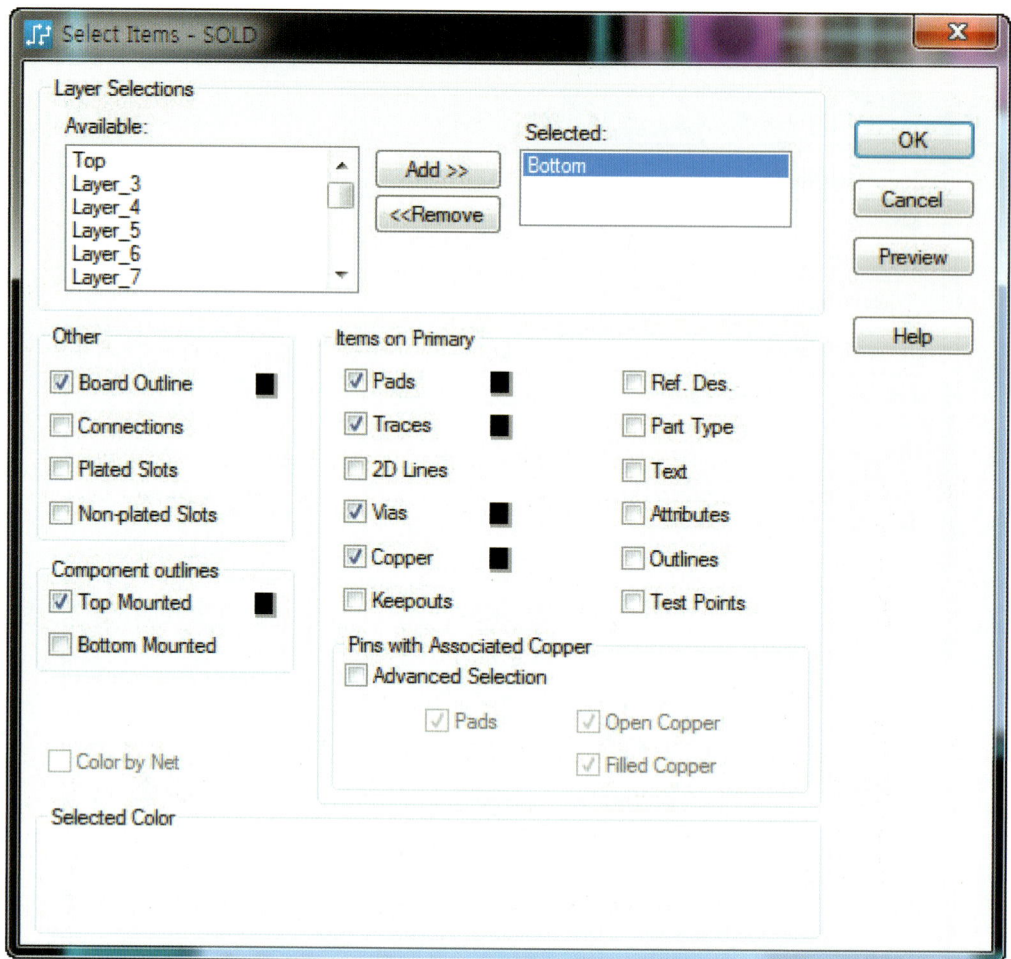

Bottom면은 회로가 형성되는 곳으로 기본적으로 회로와 연관이 있는 Pads, Traces, Copper, Vias 등을 열어줍니다.

2D Line과 Text는 필요에 따라서 오픈을 하지만 필자의 경우에는 오픈 안 하는 것을 추천합니다. 오픈하고 실수로 해당 Text나 2D Line이 있다면 회로로 인식이 되어서 short가 발생할 수 있습니다.

[Solder Mask Bottom]

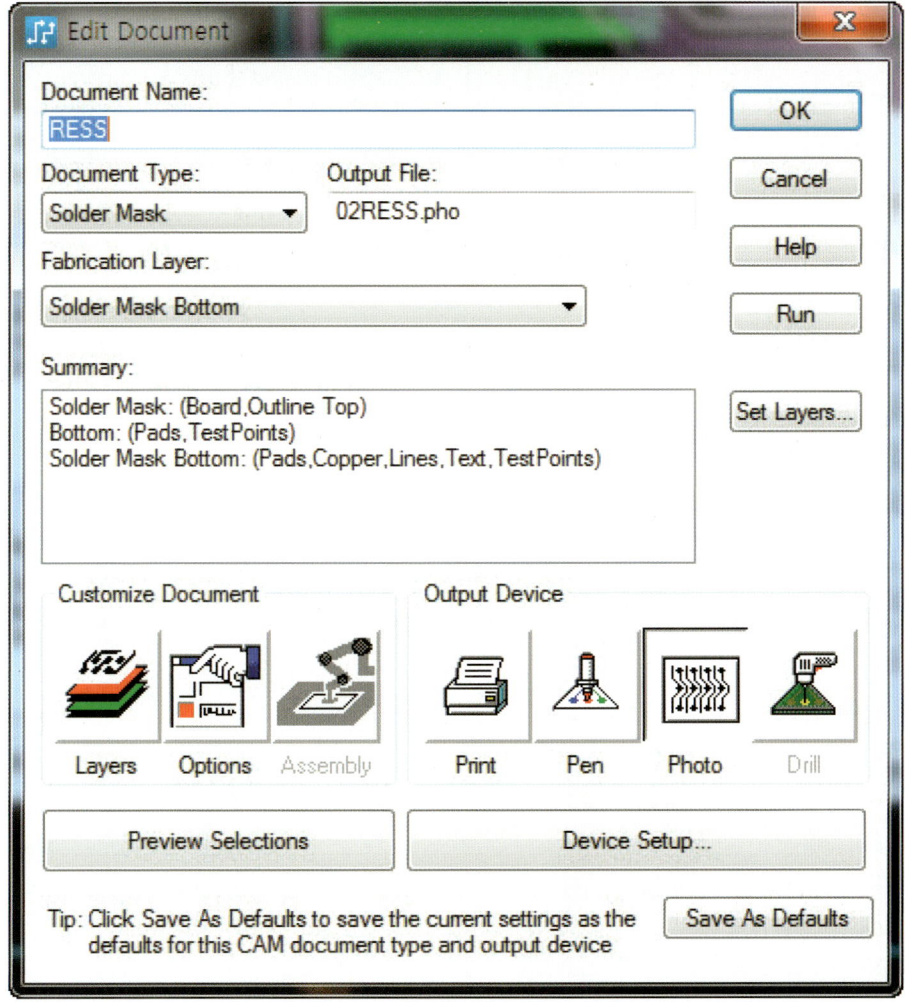

위 그림과 같이 Document Name은 구분할 수 있는 이름을 넣어주면 됩니다.

Document Type에서 Solder Mask를 선택해 주면 팝업창이 뜹니다. Bottom면을 선택해 줍니다.

Fabrication Layer에서 Solder Mask Bottom면을 선택해 주고, Output File에서 거버 이름을 설정해 줍니다.

제1부 PADS의 기초

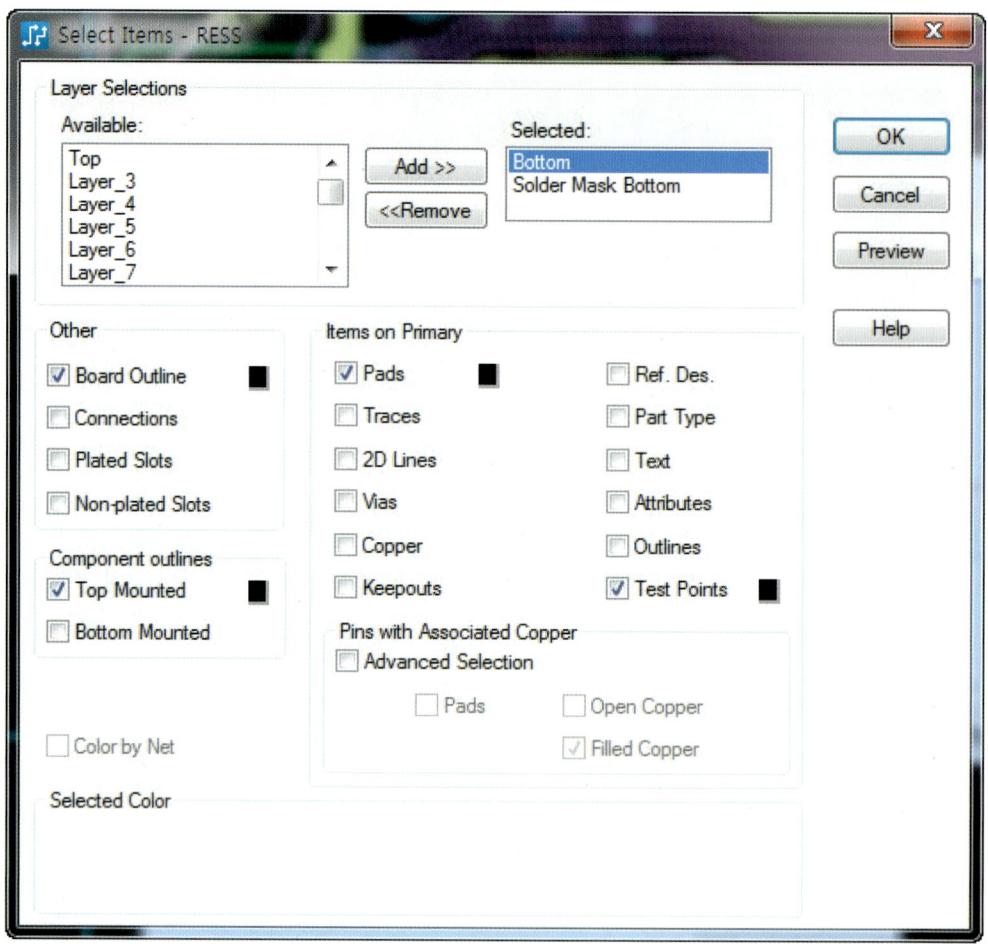

Solder Mask Bottom에서는 그림과 같이 Bottom과 Solder Mask Bottom, 이렇게 두 개의 Layer를 선택해 줍니다.

Other에서는 모든 CAM 파일에서 Board Outline을 설정해 줍니다.

Bottom Layer에서는 기본적으로 Bottom면에 표시할 부분을 선택해 주면 됩니다.

Solder Mask이기에 Pad와 필요에 따라 들어가는 Test point를 선택해 줍니다.

이 부분에서 2D Line이나 Copper 등을 설정할 수도 있지만 자칫하면 short를 발생시킬 수도 있기에 주의가 필요하며, 일반적으로 Via를 오픈하면 동이 노출되기에 Via의 동을 숨기기 위해 체크를 안 하기도 합니다.

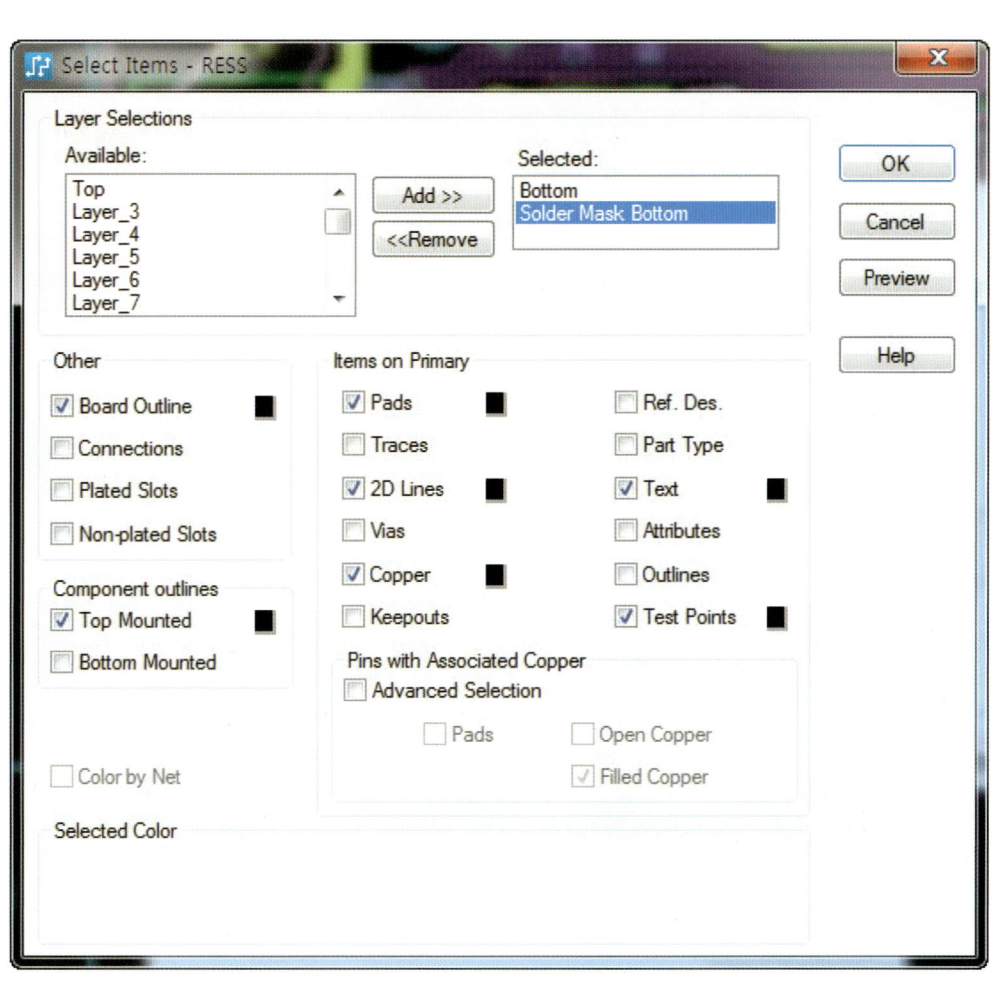

Solder Mask Bottom에서도 비슷합니다.

기본적으로 동이 노출되어야 하는 Pad와 Test point를 체크해 줍니다.

그 외에 특정 부분을 노출시키고자 할 경우 2D Line으로 그려진 부분을 노출시킬 수 있도록 2D Line을 체크해 줄 수 있습니다.

특정 부분에서 Copper로 그려주고 해당 부분을 열어주고자 할 경우 Copper를 체크해 줍니다.

2D Line과 Copper는 보통 패턴 등에 납을 올려서 보강해 줄 필요가 있을 때 주로 사용됩니다. 그 외에 모델명에 silk가 아닌 동으로 열어주는 경우가 있습니다.

이럴 경우 silk를 Solder Mask로 작성하고 CAM에서 그림과 같이 Text를 선택해 줍니다.

제1부 PADS의 기초

[Silk Screen Bottom]

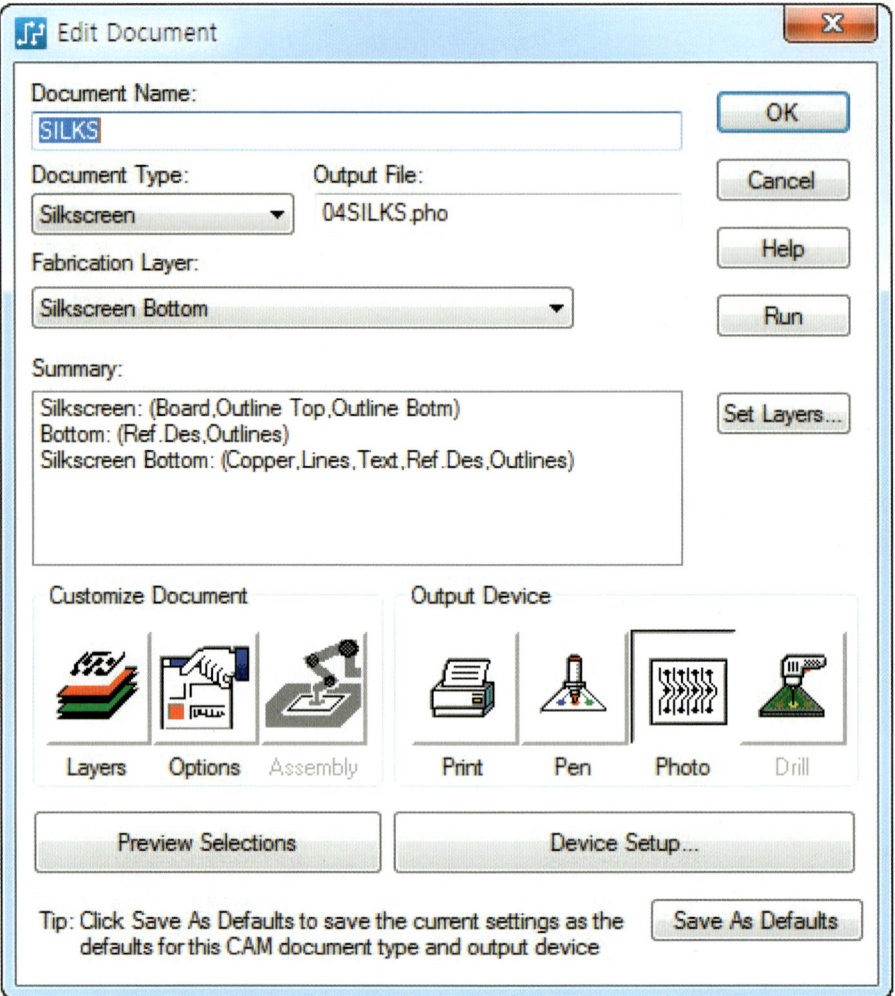

위 그림과 같이 Document Name은 구분할 수 있는 이름을 넣어주면 됩니다.

Document Type에서 Silk Screen을 설정하면 팝업창으로 Layer를 설정할 수 있습니다. 그곳에서 Bottom을 선택해 줍니다.

Fabrication Layer에서 원하는 Layer를 선택하면 됩니다.

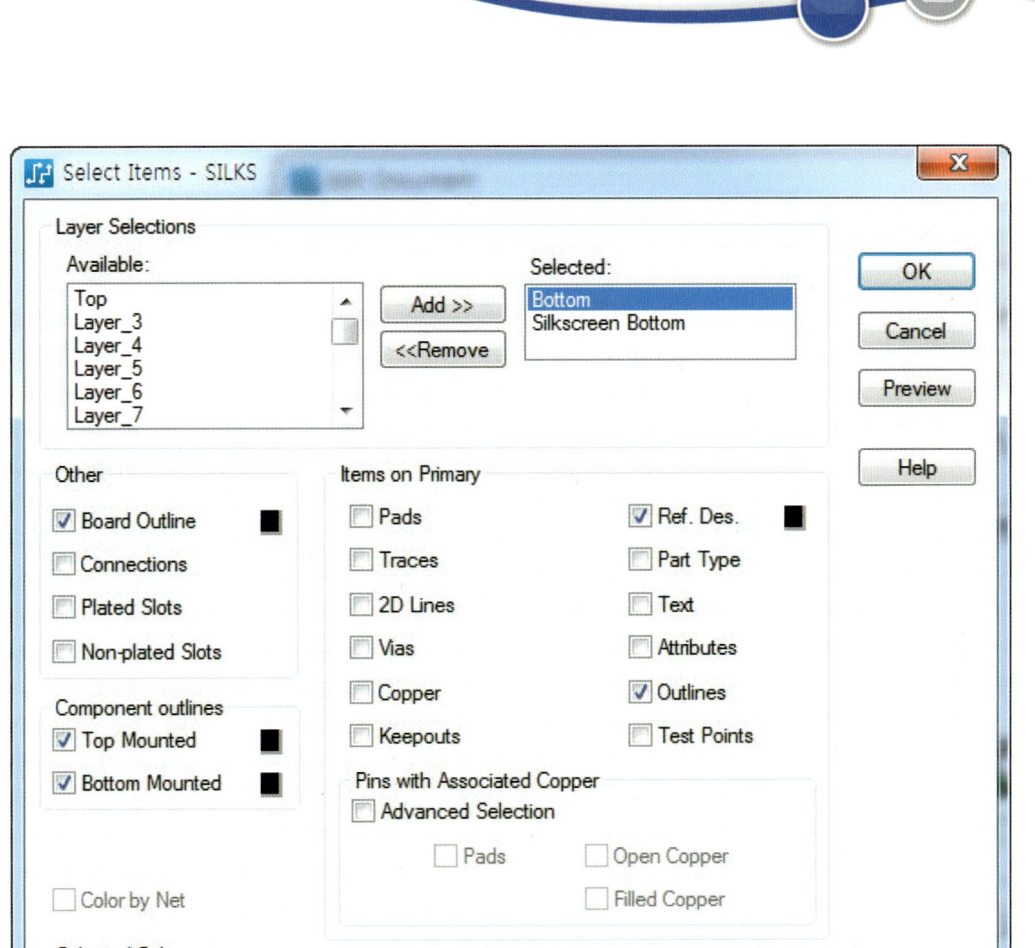

Silk Screen Bottom에서는 그림과 같이 Bottom과 Silk Screen Bottom, 이렇게 두 개의 Layer를 선택해 줍니다.

Other에서는 모든 CAM 파일에서 Board Outline을 설정해 줍니다.

Component outline은 부품 내에 설정된 silk 등 노출을 말하는 것으로 간혹 short 방지 실크를 넣는 경우도 있으니 Top, Bottom 모두 선택해 주는 것이 좋습니다.

Bottom Layer에서는 기본적으로 Bottom면에 표시할 부분을 선택해 주면 됩니다.

기본적으로 부품의 번호인 Ref.와 부품 외곽을 나타내는 outline을 설정해 줍니다.

제1부 PADS의 기초

Silk Screen Bottom에서도 Bottom과 비슷합니다.

왼쪽의 경우는 동일하며, 오른쪽의 경우에는 조금 차이가 있습니다.

보통 설계한 모델의 모델명이라든지 생산에 필요한 바코드 마크 등 실크로 그려지는 부분들이 있습니다.

관련해서 특정 선을 그리거나 나타내는 2D Line과 바코드 등 PCB 상에 마킹이나 글을 쓸 수 있는 영역을 표시하는 Copper를 그리는 경우가 있기에 Copper로 체크해 줍니다.

그 외 모델명 등을 넣을 수 있는 Text를 선택해 줍니다.

Outline은 동일하게 체크해 줍니다.

[Paste Mask Top]

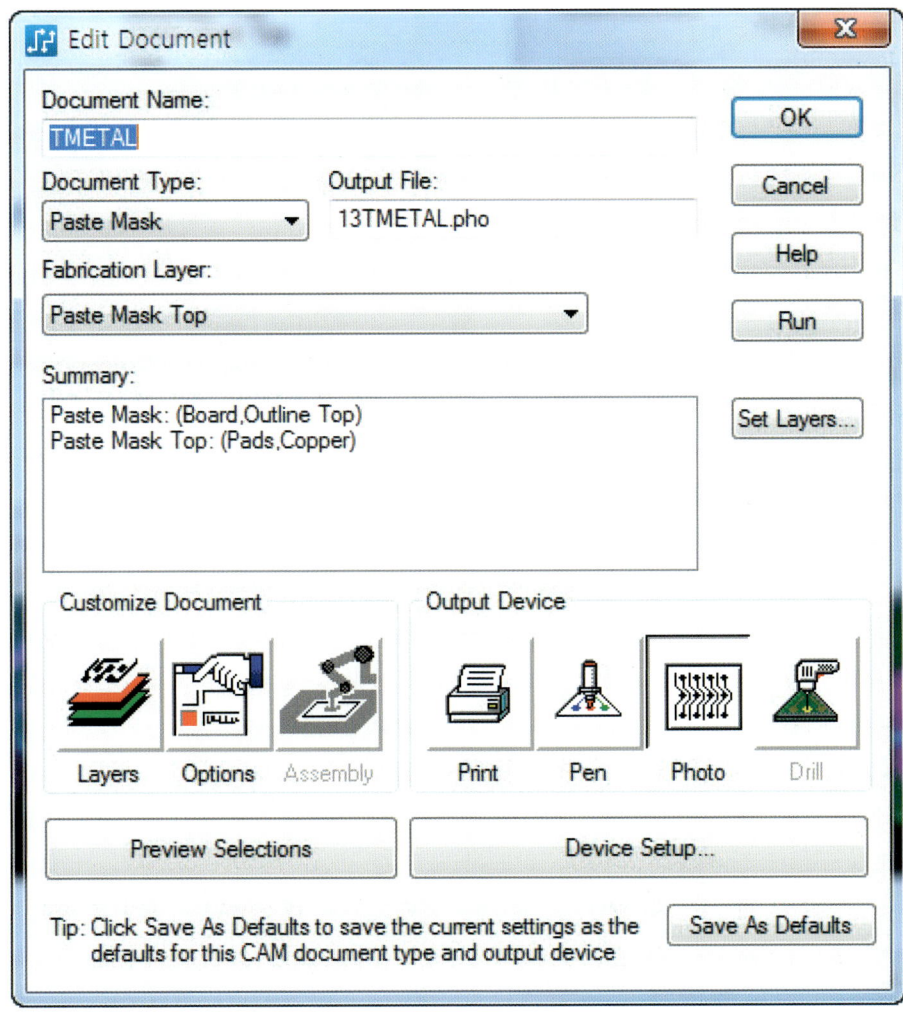

위 그림과 같이 Document Name은 구분할 수 있는 이름을 넣어주면 됩니다.

Document Type에서 Paste Mask를 선택해 주면 팝업창이 뜹니다. Top면을 선택해 줍니다.

Fabrication Layer에서 Paste Mask Top면을 선택해 주고, Output File에서 거버 이름을 설정해 줍니다.

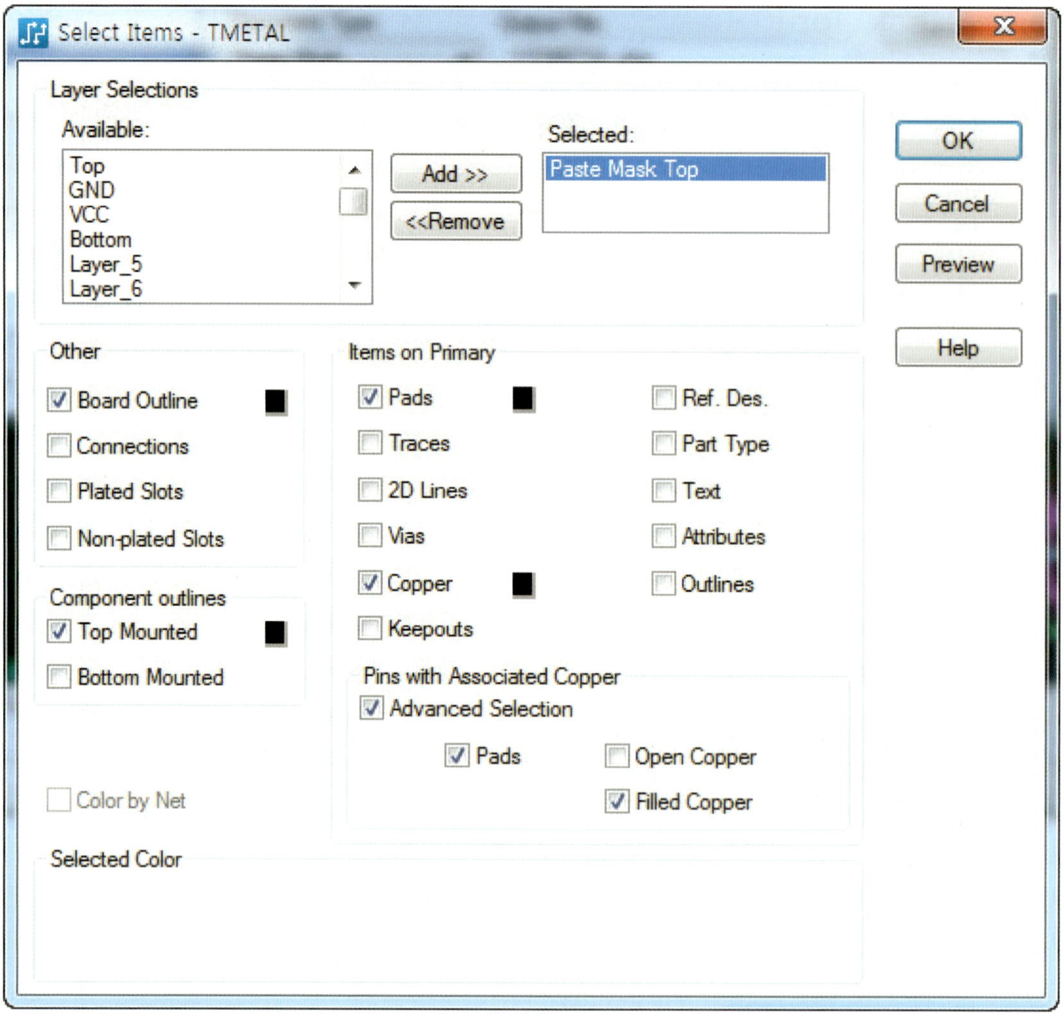

제1부 PADS의 기초

Paste Mask Top에서는 Metal Mask 제작에 필요한 정보를 오픈하는 자료입니다. 관련해서 간혹 2D Line이나 Text 그 외 Copper에 solder 크림을 올리고자 한다면 오픈할 수도 있지만 실제로 많이 사용하지는 않습니다.

앞서 단면 보드에서는 Bottom면을 넣어서 설정해 주기도 하지만 위 그림과 같이 Paste Mask만으로 설정을 해도 문제가 없습니다. 중요한 것은 생산에 필요한 Metal Mask를 만드는 자료로 SMD 부품의 Pad가 오픈되도록 설정해 주면 됩니다.

[Paste Mask Bottom]

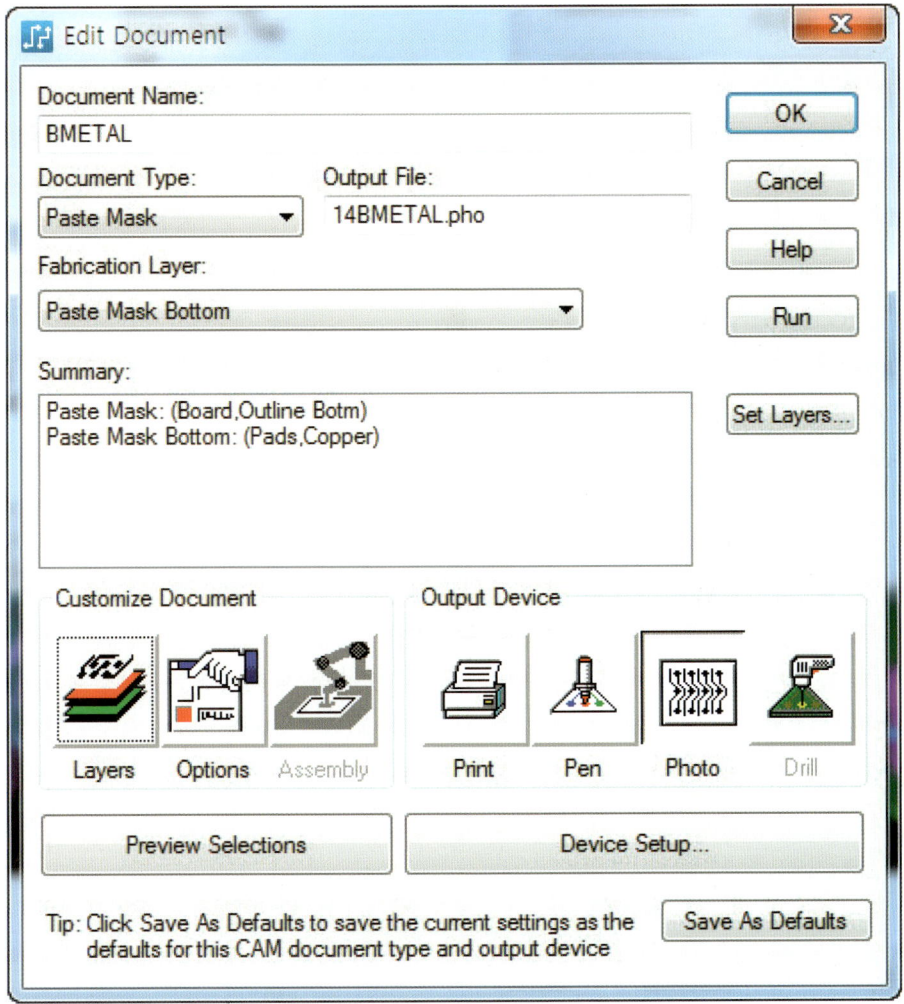

위 그림과 같이 Document Name은 구분할 수 있는 이름을 넣어주면 됩니다.

Document Type에서 Paste Mask를 선택해 주면 팝업창이 뜹니다. Bottom면을 선택해 줍니다.

Fabrication Layer에서 Paste Mask Bottom면을 선택해 주고, Output File에서 거버 이름을 설정해 줍니다.

제1부 PADS의 기초

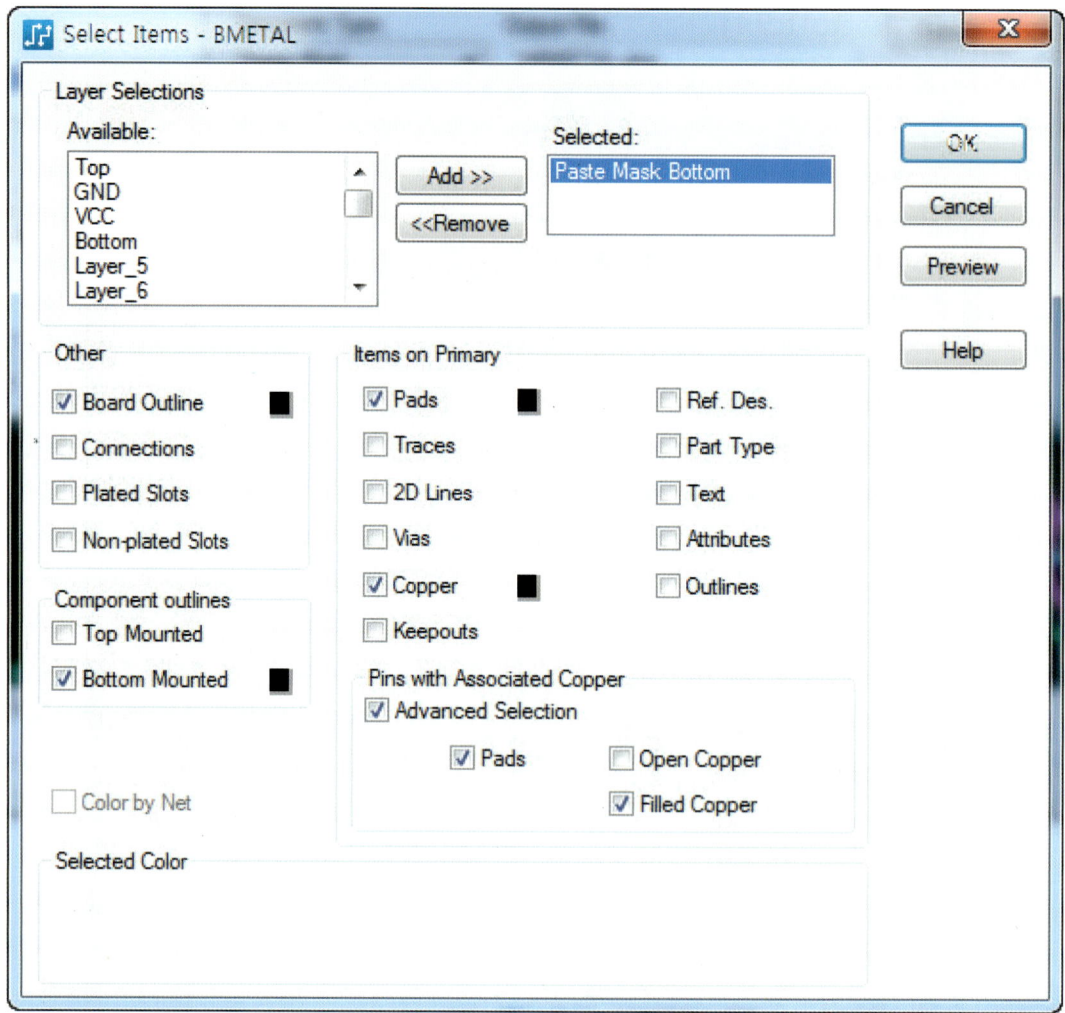

Paste Mask Bottom에서는 Metal Mask 제작에 필요한 정보를 오픈하는 자료입니다.

앞서 단면 보드에서는 Bottom면을 넣어서 설정해 주기도 하지만 위 그림과 같이 Paste Mask만 으로 설정해도 문제가 없습니다. 중요한 것은 생산에 필요한 Metal Mask를 만드는 자료로 SMD 부품의 Pad가 오픈되도록 설정을 해주면 됩니다.

[Document]

이 부분에서는 생산에 필요한 정보를 주는 곳입니다.

Document Type에서 Custom을 선택하면 됩니다.

실제 필름 형성은 되지 않지만, 생산에 필요한 PCB 두께나 oz, PCB 크기 등 모든 정보를 기입하고 생산업체에서 볼 수 있도록 합니다.

제1부 PADS의 기초

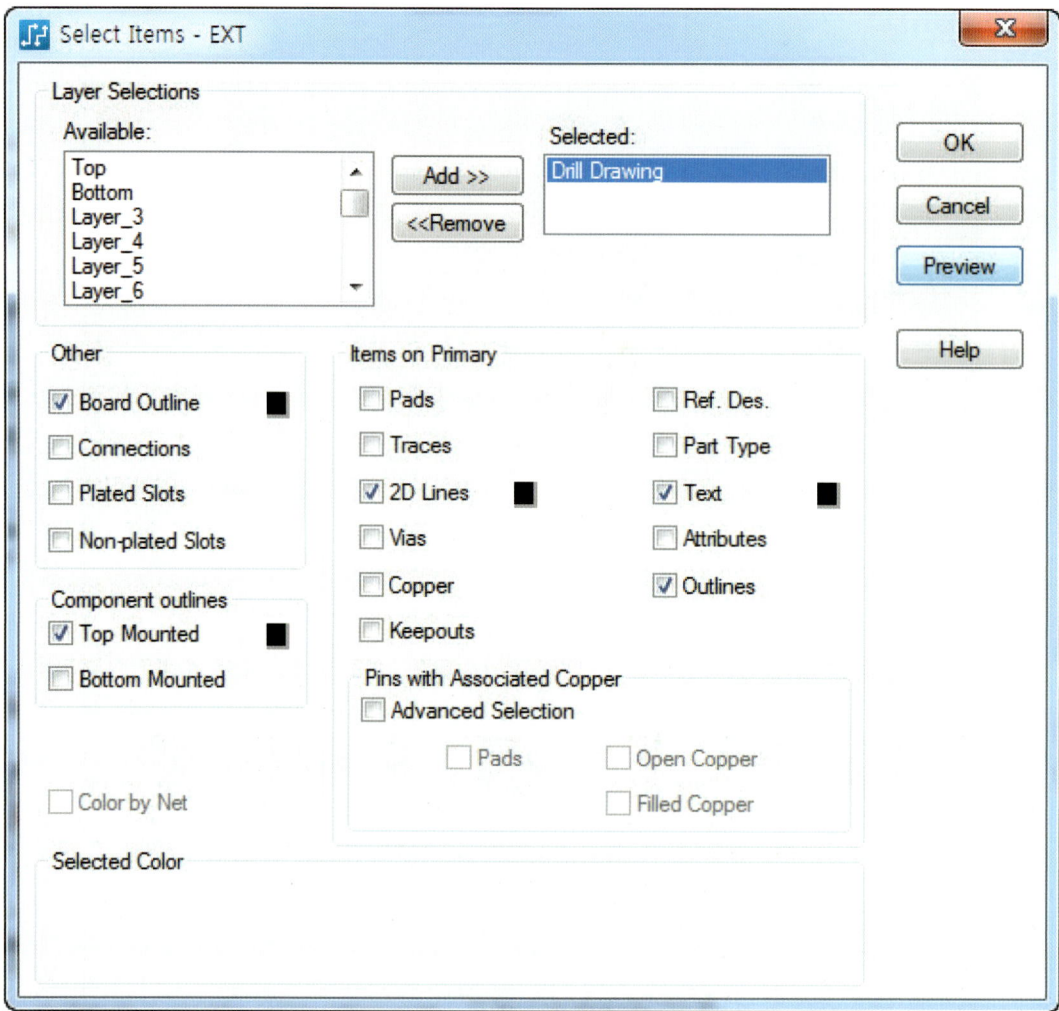

일반적으로 Drill Drawing Layer를 선택합니다.

PCB 관련 정보를 넣어주는 곳이기에 2D Line과 Text와 outline을 선택해서 설계자가 제조업체에게 주고자 하는 정보를 보여줄 수 있도록 합니다.

[Drill]

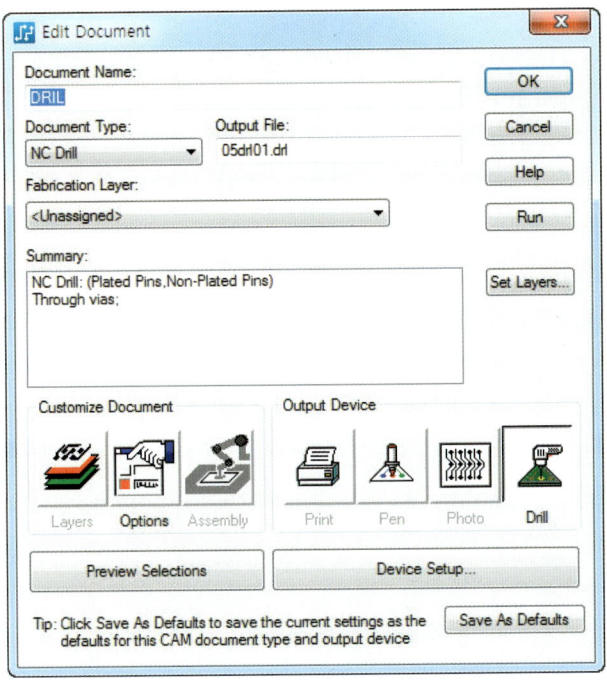

위 그림과 같이 Document Name은 구분할 수 있는 이름을 넣어주면 됩니다.

Document Type에서 NC Drill을 설정해 줍니다.

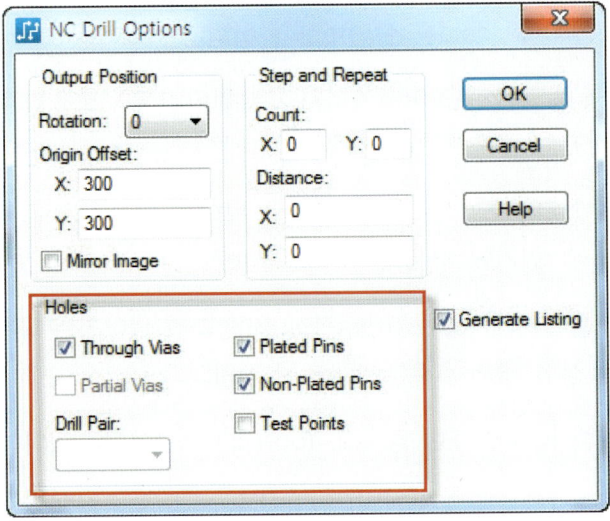

제1부 PADS의 기초

앞의 그림과 같이 Option에서 Drill에 대해서 설정해 줄 수 있습니다. 붉은 박스 부분과 같이 Drill을 형성하는 것은 모두 선택해 줍니다.

Hole 부분에서 기본적인 Through Vias를 선택해 줍니다. 그 외에 Plated와 Non-Plated도 홀이 생기는 부분이니 선택해 줍니다.

기본적으로 Plated는 홀 속 도금이 되는 Drill이고, Non-Plated는 도금이 되지 않는 Drill이라고 생각하면 됩니다.

그 외에 현재 사용하지 않아서 활성화는 안 되어 있지만, Partial Via는 Build-up PCB 제작 시 활용하게 됩니다. 일반적인 PCB에서는 사용하지 않습니다.

4 Build-up PCB

휴대폰 등 고밀도 PCB에서 사용되는 설계기법 중 하나입니다.

기본적으로 Build-up PCB는 이름에서 표현되듯이 각 층간 Via를 사용할 수 있습니다. 일반 PCB는 관통 Via만 사용하는 것과 비교되는 차이이며, 4Layer 이상의 멀티 보드로 구성이 됩니다. Build-up은 다양한 설계 방법이 있습니다. 층에 따라서 인접 층간 Via를 사용하느냐, 2개 층 이상을 어디서부터 어디까지 뚫어주느냐에 따라 다양하게 나뉘게 됩니다.

Build-up 보드에 필요한 CAM data를 살펴보고자 합니다.

기본적으로 멀티 보드와 동일한 구조이며 Via가 세분화되기에 Via에 대한 부분만 추가해 주면 됩니다.

☞ 멀티 보드와 같은 구조로 Dip 또는 SMD type 부품이 있다고 가정을 한다면 Top/Bottom면 모두 부품이 존재할 수 있기에 부품의 위치나 정보를 알려주는 silk가 존재하게 됩니다.

☞ 회로 배선은 양면과 동일하게 Top/Bottom면과 층에 따라 들어가는 내층을 모두 해서 이루어지게 됩니다. 4층의 경우 내층 회로는 2개가 추가됩니다.

☞ 회로와 더불어서 부품 Pad에 대한 정보도 Top/Bottom면 모두 있어야 합니다.

☞ 보통 PCB를 제작하면 short 등을 막기 위해서 PSR ink를 도포하게 됩니다. 일반적인 PCB로

보면 녹색의 ink를 회로면 위에 도포를 해주는데 이 부분을 제거하는 영역들을 표시해주게 됩니다. 그래야 부품의 경우에는 동박을 오픈시켜서 부품에 납을 올릴 수 있습니다.

☞ Top면과 마찬가지로 Bottom면에도 silk가 존재할 수 있기에 silk도 필요합니다.

☞ 기구적인 부분이라든지 Dip type의 부품이 있다면 PCB 상에 홀을 만드는 경우들이 있습니다. 이런 경우 PCB에서 Drill의 위치 정보를 주는 것이 필요합니다.

☞ 생산업체에 주는 정보도 있어야 합니다. PCB 사이즈에 대한 정보라든지 주의 사항, 제작에 필요한 정보 등을 넣어서 업체에서 알아볼 수 있도록 해줍니다.

☞ 일반적인 PCB는 Drill 정보 한 가지만 전달하면 되지만, Build-up PCB는 Via를 사용하는 방법에 따라서 Drill data가 늘어나게 됩니다.

예를 들어서 8층 PCB에 Build-up Via를 1~2층간, 2~7층간, 7~8층간 Via를 사용한다면 해당되는 3개 Drill data를 추가해서 전달하면 됩니다.

위와 같이 환경에 따라 다르겠지만 멀티 보드에서 추가되는 부분은 기본적으로 양면 배치냐 단면 배치냐에 따라서 위에 비교한 4층 기준에서 볼 때 최대 Drill은 1~2층간, 2~3층간, 3~4층간으로 일반 4층 PCB 대비 3개의 Drill data가 추가되어 최대 15개의 거버 파일이 생성됩니다.

이번 CAM 설정에서는 추가되는 Drill 정보에 대해서만 알아보겠습니다.

제1부 PADS의 기초

Build-up PCB의 CAM 설정에 대해서 살펴보겠습니다.

오른쪽 그림은 Build-up 보드 중 하나입니다.

8층 Build-up B-type 구조로 되어 있으며, 그림과 같이 Build-up PCB는 밀집도가 높거나 BGA 등 chip-set의 ball pitch가 일반적인 Via로 구현할 수 없을 경우 사용하는 설계 방법입니다.

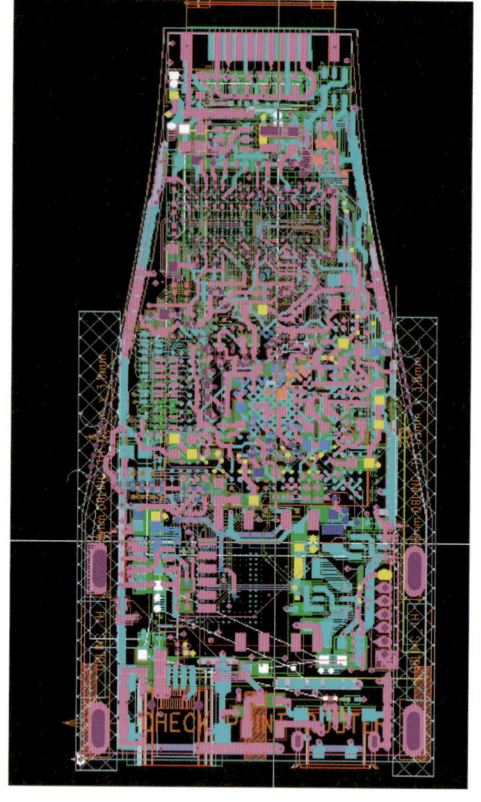

아래는 해당 PCB의 CAM 정보를 보여주고 있습니다.

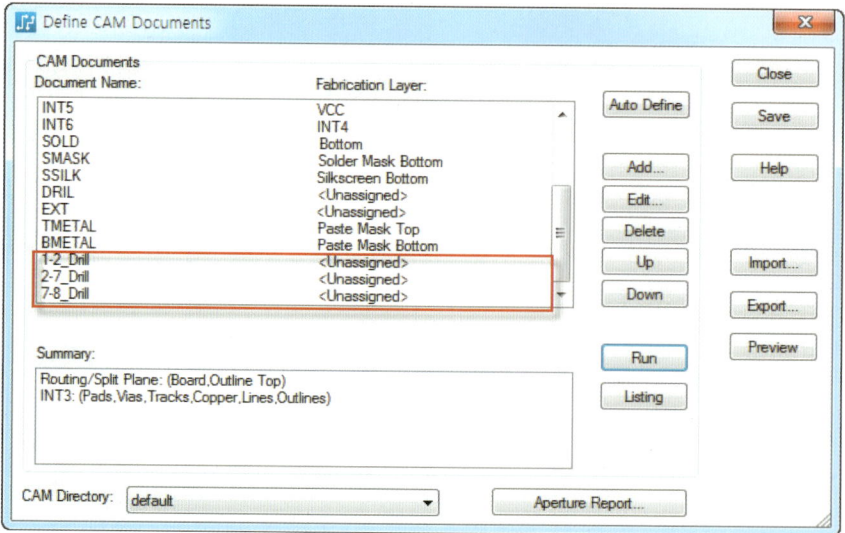

지금까지 살펴본 일반적인 PCB와 다르게 Drill data가 추가되어 있는 것을 확인할 수 있습니다.

다시 정리하면 Build-up PCB는 일반적인 멀티 PCB에서 Via를 어떻게 사용하느냐에 따라서 구분된다고 보면 됩니다.

[Build-up Drill data]

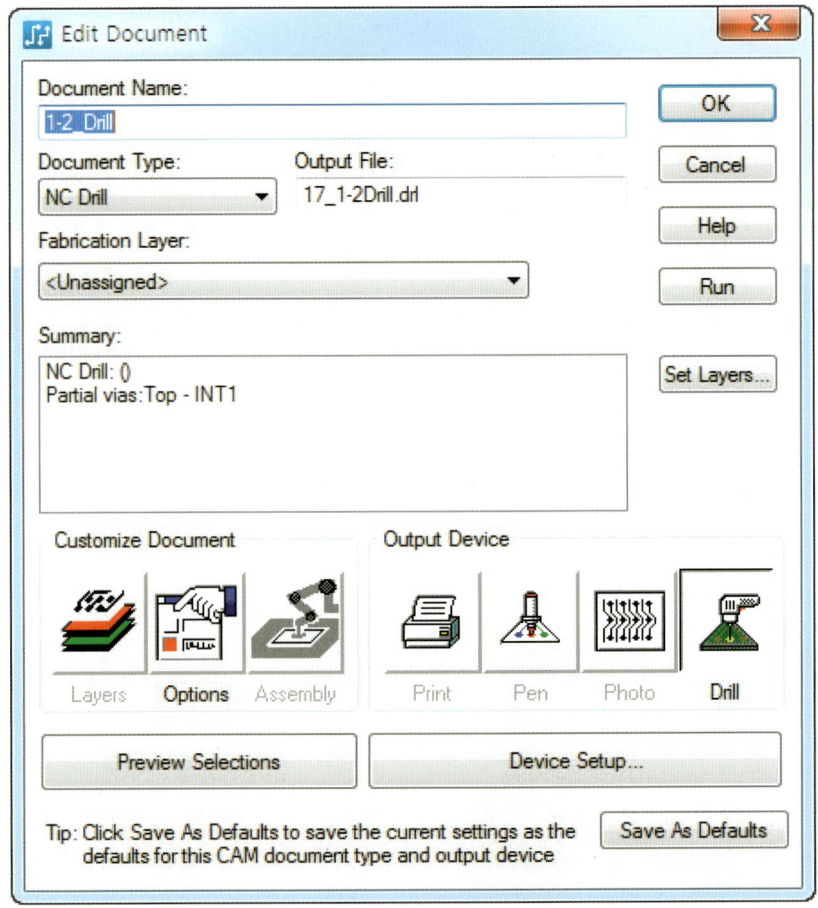

위 그림과 같이 Document Name은 구분할 수 있는 이름을 넣어주면 됩니다.

Document Type에서 NC Drill을 설정해 줍니다.

제1부 PADS의 기초

오른쪽 그림과 같이 Option에서 Drill에 대해 설정해 줄 수 있습니다.

붉은 박스 부분과 같이 기존에 Drill과 다르게 Partial Vias를 선택해 줍니다.

Drill Pair에서는 Build-up Via로 설정된 Via 중 선택하면 됩니다.

그 외에 Through Vias는 전 층을 뚫는 Via로 선택하지 않고 오른쪽에 있는 Pins 역시 전 층을 관통하므로 선택하지 않습니다.

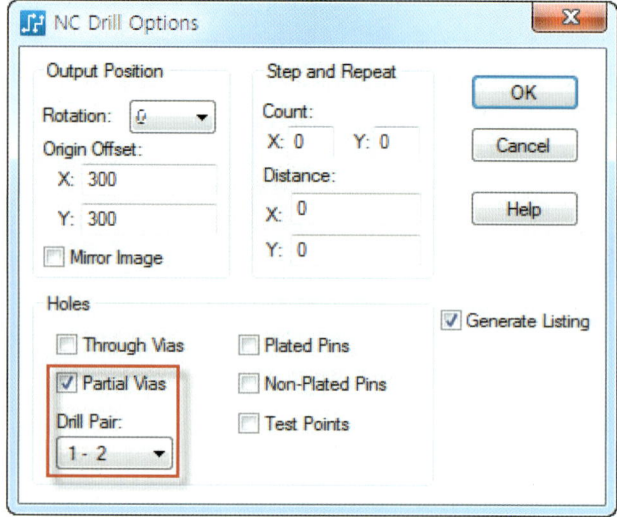

추가로 CAM 설정 시 Drill과 일반 CAM data 설정은 통일시켜주는 것이 좋습니다. 그러면 CAM350 등 CAM 검토 프로그램에 한 번에 올릴 수 있습니다.

위 옵션에서 Device Setup을 선택해 줍니다.

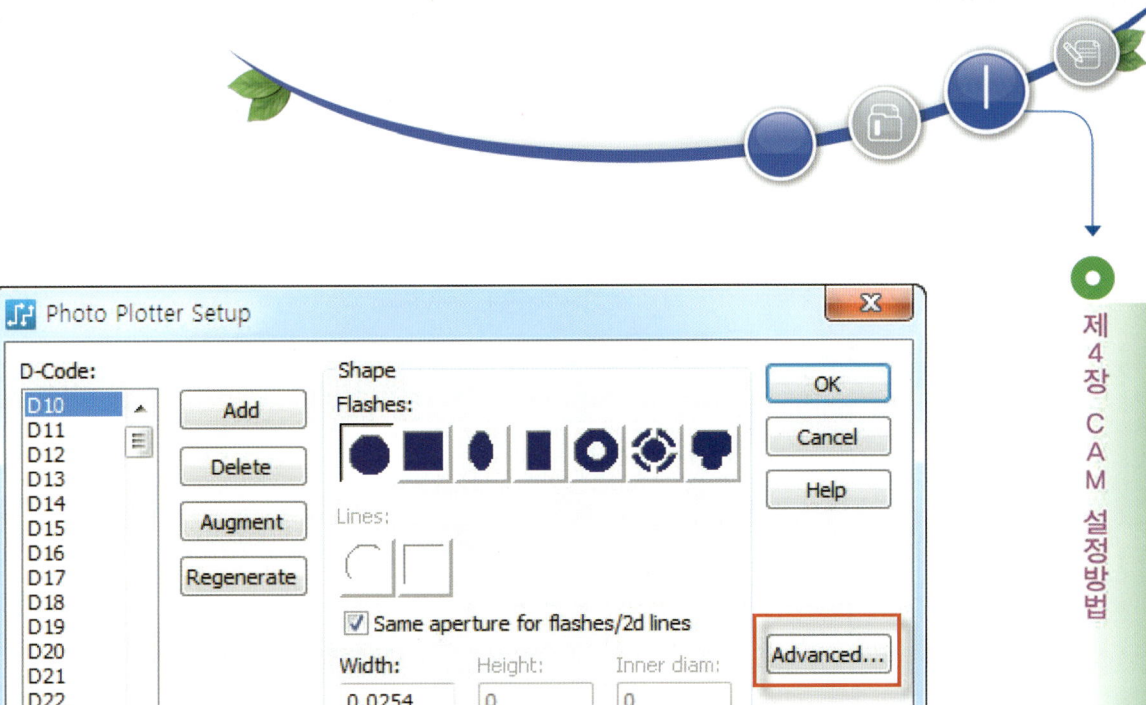

Advanced..를 선택한 후에

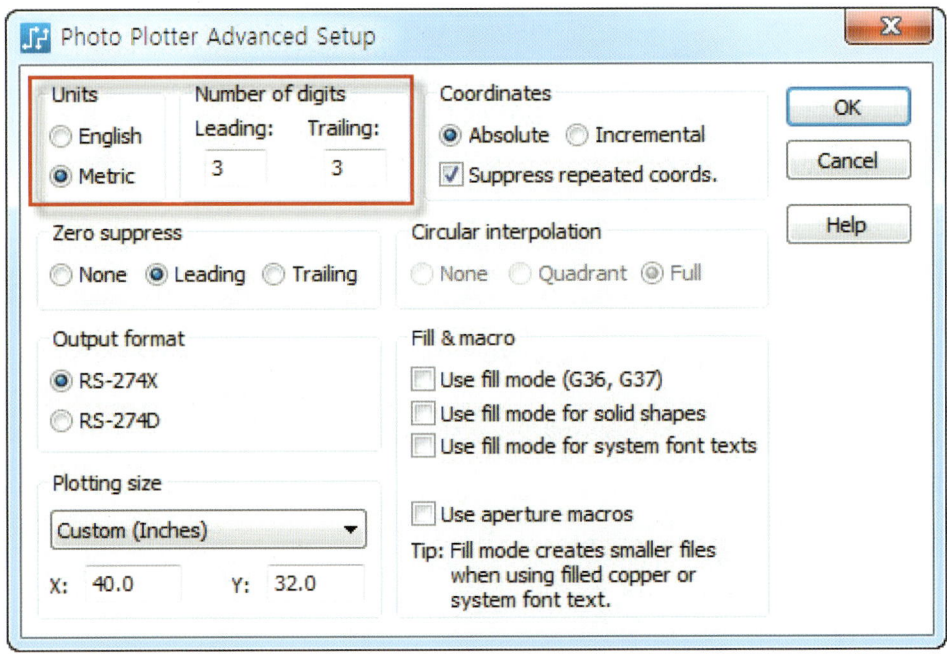

Units는 Metric으로 하고, Number of digits의 범위를 설정해 줍니다.

제1부 PADS의 기초

Drill data에서도 위와 같이 옵션에서 Device Setup을 선택해 줍니다.

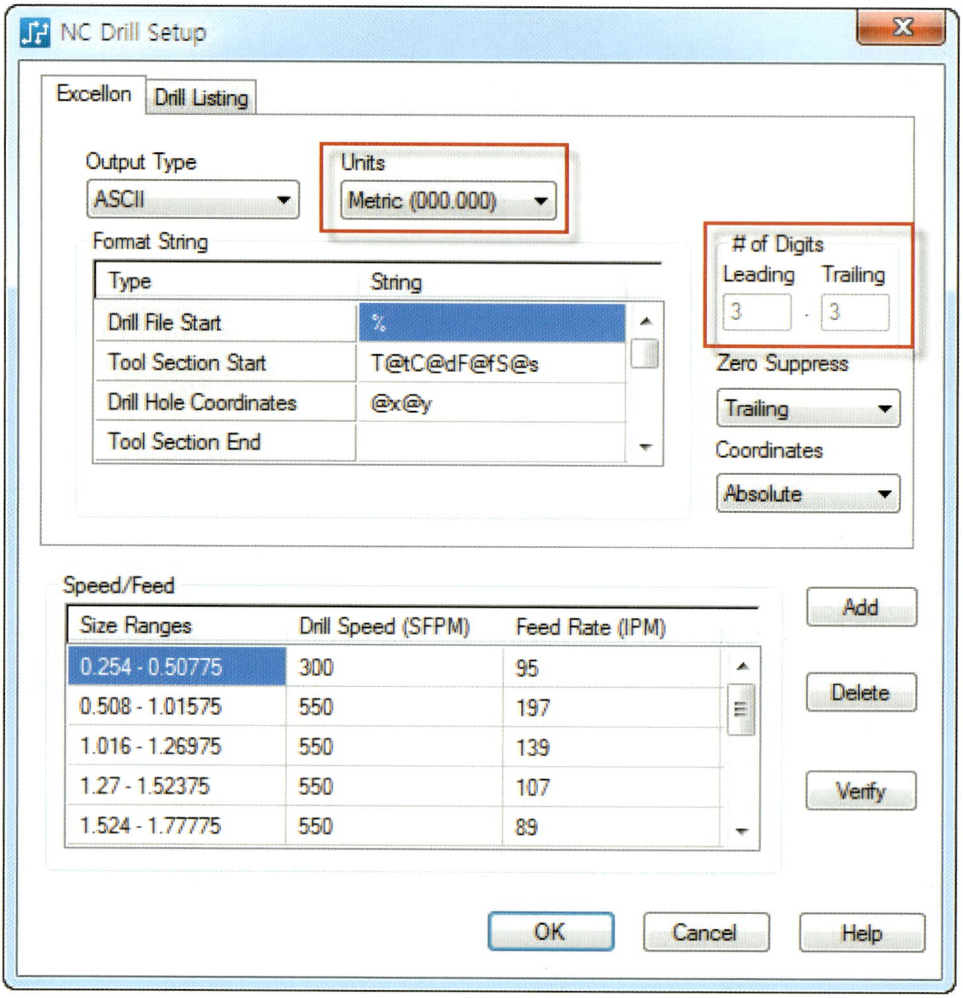

위 그림과 같이 Units에서 일반 CAM data와 마찬가지로 동일하게 unit을 통일하고 범위 또한 동일하게 설정해 줍니다.

오른쪽에 Digits를 동일하게 맞춰줍니다.

PCB 기본 설정 방법

1. 단면 PCB 설계 시 Setting 방법 및 주의사항

일반적으로 단면 PCB는 CEM-3나 FR-1의 원자재를 사용하여 만들게 됩니다.

그리고 단면 PCB 양산을 하게 된다면 금형을 제작하여 만들기에 일정 수량 이상이 아니라면 양면으로 설계하는 것이 비용적으로 더 싸고 설계적인 quality도 더 좋을 수 있습니다.

일단 여기서는 단면 설계를 하시는 분들에게 필요한 정보를 드리겠습니다. 시간이 흐름에 따라 제조기술도 발전하기에 차이는 있을 수 있습니다.

설계하기에 앞서 머릿속에 두고 하기보다는 효율적인 설계를 위해서 미리 Design rule을 설정하고 작업하는 것이 좋습니다.

기본적으로 단면이라 한다면 Pattern이 한쪽 면으로만 설계하고 구성되는 것을 말합니다. 부품은 양면을 다 활용할 수 있지만 기본 납이 묻는 공간은 한쪽 면이어야 하는 것이죠. 다시 말하면 납을 묻힐 수 있는 면은 한쪽만 있는 것으로 양쪽으로 잡아주는 양면 이상의 보드에 비해서 Pad가 약할 수 밖에 없는 구조입니다.

결론적으로 Thermals 처리를 할 때는 아래 그림과 같이 그라운드의 경우 Pad를 모두 덮어주는 (Flood over) 것이 좋으며, 일반적인 Pad는 Copper로 보강을 해주는 것이 좋습니다. 그렇지 않을 경우 열에 의해서 Pad가 떨어질 가능성이 있습니다.

제1부 PADS의 기초

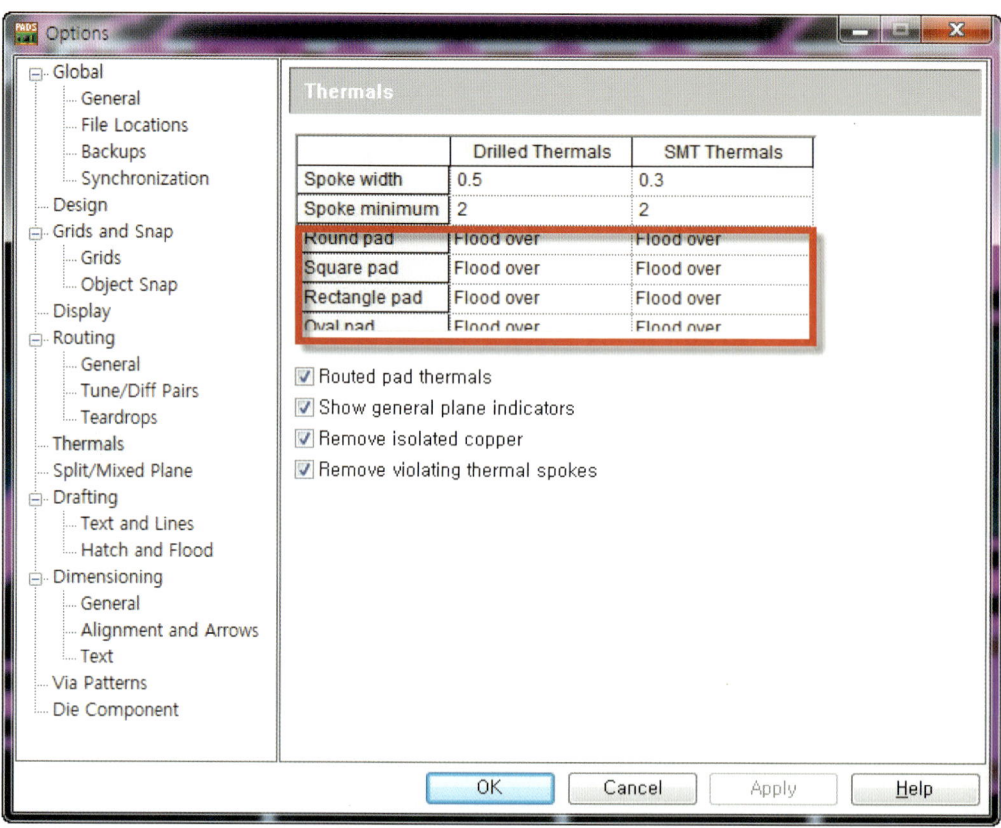

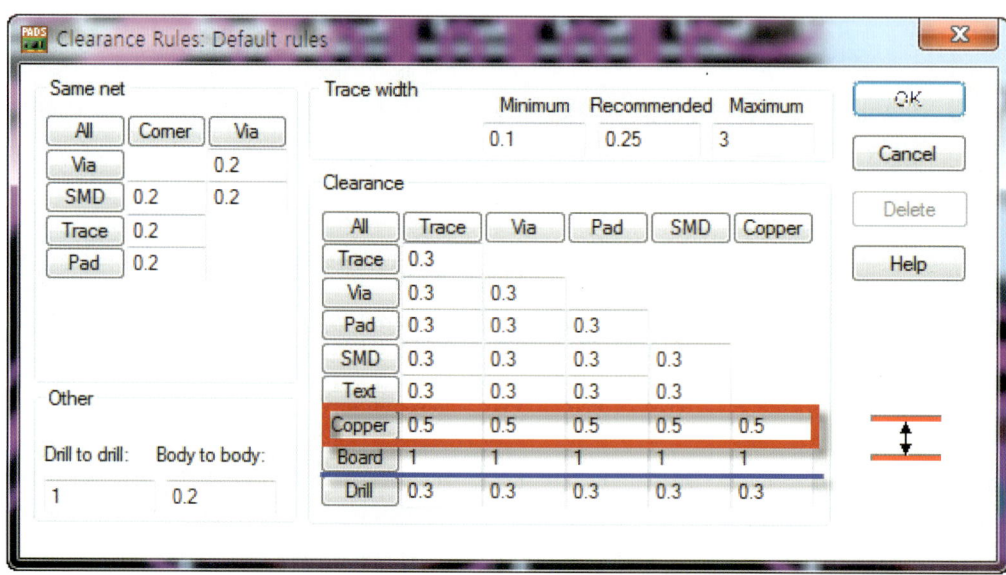

앞의 그림과 같이 기본적인 Clearance는 0.2mm~0.3mm 이상을 주지만, 가능하면 0.3mm 이상을 주기를 권장합니다. Copper 또한 0.5mm 이상 이격을 시켜주는 것이 좋지만, 최소 0.3mm 이상 이격은 시켜주어야 합니다.

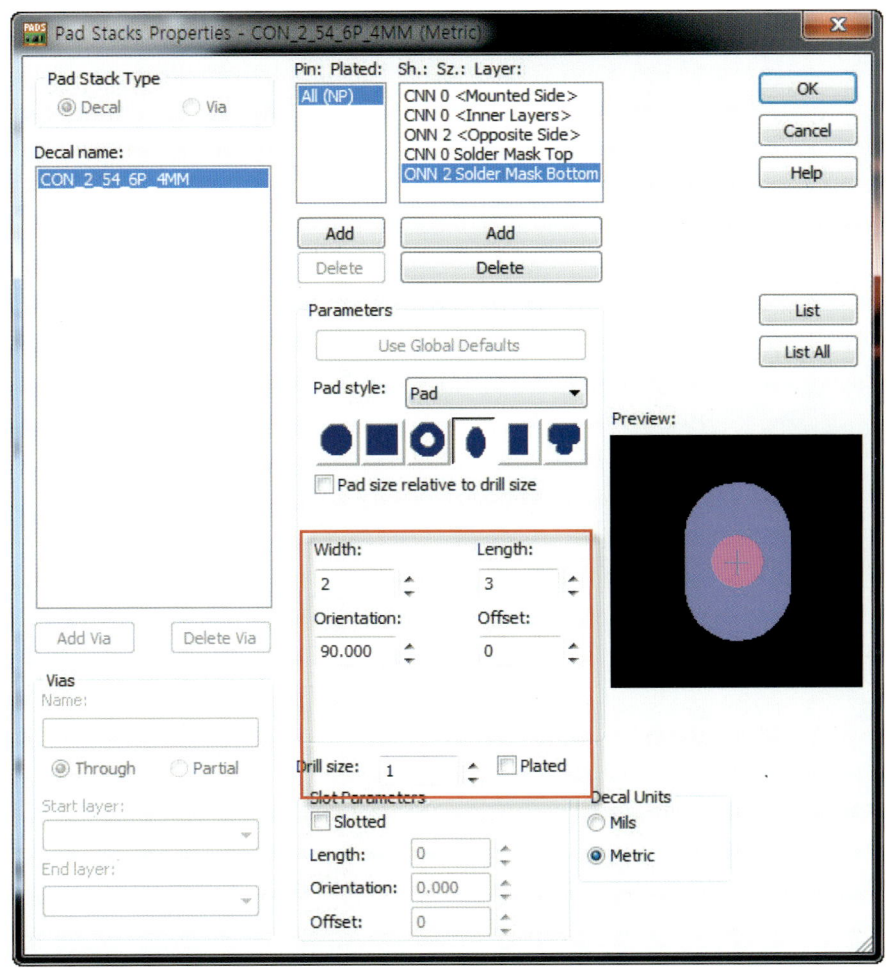

위에서도 한번 언급을 하였지만 양산 시 금형 제작이 되므로 PCB Edge에서 Drill이나 부품 등이 1mm 이상 이격이 되는 것이 좋습니다.

그림과 같이 Drill이 있는 부품은 최소 편측 0.4mm, 총 0.8mm 이상 보강되도록 해주는 것이 좋습니다. 그림처럼 Pad로 형성이 안 될 경우 Copper로라도 보강해 주는 것이 좋습니다.

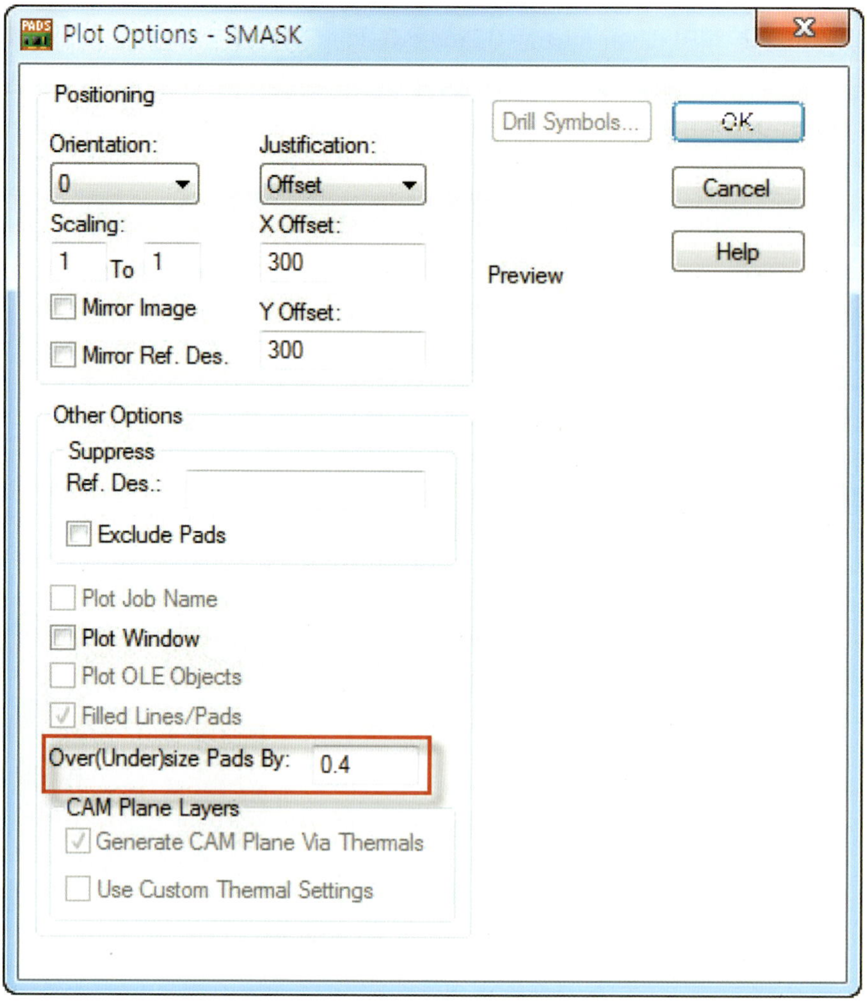

제1부 PADS의 기초

Pad의 경우 그림과 같이 CAM 설정에서 Solder Mask 부분에 대해서 0.4mm 키워서 기본 설정을 해주는 것이 좋습니다.

Library를 만들 때는 단면의 특성을 고려해서 일반적인 부품에 비해서 Pad를 좀 더 키워주는 것이 좋습니다.

기본적으로 단면이기에 Pad는 Bottom면에만 생성되며, Top면에는 Pad가 필요하지 않습니다.

Dip type 부품의 경우는 앞에서도 언급하였듯이 Drill보다 0.8mm 이상 Pad를 키워주는 것이 좋습니다.

SMD type의 경우에도 일반적인 부품에 비해서 Pad를 좀 더 키워서 활용하는 것이 좋습니다.

실제 설계 시 Pattern의 Clearance는 0.3mm 이상 이격을 시켜주는 것이 좋으며, Pad 보강 이후 Copper 간 이격은 최소 0.3mm 이상 이격이 되도록 해주어야 합니다.

설계 시 불가피하게 Jumper를 써야 하는 경우가 있습니다. 이럴 경우 상황에 맞게 SMD type 0ohm 저항이나 Dip type Jumper를 사용하게 되는데 Dip type의 경우 한 가지 type을 사용함으로 작업의 효율을 높여주는 것이 좋습니다.

2. 양면 PCB 설계 시 Setting 방법 및 주의사항

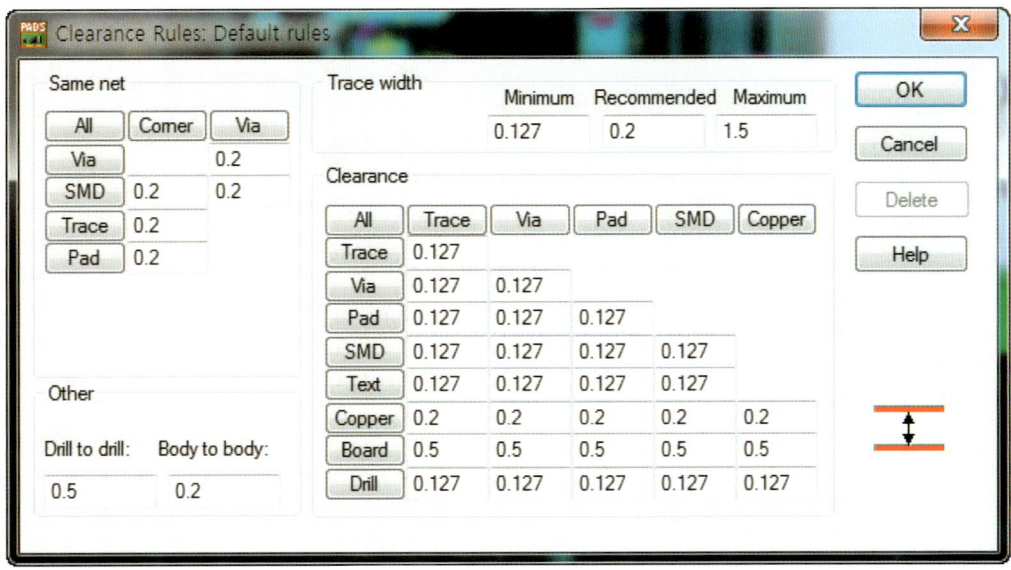

위 그림은 일반적으로 양면 PCB의 간단한 보드를 설계하는 방식입니다. 단면처럼 까다롭지는 않지만 기본적인 룰 안에서 설계해야 합니다.

양면 PCB 역시 제조업체의 기술이나 어떤 설계를 하느냐에 따라 차이가 있지만 일반적인 기준에서 설명하도록 하겠습니다.

기본적으로 필자의 Pattern 설계는 5mils 정도로 진행하고 있으며, 그 정도가 가장 일반적으로 많이 사용하는 Pattern width입니다. 간혹 스페셜하게 일부분에서 4mils 정도로 설계해주기는 하지만 가능하다면 5mils 이상으로 설계를 해주는 것이 좋습니다.

제1부 PADS의 기초

설정은 설계자가 하기 나름이지만 앞에 단면 보드와의 차이를 알 수 있을 것입니다. 앞에 설명한 것과 같이 단면 보드처럼 까다롭지는 않습니다. 다만 Board edge로부터 최소 0.5mm 이내에는 Pattern이나 부품, Via 등이 없어야 합니다. 일반적으로 Board를 연배할 경우 V-cutting을 하게 되는데 이 경우 V-cut 특성상 Board를 깎아 먹기에 Board edge 가까이에 Pattern 등이 있을 경우 문제가 발생할 수 있습니다.

Copper clearance의 경우는 보드 상황에 따라 조절하면 됩니다.

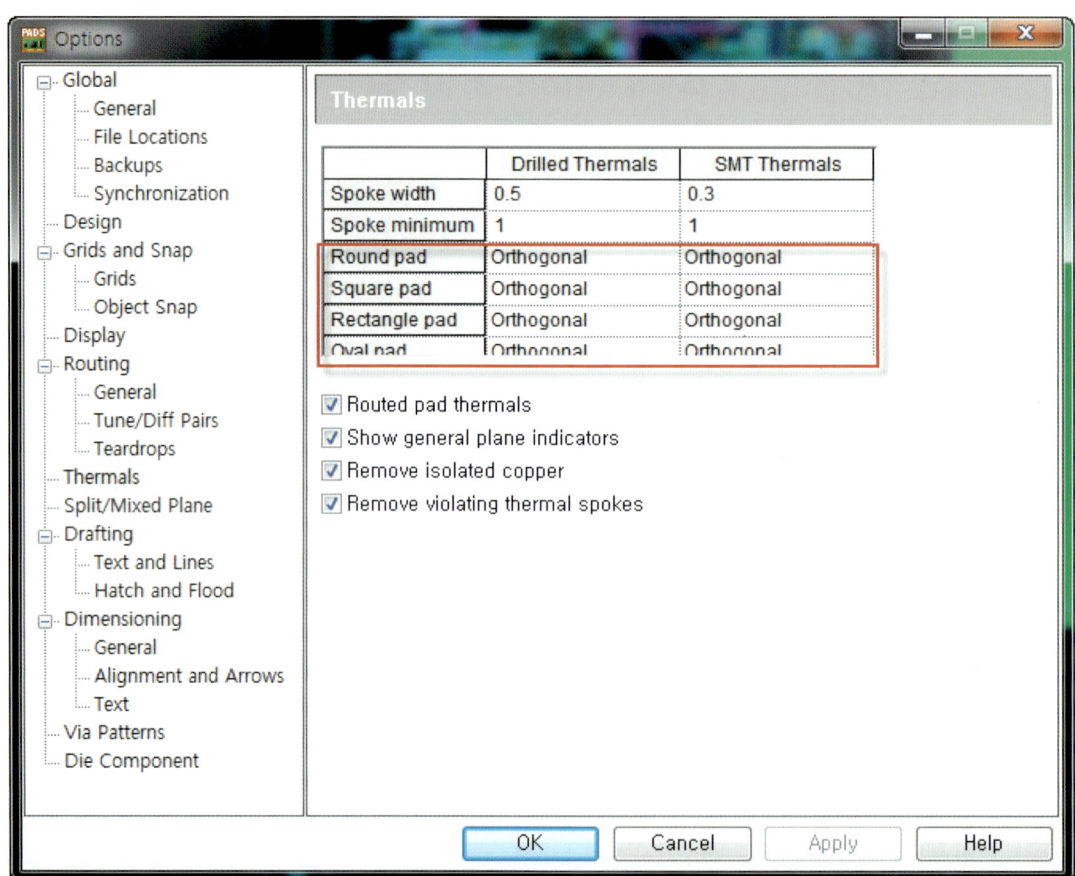

양면 보드부터는 단면과 틀리게 Thermals을 Flood over를 해주지 않습니다.

단면의 경우 Pad가 약하기에 Flood over를 해주지만, 양면 보드는 최소 양면에서 잡아주기에 약하지 않으므로 +나 x 형태로 Thermals를 만들어 주면 됩니다.

Pad의 경우는 Drill에서 최소 0.5mm 이상 더 크게 해주는 것이 좋습니다.

3. MLB(4층 이상 보드) 설정 방법

MLB라고 특별히 어렵고 그런 부분은 없습니다. 단순히 생각해서 층이 올라갈수록 어렵다고 생각할 수 있지만 층이 많다는 것은 반대로 그만큼 활용할 공간이 많다는 의미로 보면 됩니다. 물론 멀티로 한다는 것 자체가 그만큼 회로량이 많거나 그럴 수 밖에 없는 환경이라서 어려워질 수 있다고 생각하겠지만 반대로 앞에서 언급한 것과 같이 활용할 공간이 많다는 이점도 있는 것은 분명하기 때문입니다.

기본적인 설정은 양면 보드와 차이는 없습니다. 다만, 층이 늘어나는만큼 Layer를 설정해주어야 합니다.

[Setup에서]

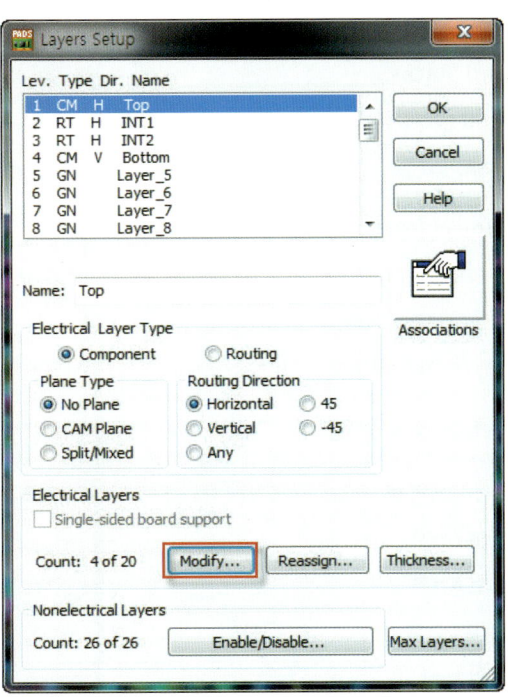

앞의 그림과 같이 Layer Definition... 그리고 오른쪽 그림의 붉은 박스와 같이 Modify...를 통해서 적층을 늘려주거나 줄여줄 수 있습니다.

제1부 PADS의 기초

MLB 보드에서는 오른쪽 그림과 같이 No Plane으로 설정하여 설계를 할 수 있고, Split/Mix의 기능을 사용하여 설계를 할 수 있습니다. Split/Mix의 경우 내·외층 설정을 다르게 할 경우 사용하기는 하지만 일반적으로 No plane으로 설정을 하여서 작업을 하면 됩니다.

4 : Build-up PCB 설정 방법

Build-up PCB는 MLB 보드와 비슷하다고 생각을 하면 됩니다.

다만, 차이가 있다면 Via를 다양하게 사용함으로써 설계를 효율적으로 할 수 있습니다. Via는 일반 PCB와 동일하게 Through hole Via가 있으며, 그 외에 외층과 내층, 내층과 내층 사이를 연결하는 Partial Via가 존재하는 것이 큰 차이라고 할 수 있습니다. 그래서 Build-up PCB는 Via에 대한 설정이 중요하고, 그 설정을 토대로 Via를 적절히 사용하면서 활용하면 됩니다.

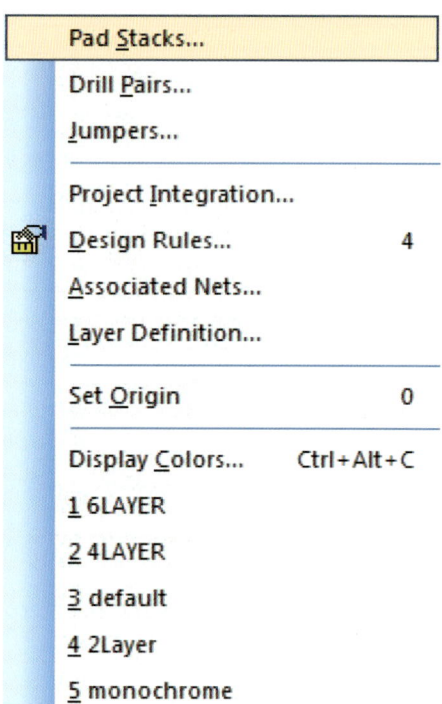
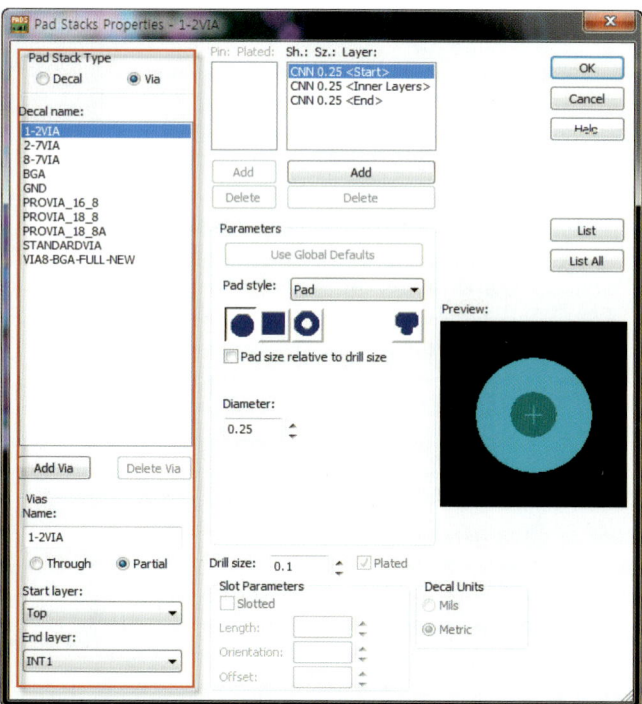

그림과 같이 Setup에서 Pad Stacks..를 선택한 후에 그림과 같이 외층과 내층, 내층과 내층 사이의 Via는 Partial Via로 설정한 후 설계하면서 적용하면 됩니다. 설계 중 추가로 필요한 Partial Via가 있을 경우 다시 앞의 그림과 같이 설정해서 적용하면 됩니다.

설계 중 Via를 효율적으로 사용하기 위해서는 아래 그림과 같이 설정하는 것이 좋습니다.

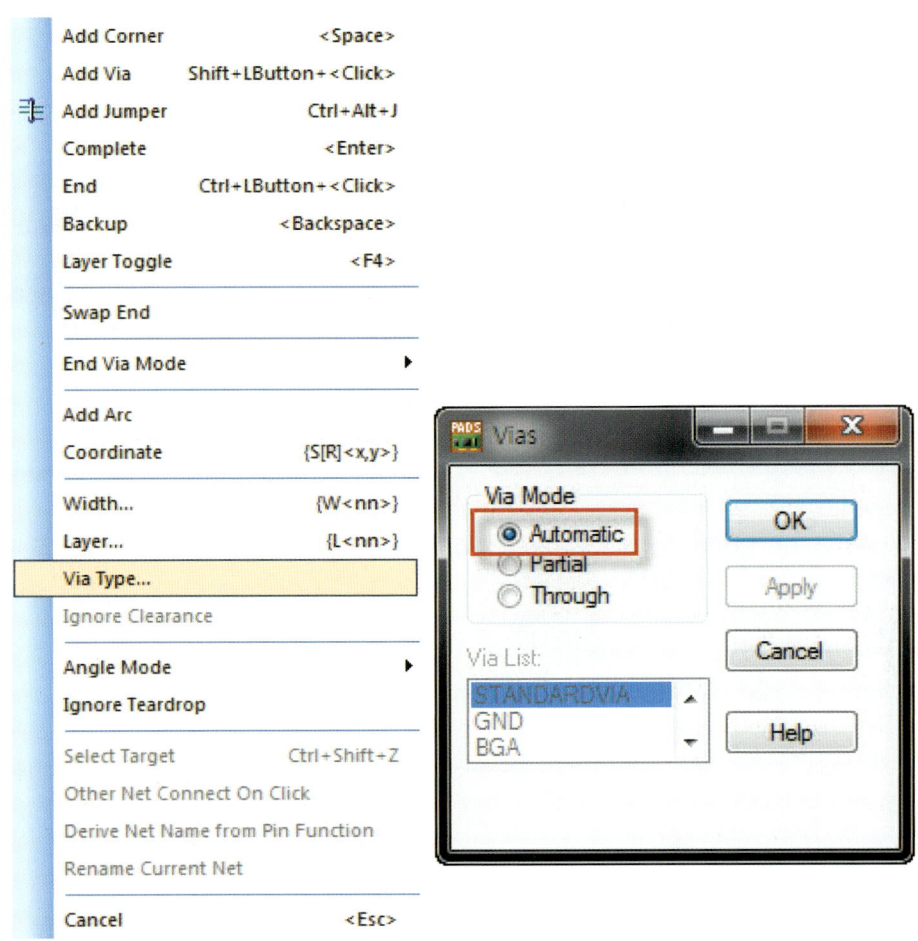

배선 중에 오른쪽 마우스를 클릭하면 왼쪽 그림과 같이 Via Type...이라는 메뉴가 뜨는데 선택하면 오른쪽 그림의 창이 나타납니다. Via Mode를 Automatic으로 변경하여 설정한 후에 작업하면 보다 편하게 작업을 할 수 있습니다.(또는 단축키 VA를 사용하여 자동 설정을 해줄 수도 있습니다) Through hole Via의 경우에는 F4를 사용해도 되지만 그 외에 내층 등 Via를 사용할 경우 L(Layer)이라는 단축키를 이용하여 설계하는 것이 편합니다.

제1부 PADS의 기초

Partial Via의 경우 아래 그림과 같이 인접 층이냐, 층간 거리가 있느냐에 따라서 Drill 등 설정이 바뀌게 됩니다.

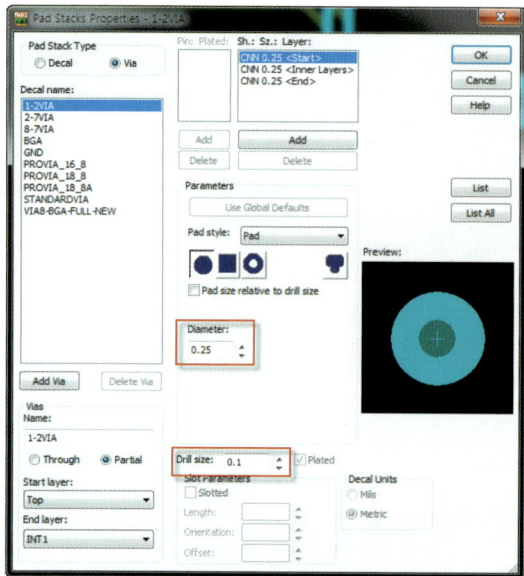 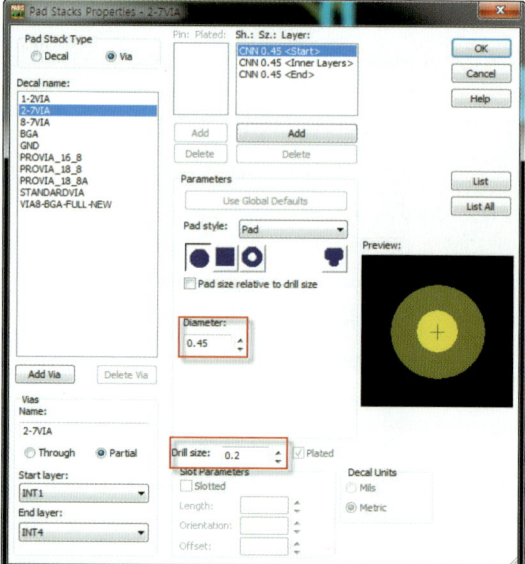

기본적으로 Build-up PCB를 설계할 때는 제조업체로부터 DFM data를 받아서 제조 환경에 맞게 설계하는 것이 좋습니다. 받아서 보면 알겠지만 인접 층의 경우 왼쪽 그림과 같이 Drill을 Laser Via를 사용하기에 작지만 오른쪽처럼 층간 거리가 있다면 Drill 크기를 키워야 불량 없이 PCB를 제조할 수 있습니다.

입문자를 위한 PADS 기초부터 쉽게 배우기

PCB 설계 기초

- 1장. Intro
- 2장. 설계 준비
- 3장. 실습 Library
- 4장. 회로 매칭
- 5장. Board outline
- 6장. Layout
- 7장. Routing
- 8장. 마무리
- 9장. CAM

Intro

이번 Part에서는 간단한 회로로 실제 설계하는 과정을 기초부터 진행해 보도록 하겠습니다.

라이브러리 제작부터 거버 파일까지 만들면서 익히는 과정을 숙지하며 따라해 보면서 배울 수 있는 시간이 되었으면 합니다.

해당 내용은 PCB 개발자 모임 및 PCBDN 홈페이지에 오픈되어 있습니다.

설계 준비

설계에 앞서 필요한 파일들이 있습니다.

기본적으로 설계에 필요한 자료는 PCB 설계를 위한 회로도, PCB의 외형을 만들기 위한 기구 도면, 설계에 적용할 부품의 Data sheet, 전원설계를 위한 Power Map 등이 있어야 하며, 해당 자료를 통해서 제대로 된 설계를 할 수 있습니다.

기구 도면은 도면 정보나 DXF 파일을 통해서 PCB 프로그램에 올려 활용할 수 있습니다.

DXF 파일은 다음과 같은 경로로 파일을 불러올 수 있습니다.

File에서 Import를 선택합니다.

열면 아래와 같은 팝업창이 뜹니다.

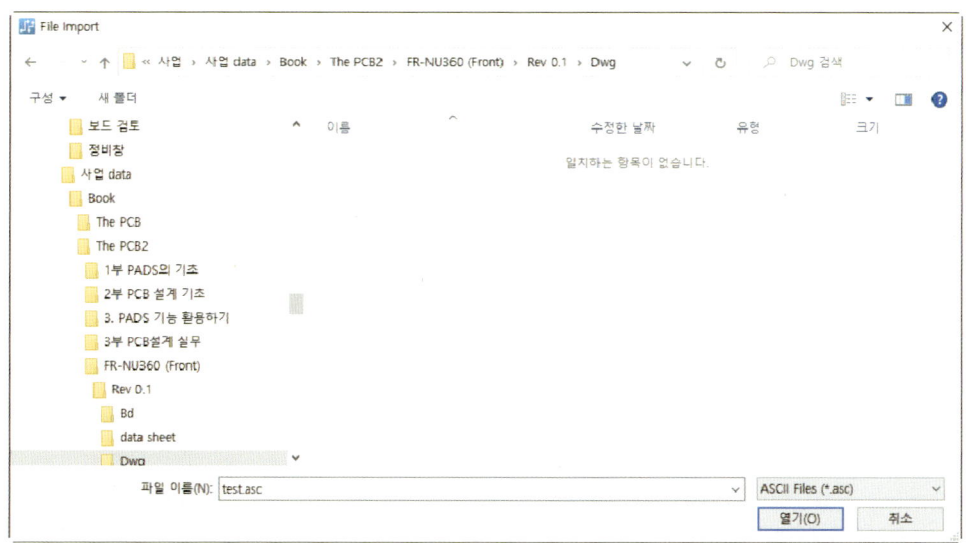

제2부 PCB 설계 기초

오른쪽 하단에서 파일을 DXF로 변경해 주면 DXF 파일 목록을 확인할 수 있습니다.

Import 시 시작은 아래와 같이 ASC 파일로 되어 있으니 확장자를 DXF Files (*.dxf) 를 선택해야 합니다.

선택하고 열게 되면 아래 그림과 같이 팝업이 뜨게 됩니다.

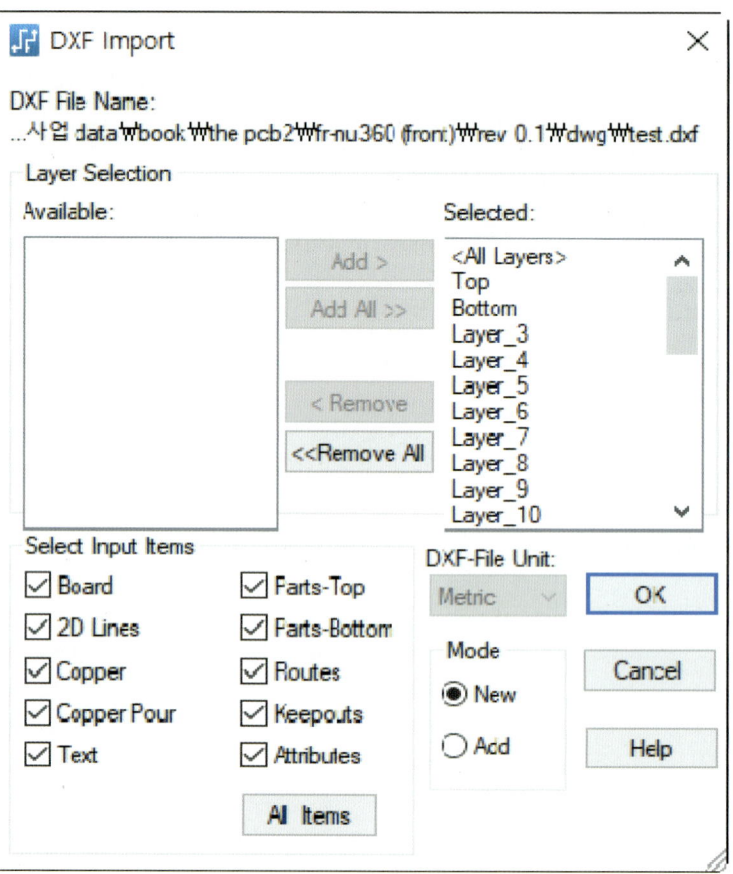

위 그림에서 필요 없는 부분을 제외하고 열면 됩니다.

Import의 경우 그대로 열어도 필자의 경험상 문제는 없습니다. 다만 오른쪽 중간에 있는 DXF-File Unit은 설계하는 PCB 프로그램과 동일해야 합니다.

mm로 설계할 경우 Metric으로 올려야 하는데, 만약 mils로 되어 있을 경우 파일이 제대로 올라오지 않아 도면을 활용하기 어려울 수 있습니다.

도면을 올리게 되면

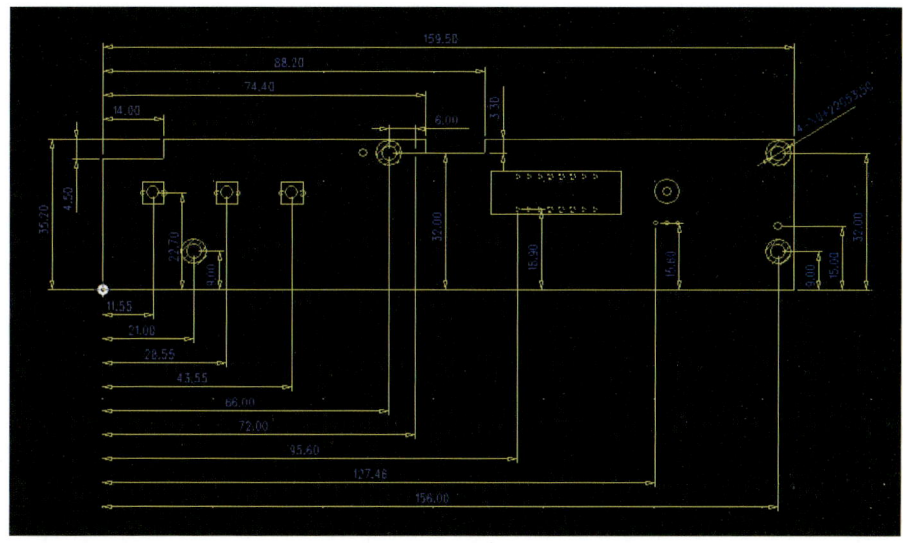

위 그림과 같이 올라오고 보드 외각을 combine 기능을 활용해서 외곽 라인으로 변경하거나 새롭게 맞춰 그려서 기구 부품 등을 배치해 설계하면 됩니다.

또는 DXF가 아닌 아래와 같은 PDF 도면 파일을 가지고 참고해서 그릴 수도 있습니다.

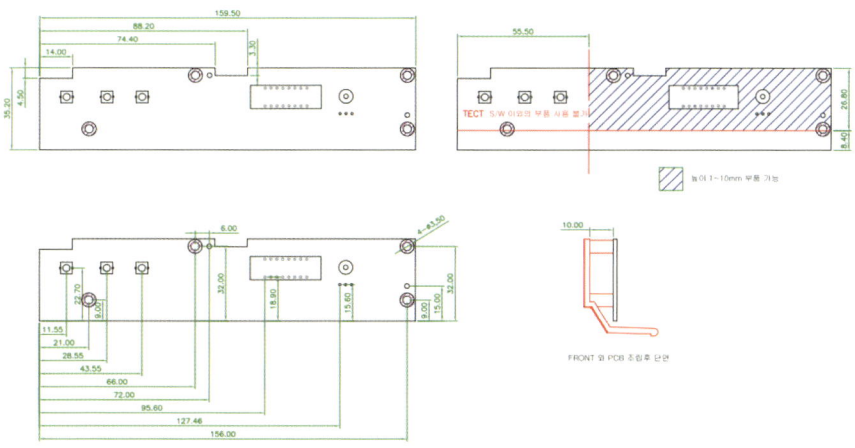

설계에서 가장 중요한 부분은 회로입니다. 회로가 없다면 설계를 할 수 없기 때문입니다.

제2부 PCB 설계 기초

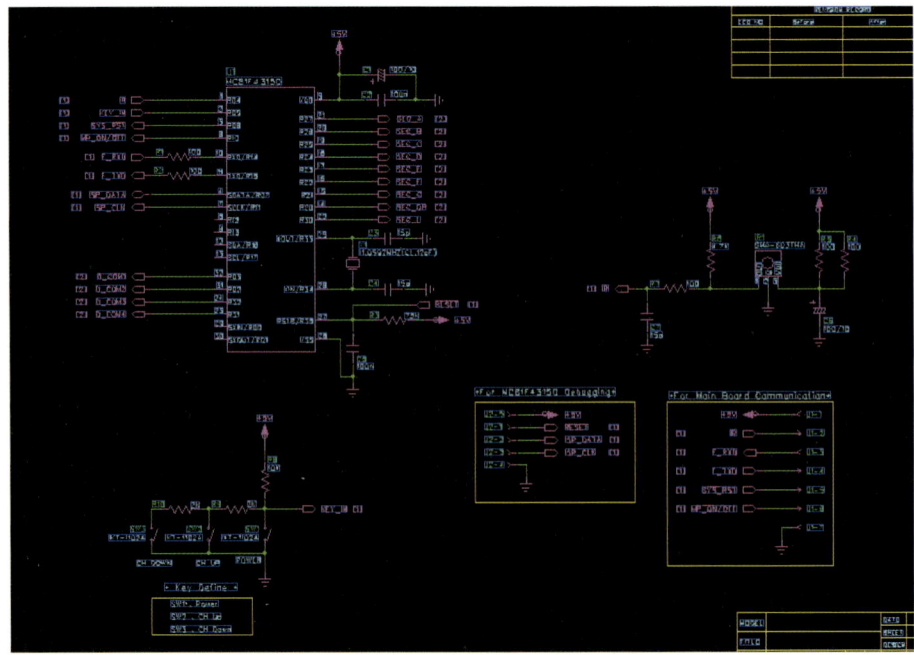

위와 같이 회로도를 기초로 작업을 할 수 있는데 설계 시에는 회로 개발자의 의도를 파악하면서 부품 배치 및 설계를 진행해야 동작 및 품질에서도 문제가 없습니다. 회로를 통해 부품만 올리고 회로 없이 설계할 경우에는 많은 오류로 동작에 문제가 생길 수 있습니다.

회로와 더불어서 중요한 자료 중 하나는 부품에 대한 정보입니다.

이름	수정한 날짜	유형	크기
BQ-M292RD.pdf	2020-09-12 오후 5:25	Microsoft Edge P...	248KB
cat_db_al.pdf	2020-09-12 오후 4:47	Microsoft Edge P...	284KB
crystal.pdf	2020-09-12 오후 4:38	Microsoft Edge P...	144KB
IC-MC81F4315D(ABOV).pdf	2020-09-12 오후 4:33	Microsoft Edge P...	3,596KB
IT-1102+TYPE.pdf	2020-09-12 오후 4:38	Microsoft Edge P...	346KB
KTN2907AS.pdf	2020-09-12 오후 4:52	Microsoft Edge P...	375KB
LW0640.jpg	2020-09-12 오후 5:33	알씨 JPG 파일	82KB
R-S25CTM.jpg	2020-09-12 오후 4:45	알씨 JPG 파일	71KB

각 부품에 대한 정보를 알아야 맞는 부품을 만들고 해당 정보를 통해 설계를 할 수 있습니다.

설계의 가장 기초인 부분이 부품을 만드는 것이지만 반대로 가장 중요한 부분이 부품을 만드는 것입니다. 부품을 잘못 만들면 설계를 완벽하게 해도 동작을 보장할 수 없기 때문입니다.

마지막으로 설계에 필요한 정보는 전원에 대한 Power Map이 필요합니다. 현재 예시로 할 부분에서는 간단해서 Power Map이 별로 없지만 일반적인 보드에서는 필요한 부분입니다.

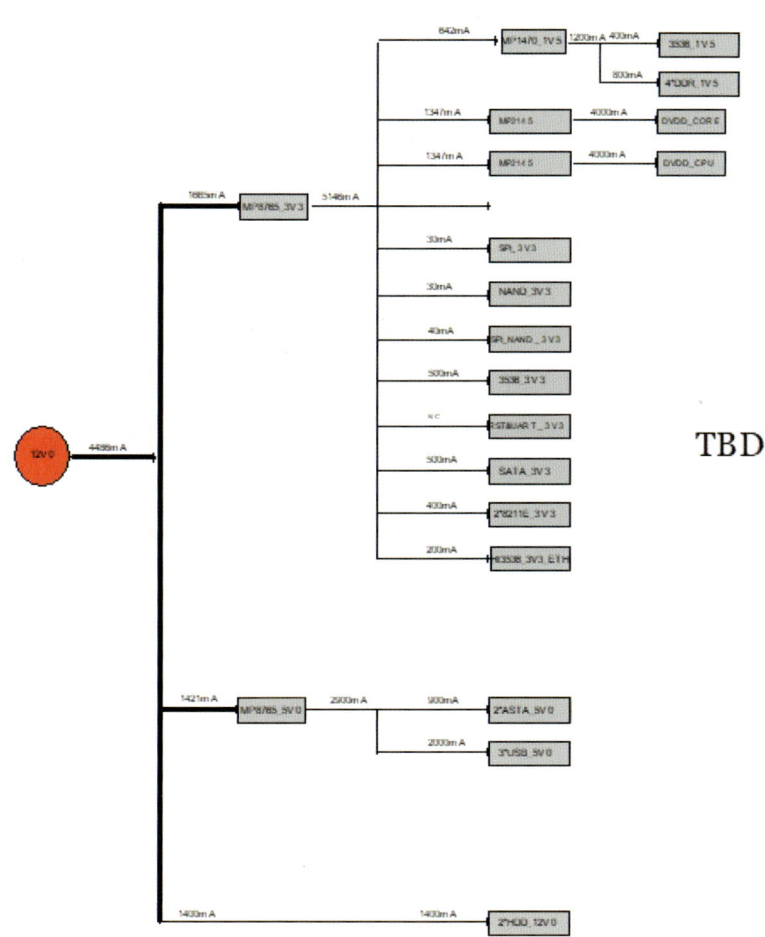

위 그림과 같이 Power Map를 참고해서 Pattern의 두께 등을 결정하고 흐름에 맞게 설계해야 합니다.
이 외에도 설계 특성에 따라서 PCB 제작 Stack-up data 등이 필요합니다.

실습 Library

지금부터는 함께 설계하면서 부품도 만들고, 배치하는 과정, Gerber Data를 만드는 과정을 설명하도록 하겠습니다. 설명 중에는 명령어를 활용하여 설명을 진행하겠습니다.

먼저 시작하려면 PADS Layout을 실행해야 합니다.

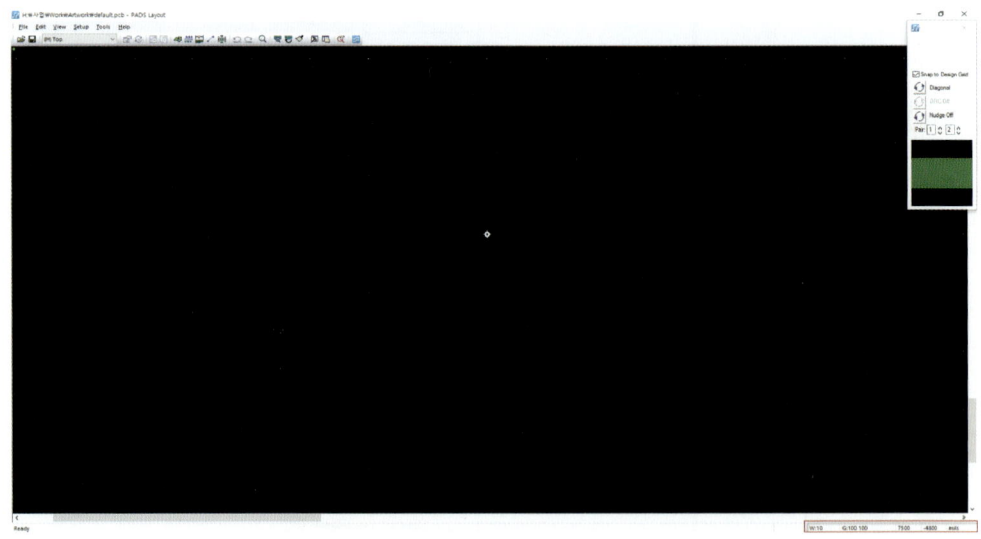

실행해서 New를 선택하면 위 그림과 같이 첫 화면이 보입니다.

붉은 박스 부분은 아래 그림과 같이 Width와 Grid, Unit 단위를 확인할 수 있습니다.

기본적으로 설계의 unit(단위)은 mm 단위로 하는 것이 좋습니다.

기본적인 설정은 Part 1에서 설명했었지만 다시 한번 설명하도록 하겠습니다.

명령어 Ctrl+Alt+G를 통해 옵션에서 기본적인 설정을 진행합니다.

먼저 오른쪽 그림과 같이 General에서

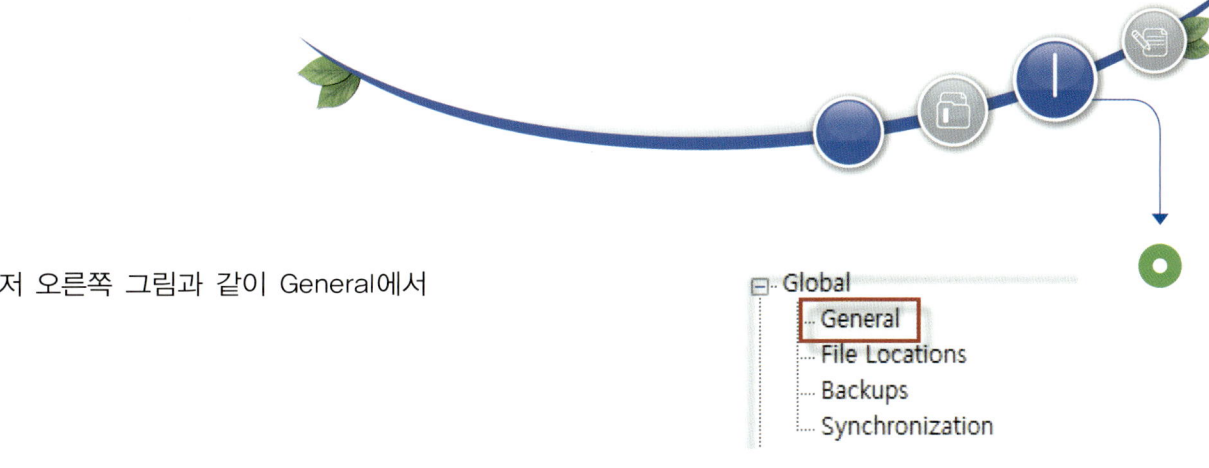

커서(cursor)로 원하는 이미지를 설정해 설계를 진행할 수 있습니다. 필자의 경우 그림과 같이 Full screen으로 설정한 후 작업을 합니다.

Design units에서는 기본 단위는 mils로 되어 있습니다. mm로 설계를 하기 위해서는 Metric으로 변경해 주면 됩니다.

Drawing에서는 **Minimum display width**를 설정해 줍니다.

기본적인 최소 단위의 설정은 0.254mm(10mils)로 되지만 일반적인 설계에서는 최소 0.1mm Pattern 설계로 진행하기에 해당값은 0.1로 설정하고 이보다 더 미세한 설계를 진행할 경우 맞춰서 설정을 변경해주면 됩니다.

제2부 PCB 설계 기초

추가적인 설정은 다음과 같습니다.

Design 탭에서 Drill oversize가 있습니다.

기본 설정은 위 그림과 같이 0.0762mm로 되어 있습니다. 이 부분은 Drill을 크게 보여주는 것으로 개인별로 설정의 차는 있겠지만 필자는 동일하게 보기 위해서 해당값을 0으로 주고 설계를 진행합니다.

위와 같이 모든 설정을 하게 되면 아래 그림과 같이 변경된 것을 확인할 수 있습니다.

추가로 Grid와 Display Grid는 사용자가 편하게 설정하면 됩니다.
Grid는 cursor가 움직이는 단위이고, Display Grid는 화면에서 보이는 눈금 단위입니다.
필자의 경우는 작업 전에 Grid는 0.1로, Display Grid는 1로 설정하였습니다.

위 그림과 같이 기본 설정이 되면 마지막으로 설계 시 Pattern이 움직이는 각도를 설정해 줍니다.

이 부분은 명령어 Ctrl+Alt+S를 입력하면 아래 그림과 같이 기본적으로 참고할 수 있는 창이

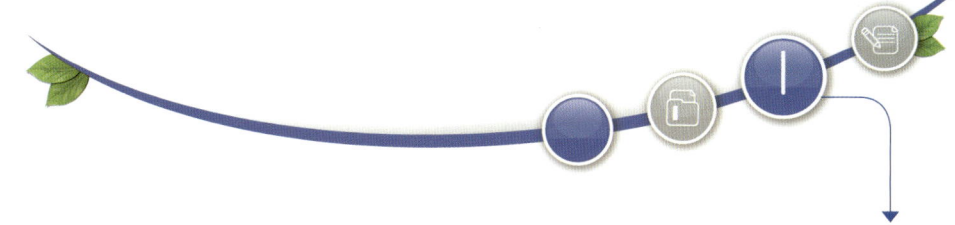

뜨게 되는데 오른쪽 상단에 두고 설계 시 참고하면 됩니다.

붉은 박스 부분에 있는 아이콘을 통해 Diagonal, Orthogonal, Any Angle을 선택할 수 있습니다. 일반적으로는 Diagonal로 설정한 후 사용하며, 각 부분에 대해서 살펴보면 다음과 같습니다.

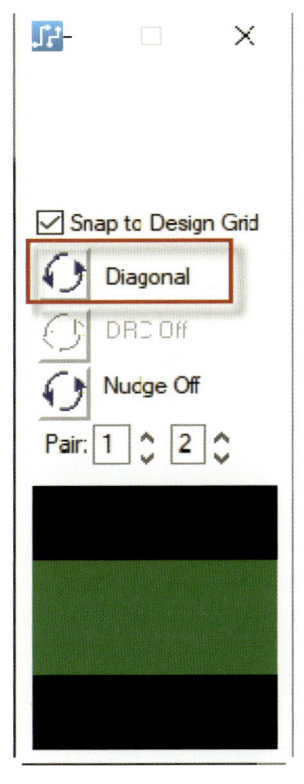

- Diagonal : 일반적으로 사용하며, 45도 각도로 Pattern 및 Line을 그릴 수 있습니다.
- Orthogonal : 90도 각도로 Pattern 및 Line을 그릴 수 있습니다.
- Any Angle : 특별한 각도 없이 자유롭게 Pattern 및 Line을 그릴 수 있습니다.

기본적인 설정이 끝나면 Library를 만들어야 합니다. 여기에서 활용되는 모든 Library을 함께 만들어 보도록 하겠습니다.

기본적인 Chip 소자를 제외하고 8개 부품을 만들어야 합니다.

Library를 만들기 위해서는 먼저 File에서 Library를 선택합니다.

아래와 같은 팝업창이 뜨게 되고 Library 제작을 위해서는 자신만의 파일을 만드는 것이 좋습니다.

제2부 PCB 설계 기초

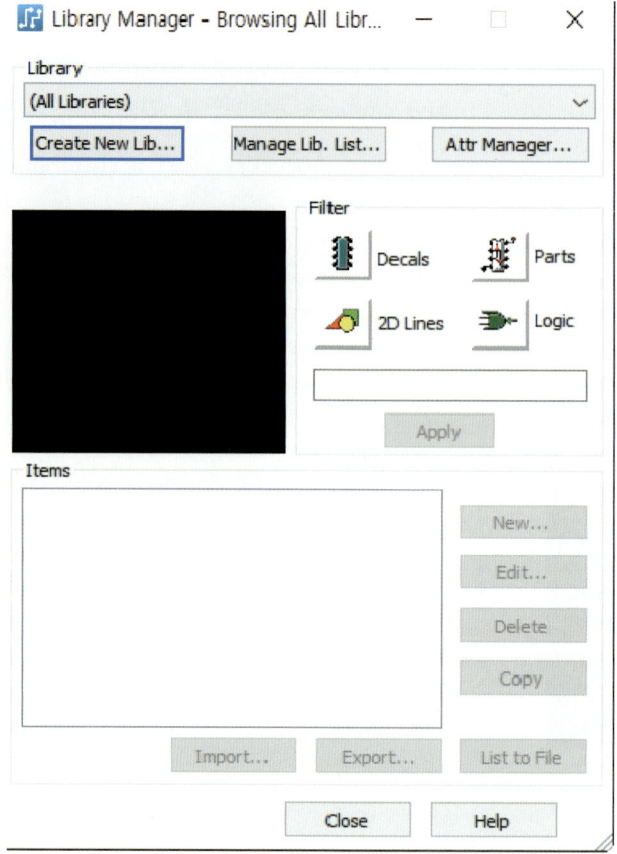

위 그림에서 Create New Lib...를 선택합니다.

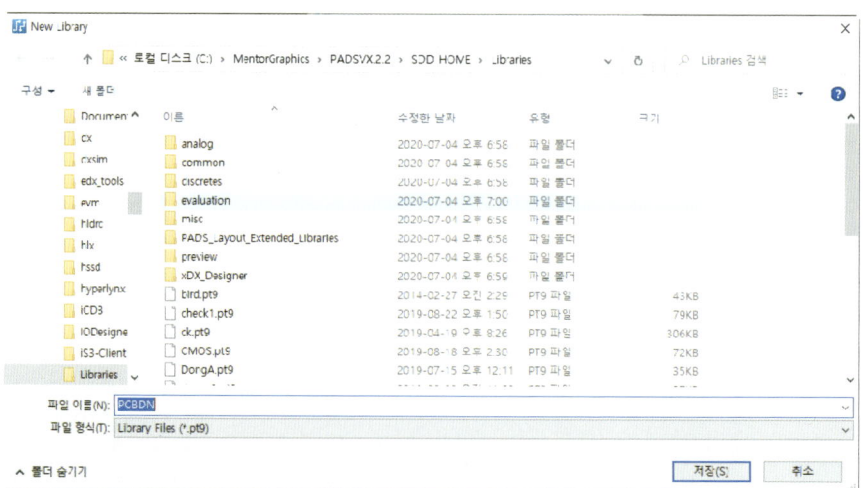

앞의 그림과 같이 팝업창이 뜨면 만들 파일 이름을 입력하고 저장(S)을 클릭합니다. 여기서 만들어진 파일에 앞으로 사용할 Library들을 저장하여 사용합니다.

이후 Manage Lib. List...를 선택하면

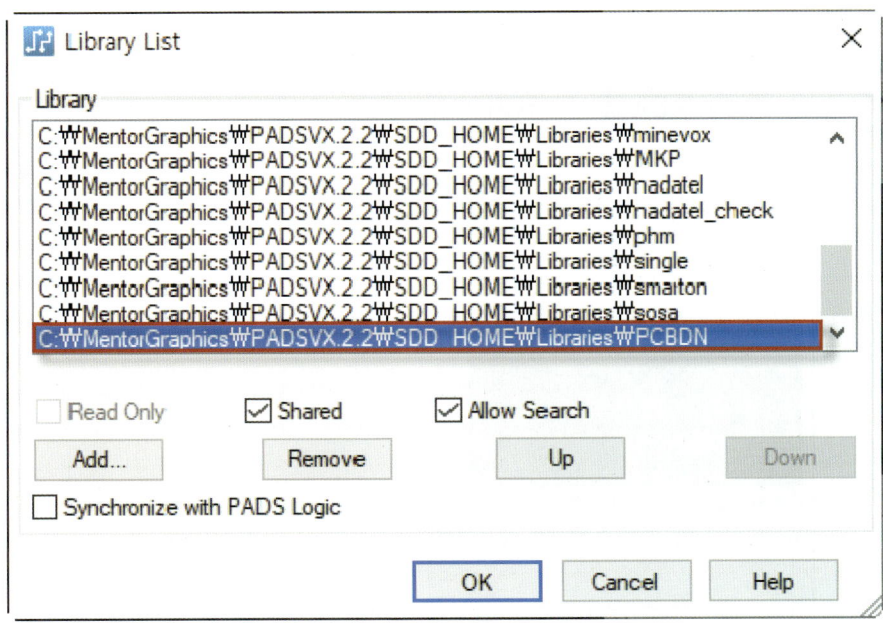

새로 만들어준 파일이 가장 하단에 나타난 것을 확인할 수 있고, Up을 클릭해 맨위 상단으로 이동해 줍니다.

제2부 PCB 설계 기초

맨위 상단에 올리는 이유는 부품을 불러올 때 맨위 상단부터 부품을 불러오기에 우선순위를 주기 위함입니다.

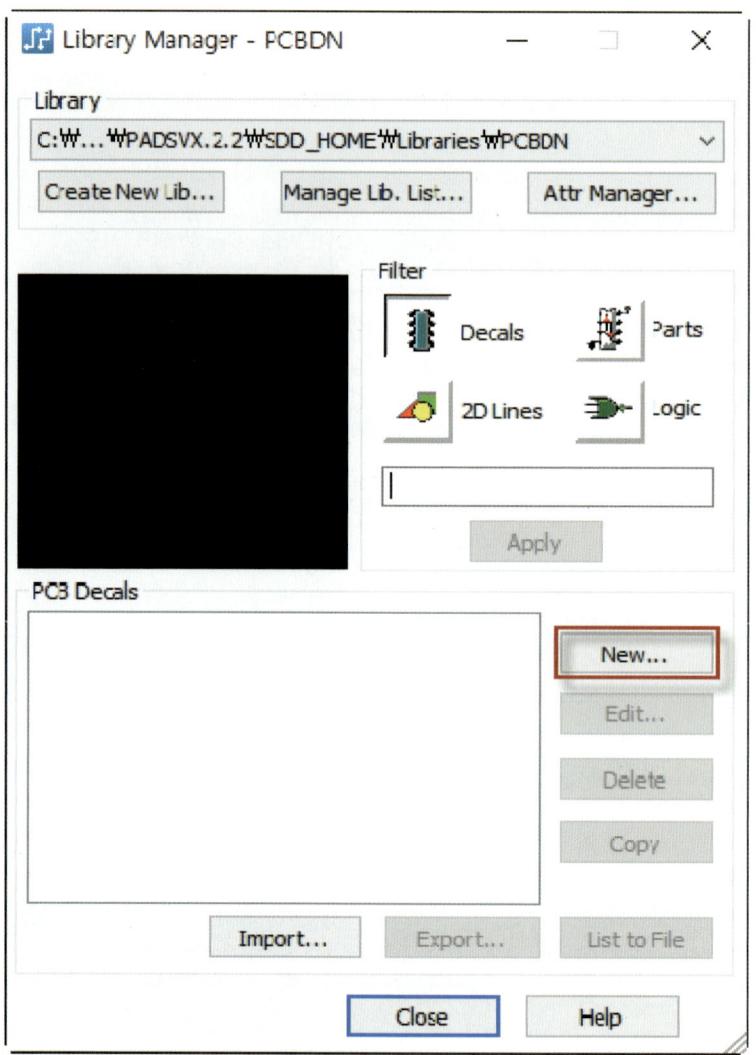

다음으로 New...를 선택해서 부품을 만들어 주게 됩니다.

BQ-M292RD는 Segment로 아래 도면을 보고 만들어 보도록 하겠습니다.

먼저 부품에 대한 정보를 파악해야 합니다.

부품은 16개의 Pin으로 되어 있고, 핀 직경은 0.45pi, 부품의 외형은 30.26×10mm인 것을 확인할 수 있습니다. Pin의 간격은 가로 2.54mm pitch, 세로 7.62mm pitch입니다.

이제 정보를 파악했으니 부품 제작을 시작하면 됩니다.

부품을 만들 때도 Layout 설정을 mm로 변경해서 적용해주면 됩니다.

제2부 PCB 설계 기초

먼저 Drafting Toolbar에서

그림과 같이 Terminal을 선택합니다.

0.0 위치에 해당 Terminal을 위치시킵니다.

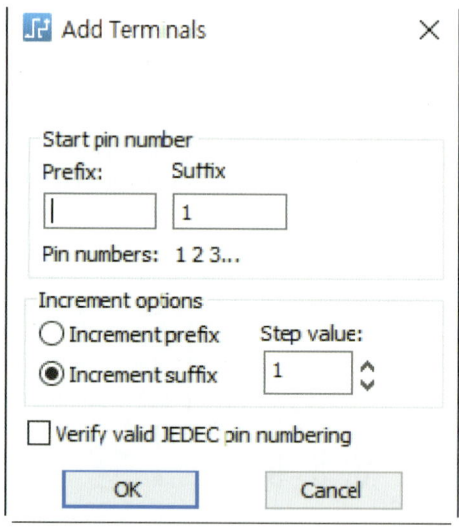

선택 시 위 그림과 같이 핀 번호 등을 확인하고, 문제가 없다면 OK를 클릭합니다.

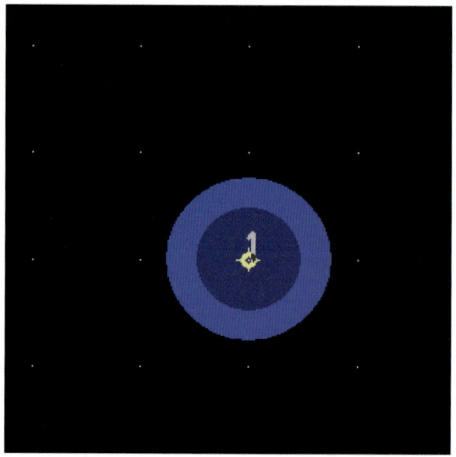

위 그림과 같이 Pin을 하나 만들어 줍니다. Pin을 선택한 후에 오른쪽 마우스를 클릭해 줍니다.

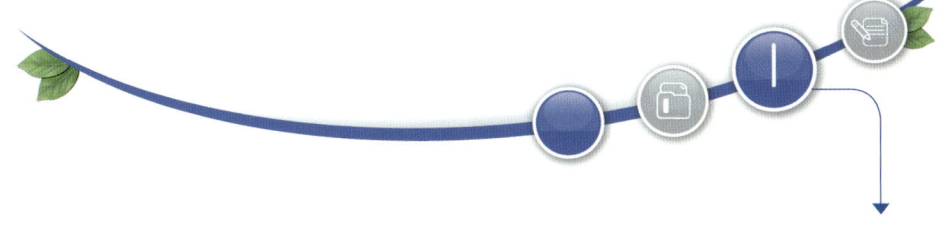

이제 Pin에 대한 설정을 해주어야 합니다.

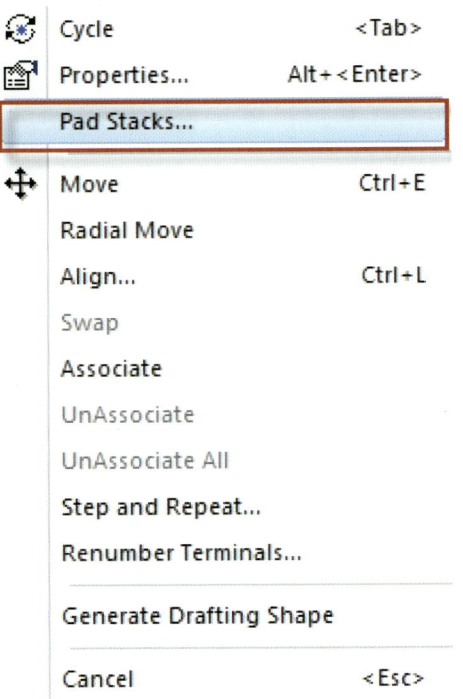

Double click해서 위 그림처럼 Pad stack을 선택할 수도 있고,

오른쪽 마우스를 클릭해서 위 그림처럼 Pad Stack...을 선택할 수도 있습니다.

제2부 PCB 설계 기초

PADS에서는 항상 오른쪽 마우스를 클릭하면 현 상황에서 활용할 수 있는 메뉴가 활성화되니 참고하기 바랍니다.

Pad Stack에 들어가면 아래 그림과 같이 Pin에 대해 설정할 수 있는 기본창이 뜹니다.

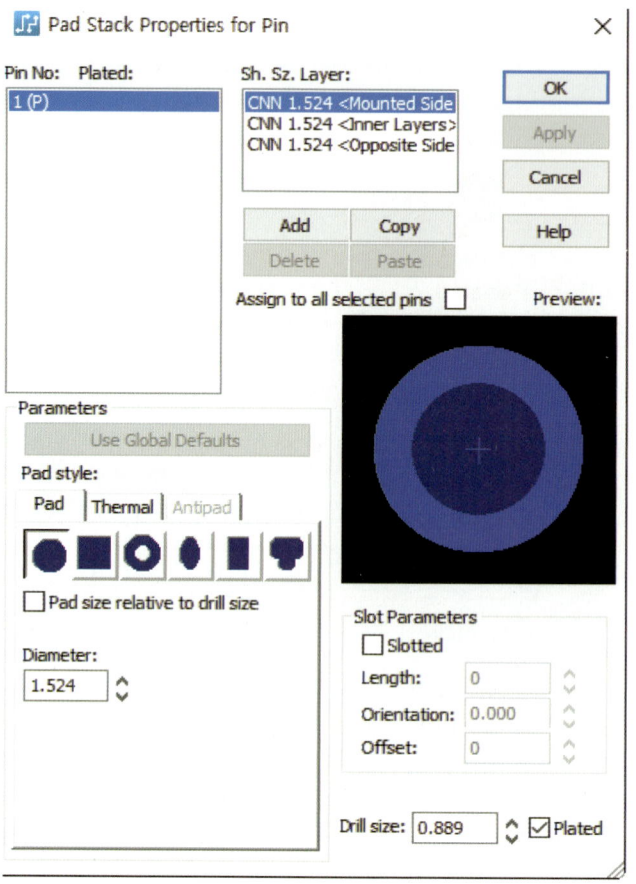

Pin은 0.45pi이고, Drill 직경은 0.7pi~0.8pi 정도로 설정해주면 됩니다. Pad 크기는 일반적으로 Drill+0.5mm의 여유를 주면 됩니다. 또 Drill이 클수록 그에 비례해 Pad 크기도 같이 키우면 됩니다. 여기서는 Drill 0.8pi, Pad는 1.4pi 정도로 설정하겠습니다. 그리고 Pin을 설정할 때 DIP 부품의 경우에는 solder mask Top/Bottom을 함께 설정하면 됩니다.

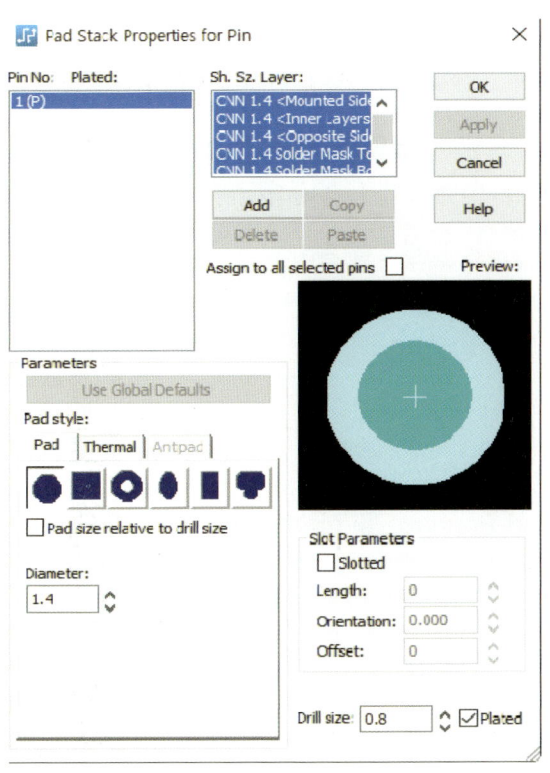

위 그림은 Drill 0.8pi, Pad는 1.4pi로 설정된 후의 그림입니다.

Solder mask Top/Bottom을 설정할 때는 옆의 그림 처럼 Add를 선택한 후에

원하는 Layer Solder mask를 각각 선택해 줄 수 있 습니다.

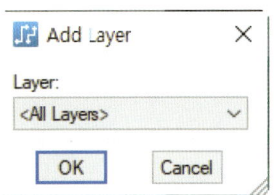

제2부 PCB 설계 기초

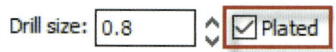

그림에서 Plated는 홀 속 도금이 필요한 경우에 선택하게 됩니다. 체크하지 않을 경우에는 Top/Bottom면이 전기적으로 연결되지 않습니다.

설정된 Pin을 선택한 후에 오른쪽 마우스를 클릭한 후

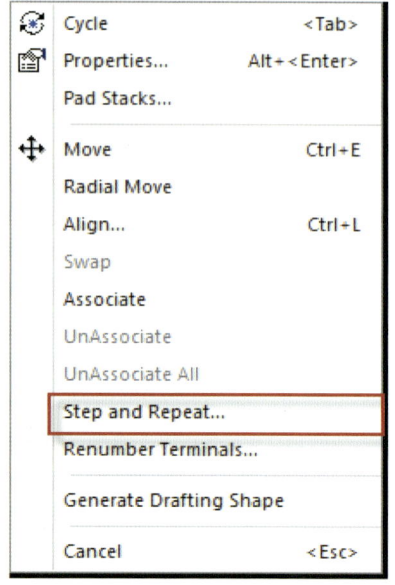

붉은 박스에 있는 Step and Repeat...를 선택해 줍니다.

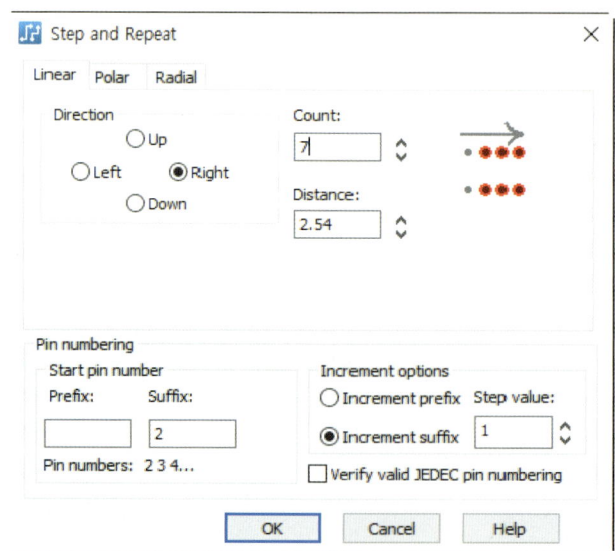

Direction에서 Pin을 생성할 방향을 설정하고, Count에서는 만들 수, Distance에서는 간격을 설정해 줍니다. 설정하고 OK를 선택하면 아래 그림과 같이 Pin이 생성됩니다.

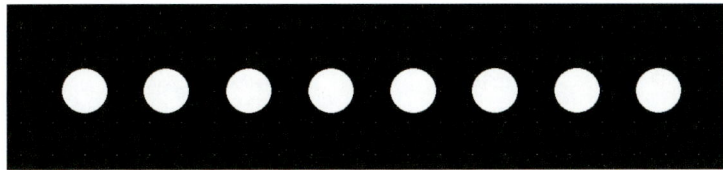

생성된 후에는 다시 세로 방향으로 동일하게 생성해줍니다.

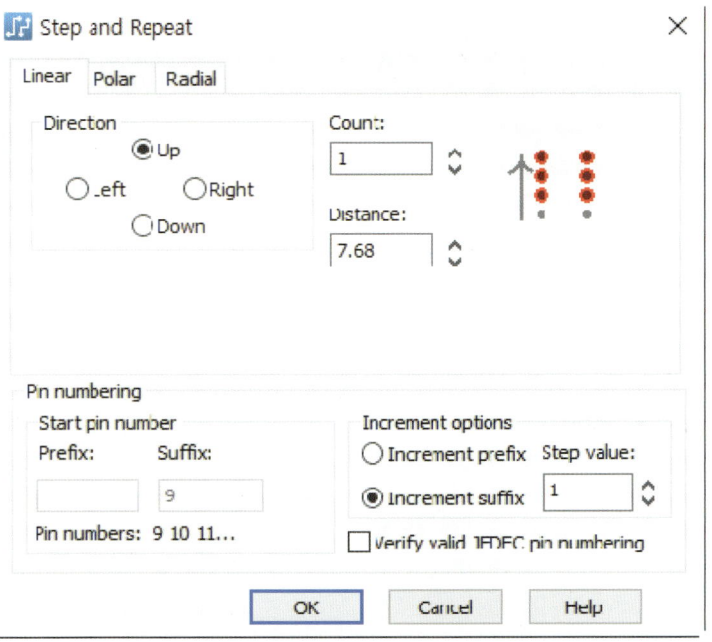

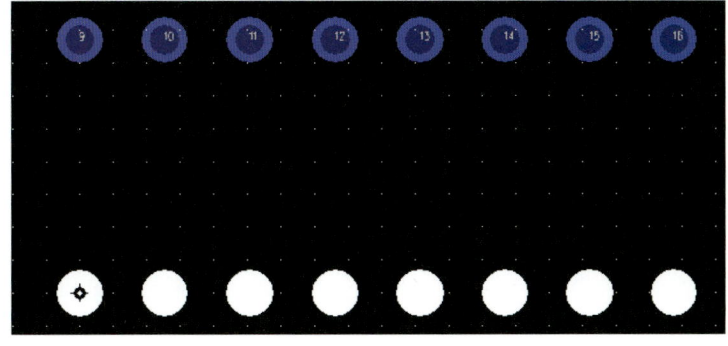

제2부 PCB 설계 기초

위 8개 Pin을 모두 선택한 후에는 위로 방향을 잡고 1개를 추가한 후 간격을 7.68로 설정해서 OK를 선택해 주면 아래 그림과 같이 Pin이 생성됩니다. 생성된 Pin은 번호가 일치하지 않을 수도 있습니다. 이런 경우에는 아래와 같은 방법으로 설정해 주는 것이 좋습니다.

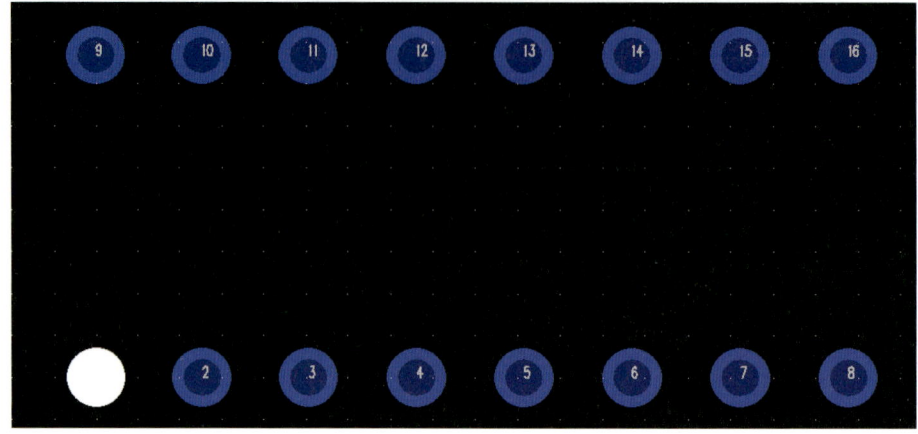

그림에서와 같이 기준이 될 Pin을 선택한 후 오른쪽 마우스를 클릭합니다.

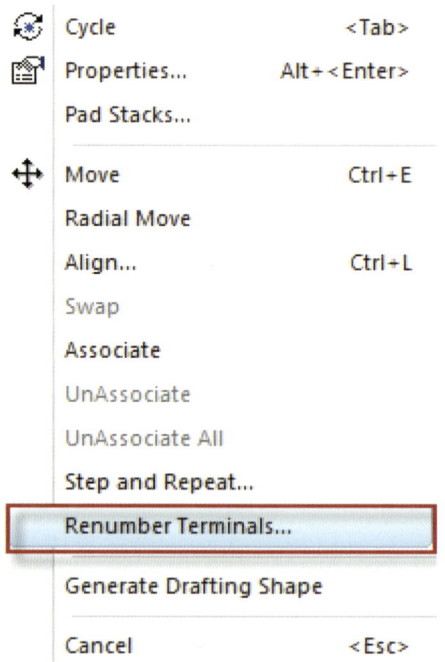

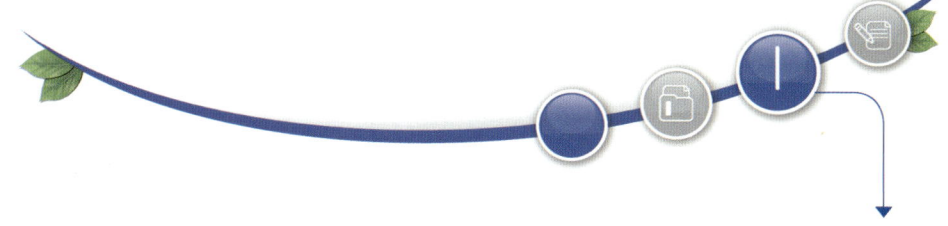

앞의 그림 메뉴에서 Renumber Terminals...를 선택합니다.

그림처럼 팝업창이 뜨면 Start Pin number에서 시작할 번호를 설정하고 OK를 클릭합니다.

선택 후에는 아래 그림처럼 순차적으로 번호 순으로 선택해 줍니다.

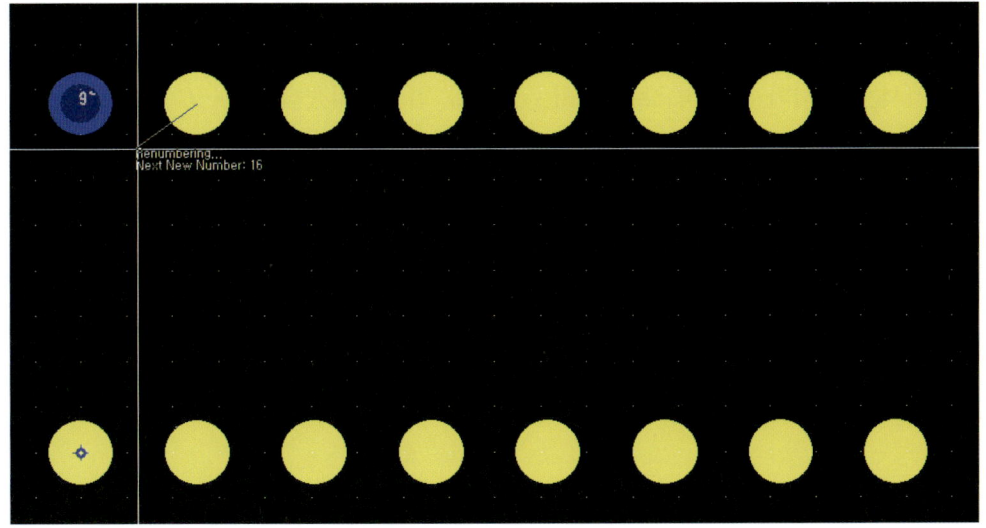

제2부 PCB 설계 기초

선택 이후에는 double click으로 마무리를 하거나, 오른쪽 마우스를 클릭해 옆의 그림처럼 Complete를 선택해 마무리합니다.

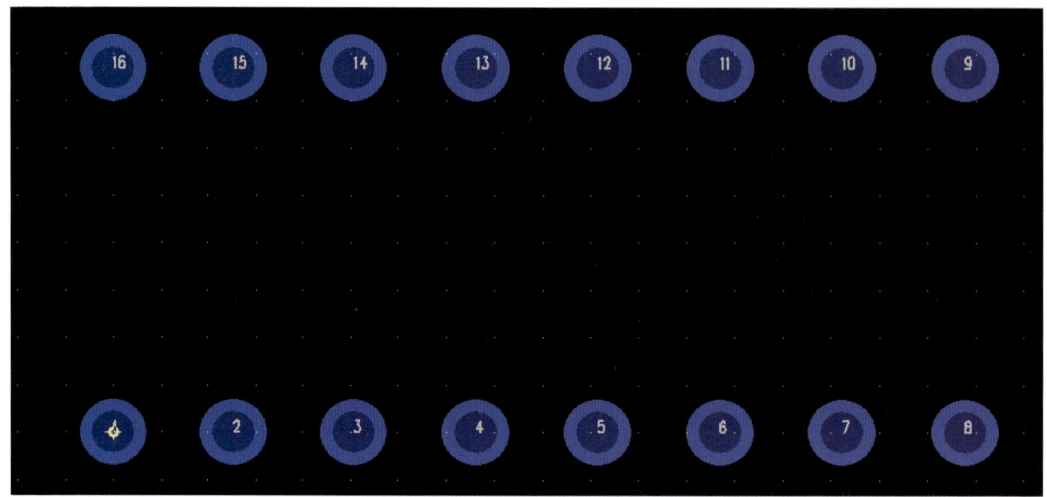

완료되면 위 그림처럼 Pin 번호가 적용된 것을 확인할 수 있습니다.

이제 Pin 설정이 완료되었다면 부품의 외형을 만들어야 합니다. 좌표를 계산해서 입력할 수도 있지만 여기서는 필자가 일반적으로 만드는 방법을 알려드리겠습니다. 또 부품의 외형 실크를 만들어 줄 때는 silk screen으로 그려주어야 합니다. 편하게 Layer를 무시하고 그린 후 변경하도록 하겠습니다.

위 그림과 같이 Drafting Toolbar에서 2D Line을 선택해 줍니다.

```
Complete            LButton+<DoubleClick>
Add Corner          LButton+<Click>
Add Arc

Width...            {W<nn>}
Line Style          ▶
Layer...            {L<nn>}
Auto Miter

Polygon             {HP}
Circle              {HC}
Rectangle           {HR}
✓ Path              {HH}
Chamfered Path

Snap to Objects     {OS}
Snap to...          ▶

Orthogonal          {AO}
✓ Diagonal          {AD}
Any Angle           {AA}

Cancel              <Esc>
```

오른쪽 마우스를 클릭한 후 위 그림처럼 Rectangle을 선택합니다.

Line의 두께는 0.2로 하겠습니다. 오른쪽 그림처럼 w0.2를 입력하면 적용됩니다. 0을 입력하지 않고 w.2를 입력해도 똑같이 적용되니 참고하면 됩니다.

```
Modeless Command
Command: w0.2
WIDTH format: W <n>
```

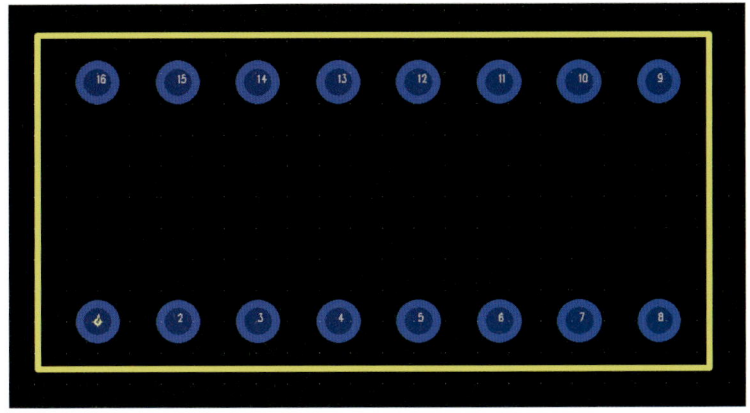

제2부 PCB 설계 기초

앞의 그림과 같이 임의로 외형을 그려준 후에 기준점을 설정해 주는 데, 세로 같은 경우에는 8번과 9번 Pin 사이가 중심이고, 가로의 경우에는 아래 도면에서 볼 때 붉은색으로 표시된 4번과 5번 Pin 사이의 파란색 선이 중심입니다. 가로 전체의 중심은 파란색 선과 거리가 1.1mm인 것을 확인할 수 있습니다.

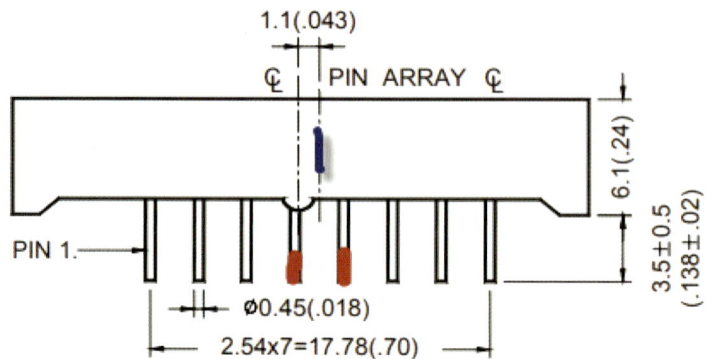

두 Pin 간 거리는 2.54pitch이므로 이 부분을 감안할 때 4,5번 사이 센터는 1.27mm에서 1.1mm를 빼주면 가로의 중심임을 알 수 있습니다. 관련해서 1번 Pin이 현재 0, 0이므로 4번 Pin 좌표는 7.62+0.17mm, 즉 7.79mm가 중심이고 세로는 간격 7.62이므로 3.81mm가 되겠습니다.

이제 해당 좌표의 중심을 기준점(origin)으로 잡아보겠습니다.

기준점(Origin)을 이동할 때는 두 가지 방법이 있는데, Grid를 활용하는 방법과 좌표를 활용하는 방법이 있습니다. 두 가지 방법 중 선택은 사용자가 자신에게 편한 방법을 사용하면서 결정하면 됩니다. 여기서는 두 가지 방법을 모두 알려드리겠습니다.

먼저 좌표를 이동하는 명령어 s를 활용해서 할 수 있습니다. 그리고 이동하는 좌표에 맞게 grid 변경도 필요합니다.

현재 이동할 좌표는 X 7.79, Y 3.81로 소수 둘째 자리까지이므로 grid는 0.01로 설정해 줍니다. 설정하지 않을 경우는 설정된 grid대로 적용될 수 있습니다. grid가 0.1일 경우 좌표를 이동해도 7.8 3.8로 적용될 수 있습니다.

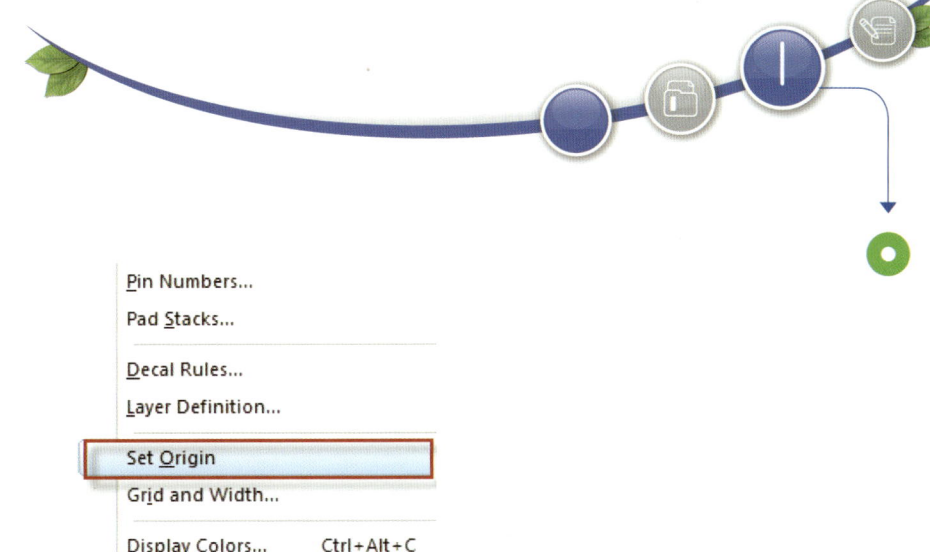

Setup에서 위 그림과 같이 Set Origin을 선택합니다. 그리고 명령어를 활용 s 7.79 3.81을 입력합니다. 아래 그림과 같이 origin 좌표가 이동되고 해당 좌표에 대해서 확인하는 메시지 창이 뜹니다. 여기서 예(Y)를 선택하면 이동되게 됩니다. 이렇게 간단하게 계산할 수 있는 부분은 위와 같이 좌표를 계산해서 이동해서 잡아주면 됩니다.

계산이 복잡한 경우에는 Grid를 활용해서 origin을 잡을 수도 있습니다. 위 좌표에서 중심이 4번 Pin에서 0.17거리가 있다는 부분만 가지고 진행해 보겠습니다. 4번 Pin을 선택한 후 앞에서 설명한 것과 같이 set origin을 선택합니다. 핀을 먼저 선택하게 되면 해당 Pin의 중심이 origin이 됩니다.

이제 grid는 0.17을 설정합니다. 명령어 G를 활용 g0.17를 써 줍니다.

set origin을 선택한 후에 orgin 근처를 찍어줍니다. grid 단위로 이동하기에 근처를 찍으면 됩니다. 현재와 같이 간격이 좁다면 이동을 작게 해주어야 합니다. 아래 그림과 같이 확인을 하고 예(Y)를 선택합니다.

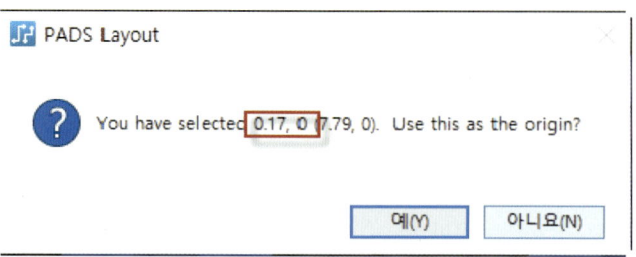

이후 같은 방법으로 세로 Y좌표는 grid를 3.81을 줍니다. 명령어를 동일하게 g3.81을 입력합니다. 이번에는 값이 커서 정확하지 않게 대략 찍어도 앞서 이야기한 것과 같이 Grid 단위로 이동하기에 좌표가 원하는 위치로 가게 됩니다. 실제 좌표가 원하는 위치인지만 확인하면 정확하게 중심을 잡은 것을 확인할 수 있습니다.

이제 보드 외형의 정확한 좌표를 잡아보겠습니다.

먼저 세로는 전체 10mm이므로 Y좌표는 +5와 −5를 설정해 주면 됩니다. 다만, 여기서 참고할 부분은 실제 부품과 동일하게 만들면 부품이 조립된 후에는 부품의 silk를 확인할 수 없는 문제점이 있습니다. 그래서 필자는 상황에 따라 다르지만 0.2mm 정도를 크게 설정해 줍니다.

먼저 Y축을 잡아보겠습니다. 위와 같은 논리로 상단은 +5.2mm, 하단은 −5.2mm를 설정합니다.

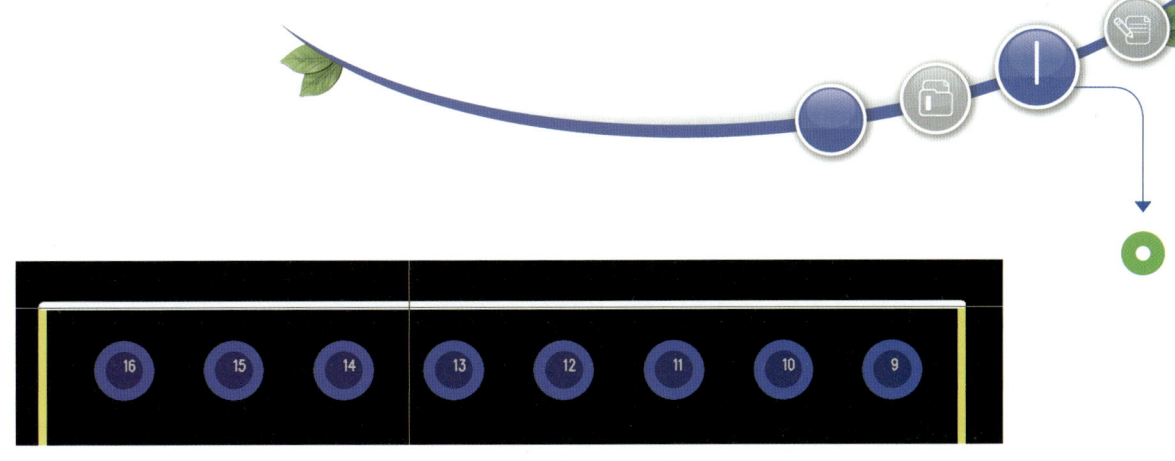

설정하고자 하는 라인을 선택합니다. 선택 방법은 마우스로 double click하거나, 오른쪽 마우스에서 Properties...를 선택하면

팝업창에서 붉은 박스(Y1, Y2)와 같이 값을 넣어주면 됩니다. 상단은 5.2 하단은 -5.2를 넣어주면 됩니다.

X좌표도 마찬가지로 전체 길이가 30.26이므로 좌우 0.2mm씩 추가를 하면 30.66이 되는데 30.7로 해서 만들어 보겠습니다.

앞서 설명한 것과 동일한 방법으로 라인을 선택한 후에 수치를 입력하면 됩니다.

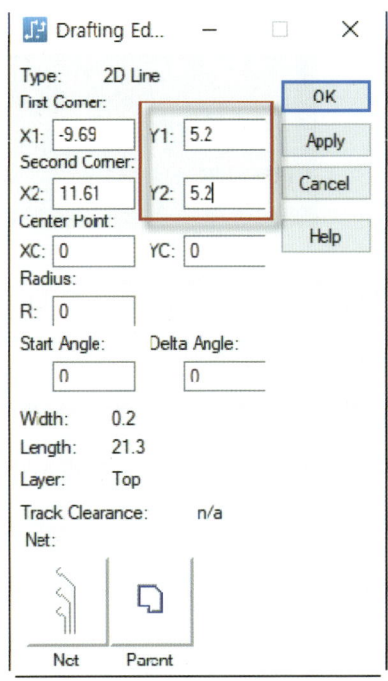

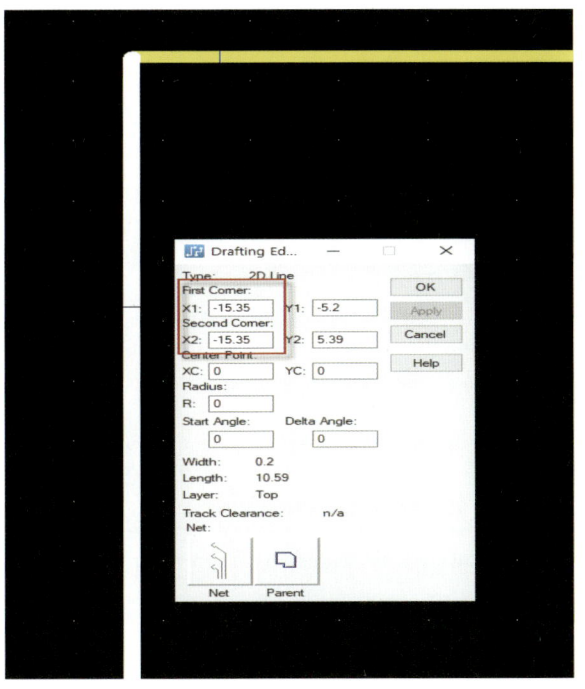

위와 같은 방법으로 왼쪽은 -15.35, 오른쪽은 +15.35를 입력해서 외형을 완성해 줍니다.

제2부 PCB 설계 기초

그 외에 세그먼트 이미지를 그려도 되지만 이 부분은 생략하겠습니다. 다만 1번 Pin에 대한 기준점은 있어야 하기에 다음 그림과 같이 표시해줍니다. Grid는 0.1로 변경한 후에 그려주면 됩니다.(명령어 g0.1)

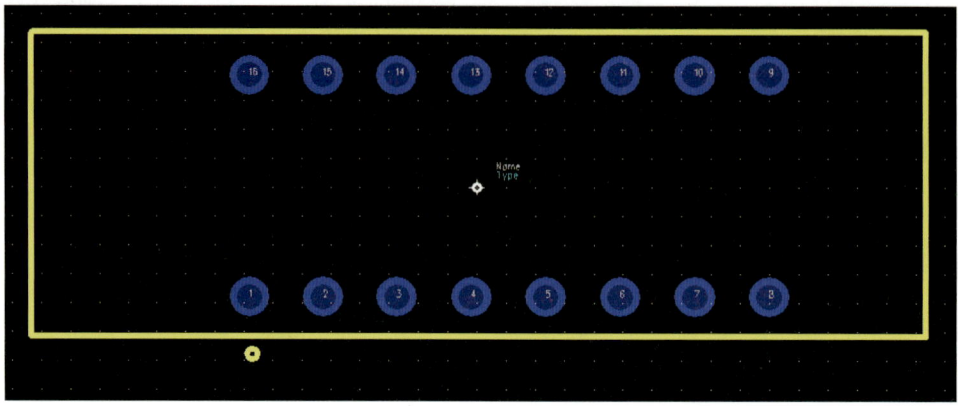

현재 부품은 top layer의 2D Line으로 그려져 있습니다.

이제 라인을 선택하고 silk screen top으로 변경해 주어야 합니다. 라인은 하나씩 선택을 해도 되지만 다음과 같은 방법으로 하면 편합니다.

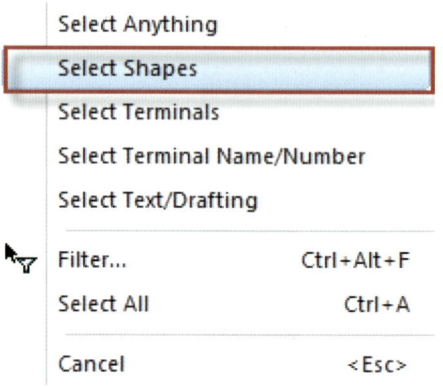

그림과 같이 Select Shapes를 선택하고 이후 만든 부품 전체를 드래그하면 Line만 선택되는 것을 확인할 수 있습니다. 필요한 부분만 선택해도 되며, 선택된 라인에 연결된 모든 선을 선택할 수도 있습니다. 선택한 후에 오른쪽 마우스에서 Properties...를 선택하거나, 명령어 Ctrl+Q 또는 단독 선택(복수 개 선택 시 안 됩니다.)을 double click해도 됩니다.

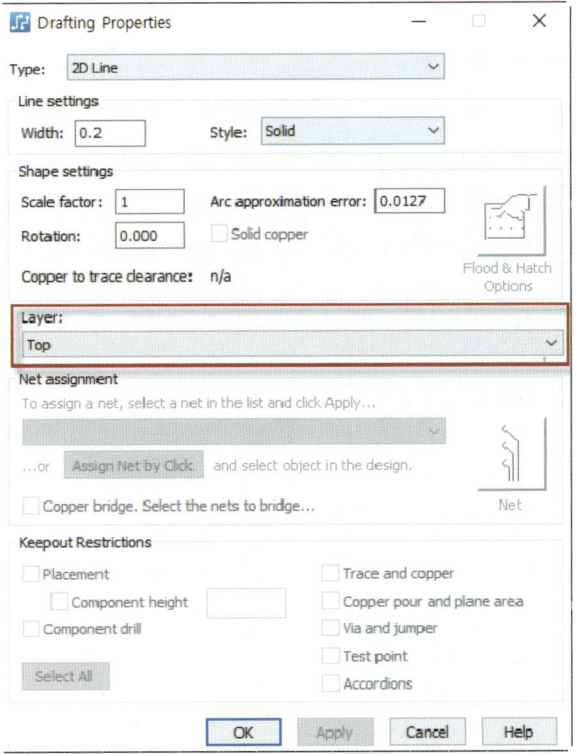

Silkscreen Top

위 그림에서 Layer에서 Silkscreen Top을 선택해 줍니다.

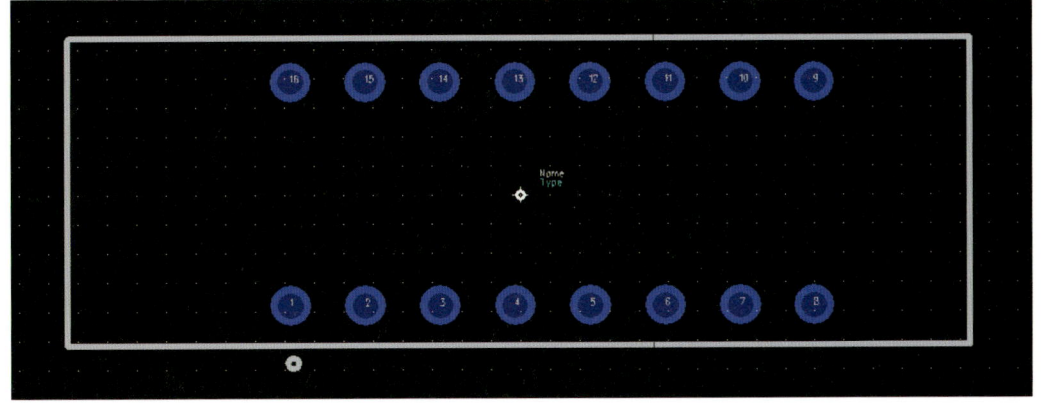

기본적으로 부품은 완성했으니 이제 마지막으로 저장을 하면 됩니다.

제2부 PCB 설계 기초

현재 부품을 만드는 과정은 Logic과 연동이 아닌 타 회로도를 사용했을 경우에도 사용할 수 있는 부품을 만드는 과정임을 참고해 주셨으면 합니다.

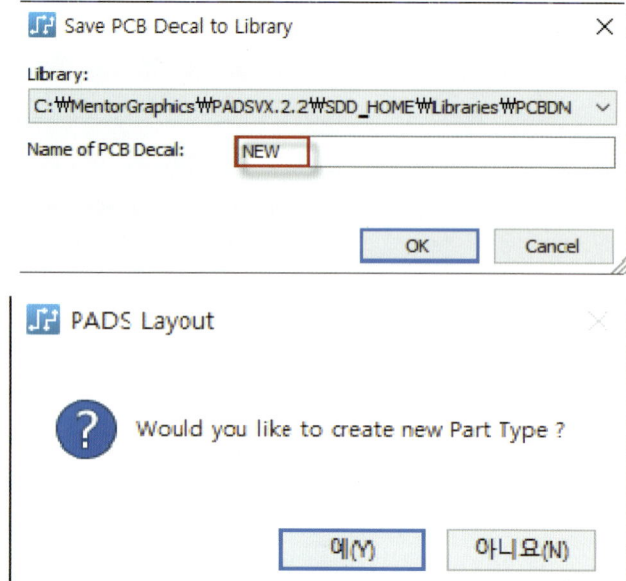

File에서 Save Decal를 선택하면 위 그림과 같이 팝업창이 뜹니다. 붉은 박스에 있는 부분에 입력할 부품 이름을 넣어주시면 됩니다.

이름은 SEGMENT_BQ-M292RD로 입력하겠습니다.

입력 후 OK를 클릭하면 위 그림과 같이 메시지가 뜨는데 Logic 회로인 경우 Logic의 부품을 넣어주면 되고, 타 회로를 활용한 경우는 예(Y)로 넘어갑니다.

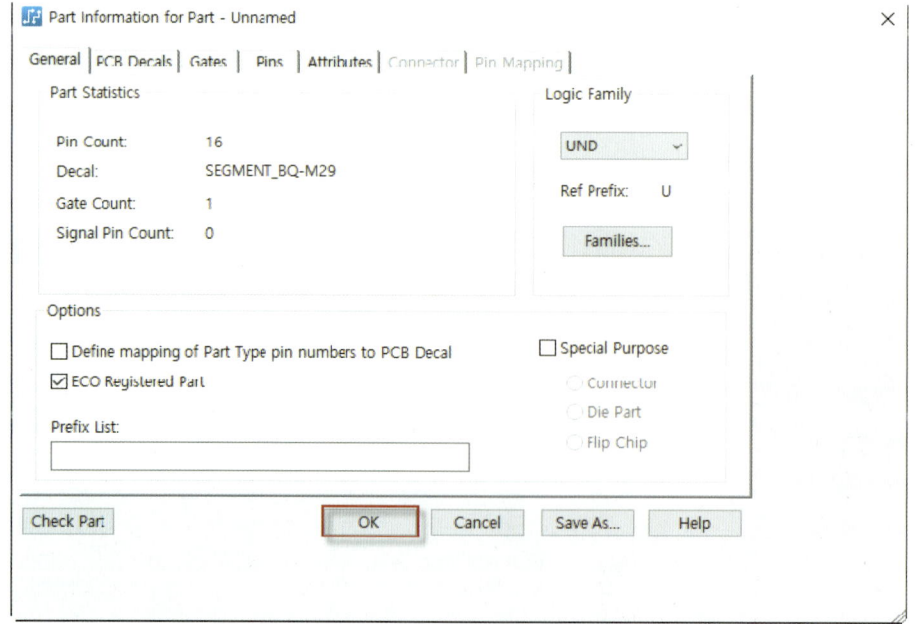

Logic 회로가 아닌 경우에는 위 그림에서 OK를 선택해 줍니다.

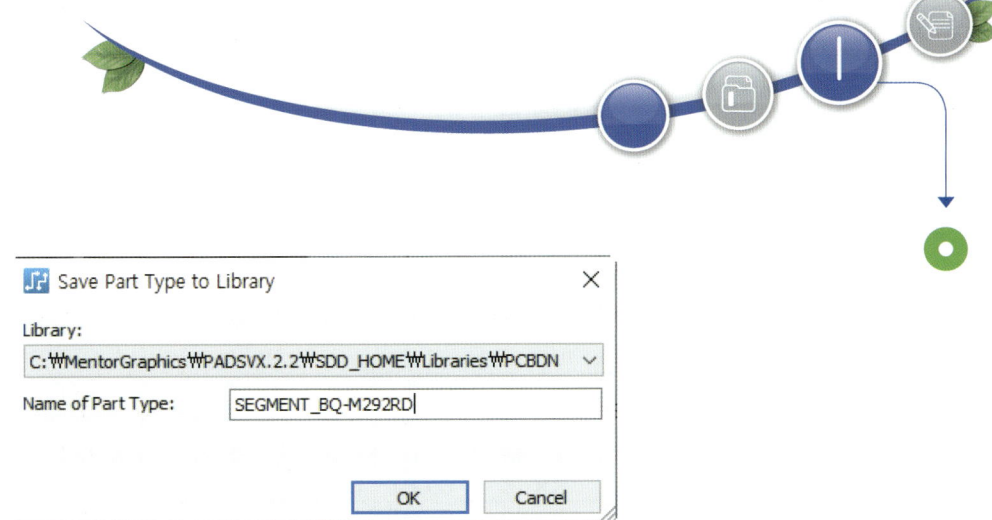

마지막으로 Save Part Type to Library에서 Decal과 동일한 이름으로 입력해 주고 OK를 선택합니다. 그러면 File Library..에서 해당 파일에 Decals 및 Parts에 해당 부품이 저장된 것을 확인할 수 있습니다.

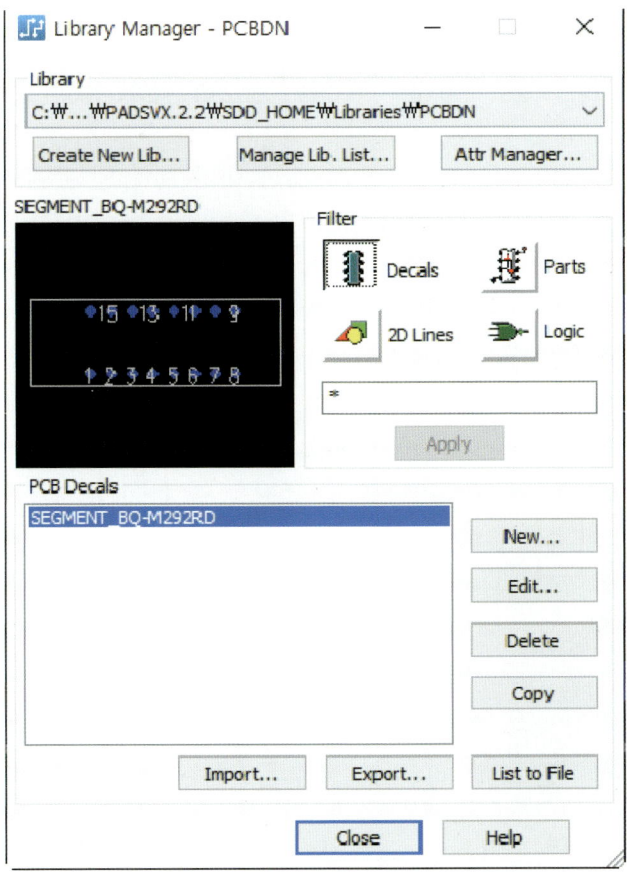

제2부 PCB 설계 기초

이제 전해콘덴서를 만들어 보겠습니다.

먼저 용량은 10V 100uF의 부품 2점을 사용하고 있습니다.

	100	5×11	0.58	2.3	210	EKY-100E□□101ME11D
	220	6.3×11	0.22	0.87	340	EKY-100E□□221MF11D
	470	8×11.5	0.13	0.52	640	EKY-100E□□471MHB5D
	680	8×15	0.087	0.35	840	EKY-100E□□681MH15D
	680	10×12.5	0.080	0.32	865	EKY-100E□□681MJC5S
	1,000	8×20	0.069	0.27	1,050	EKY-100E□□102MH20D
	1,000	10×16	0.060	0.24	1,210	EKY-100E□□102MJ16S
	1,200	10×20	0.046	0.18	1,400	EKY-100E□□122MJ20S
	1,500	10×25	0.042	0.17	1,650	EKY-100E□□152MJ25S
	1,500	12.5×15	0.049	0.16	1,450	EKY-100E□□152MK15S
	2,200	10×30	0.031	0.12	1,910	EKY-100E□□222MJ30S
	2,200	12.5×20	0.035	0.12	1,900	EKY-100E□□222MK20S
	2,200	16×15	0.042	0.12	1,940	EKY-100E□□222ML15S
10	2,700	18×15	0.043	0.11	2,210	EKY-100E□□272MM15S
	3,300	12.5×25	0.027	0.089	2,230	EKY-100E□□332MK25S

data sheet를 보면 10V 100uF은 지름이 5mm에, 높이가 11mm인 콘덴서입니다. 아래 설계에 필요한 도면을 살펴보면 부품 외형은 약 5.5pi로 핀 두께는 0.5pi, 핀 간 간격은 2.0mm인 것을 확인할 수 있습니다.

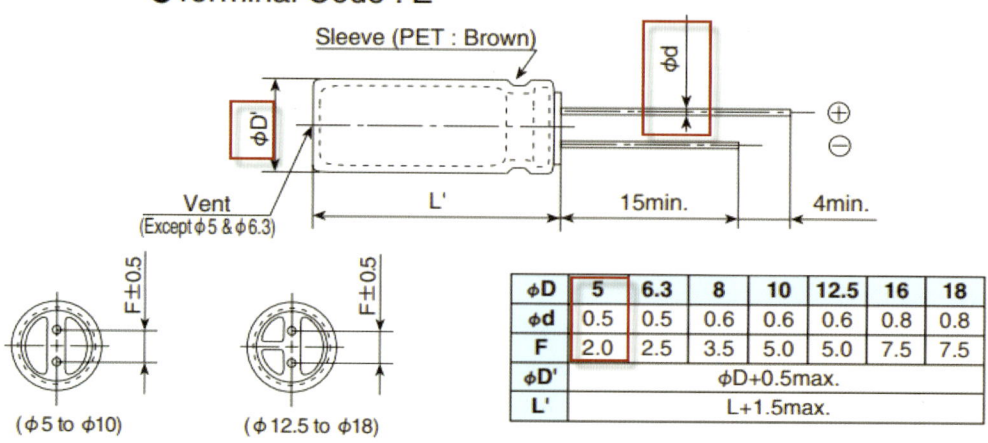

252

Library를 만들기 위해서는 File에서 Library를 선택합니다.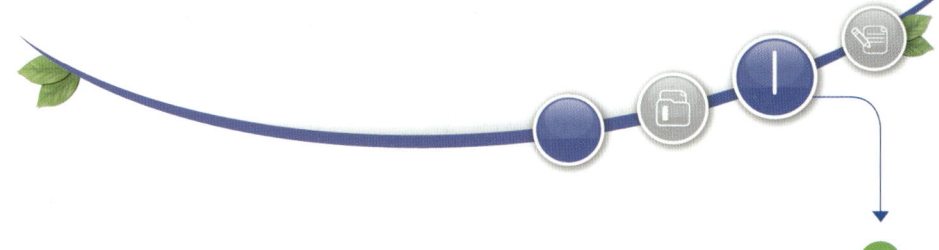

아래와 같은 팝업창이 뜨면 앞서 만든 폴더(PCBDN)에 Library를 만들어 저장하면 됩니다.

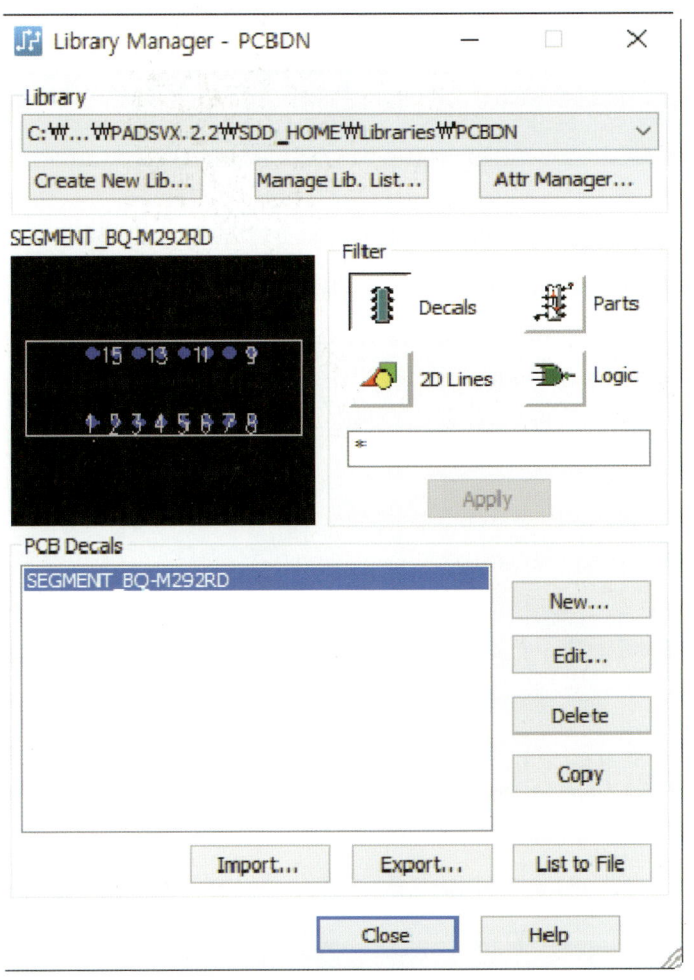

Library를 만들 때는 항상 New... 를 선택하여 새로 만들어도 되지만, 필자는 기존 셋팅을 활용하기 위해서 기존 만든 부품에서 새로 만들기도 합니다. 다만 저장은 꼭 save as...로 해야 합니다.

New...로 활용하는 것은 앞에서 설명을 하였기에 수정 저장하는 방법을 설명하겠습니다.

먼저 기존에 작업한 Library를 열어줍니다.

제2부 PCB 설계 기초

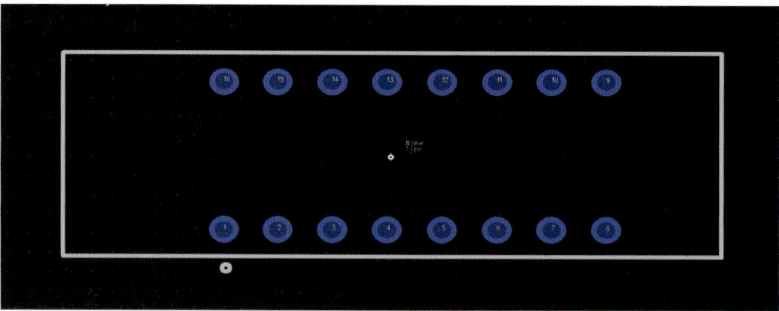

이후 새로 만들기 위해 필요한 부분을 제외하고는 삭제를 합니다. 현재 파일에서는 2D Line과 핀 하나를 제외한 모두를 삭제합니다. 이 상황에서 설명을 시작하겠습니다.

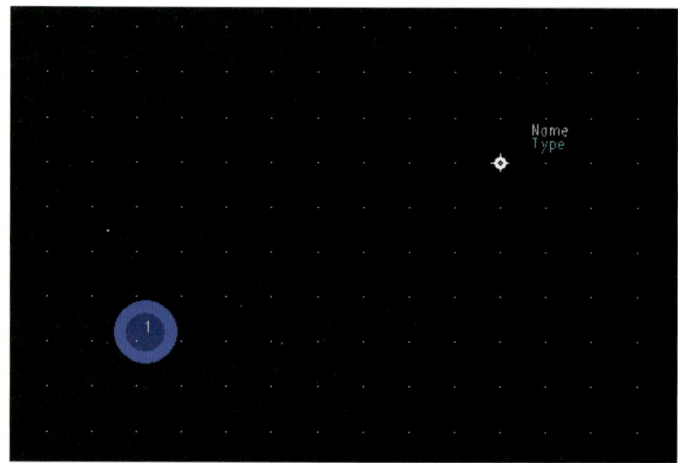

먼저 1번 Pin을 선택하고 setup에서 Set Origin 을 선택해 origin을 잡아둡니다.

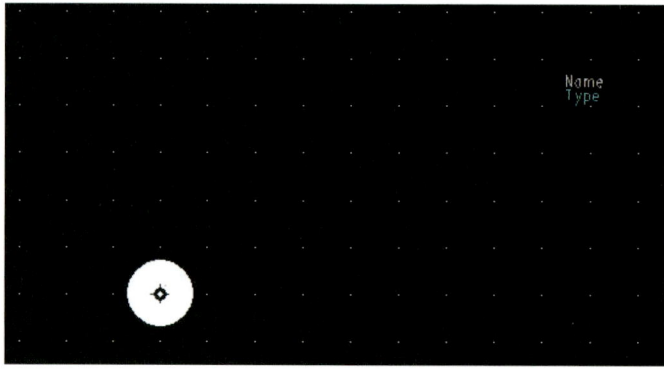

현재 만들 부품은 Pin 외경이 0.5pi, Pin 간 간격은 2.0mm, 외형은 5.5pi이기에 먼저 Pin 정보를 수정해 줍니다. Pin 외경이 0.5pi이므로 오차를 감안해서 0.7pi~0.8pi 정도로 설정해야 하는데 Pin을 선택한 후 단축키 Ctrl+Q를 선택합니다.

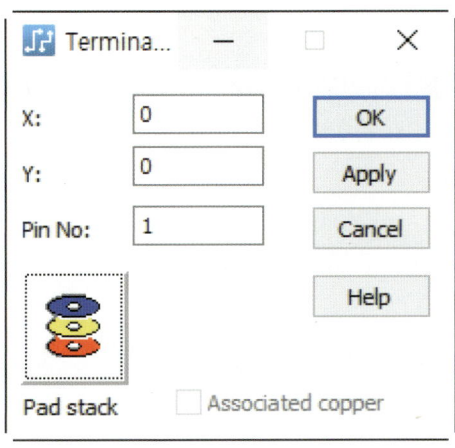

Pad stack을 선택하면 아래 그림과 같이 정보가 나옵니다.

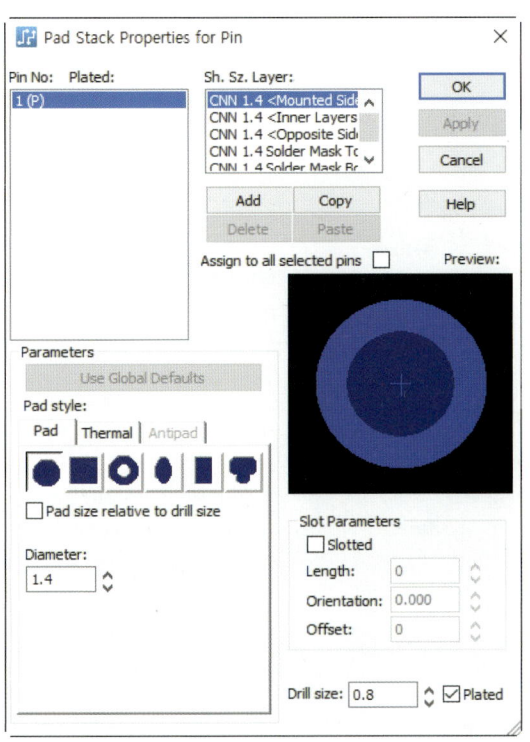

제2부 PCB 설계 기초

기존 Drill 사이즈가 0.8로 되어 있으므로 그대로 사용합니다. Pad 크기는 1.4로 되어 있지만 1.3도 가능합니다. 최소한 Drill+0.5 이상이면 됩니다.

Plated 또한 반드시 check해주어야 합니다.

Pad 설정 이후 기존 1번 Pin을 선택한 후에 오른쪽 마우스를 클릭하고 아래 그림과 같이 Step and Repeat...를 선택합니다.

이후 아래 그림과 같이 부품 간격(Distance)을 2로 설정하고 OK를 선택합니다.

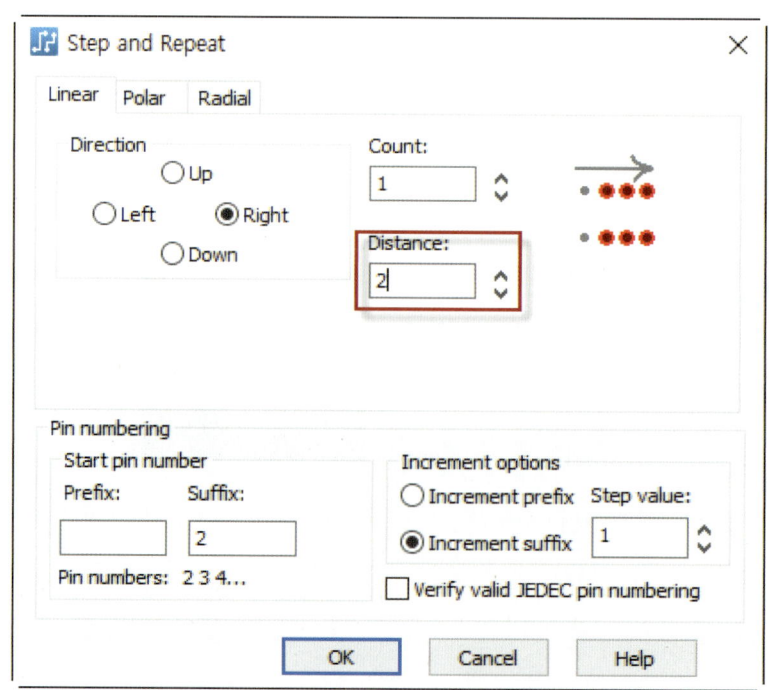

모든 설정이 끝나면 다음 그림과 같이 두 개의 Pin이 만들어지게 됩니다.

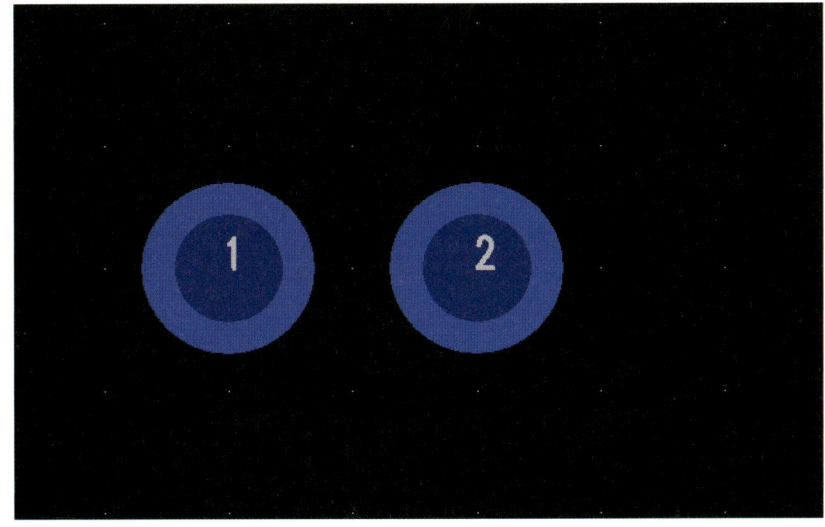

이후 부품의 센터를 origin으로 잡아주는데 설정 방법은 앞서 설명한 것과 같은 방법으로 먼저 2mm 간격의 중심은 1이므로 Grid를 1로 설정합니다.

위 명령어로 Grid 변경 후에 setup에서 set origin을 선택한 후 패드 주변 중심 부분에 임의로 찍으면 Grid 단위로 이동하기에 자동으로 센터에 찍을 수 있습니다.

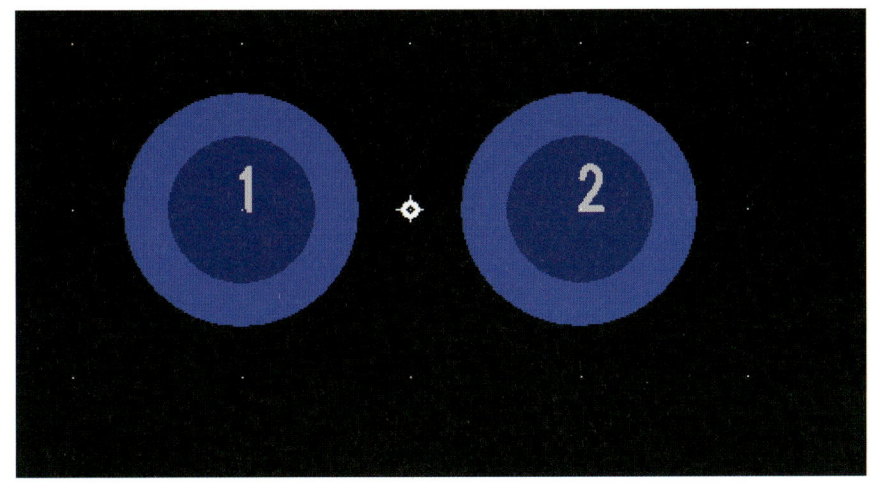

제2부 PCB 설계 기초

이제 부품의 외형을 그리겠습니다.

부품의 외형은 지름이 5mm이지만 부품 실장 후에 외형 노출 및 도면상의 오차를 감안해서 0.5mm를 추가해 5.5mm 원을 그려주면 됩니다.

Drafting toolbar 를 선택하고 2D Line을 선택해 줍니다.

오른쪽 마우스를 선택한 후에 오른쪽 그림과 같이 Circle를 선택합니다.

선택 후 origin을 기준으로 정확하게 그려도 되지만 그게 아닐 때에는 임의의 원을 그려줍니다.

임의로 그린 후에 grid도 0.1로 다시 변경해줍니다.

임의로 그려진 원의 선을 선택한 후에 설정해 줍니다.

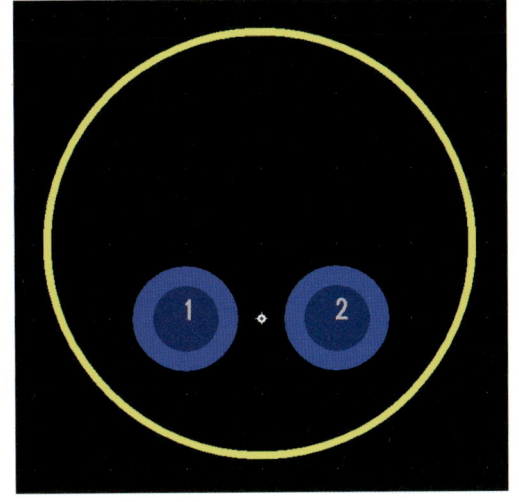

방법은 총 3가지로

① 왼쪽 마우스 double click
② 단축키 Ctrl+Q 또는 Alt+Enter
③ 오른쪽 마우스 클릭 후에 Pad Stacks... 하는 방법이 있습니다.

선택 후에 기준점을 0, 0으로, 반지름 R은 5.5mm의 절반인 2.75로 설정해주고 OK를 클릭합니다.

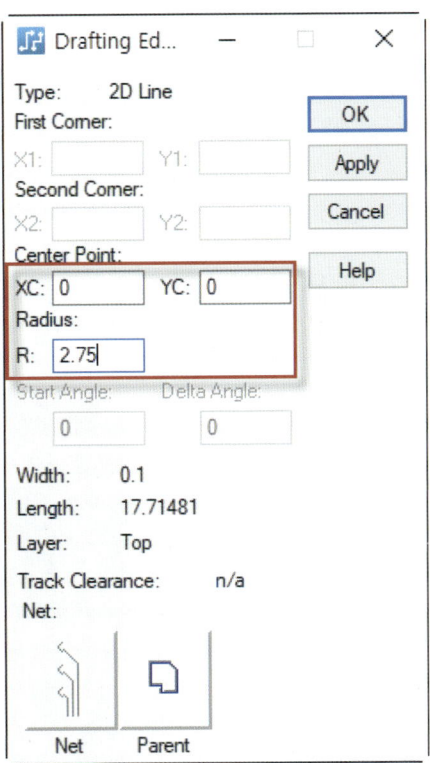

제2부 PCB 설계 기초

OK를 선택하면 오른쪽 그림과 같이 설정됩니다.

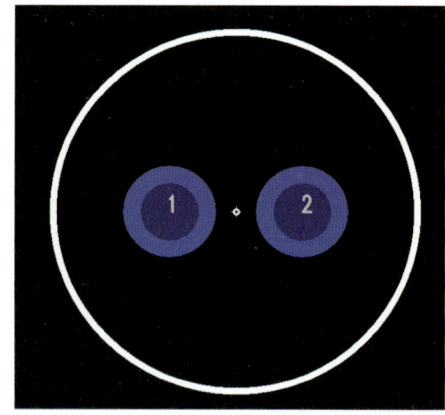

전해콘덴서는 극성이 있는 부품이므로 극성 표시를 해주어야 합니다.

일반적으로 극성이 있는 부품은 생산 시 역삽을 막기 위해 극성 표시를 해주어야 합니다. 일반적으로 극성이 있는 부품들인 LED, 전해콘덴서, Tantal, Diode 등 2Pin 부품의 경우 2번 Pin을 음극(-)으로 설정해 줍니다. 이 부분은 통일감을 주어 역삽 등을 방지하기 위한 것으로 개발자와 설계자 간의 정해지지 않은 약속이기도 합니다.

다시 Drafting toolbar 를 선택하고 를 선택하고

2D Line을 선택해 줍니다. 이후 오른쪽 마우스로 Path 를 선택해 줍니다. Path는 임의 라인을 그릴 수 있습니다. (Grid 0.1로 변경 후 진행)

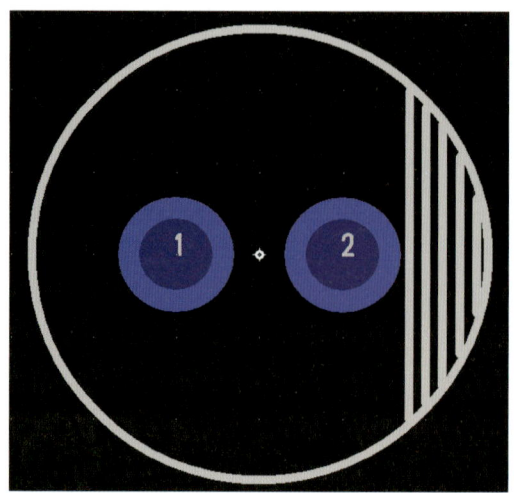

앞 그림과 같이 극성을 표시할 라인을 그려준 후에 Esc를 누르거나 를 선택한 후에 2D Line을 Silk screen top으로 변경해야 합니다.

오른쪽 마우스를 클릭해 Select Shapes 를 선택하고 모든 라인을 선택한 후에 Ctrl+Q 또는 오른쪽 마우스에서 Properties를 선택한 후에 Layer에서 Silkscreen Top 을 선택해 2D Line의 속성을 변경해 줍니다.

이제 마지막으로 Bottom면에 쇼트를 방지하기 위한 silk를 그려줍니다.

보통 Pin 간격이 좁은 경우 Wave soldering 공정에서 short가 발생하게 되는데 이러한 부분을 방지하기 위해서 silk로 벽을 만들어서 short를 최소화시켜줄 수 있습니다.

앞서 2D Line으로 부품 외형을 원으로 그려준 것과 비슷하게 그려주면 되는데, 먼저 Line의 두께는 0.5로 설정을 합니다. 두께는 Pin 간격 등 상황에 따라 조정하면 됩니다.

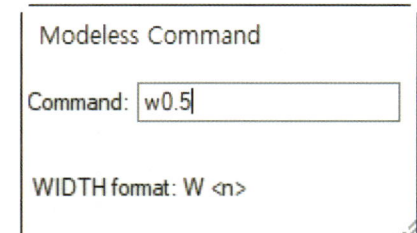

입력 후 각 Pin의 센터 (-1,0), (1,0)에서 센터인 (0,0)까지를 그려줍니다.

2D Line의 layer는 메뉴 창에서 Silkscreen Bottom 을 선택한 후 그려도 되고, 앞서 설명한 2D Line 임의로 그린 후에 추후 Silkscreen Bottom 으로 변경해 주어도 됩니다.

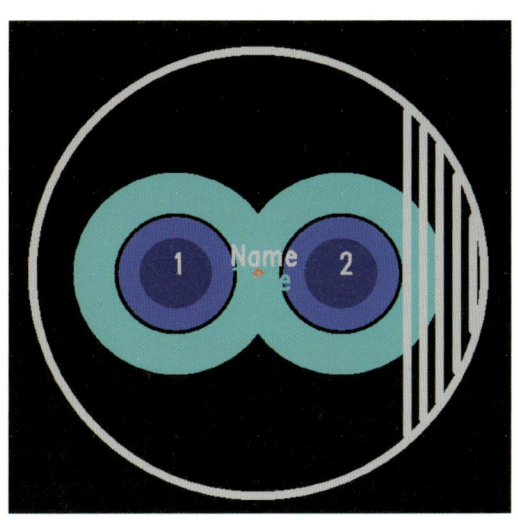

제2부 PCB 설계 기초

마지막으로 Library를 저장하면 됩니다. Library 저장은 기존에 만들어 둔 (PCBDN) 폴더에 저장하면 됩니다.

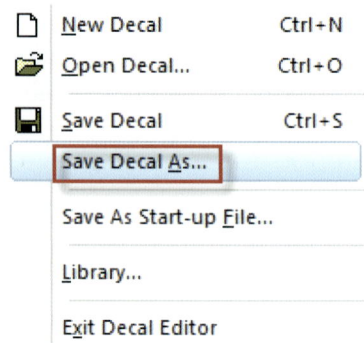

Library 이름은 관련 부품 공용으로 사용할 수 있도록 그림과 같이 저장합니다.

전해콘덴서 중에 동일 크기이지만 간격의 차이가 있는 부분도 있으므로 Pin 간격도 표기를 해두면 추후 부품을 찾는데 도움이 됩니다.

해당 팝업에서 예(Y)를 선택하고 이후 Part Information for part 팝업창에서는 OK로 넘어가면 됩니다.

이후 Save Part Type to Library에서 PCB Decal과 동일하게 이름을 입력하고 OK를 클릭하여 최종 저장한 후에 아래 그림과 같이 폴더에 저장된 것을 확인할 수 있습니다.

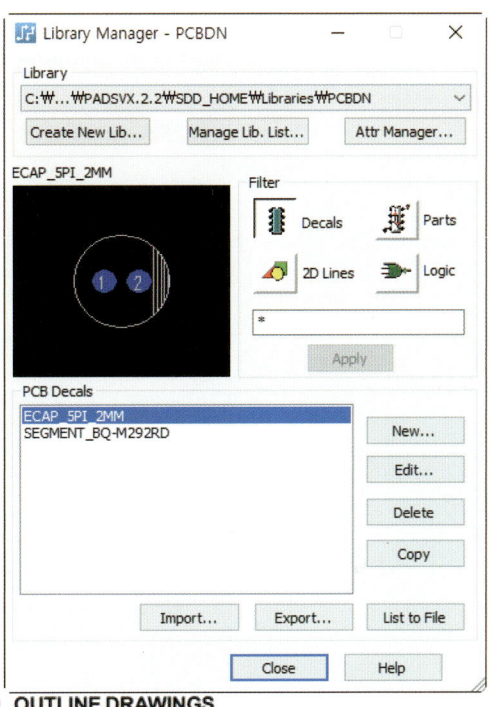

● OUTLINE DRAWINGS

다음 부품은 크리스털입니다.

오른쪽 그림과 같은 외형을 가지고 있고, 핀의 두께는 0.43pi인 것으로 표기되어 있습니다.

이번에도 앞서 만든 부품에서 1번 Pin 하나를 제외하고 삭제하겠습니다. 반복되는 부분은 제외하고 설명하겠습니다.

Pin 외경이 0.43pi이므로 0.7pi 이상으로 설정하면 됩니다.

지금 만드는 것은 앞서 만든 것과 동일하게 0.8pi로, Pad는 1.4pi로 설정해 줍니다.

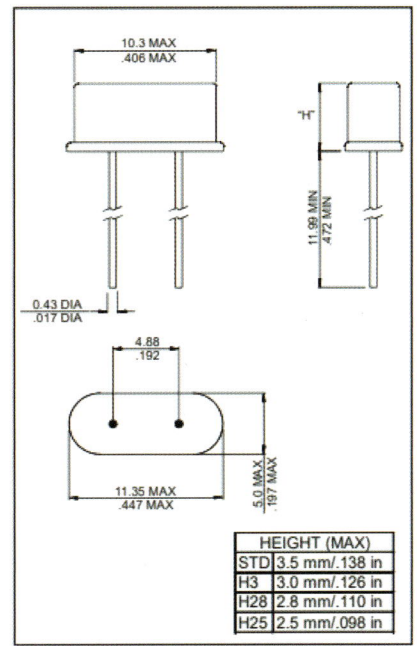

TYPE AS (HC-49/S)

제2부 PCB 설계 기초

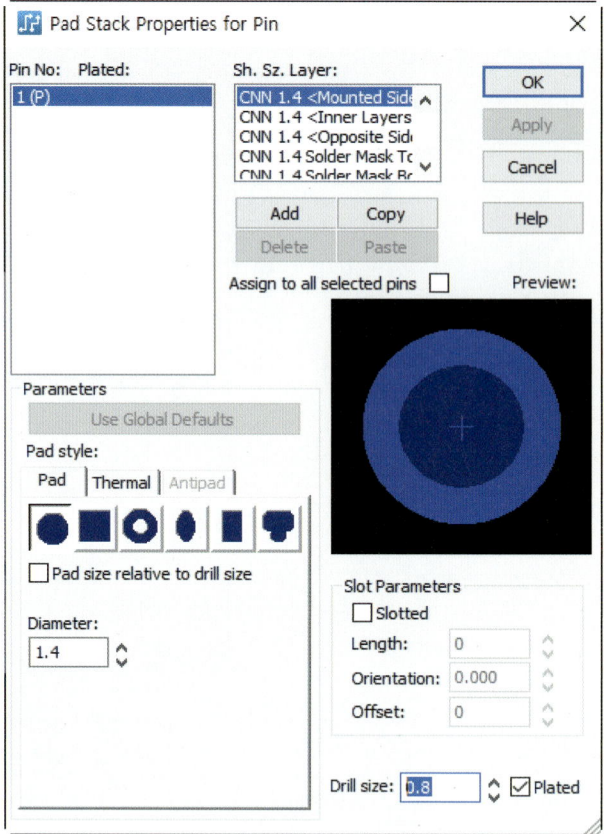

이 역시 Plated는 반드시 check해 주어야 하는데 2Pin 간 간격은 4.88mm로 1번 Pin을 선택하고, 오른쪽 마우스를 클릭 후 Step and Repeat...를 선택하여 다른 Pin을 만들어 줍니다.

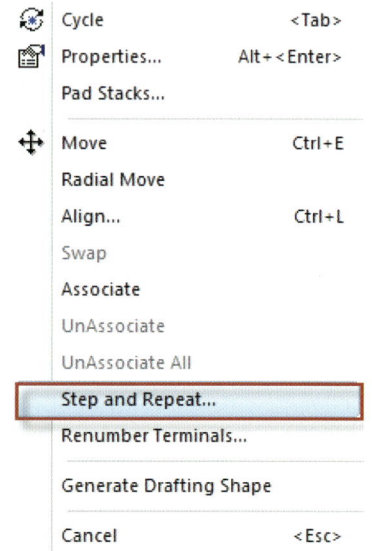

그림과 같이 간격을 4.88로 설정한 후에 Pin을 추가합니다.

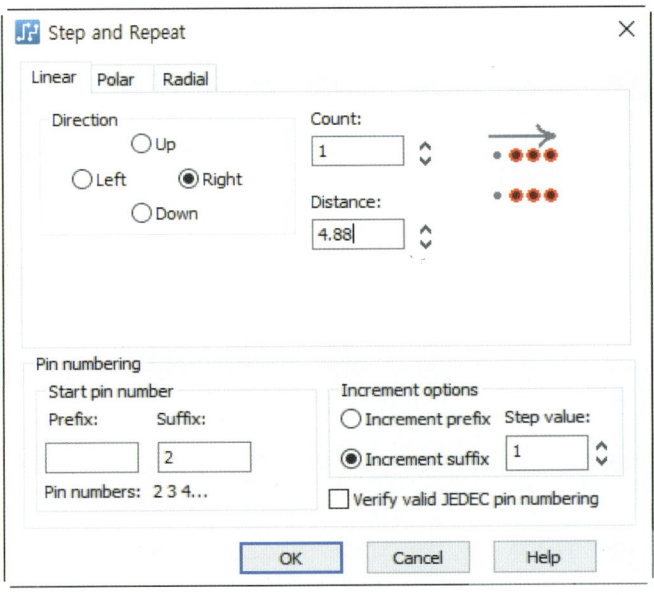

이후 Grid를 4.88의 절반인 2.44로 설정하고, setup에서 Set origin을 선택해 중심을 잡은 후 다시 부품 외형을 만들어 줍니다.

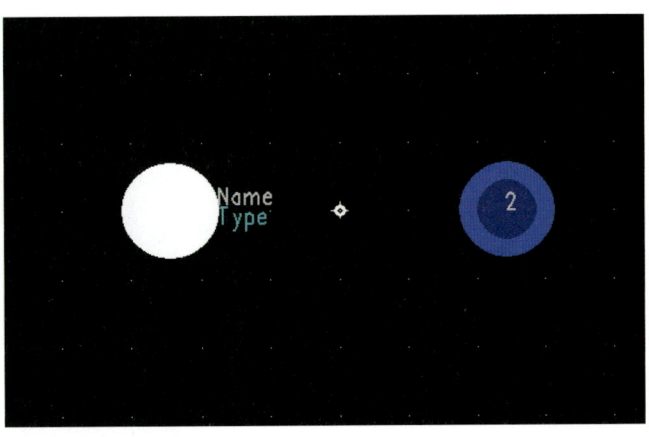

제2부 PCB 설계 기초

이번에는 2D Line을 Silkscreen Top으로 설정해서 그리도록 하겠습니다.

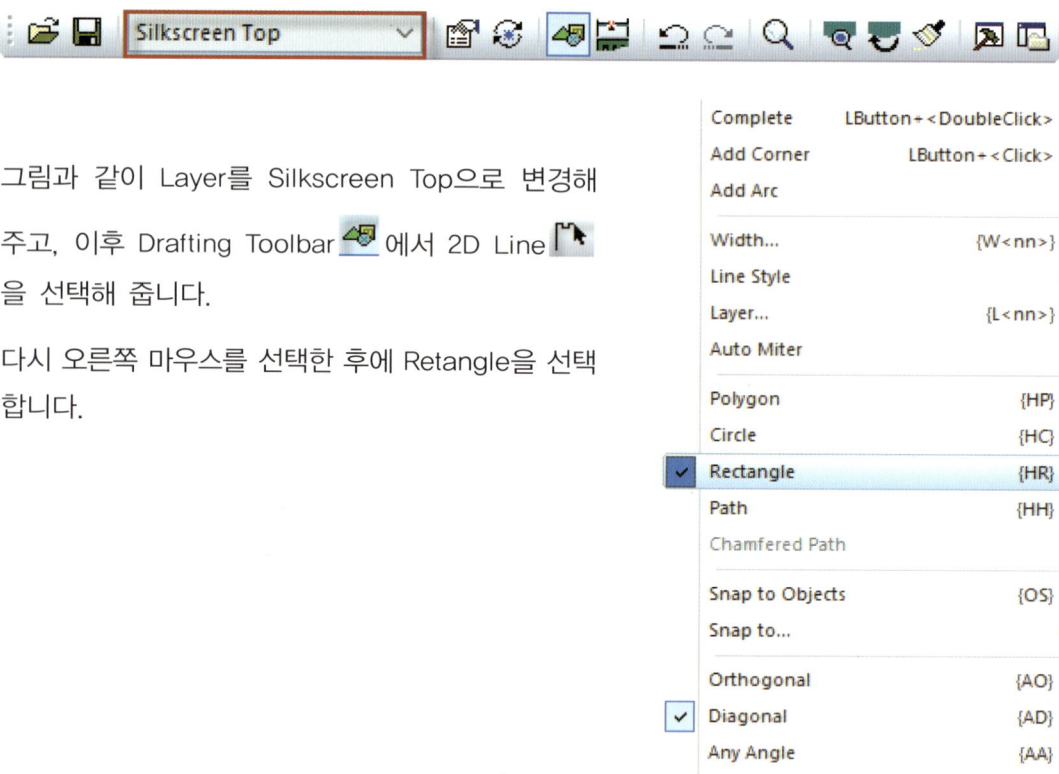

그림과 같이 Layer를 Silkscreen Top으로 변경해 주고, 이후 Drafting Toolbar 에서 2D Line 을 선택해 줍니다.

다시 오른쪽 마우스를 선택한 후에 Retangle을 선택합니다.

Line의 두께는 0.2로 해서 임의의 박스를 그려줍니다.

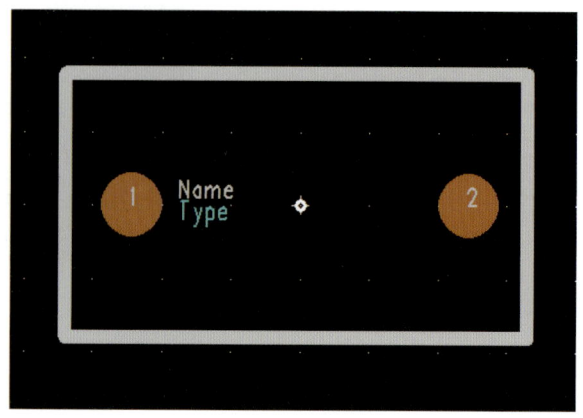

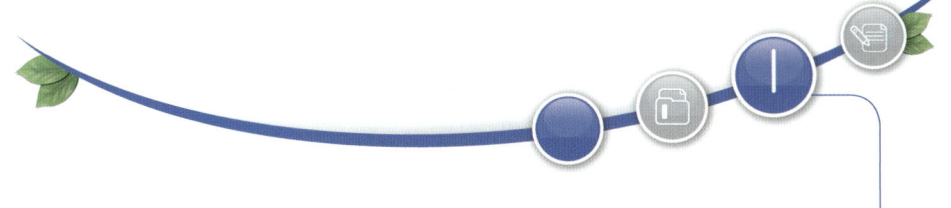

전체 길이가 가로 10.3mm, 세로 5mm이므로 전체 길이는 가로 10.8mm, 세로 5.4mm로 그려집니다. 먼저 위 그림과 같이 임의로 그린 사각형의 길이를 가로 7.0mm, 세로 5.4mm로 그려줍니다.

수치에 맞게 Polygon으로 그려도 되지만 현재는 임의로 그린 기준에서 설명하겠습니다.

라인을 선택한 후에 Ctrl+Q 또는 double click을 선택한 후 아래와 같이 설정값을 넣어줍니다.

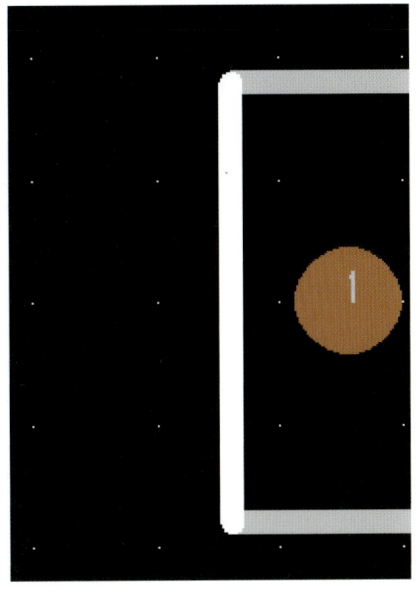

[좌측 설정값]

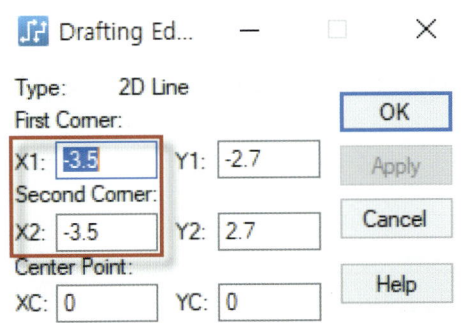

[우측 설정값]

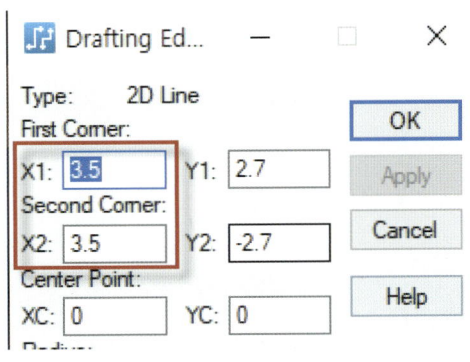

[상단 설정값]

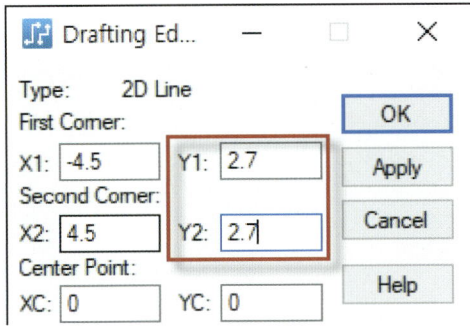

[하단 설정값]

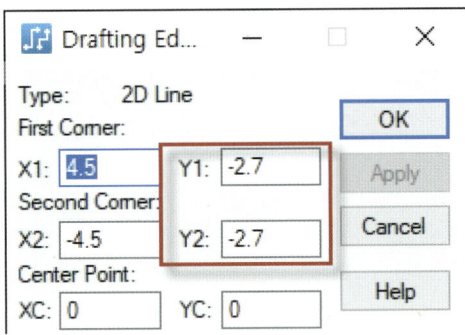

제2부 PCB 설계 기초

위 상태에서 좌측 라인에 센터 좌표로 (3.5, 0)을 선택하여 줍니다.

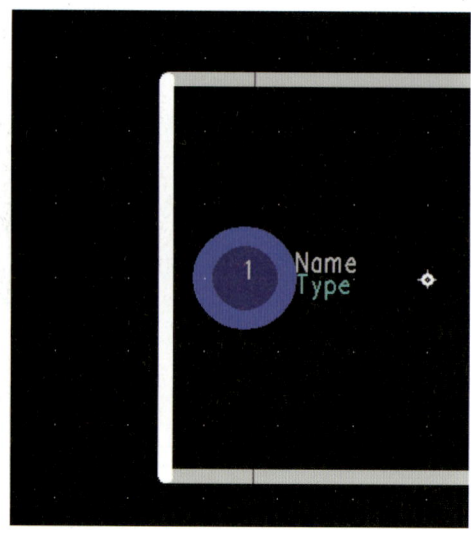

오른쪽 마우스를 클릭해서 Pull Arc를 선택합니다.

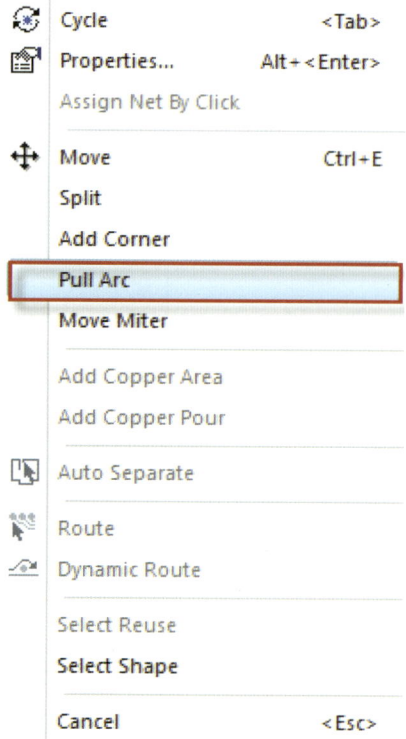

Arc 좌표는 기존 크기인 10.8mm로 좌/우측 5.4mm로 하면 됩니다. 좌측 (-5.4, 0), 우측 (5.4, 0)으로 이동하여 완성시킵니다.

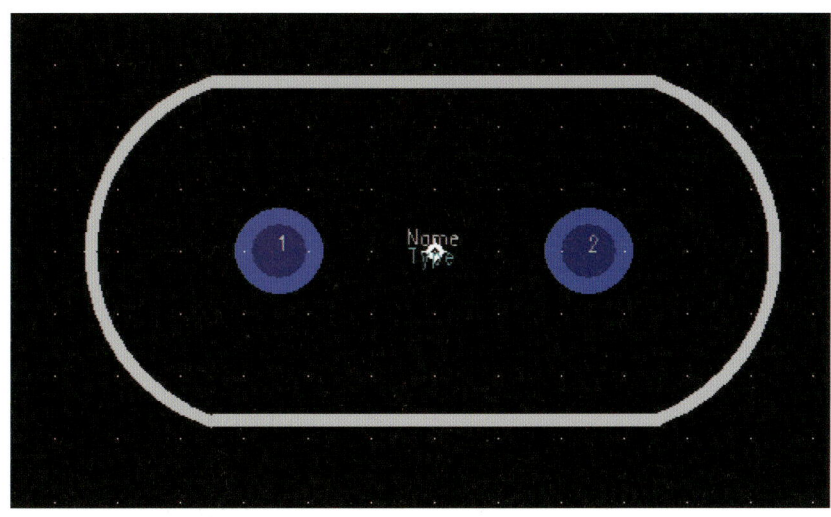

위 그림과 같이 좌우 모두 Pull Arc로 그려준 후에 저장하면 됩니다.

Crystal은 극성이나 Pin에 대한 특성이 규정되어 있는 것이 아니므로 특별히 Pin 정보에 대한 표시는 하지 않습니다. 이후 File에서 save as를 통해 앞서 만든 부품과 동일한 방법으로 저장해 줍니다.

Library 이름은 Crystal 2Pin에 4.88mm 간격을 표시하였습니다. 저장 후 Library 목록에 제대로 저장되었는지 확인합니다.

제2부 PCB 설계 기초

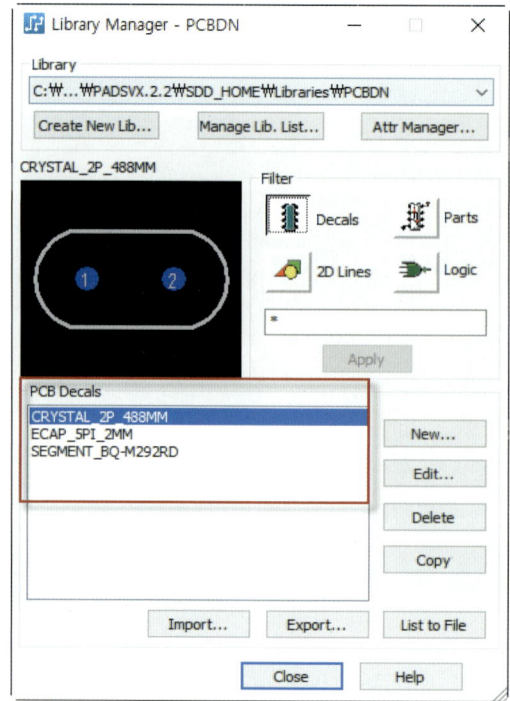

이제 MC81F4315D를 만들어 보겠습니다.

먼저 부품에 대한 정보를 확인합니다.

1.4 Ordering Information

Device Name	FLASH ROM	RAM	Package
MC81F4215D			20_SOP
MC81F4215B			20_PDIP
MC81F4315S			24_SSOP
MC81F4315M	16K Bytes	512 Bytes	28_SOP
MC81F4315G			28_SKDIP
MC81F4315D			32_SOP
MC81F4315K			32_SDIP
MC81F4315L			32_LQFP

Part number를 통해서 SOP 32Pin이라는 정보를 확인할 수 있습니다.

해당 부품에 대한 정보를 살펴보면

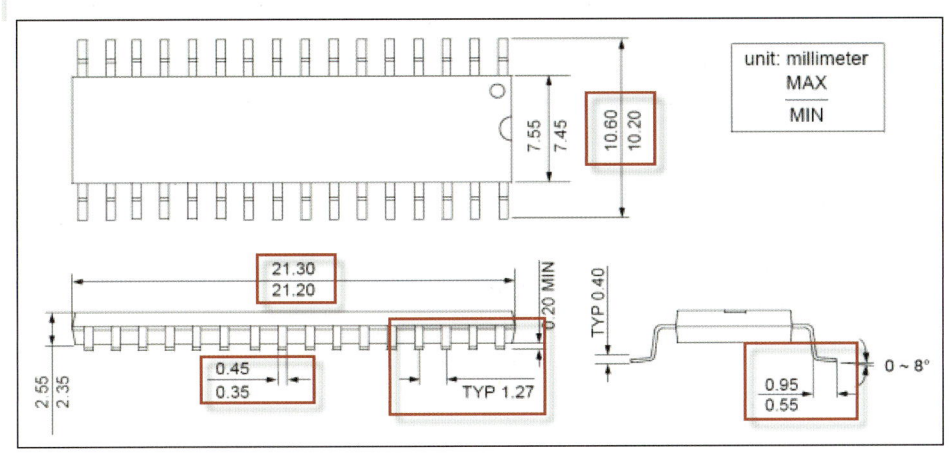

4.3 32 SOP - MC81F4315D

위 정보를 가지고 부품을 만들어야 합니다. 특히 붉은 글씨로 표기한 부분은 Library 제작 시 가장 중요한 부분이니 반듯이 참고해야 합니다.

기본적인 부품 외형의 전체 크기는 가로 21.3mm, 세로 10.6mm, Pin의 폭은 0.45mm, Pin 간 간격은 1.27mm, Pin의 길이는 0.95mm인 것을 확인할 수 있습니다.

일반적으로는 Data sheet를 보면 Library를 만들기 위한 가이드가 있지만 현재 data와 같이 가이드가 없는 경우에는 여러 상황을 고려해서 만들어야 합니다. 다른 부분은 상관이 없지만 Pin의 경우 손땜을 하느냐 자삽을 하느냐에 따라서도 부품을 만드는 경우가 틀리지만 여기서는 자삽을 기준으로 조금 여유있게 만들어 보겠습니다.

일반적으로는 min. Max.값이 아닌 중간값을 설정해서 Library를 만들지만 여기서는 Max.값을 기준으로 만들겠습니다.

다른 부분은 상관없지만 Pin의 Pad를 만드는 것이 가장 중요합니다. 또 패드를 만들 때에는 Pin의 외부에서 납도 중요하지만 내부에 납이 올라오는 Fillet을 형성시켜주는 것 역시 중요합니다.

제2부 PCB 설계 기초

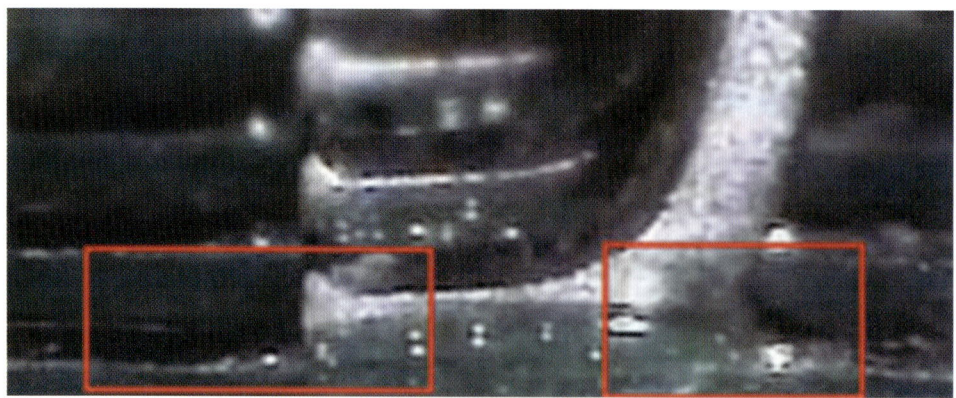

위 그림에서 왼쪽에 붉은 박스 부분으로 외부에 납이 올라오는 부분은 기본이고, 오른쪽의 붉은 박스와 같이 납이 올라와서 Fillet이 형성되도록 하는 것이 중요합니다.

Library를 많이 만들다 보면 요령이 생기겠지만 여기서는 PCB에 맞닿는 최대 크기에 외부와 내부 0.5mm씩 더해서 1mm 추가해서 만들어 보겠습니다.

이전과 같이 Pin 하나만 두고 모두 삭제합니다.

기존에 만들어 둔 부품은 모두 홀을 활용해서 부품을 실장하는 DIP type이었지만 현재 만들 부품은 표면 실장용 부품인 SMD type으로 만들어야 합니다.

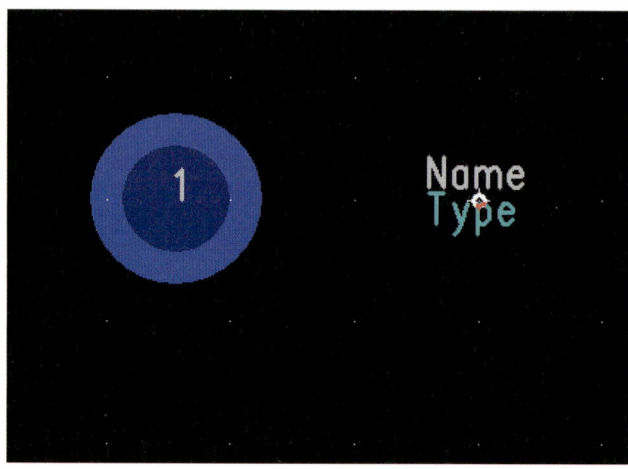

그림에서 Pin을 선택한 후에 double click이나 오른쪽 마우스에서 Pad Stacks...이나 Ctrl+Q를 통해서 Pad stack으로 들어갑니다.

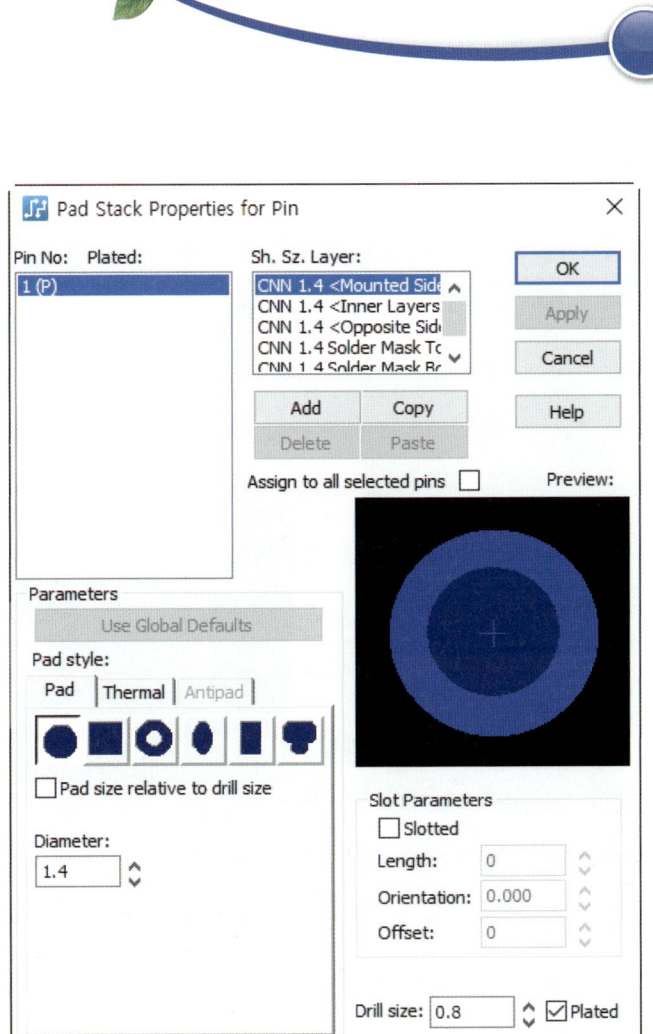

위 그림과 같은 정보가 뜨게 되는데 여기서 수정할 부분이 있습니다.

표면 실장 부품은 홀이 생성되지 않고 Metal Mask를 만들어서 실장을 하게 됩니다.

한 면에만 있는 부품이고 홀이 없으므로 내층과 Bottom면에 Pad에 대한 정보는 필요하지 않고 홀 속 도금이 필요 없기에 Plated도 체크를 해제해야 합니다. 또한 Bottom면에 Pad가 없기에 Solder Mask Bottom도 필요하지 않습니다. 다만 Metal Mask를 만들어줘야 하기에 Top에 Paste Mask를 추가해 주어야 합니다.

Pin의 크기는 다음과 같습니다. 가로 0.95mm, 세로 0.45mm입니다. 필자는 Max. 사이즈를 그대로 Pad 크기로 적용하기도 합니다. 실제 잡아주는 것은 폭보다는 길이이기 때문입니다. 여기서 세로는 0.05를 추가해서 0.5mm, 가로는 0.95mm+1.0mm로 1.95mm로 해서 만들겠습니다.

제2부 PCB 설계 기초

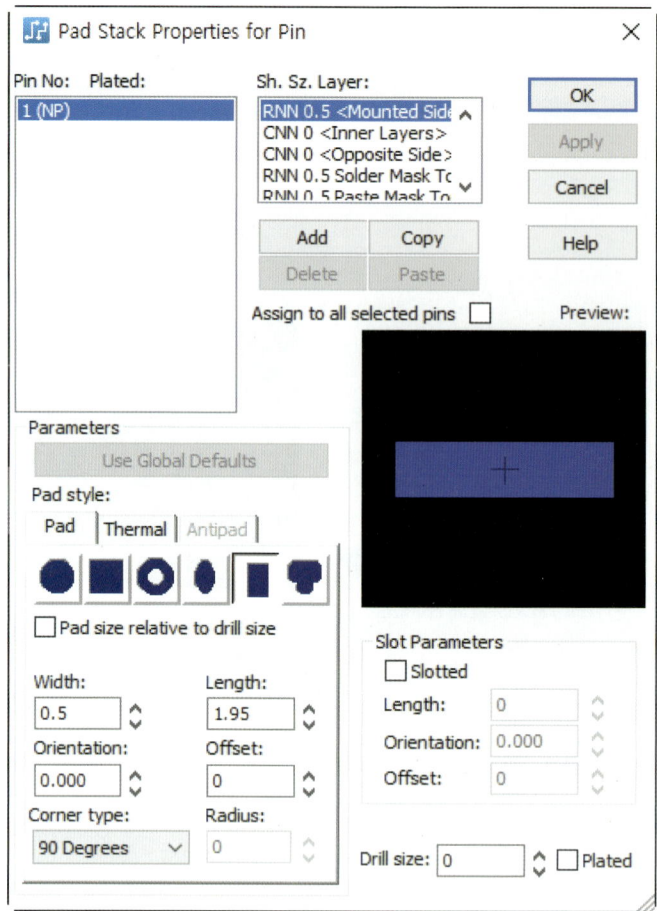

위 그림과 같이 Pad의 폭은 0.5mm, 길이는 1.95mm로 만들어 주고 Layer에서도 불필요한 내층과 Solder mask Bottom을 삭제하고 Paste Mask Top을 추가한 것을 볼 수 있습니다. 오른쪽 하단에 Plated 또한 check를 해제한 것을 확인할 수 있습니다.

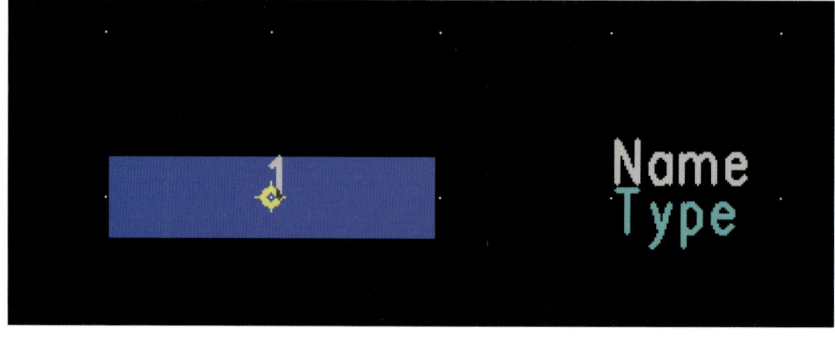

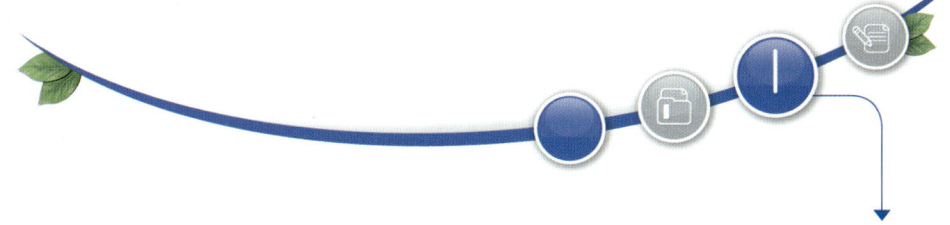

그림과 같이 형성 후에 1번 Pin을 선택한 후 오른쪽 마우스를 통해서 Step and repeat 기능을 활용하여 다른 핀들도 만들어 줍니다.

현재 만들 부품의 Pin은 32핀으로 1열이 16Pin으로 되어 있고, 1.27mm pitch로 이루어져 있습니다.

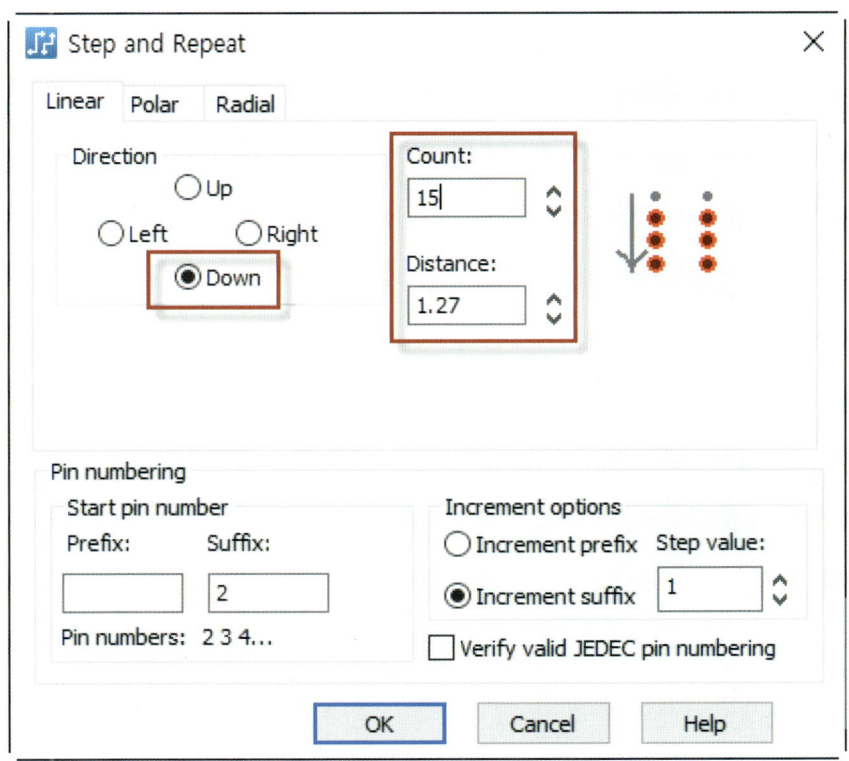

위 그림과 같이 아래쪽은 총 16개 Pin이므로 15개를 더 만들어주고, 간격은 1.27mm로 설정을 해준 후에 OK를 해줍니다. 반대편 Pin도 만들어주어야 합니다.

먼저 도면에서 보면 Max. 10.6mm로 되어 있습니다.

부품을 Step and repeat로 만들 때에는 Pad의 센터를 기준으로 이동하므로 기존 Pin의 길이 0.95를 빼주면 됩니다. 만약 내측과 외측을 틀리게 해주었다면 감안한 계산을 해주어야 원하는 위치에 배치할 수 있습니다. 그러므로 9.65mm 간격으로 Pin을 추가해 주면 됩니다.

제2부 PCB 설계 기초

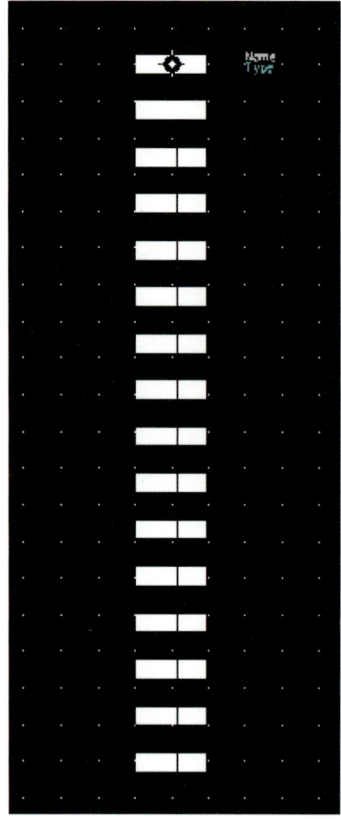
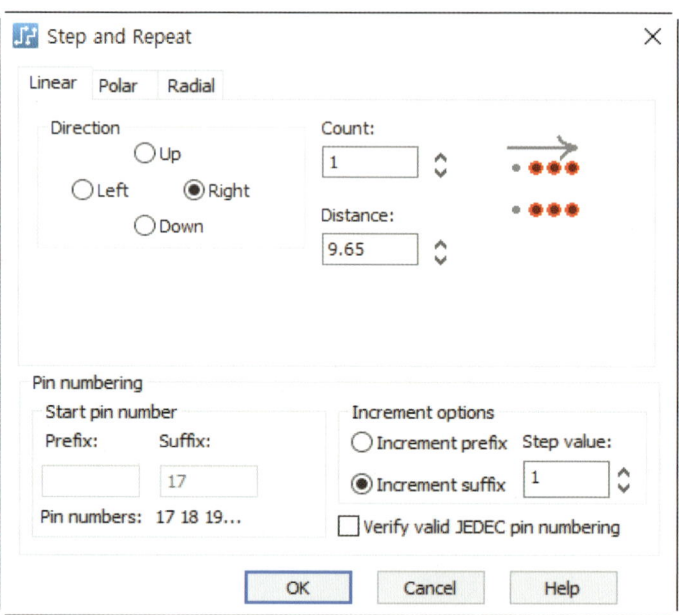

왼쪽 그림과 같이 16개 Pin 모두를 선택한 후에 오른쪽 마우스를 클릭하고 Step and repeat를 활용하여 오른쪽과 같이 오른쪽으로 1개를 늘려주고 간격은 9.65mm 간격으로 추가한다고 설정합니다.

이후 OK를 누르면 16개 Pin이 완성됩니다.

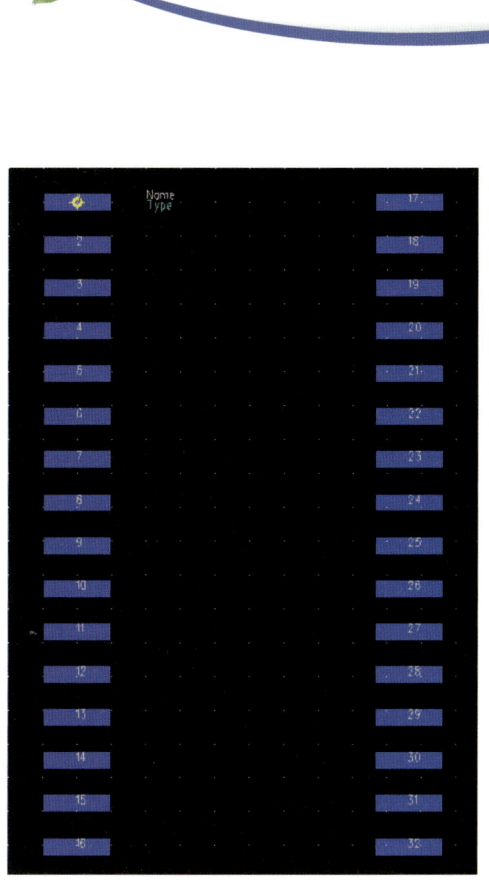

3.2 32 SDIP/SOP

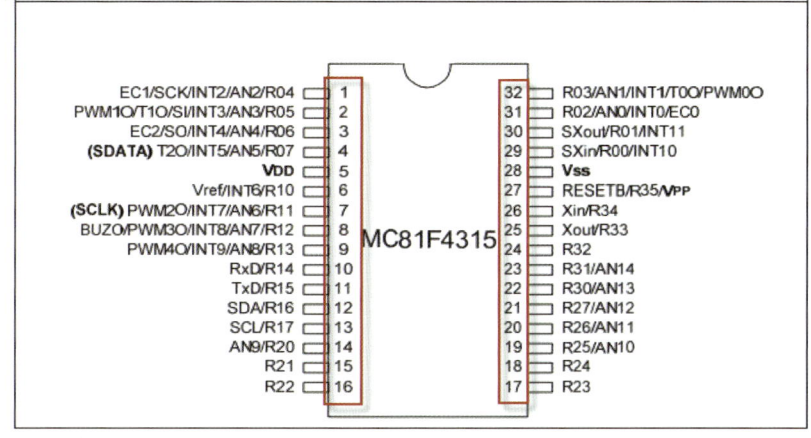

만들고 나면 위 그림과 같이 Pin 번호가 상이한 것을 알 수 있습니다.

이 부분은 Renumber Terminal이라는 기능을 활용해서 새로 설정할 수 있습니다. 그리고 1에서 16번까지는 제대로 되어 있지만 17번부터는 틀리게 되어 있습니다.

제2부 PCB 설계 기초

16번 Pin을 선택하고 마우스 오른쪽 버튼을 클릭하면

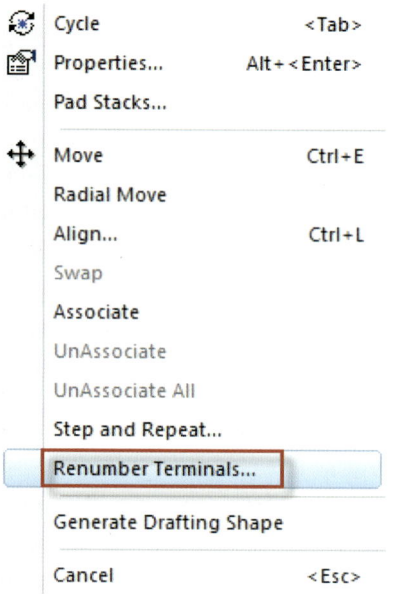

그림에서처럼 Renumber Terminals...를 선택할 수 있습니다.

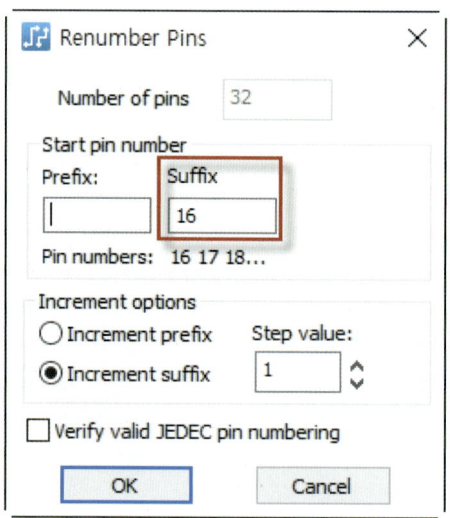

선택 후 위 그림과 같은 창이 뜨고 붉은 박스에 표기한 것은 시작할 번호를 말하는 것으로 16번 Pin을 선택하였기에 16번부터 하나씩 순차적으로 늘려가면 됩니다. 번호를 지정하는 것은 해당

Pin을 하나씩 순차적으로 선택을 하면 됩니다.

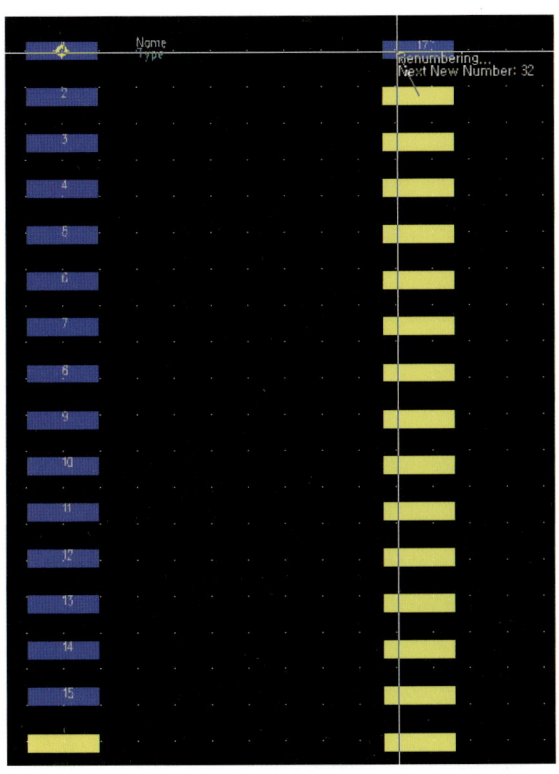

그림과 같이 순차적으로 선택한 후 마지막 32번을 선택할 때 double click을 하거나 선택 후 오른쪽 마우스를 클릭한 후에 Complete 를 선택하면 됩니다.

기구 도면에서 부품의 중심이 아닌 Pin으로 잡아야 하는 경우를 제외하고는 모든 Library의 origin은 센터로 잡아야 합니다. 관련해서 1번 Pin에서 16번 Pin까지는 19.05mm 거리가 있으므로 Grid를 아래 그림과 같이 9.525로 변경하고 setup에 set origin을 선택한 후 먼저 세로쪽 중심을 잡아줍니다.

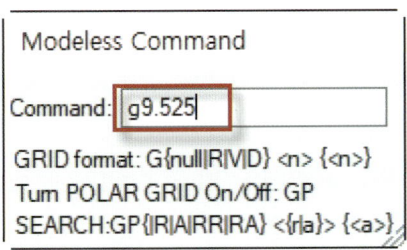

제2부 PCB 설계 기초

가로는 간격이 9.65mm이므로 Grid를 아래 그림과 같이 4.825로 변경하고 setup에 set origin을 선택한 후 가로의 중심을 잡아줍니다.

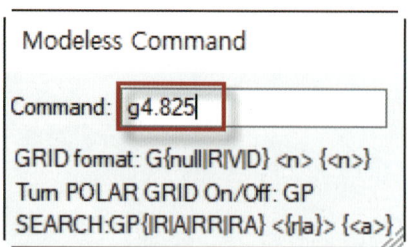

중심을 잡아준 후 아래 그림처럼 부품의 외형을 그려주게 됩니다.

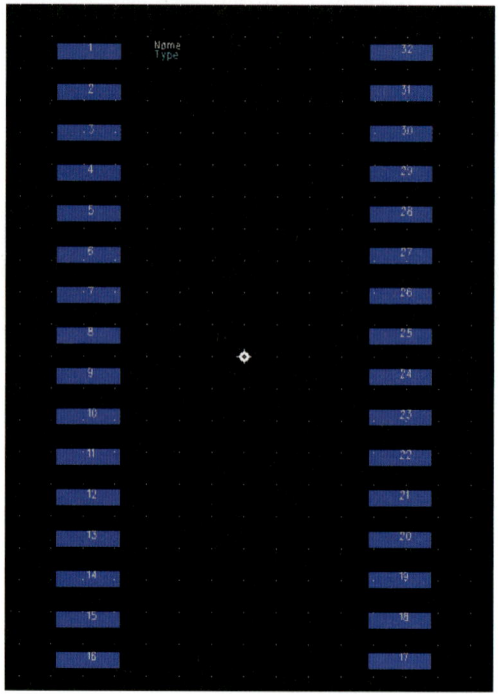

이제 부품의 외형을 만들면 됩니다.

외형은 세로 길이가 21.3mm로 되어 있으므로 21.5mm로 해서 그려주고, 가로 부분은 Pad가 더 길기에 외부로 표현을 해도 내부로 표현해도 됩니다. 여기에서는 내부에 그리도록 하겠습니다. Pad와 약 0.2mm 이상만 이격해서 편하게 그려주면 됩니다.

먼저 Grid는 0.1로 변경한 후에 Layer는 Silkscreen Top 으로 선택하고 Drafting toolbar 에서 2D Line 을 선택해 오른쪽 마우스를 통해서 Rectangle 을 선택하여 임의 박스를 그려줍니다.

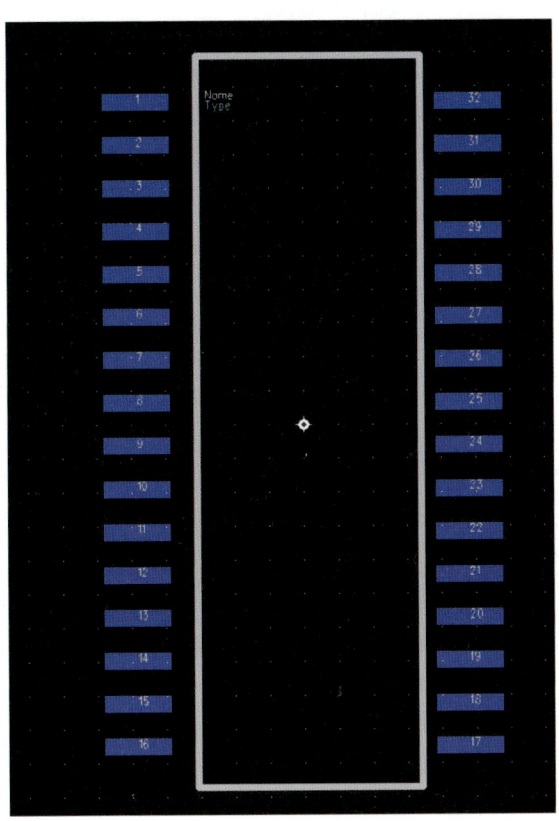

여기서 좌·우측 라인을 선택하고 각각 X축으로 ±3.5를 줍니다. 상하 라인은 21.5mm 감안해서 각각 Y축으로 10.75를 입력해 줍니다. 완성 후 1번 Pin 표시와 다수 Pin인 만큼 5 또는 10단위로 표시해 줍니다.

1번 Pin의 경우에는 2D Line에서 오른쪽 마우스를 통해서 Circle 을 선택하여 Pin 주변에 표시해 주고 Path 를 통해 단위별로 Line을 표시를 해줍니다. 보통 5단위는 Line을 짧게 10단위는 길게 하여 표시하게 됩니다.

제2부 PCB 설계 기초

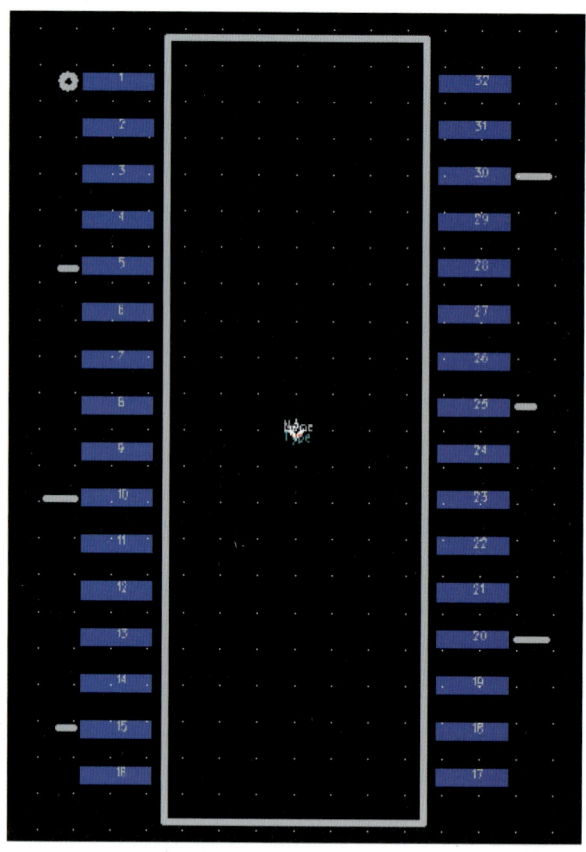

위 그림과 같이 마무리를 한 후에 save as를 통해서 저장해줍니다. 저장 방법은 동일하여 설명하지 않겠습니다.

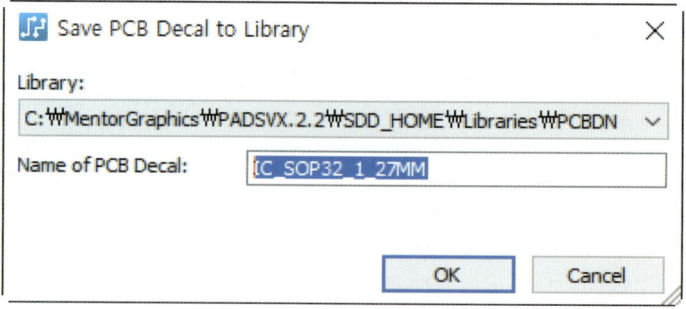

저장 후에 Library Manager에서 Decal 및 Parts에 모두 저장이 되었는지 확인을 합니다.

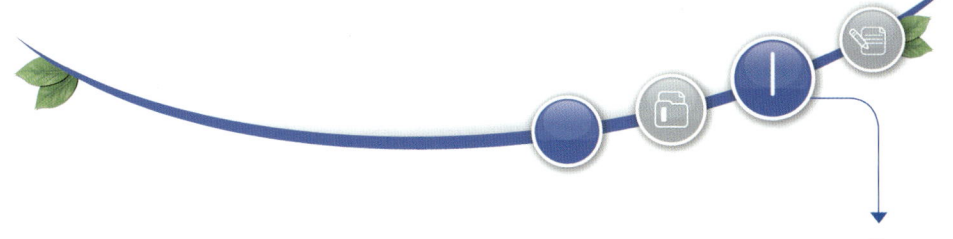

이번에는 Tact switch IT-1102를 만들어 보겠습니다.

도면은 아래 그림과 같습니다.

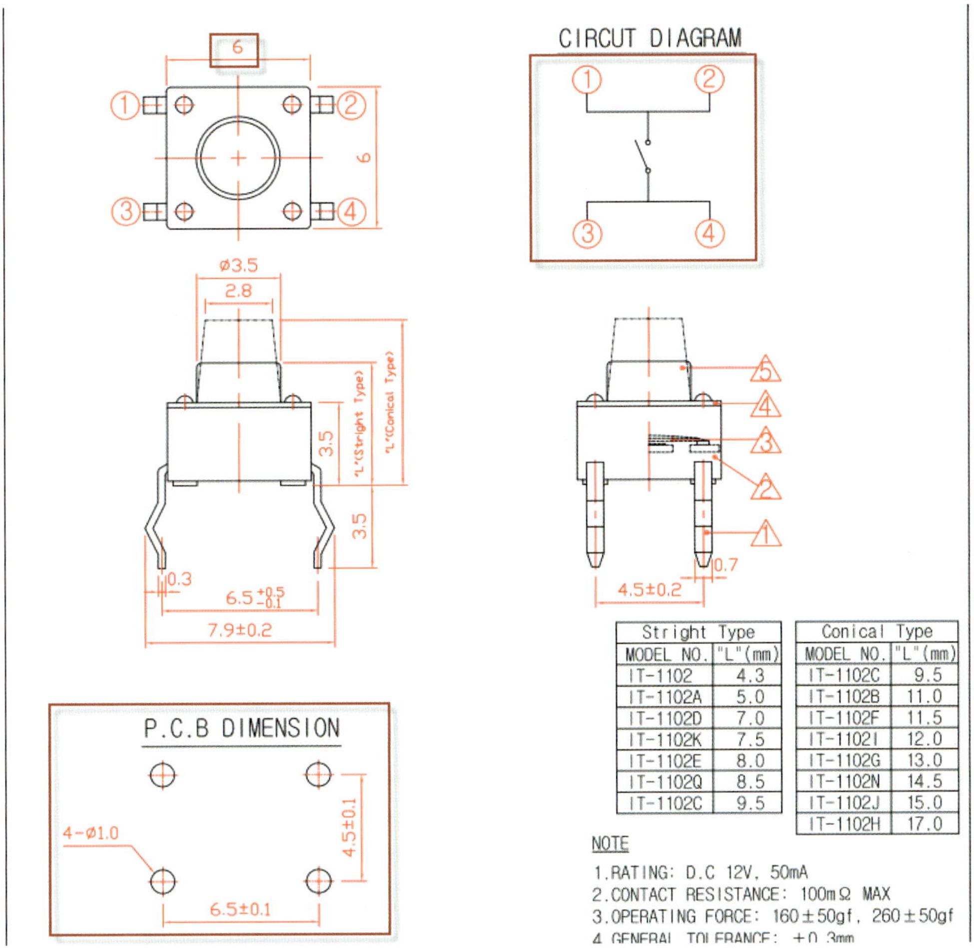

붉은 박스 부분에서 부품의 크기와 Pin 번호 정의 그리고 Library를 만들기 위한 정보를 제공하고 있습니다. 정보에서 각 Pin에 대한 Drill과 Pin 간격 등을 명시해 주고 있습니다.

먼저 Pin 하나를 제외하고 모두 삭제해 주고, 1번 Pin을 setup에서 set origin을 통해 origin을 잡아줍니다. 1번 Pin을 선택한 후에 Ctrl+Q를 통해서 Pad stack를 선택하여 Pad 정보를 설정해 줍니다.

현재 만들 부품은 홀 속 도금이 필요한 부품으로 표면 실장 부품과 다르게 각 Layer를 설정하고

제2부 PCB 설계 기초

Metal Mask가 필요 없으므로 paste mask top을 삭제한 후 solder mask top을 추가해 줍니다.

Drill이 1pi로 되어 있고, Pin 간 간격이 있으므로 Pad는 1.6으로 설정하겠습니다.

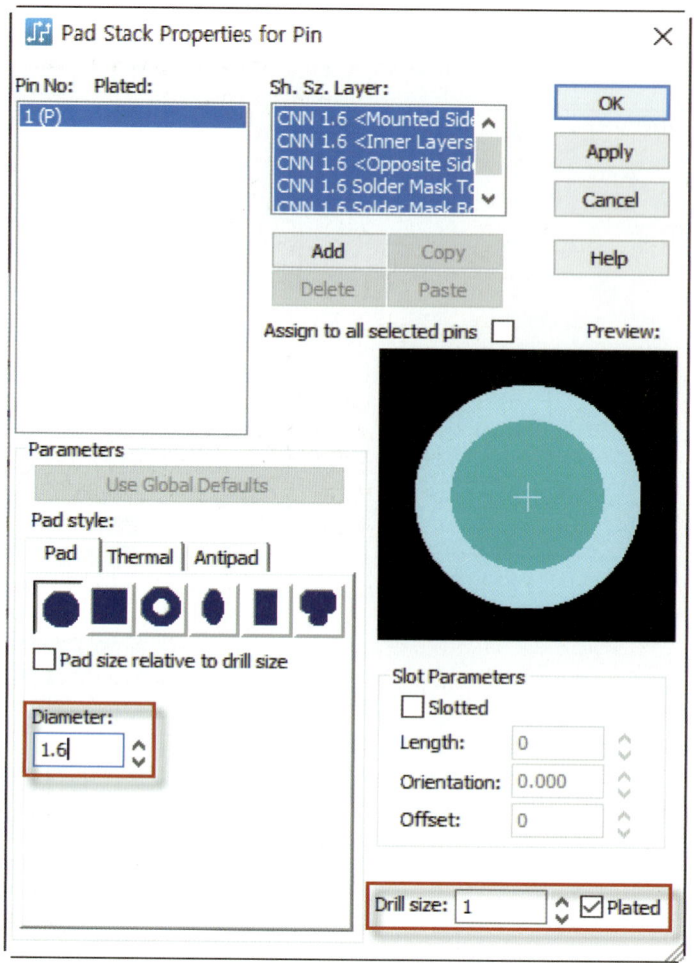

위 그림과 같이 Pad는 1.6으로, Drill은 1로 설정한 후에 Plated도 홀 속 도금이 필요하기에 check를 해줍니다.

Pin을 추가해 주겠습니다. 1번 Pin을 선택한 후에 오른쪽 마우스로 Step and Repeat를 선택합니다.

위 도면을 보면 가로 6.5mm, 세로 4.5mm의 간격이 있습니다.

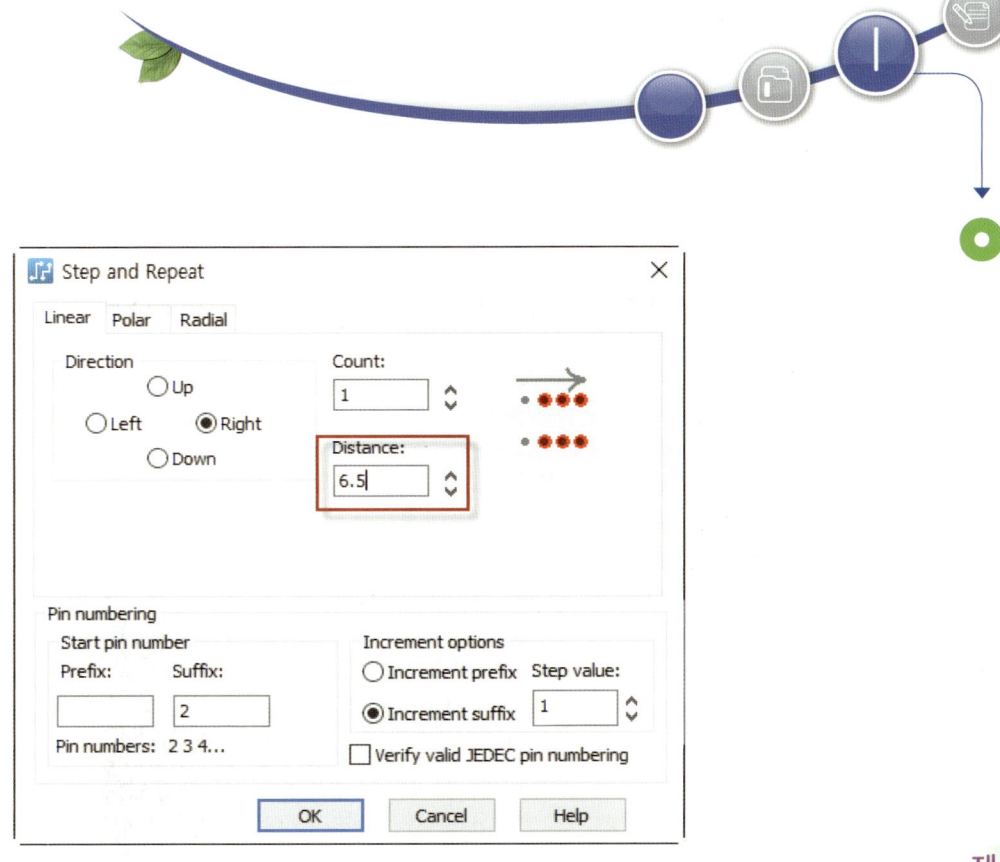

위와 같이 가로 간격을 만들어 주고 다시 두 개의 Pin을 모두 선택한 후에 오른쪽 마우스를 통해 Step and Repeat를 선택합니다.

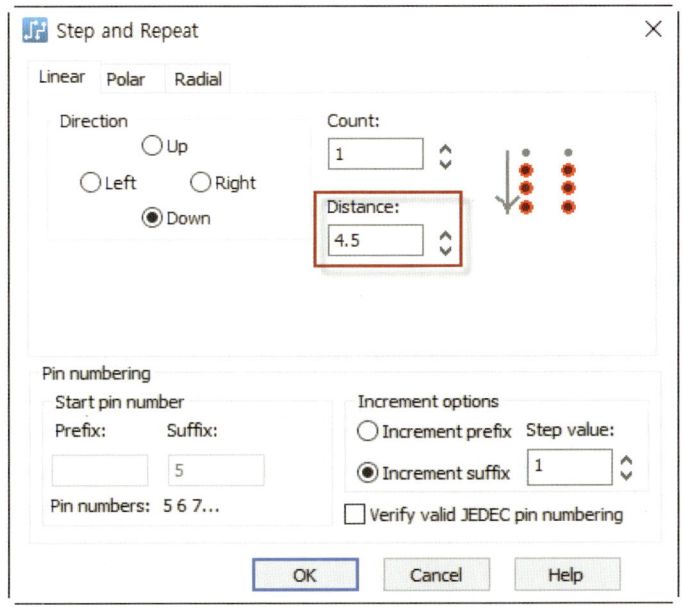

위와 같이 세로 간격의 4개 Pin을 모두 만들어 줍니다.

제2부 PCB 설계 기초

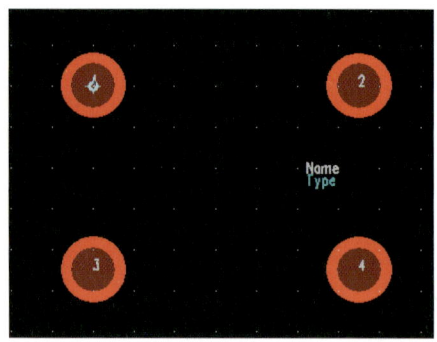 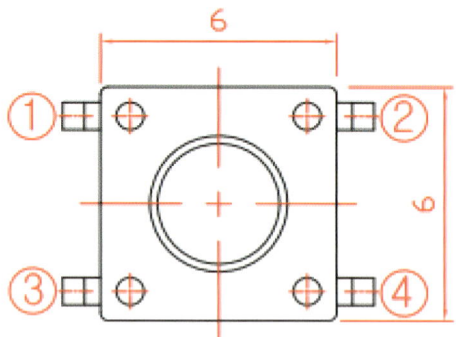

위 그림과 같이 Pin 번호가 동일하므로 별도 설정은 안 하지만 혹시라도 Pin 번호가 틀린 경우 Renumber Terminal을 통해서 새로 지정해주면 됩니다.

스위치의 중심을 Grid 설정을 통해서 센터를 잡아줍니다. 가로는 6.5mm 간격이므로 Grid 3.25로, 세로는 4.5mm 간격이므로 2.25mm 간격으로 해서 센터를 잡아주면 됩니다.

해당 부품은 1~2번과 3~4번이 동일 Pin으로 혼동되지 않도록 외형에서 그려주는 것이 설계 시 실수를 막을 수 있는 방법입니다. 외형에 대해서 가로는 Pad가 더 외부에 있으므로 세로를 보고 그려주게 됩니다.

Layer를 silkscreen top으로 설정한 후에 Drafting Toolbar에서 2D Line을 선택하여 Line을 그려줍니다.

이번에는 외형 및 정보를 나타내는 실크를 그리기 위해서 path를 통해서 그리도록 하겠습니다. 먼저 외형은 도면으로 볼 때 6×6이므로 상하좌우 각 좌표 3.2 부분에 Pad와 겹치지 않는 선에서 Line을 그려줍니다.

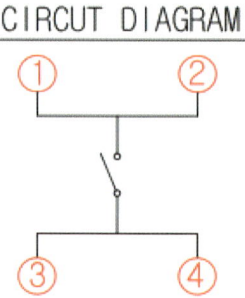

위 그림을 참고해서 Pin에 대한 정보도 알 수 있도록 표기해 줍니다.

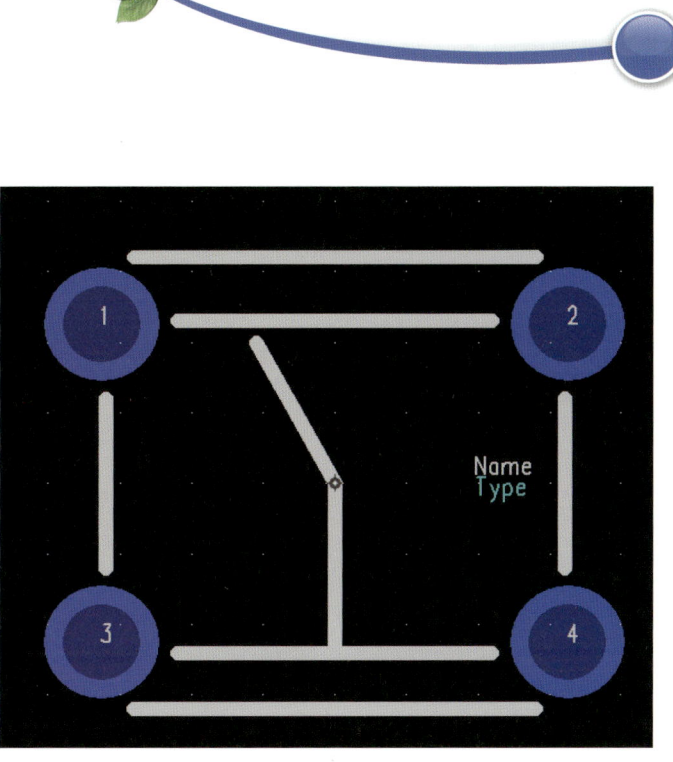

위 그림과 같이 2D Line path 기능을 통해서 그려주면 됩니다. 추가로 45도 단위로 라인을 그려주게 되는데 위 그림과 같이 다른 각도로 그릴 경우에는 라인을 그리는 중에 오른쪽 마우스를 클릭하고 오른쪽 그림과 같이 Any Angle 을 선택하면 자유로운 각도로 그릴 수 있습니다.

제2부 PCB 설계 기초

모든 작업이 끝난 이후에는 아래 그림과 같이 저장해줍니다.

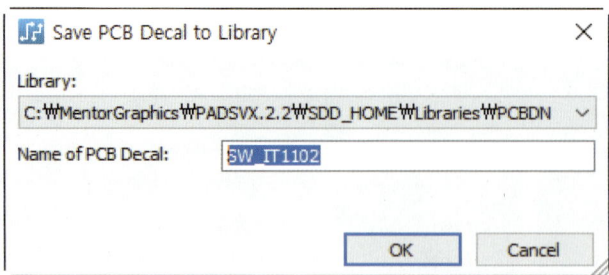

KTN2907AS TR 부품을 만들어 보겠습니다.

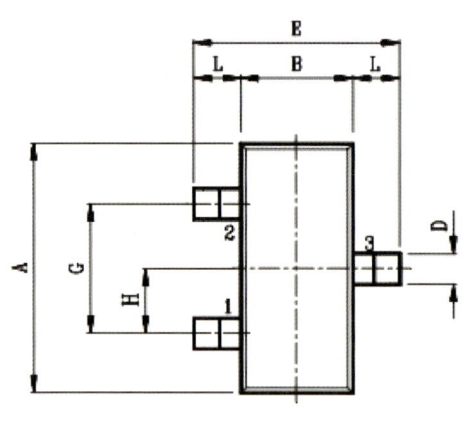

DIM	MILLIMETERS
A	2.93±0.20
B	1.30+0.20/−0.15
C	1.30 MAX
D	0.45+0.15/−0.05
E	2.40+0.30/−0.20
G	1.90
H	0.95
J	0.13+0.10/−0.05
K	0.00 − 0.10
L	0.55
M	0.20 MIN
N	1.00+0.20/−0.10
P	7°

1. EMITTER
2. BASE
3. COLLECTOR

해당 부품은 표면 실장 부품으로 3개 Pin으로 구성되어 있으며, Pin이 PCB와 맞닿는 크기는 최대 0.6mm(D)와 길이는 0.2mm로 되어 있는 것을 확인할 수 있습니다.

이를 기초로
길이 0.2mm×내·외측 0.5mm로 1.2mm,
폭은 최대 크기 0.6mm+0.1mm로 0.7mm
로 만들도록 하겠습니다.

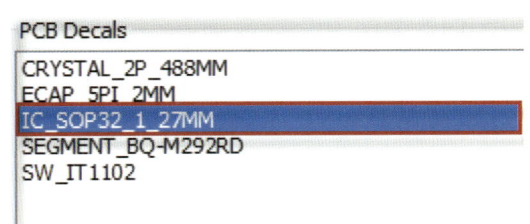

또 해당 부품은 기존에 만든 표면 실장
부품에서 수정하여 작업을 하도록 하겠습니다.

Library Manager에서 위 Library를 선택하여 열어줍니다. 그리고 표면 실장 부품을 열고 1번 Pin을 제외한 모든 Line과 Pad를 삭제합니다. 1번 Pin을 선택한 후에 Pad Stacks..로 가서 Pad에 대한 정보를 입력해 줍니다.

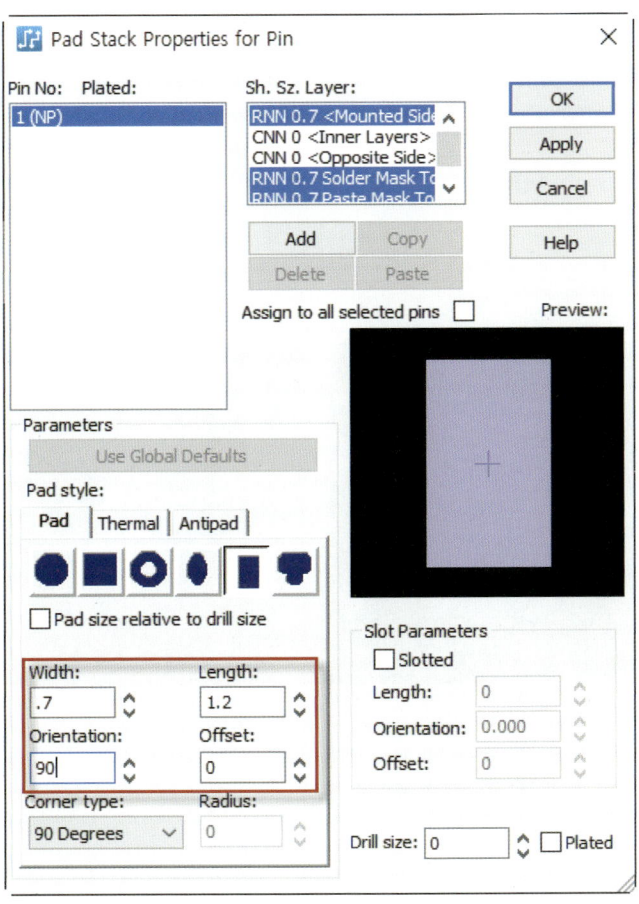

위 그림과 같이 입력해 줍니다.

제2부 PCB 설계 기초

만들어준 후에 1번 Pin을 origin으로 잡아주기 위해서 1번 Pin을 선택하고 setup에서 set origin을 선택해 줍니다. 각 Pin 간 간격이 0.95mm이므로 step and repeat을 통해서 Pin을 먼저 형성시켜 줍니다.

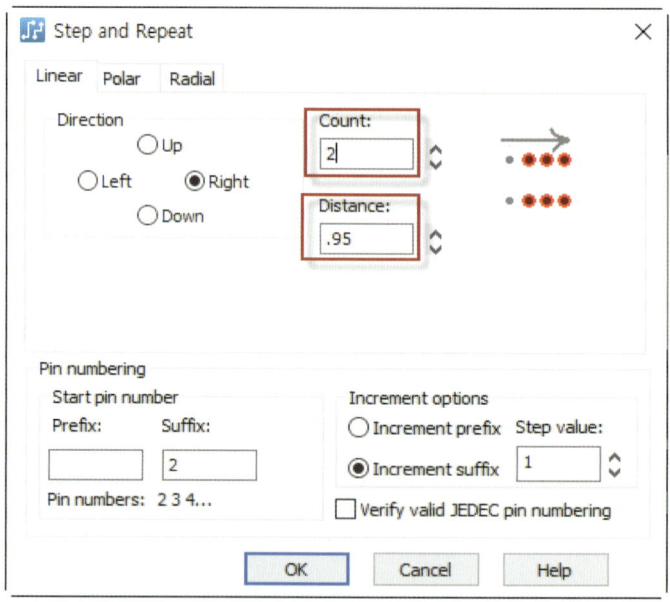

그림과 같이 Pin을 모두 만들어준 후에 1, 3번 Pin을 선택하여 이동을 시킬 겁니다. 1, 3번을 선택한 후에 Ctrl+Q(double click)를 통해서 이동시킬 Y좌표를 넣어줍니다.

먼저 부품의 전체 길이가 2.4(Pin의 길이가 최소로 명시되어 기본으로 설계)이고, Pin의 길이는 최소 0.2mm이므로 Pin 중심 간 간격은 2.2mm입니다.

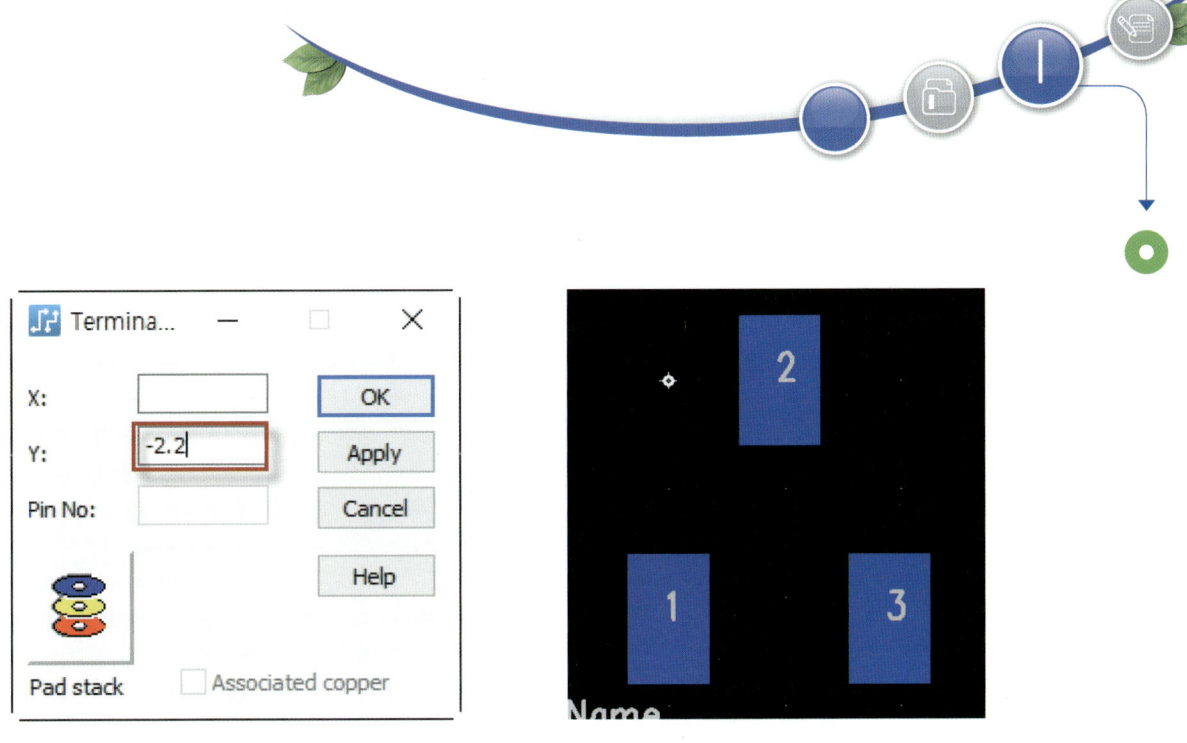

왼쪽 그림과 같이 정보를 입력하면 오른쪽 그림과 같이 Pad를 모두 완성해 줄 수 있습니다.

부품의 센터를 잡아주기 위해서 먼저 2번 Pin을 orgin으로 잡아주고 다시 Grid를 Pin 간 간격 2.2mm의 반인 1.1로 설정하고 orgin을 잡아줍니다.

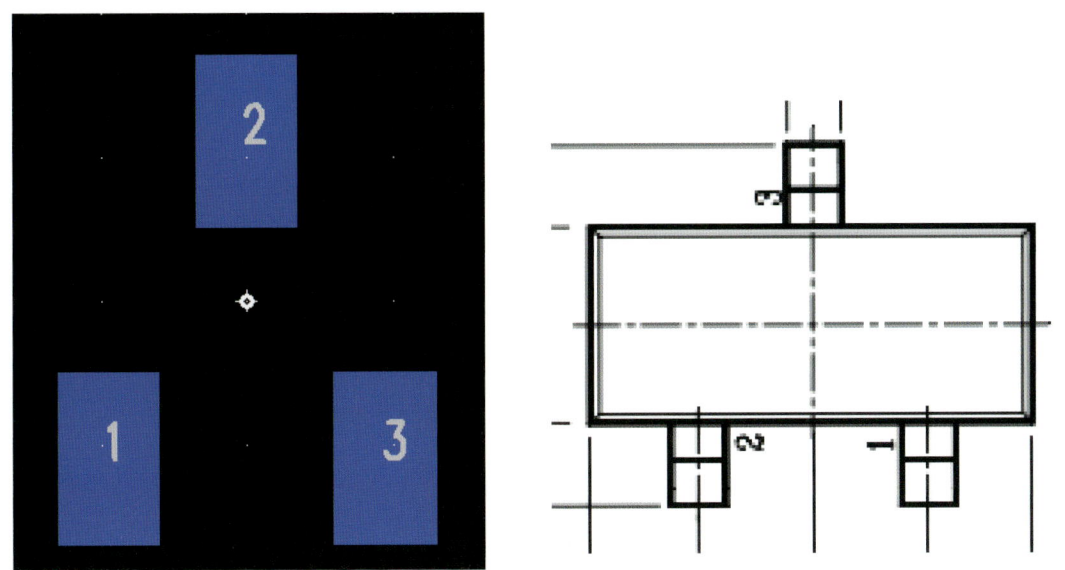

왼쪽 그림과 같이 orgin을 잡아준 후에 오른쪽 그림과 같이 Pin 번호를 설정합니다. Pin 번호 설정은 Renumber Terminal을 통해서 설정할 수 있습니다.

제2부 PCB 설계 기초

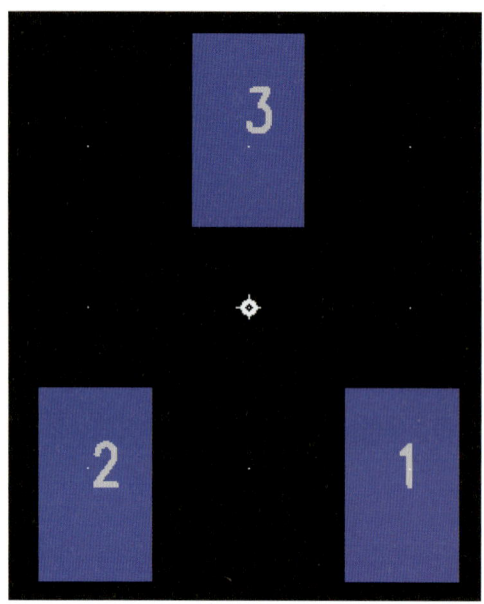 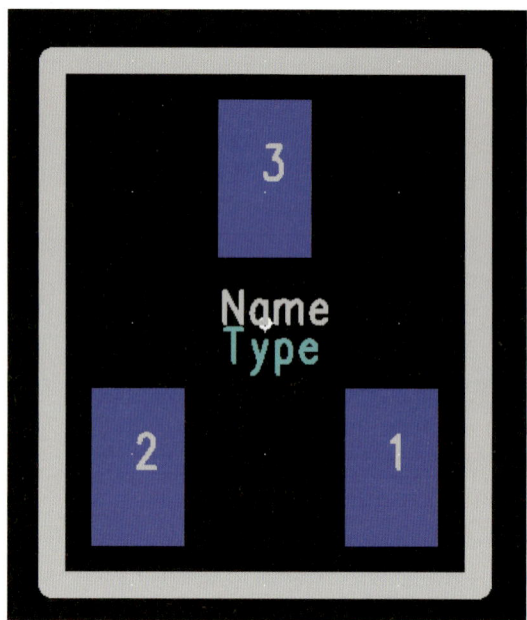

왼쪽 그림과 같이 Pin 설정이 완료된 후에 오른쪽 그림처럼 부품의 외형을 그려줍니다. 부품의 외형은 앞서 만든 것과 같이 Layer는 Silkscreen Top으로 설정한 후에 2D Line 그리고 Rectangle을 선택하여 Pad에서 최소 0.2mm 이격이 되게 그려주면 됩니다.

그림과 같이 그려준 후에 save as를 통해서 저장해줍니다.

해당 Library는 1, 2번이 서로 바뀌어 있는 부품도 있어서 저장 시 해당 부분을 알 수 있도록 표기를 해두면 설계 시 부품 오류를 막을 수 있습니다.

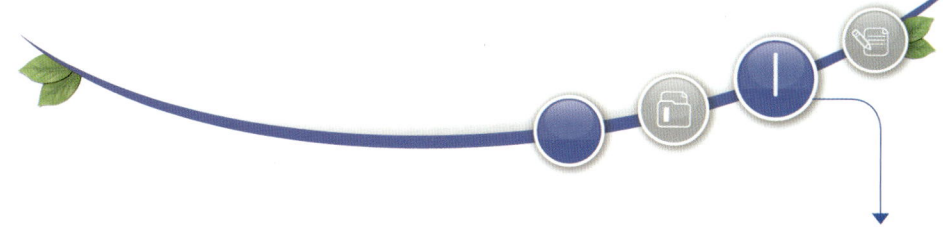

LW0640 컨넥터를 만들어 보겠습니다. 여기서는 5Pin과 7Pin 두 종류를 사용합니다.

이 부품 역시 Dip 부품으로 이미 만든 Dip 부품 중 하나를 열어서 수정하여 저장하겠습니다.

해당 부품의 도면은 아래와 같습니다.

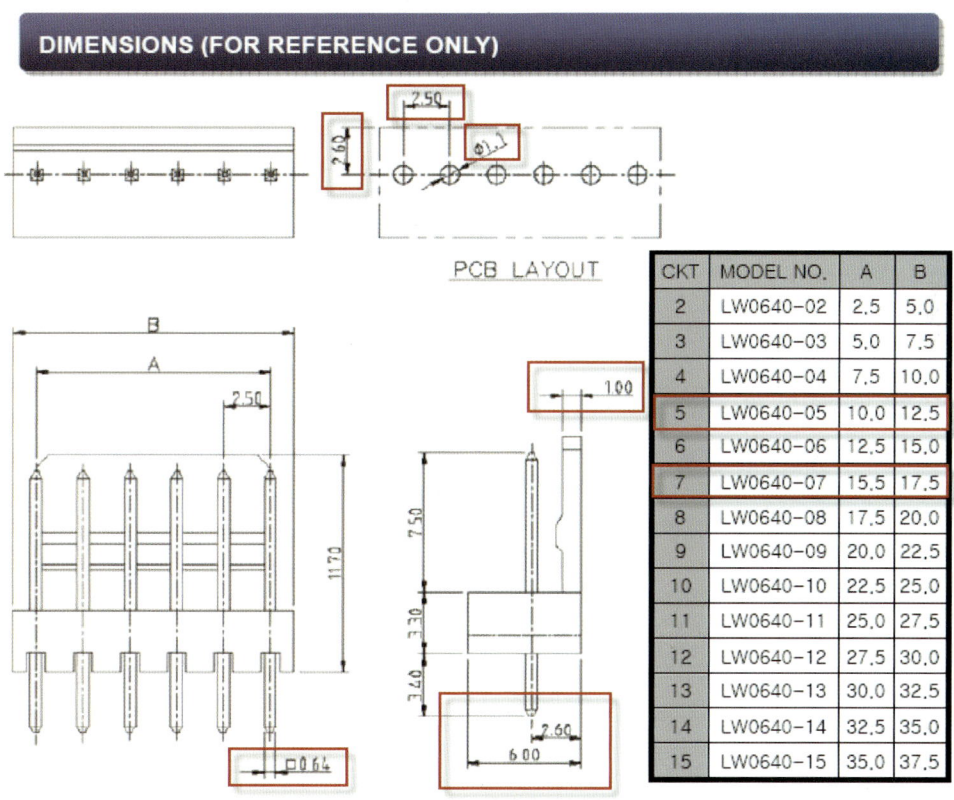

PCB Layout에서 보면 Pin 간격이 2.5mm, Drill 직경이 1.1pi로 나타납니다.

이 부분을 참고로 Library을 만들면 되겠습니다.

1번 Pin을 제외한 Line과 Pin을 모두 삭제합니다. 그리고 1번 Pin을 setup에서 set origin을 통해서 기준점을 잡아주고 Pad의 정보를 변경하기 위해서 Ctrl+Q(double click)에서 Pad stack을 통해 Properties에서 Pad 정보를 입력해 줍니다.

제2부 PCB 설계 기초

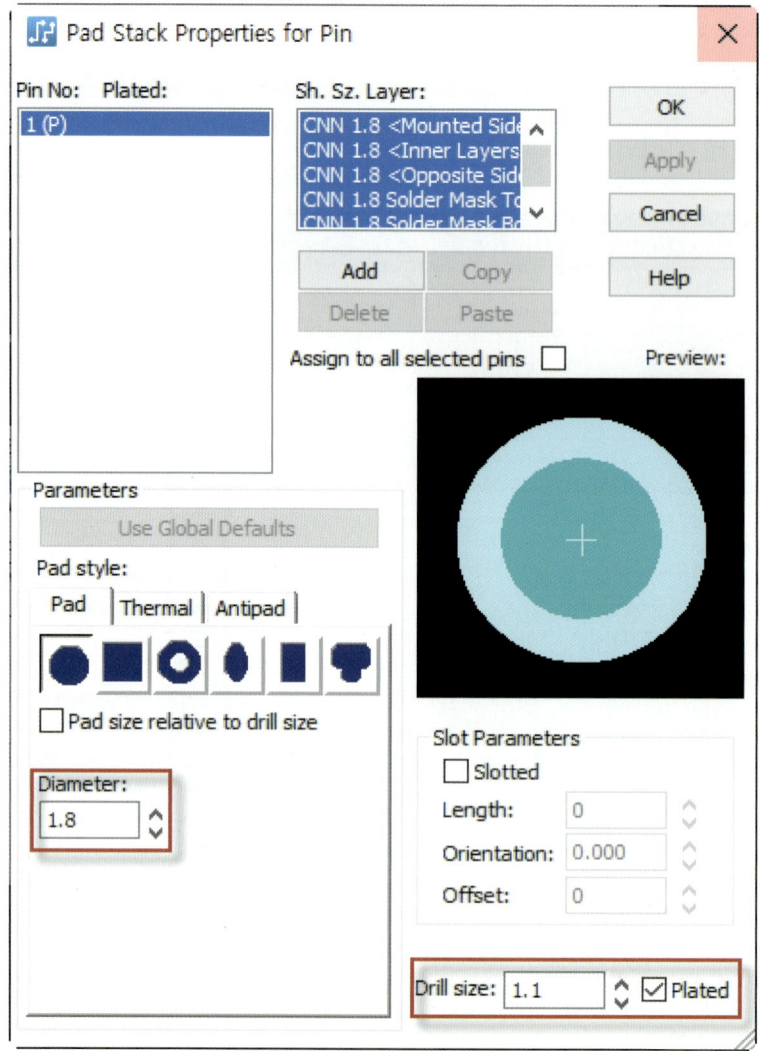

그림과 같이 Drill은 도면대로 1.1pi로, Pad는 1.8mm로 설정을 합니다. Dip type 부품이기에 Solder Mask Top/Bottom도 함께 설정합니다.

먼저 5Pin 부품을 만들어 보겠습니다.

1번 Pin을 선택한 후에 오른쪽 마우스로 Step and Repeat...를 선택하고 도면에 명시된 것과 같이 2.5mm 간격으로 4개를 추가해 줍니다.

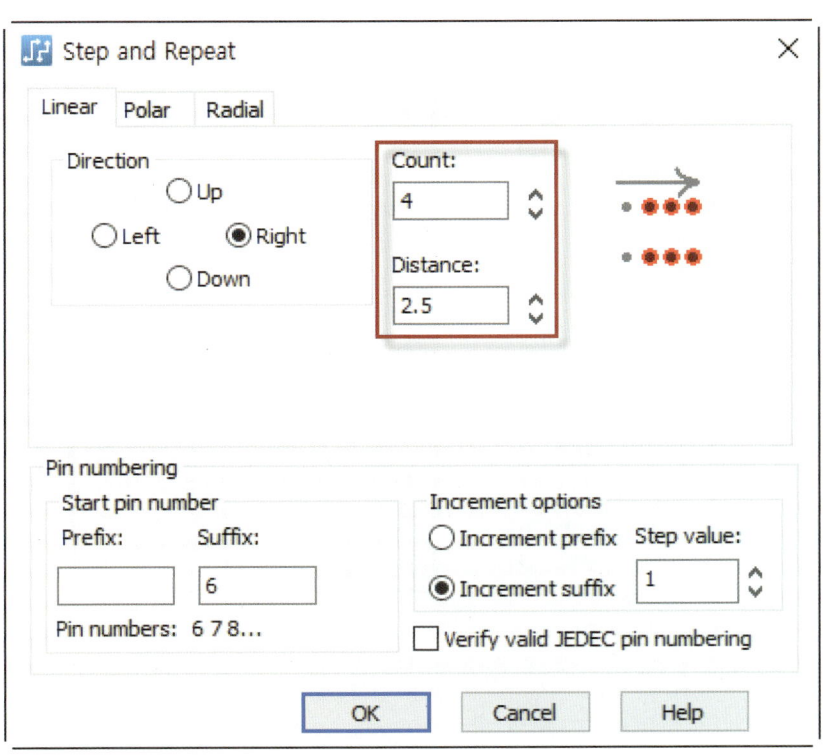

위 그림과 같이 추가할 Pin 수와 간격을 설정해서 추가해 줍니다.

한가지 확인할 부분은 도면에서는 기준 Pin에 대한 정보가 없기에 설계 오류를 막기 위해서 개발자와 상의할 필요가 있으며 여기서는 왼쪽을 기준으로 만들도록 하겠습니다.

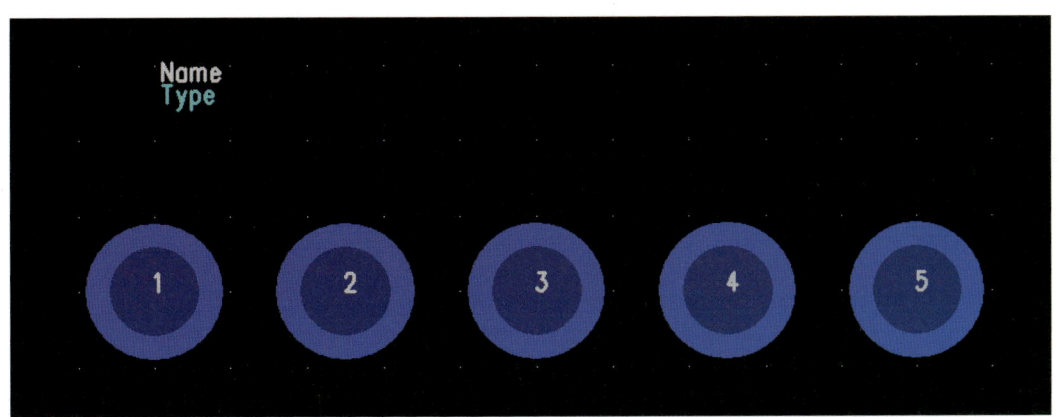

위 그림과 같이 5개 Pin을 만들어 줍니다.

제2부 PCB 설계 기초

부품의 외형을 그려보겠습니다.

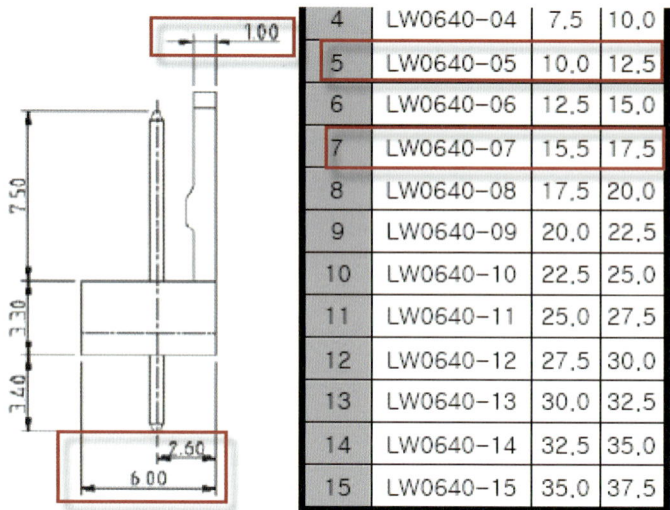

Pin을 기준으로 상단은 2.6mm, 하단은 3.4mm 폭을 가지고 있는 것을 확인할 수 있으며, 전체 길이는 12.5mm인 것을 확인할 수 있습니다.

먼저 Layer는 Silkscreen Top으로 설정하고 Drafting Toolbar을 통해서 2D Line을 선택하여 그려줍니다.

실장 후 외곽 라인을 보여주기 위해서 Pin 기준으로 상단 2.8mm, 하단 3.6mm, 전체 폭은 6.4mm이고, 전체 길이는 좌·우측 0.2mm씩 추가해서 12.9mm로 그립니다. 또, 도면을 통해서 5개 Pin 간 간격이 10mm이지만 전체 길이는 12.5mm로 좌우 마지막 Pin(1번, 5번)에서 외곽과 거리는 1.25mm인 것을 확인할 수 있습니다.

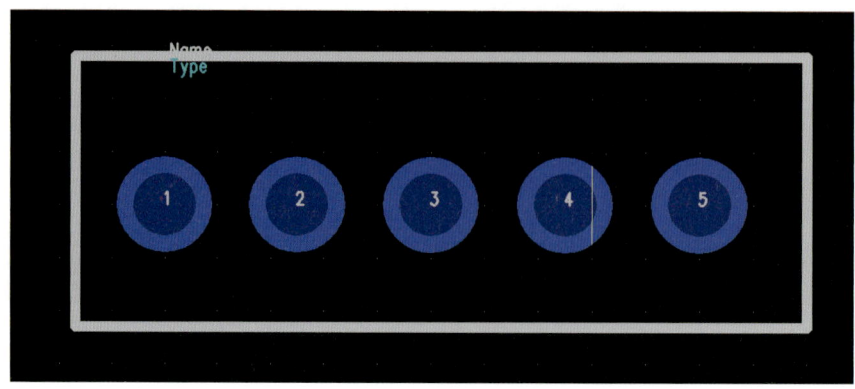

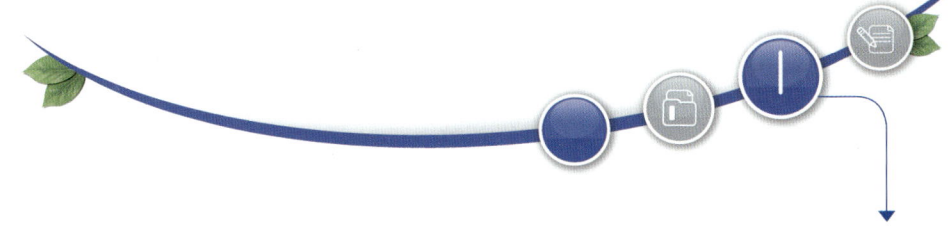

위 그림과 같이 임의로 그려준 후에 좌측의 좌표는 1번 Pin에서 1.25mm 간격이므로 0.2mm를 더해서 1.45mm에 위치를 줍니다. 우측도 마찬가지로 5번 Pin에서 1.25mm이므로 해당 좌표 10에서 0.2mm를 더해서 11.45로 설정합니다.

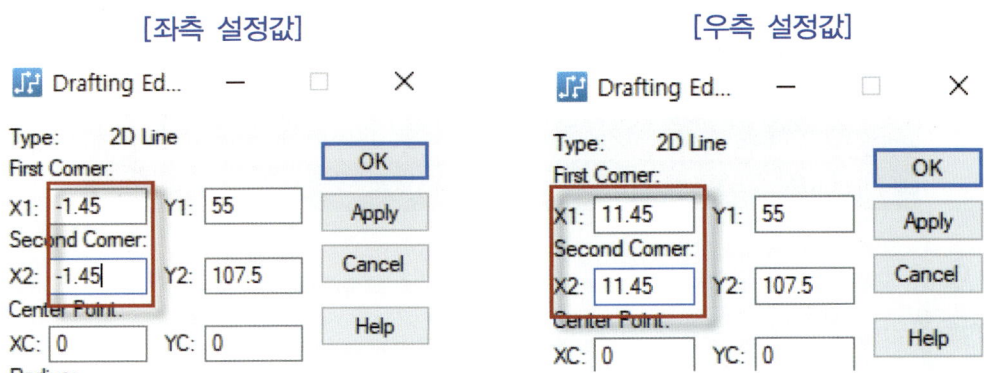

상단은 0.2mm를 감안하여 2.8mm을 설정합니다. 하단은 0.2mm를 감안하여 3.6mm을 설정해줍니다.

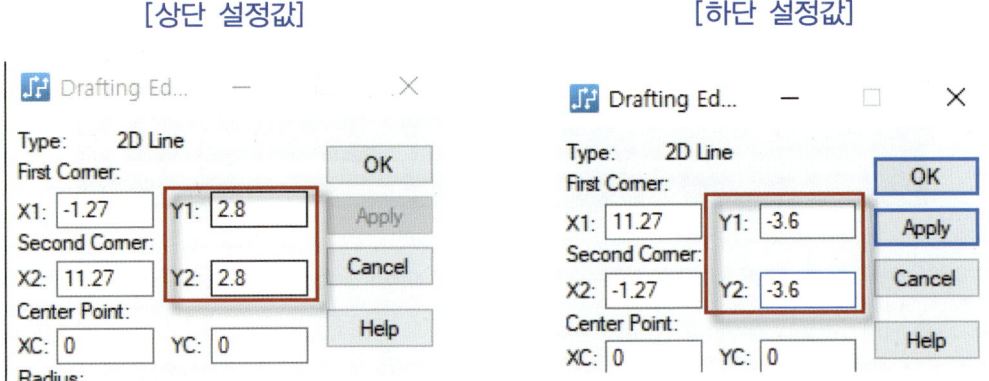

마지막으로 도면에 있는 외형 부분에서 역 ㄴ자로 꺾인 부분이 끝부분에서 1mm 간격으로 있으므로 앞서 만든 것을 대비 1.2mm 폭으로 2D Line path를 통해서 그려줍니다.

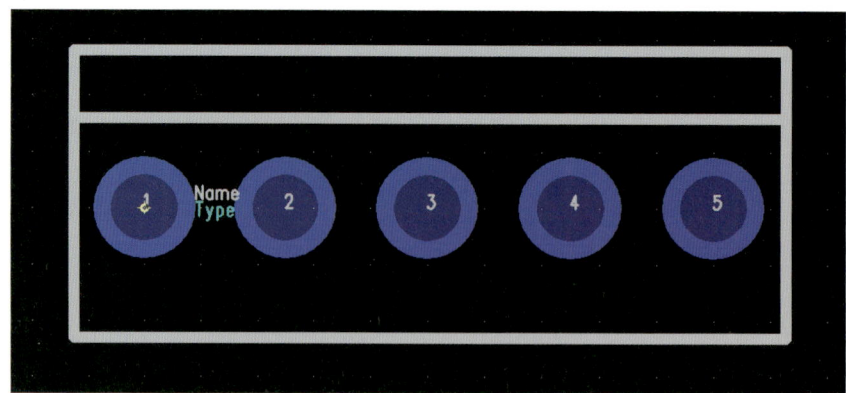

그림과 같이 외형을 완성하였다면 Wave soldering 때 short를 방지하기 위해서 Silkscreen Bottom을 추가해 줍니다.

2D Line을 통해서 Circle을 추가해 줍니다.

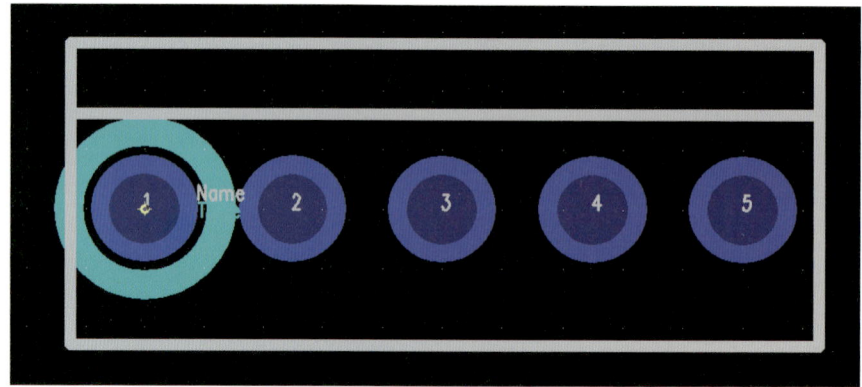

그림과 같이 1번 Pin에 대한 silk를 적용 후에는 silk도 Step and repeat..를 통해서 모두 적용을 해줄 수 있습니다. 방법은 Select Shapes을 선택한 후에 Line을 선택하거나 Shift를 누른 상태에서 Line을 선택한 후 오른쪽 마우스를 클릭하여 Step and Repeat를 선택합니다.

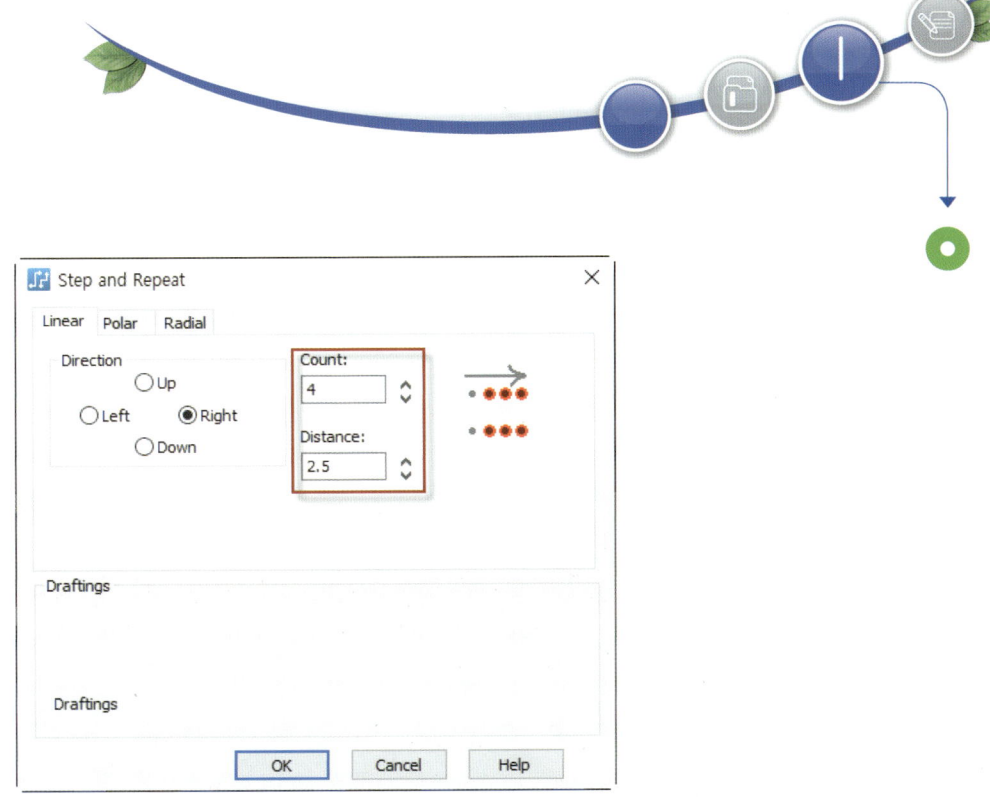

위 그림과 같이 설정한 후 OK를 클릭하고 아래 그림과 같이 Library를 완성한 다음 Save as를 통해 저장합니다.

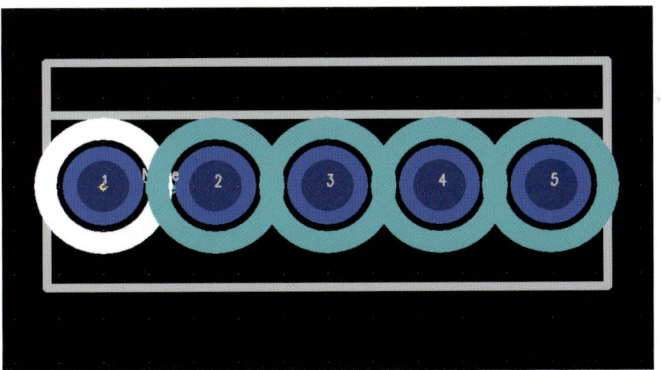

connector의 경우에는 도면에서 잡아주는 곳이 상이할 수 있으므로 Library의 중심이 아닌 Pin으로 잡는 경우가 많습니다. 이런 경우 위와 같이 1번 Pin을 기준으로 잡고 도면에 따라 수정해서 적용하면 됩니다.

추가로 7개 Pin을 만들겠습니다. 이 부분은 앞에 만든 5개 Pin에서 간단하게 수정을 하겠습니다.

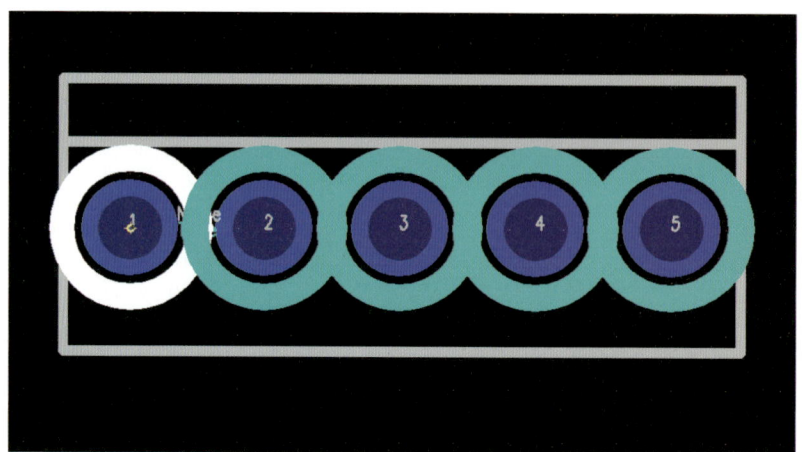

위 그림에서 2개 Pin을 추가할 경우에는 마지막 Pin인 5번 Pin에서 추가해 주면 됩니다.

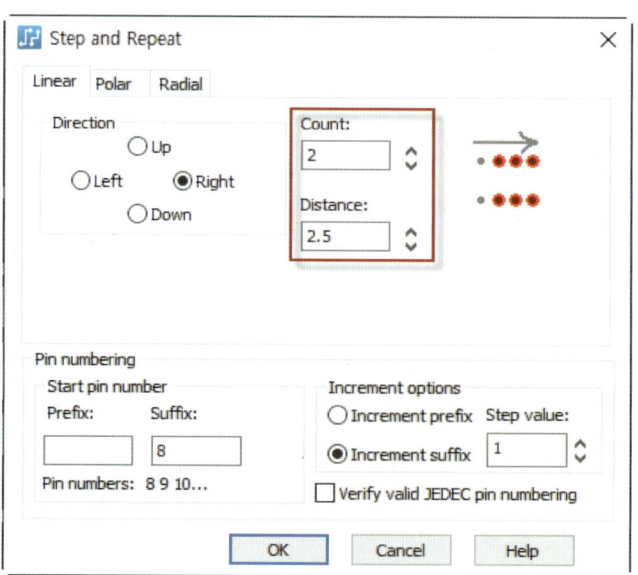

5번 Pin을 통해서 Step and repeat..를 사용해 2개 Pin을 추가해 줍니다.

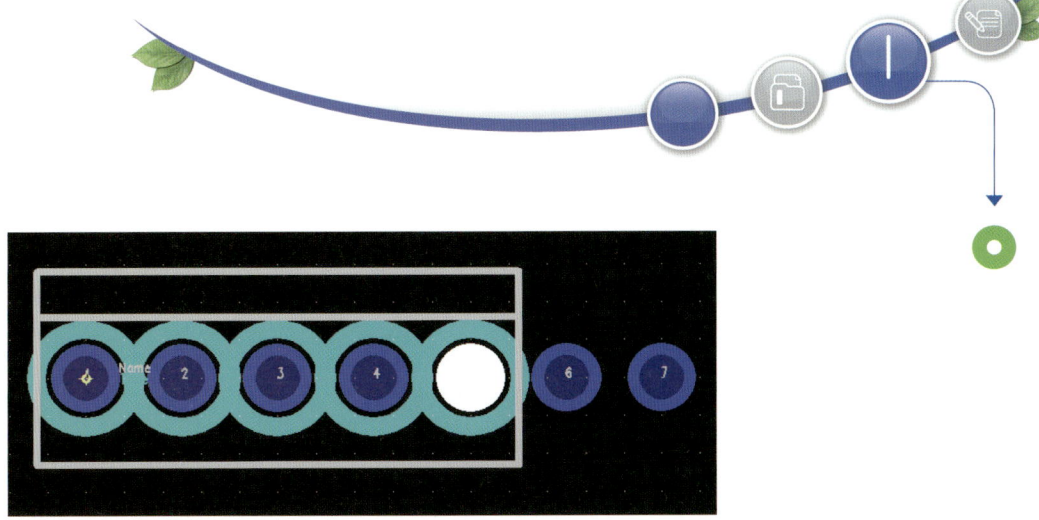

2개의 Pin이 추가된 것을 확인한 다음 Short 방지를 위한 Bottom면 silk도 동일한 step and repeat.. 방법으로 추가해 줍니다.

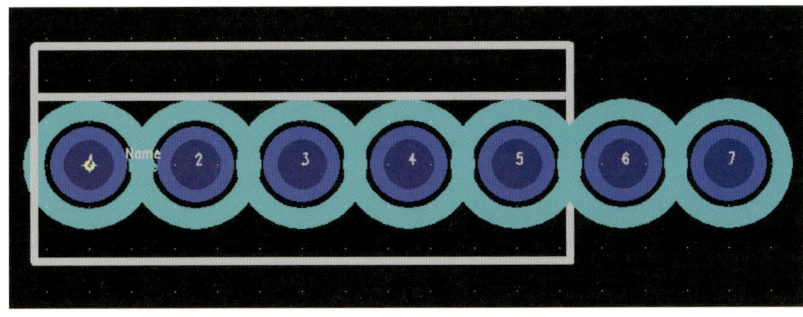

마지막으로 외형 또한 수정해 줍니다.

5	LW0640-05	10.0	12.5
6	LW0640-06	12.5	15.0
7	LW0640-07	15.5	17.5

그림과 같이 도면에서 차이는 5mm이므로 동일하게 연장시켜 줍니다.

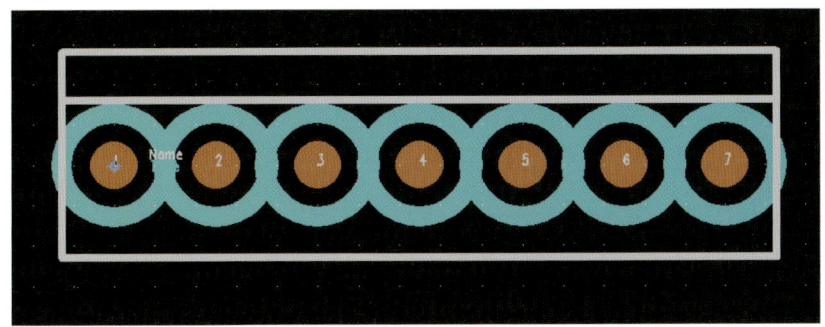

제2부 PCB 설계 기초

앞의 그림과 같이 기존 11.25에서 5.0mm를 추가한 16.25mm로 설정하여 완성시켜 줍니다. 그리고 save as를 이용해서 저장합니다.

IR 부품인 R-S25CTM을 만들어 보겠습니다. 먼저 도면을 살펴보면 다음과 같습니다.

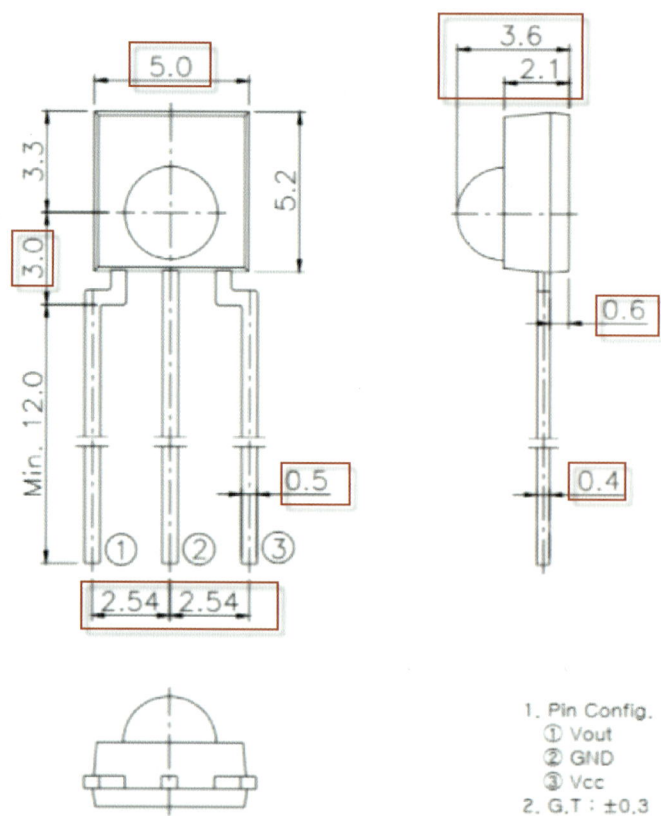

Pin은 사각핀으로 0.5×0.4mm로 Drill의 지름은 0.5×$\sqrt{2}$ 계산을 하면 최소 Drill은 0.7pi 정도로 최종 Drill은 0.9pi로 만들면 됩니다. Pin 간 간격은 2.54mm pitch를 참고해서 부품을 만들면 됩니다.

먼저 Dip 부품은 기존에 만든 Library를 불러옵니다. 불러온 후에 앞서 진행한 것과 같이 1번 Pin을 제외하고는 Pin과 Line을 모두 삭제합니다. 이후 1번 Pin을 det origin으로 기준점을 잡아줍니다. 이후 Pad stack을 통해서 Pad를 설정합니다.

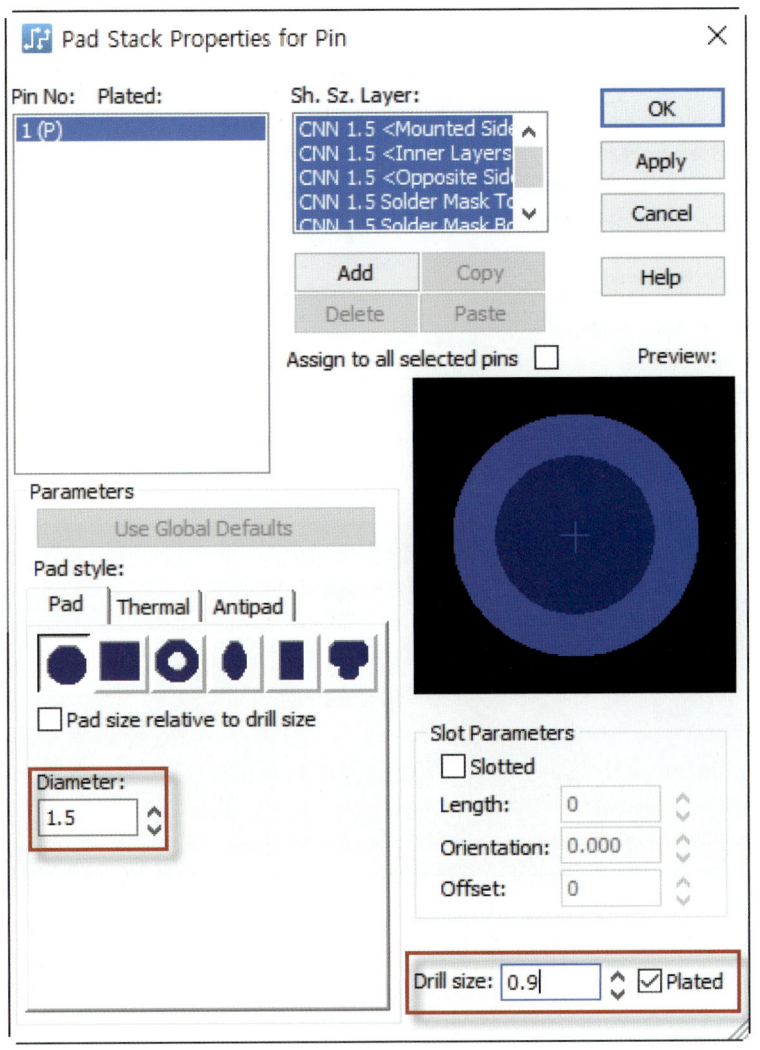

위 그림과 같이 Drill 0.9pi에 Pad는 1.5pi로 설정합니다.

제2부 PCB 설계 기초

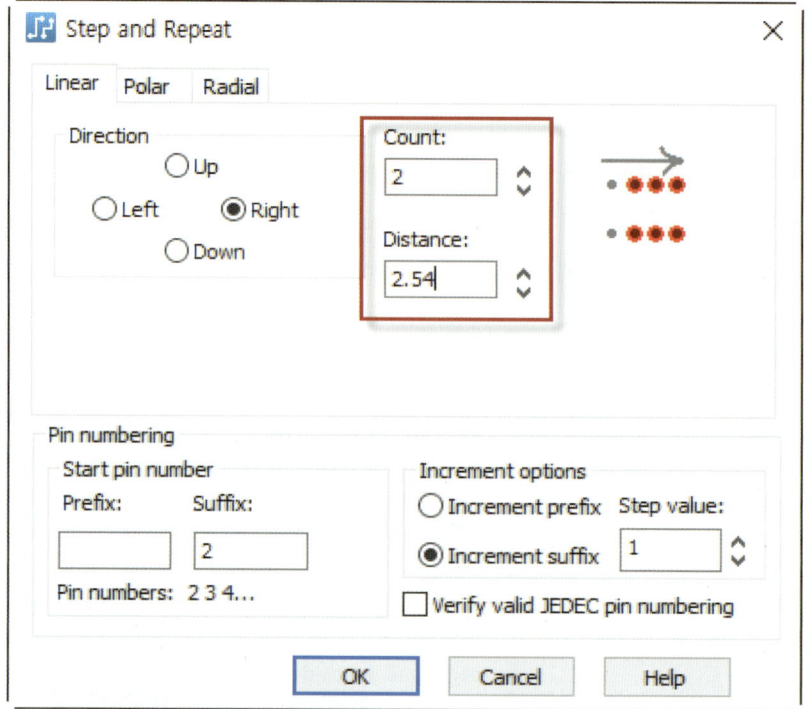

Step and repeat을 통해서 Pin을 추가해 줍니다.

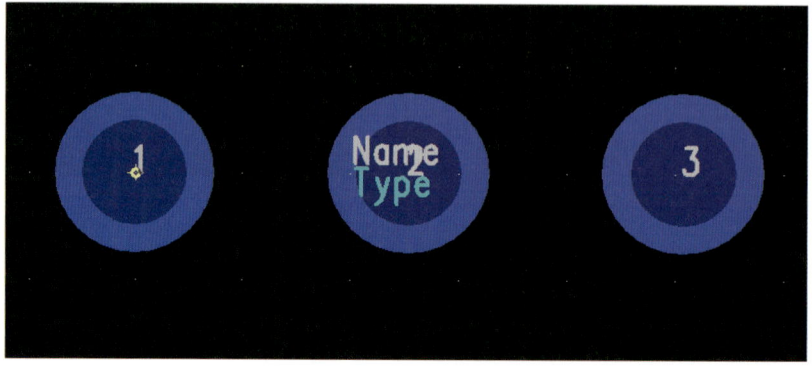

그림과 같이 형성한 후 외형을 그려줍니다.

현재 부품은 PCB 구조상 IR 신호를 받기 위해서는 눕혀서 실장해야 합니다.

앞서 도면을 보면 다음 그림과 같습니다.

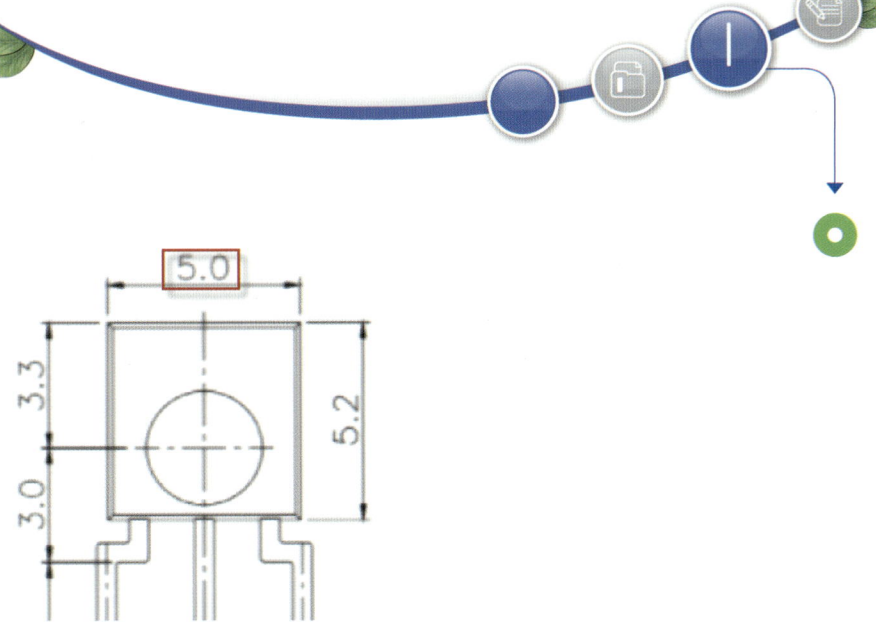

보통 도면에서는 Pin으로 잡아주는 경우도 있지만 IR의 경우는 눈을 잡아주는 경우도 많습니다.

관련해서 IR 눈의 중심에서 부품 Pin이 실장되는 부분까지 3.0mm이지만 Pin을 꺾어 주는 것을 감안해서 0.5~1.0mm 정도 추가를 해줍니다. 다시 정리하면 Pin 중심에서 IR 눈까지 3.5mm 정도로 설정하고 가로 면적은 실크를 감안해서 5.4mm 폭으로 그려주면 됩니다. IR 눈에서 세로 방향 외곽 역시 0.2mm 추가해서 3.5mm로 그려줍니다.

부품을 그려주기 전에 Pin의 중심인 2번 Pin을 origin으로 잡아줍니다.

이후 앞서 Library를 만들 때 진행한 것과 같이 Layer silkscreen top을 설정하고 2D Line을 통해서 부품의 외형을 위 수치대로 그려줍니다. 외형은 Library Pin을 기준으로 세로 7.0mm, 가로 5.4mm로 그려줍니다.

앞서 진행한 것과 같이 임의로 Line을 그리고 IR의 눈 부분도 같이 그려줍니다.

제2부 PCB 설계 기초

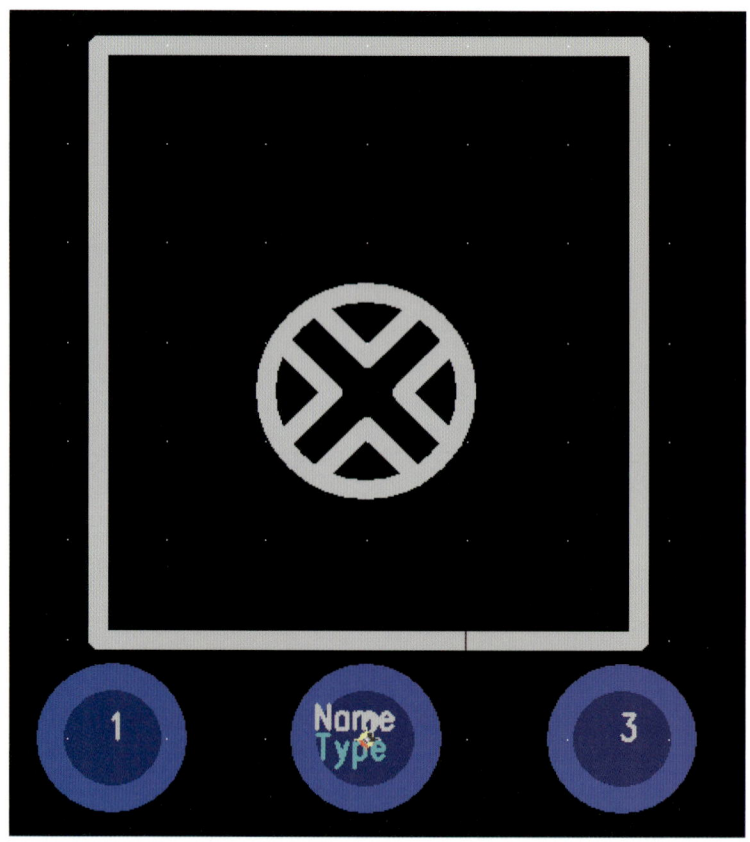

이와 같이 그려준 후에 save as를 통해서 저장합니다.

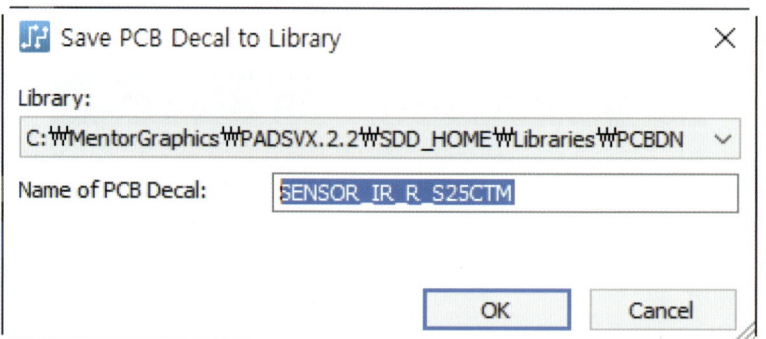

PCB Decal과 Part도 모두 앞서 진행한 것과 같이 동일하게 저장합니다.

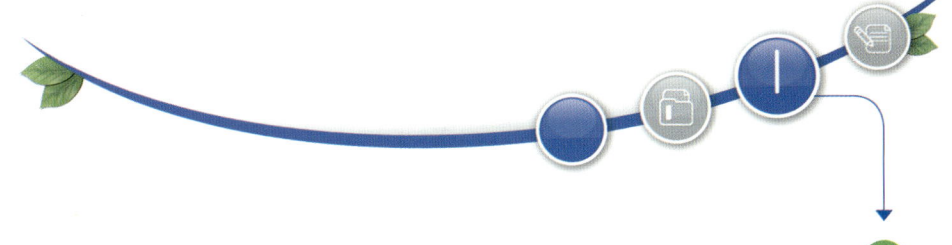

이제 저항과 커패시터를 만들겠습니다.

현재 사용되는 부품은 SMD 부품으로 Chip 소자의 크기는 1608(0603)을 사용합니다.

해당 부품의 도면을 보면 다음과 같습니다.

■ **Footprint Design**
■ **Footprint Design for WRxx Series, WFxx Series, WWxx Series :**

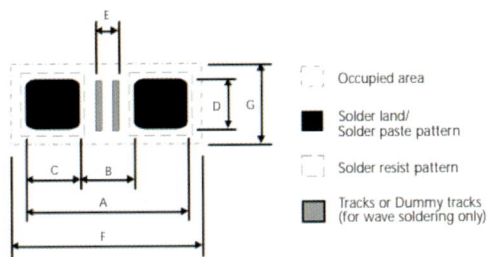

Unit: mm

Size	Reflow Soldering							Processing remarks	Placement Accuracy
	A	B	C	D	E	F	G		
0201	0.75	0.30	0.30	0.30	0.20	1.10	0.50		± 0.05
0402	1.50	0.50	0.50	0.60	0.10	1.90	1.00		± 0.15
0603	2.10	0.90	0.60	0.90	0.50	2.35	1.45	IR or hot plate soldering	± 0.25
0805	2.60	1.20	0.70	1.30	0.75	2.85	1.90		± 0.25
1206	3.80	2.00	0.90	1.60	1.60	4.05	2.25		± 0.25
1218	3.80	2.00	0.90	4.80	1.40	4.20	5.50		± 0.25
2010	5.60	3.80	0.90	2.80	3.40	5.85	3.15		± 0.25
2512	7.00	3.80	1.60	3.50	3.40	7.25	3.85		± 0.25
Size	Wave Soldering							Proposed number & Dimensions of dummy tracks	Placement Accuracy
	A	B	C	D	E	F	G		
0603	2.70	0.90	0.90	0.80	0.15	3.40	1.90	1x (0.15x0.80)	± 0.25
0805	3.40	1.30	1.05	1.30	0.20	4.30	2.70	1x (0.20x1.30)	± 0.25
1206	4.80	2.30	1.25	1.70	1.25	5.90	3.20	3x (0.25x1.70)	± 0.25
1218	4.80	2.30	1.25	4.80	1.30	5.90	5.60	3x (0.25x4.80)	± 0.25
2010	6.30	3.50	1.40	2.50	3.00	7.00	3.60	3x (0.75x2.50)	± 0.25
2512	8.50	4.50	2.00	3.20	3.00	9.00	4.30	3x (1.00x3.20)	± 0.25

만들 부분을 좀더 확대해 보면 다음과 같습니다.

| 0603 | 2.10 | 0.90 | 0.60 | 0.90 | 0.50 | 2.35 | 1.45 |

Pad 크기는 0.6mm×0.9mm로 두 Pin 간 간격은 0.9mm+0.6mm=1.5mm입니다.

이 정보를 토대로 부품을 만들어 보도록 하겠습니다.

먼저 기존에 만든 SMD 부품을 불러서 1번 Pin을 제외하고 모든 라인과 Pad를 삭제해 줍니다. 이후 해당 Pin을 set origin을 통해서 origin을 잡아주고 Pad stack으로 들어가서 Pad를 설정해 줍니다.

제2부 PCB 설계 기초

오른쪽 그림과 같이 설정해 주고 아래 그림과 같이 Step and repeat을 통해서 다른 한 Pin도 만들어 줍니다.

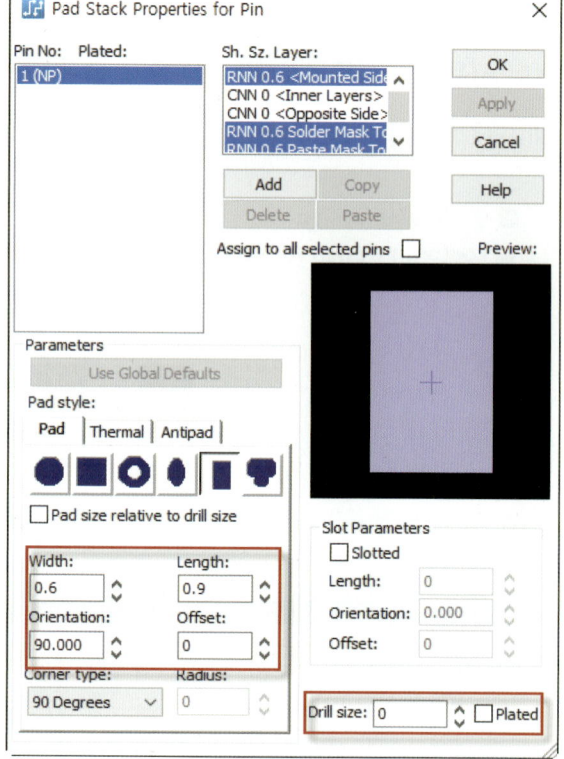

Pad를 모두 만든 후에는 layer를 silkscreen top으로 변경한 후에 2D Line을 통해서 외형을 그려줍니다.

외형은 Pad에서 0.2mm 정도 이격을 해서 그려주면 됩니다. 외형을 그리는 것은 특별히 정해진 것이 없으니 개인 스타일이나 회사 특성에 맞게 만드시면 됩니다.

마지막으로 Grid를 두 Pin 간 간격의 절반인 0.75를 주고 센터를 잡아줍니다.

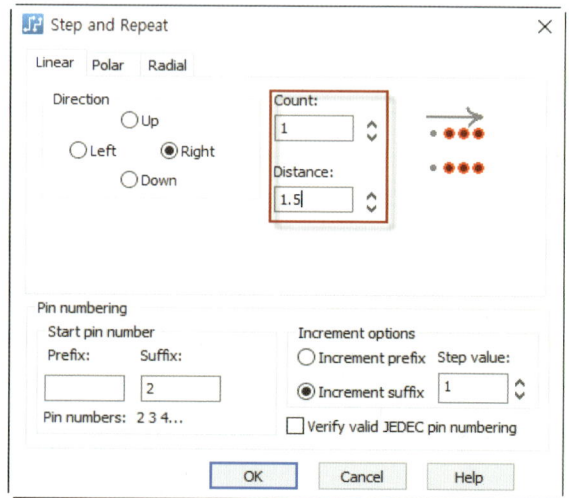

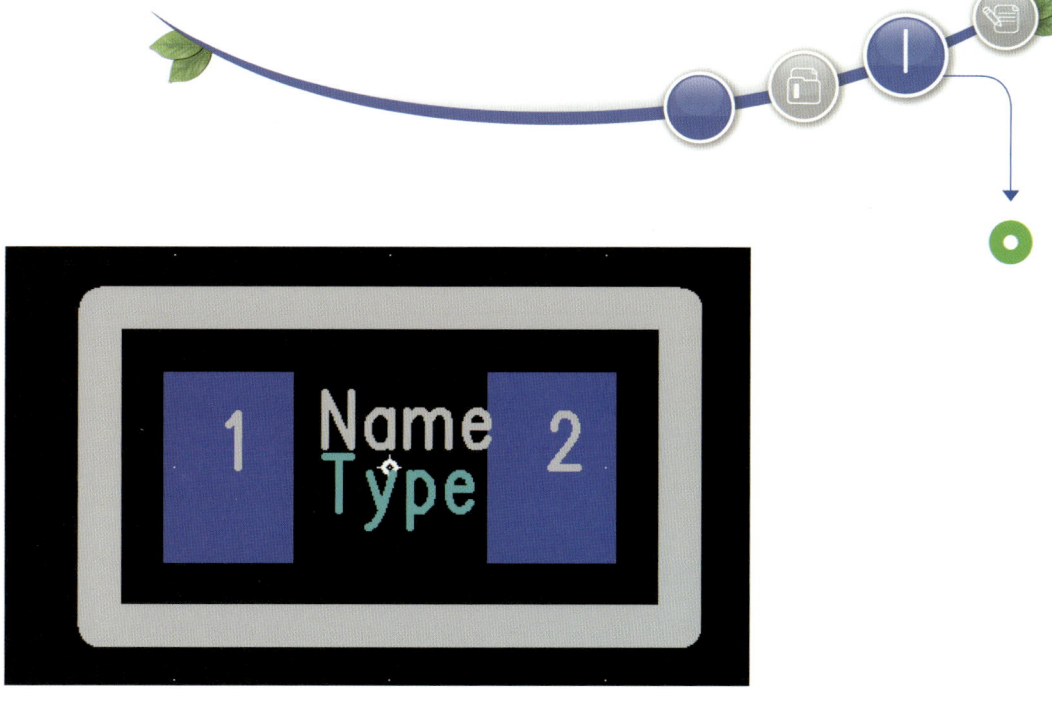

위 그림과 같이 완성된 후에 save as를 통해서 저장을 해줍니다. 이렇게 해서 커패시터를 만들었습니다.

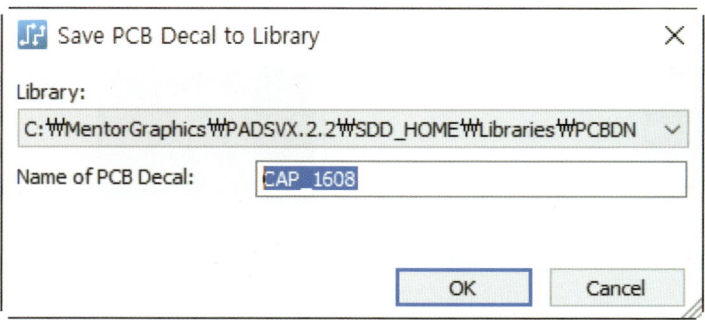

동일한 방법으로 저항도 만들어 줍니다.

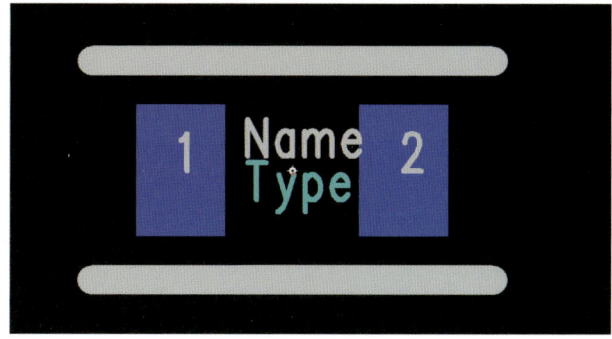

제2부 PCB 설계 기초

저항과 커패시터가 구분되도록 외형을 그린 후에 save as를 통해서 저장해줍니다.

모두 만든 후에 File에서 Library...로 들어가서 만든 부품들을 확인합니다.

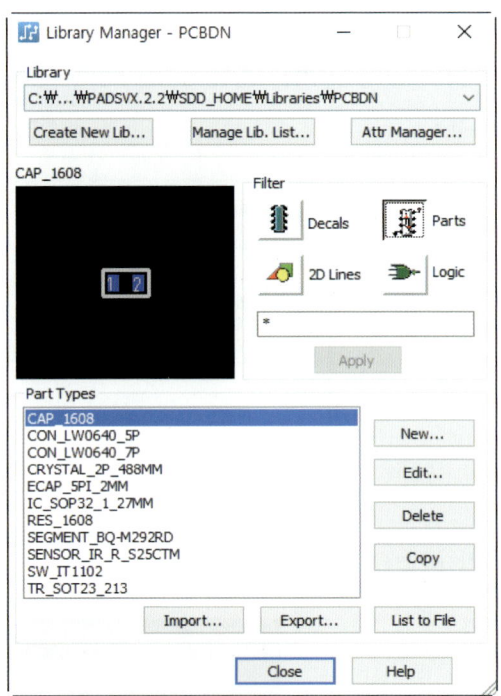

위 그림과 같이 Decal과 Parts에 동일하게 모두 저장이 되었는지 확인을 하면 됩니다.

추가로 SMD 부품을 만들 때 사각 Pad로 만들었지만 Oblong type의 Pad도 많이 사용하니 특성에 맞게 만들면 됩니다.

회로 매칭

라이브러리를 모두 만들었다면 만든 정보를 회로와 매칭을 해주어야 합니다. 물론 Logic 등을 통해서 매칭되어 있다면 틀리지만 별개로 사용한다는 기준으로 Logic 회로에서 입력 방법과 Or-CAD로 주어졌을 때 입력 방법을 설명하겠습니다.

먼저 현재 회로는 Logic으로 그려진 것입니다.

회로를 살펴보면 두 개의 시트로 되어 있습니다.

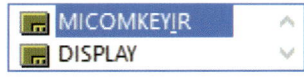

먼저 앞서 만든 Decal(Library) 정보를 알아야 합니다.

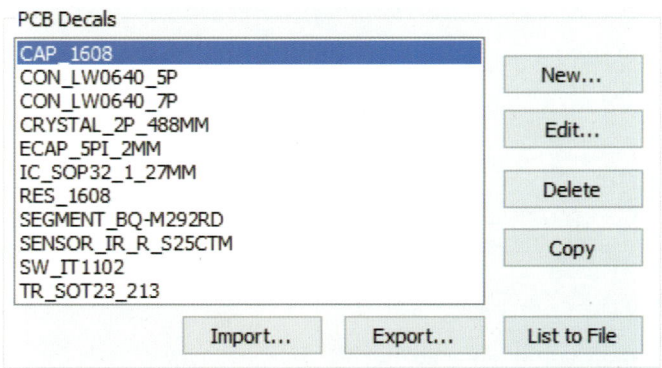

해당 정보를 아래 설명대로 입력하면 됩니다. IC 등 큰 부품부터 입력을 하는데 진행 전에 Library를 먼저 등록해야 합니다.

File에서 Library를 선택하고 Manage Lib. List를 선택합니다. 그리고 Add...를 선택하고 Library를 만든 폴더를 추가해 줍니다.

PCBDN.pt9 파일을 선택하고 열기를 선택합니다. 선택 후에 붉은 박스의 Up을 선택해서 맨

위 상단에 위치시켜줍니다.

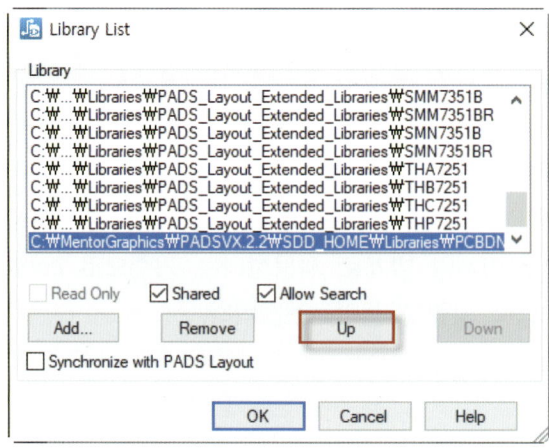

이제 부품을 매칭시키도록 하겠습니다. 반복되는 내용이니 따라 하면서 꼭 숙지하기 바랍니다. 시작은 단계별로 설명하지만 뒤로 갈수록 설명이나 그림은 간소화됩니다.

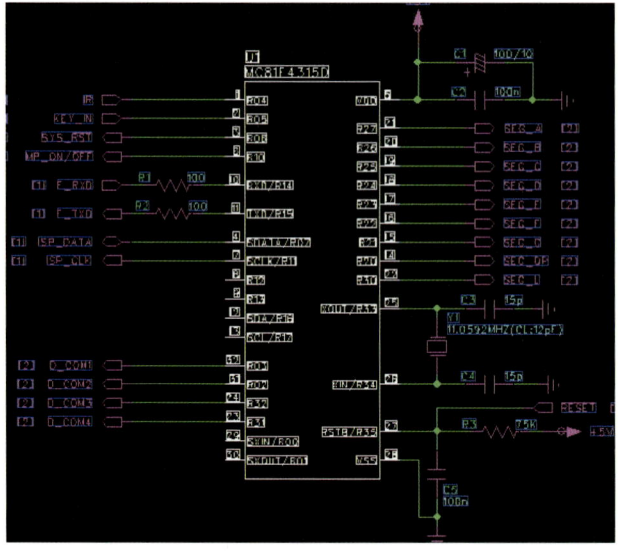

해당 part를 선택합니다. 오른쪽 마우스를 선택하여 Properties Alt+<Enter> 를 선택하거나, Decal 작업 시 진행했던 것처럼 double click이나 Ctrl+Q를 통해 해당 메뉴로 들어갈 수 있습니다.

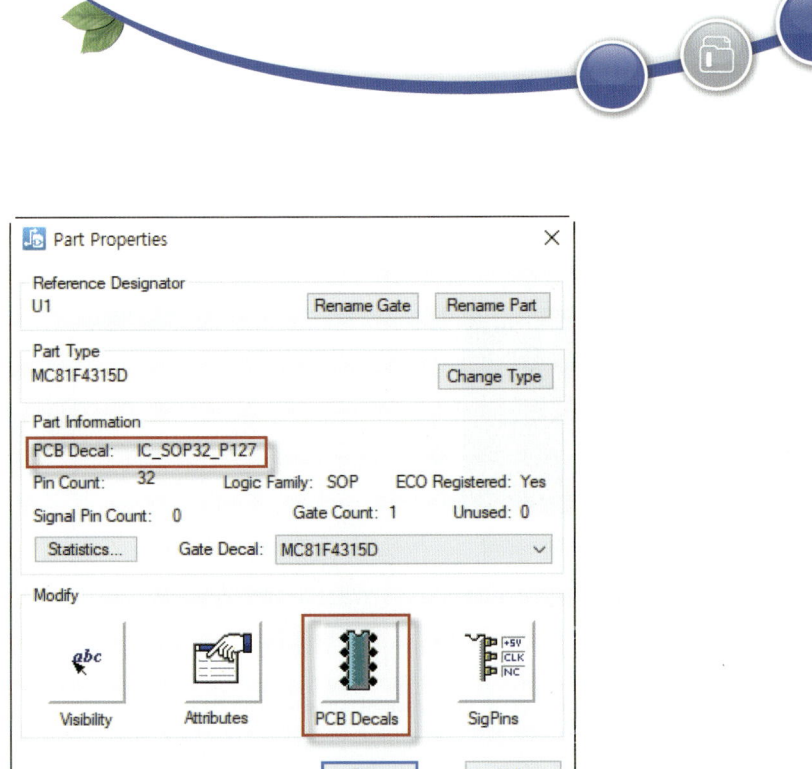

위 그림과 같이 Part Properties 팝업이 뜨면 중앙 부분에 있는 PCB Decal에서 원하는 Decal 정보가 들어갔는지 확인합니다. 틀린 경우 하단에 PCB Decals를 선택해줍니다.

PCB Decal을 선택하면 아래 그림과 같이 팝업이 뜨는데, 붉은 박스의 Browse...를 선택해 Decal을 매칭해 줍니다.

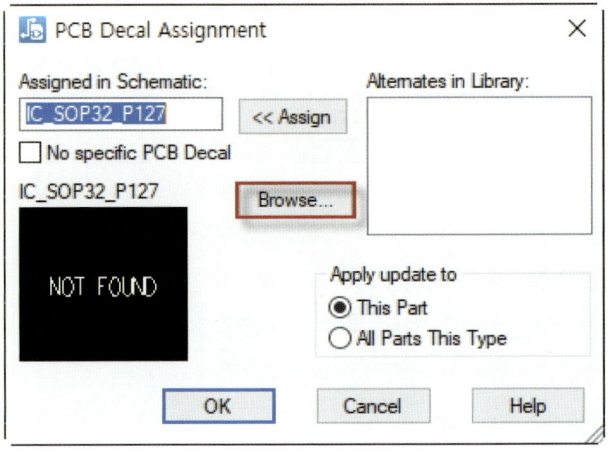

제2부 PCB 설계 기초

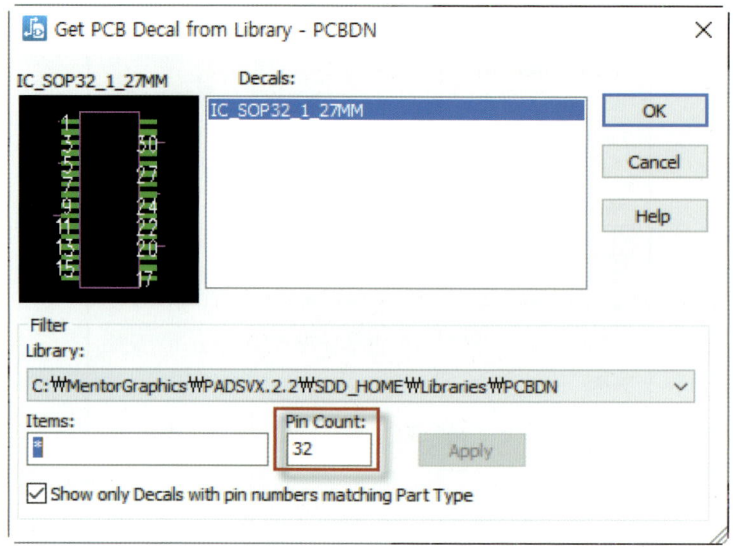

해당 메뉴를 선택하면 위 그림과 같이 32Pin의 모든 부품이 나타나게 됩니다. 현재 Decal이 1종이기에 하나만 나타나고 그것을 선택하고 OK를 클릭합니다. 선택 후 아래 그림의 붉은 박스에 PCB Decal이 바뀌어 있는 것을 확인할 수 있습니다. 확인 후 Close를 클릭하면 됩니다.

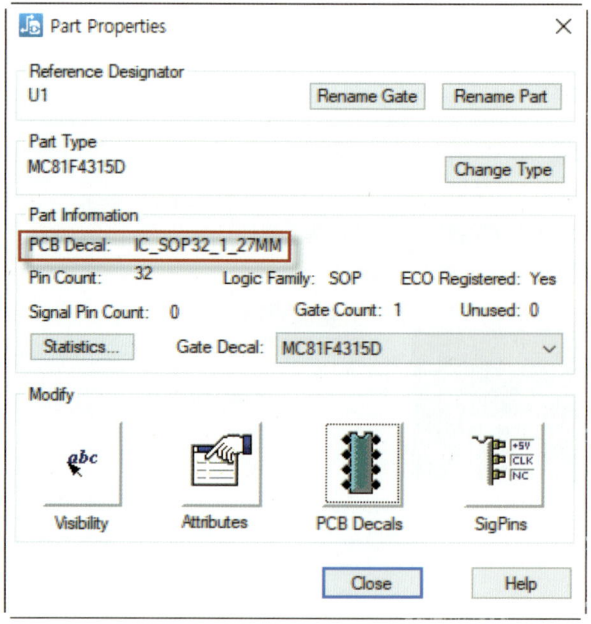

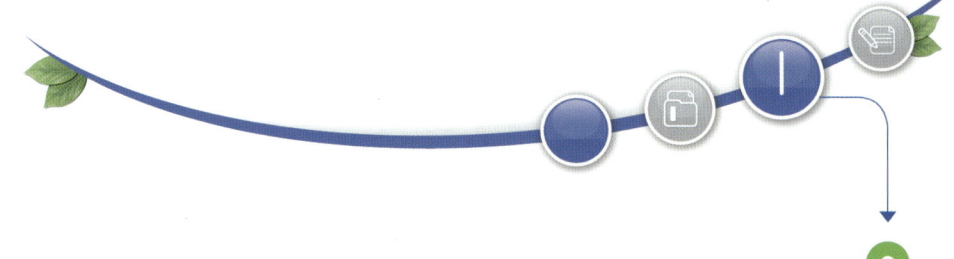

다음으로 IR을 매칭해 보겠습니다.

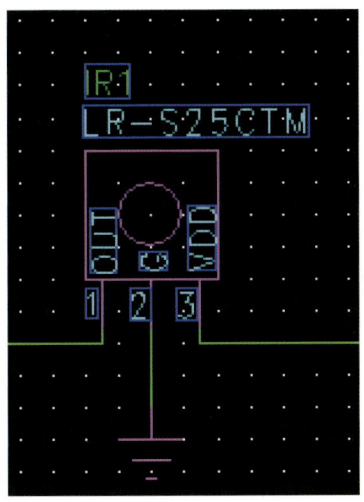

Double click이나 Ctrl+Q를 통해서 Part Properties로 들어갑니다.

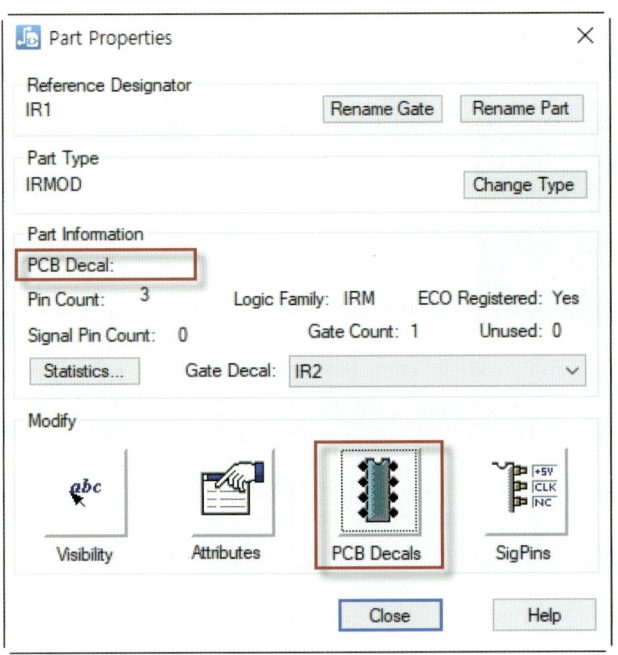

PCB Decal 정보를 확인하고 하단에 PCB Decals를 선택합니다.

제2부 PCB 설계 기초

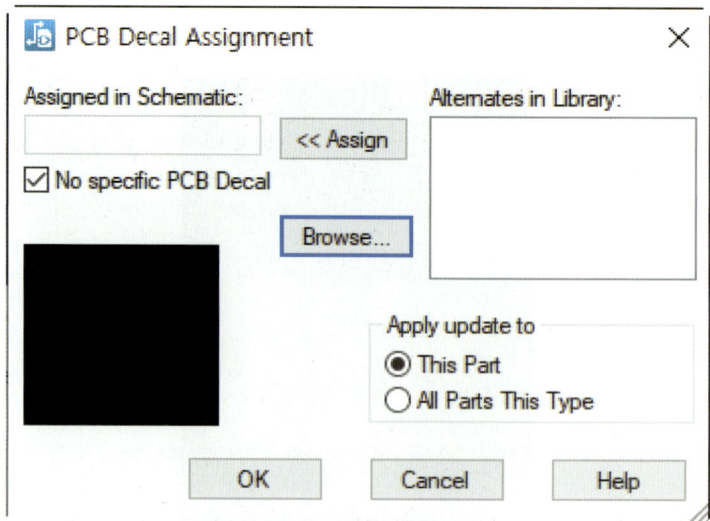

위 그림처럼 Browse...를 선택하면 아래 그림처럼 3Pin의 Decal이 모두 나타나고 사용할 부품을 선택하고 OK를 클릭합니다.

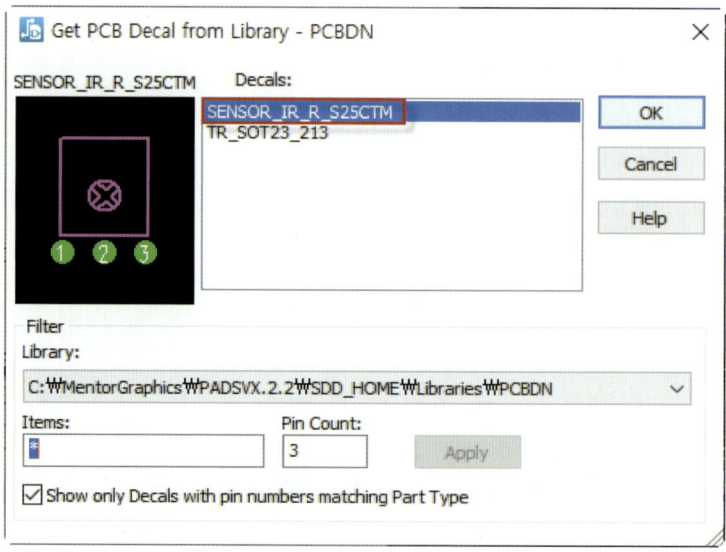

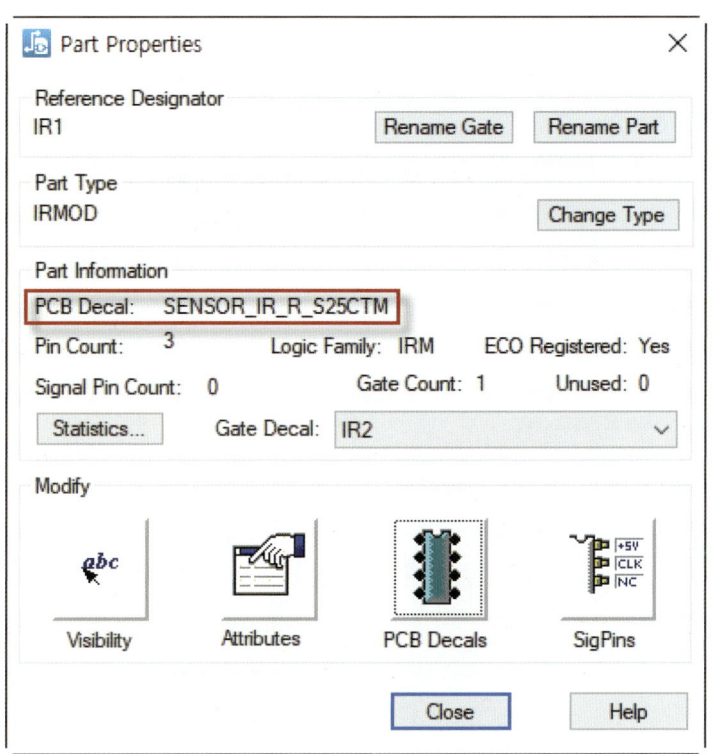

붉은 박스 부분과 같이 제대로 Decal 정보가 입력되었는지 확인 후 닫아 줍니다.

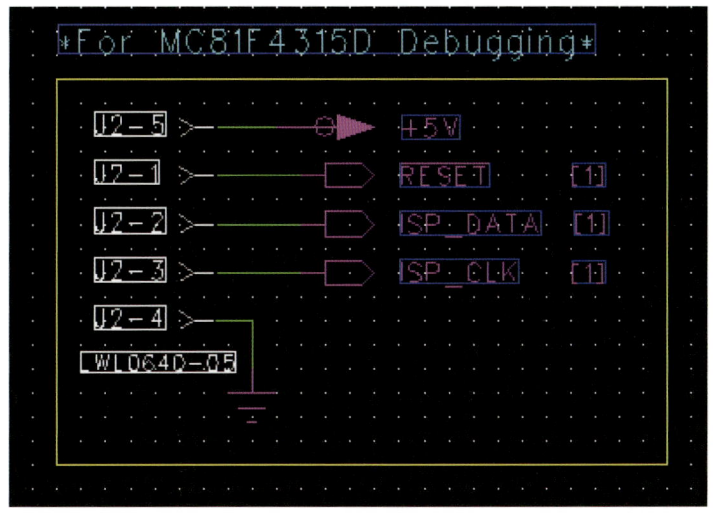

위 그림은 5Pin connector입니다.

제2부 PCB 설계 기초

Decal 정보를 입력하기 위해서 double clic이나 Ctrl+Q를 통해서 Part Properties를 선택합니다.

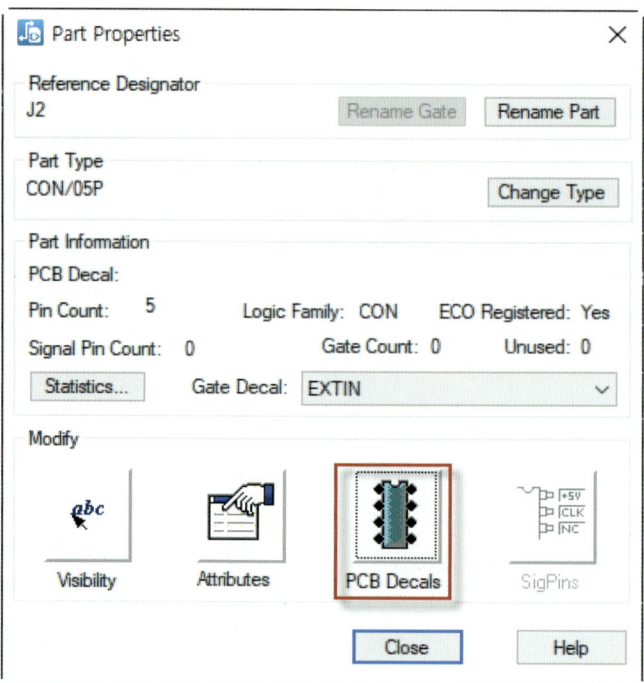

PCB Decal 정보를 확인한 후 입력이 필요한 경우 PCB Decals를 선택하고, 이후 Browse를 선택합니다. 아래 그림과 같이 5Pin 부품 정보를 확인한 후에 선택해줍니다.

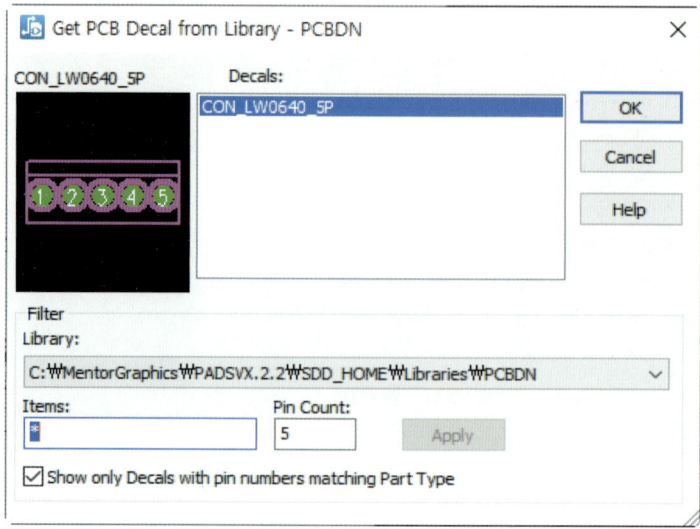

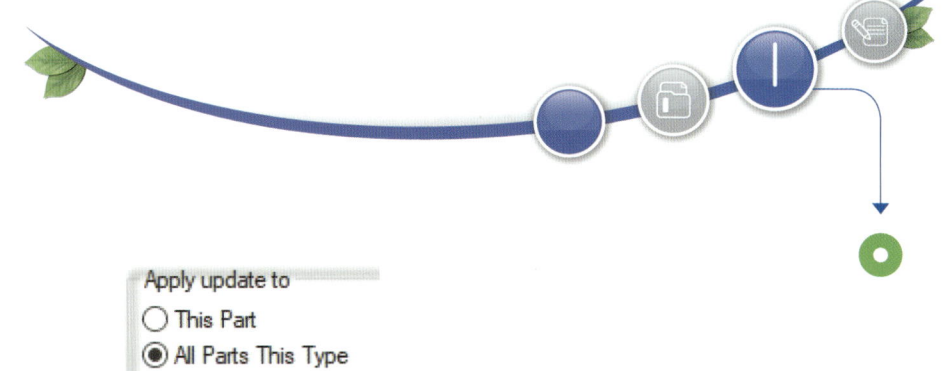

만약 동일 Part에 다른 decal을 사용하는게 아니라면 위 그림과 같이 **All Parts This Type**을 선택해 주는 것이 좋습니다. 이후 Part Properties에 제대로 적용되었는지 확인을 하고 닫아 줍니다.

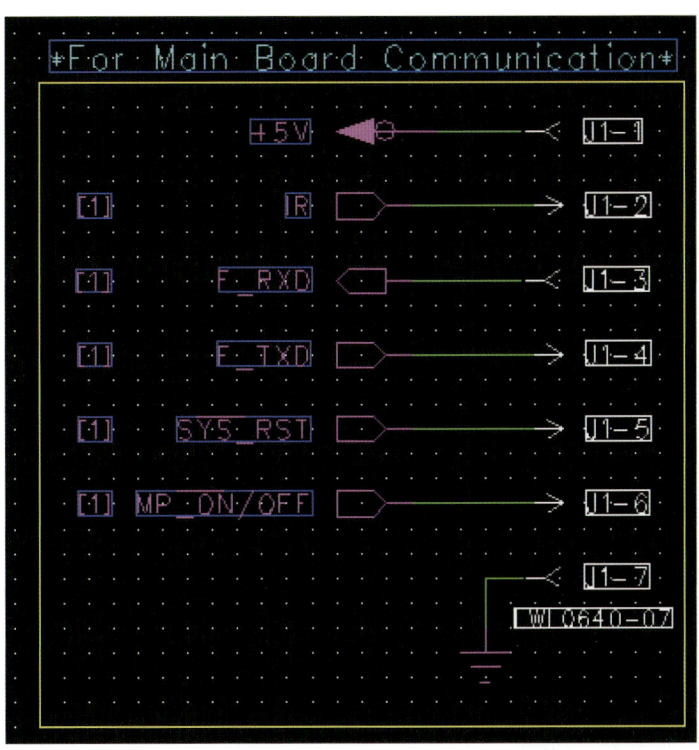

위 그림은 7Pin Connector입니다. Ctrl+Q나 double click을 해서 Part Properties를 선택합니다.

제2부 PCB 설계 기초

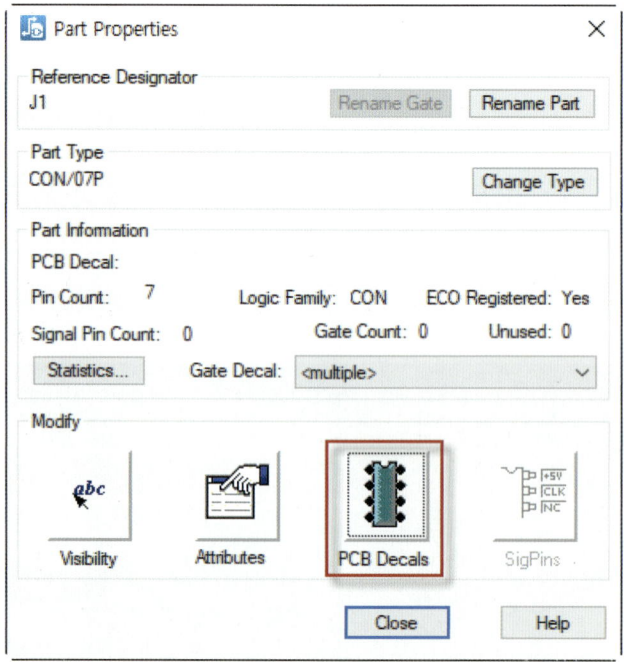

위 그림과 같이 PCB Decal의 정보를 확인한 후 입력이 필요한 경우에는 PCB Decals를 선택합니다. 다음에 Browse를 선택한 후에 7Pin의 부품을 확인하고 OK를 클릭합니다.

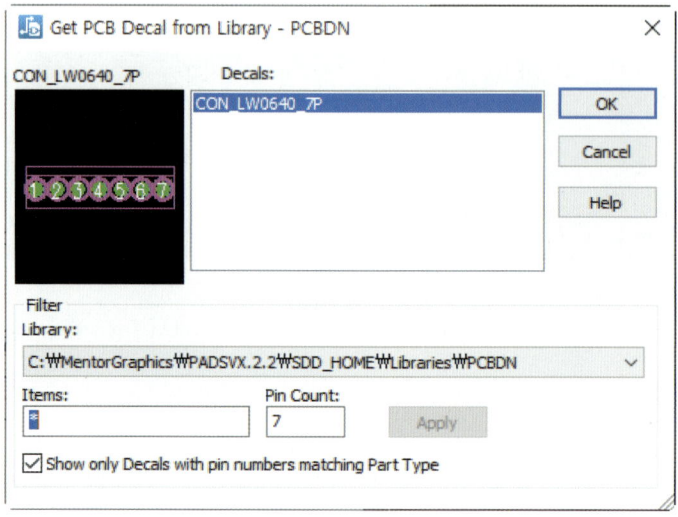

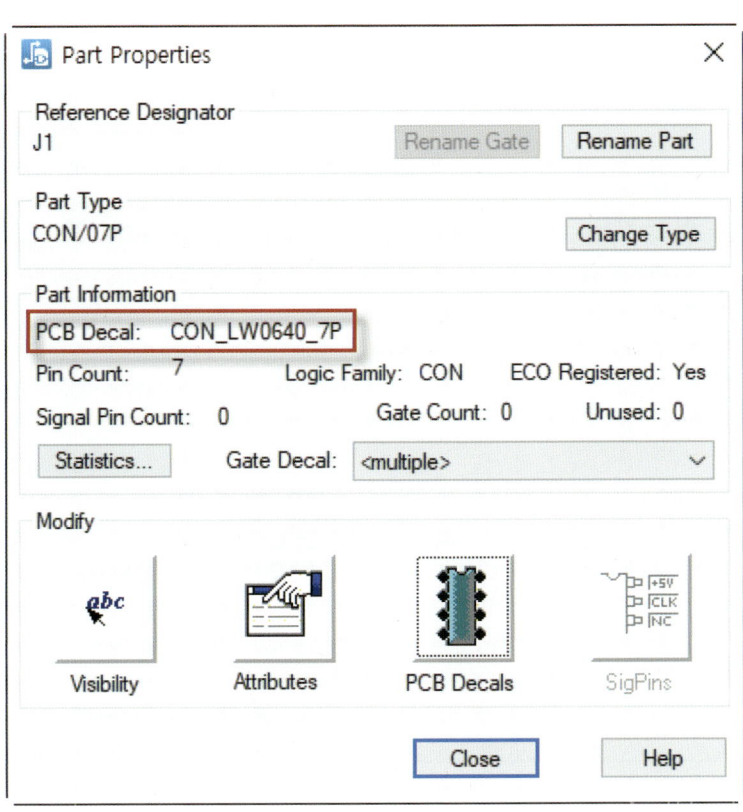

위 그림과 같이 PCB Decal이 제대로 적용되었다면 확인 후 닫아 줍니다.

다음 Part는 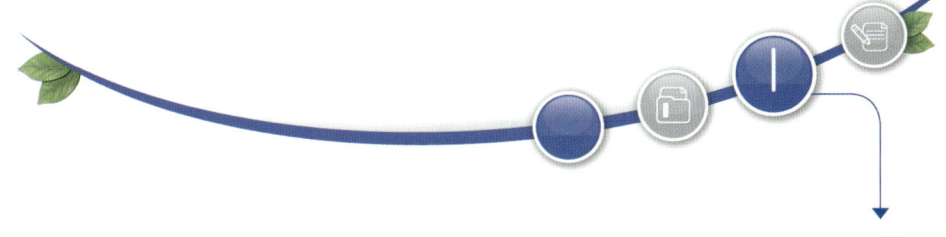 에서 DISPLAY 시트를 선택하여 열어줍니다.

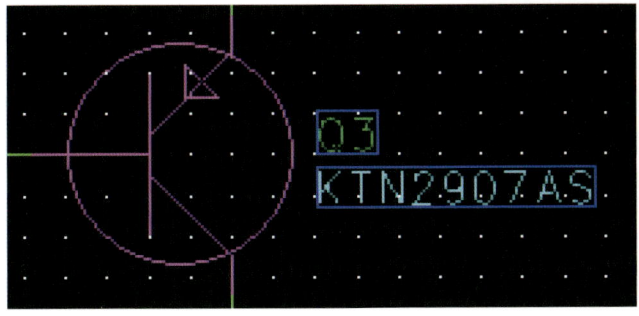

그림의 TR을 선택하고 double click이나 Ctrl+Q를 통해서 Part Propertise에 들어갑니다.

제2부 PCB 설계 기초

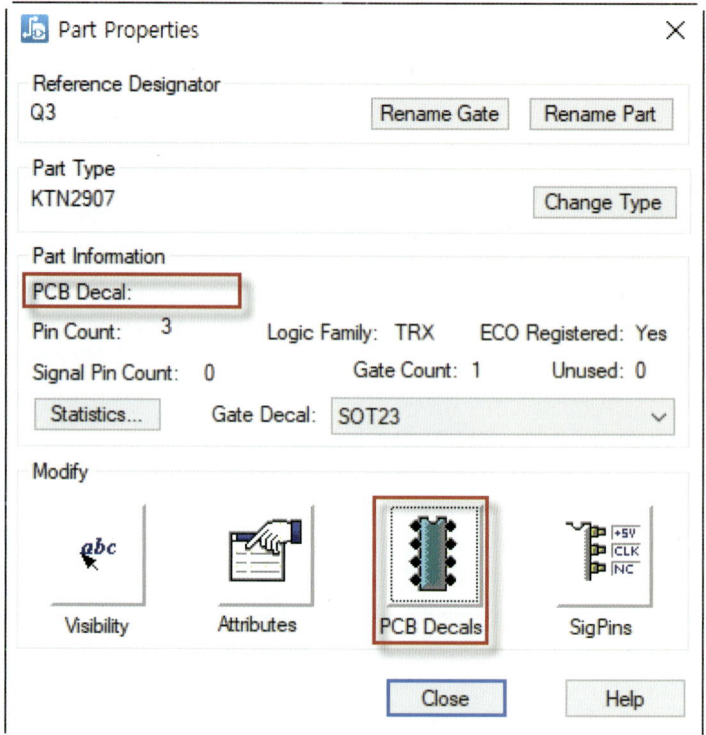

PCB Decal 정보를 확인하고, 변경이 필요한 경우 하단의 PCB Decals를 선택합니다.

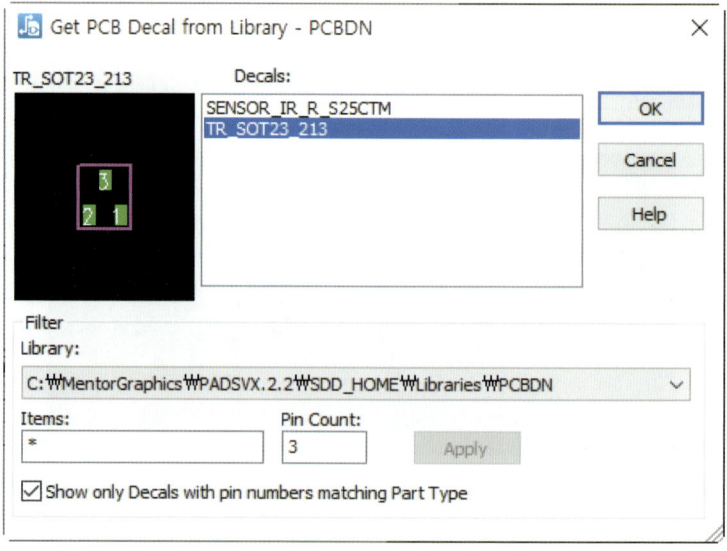

Browse..를 선택해주면 앞의 그림처럼 3Pin으로 형성된 모든 부품이 나오는데 여기서 사용할 부품을 선택한 후 OK를 클릭합니다.

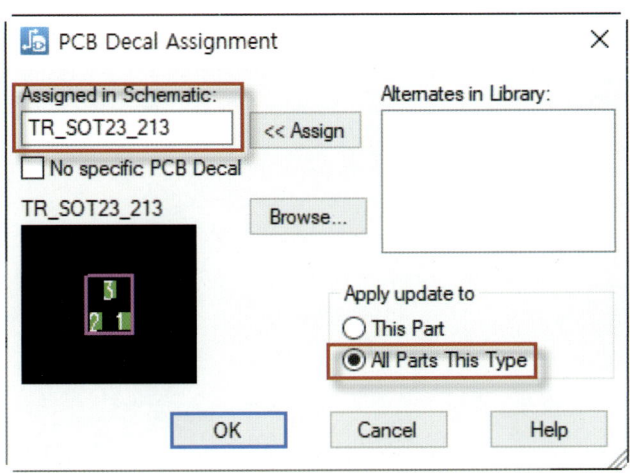

위 그림과 같이 정보를 확인할 수 있습니다. 추가로 현재 Part와 같이 하나가 아닌 복수 개로 사용하는 part에 대해서는 All Parts This Type을 선택하면 동일한 part의 부품은 전체적으로 적용됩니다. 아래 그림과 같이 PCB Decal이 제대로 적용되었는지 확인한 후 닫아 줍니다.

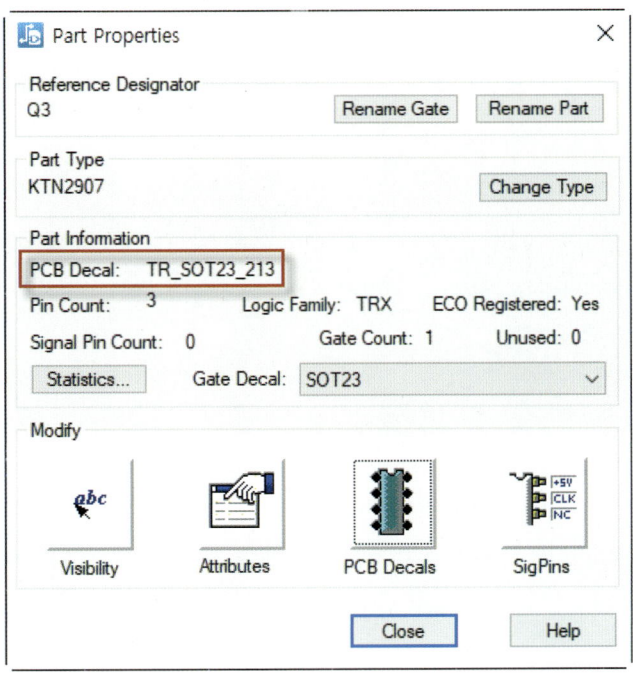

제2부 PCB 설계 기초

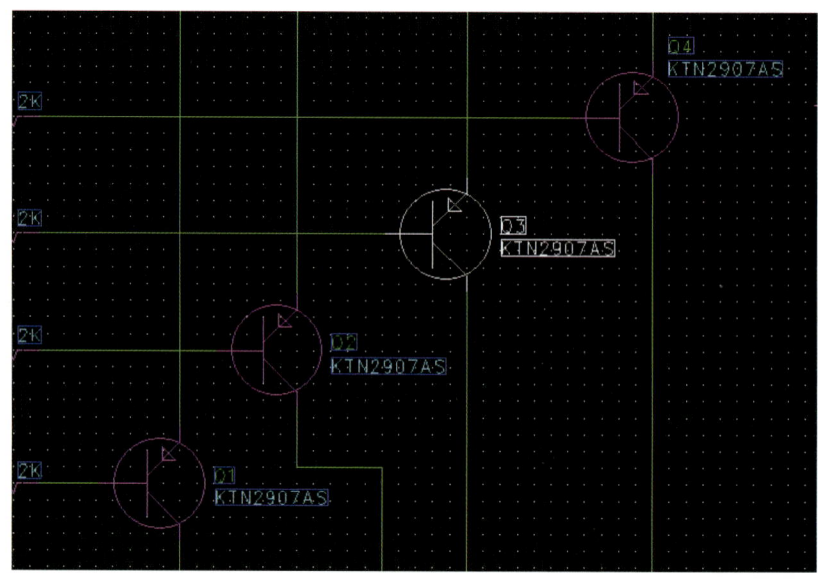

그림과 같이 복수 개로 사용하는 part에 대해 제대로 적용되었는지 double click이나 Ctrl+Q로 확인하고 마무리를 해주면 되는데, 혹시라도 적용이 안 되었을 경우에는 앞에서 설명한 방법을 반복하거나, 설정된 part에 가서 All Parts This Type을 선택해주면 됩니다.

다음에 매칭할 Part는 Segment입니다.

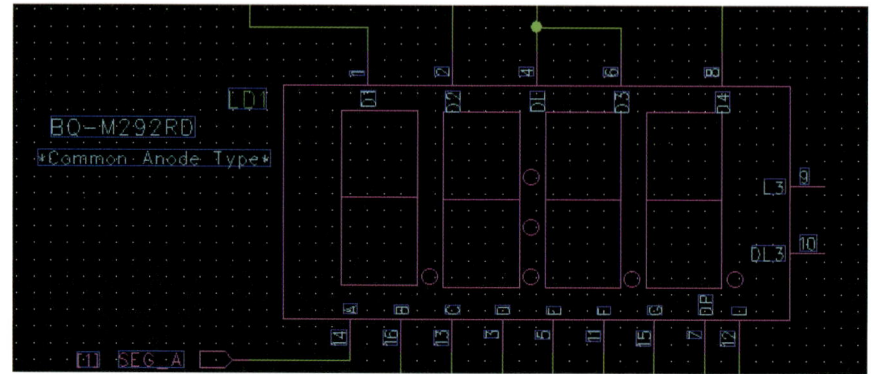

위 그림의 part를 선택한 후에 double click이나 Ctrl+Q를 통해 Part Properties를 선택해줍니다. 그리고 Part Properties에서 PCB Decals를 선택합니다. 선택 후 Browse...를 통해서 decal 매칭을 해줍니다.

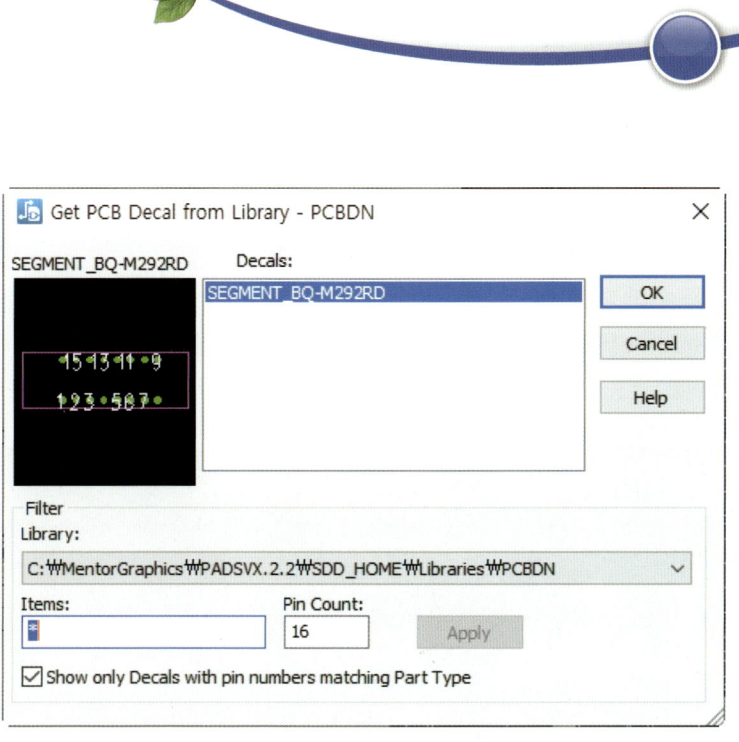

위 그림과 같이 16Pin으로 된 decal 중 맞는 것을 찾아서 선택해 주고 아래 그림처럼 PCB Decal 이 제대로 적용되었는지 확인하고 닫아줍니다.

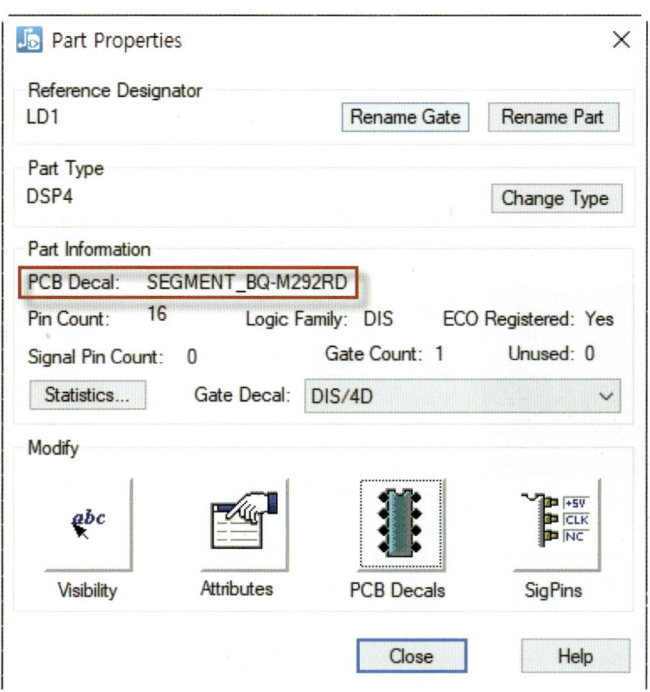

제2부 PCB 설계 기초

다시 첫 시트  로 갑니다.

남은 R,C, 스위치 등을 매칭하겠습니다. R,C는 부품값에 따라 각각 설정해주어야 하는데 매칭할 때 모든 부품에 대해서 적용하도록 설정하고 다른 부품들도 확인하면서 안 된 부분에 대해서 매칭해주면 됩니다.

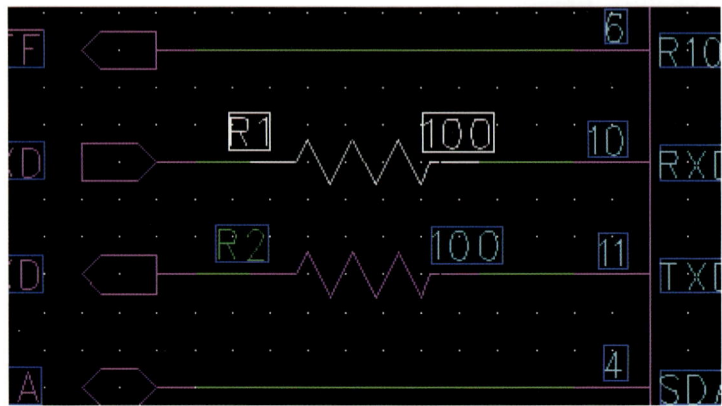

위 저항에 대해서 매칭을 해보겠습니다.

앞서 진행한 것과 같이 double click이나 Ctrl+Q를 통해서 Part Properties에 이동한 후, PCB Decals를 선택하고 Browse..를 통해서 부품을 선택합니다.

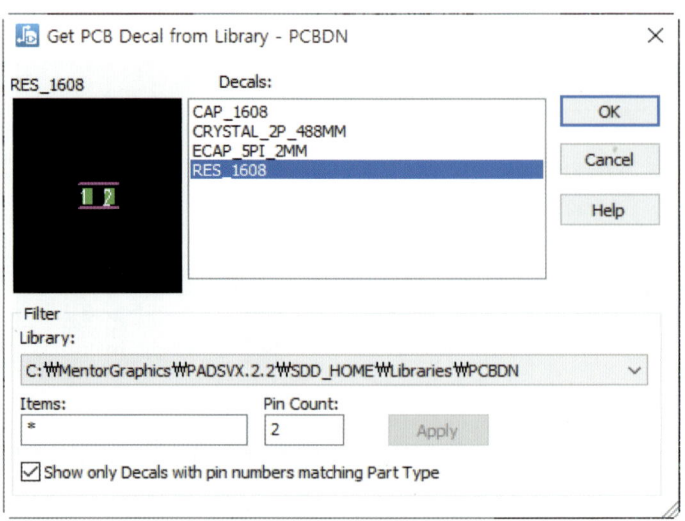

그림과 같은 2Pin Decal 중 저항으로 만들어준 부품을 선택합니다. R, L, C의 경우 크기가 다양

하므로 이곳에서는 1608 크기로 통일했지만 작업 중 틀린 경우에는 부품 크기를 확인한 후 해야 합니다.

부품 크기 등 조건이 틀리지 않다면 All Parts This Type을 선택하는 것이 좋습니다.

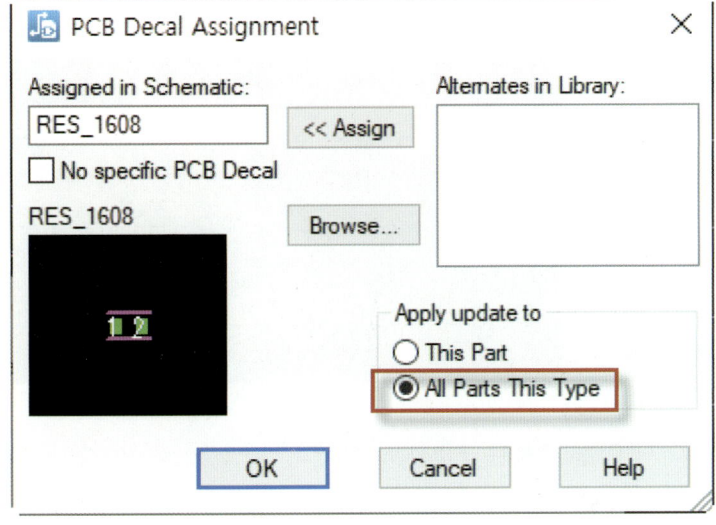

매칭 이후 저항에 대해서는 그림처럼 PCB Decal 정보가 맞는지 확인하고, 맞다면 닫고 틀리면 앞서 진행한 것과 같이 PCB Decals를 통해서 설정해주면 됩니다.

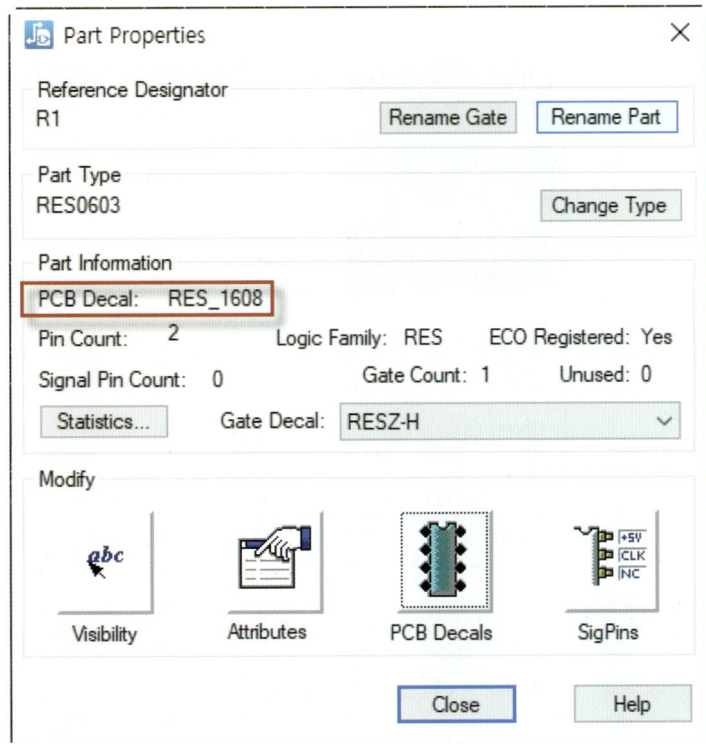

제2부 PCB 설계 기초

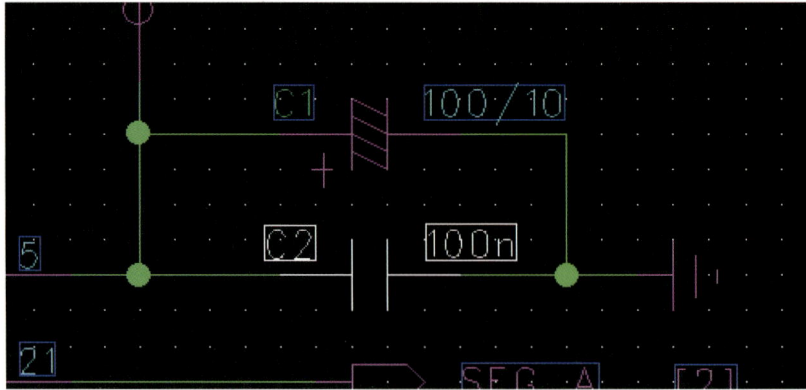

이어서 만들 부품은 커패시터입니다.

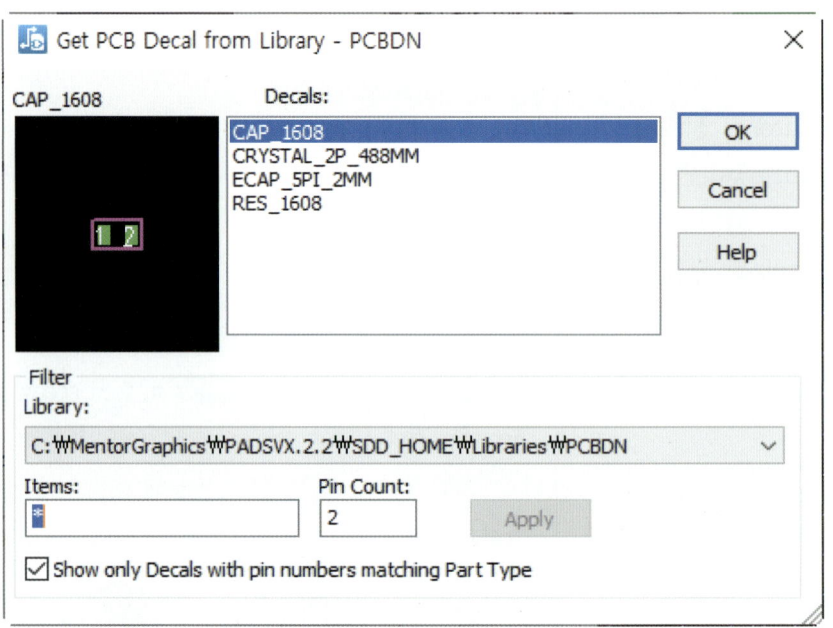

앞서 진행한 것과 같이 선택한 후 double click을 통해서 부품 매칭을 해줍니다. 그리고 Decal 정보를 선택하여 매칭을 해줍니다. 이후 그림과 같이 All Parts This Type을 선택해 줍니다.

Part Properties를 통해서 설정한대로  이 매칭이 제대로 되었는지 확인하고 닫습니다.

다른 커패시터도 동일하게 확인하고 틀린 부분에 대해서는 앞에서 작업한 매칭 작업을 반복해주면 됩니다.

다음은 전해 커패시터입니다.

극성을 가지고 있는 커패시터로 이 부품도 Part Properties로 가서 PCB decals를 선택하고 Browse를 통해서 매칭해 줍니다.

오른쪽 그림과 같이 전해 커패시터 Decal을 선택한 후에 OK를 클릭합니다.

이후 Part Properties에 제대로 적용이 되었는지 확인합니다.

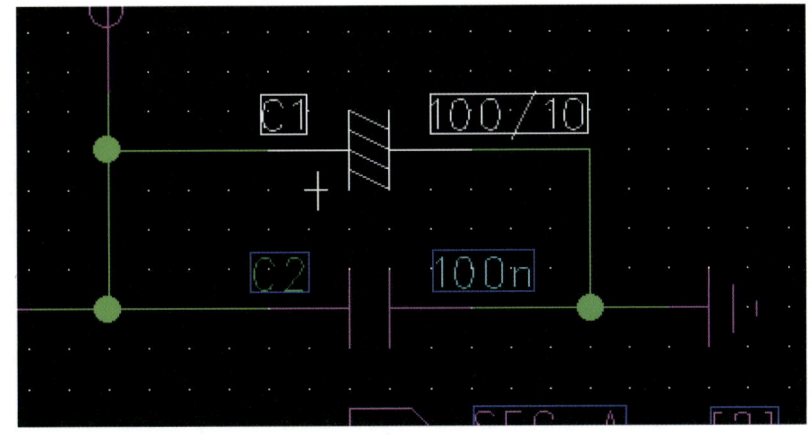

제2부 PCB 설계 기초

다음은 크리스털입니다.

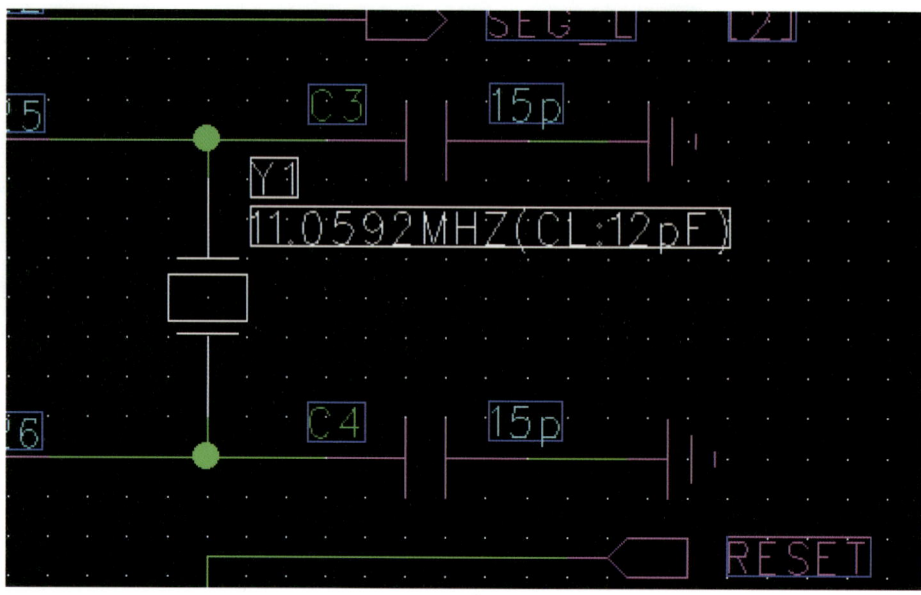

이 부품도 앞서 진행한 것과 같이 PCB Decals에서 Browse를 통해서 매칭 작업을 해줍니다.

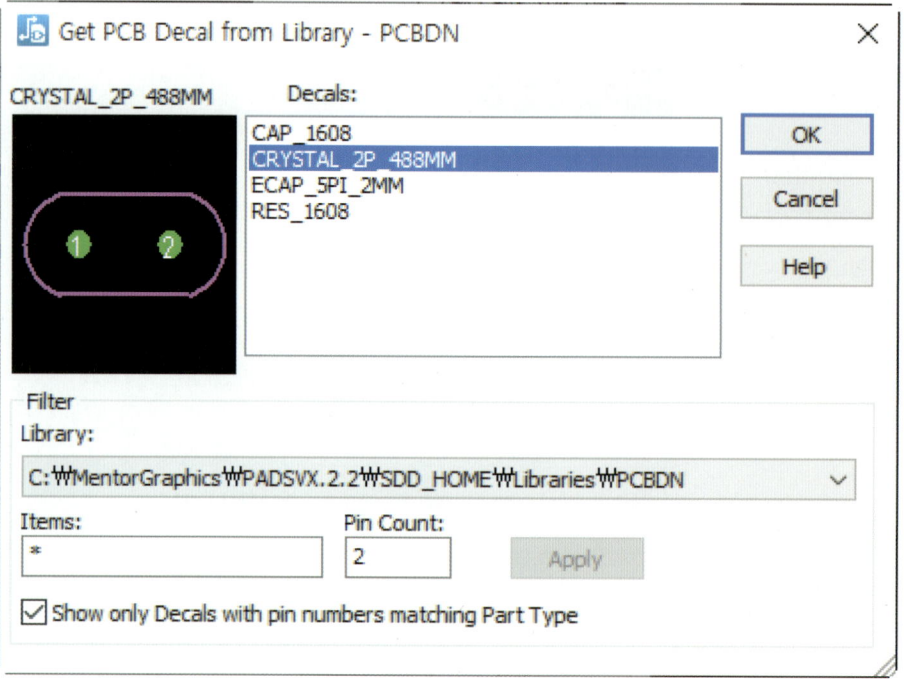

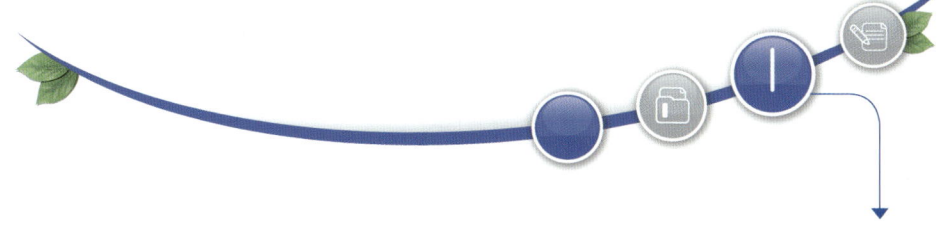

이후 Part Properties에 제대로 적용이 되었는지 확인을 하고 닫습니다.

마지막으로 스위치입니다.

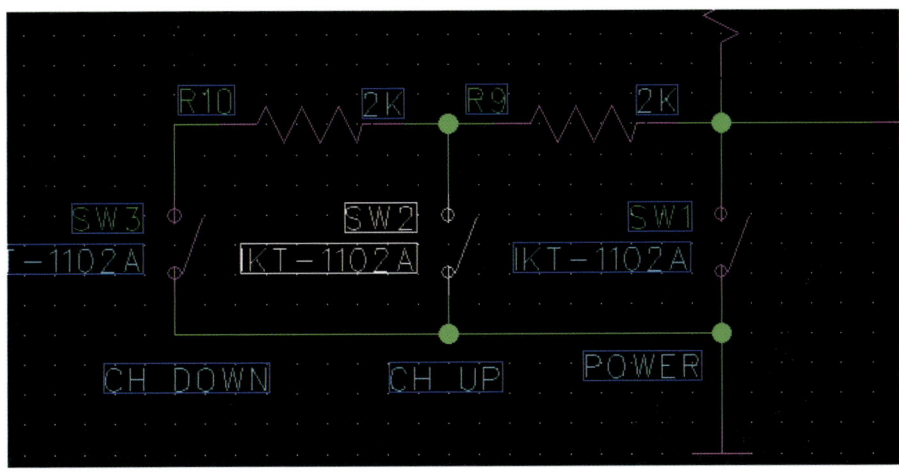

3개의 부품을 사용하는데 이 부분 역시 앞서 진행한 방식으로 Browse에서 매칭 작업을 해줍니다.

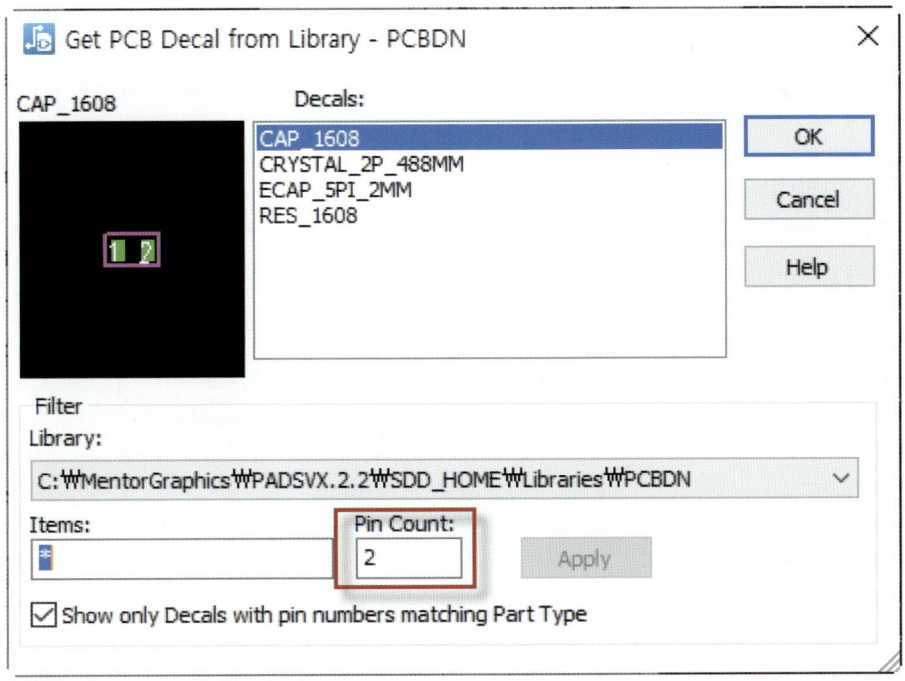

제2부 PCB 설계 기초

하지만 살펴보면 스위치로 만든 부품이 나타나지 않습니다. 이 부분은 PCB Decal과 Part의 Pin이 맞지 않기 때문입니다. 보통은 Pin 수 등의 정보가 맞지만 현재와 같이 맞지 않는 경우에는 임의로 맞추어서 작업을 합니다.

붉은 박스에서 Pin Count를 4로 변경해 주면 아래 그림과 같이 PCB Decal이 나타나고 선택할 수 있습니다. 이후 Part Properties에서 PCB Decal의 정보가 맞는지 확인 후 닫습니다.

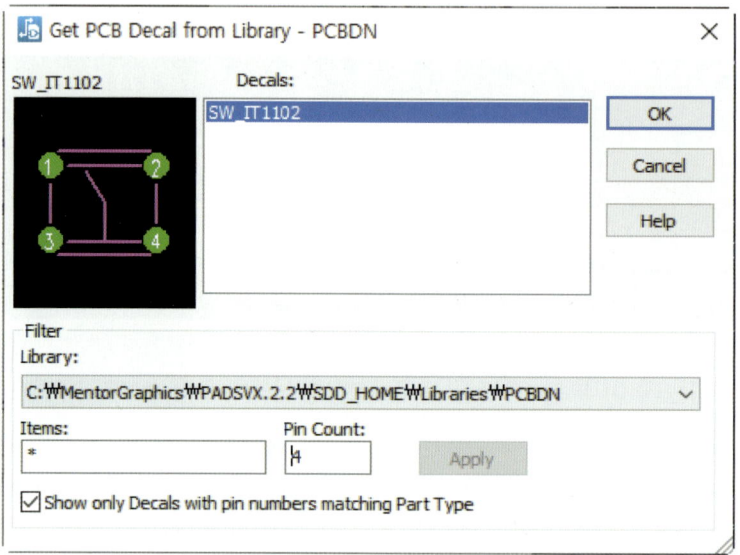

매칭 작업이 마무리되면 저장을 하고 Netlist로 추출을 합니다. Netlist로 추출한 파일을 PADS layout에 올려서 설계할 수 있습니다.

Tools에서 오른쪽 그림과 같이 Layout Netlist를 선택합니다.

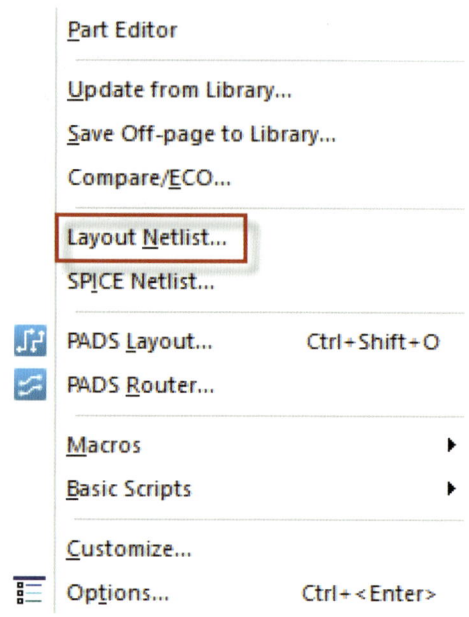

Layout Netlist를 선택하면 아래와 같은 팝업이 뜹니다.

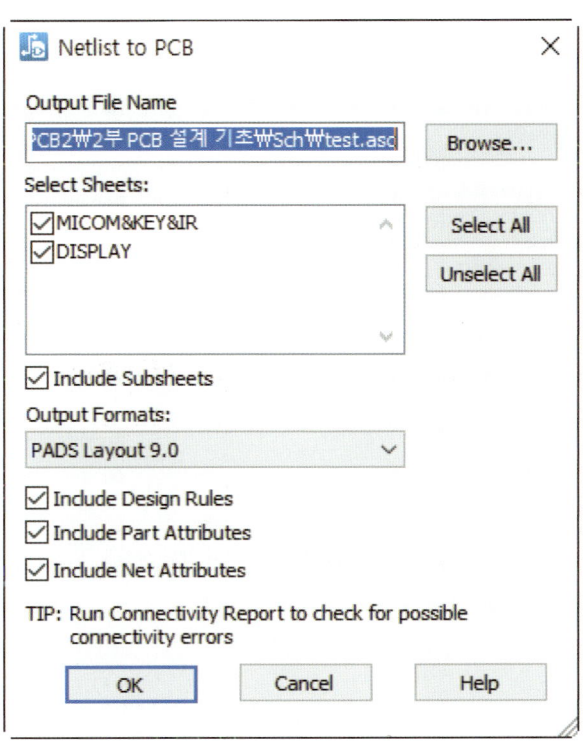

Browse...를 통해서 원하는 위치와 저장할 이름을 설정하고, 모든 설정이 끝나면 OK를 클릭합니다.

그림과 같이 ASC 파일이 만들어지면 문제없이 형성된 것입니다.

이후에는 Layout에 올려서 제대로 올라오는지 확인하고 혹시 누락된 부분이 있다면 앞서 진행한 매칭 작업을 다시 진행한 후 반복해서 진행하면 됩니다.

제2부 PCB 설계 기초

이제 Or-CAD로 설계된 파일을 매칭해주는 작업에 대해서 간단하게 알려드리겠습니다.

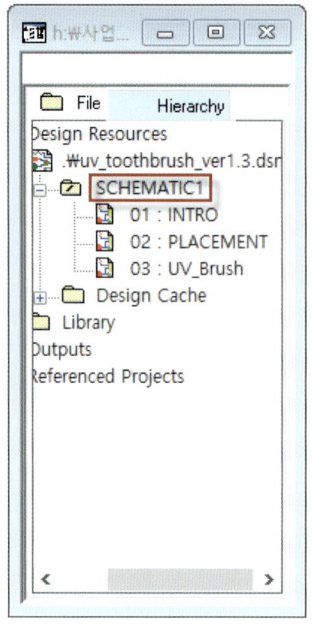 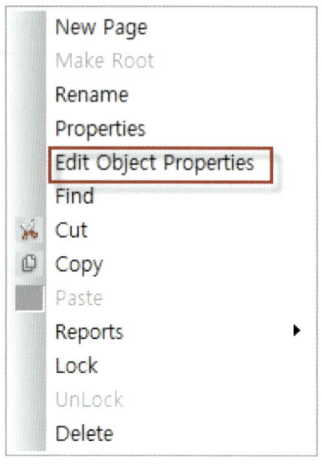

먼저 위의 왼쪽 그림과 같이 시트 모두를 포함하는 Schematic 파일을 선택하고, 오른쪽 마우스를 클릭한 후에 오른쪽 그림과 같이 Edit Object Properties를 선택합니다.

선택하면 아래 그림과 같이 정보를 볼 수 있습니다.

Name	Part Reference	PCB Footprint	Power Pins Visible	Primitive
INS17550457	BATT_Spring1		☐	DEFAULT
INS17557302	BATT_Spring2		☐	DEFAULT
INS17504752	BT1	BAT_20mm_20pitch	☐	DEFAULT
INS17542816	C1		☐	DEFAULT
INS17542783	C2		☐	DEFAULT
INS17544296	C3		☐	DEFAULT
INS17546615	C4		☐	DEFAULT
INS17545488	C6		☐	DEFAULT
INS17544812	D1		☐	DEFAULT
INS17561902	D2		☐	DEFAULT
INS17544764	DS1		☐	DEFAULT
INS17544028	L1		☐	DEFAULT
INS17544067	L2		☐	DEFAULT
INS17545028	L3		☐	DEFAULT
INS17543827	Q1		☐	DEFAULT
INS17489586	Q1	TR_SOT23F	☐	DEFAULT
INS17546764	Q3	TR_SOT23F	☐	DEFAULT

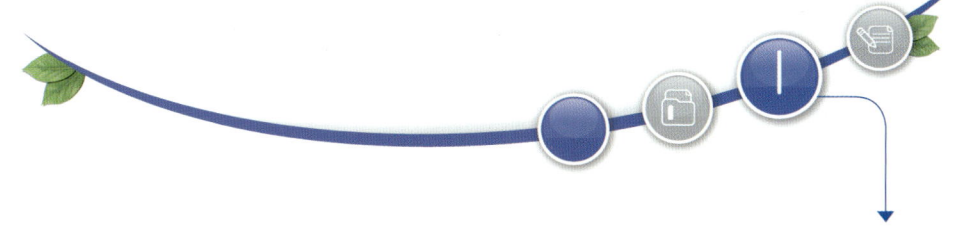

여기서 붉은 박스 부분에 있는 것과 같이 PCB Footprint에 각 부품별로 매칭할 decal 정보를 입력해 줍니다. 매칭이 모두 완료되었다면 Netlist를 통해서 ASC 파일을 추출할 수 있습니다.

위 그림과 같이 Toolbar에서 붉은 박스 부분의 Create Netlist를 선택합니다.

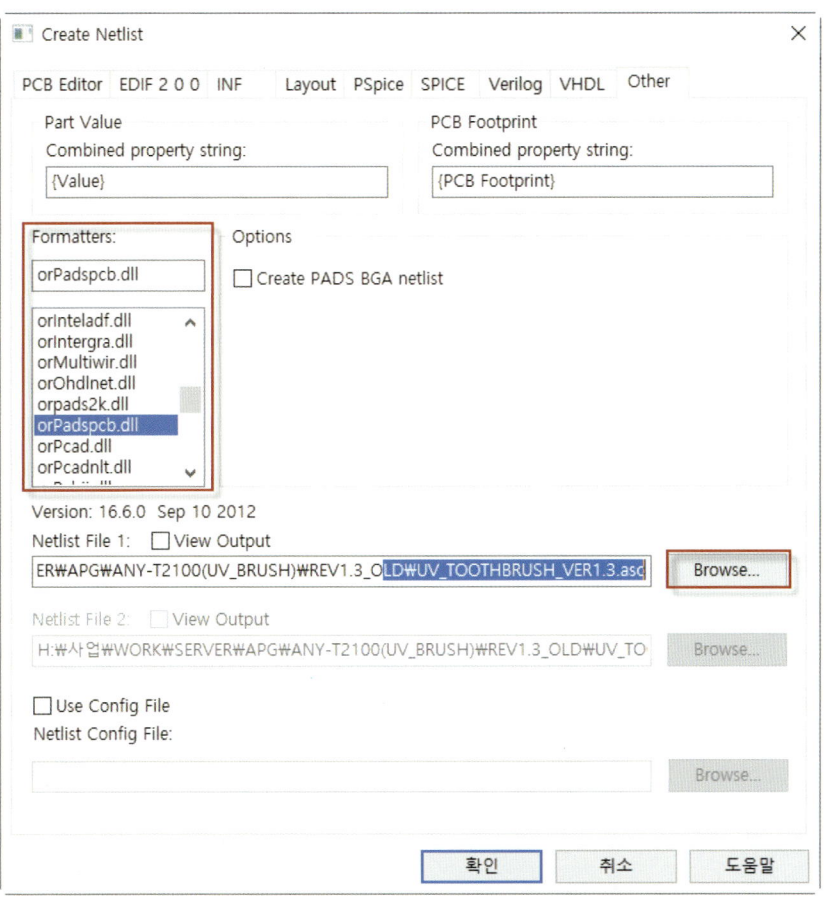

Create Netlist 팝업창에서 Other를 선택한 후 Formatters에서 orPadspcb나 orPads2k를 선택합니다. 그리고 Browse를 통해서 저장 위치 및 이름을 변경할 수 있습니다. 이후 해당 위치에 제대로 저장되었는지 확인합니다. Layout에 올렸을 때 문제가 있다면 decal 정보 및 회로 수정을 통해서 적용할 수 있습니다.

Board outLine

설계하기에 앞서 Board OutLine과 주요 부품의 위치 등 정보들을 알아야 합니다.

일반적으로 기구 도면은 PDF 등 자료를 받아서 확인할 수도 있지만 가능하다면 DXF 파일로 받아서 하는 것이 좋습니다. 또 대부분은 mm 단위로 설계를 하기에 mm로 제작된 DXF 파일을 받아야 제대로 올릴 수 있습니다.

DXF 파일을 만들 때 자주 오류가 생기는 문제 중 하나는 PCB CAD의 설계 가능 크기와 기구를 설계하는 CAD의 크기가 상이해서 mils로 변환되어 오류가 생기는 경우가 많습니다.

이 부분을 해결하기 위해서 가능하다면 DXF 변환 시 불필요한 layer는 삭제하고, 되도록 A4 이내에서 도면을 그리고 좌측 하단을 origin을 잡아서 하면 큰 문제는 없을 것입니다.

DXF 파일을 올리기 위해서는 오른쪽 그림과 같이 File에서 Import를 선택합니다.

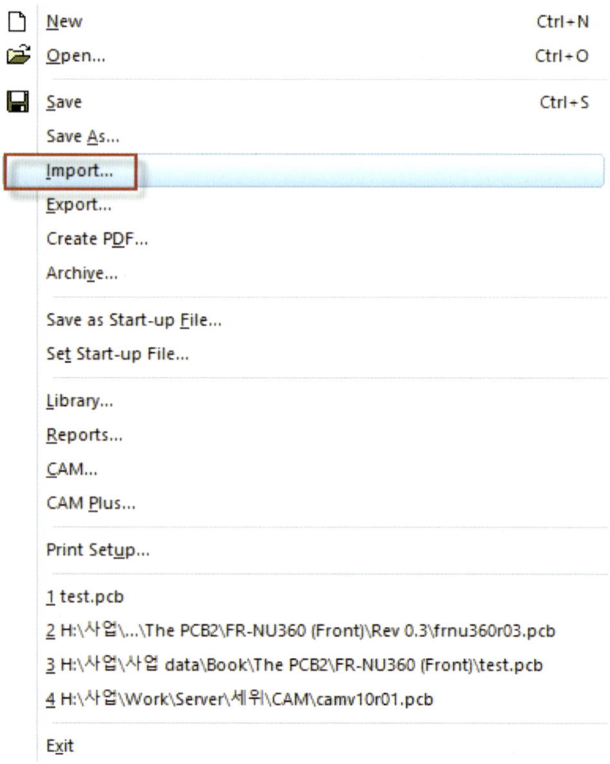

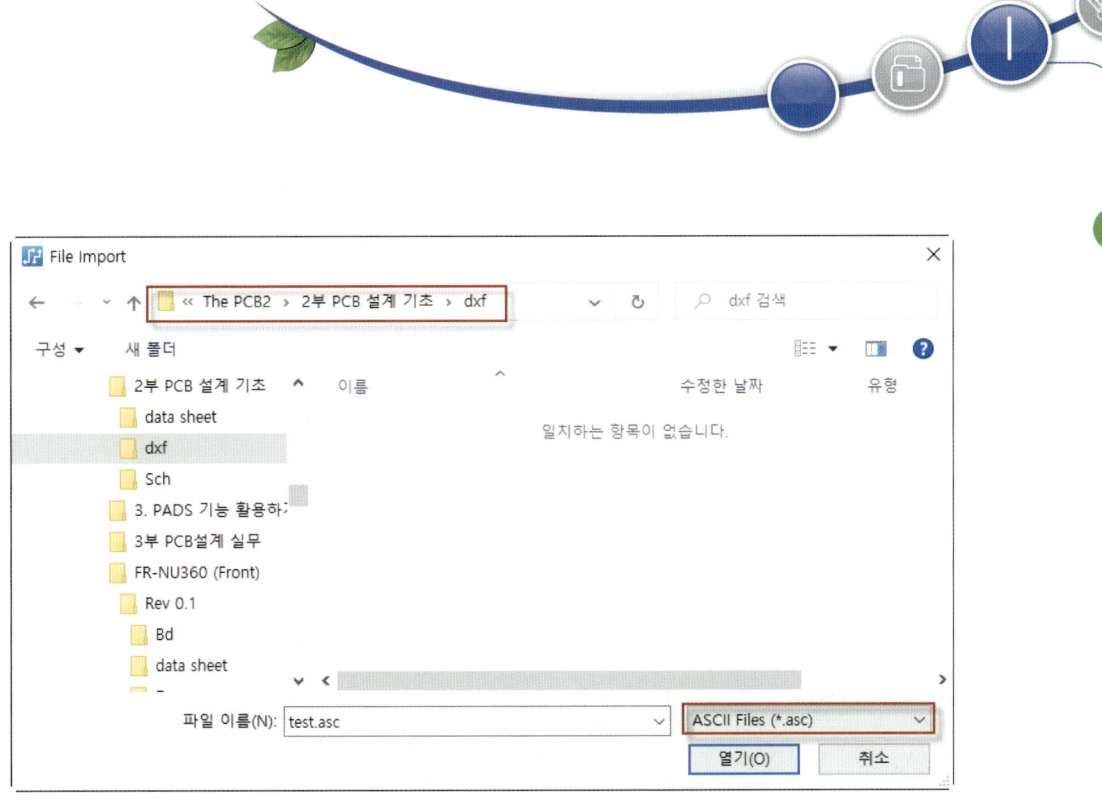

Import를 하면 위 그림과 같이 팝업이 뜨는데, 상단에 해당 파일이 있는 곳을 선택해주고, 하단은 붉은 박스 부분을 보면 기본은 ASC로 되어 있는데 이곳을 선택해서 아래 그림과 같이 DXF 파일을 선택해 줍니다.

DXF 파일을 선택하면 아래 그림과 같이 DXF 파일이 뜨는데 열어볼 파일을 선택한 후에 열기를 누릅니다.

제2부 PCB 설계 기초

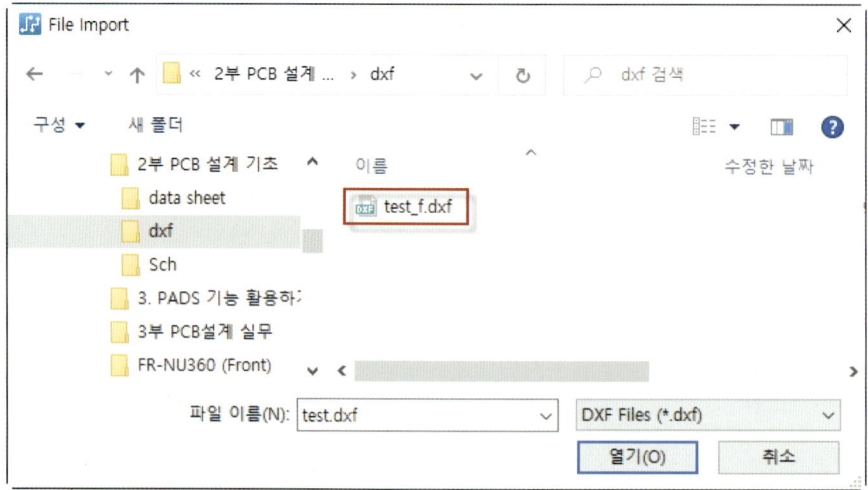

DXF 파일을 열면 아래 그림과 같이 팝업창이 뜨게 됩니다.

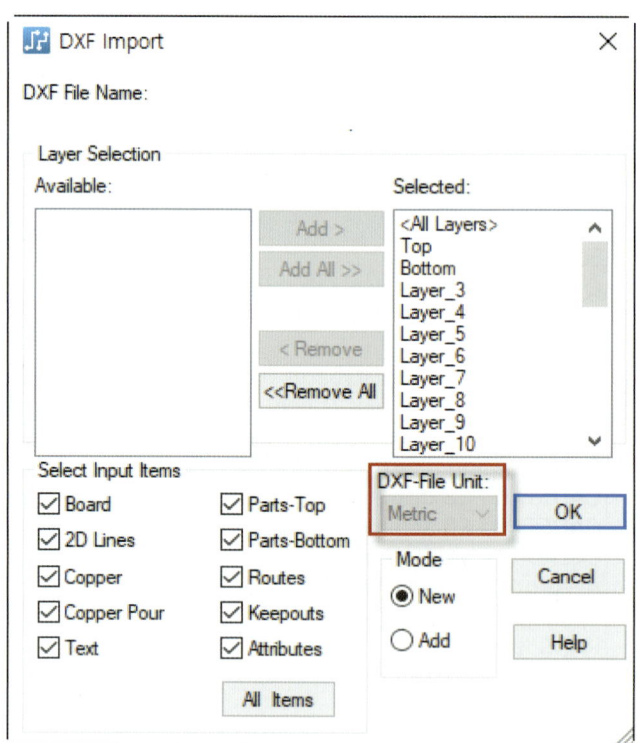

그림처럼 DXF-File Unit 단위가 Metric(mm) 단위로 되어 있는 것을 확인하고 열면 됩니다.

단위(unit)가 안 맞을 경우 파일이 제대로 안 올라올 수 있습니다. 문제가 없다면 OK를 클릭하고 파일을 올립니다. 아래 그림처럼 파일을 올린 후 그 파일을 토대로 Board OutLine 등을 그려줄 수 있습니다.

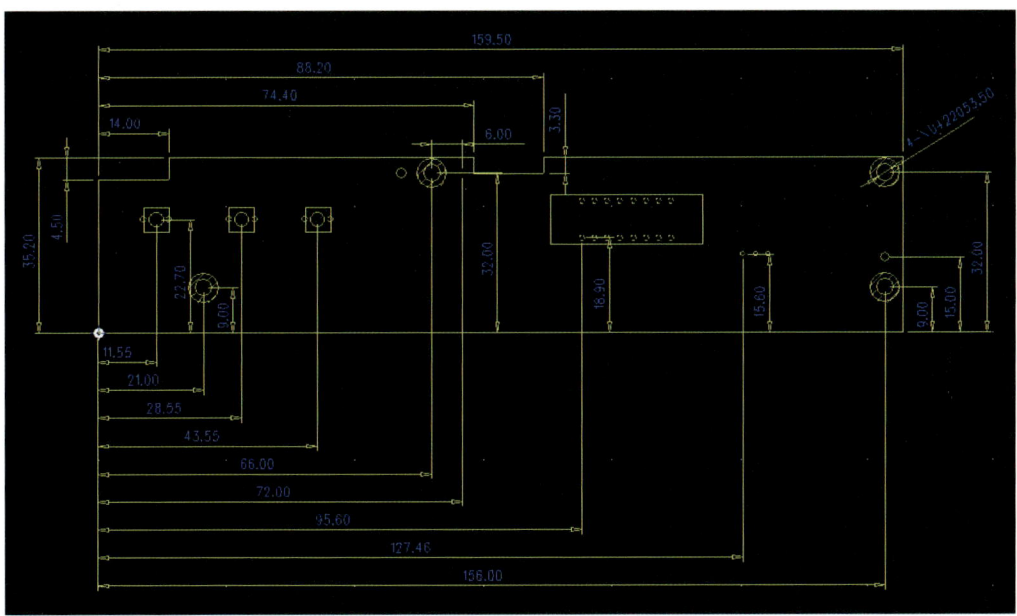

이제 올라온 도면을 기초로 Board OutLine을 그려주면 됩니다. OutLine을 그려주는 방법은 FM대로라면 Drafting Toolbar에서 Board OutLine and Cut Out을 선택해서 그려주는 것이 맞습니다.

이 외에 방법은 Layer를 All layer로 선택한 후 아래 그림과 같이 2D Line을 통해서 그려줄 수도 있습니다.

기본적으로는 Board OutLine을 통해서 그려주는 것이 맞지만, PCB를 연배를 하거나 더미 PCB를 추가해 줄 경우 Board 밖에 있는 부분은 모두 error가 발생하게 됨을 감안해서 크게 그려주거나 2D Line으로 그려주면 됩니다. 필자는 특별한 경우가 아니라면 위와 같은 이유로 2D Line으로 그려줍니다.

제2부 PCB 설계 기초

독자분들에게 드릴 설계 Tip이라면 초기에 올라온 도면에서는 앞에서 본 것과 같이 수치 등이 모두 있습니다. 원본을 그대로 도면 참고용으로 저장을 하고 실제 설계할 때에는 아래 그림과 같이 불필요한 수치 등은 삭제해 줍니다.

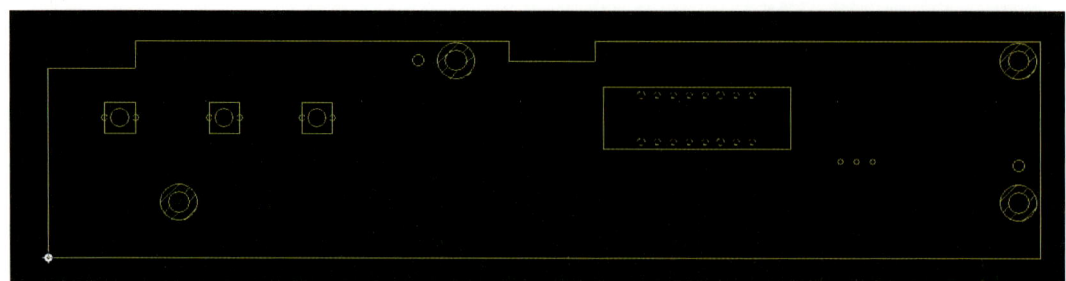

해당 도면을 마우스 오른쪽 버튼을 클릭해 오른쪽 그림과 같이 Select Shapes를 선택합니다.

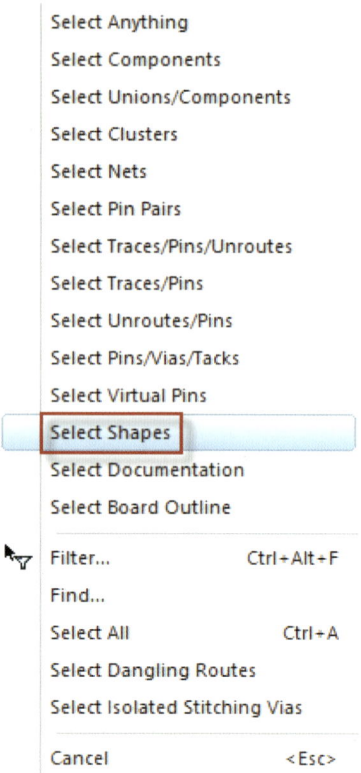

선택 후에는 아래 그림과 같이 전체를 선택합니다.

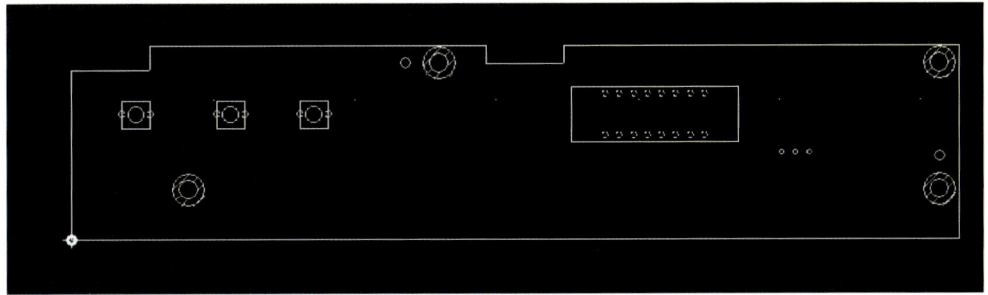

선택 후 마우스 오른쪽을 클릭한 후 오른쪽 그림과 같이 Combine을 선택합니다.

Combine을 선택하는 이유는 각각 분리되어 있는 Line을 하나로 합치기 위해서입니다.

Combine이 되었다면 참고할 수 있는 layer로 이동시켜야 합니다.

다시 오른쪽 마우스를 클릭해 Properties를 선택합니다. Ctrl+Q나 double click을 통해서도 속성 변경이 가능합니다.

제5장 Board outline

341

제2부 PCB 설계 기초

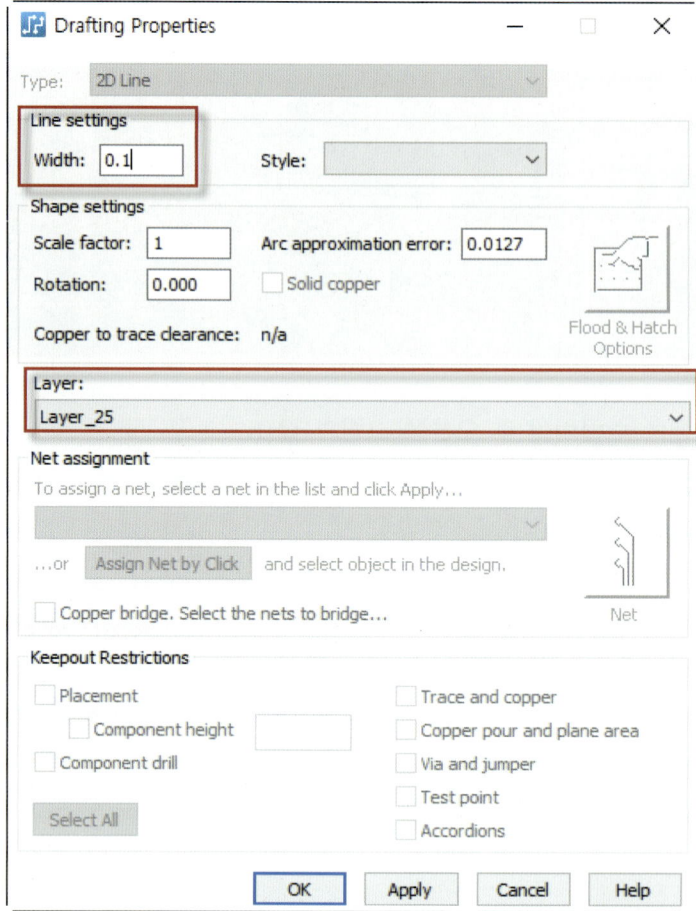

위 그림과 같이 Line의 Width는 0.1로 설정하고, Layer는 개인이 참고할 수 있는 Layer로 설정하면 됩니다. 필자의 경우에는 Layer25 등을 사용합니다.

이렇게 변경했다면 도면은 참고용이지 수정하는 부분이 아닙니다. 그래서 선택하지 못하게 설정할 수 있습니다.

오른쪽 그림과 같이 마우스 오른쪽을 클릭한 후에 Filter를 선택합니다.

Filter를 선택하면 아래와 같은 팝업창이 뜨게 됩니다.

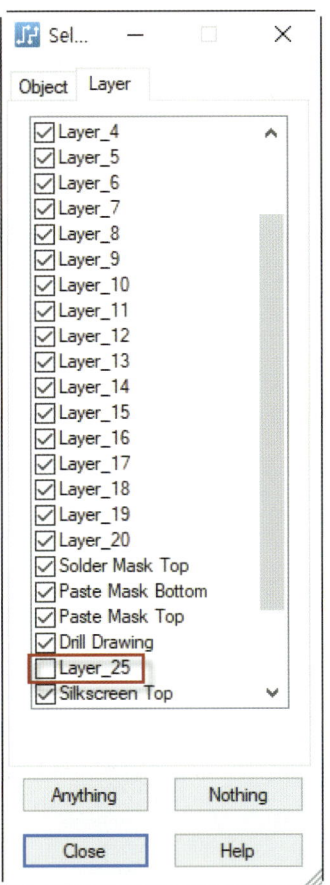

제2부 PCB 설계 기초

앞 그림과 같이 Layer를 선택한 후에 Layer_25에 대한 체크를 해제해 줍니다. 해제를 해주면 해당 Layer는 보이지만 선택은 할 수 없습니다. 반대로 선택을 하고 싶다면 해당 Layer를 체크 해주면 됩니다.

이후 Width는 오른쪽 그림과 같이 0.2로 설정합니다.

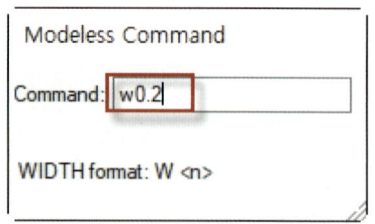

설정 후에 Grid는 오른쪽 그림과 같이 0.1로 설정 후에 외형을 그려줍니다.

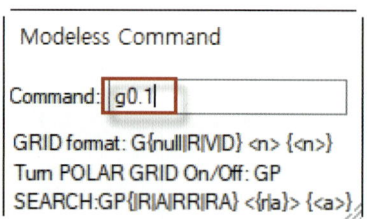

모두 삭제하면 오른쪽 그림과 같고 해당 도면을 참고로 2D Line을 그려줍니다.

2D Line으로 그릴 때 마우스 오른쪽 버튼을 통해서 오른쪽 그림과 같이 Polygon을 선택하여 그려줍니다.

Board에 대한 외형을 그리면 아래 그림과 같은데, Line이 제대로 형성이 되지 않을 경우 옵션에서 설정해주어야 합니다.

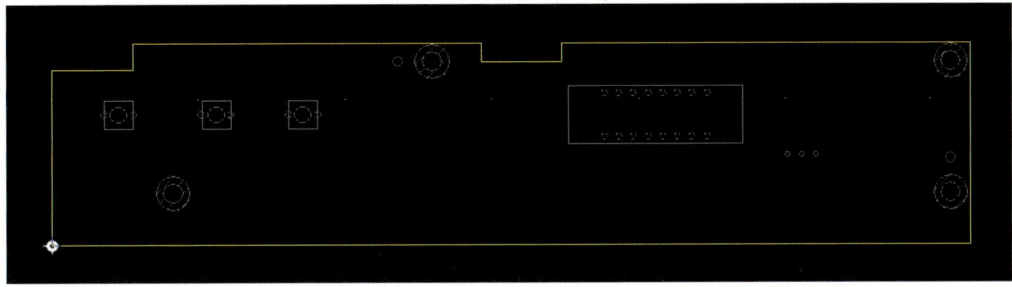

Ctrl+Alt+G 명령어를 동시에 입력하면 아래 그림과 같이 옵션 팝업창이 뜹니다.

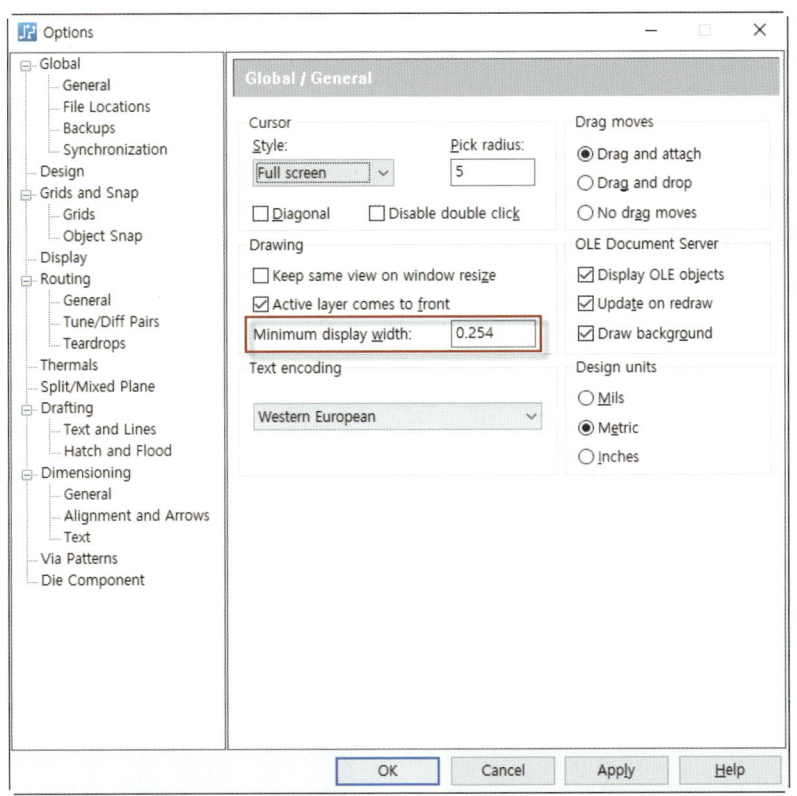

붉은 박스 부분을 보면 Minimum display width: 0.254 가 보이는데, 최소 두께가 0.254로 되어 있다는 뜻입니다. Width를 0.2로 설정하였기에 실선으로 나타납니다.

제2부 PCB 설계 기초

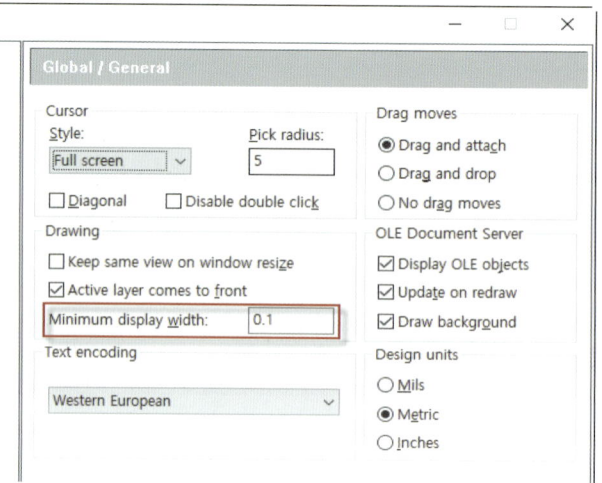

위 그림과 같이 최소 두께를 0.1 이하로 설정해 줍니다. 설정이 완료되면 아래 그림처럼 실선이 아닌 두께를 확인할 수 있는 Line을 보여줍니다.

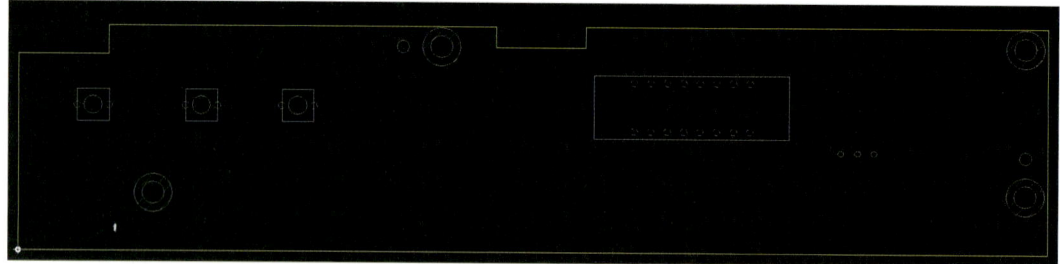

아래 그림과 같이 좌측에 보이는 실선이 오른쪽과 같이 변경된 것을 확인할 수 있습니다.

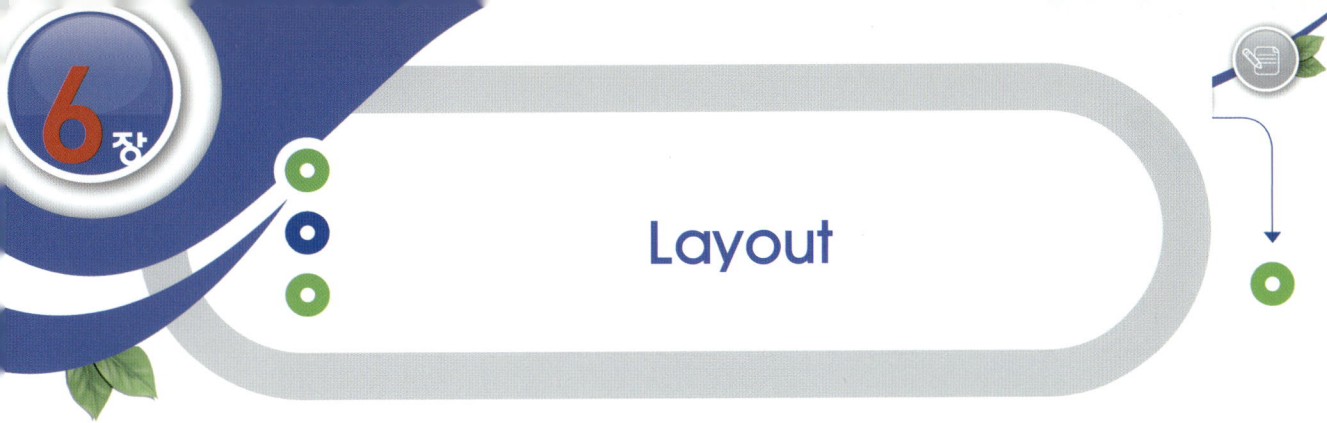

Layout

Board outLine을 그리고 부품을 Import한 후에 부품 배치를 진행합니다.

회로에서 추출한 Netlist 파일 확장자에서 ASC 파일을 불러오기 위해서는 File에서 Import를 통해서 불러올 수 있습니다.

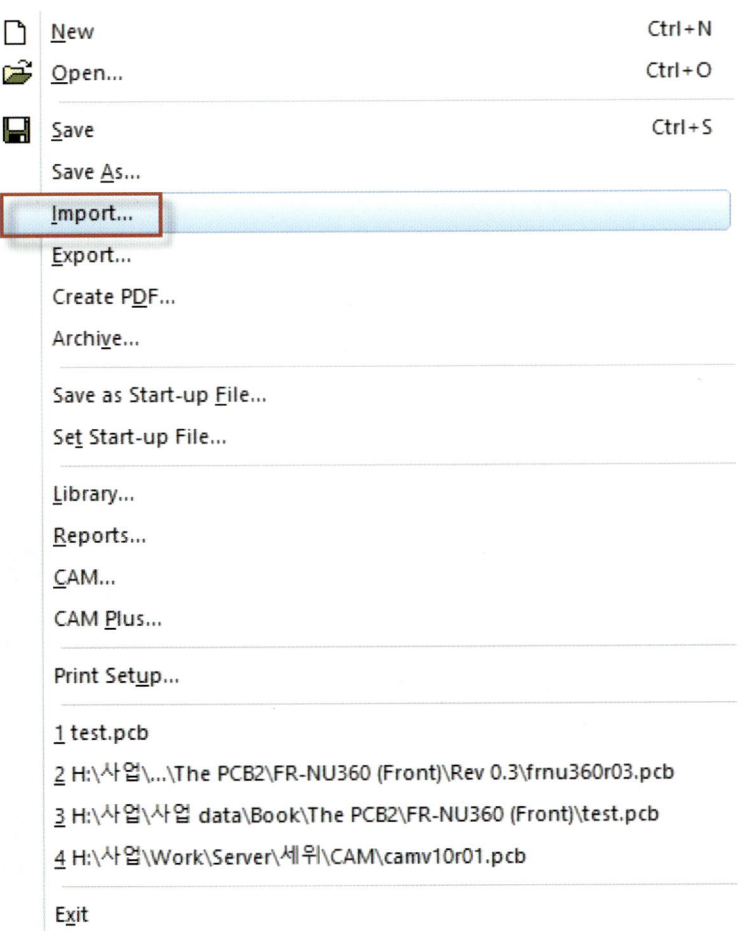

그림처럼 Import에서 불러올 ASC 파일을 찾아서 선택합니다.

제2부 PCB 설계 기초

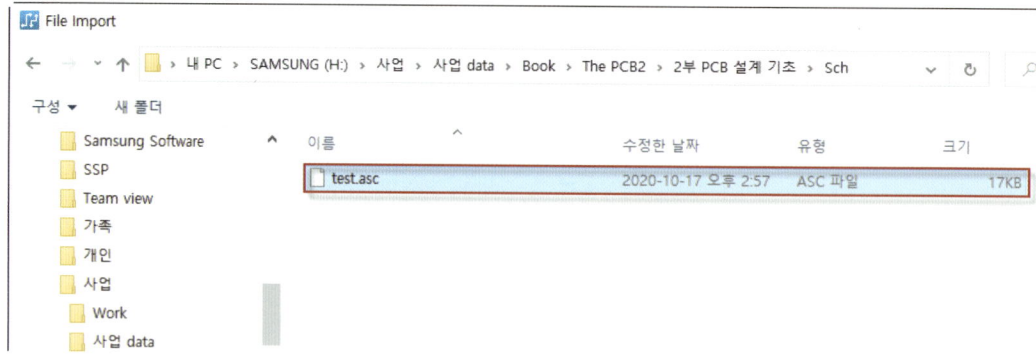

올리게 되면 DXF 파일이 있는 상태에서 올리기 때문에 아래와 같은 창이 뜰 수 있습니다.

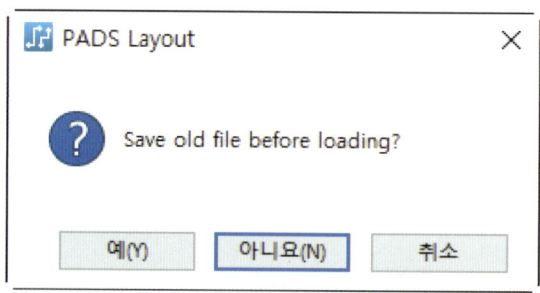

이 부분은 저장하지 않아도 무방합니다. 이렇게 부품을 올리면 아래 그림과 같이 origin(기준점)을 기준으로 부품이 올라오게 됩니다.

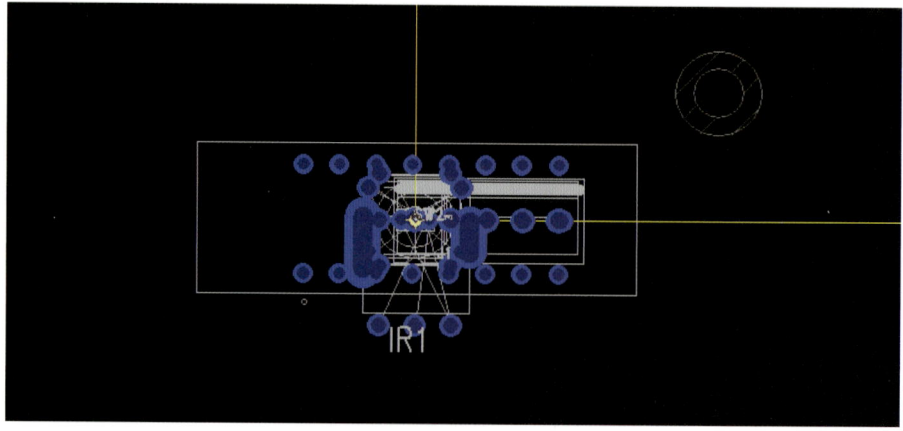

부품과 함께 관련 문서창도 뜨는데 문구가 있다면 살펴봐야 합니다.

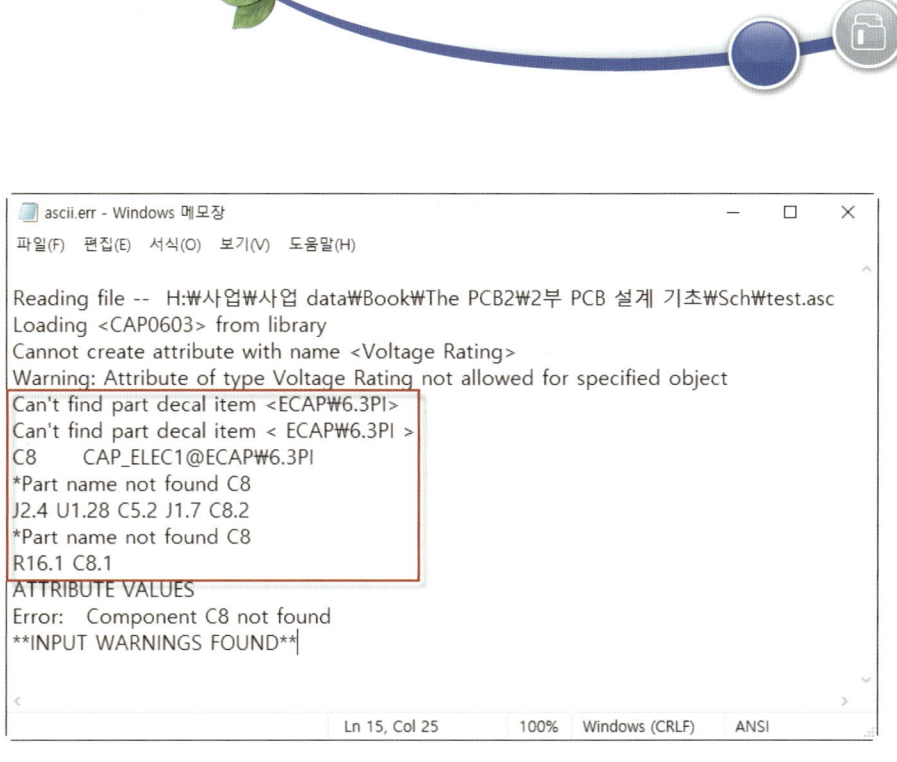

위 문서의 붉은 박스의 내용을 보면 부품 정보가 없어서 올리지 못하였고 관련해서 Connection이 되지 않았다는 내용으로 이런 경우 회로에서 다시 매칭을 해주어야 합니다. 회로에서 해당 부품을 찾아서 기존에 만든 ECAP_5PI_2MM를 입력해준 후 Netlist를 새로 생성해주면 됩니다.

수정한 후에 다시 올리면 아래 그림처럼 올라오는 것을 확인할 수 있습니다.

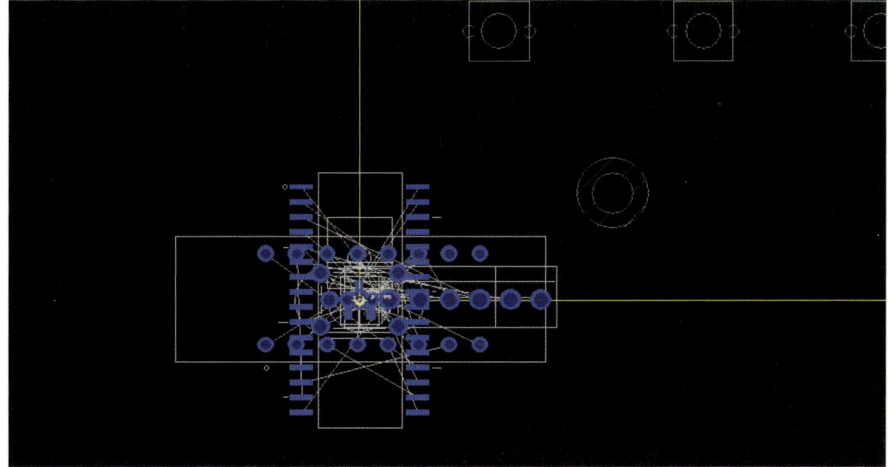

제2부 PCB 설계 기초

올라온 후에 정리를 위해 오른쪽 마우스를 클릭한 후  를 선택합니다. 그리고 드래그를 해서 전체 부품을 선택하고 오른쪽 마우스를 클릭해 Disperse 를 선택합니다.

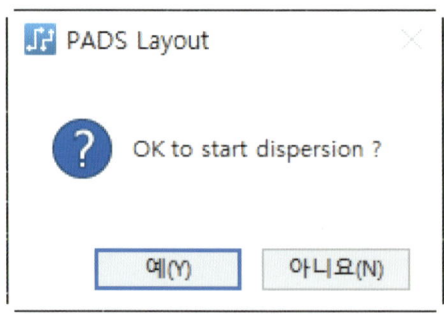

예(Y)를 선택하면 아래 그림과 같이 전체 부품을 펼쳐주는 것을 확인할 수 있습니다.

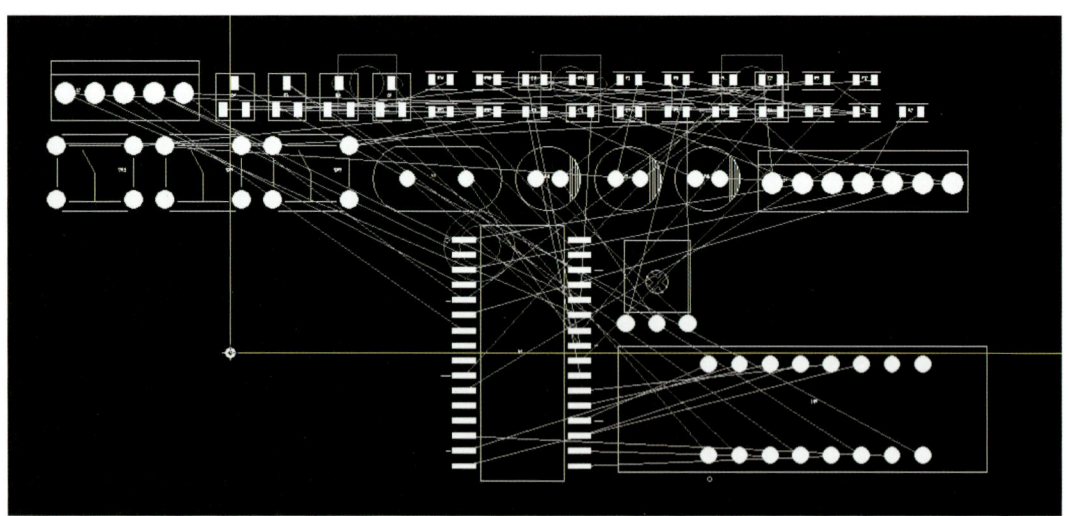

펼쳐진 부품을 선택하고 Ctrl+E를 통해서 Boardout Line 밖으로 이동시킨 후 배치를 시작하면 됩니다.

이제 고정이 되는 부품을 먼저 배치를 시작합니다.

우선 스위치를 배치하도록 하겠습니다. 스위치는 도면에 명시는 안되어 있지만, 왼쪽부터 SW1~SW3 순으로 배치를 하겠습니다.

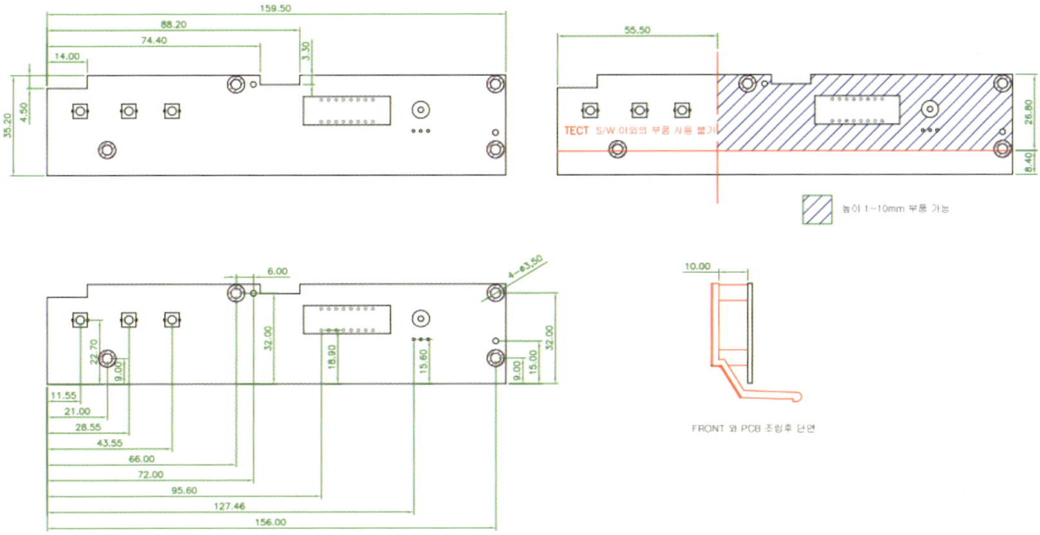

위 도면을 참고해서 배치를 하면 되는데 먼저 SW1은 origin 기준으로 (11.55, 22.70), SW2는 (28.55, 22.70)에, SW3는 (43.55, 22.70)에 배치해주면 됩니다.

배치하는 방법은 먼저 부품을 선택한 후에 좌표를 입력하는 방법과 명령어를 통한 배치 이렇게 두 가지가 있습니다.

먼저 SW1를 배치해 보겠습니다.

SW1를 선택한 후에 Ctrl+E 명령어를 주면 부품 이동이 가능하게 됩니다. 이 상태에서 명령어 s를 통해서 아래 왼쪽 그림과 같이 좌표를 입력해 주면 오른쪽 그림과 같이 해당 위치로 부품이 이동된 것을 확인할 수 있습니다. 이동 후 Properties해서 Glued를 선택해 줍니다.

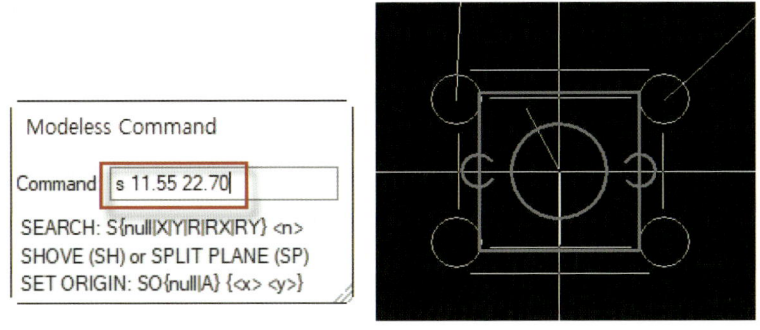

제2부 PCB 설계 기초

두 번째 방법으로는 부품을 double click해서 아래 그림과 같이 Properties를 열어주고 해당 좌표를 입력한 후 OK를 선택하면 해당 위치로 이동하게 됩니다.

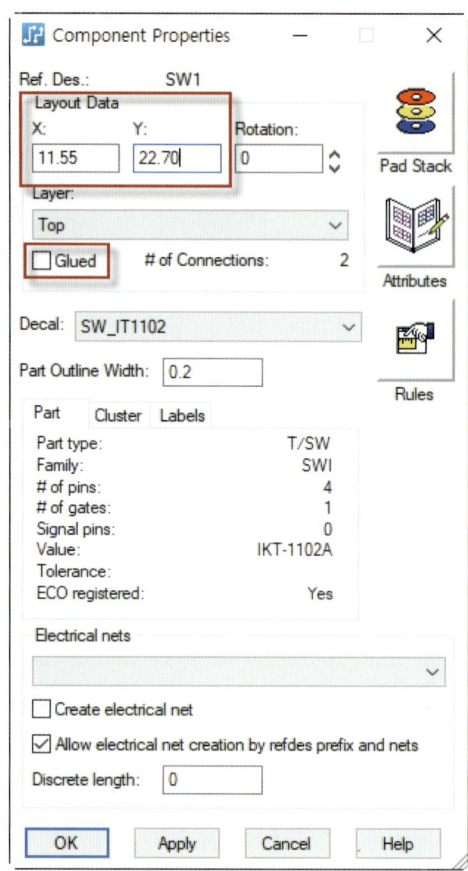

그림과 같이 이동한 후에 Glued를 선택하면 부품은 임의 이동이 불가하도록 설정됩니다. 고정 부품들은 Glued를 선택하기를 추천합니다. 이후 SW2는 28.55, 22.70으로, SW3은 43.55, 22.70으로 배치한 다음 Glued를 선택해 줍니다.

위 두 가지 방법은 사용하기 나름이지만 필자는 Properties에서 좌표 입력을 통해서 배치하는 것이 더 편한 것 같습니다. 이 외에도 배치 방법은 더 있을 수 있으니 설계하면서 익숙해지면 자신만의 편한 방법을 선택하는 것도 좋으리라 생각됩니다.

Switch 등 부품을 배치한 후에는 배선 연결 등을 고려해서 설계 시 방향 등을 변경해도 됩니다.

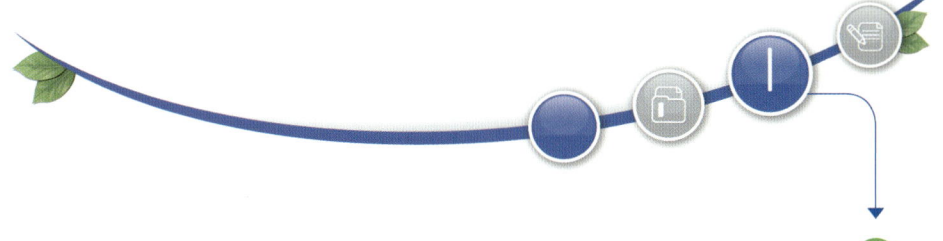

다음은 세그먼트를 배치하겠습니다.

앞에서 두 가지의 부품 배치 방법을 소개했는데 여기서는 필자가 좋아하는 방식인 Properties에 좌표를 입력하는 방법을 통해 설명하도록 하겠습니다.

먼저 현재 세그먼크 부품은 부품의 중앙이 orgin으로 되어 있고, 도면에서는 왼쪽 하단 1번 Pin이 origin으로 되어 있습니다. 부품을 선택한 후에 오른쪽 마우스를 통해서 Edit Decal 를 선택합니다. 이후 1번 Pin을 선택하고 setup에서 Set Origin 을 선택하여 orgin을 변경해 주면 아래 그림과 같이 변경된 것을 확인할 수 있습니다. 여기서 예(Y)를 눌러줍니다.

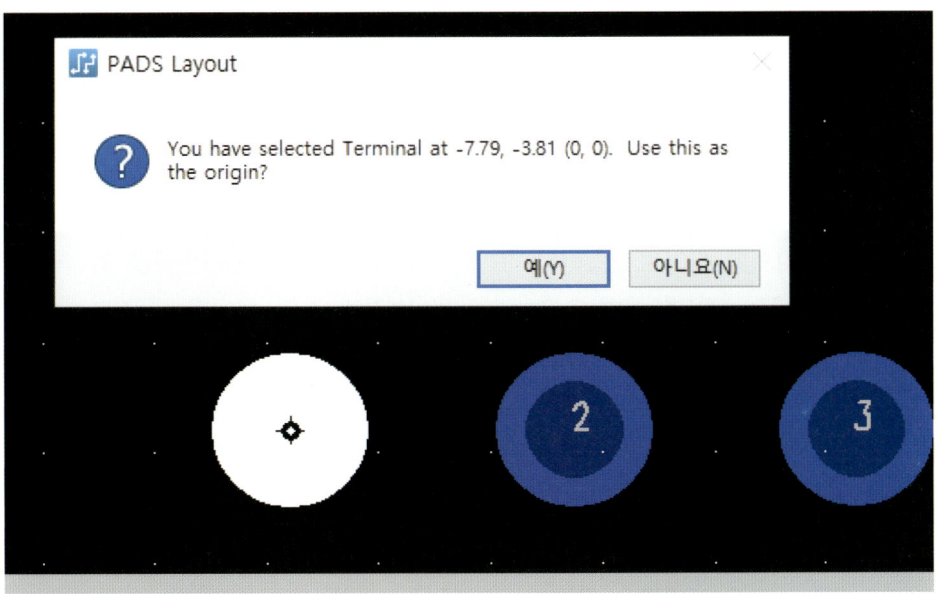

Decal이 나오게 되면 아래 그림과 같이 수정 여부를 묻게 됩니다.

제2부 PCB 설계 기초

부품이 여러 개 있을 경우에는 일부만 할 경우의 Selected를 선택하면 되고, 전체를 하거나 부품이 하나일 경우 All로 선택하면 됩니다. 이후 부품 origin이 변경된 것을 확인할 수 있습니다.

LD1를 double click 또는 선택한 후 Ctrl+Q를 통해서 Properties에 들어갑니다. 그리고 도면상의 좌표 95.6, 18.9를 아래 그림과 같이 입력해서 Apply를 해서 부품 이동을 시킨 후에 Glued를 통해서 부품 위치를 고정해 줍니다.

이제 IR Sensor의 위치를 잡아보겠습니다. IR 역시 부품 origin이 틀린 것을 확인할 수 있는데 앞에서 만든 세그먼트와 동일한 방법으로 origin을 변경해 주면 됩니다.

먼저 부품을 선택한 후에 오른쪽 마우스를 통해서 Edit Decal 를 선택합니다. 이후 1번 Pin을 선택하고 setup에서 Set Origin 을 선택해 orgin을 변경해 주면 아래 그림과 같이 변경됩니다. 확인 후 예(Y)를 눌러줍니다.

IR Seneor인 IR1를 double click 또는 선택한 후 Ctrl+Q를 통해서 Properties에 들어갑니다.

도면상의 좌표 127.46, 15.6을 입력하고 Apply해서 부품 이동을 시킨 후에 Glued를 통해서 부품 위치를 고정해 줍니다.

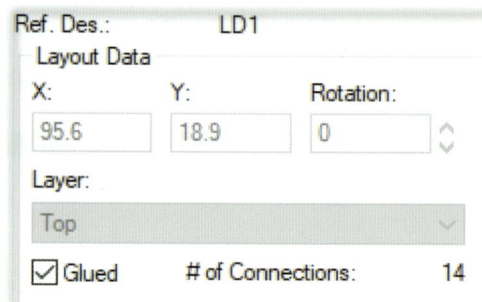

마지막으로 기구홀이 있습니다.

도면에서 2pi NTH(Non Through Hole) 2개와 3.5pi NTH 4개를 만든 후 배치해주면 됩니다.

Library 만드는 방법을 참고하면 되지만 간단하게 설명하겠습니다.

Library를 추가할 때는 File에서 Library..에 들어가서 그림에서와 같이 ECAP_5PI_2MM을 double click하거나 선택한 후 Edit를 눌러줍니다. 선택 후 1번 Pin을 제외한 불필요한 Line과 Pad를 삭제하고 1번 Pin을 origin으로 잡아줍니다.

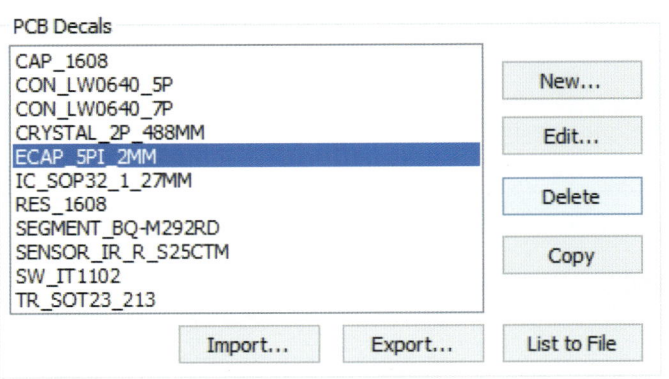

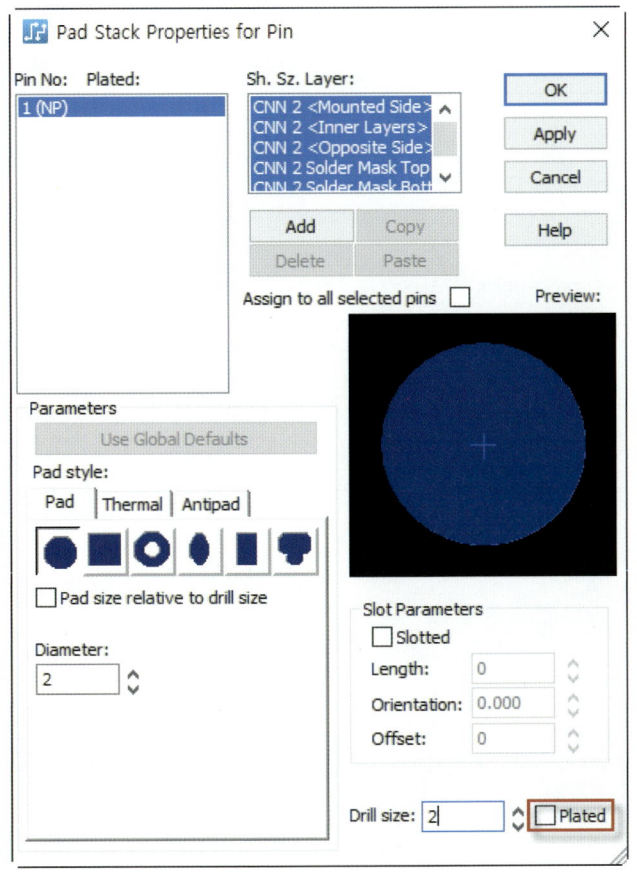

제2부 PCB 설계 기초

앞 그림과 같이 전 층의 Pad와 Drill을 2pi로 동일하게 만들고, 붉은 박스 Plated의 체크를 해제해 줍니다. Plated는 홀 속 도금을 하는 것을 뜻하는 것으로 NTH에서는 도금을 안 하므로 체크를 해제해 줍니다.

Pad 크기는 0으로 설정을 해주어도 되지만 CAM으로 검토할 때 값을 주는 것이 더 수월해서 넣어주고 있습니다.

아래와 같은 방법으로 2pi NTH와 3.5pi NTH를 각각 만들어줍니다.

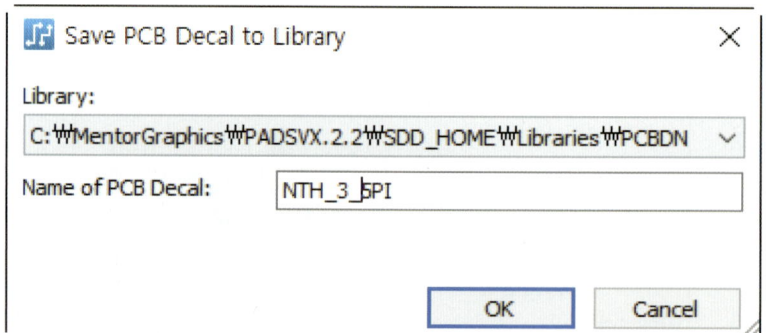

만들어준 후에 부품을 불러옵니다.

ECO Toolbar에서

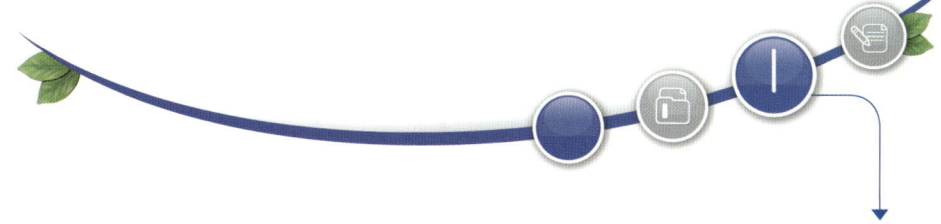

Add Component를 선택한 후 만든 부품을 불러옵니다.

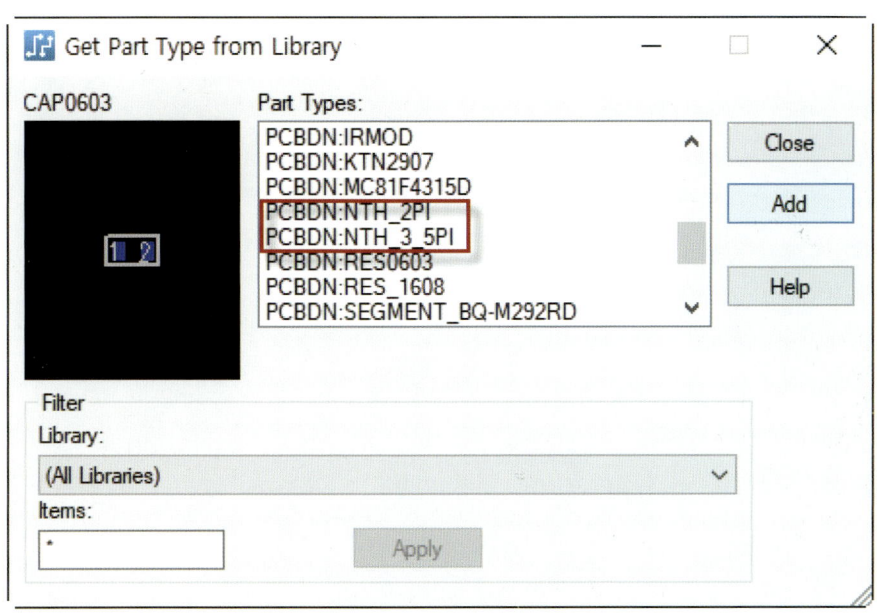

위 그림처럼 새로 만든 두 개의 부품을 Add를 통해서 새로 불러올 수 있습니다. Add를 하면 그림과 같이 추가되는 부품 이니셜을 정해야 합니다.

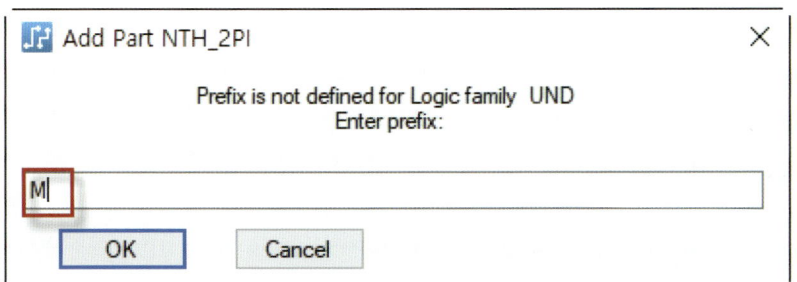

PCB 제작 시 마킹이 되는 부분이 아니므로 hole을 뜻하는 H나, 기구 부품을 의미하는 M을 지정한 후 OK를 클릭합니다.

이후 필요한 2pi 1개, 3.5pi 3개를 Ctrl+C를 해서 복사하면 됩니다.

제2부 PCB 설계 기초

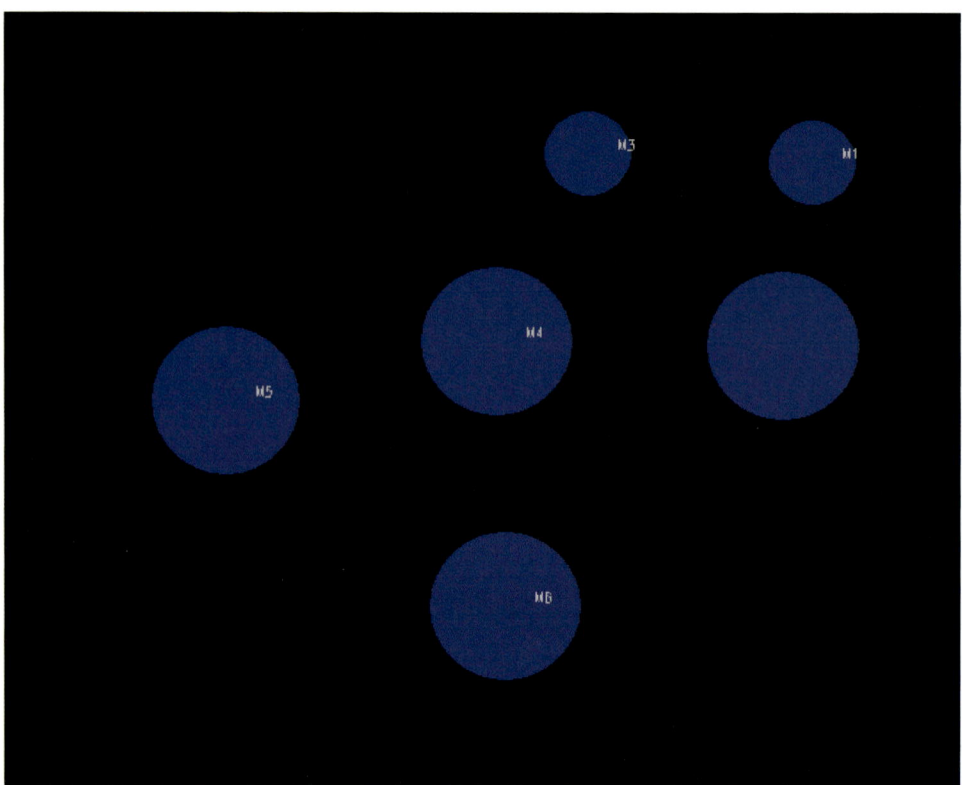

이후 3.5pi 부품은 앞서 설명한 부품 배치 방법을 활용해서 각 (21.0, 9.0), (66.0, 32.0), (156.0, 9.0), (156.0, 32.0)에 배치하고, 2pi 부품은 (72.0, 32.0), (156.0, 15.0)에 배치합니다.

Component를 선택한 후 Apply로 배치를 하면 Properties 창이 떠있어서 부품만 선택한 후 좌표를 계속 입력할 수 있습니다.

이와 같이 기본적인 고정 부품들을 설정하면 다음 그림과 같이 기본 배치가 된 것을 확인할 수 있습니다.

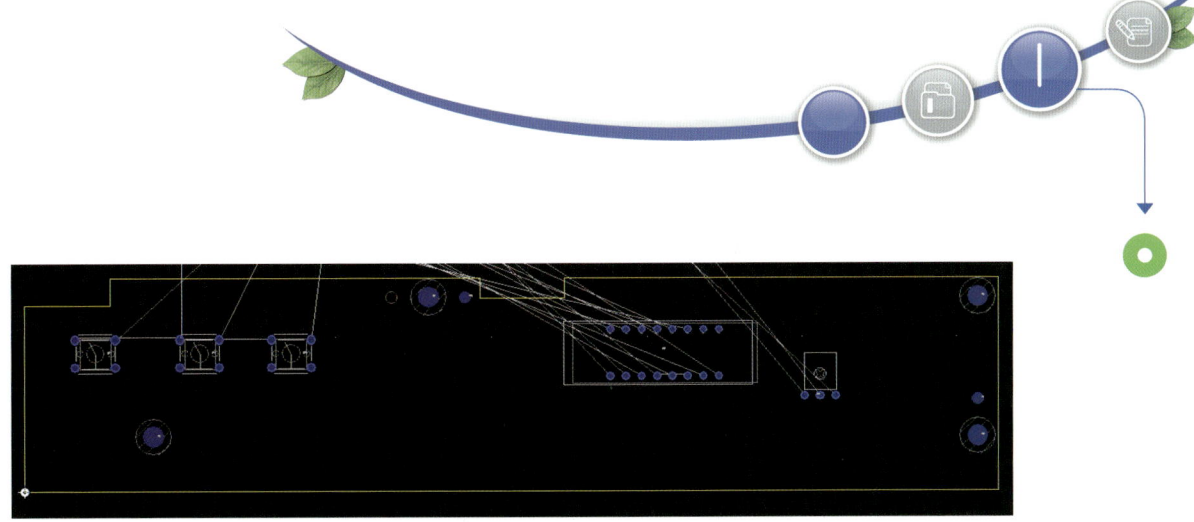

제대로 부품 배치를 위해서는 회로를 참고해서 배치 및 설계해야 합니다. 먼저 기존의 회로를 Pads Logic을 통해서 열어야 합니다.

Or-CAD로 작업된 회로라면 Logic의 File에서 Import... 를 통해서 읽을 수 있습니다. Import를 통해서 새 창이 뜨면 해당 파일이 있는 곳으로 가고 확장자는 아래 그림과 같이 DSN을 선택하면 Logic에서 열 수 있습니다.

Logic인 경우에는 이후 과정으로 진행하면 됩니다.

오른쪽 그림과 같이 Tools에서 PADS Layout...을 선택합니다.

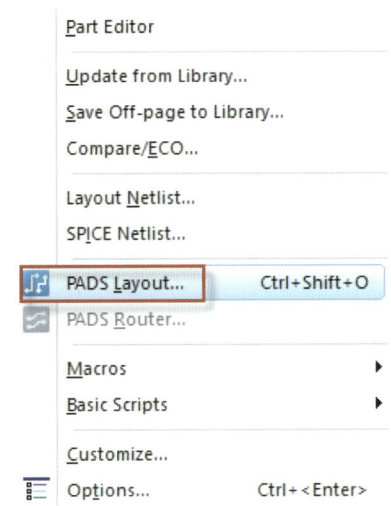

제2부 PCB 설계 기초

PADS Layout…을 선택하면 아래와 같은 팝업창이 뜹니다. Design 탭에서 Compare PCB를 선택합니다.

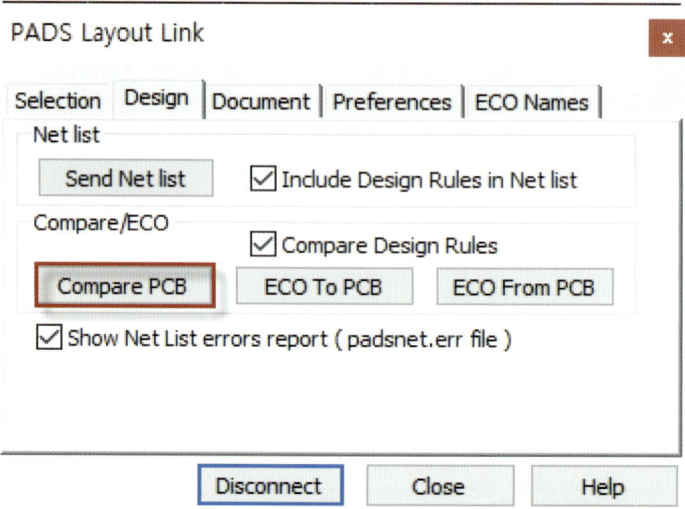

이때 주의할 부분은 Logic과 Layout은 연결할 파일만 열어두는 것이 좋습니다. 그렇지 않을 경우 다른 파일과 연동되어 제대로 안 될 수 있습니다.

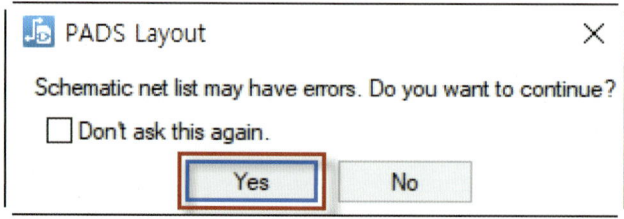

Compare PCB를 해주면 위와 같이 회로와 틀린 부분이 있다는 메시지가 뜨게 됩니다. Yes를 선택합니다.

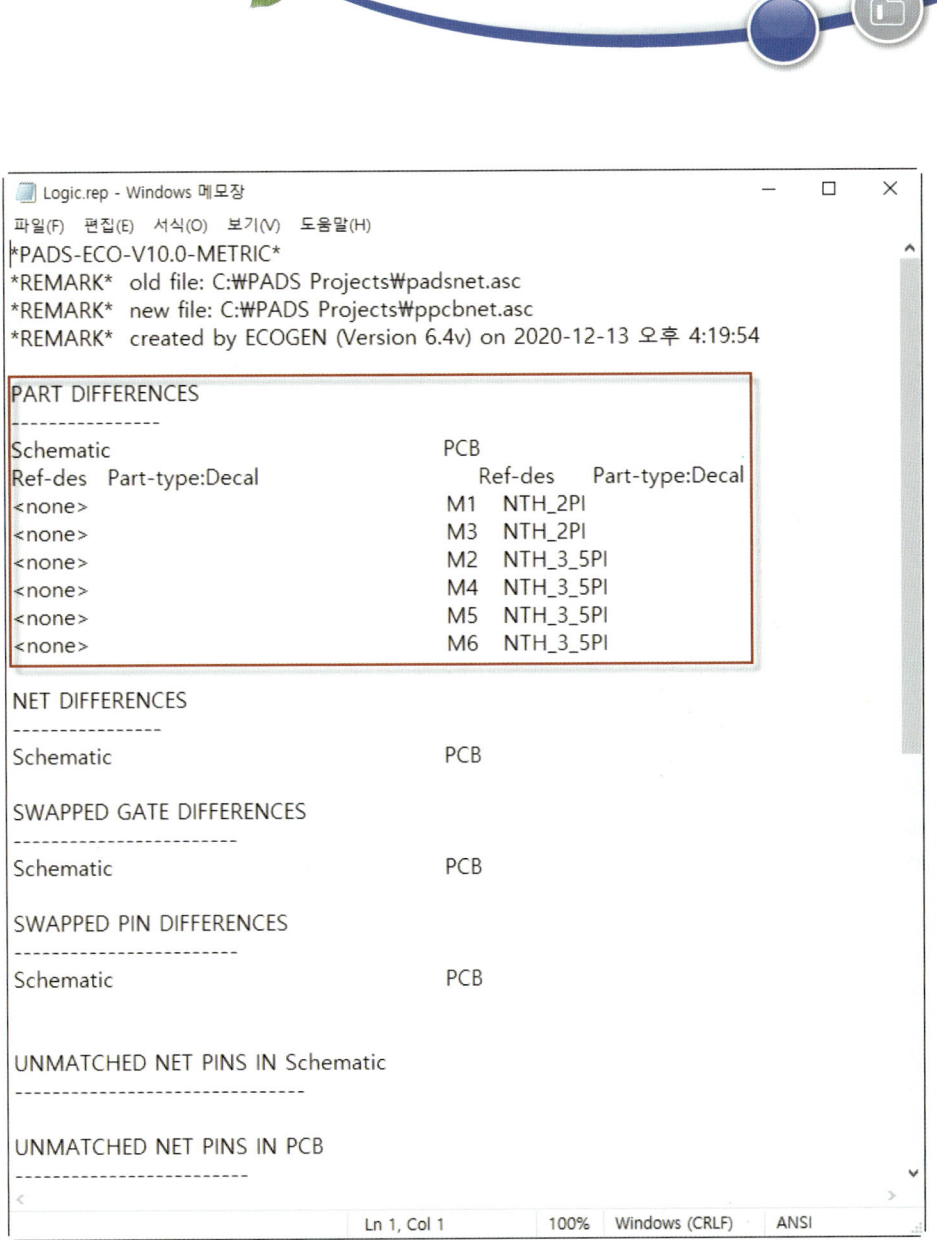

선택을 하면 위 그림과 같이 PCB와 틀린 부분을 명시해 줍니다. 그림과 같이 별도 추가해준 기구 부품 6점을 제외하고는 틀린 부분이 없는 것을 확인할 수 있습니다.

두 프로그램이 서로 연동되었다면 Logic이나 Layout에서 임의 부품을 선택하면 제대로 되었는지 확인할 수 있습니다.

제2부 PCB 설계 기초

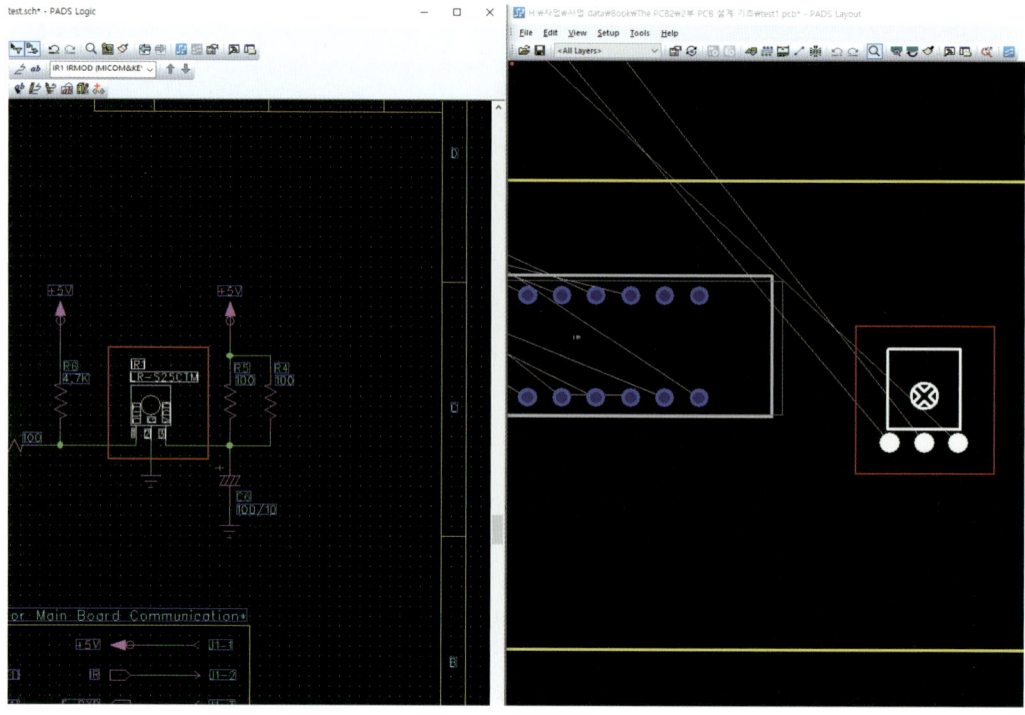

그림과 같이 Logic이나 Layout에서 부품을 선택하면 반대쪽도 연동이 되어 부품이 선택되는 것을 확인할 수 있으며, 이러한 기능을 통해서 회로를 참고해서 배치해주면 됩니다.

배치에 앞서서 Ctrl+Alt+N 단축키를 입력하면 그림과 같이 Net 정보를 알 수 있습니다.

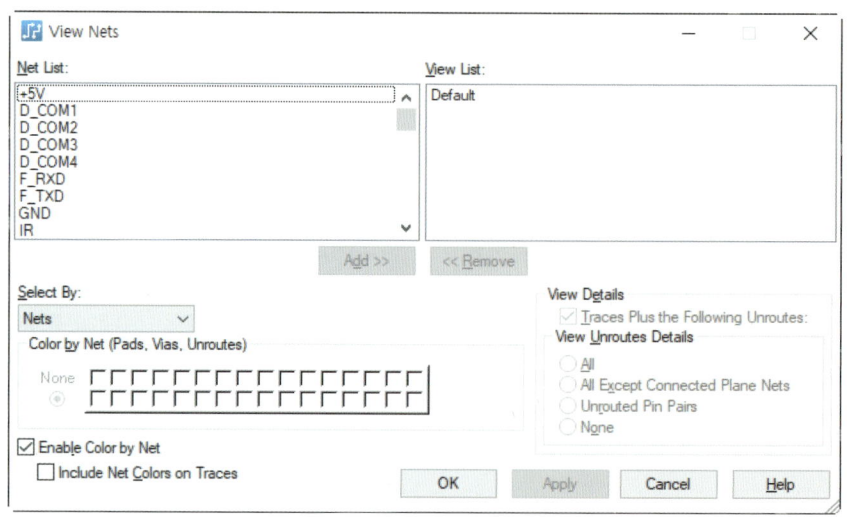

여기에서 중요 신호 및 전원 그라운드 등을 컬러로 설정하여 구분할 수 있습니다.

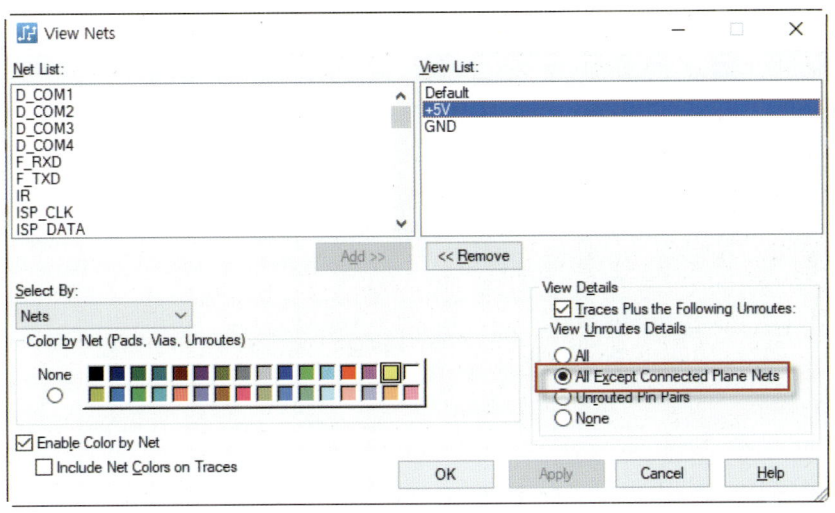

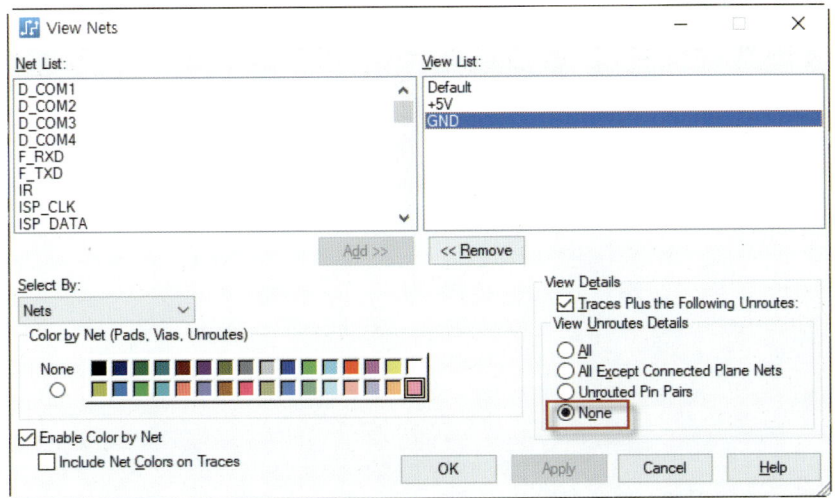

위 그림과 같이 전원 등에 대해서 컬러로 구분을 해주면 그라운드의 경우에는 Net Connection 이 안 보여도 되기에 붉은 박스와 같이 None을 체크해 줍니다. 그라운드는 마지막에 Copper를 통해서 연결시킬 수 있습니다.

설정이 끝나면 아래 그림과 같이 설정된 것을 확인할 수 있습니다.

제2부 PCB 설계 기초

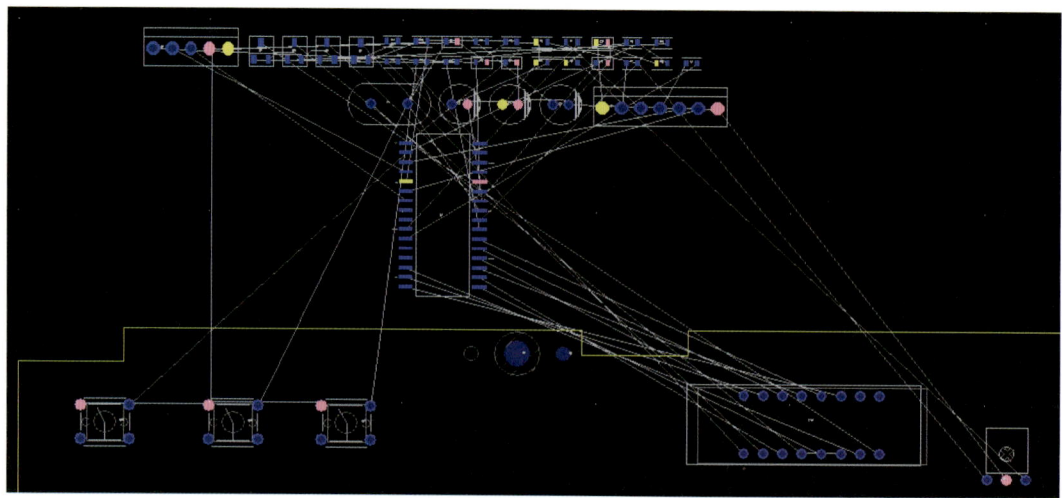

이제 회로를 보면서 블록별로 부분 배치를 합니다. 배치할 때는 기본적으로 커패시터는 가까이 하는 등 신호 흐름과 중요도를 생각하면서 배치를 하면 됩니다.

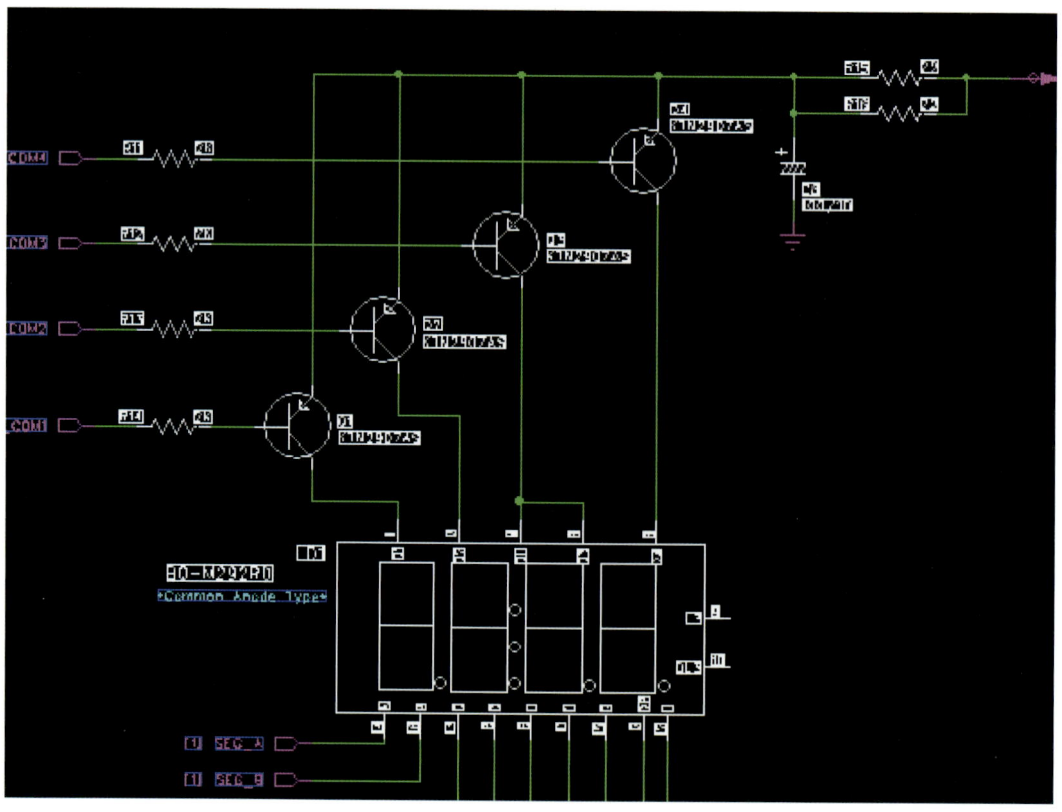

Logic에서 원하는 부품을 선택하면 아래 그림과 같이 Layout에서 선택된 것을 확인할 수 있으며, 회로를 참고로 해서 배치 등을 회로 설계자의 의도에 맞게 배치하면 됩니다.

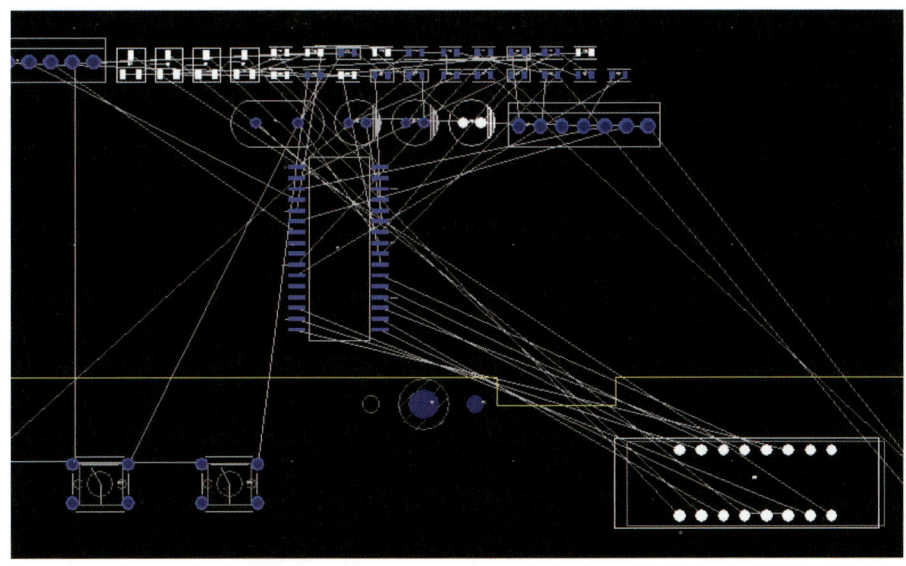

Layout에서 선택된 부품은 Disperse 를 통해서 부품을 별도로 나눌 수 있으며, 이미 배치된 세그먼트만 선택을 제외하고 Disperse 를 해 준 후에 부분 배치를 하면 됩니다.

먼저 세그먼트 주변과 스위치 주변은 회로가 적으니 주변으로 배치를 먼저 해줍니다.

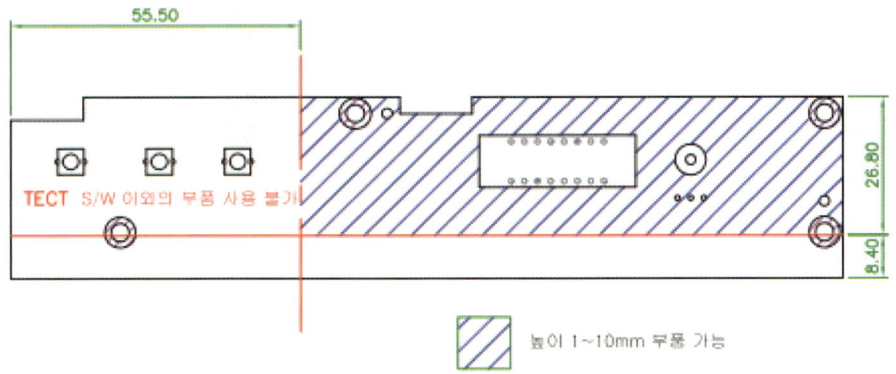

배치 시에는 도면에 표기된 금지구역을 참고해서 작업을 하면 됩니다. 그러기 위해서는 스위치 주변에는 높이가 낮은 칩 저항을 제외하고는 배치하면 안 되고 해당 영역을 알기 위해서는 2D

제2부 PCB 설계 기초

Line이나 Keepout으로 영역을 표기하여 작업을 해주는 것이 오류를 막는데 도움이 됩니다. 이러한 부분은 배치 초기부터 진행해야 합니다.

이제 마이컴 주변 배치를 해줍니다.

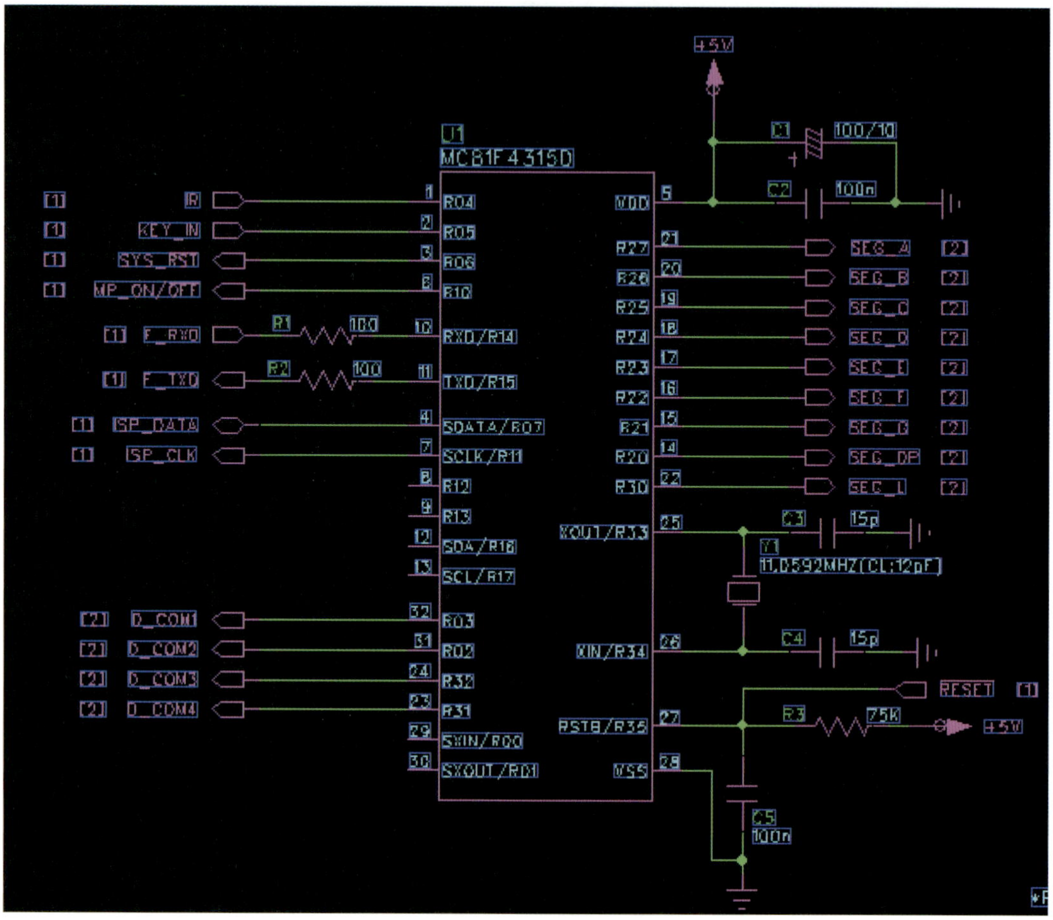

그림의 회로에서 중요한 것은 크리스털 주변과 커패시터 정도만 인접 배치를 해주는 것을 생각하면 됩니다.

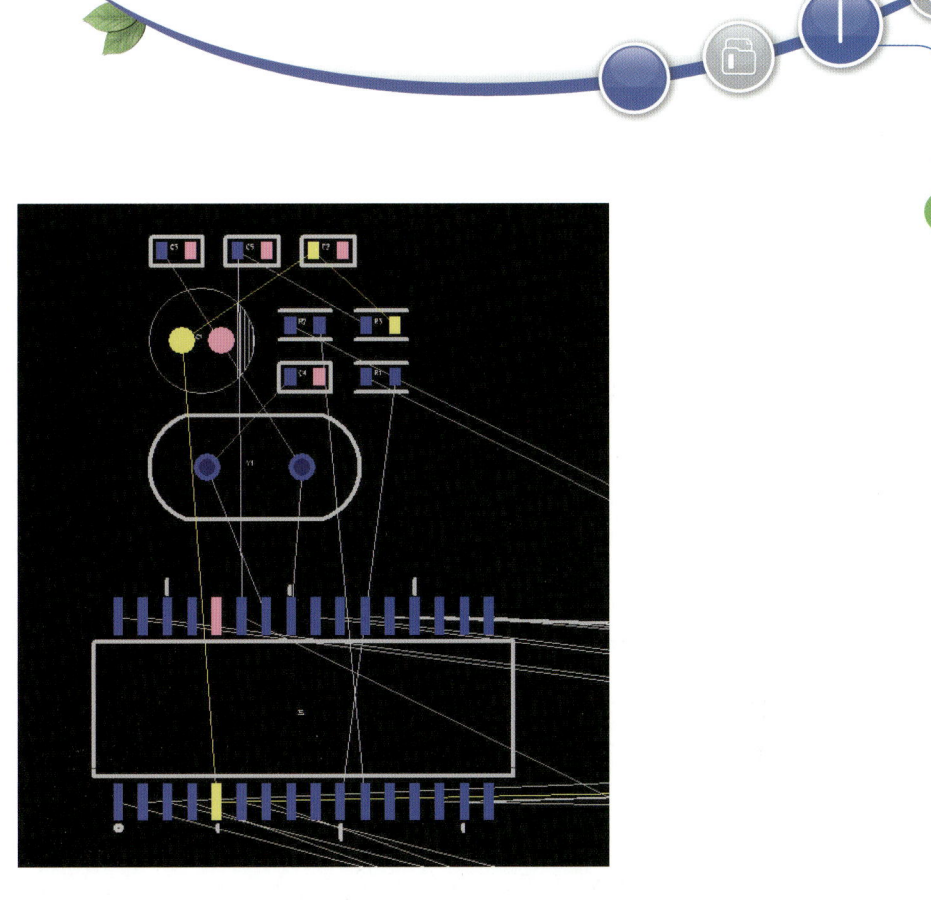

위 그림과 같이 부품을 모아서 먼저 배치를 해주고, 마이컴 주변을 아래 그림과 같이 블록 배치해 줍니다.

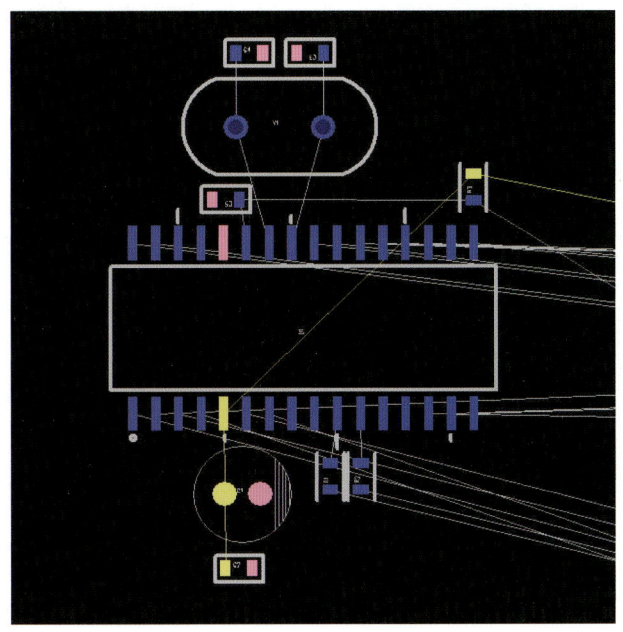

제2부 PCB 설계 기초

현재는 사전 배치로 보드 내부에 들어갈 때는 공간 등을 고려해 조금씩 환경에 맞게 배치를 수정하면서 작업하면 됩니다.

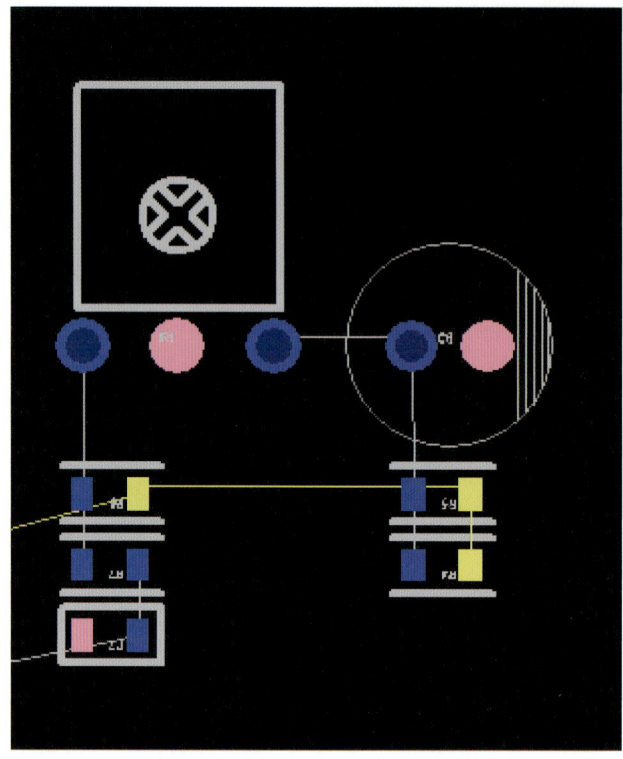

IR 주변도 위 그림과 같이 회로를 참고해서 내부 배치를 합니다.

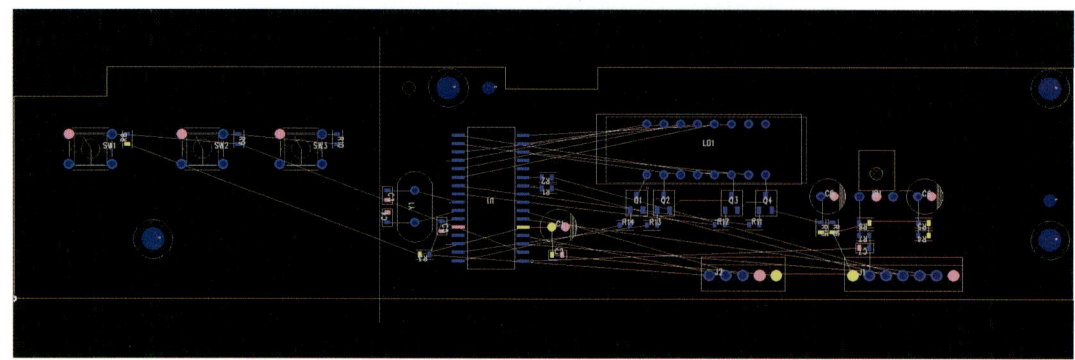

위 그림과 같이 내부에 배치해주면 기본적인 배치는 완료된 것으로 기존 블록으로 배치한 부분

의 방향이나 부품이 일부 변경된 것을 확인할 수 있습니다. 블록으로 배치한 후에 보드 내부에 배치할 때는 전원의 흐름과 패턴의 흐름 등을 감안해서 배치합니다. 공간적인 부분에서 문제가 될 경우 배치 또한 변경되어야 합니다.

배치는 PCB 설계에서 가장 중요한 부분 중 하나로 배치가 잘못된 경우 라우팅 중간에 수정하는 문제가 발생할 수도 있으며, 제품 동작에 영향을 줄 수도 있습니다.

현재 연습한 회로는 간단하지만 이보다 더 복잡한 회로인 경우 신경도 많이 쓰게 되고 많은 시간을 할애해야 합니다.

배치가 완료된 후에는 라우팅(Routing) 작업을 해야 합니다.

Routing

배선을 하기에 앞서 설계 전 받은 파워맵을 기준으로 기본적인 Pattern width를 결정해야 합니다.

먼저 Setup 에서 Design Rules... 을 선택하여 기본적인 설정을 해주어야 합니다. 기본적인 룰 설정은 다음과 같습니다.

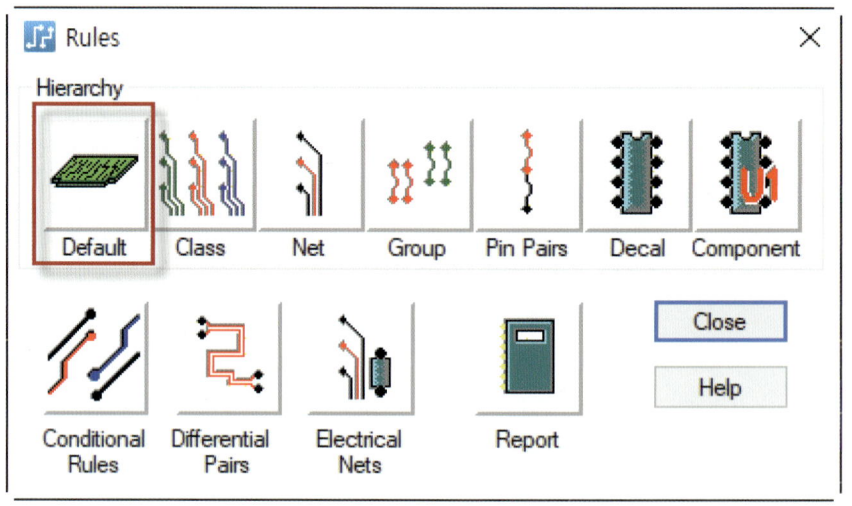

그림과 같이 Default를 선택하고 Clearance를 선택하면 기본 설계 Rule을 설정할 수 있습니다.

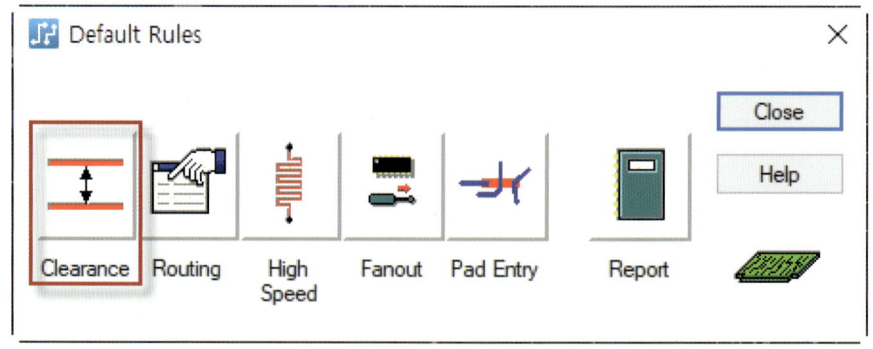

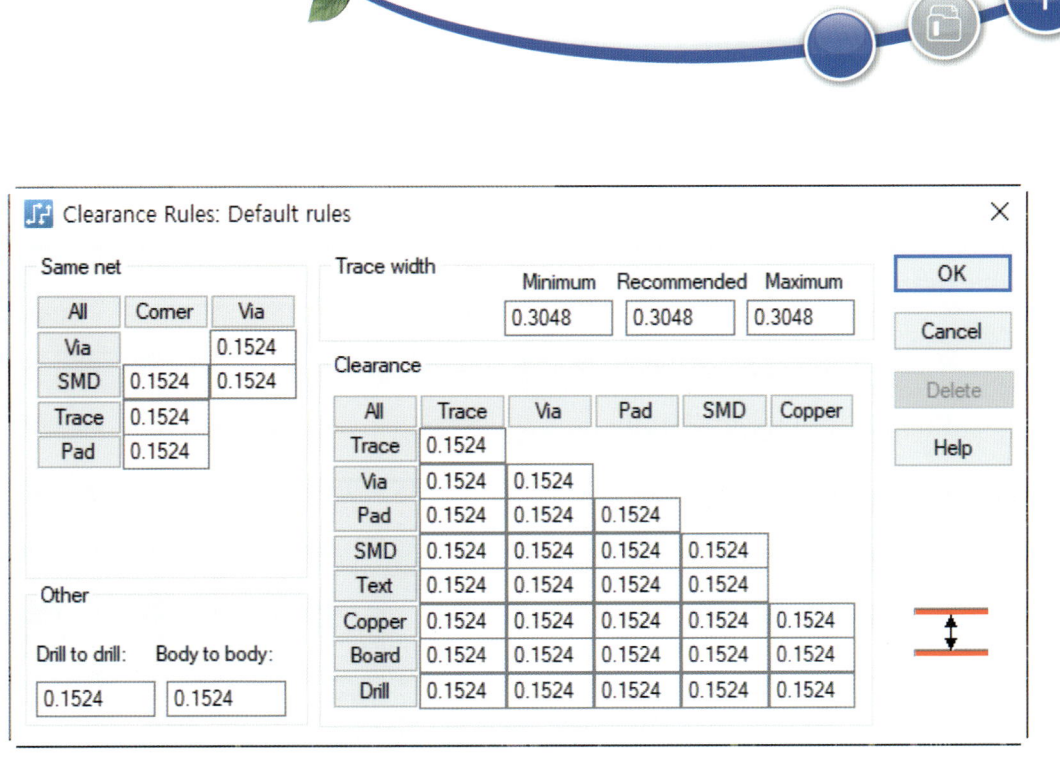

그림처럼 기본 setting된 화면을 볼 수 있는데, 여기서 Default setting을 할 수 있습니다.

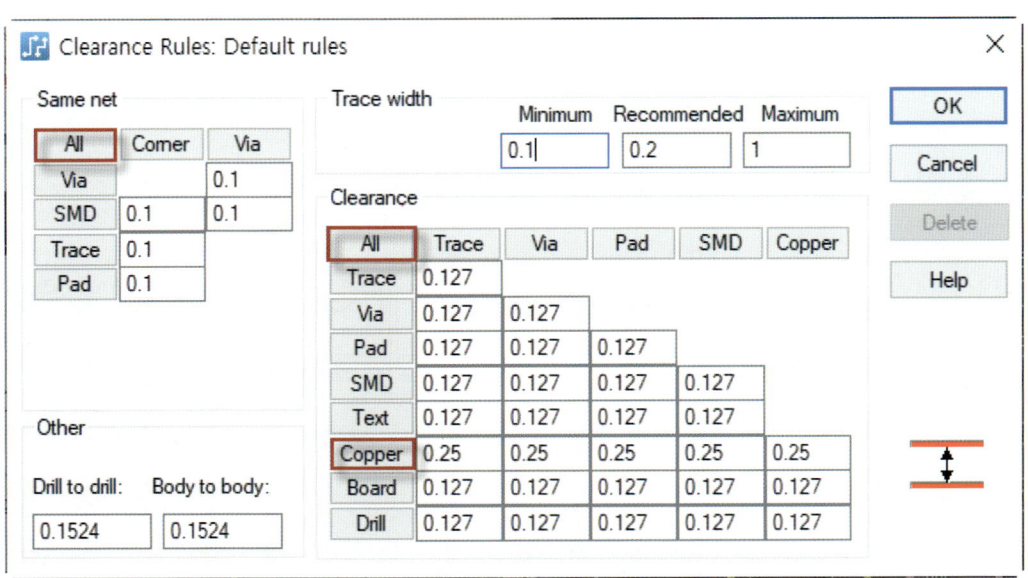

위 그림과 같이 Clearance Rules를 설정할 수 있습니다.

배선의 최소는 전류량에 따라 0.1mm에서 최대 2.0mm 이상도 설정할 수 있습니다. 현재 연습할 부분에서는 1.0mm로 설정을 하고 Clearance에서 All을 선택합니다.

Input Clearance Value에 0.127을 입력하고, Copper를 선택하여 0.25를 입력하고, Same Net에서 All을 선택하여 0.1을 입력합니다.

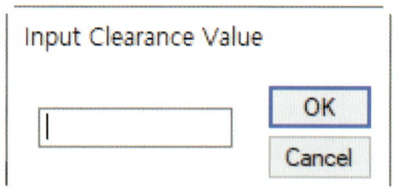

각 Net에 대한 설정은 다음과 같습니다.

오른쪽 그림과 같이 Rules에서 Net를 선택합니다.

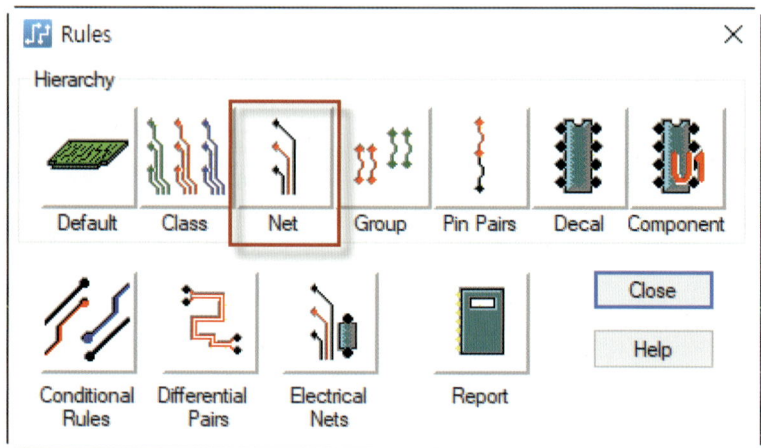

Net Rules에서 설정할 Net를 선택한 후에 Clearance를 통해서 각 Net에 대한 Clearance를 설정할 수 있습니다.

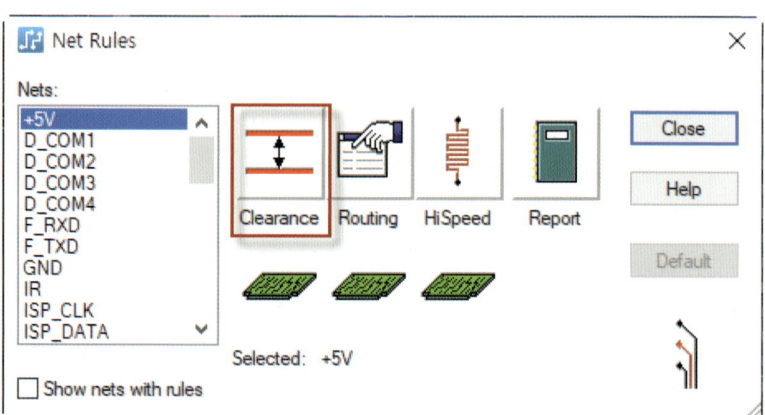

기본적으로 Clearance는 아래 그림과 같이 Default 설정된 대로 올라오게 됩니다.

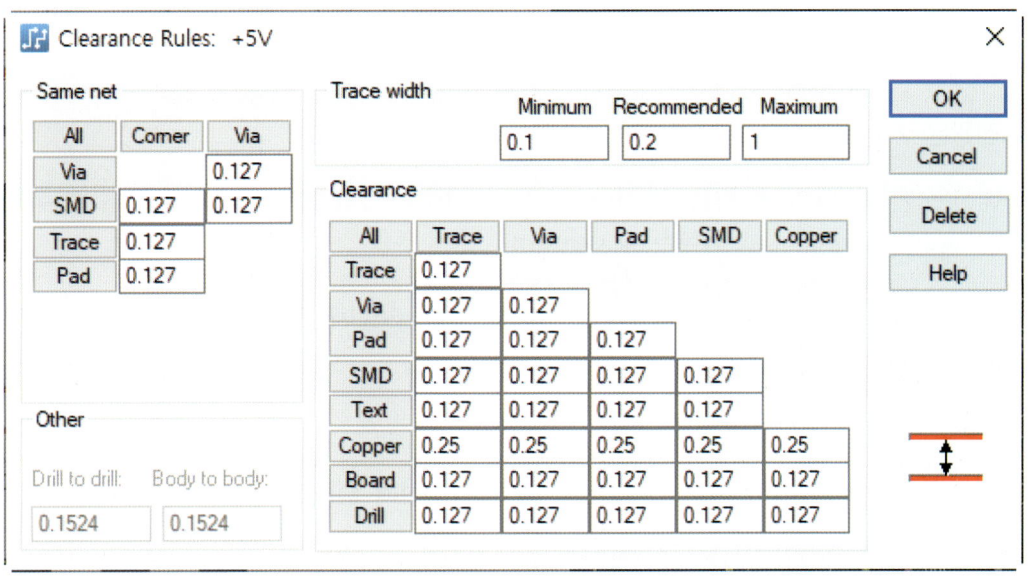

해당 Net에 대해서 설정할 수 있습니다.

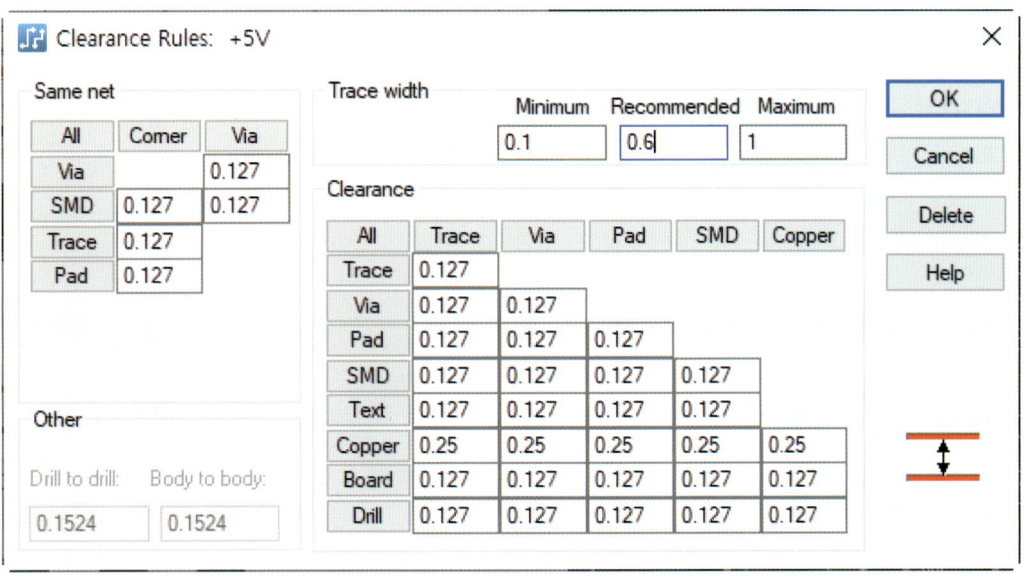

전원은 전류량에 따라서 배선의 두께를 정하면 되는데 이번 설계에서는 기본 0.6mm 설계로 진행할 계획입니다.

제2부 PCB 설계 기초

메인 전원라인은 1.0mm에서 나뉘는 부분은 0.6mm로 설계를 진행하면 됩니다. 그라운드 또한 기본 배선 두께를 0.5mm로 설정합니다.

기본적으로 배선은 다음과 같은 원칙으로 배선합니다.

① 전원은 가능한 한 두껍게 배선합니다.

② 배선은 가능하면 짧게 진행하고 Top, Bottom면이 서로 직교가 되게끔 배선을 하는데 Top이 세로라면 Bottom은 가로로 배선합니다.

③ 근거리 배선인 경우에는 가로/세로 원칙을 무시해도 무방하며, 가로/세로 배선을 지키기 위해서 Via를 사용할 필요는 없습니다.

④ Via는 가능하면 적게 사용합니다.

⑤ 전원은 메인 배선에서 나무가지를 쳐나가듯이 배선해 줍니다.

이어서 배선 중에 사용할 Via를 설정합니다.

Setup에서 Pad Stacks... 를 선택하면 Pad Stacks Properties 창이 열립니다.

Pad Stack Type에서 Via를 선택하면 새로운 창일 경우 오른쪽 그림과 같이 정보가 없습니다.

Add Via를 통해 사용할 Via를 추가해 줍니다.

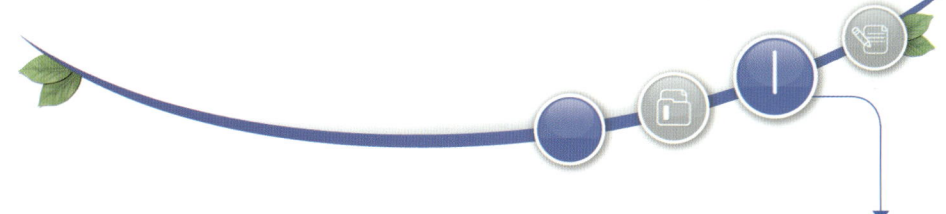

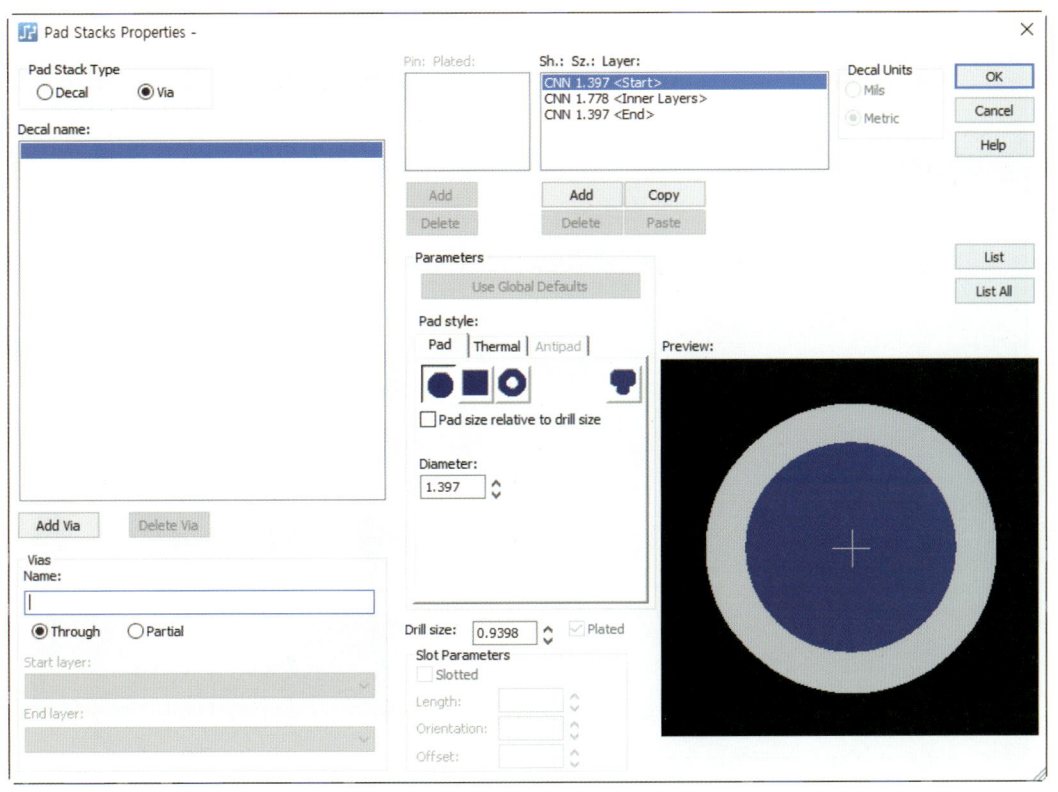

Add Via를 선택하면 위 그림과 같이 기본적인 정보가 나타납니다.

먼저 Via의 이름을 정한 후에 오른쪽 부분에서 layer, drill, Pad 크기(Diameter) 등 Via를 설정할 수 있습니다.

Via는 Add Via를 통해서 필요한 만큼 만들어줄 수 있습니다.

제2부 PCB 설계 기초

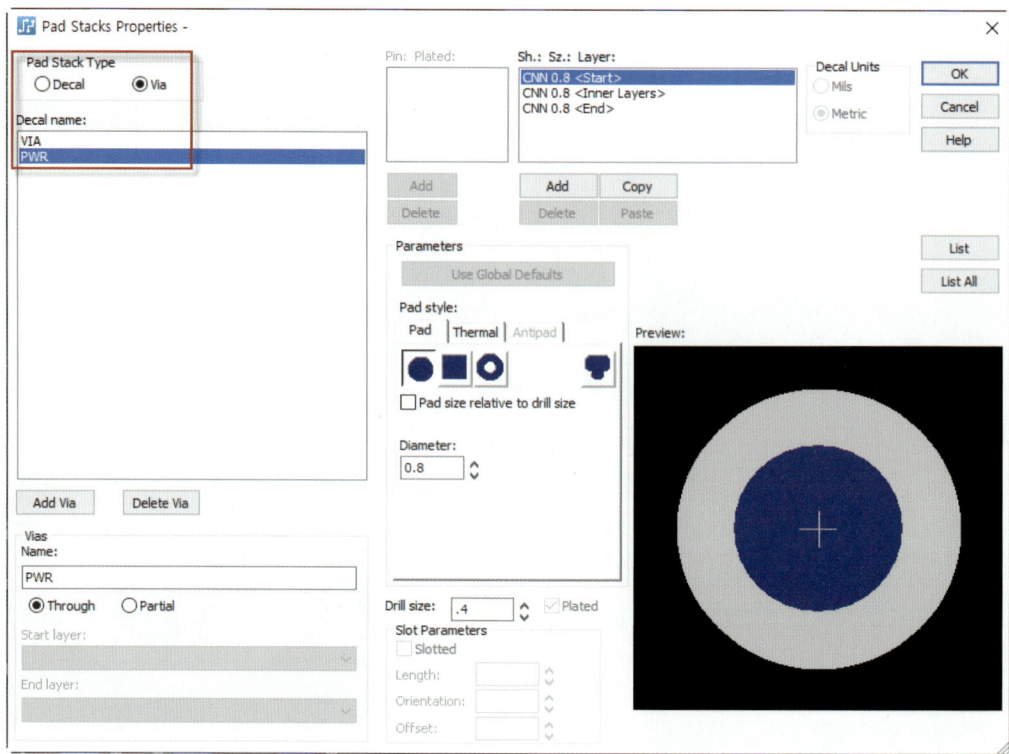

위 그림과 같이 사용할 Via를 만들어준 후에 OK를 선택해 나갑니다. 이제 배선작업을 위한 기본 작업은 끝이 났습니다.

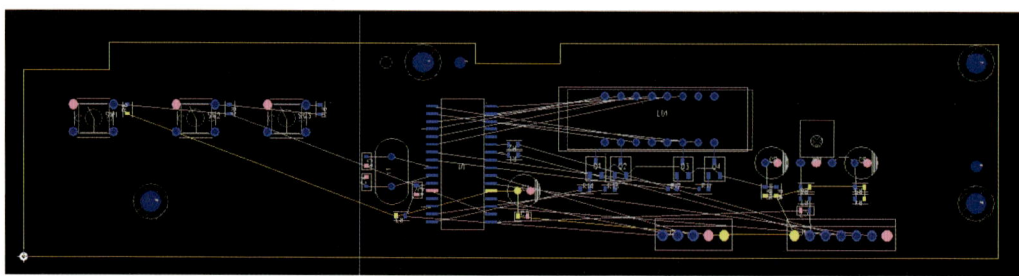

배치된 화면에서 설계를 어떻게 할지 먼저 구상을 해야 합니다.

설계자마다 전원을 먼저 작업하는 분, 중요 신호를 먼저 작업하는 분, 짧은 배선부터 작업하는 분 등 다들 기준이 다르지만 앞의 Layout 부분 설명에서 전원 등 중요 Net에 대해 설정한 것을 참고로 배선의 밑그림을 그려보면 됩니다.

먼저 인근 거리에 있는 짧은 배선부터 연결해 보겠습니다.

기본적으로 배선작업은 Drafrting toolbar에서 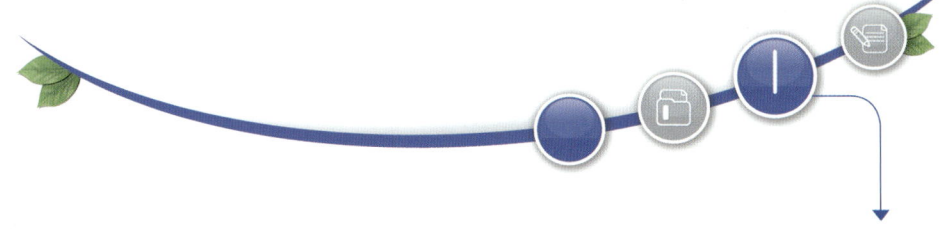(Add route)를 선택해서 연결해 주거나 패드 선택 후에 오른쪽 마우스에서 Route를 선택하거나 F2를 선택한 후에 배선작업을 해주면 됩니다. 간단하게는 패드를 double click해도 배선할 수 있습니다.

부품번호가 있으면 배선 등을 할 때 거슬릴 수 있는데 필자의 경우에는 Ctrl+Alt+C를 통해서 Ref. Des 체크 박스를 해제해 줍니다.

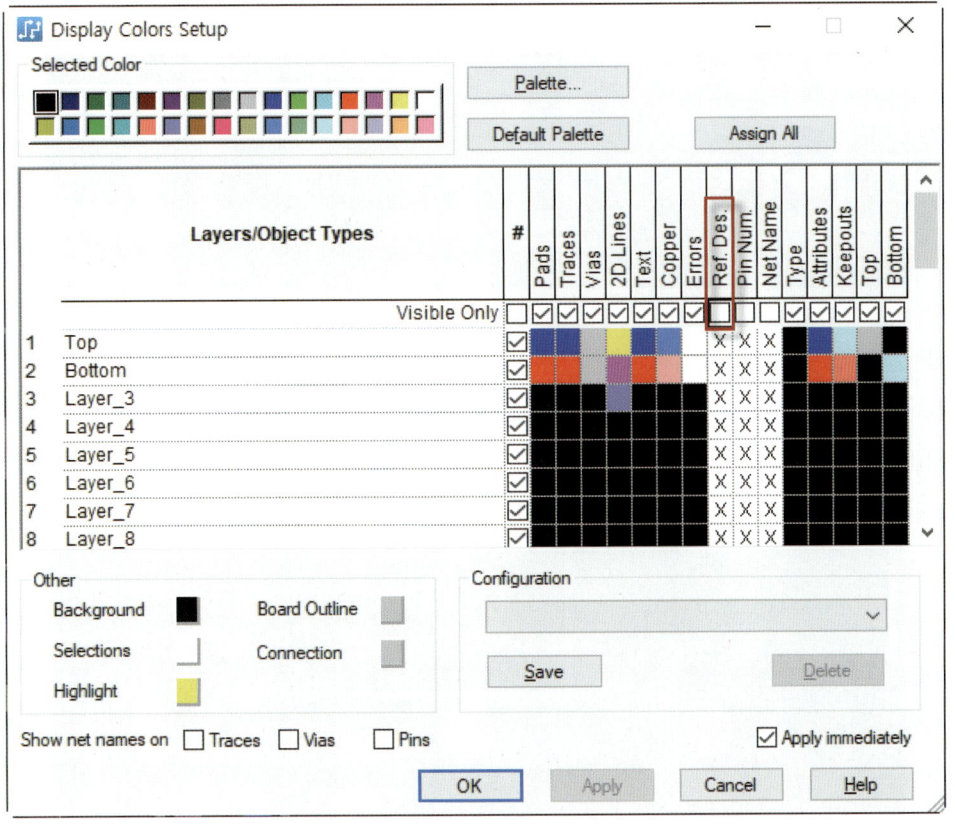

제2부 PCB 설계 기초

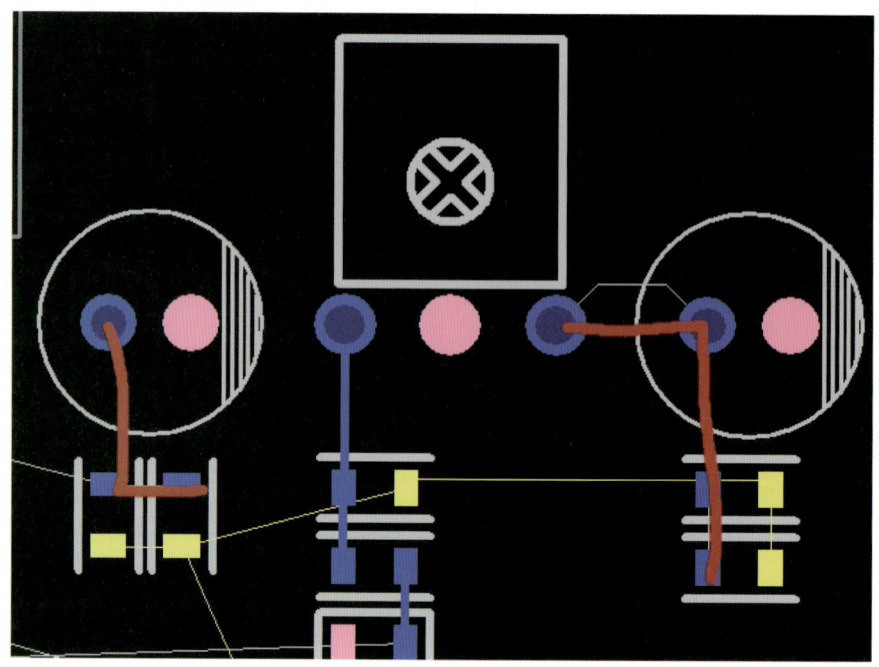

위 그림과 같이 붉은 선으로 이어지는 전원이 되는 부분은 기본적으로 배선을 두껍게 해주는 것이 좋습니다. 기존 5V를 받아서 들어가는 부분이므로 동일하게 배선을 해줍니다. 현재 설계할 보드에서는 전류가 많이 흐리지 않으므로 0.6mm 배선으로 작업하겠습니다.

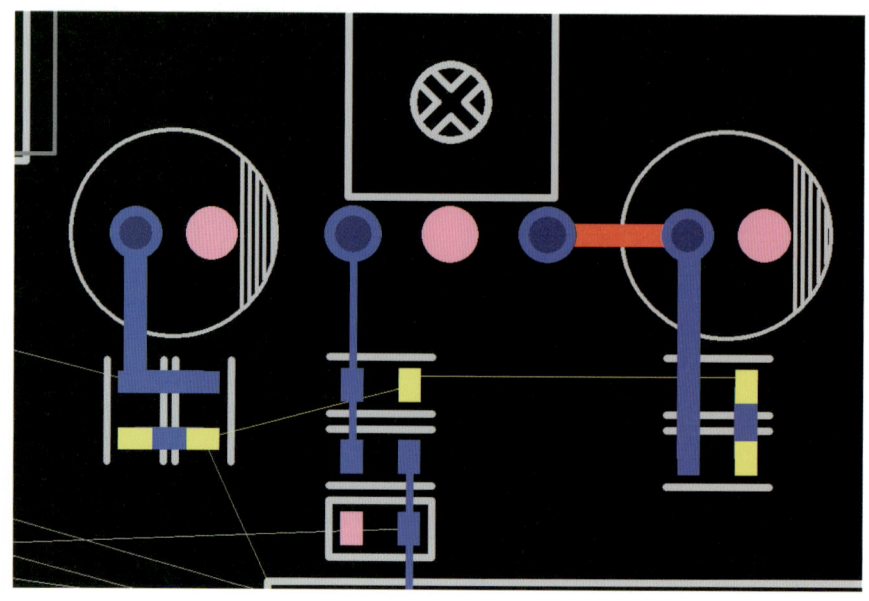

앞 그림과 같이 근거리이지만 Dip 부품 사이에서는 가로/세로 원칙으로 배선을 해주고, Via를 사용하는 경우에 바로 연결해 주는 것이 좋습니다.

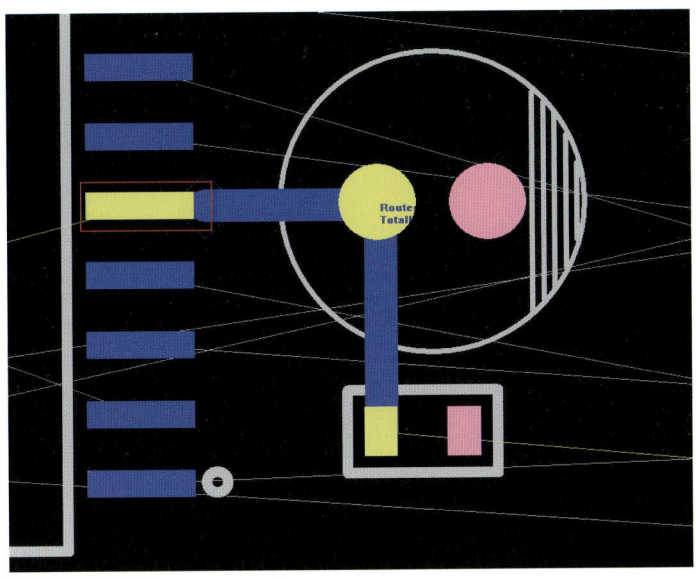

그림과 같이 배선 두께보다 패드가 작은 경우에는 패드의 동일한 두께로 나와서 키워주는 것이 좋습니다.

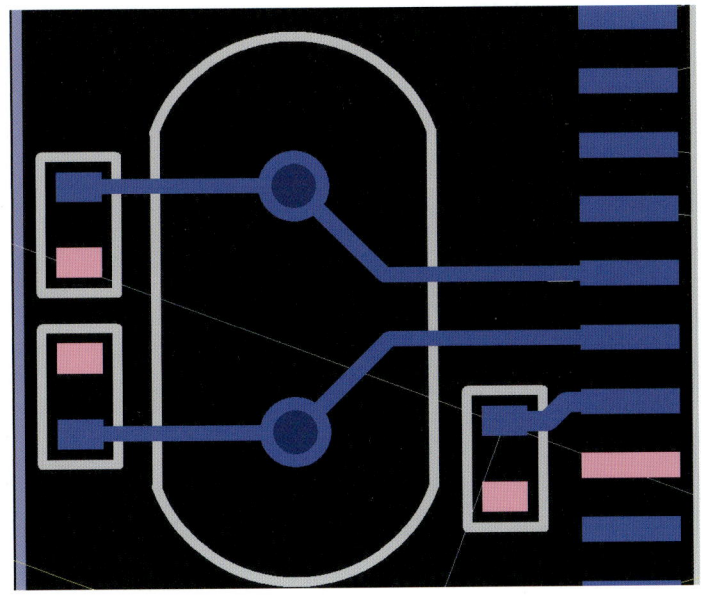

제2부 PCB 설계 기초

크리스털 등 부품은 약 0.25~0.3mm 정도의 두께로 배선해 줍니다. 가능하면 배선은 Via 없이 짧게 해주는 것이 좋습니다.

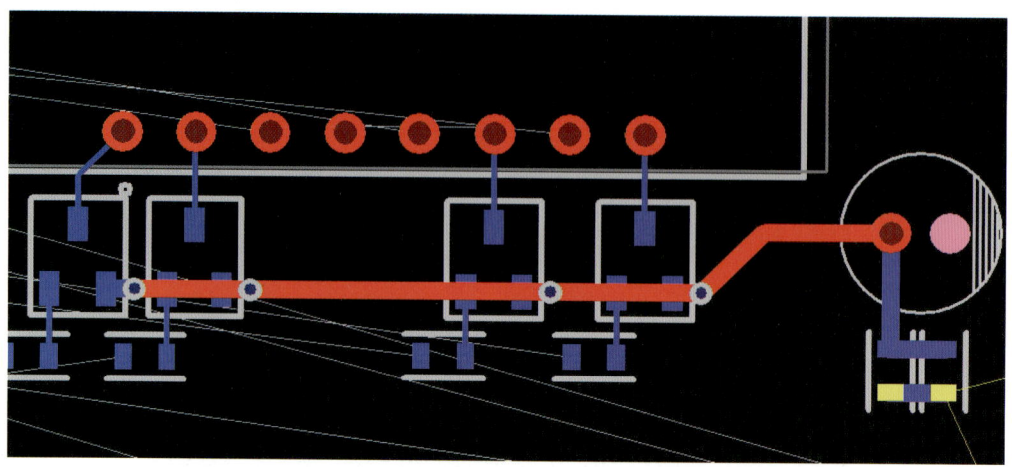

위 그림과 같이 전원 배선 시에는 모든 패드를 거쳐서 가는 것이 아닌 주 라인을 두고 각각 연결하는 구조로 배선해 주는 것이 좋습니다.

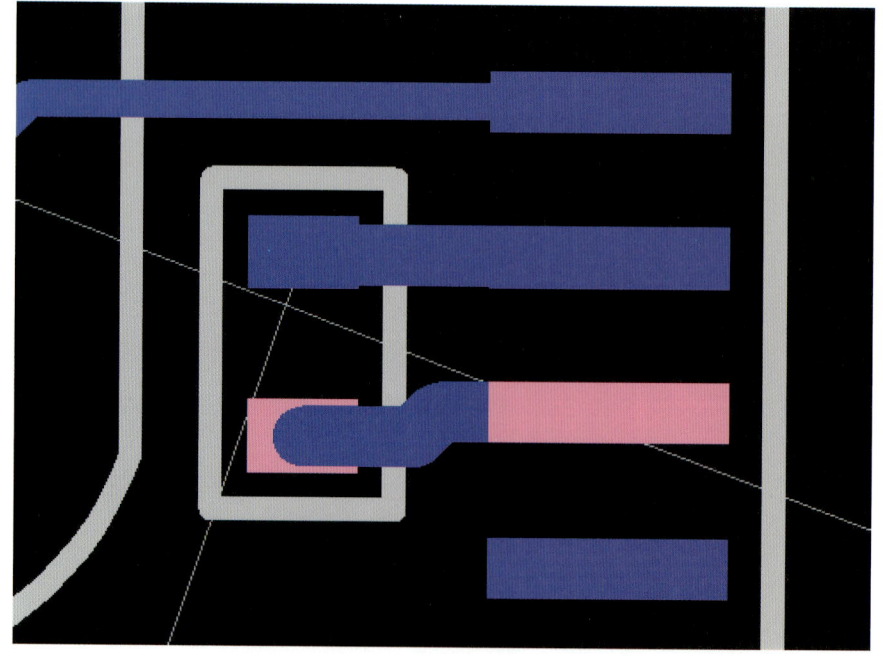

현재 회로에서는 아니지만 D-CAP 부분은 가능하면 패드의 두께와 동일하게 배선해 줍니다.

또, 배선 상황에 따라서 기존 배치를 효율적으로 변경해 가면서 배선하는 것이 좋습니다.

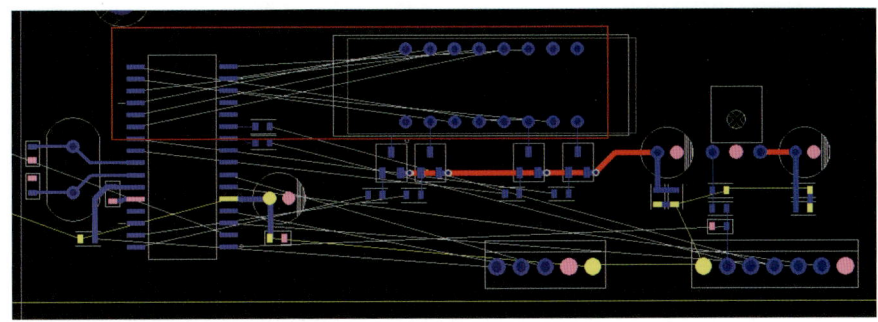

위 그림과 같이 인접한 부분 배선을 끝낸 후에는 앞서 설명한 가로/세로 배선 원칙에 맞게 배선해주면 됩니다.

그림의 붉은 박스 부분을 먼저 배선하도록 하겠습니다.

독자분들도 스스로 설계해보고 필자가 한 것과 비교하면서 설계를 하다 보면 조금씩 실력이 늘어나리라 생각됩니다. 단순하게 따라만 하는 것은 결코 실력이 되지 못합니다.

배선 시에는 연결되는 Net 구조를 참고하여 Via 최소화 설계를 진행하면 됩니다. 필자 같은 경우에는 배선의 흐름을 보기 위해서 연결할 Net를 highlight시켜서 연결되는 Pin을 확인할 수 있으니 그것으로 배선을 구상하여 설계하고 있습니다.

추가로 배선 시에 고려할 사항은 그라운드 통로를 고려해서 설계해야 합니다. 그라운드가 잘 흐르게 하여 노이즈 및 EMC 등을 고려한 설계가 가능합니다. 무조건 배선보다는 그라운드 영역도 확보해 준다는 생각으로 설계해주면 보다 완성도 있는 설계가 가능합니다.

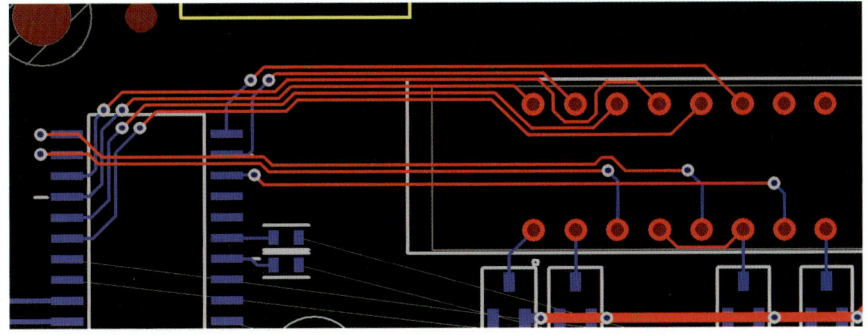

앞 그림과 같이 Via를 활용하여 그라운드 통로 확보 및 효율적인 배선을 합니다.

제2부 PCB 설계 기초

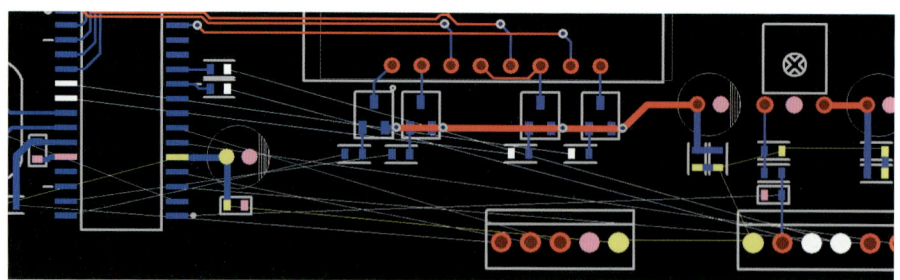

이제 흰색으로 highlight된 부분을 설계해 보겠습니다.

이 역시 먼저 설계를 해 본 후 필자가 설계한 부분과 비교해보면 될 것 같습니다. 설계에서는 정답은 없습니다. 이 책을 보고 설계하는 분이 필자보다 더 나을 수도 있는 것입니다. 이 책에서는 설계를 같이하면서 보여주는 것은 설계 시에 참고하면서 실력을 키우기 위함입니다. 한사람이 설계를 100번 할 때 100번 모두 다 다른 것이 설계이니 많은 연습으로 실력이 늘어 자산이 될 수 있게 되길 바랍니다.

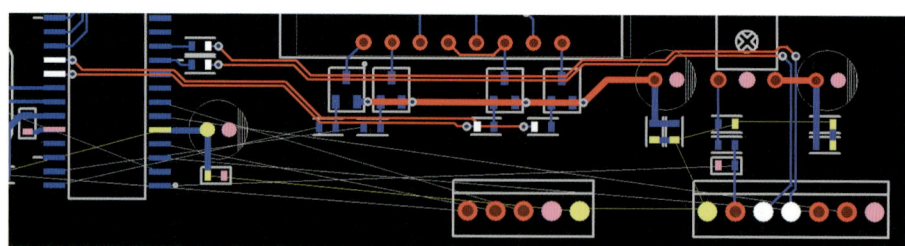

위 그림과 같이 설계를 하였지만 다시 아래 그림과 같이 변경하였습니다. 여기서 왜 변경했는지 확인할 필요가 있습니다. 이미 파악하신 분들도 계시겠지만 아래 그림에서 노란박스 부분이 변경되었습니다. 그 이유는 그라운드 통로를 열어주기 위해서입니다. 위 그림과 같은 경우에는 꺾인 부분에서 그라운드가 끊겨 있는데 아래 수정으로 그라운드가 열린 것을 확인할 수 있습니다.

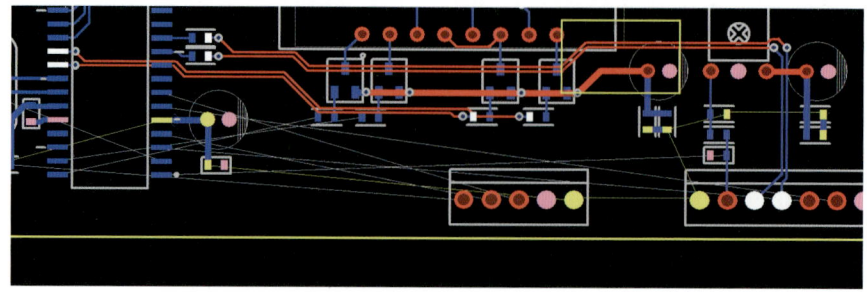

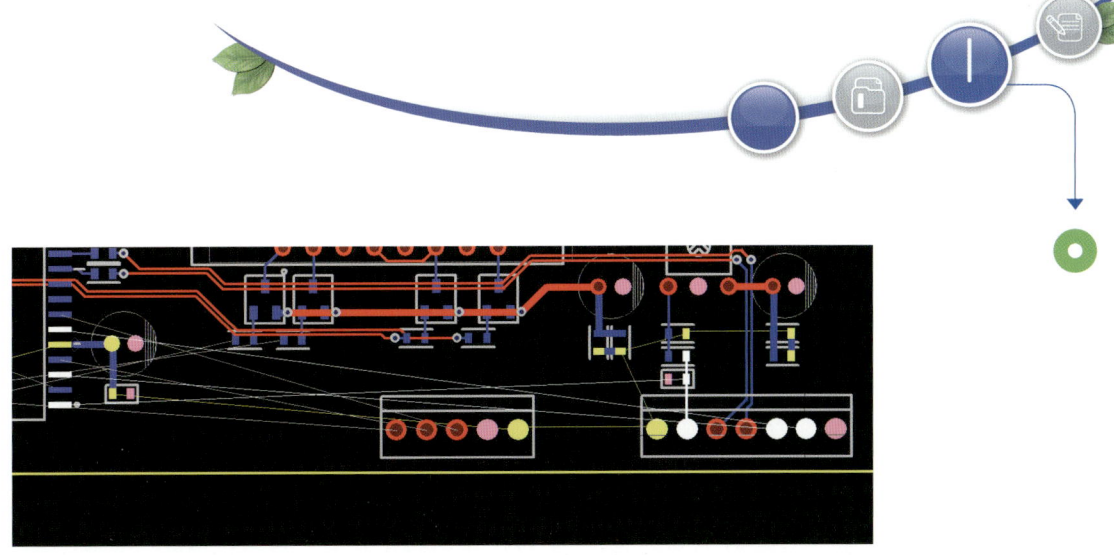

다음은 흰색의 highlight된 부분을 배선해 보겠습니다.

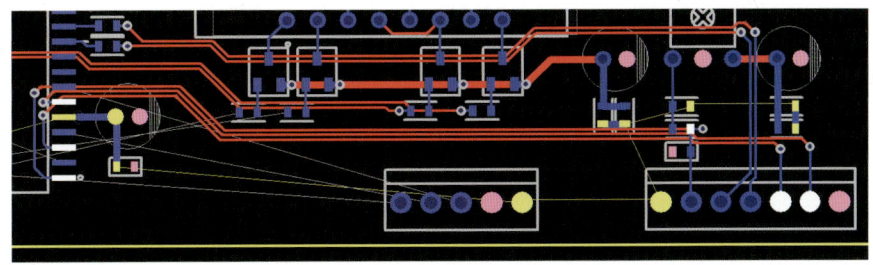

위 그림과 같이 연결되지 않은 부분을 고려해서 배선될 수 있도록 합니다.

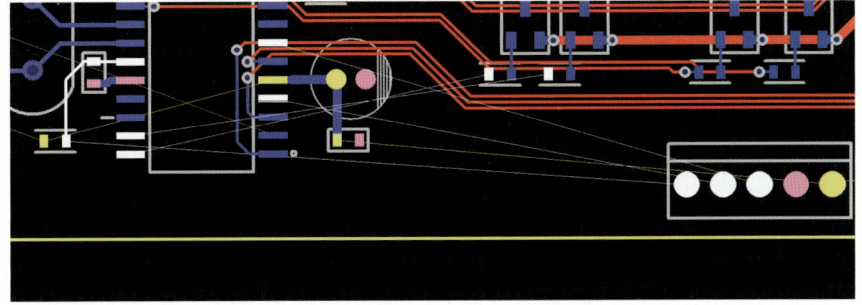

위 그림에서도 흰색으로 highlight된 부분 배선을 시작합니다.

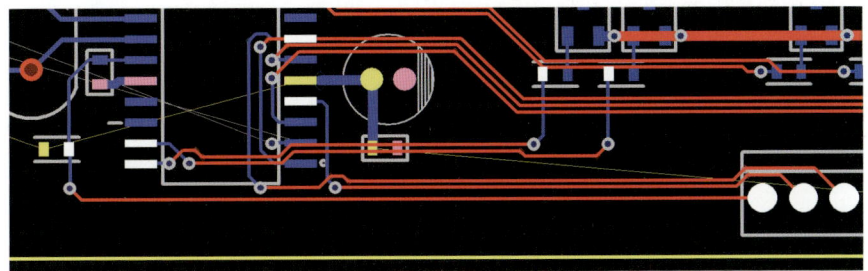

제2부 PCB 설계 기초

위 그림과 같이 배선합니다. 항상 그라운드 통로를 만들어줄 수 있다면 고려해서 배선해주는 것이 좋습니다.

이제 오른쪽 부분 전원 부분을 연결해 보겠습니다.

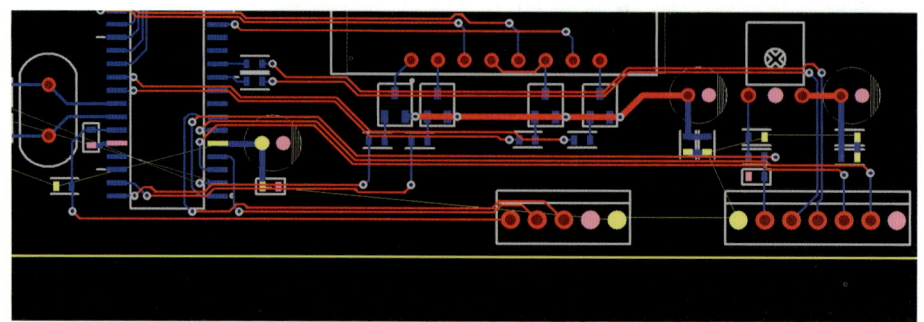

노란색으로 컬러를 설정한 5V 라인에 대해서 배선 작업을 해보겠습니다.

전원 배선의 경우에는 앞에서도 언급을 했지만 전원이 각 신호에 거쳐서 가는 것이 아닌 하나의 주 라인에서 분기해서 연결해 주는 방식으로 해주어야 합니다. 그래야 각 부분에서 생기는 전원 노이즈가 다른 부분에 영향을 주지 않습니다.

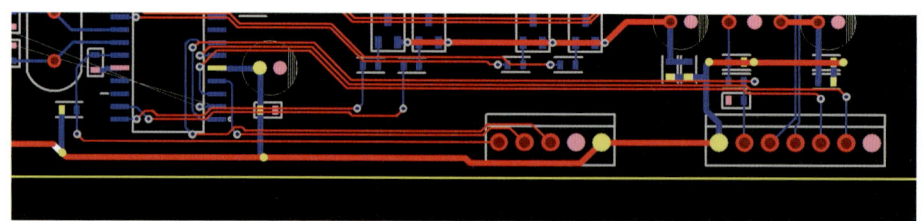

그림과 같이 전원 라인이 분기되어 신호를 주도록 설계해 줍니다.

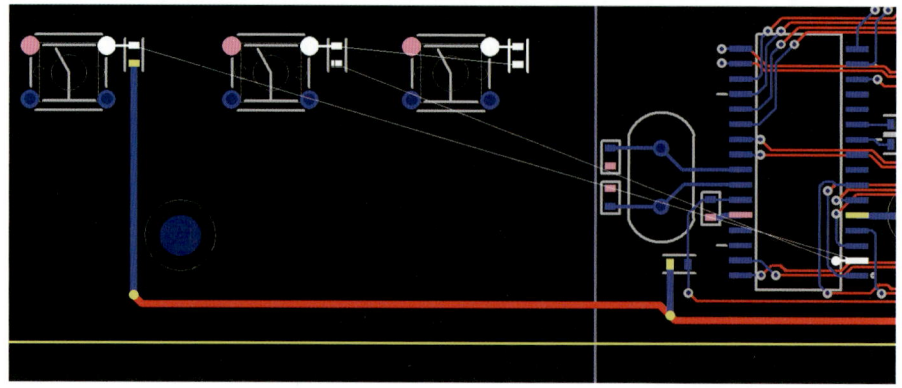

아래 그림과 같이 남은 배선도 마무리를 했습니다.

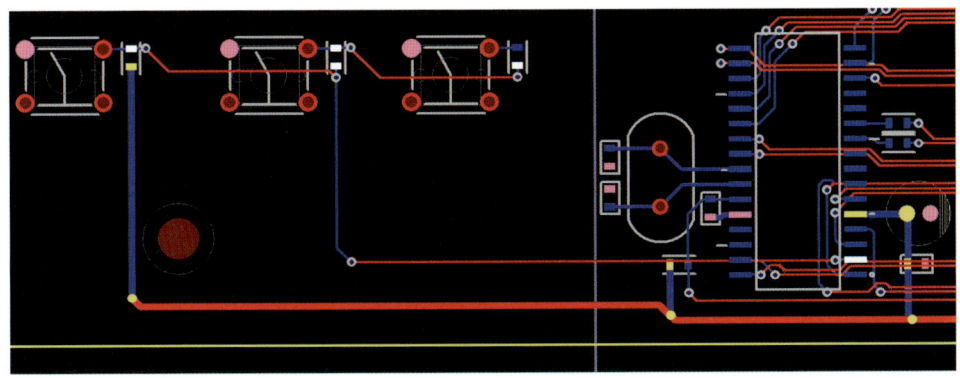

전체적으로 보면 아래 그림과 같이 모든 배선이 배선 원칙에 맞게 설계된 것을 확인할 수 있습니다.

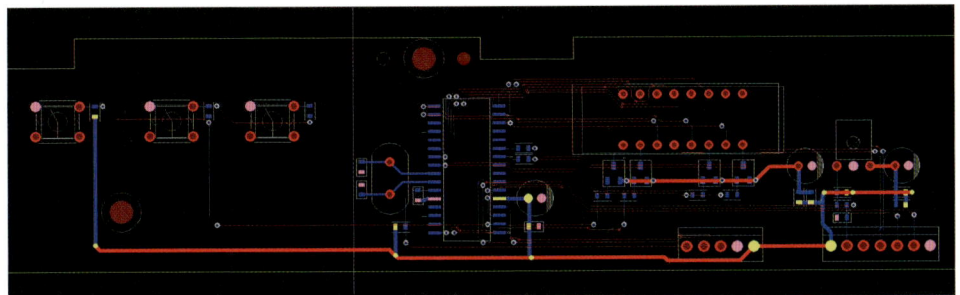

현재 그라운드를 제외하고는 모든 배선작업이 완료되었습니다.

배선이 마무리된 후에는 Copper를 씌워 주어야 하고, 그라운드 Via 보강을 작업해주어야 합니다.

마무리

전원 등 배선이 끝나면 Copper를 깔아주어야 합니다.

멀티(4층 이상)인 경우에는 층마다 전원 등을 구분하여 깔아주지만 일반적으로 양면에서는 그라운드를 깔아줍니다.

이후 Copper는 Drafting Toolbar에서 ![icon] Copper Pour를 선택하고 오른쪽 마우스를 클릭한 후에 Polygon 를 선택하고 Copper 영역을 그려주면 됩니다. 일반적으로 PCB V-Cutting 시 약 0.2mm 전후로 손실이 생길 수 있으므로 필자의 경우에는 Board outLine에서 최소 0.5mm 이상 이격 후에 따라서 그려줍니다.

Copper를 편하게 그려주기 위해서 Grid는 0.25 또는 0.5 정도로 설정하고 그려줍니다.(보드 외형 형태에 따라서 달라질 수 있습니다)

Copper 영역을 모두 그려주면 다음과 같이 팝업창이 뜨게 됩니다.

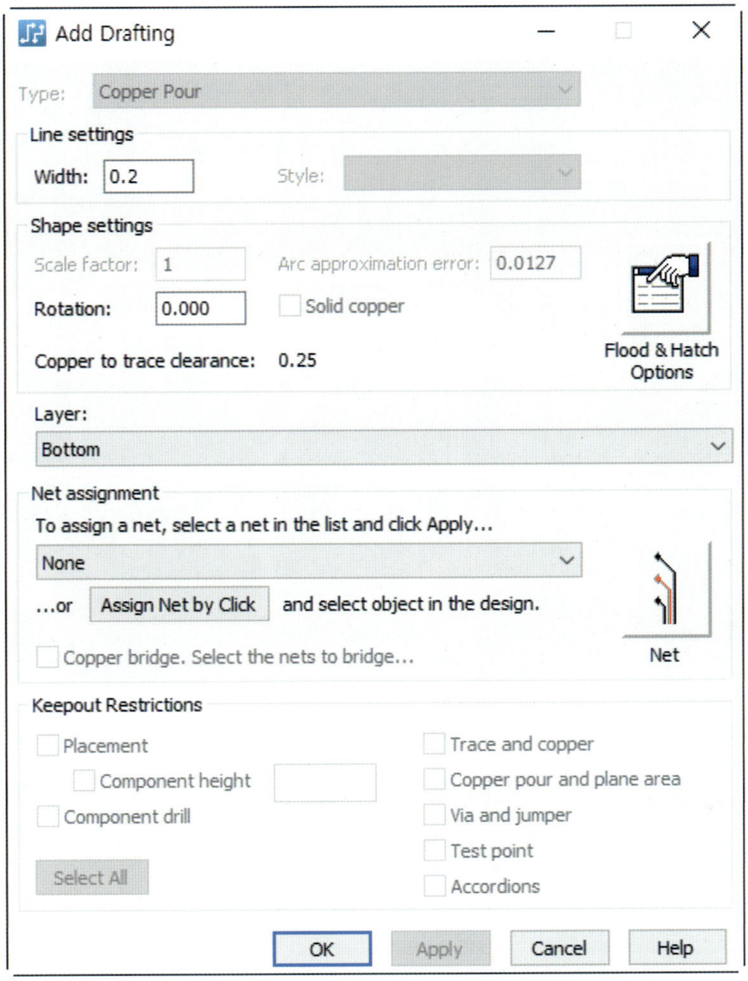

여기서 Net 속성을 지정해 주는데 Net 속성을 지정해 주는 방법으로는 Net assignment에서 연동할 Net로 GND를 선택해 주거나, 아래 Assign Net by Click을 클릭한 후 설계 파일에서 해당 Net를 선택해 주는 방법이 있습니다. 여기서는 후자인 Assign Net by Click을 선택한 후에

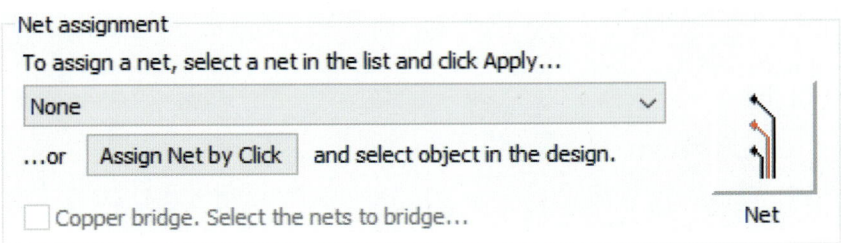

제2부 PCB 설계 기초

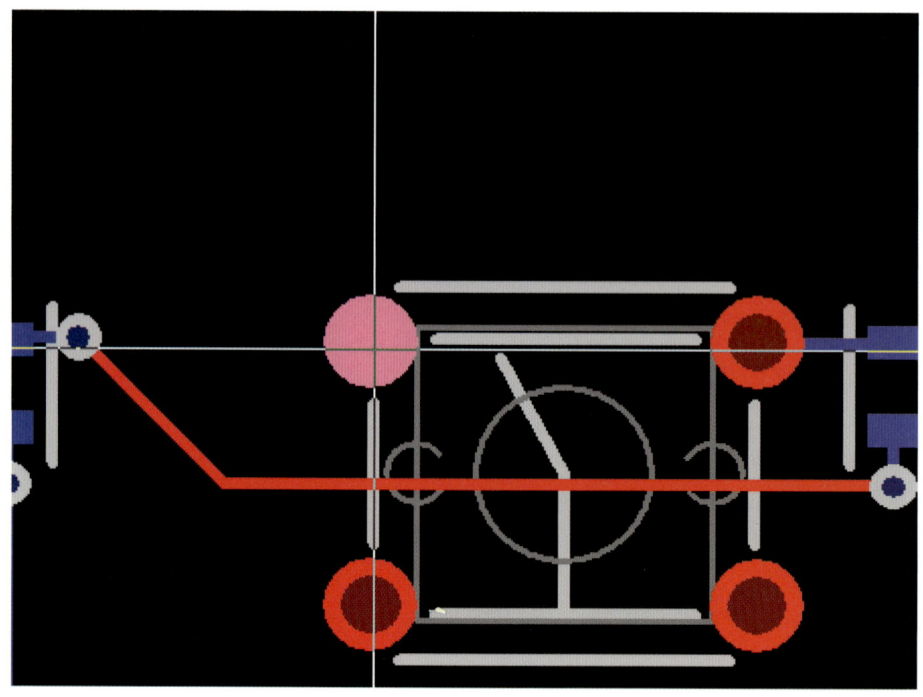

그림과 같이 GND Pin을 선택하면 아래 그림과 같이 속성이 연결된 것을 확인할 수 있습니다.

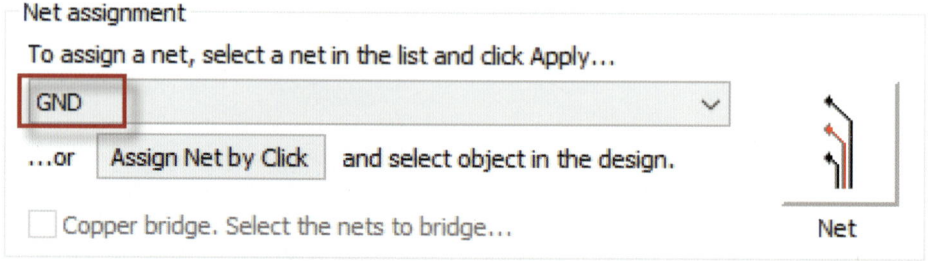

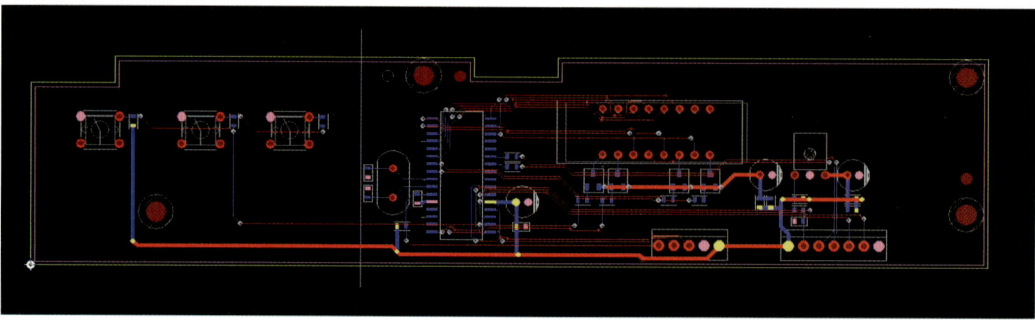

Copper를 그린 후에는 반대편에도 그려줍니다. 양면의 경우 또는 멀티라도 동일 면적이라면 하나를 그려준 후에 복사를 활용해도 됩니다. 선택 방법은 오른쪽 마우스 클릭 후에 Select Shapes 를 선택하고 해당 Copper를 선택해 주거나, 키보드 Shift를 누른 상태에서 왼쪽 마우스로 해당 Copper를 선택해 주면 됩니다.

복사 후에 동일한 위치에 붙여주고 Ctrl+Q 명령어를 실행하면 팝업창이 뜨고 Layer 정보를 입력할 수 있습니다.

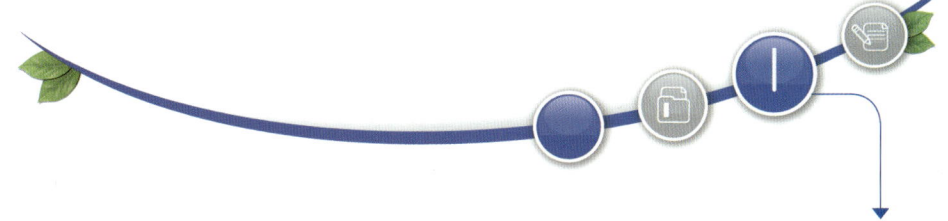

그림과 같이 Layer는 기존과 같은 Bottom으로 되어 있고, Net 속성은 정의되어 있지 않은 것을 확인할 수 있습니다. Net 정보는 앞에서 했던 방법으로 GND로 설정해 준 후에 Layer 또한 Top 으로 변경해 줍니다. 그림과 같이 변경된 것을 확인할 수 있습니다.

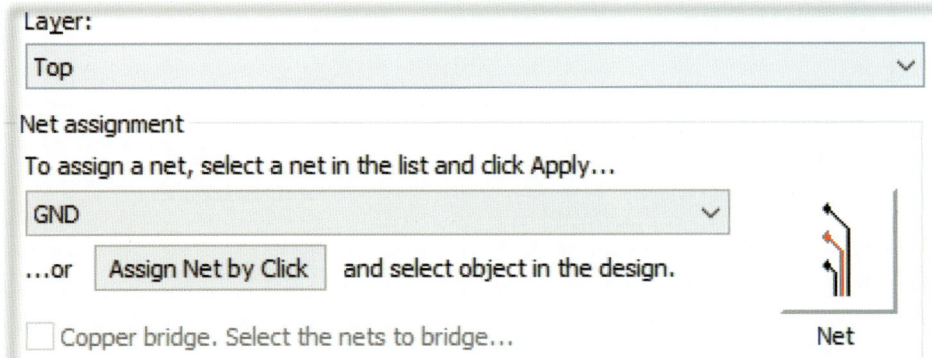

현재까지는 그라운드를 알기 위해서 color를 설정하였지만 마무리 작업에서는 혼동이 될 수 있으니 color 설정을 해제합니다.

제2부 PCB 설계 기초

해제 방법은 그라운드에서 Net이나 핀을 선택하고 F6를 누른 후에 오른쪽 마우스를 클릭하여 View Nets... 를 선택하거나 명령어 Ctrl+Alt+N을 활용하면 됩니다. 필자는 후자로 작업합니다.

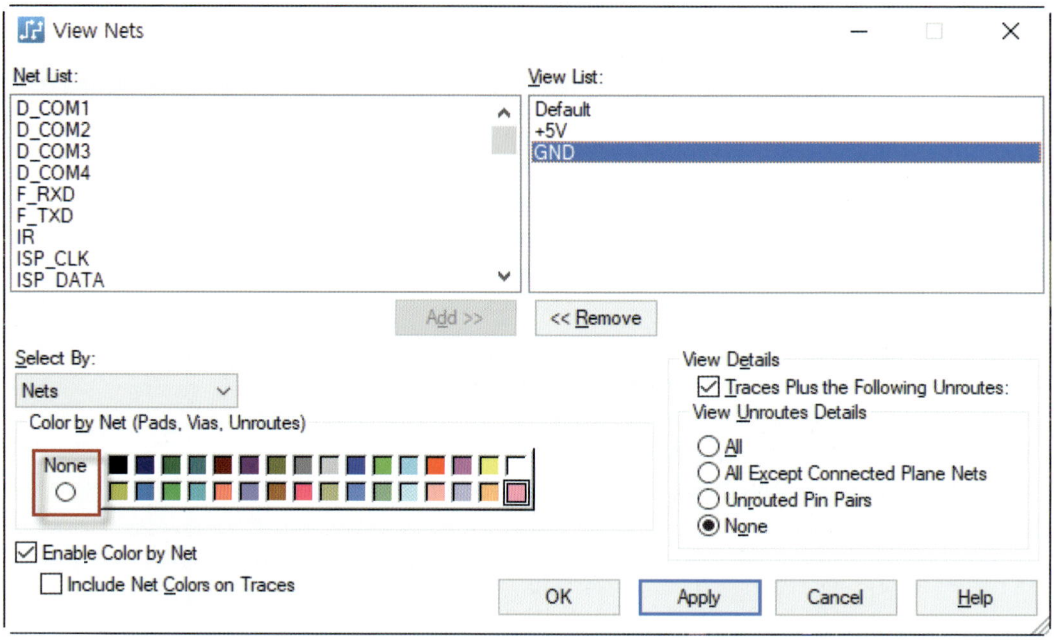

위 그림과 같이 팝업창이 뜨면 GND의 color를 해제하기 위해 왼쪽 하단의 붉은 박스에 있는 None을 선택합니다. 설정 해제 후에는 Tools에서 Pour Manager... 를 선택합니다.

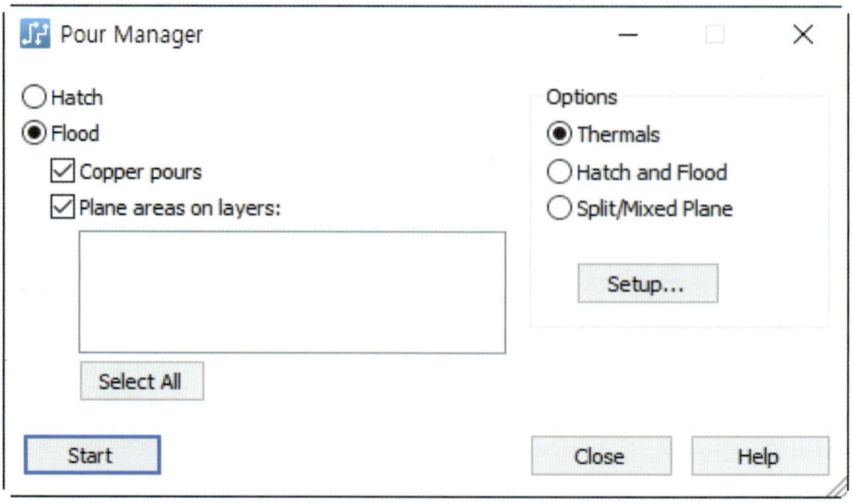

위 팝업창이 뜨면 Start를 선택하여 Copper를 깔아주면 됩니다. Copper를 깔아주면 아래와 같이 보입니다. 자세히 보면 Copper가 메시 형태로 되어 있는 것을 확인할 수 있습니다.

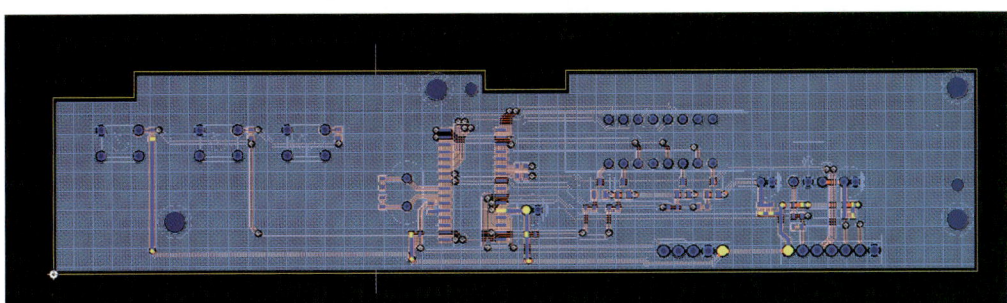

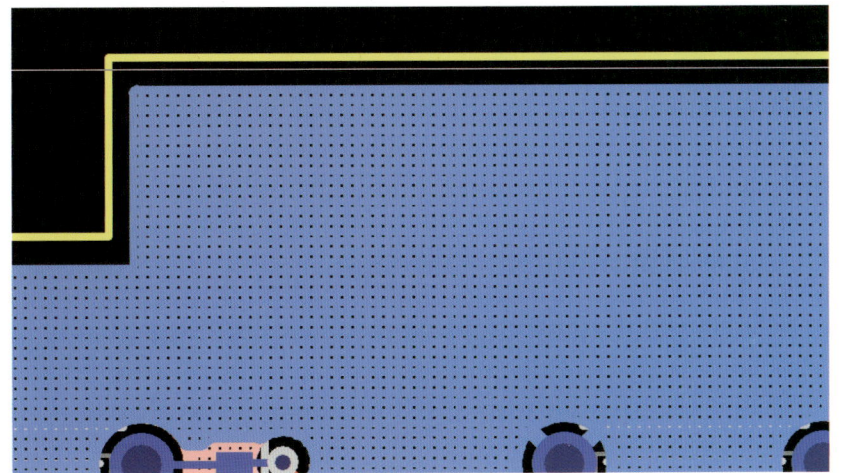

이 부분을 해결하기 위해서는 옵션(Ctrl+Alt+G/D)으로 가서 Grid 탭에서 오른쪽 그림과 같이 Hatch grid를 설정해주면 됩니다. 그림에서 Copper가 0.254로 되어 있는 것은 그 이상이어야 다 덮어주고 그 미만이면 현재와 같이 메시 형태로 형성되게 됩니다.(기존은 0.2로 되어 있어서 메시로 덮어준 것입니다)

그림과 같이 Copper를 0.1 정도로 변경한 후에 OK를 클릭하고 나와서 다시 깔아주면 됩니다.

제8장 마무리

제2부 PCB 설계 기초

상기 작업으로 그림과 같이 변경된 것을 확인할 수 있습니다.

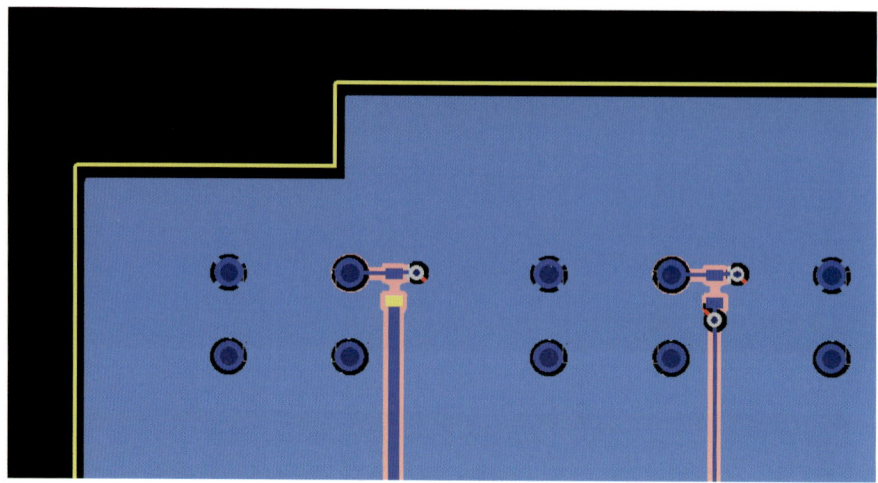

현재와 같이 작업이 완료되었다면 설계상 문제가 없는지 DRC(Design Rule Check)를 해줍니다. 이 부분은 중요한 부분이니 필수로 꼭 해주어야 합니다.

DRC 메뉴는 Tools에서 Verify Design... 을 선택합니다.

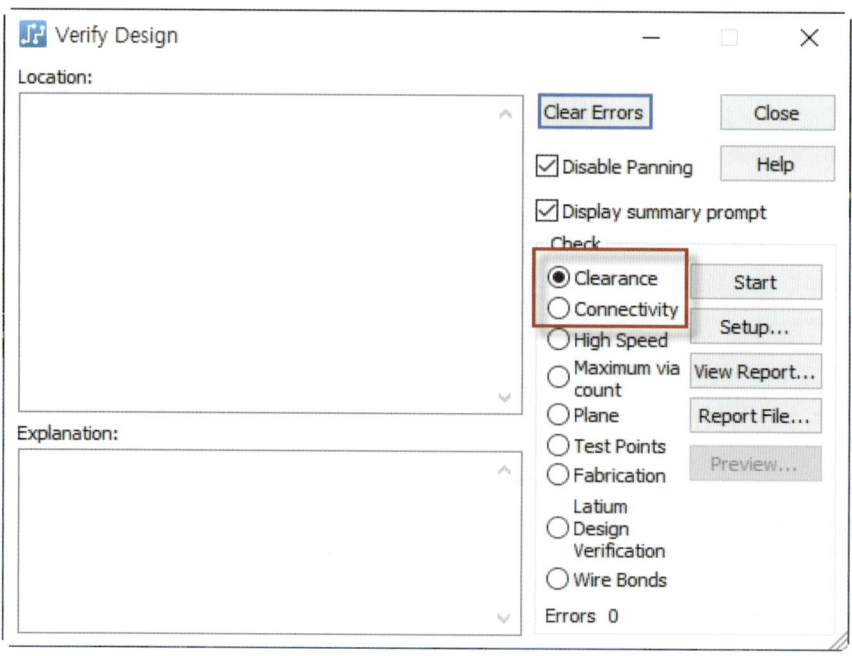

그림과 같이 팝업창이 뜨면 설정하기에 따라서 검사항목이 추가되지만 기본적으로 붉은 박스 부분의 Clearance와 Connectivity를 선택하고 start를 통해서 검사합니다.

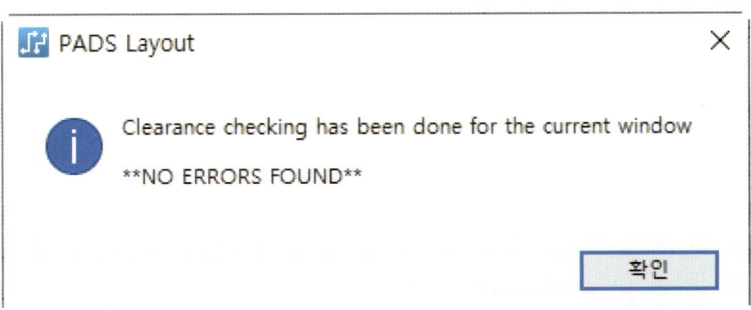

그림과 같이 두 항목 모두 이상이 없다는 메시지가 뜨면 됩니다. 혹시라도 error가 발생하면 error 항목을 살피면서 수정하면 됩니다. 아래 그림과 같이 Disable Panning을 체크 해제하면 해당 오류 부분으로 이동되어 수정할 수 있습니다.

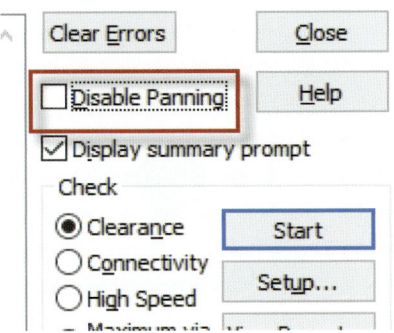

문제가 없다면 EMC 등을 고려하여 Via 보강 작업을 해야 합니다. 수동작업으로 Via를 추가해주어도 되지만 자동으로 생성시킬 수 있는 Stitching Via를 활용하면 편합니다.

옵션으로 가서 Design 탭에서 그림과 같이 Prevent errors를 체크해 줍니다.

제2부 PCB 설계 기초

Via Patterns 탭에서 Via 간 간격을 원하는 수치로 기입해 주면 됩니다.

다음에 오른쪽 마우스를 클릭하여 Select Shapes 를 선택하고, 이후 Copper를 선택하면

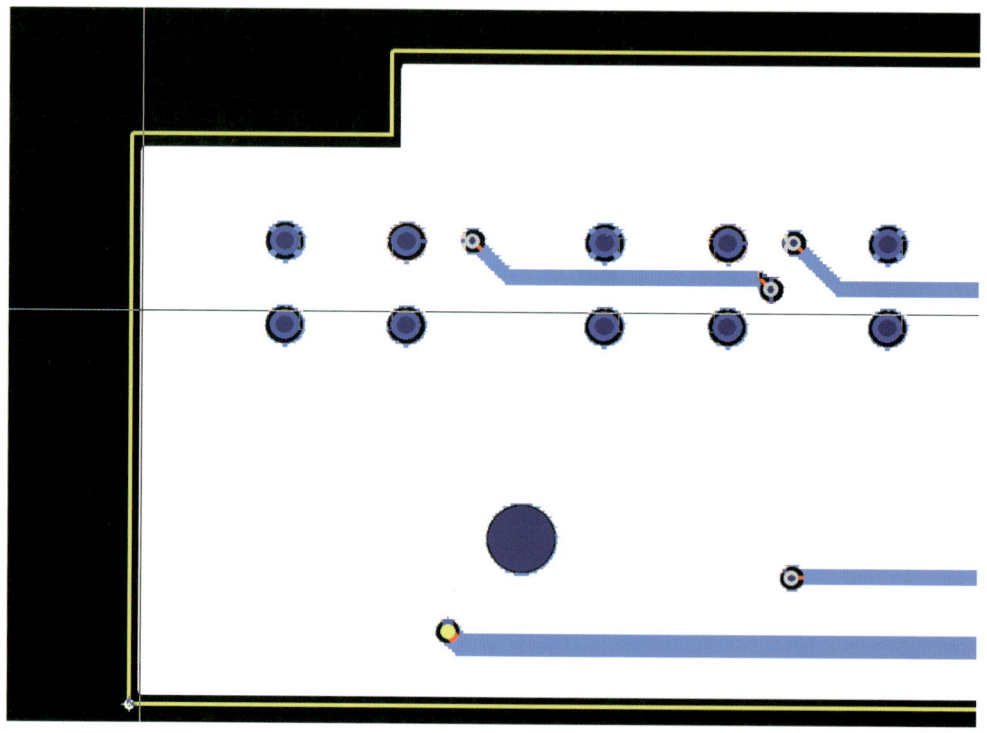

위 그림과 같이 선택된 것을 확인할 수 있습니다.

이 상태에서 오른쪽 마우스를 클릭해 Via Stitch Mode 로 가면 Fill Perimeter 의 두 가지 메뉴가 보입니다. 여기서 Fill은 전체적으로 깔아주는 것이고, Perimeter는 보드의 외곽을 깔아주는 것입니다. 필자는 EMC를 감안해서 외곽을 깔아준 후에 전체적으로 다시 한번 깔아줍니다.

추가로 위 설정 중 On-line DRC 를 설정해주는 것은 해당 부분 설정이 없으면 Via가 룰 설정을 무시하고 깔아주어서 많은 error가 발생할 수 있기 때문입니다.

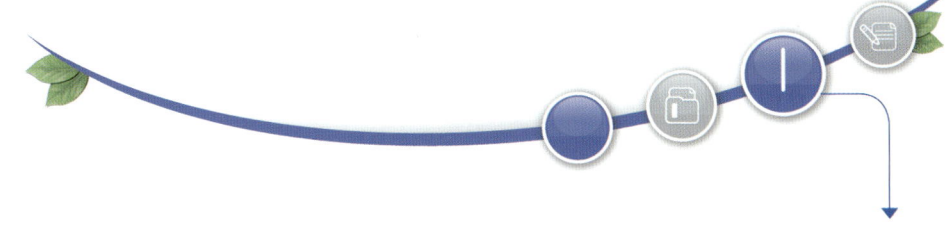

Stitching Via 크기가 아래 그림과 같이 원하는 크기가 아닐 경우(stitching Via 설정이 안 되어 발생하는 문제임) 해당 작업을 취소(Ctrl+Z)하고 아래 작업을 진행합니다.

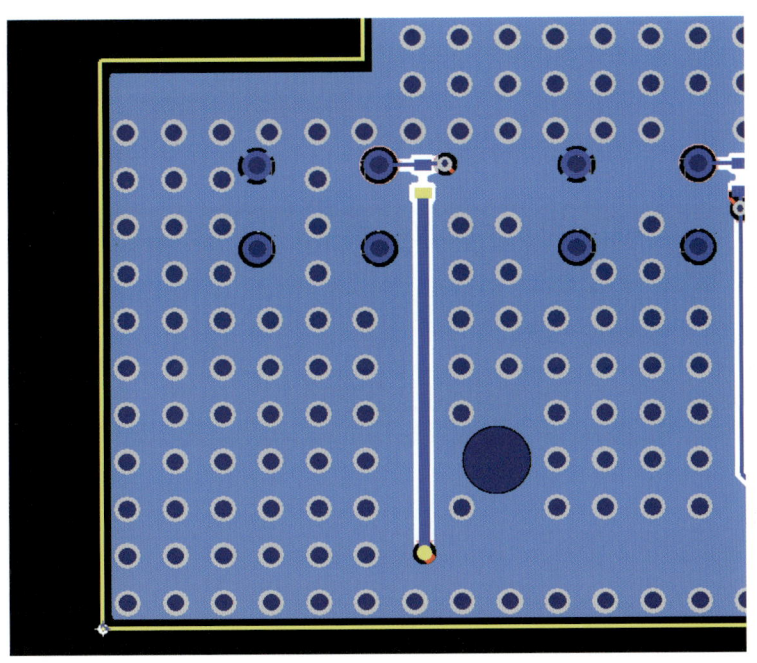

Via Patterns 탭에서 오른쪽 그림과 같이 When stitching shapes에서 Add를 선택합니다.

Add를 선택하면 Via Type에 현재 깔려있는 Via 정보를 확인할 수 있습니다.

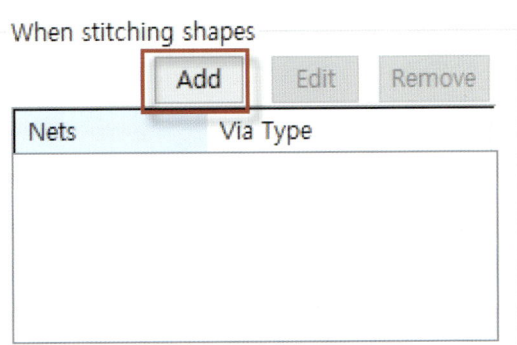

제2부 PCB 설계 기초

여기서 먼저 Nets 정보를 선택한 후에 Via를 선택하면 다음과 같이 창에 설정한 Via 정보가

로 나타나게 됩니다. 이제 원하는 Via를 설정하면 됩니다.

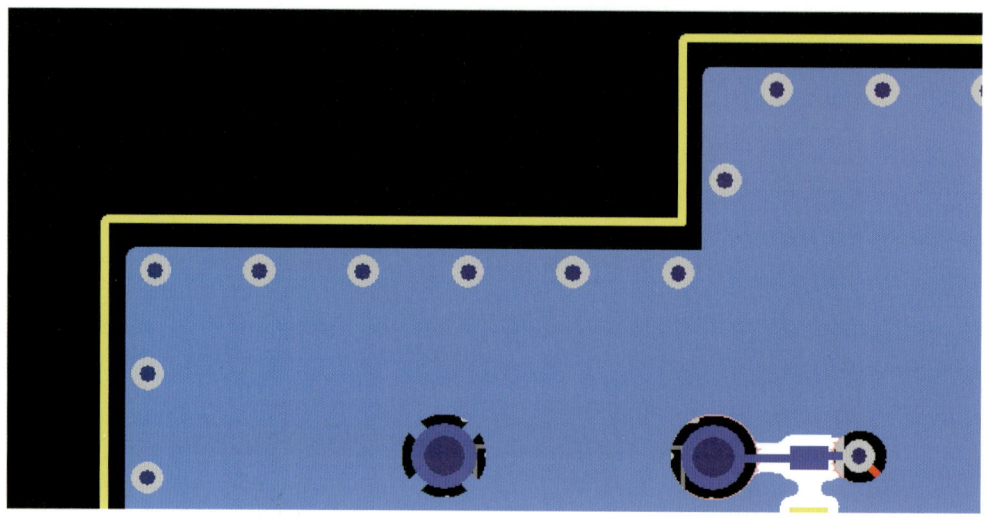

설정 후 그림과 같이 stitching Via 크기가 바뀐 것을 확인할 수 있습니다. Perimeter와 Fill을 한 번씩 작업해 준 후에 살펴보면 아래 그림과 같이 stitching Via가 정상적으로 깔린 것을 확인할 수 있습니다.

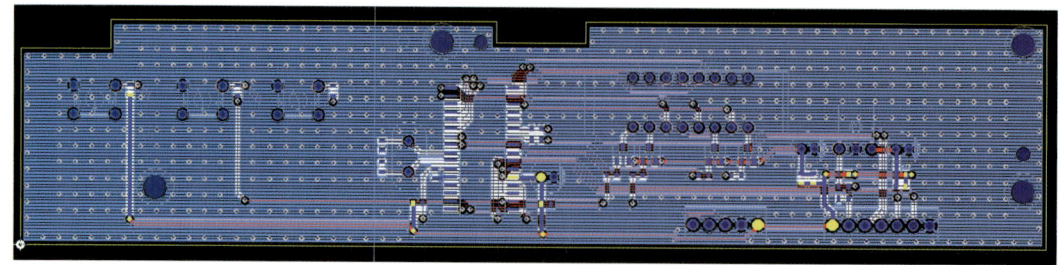

이후 DRC 기능을 해제해 줍니다. 앞서 설정한 옵션으로 들어가서 다음 그림과 같이 off를 체크해 주면 됩니다.

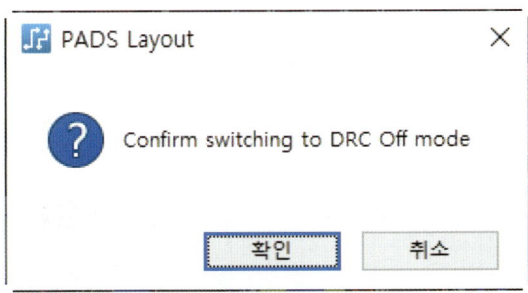

다른 방법으로는 명령어 DRO를 입력하면 아래 그림과 같이 확인 메시지가 뜨고 확인을 하면 적용이 됩니다.

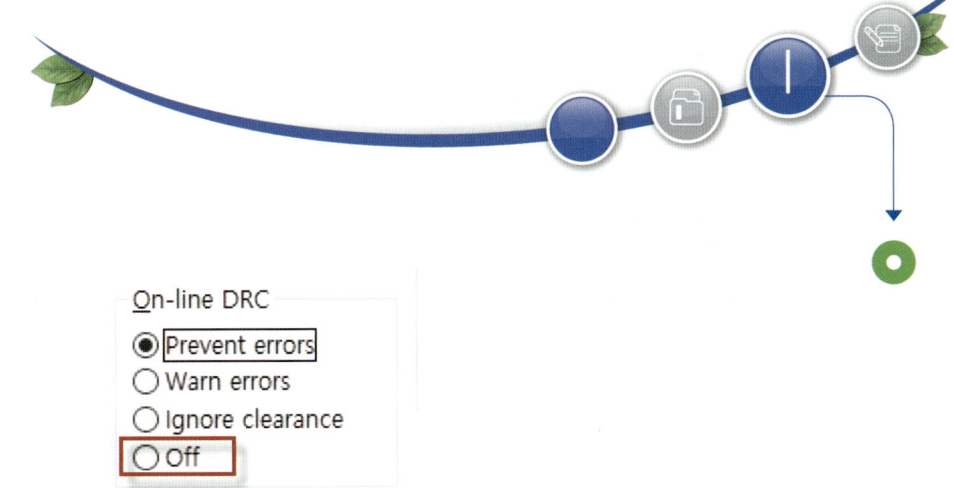

설정 후에는 수동으로 Via를 보강해 줄 수 있습니다. 보강하는 부분은 Copper 연결이 끊어졌거나 중요 신호 부분 등 그라운드 Via 작업이 필요한 공간에 수동으로 배치해주면 됩니다.

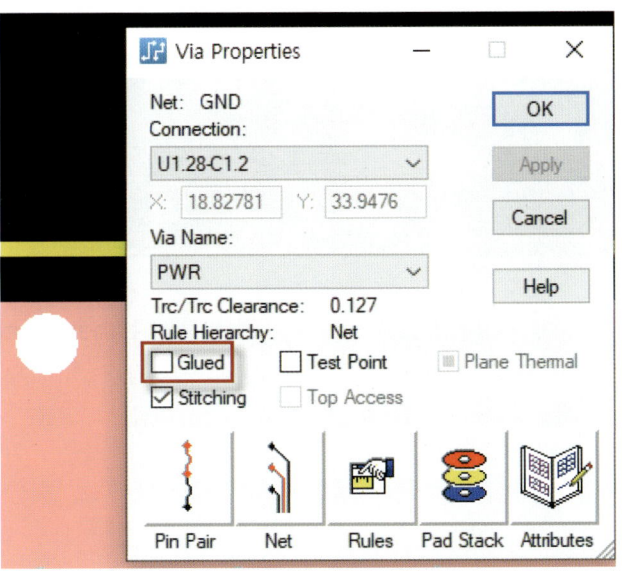

제2부 PCB 설계 기초

stitching Via를 선택하고 Ctrl+Q를 통해서 Via Properties 창을 띄우고 Glued를 체크한 후에 Ctrl+C를 선택하면 원하는 곳에 자유롭게 배치할 수 있습니다. 배치도 할 수 있지만 불필요한 곳에 위치한 Via는 없애주는 것이 좋습니다.

예를 들어서 크리스털이나 인덕터 밑에 Via가 있는 경우, Via로 인해서 불필요한 Copper 영역이 형성된 곳, 금지구역 등을 보드 상황에 맞게 삭제해주는 것이 좋습니다.

Via 작업이 끝났다면 이제 부품 silk를 정리를 해주어야 합니다. silk를 정리할 때는 가능하면 Via 등으로부터 피해서 정리를 해주는 것이 제작 후에 알아보기 편합니다.

먼저 Ctrl+Alt+C 명령어를 통해서 display color setup 팝업창을 띄워준 후 아래 그림과 같이 체크 해제되어 있는 Ref.Des.를 체크하여 부품 번호 등이 나타나도록 해줍니다.

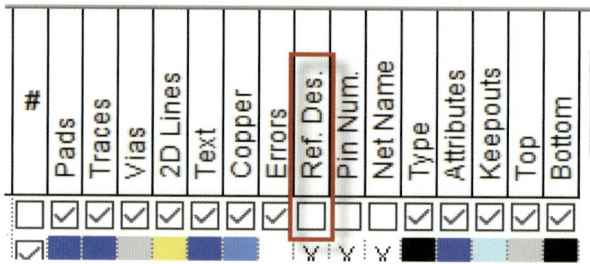

아래 그림과 같이 부품 번호 등이 표시된 후에 정리해주면 됩니다.

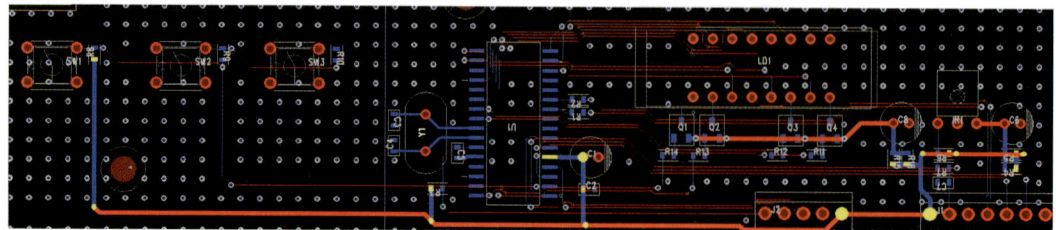

부품 번호를 선택한 후에 Ctrl+Q나 double click을 하면 Part Label Properties 창이 뜨고 아래 그림에서 부품 silk의 크기 등을 조정할 수 있습니다.

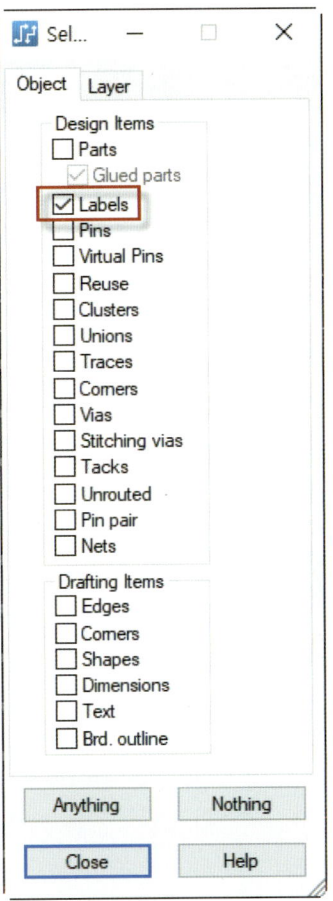

부품 silk는 보드 밀집도 등에 따라 크기 조정을 하게 되는데 필자의 경우에는 여유있는 상태에서는 최소 Size 1.3, Line width 0.18로 진행하고 밀집도가 있는 경우에는 1.0/0.15 정도로 진행하고 있습니다. 크기는 정해진 것이 아니고 설계자가 정하면 됩니다.

부품 silk를 정리할 때는 오른쪽 마우스를 클릭해 Filter... 를 선택합니다.

제2부 PCB 설계 기초

그림과 같이 팝업창이 뜨면 먼저 왼쪽의 그림처럼 하단에 Nothing을 선택하여 모든 기능을 해제한 후에 오른쪽 그림과 같이 Labels만 체크합니다. 그렇게 해야 부품 번호만 선택할 수 있어 혹시 모를 작업 중 실수를 예방할 수 있습니다.

배치는 자유롭게 진행해도 되지만 보드에 여유가 있다면 필자의 경우에는 일률적인 배치를 위해서 Grid를 0.25로 설정해 배치해줍니다.

간단한 보드에서는 배선 등이 있는 상태에서 silk 정리를 해도 되지만, 복잡한 경우에는 Display Color에서 Traces와 Copper는 체크 해제시킨 후 정리하면 편하게 할 수 있습니다.

그림과 같이 Via와 겹치지 않도록 배치를 해준 후에 숨겨두었던 Trace와 Copper를 다시 살려두면 기본 작업이 완료되며, 보드 이름이나 기타 보드 내에 표기할 문구는 Drafting Toolbar에서 ab| Text를 선택합니다.

오른쪽 그림과 같이 Add Free Text 팝업창이 뜨면 Text에 원하는 문구를 기입하고 size 및 Line width를 정의한 후 OK를 선택하면 보드 안에 넣을 수 있습니다.

추가적으로 Dimensioning Toolbar에서 보드의 크기와 R값, 기타 문구 표시 등을 옵션으로 표시할 수 있습니다.

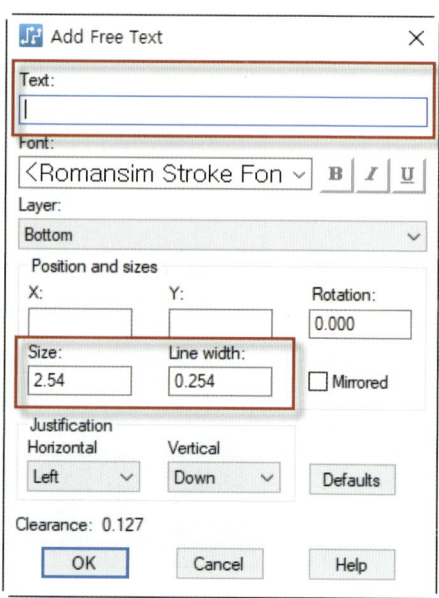

CAM

모든 설계가 완료되었다면 PCB 제작을 위한 Gerber 파일을 생성해 주어야 합니다. Gerber 파일은 CAM에서 설정할 수 있습니다.

File에서 CAM...을 선택하면 그림과 같이 Define CAM Documents 팝업창이 뜨는데 이곳에서 CAM 설정을 해주면 됩니다. Gerber 파일은 제조업체에서 제작하기에 필요한 하나의 필름이라 생각하면 됩니다.

현재 우리가 설계한 파일은 단면 배치에 양면 PCB입니다. 그리고 Dip 부품과 SMD 부품으로 이루어져 있는 설계로 Gerber 파일은 다음과 같이 만들어주면 됩니다.

기본적으로 Top면에는 부품 번호 silk가 있으니 Top silk가 필요합니다. Bottom면에도 silk가 존재한다면 Bottom면 또한 만들어주어야 합니다.

제2부 PCB 설계 기초

Dip 부품이 있으면 기본적으로 soldering을 하기 위해서는 Top면과 Bottom면에 납이 묻을 수 있는 영역을 표시해야 하므로 Solder mask Top/Bottom면 파일을 만들어줍니다.

현재 파일에서는 SMD 부품이 Top면에 배치되어 있기에 Metal Mask 제작을 위해 Paste Mask 도 만들어 줍니다. Bottom면에도 SMD 부품이 있다면 동일하게 만들어줍니다.

회로에 대한 영역도 만들어주어야 하는데 이 부분은 Copper와 배선된 것을 표기하는 것으로 Top/Bottom면을 만들어줍니다.

마지막으로 홀 가공을 할 수 있는 Drill 정보를 설정해줍니다.

추가로 PCB 제작에 필요한 수치 등의 정보를 넣었다면 해당 부분을 추가해서 업체에서 확인할 수 있도록 해주면 됩니다.

CAM 파일을 만들고 CAM350 등으로 검토한다면 file 이름을 지정해주면 좋습니다.
예를 들어 파일명 앞에 숫자를 01~**번까지 숫자를 넣어주면 검토할 때 앞에 숫자 순으로 올라오기에 검토하기에 편합니다.

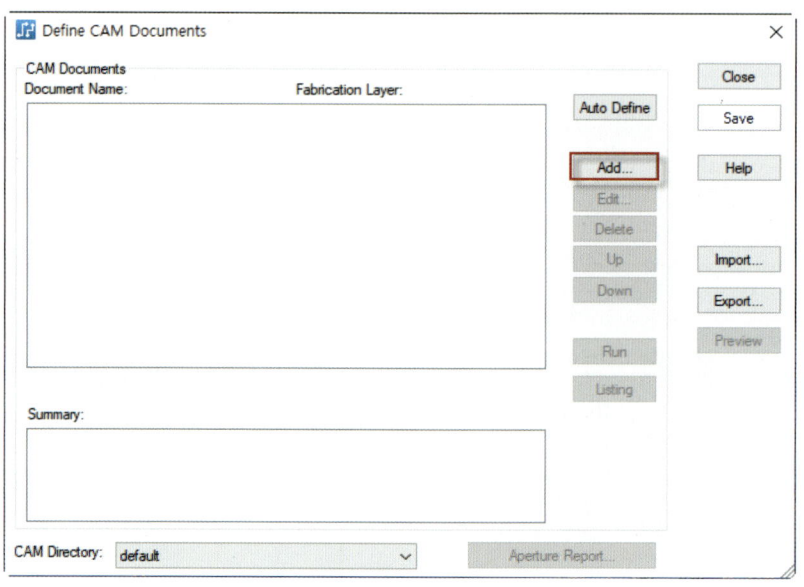

Define CAM Documents 팝업창에서 Add를 선택하여 필요한 CAM 파일을 만들어주면 됩니다.

Add를 하면 아래 그림이 나타나는데 Document Name에는 이름을, Document Type에는 원하는 정보를, Output File에는 CAM File 이름을 설정해주는데 위에서 언급한 것과 같이 숫자를 넣어주면 CAM350을 검토할 때 편합니다.

먼저 Silk screen Top면을 설정하겠습니다.

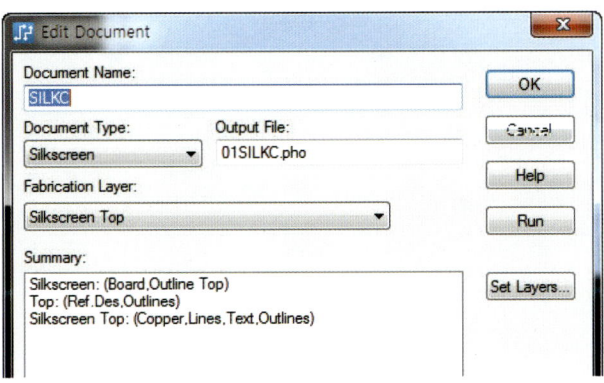

제2부 PCB 설계 기초

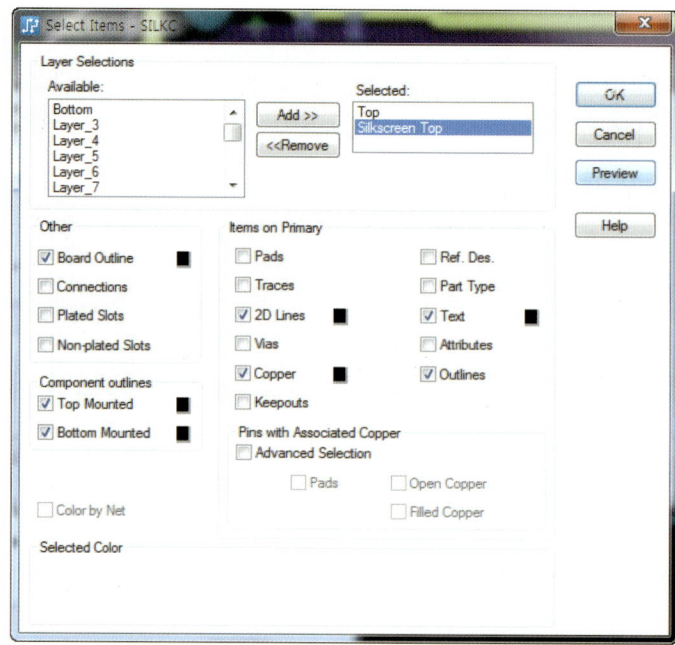

위 그림과 같이 정보를 입력하고, 아래 그림과 같이 필요한 정보 Top면과 Silkscreen Top면 정보를 설정해주면 됩니다.

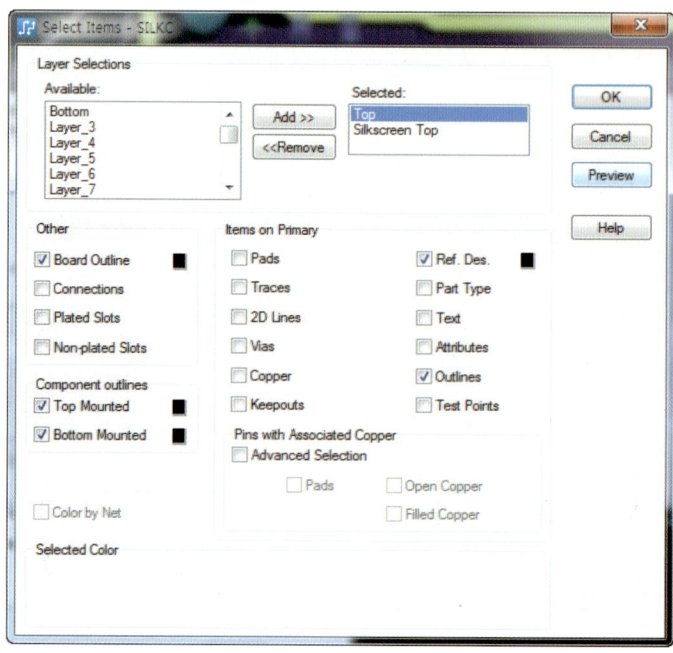

Solder Mask Top

위 그림과 같이 정보를 입력하고 아래 그림과 같이 필요한 정보 Top면과 Solder Mask Top면 정보를 설정해 줍니다.

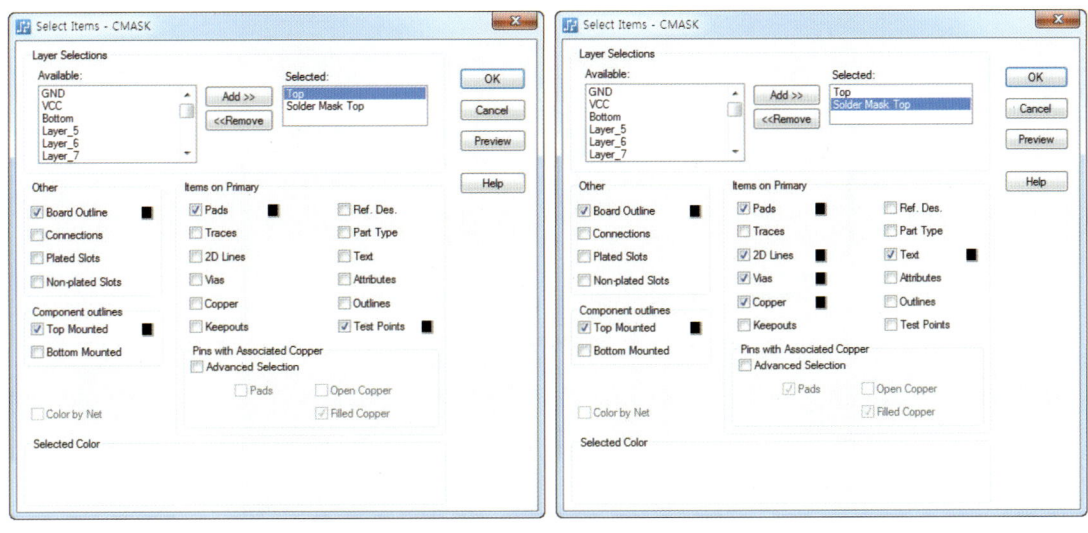

COMP(TOP 회로)

위 그림과 같이 정보를 입력하고 아래 그림과 같이 필요한 Top면 정보를 설정해 줍니다.

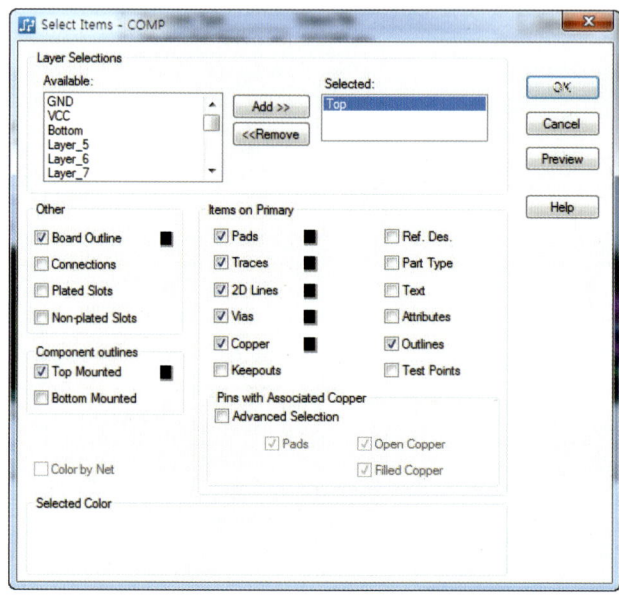

Solder Mask Bottom

위 그림과 같이 정보를 입력하고, 아래 그림과 같이 필요한 Bottom면과 Solder Mask Bottom면에 정보를 설정해 줍니다.

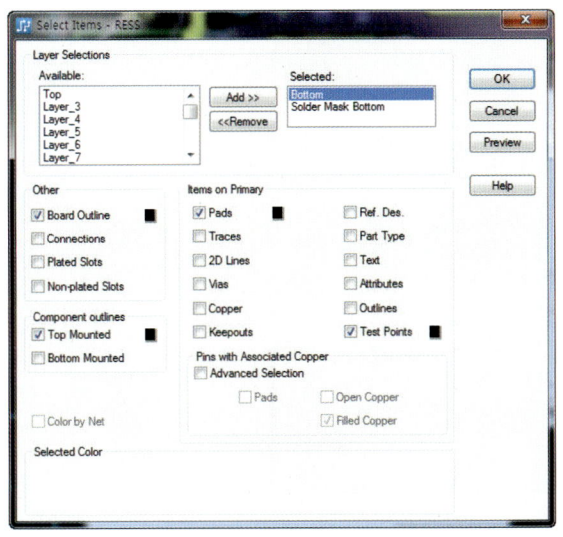 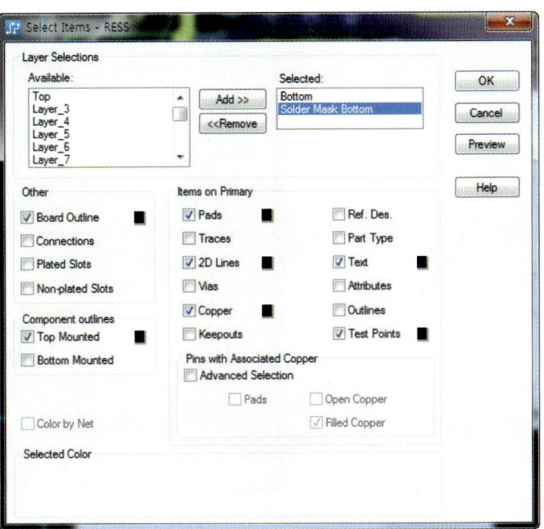

제2부 PCB 설계 기초

SOLD(Bottom 회로)

위 그림과 같이 정보를 입력하고, 아래 그림과 같이 필요한 Bottom면 정보를 설정해 줍니다.

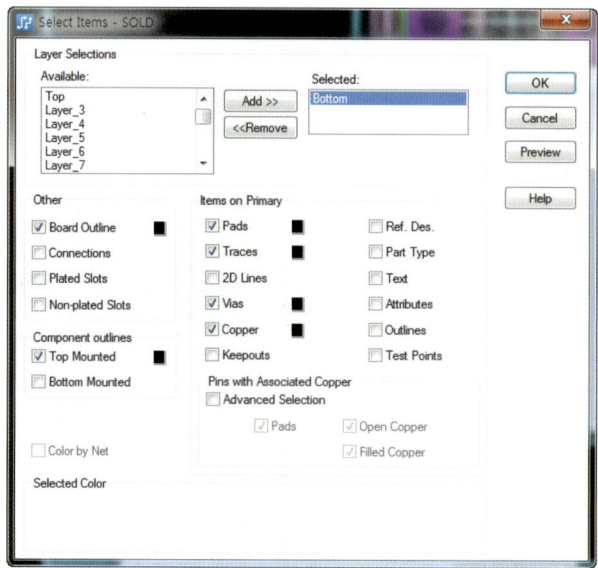

Paste Mask Top

위 그림과 같이 정보를 입력하고, 아래 그림과 같이 필요한 Paste Mask Top면 정보를 설정해 줍니다.

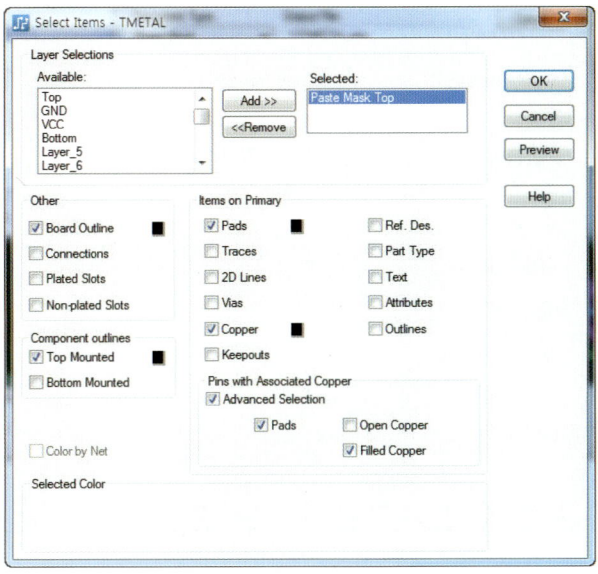

제2부 PCB 설계 기초

Drill

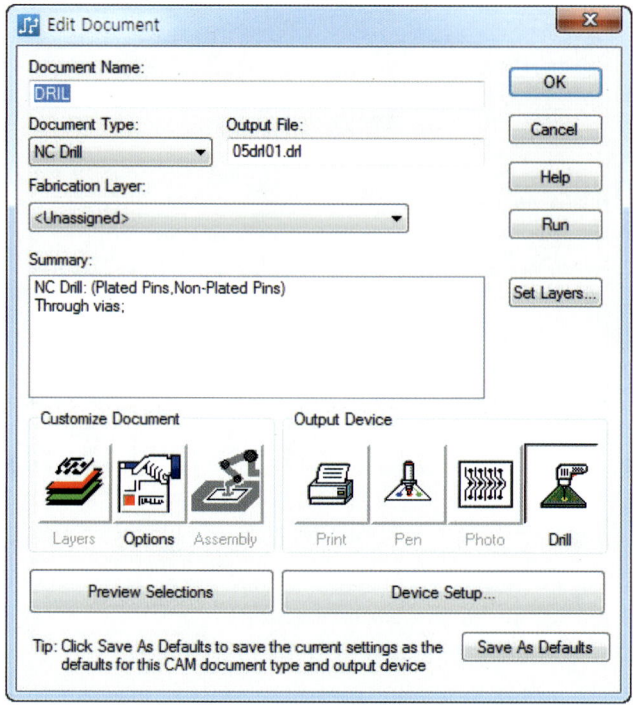

위 그림과 같이 정보를 입력하고, 아래 그림과 같이 Option에서 Drill에 대해 설정해 주면 됩니다.

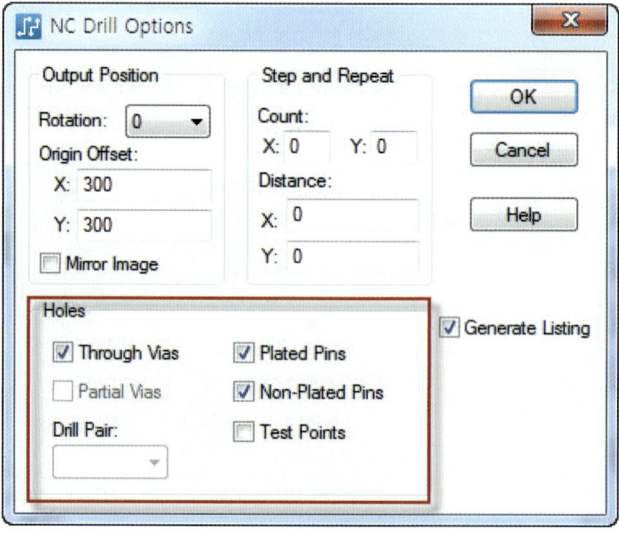

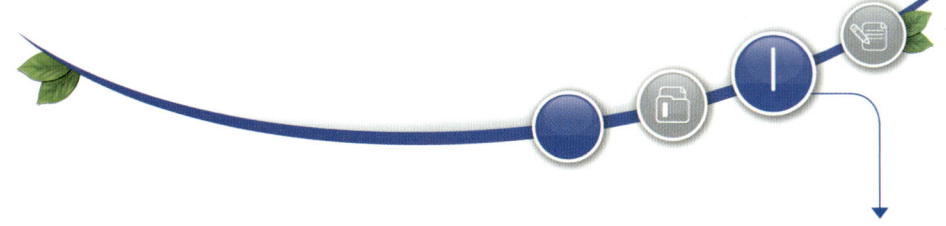

기본적인 설정은 위 그림과 같이 Options에서 NC Drill을 설정하고, 모든 CAM File에서 Origin Offset은 동일하게 설정해주는 것이 좋습니다. 그래야 CAM350을 활용하여 검토할 때 동일한 위치에 올라와서 검토하기 편합니다.

NC Drill에서는 추가적으로 Device Setup...으로 들어가서 아래 그림과 같이 설정 및 확인을 합니다.

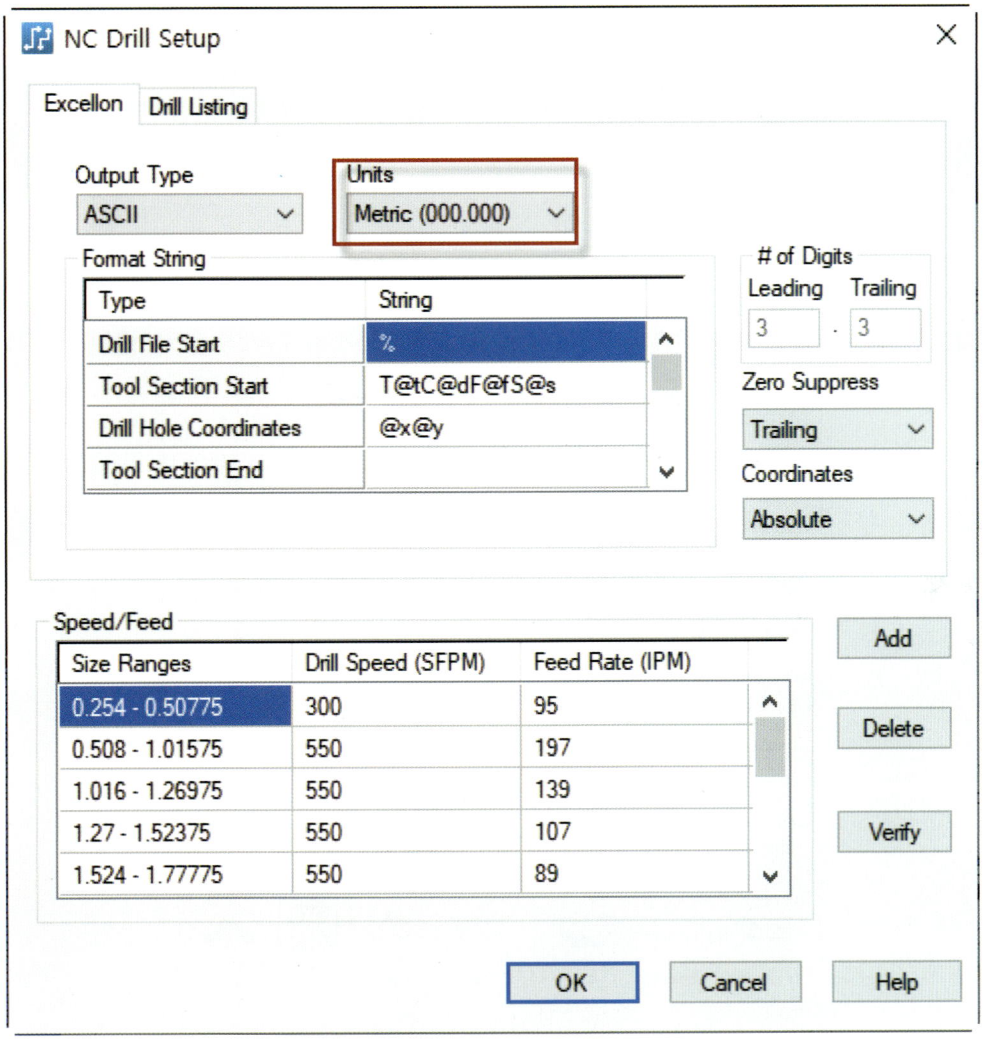

Units에서 단위를 설정하고, 해당 부분에서 설정한 Leading과 Trailing은 CAM350의 Gerber File 검토 프로그램에서 불러올 때 참고해서 입력하면 됩니다.

제2부 PCB 설계 기초

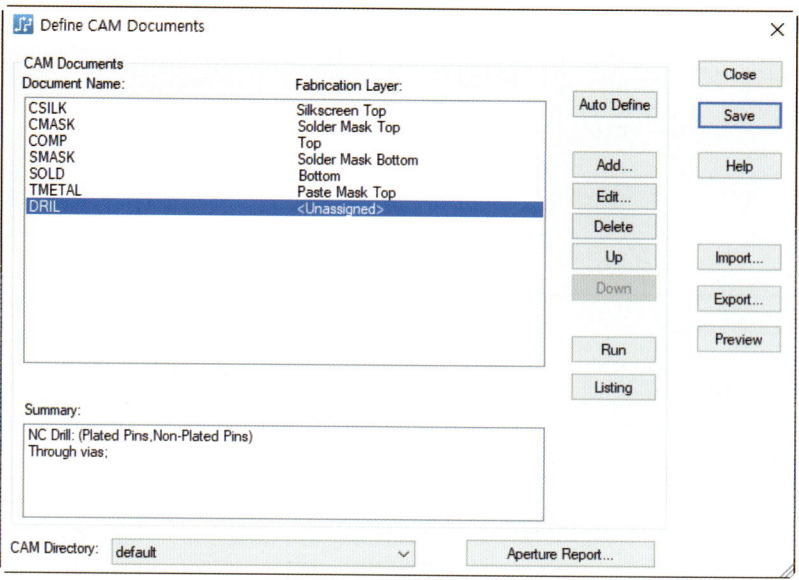

모든 설정이 마무리되면 마지막으로 CAM 검토를 하고 Gerber File을 출력하면 됩니다.

앞 그림과 같이 각 CAM File에서 붉은 박스로 표시한 Preview Selections를 통해서 검토할 수 있습니다.

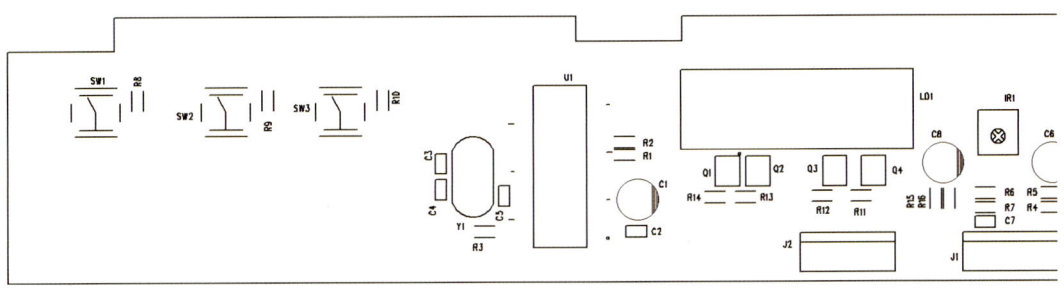

아래 그림처럼 창이 뜨면 제대로 되었는지 각각의 CAM 파일을 검토하면 됩니다. Document에서 각 CAM 파일을 아래 그림에서와 같이 선택하여 검토를 진행할 수 있습니다.

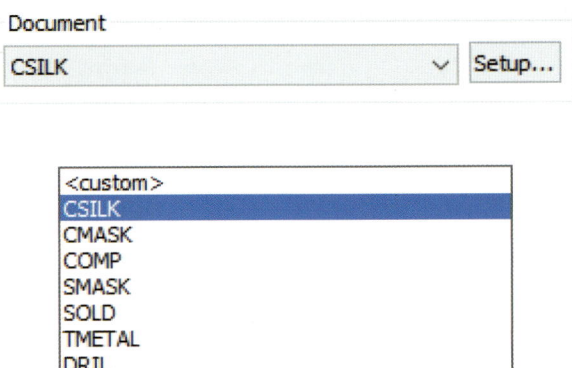

검토 작업이 끝나면 Gerber File을 생성해 주게 되는데 아래 그림과 같이 CAM File을 선택하고 Run을 클릭하면 Gerber File이 하단에 있는 CAM Directory의 설정된 폴더에 생성됩니다.

제2부 PCB 설계 기초

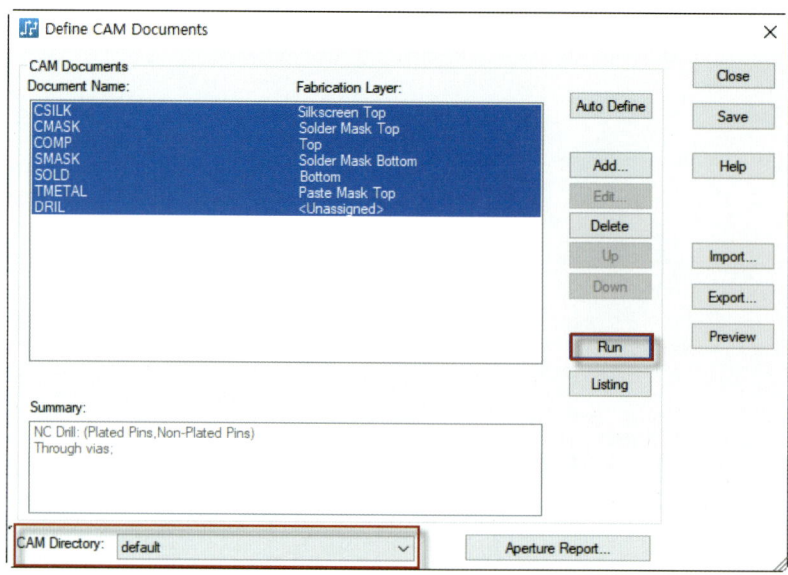

이름	수정한 날짜	유형	크기
01SILKC.pho	2021-03-14 오후 6:33	PHO 파일	31KB
01SILKC.rep	2021-03-14 오후 6:33	REP 파일	1KB
02RESC.pho	2021-03-14 오후 6:33	PHO 파일	4KB
02RESC.rep	2021-03-14 오후 6:33	REP 파일	1KB
03COMP.pho	2021-03-14 오후 6:33	PHO 파일	136KB
03COMP.rep	2021-03-14 오후 6:33	REP 파일	1KB
04SOLD.pho	2021-03-14 오후 6:33	PHO 파일	76KB
04SOLD.rep	2021-03-14 오후 6:33	REP 파일	1KB
05RESS.pho	2021-03-14 오후 6:33	PHO 파일	2KB
05RESS.rep	2021-03-14 오후 6:33	REP 파일	1KB
06TMETAL.pho	2021-03-14 오후 6:33	PHO 파일	3KB
06TMETAL.rep	2021-03-14 오후 6:33	REP 파일	1KB
07DRILL.drl	2021-03-14 오후 6:33	DRL 파일	10KB
07DRILL.lst	2021-03-14 오후 6:33	LST 파일	14KB
07DRILL.rep	2021-03-14 오후 6:33	REP 파일	1KB

이렇게 생성된 파일을 PCB 제작업체에 전달하면 됩니다. 앞서 설명에서와 File명이 일부 틀린 부분은 편의를 위해서 이용한 것으로 참고만 하면 됩니다. 연습한 설계는 간단한 것이지만 CAD 특성상 자주 연습을 해야 자기 것이 됩니다.

많은 연습과 다양한 설계를 경험하면서 모두가 실력자가 되기를 바랍니다.

입문자를 위한 PADS 기초부터 쉽게 배우기

1판 1쇄 발행 2021년 9월 01일

지은이 이병엽·노환승
펴낸이 김 주 성
펴낸곳 도서출판 엔플북스
주 소 경기도 구리시 체육관로 113번길 45. 114-204(교문동, 두산)
전 화 (031)554-9334
F A X (031)554-9335

등 록 2009. 6. 16 제398-2009-000006호

정가 **29,000**원
ISBN 978 - 89 - 6813 - 349 - 7   13000

※ 파손된 책은 교환하여 드립니다.
　본 도서의 내용 문의 및 궁금한 점은 저희 카페에 오셔서 글을 남겨주시면 성의껏 답변해 드리겠습니다.
　http : ∥cafe.daum.net/enplebooks